파워포인트

2007 쉽게배우기

양희정 지음

YoungJin.com Y.
영진닷컴

할수있다! 파워포인트 2007 쉽게 배우기

ISBN 978-89-314-3531-3

독자님의 의견을 받습니다

이 책을 구입한 독자님은 영진닷컴의 가장 중요한 비평가이자 조언가입니다. 저희 책의 장점과 문제점이 무엇인지, 어떤 책이 출판되기를 바라는지, 책을 더욱 알차게 꾸밀 수 있는 아이디어가 있으면 팩스나 이메일, 또는 우편으로 연락주시기 바랍니다. 의견을 주실 때에는 책 제목 및 독자님의 성함과 연락처(전화번호나 이메일)를 꼭 남겨 주시기 바랍니다. 독자님의 의견에 대해 바로 답변을 드리고, 또 독자님의 의견을 다음 책에 충분히 반영하도록 늘 노력하겠습니다.

이메일 : support@youngjin.com
주　소 : 서울특별시 금천구 가산동 664번지 대룡테크노타운13차 10층 (우)153-803　(주)영진닷컴 기획1팀
팩　스 : 02-2105-2207
내용 문의 : hiya0813@paran.com

STAFF

집필 양희정 | **기획** 기획1팀, 리트머스 | **책임 총괄** 김태경 | **진행** 김미정, 리트머스
북디자인 디자인허브 | **삽화** ㈜임펙트 커뮤니케이션

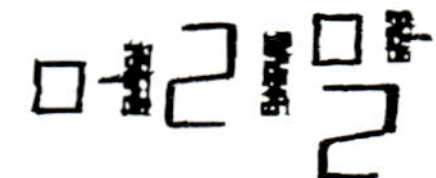

오랜 시간 동안 파워포인트를 이용해 많은 프레젠테이션을 제작하고, 많은 사람에게 파워포인트와 프레젠테이션이 무엇인지 강의를 하였습니다. 이런 경험을 토대로 [할수있다! 파워포인트 2003 기본+활용 쉽게 배우기]를 집필했었지만, 필자가 아는 내용들을 글로 표현한다는 일이 그리 녹록하지만은 않았습니다. 한편으로 잘못된 정보를 제공하지 않을까 초초한 마음도 들었고, 어느 때는 다시는 책을 쓰지 않겠다는 생각도 들더군요. 그러나 이번에 출시된 파워포인트 2007의 화면 구성과 작업 속도를 향상시켜 주는 기능들을 보면서 기존 사용자와 처음 사용자에게 다소 어려움으로 작용할 수 있다고 생각했고, 작은 지식이나마 쉽게 사용할 수 있도록 정보를 제공해야겠다는 목표가 생겼습니다.

일반적으로 프레젠테이션은 발표를 위해 제작되는 문서이며, 발표를 하는 프레젠터의 의견들이 함축되어야 합니다. 일반 워드프로세서로 작성된 문서와 다르게 많은 내용이 필요하지 않지만, 적절한 단어와 자연스러운 색상의 배합, 용도와 성격에 맞는 도형들을 삽입해야 합니다. 이런 점에서 파워포인트는 단어, 색상, 도형의 삼위일체를 알맞게 조합할 수 있는 프로그램이라고 할 수 있습니다.

프레젠테이션 문서를 제작하는 파워포인트의 이전 버전과 현재 2007의 궁극적인 목적은 동일합니다. 그러나 정해진 시간 내에 원하는 내용으로, 원하는 대상을 쉽고 빠르게 설득할 수 있는 구성 표현의 사용 방법과 기능에는 많은 차이가 있다고 할 수 있습니다. [할수있다! 파워포인트 2007 쉽게 배우기]를 준비하면서 이런 점들을 알려주고 싶었습니다. 전문적으로 강의를 하는 강사의 입장이 아닌 기존 사용자들은 빠르게 적응하고, 처음 사용자들은 쉽게 이해할 수 있도록 파워포인트 2007에 내용들을 꼼꼼히 살펴보았습니다.

파워포인트 2007을 처음 접하면 이전과 다르게 화려하고 복잡해진 느낌을 받을 수 있습니다. 그러나 차분히 각각의 구성들을 살펴보면 동적인 슬라이드 제작을 위한 작업 속도 향상의 흔적들을 발견할 수 있습니다. 또한, 강력해진 그래픽 기능과 템플릿을 통해 처음 사용자들도 전문 디자이너 수준의 슬라이드 제작이 가능하게 되었습니다. 이런 점에서 꼭 필요로 하는 그래픽 프로그램의 의존도가 감소했다는 점은 개인적인 견해로 참으로 고맙게 생각하는 부분이기도 합니다.

관련 책이 나온 시점에서 현재는 아무런 생각도 나지 않습니다. 강의를 병행하면서 밤샘 작업으로 쉬고 싶다는 마음이 간절하지만 사실 두려운 마음도 많습니다. 그만큼 새로운 환경과 시스템을 검토하고 알려주는 작업에 대한 책임감과 의무감이 강하기 때문입니다. 이 책을 통해 필자의 생각과 마음처럼 기존 사용자와 프레젠테이션 문서를 처음 제작하는 사용자들도 파워포인트 2007의 새로운 환경과 기능이 얼마나 많은 장점을 가지고 있는지 느낄 수 있었으면 좋겠습니다. 또한, 필자가 이전에 언급한 "기본이 없는 전문가는 이 세상에 존재하지 않는다."라는 말처럼 [할수있다! 파워포인트 2007 쉽게 배우기]를 통해 기본을 충분히 익히고 활용할 수 있는 프레젠테이션 문서를 제작했으면 좋겠습니다.

끝으로 이 책이 나오기까지 힘들어하는 필자를 걱정하고 신경써준 학생들에게 감사와 많은 힘이 되었다는 말을 전하고 싶습니다. 또한, 처음 책을 시작할 때와 지금의 책을 만들기까지 여러 가지 조언을 아끼지 않은 리트머스 김학언 대리님, 영진닷컴 관계자 분께 고개 숙여 감사의 말을 전하고, 제 옆에서 항상 응원과 힘이 되어준 친구들과 여러 선생님, 우리 가족들이 있어 너무나 행복하고 감사하다는 말을 전하고 싶습니다.

양희정

Part 1

새로운 지식과 경험을 프레젠테이션으로 담아내는 파워포인트 2007 시작하기

지금까지 파워포인트는 기능의 향상과 새로운 인터페이스의 변화를 통해 프레젠터에게 작업의 극대화를 주고자 했습니다. 2007 Microsoft Office system에 포함된 Microsoft Office PowerPoint 2007은 새롭게 디자인된 사용자 인터페이스와 그래픽, 서식 지정 기능까지 기존 사용자에게 처음에는 익숙하지 않게 느낄 수 있지만, 몇 번의 클릭만으로 쉽게 원하는 프레젠테이션을 제작할 수 있음을 알 수 있습니다. Part 1에서는 그동안의 경험으로 새롭게 탄생한 파워포인트 2007을 이해하고 새로운 기능들을 살펴볼 것입니다.

Part 2

완벽한 프레젠테이션을 위한 파워포인트 2007의 기본 기능 익히기

프레젠테이션 문서를 제작하기 위해서는 파워포인트 2007을 이용해 슬라이드를 삽입하고 텍스트를 입력하는 방법을 알아야 합니다. 일반적으로 텍스트는 텍스트 상자를 이용해서 색을 넣거나 크기, 위치 등을 조절하여 슬라이드에 배치합니다. 또한, 이미지와 디자인 서식을 삽입하여 슬라이드를 더욱 화려하게 꾸밀 수 있습니다. Part 2에서는 달라진 파워포인트 2007을 이용해 프레젠테이션의 기본인 슬라이드에 텍스트와 여러 개체를 삽입하는 방법을 살펴볼 것입니다.

Part 3

전문 디자이너의 드로잉 기술을 이용한 도형 사로잡기

파워포인트 2007의 도형은 다양한 형태와 높은 수준의 디자인을 제공하고 있습니다. 또한 도형에 여러 가지 채우기 색이나 질감 효과 등을 부여할 수 있고, 그림자 효과나 3차원 효과를 이용하면 보다 입체적이고 개성 있는 도형을 만들 수 있습니다. Part 3에서는 도형을 드로잉하는 기본적인 방법과 도형으로 표와 차트 형식 등으로 만드는 방법을 살펴볼 것입니다.

Part 4

역동적인 슬라이드 제작을 위한 멀티미디어 기능 알아두기

프레젠테이션을 포함한 다양한 문서는 텍스트와 이미지 등을 이용해 동적인 느낌을 전달할 수 있지만, 소리나 영상을 통해서도 제작하는 경우가 많아지고 있습니다. 제품의 사용 방법이나 제작 과정 등을 텍스트와 이미지로 표현하기보다는 말과 연속적인 이미지들을 통해 청중을 설득시키는 것이 효과적이기 때문입니다. 또한, 워드아트와 클립 아트를 이용해 슬라이드를 더욱 멋지게 장식할 수 있습니다. Part 4에서는 슬라이드의 활력을 불어넣는 다양한 멀티미디어 기능에 대해 알아보고, Microsoft Office Online에서 필요한 소스들을 다운로드받아 삽입하는 방법을 살펴볼 것입니다.

Part 5

일목요연하게 정리하는 차트와 표로 슬라이드 꾸미기

프레젠테이션에서 청중의 빠른 이해를 돕는 차트와 표는 파워포인트에서 없어서는 안 되는 중요한 기능 중 하나입니다. 비교, 분석, 추이의 변화와 같이 데이터 흐름을 기간에 따라 쉽게 파악할 수 있도록 도와주는 갖가지 차트와 표는 파워포인트 2007 버전에서 더욱 향상되고 편리하게 사용할 수 있도록 변경되었습니다. Part 5에서는 이러한 기능들을 능숙하게 사용할 수 있도록 다양한 예제를 확인하고 제작하는 방법을 살펴볼 것입니다.

Part 6

애니메이션으로 청중의 시선을 자극하는 슬라이드 제작하기

좋은 프레젠테이션을 진행하기 위해서는 많은 준비도 필요하지만, 청중의 시선을 집중시킬 수 있는 분위기와 요소들이 필요합니다. 특히 정지되어 있는 슬라이드에 움직임과 소리를 삽입하면 청중들의 시선을 자극할 수 있습니다. 파워포인트 2007에서는 애니메이션을 이용해 그림, 차트, 텍스트 상자와 같은 개체에 움직임과 소리를 삽입할 수 있습니다. Part 6에서는 다이내믹한 분위기를 연출하기 위한 도형과 텍스트 상자, 표, SmartArt에 동적인 움직임을 주고, 슬라이드 전환에서는 어떤 효과를 적용해야 하는지 살펴볼 것입니다.

Part 7

슬라이드 쇼로 청중의 마음을 유혹하는 프레젠테이션 진행하기

파워포인트 2007로 제작된 슬라이드의 가장 큰 목적은 원하는 대상을 설득하고 목표하는 결과를 이끌어내는 것입니다. 결국, 제작된 슬라이드를 슬라이드 쇼를 통해 보여줄 수 있어야 합니다. 슬라이드 쇼는 단순히 전체 화면에서 주기도 하지만, 어떤 방법으로 진행을 할 것인지는 전적으로 프레젠터의 몫이라 할 수 있습니다. Part 7에서는 필요한 슬라이드를 골라서 프레젠테이션을 진행하는 방법과 녹음 기능을 이용해 발표자 없이도 자동으로 실행되는 슬라이드 쇼, 잉크 기능을 이용해 중요한 부분에 강조나 표시를 할 수 있는 방법에 대해 알아보겠습니다.

Part 8

슬라이드 마스터로 쉽고 간단하게 프레젠테이션 제작하고 인쇄하기

보편적으로 프레젠테이션 문서는 동일한 메뉴와 구조를 가지고 있으며, 파워포인트 2007의 [슬라이드 마스터]는 이러한 구조를 통해 쉽고 빠르게 문서를 제작할 수 있게 도와줍니다. 슬라이드에 삽입되는 배경 이미지나 회사 로고, 텍스트의 서식, 슬라이드 번호 등을 미리 지정해 놓으면 작업 시간을 단축시킬 수 있습니다. 또한 발표자의 진행을 도와주는 슬라이드 노트 마스터와 청중에게 발표할 내용을 자료로 배포할 수 있도록 도와주는 유인물 마스터가 있습니다. Part 8에서는 마스터의 종류와 화면 구성을 알아보고, 인쇄 방법에 대해 살펴볼 것입니다.

Part 9

다양한 응용 프로그램을 이용한 파워포인트 활용 노하우 알아보기

프레젠테이션 문서를 제작하기 위해서는 일반적으로 파워포인트만을 이용합니다. 그러나 전문가는 필요에 따라서 그래픽 프로그램인 포토샵이나 플래시를 이용해 높은 수준의 이미지를 제작하기도 하며, 파워포인트 2007과 연동이 용이한 엑셀이나 워드 2007을 이용하여 데이터를 가져올 수 있습니다. 또한, 기호와 특수 문자로 이루어져 구현하기 힘든 수식은 Microsoft Equation 3.0을 이용해야 합니다. Part 9에서는 다양한 응용 프로그램을 파워포인트에 활용할 수 있는지 살펴보고, 수식과 프로그램 개발 환경을 지원하는 VBA(Visual Basic for Application)의 사용 방법을 살펴볼 것입니다.

Book in the book

실무 디자인 감각으로 프레젠테이션 제작하기

파워포인트 2007로 프레젠테이션 문서를 만들기 위해서는 기획과 구성, 프로그램의 사용 방법을 알아야 합니다. 그러나 가장 중요한 것은 각각의 슬라이드에 사용하고자 하는 도형의 모양과 색상, 다양한 개체를 적절한 곳에 배치할 수 있는 감각입니다. 흔히 디자인 감각이라고 칭하는 이런 감각은 단시간에 배울 수 있는 내용은 아닙니다. 그러나 실무에서 활동하고 있는 전문가의 디자인 패턴이나 적용 방법, 프로그램의 사용 방법을 보는 것만으로도 좋은 경험이 될 수 있습니다. 여기에서는 슬라이드를 구성하는 색에 대한 개념에서 어떤 응용 프로그램을 사용하고 결과물로 표현하는지 살펴볼 것입니다.

PART 2

완벽한 프레젠테이션을 위한
파워포인트 2007의 기본 기능 익히기

프레젠테이션에서 명랑하고 신선한 느낌을 주고 싶다면 노란색을 사용하는 것이 좋습니다. 자칫 딱딱하고 무거운 느낌을 즐 수 있는 주제에 사용하면 분위기를 좀 더 밝게 만들어 줄 수 있는 색상입니다. 여기에 갈색과 코코아 색을 같이 사용하면 더욱 고급스러운 분위기를 연출할 수 있습니다.

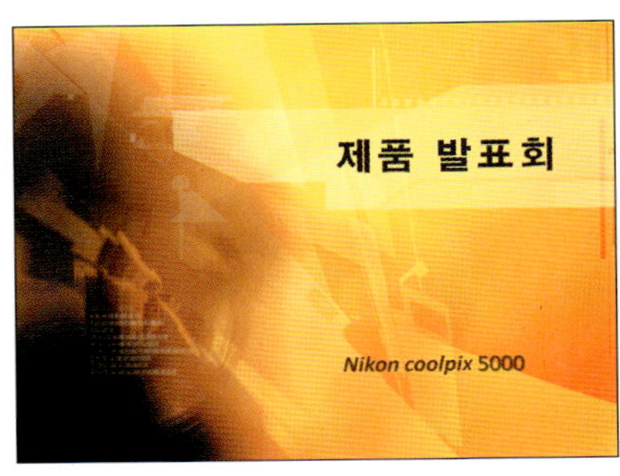

PART 3

전문 디자이너의 드로잉 기술을 이용한 도형 사로잡기

일반적으로 웹 사이트를 제작할 때 초록색과 더불어 가장 많이 사용하는 색상이 파란색입니다. 물과 하늘의 이미지를 가지고 있는 파란색은 전체적으로 청량감을 줄 수 있습니다. 해당 프레젠테이션 문서에서도 웹 사이트라는 주제와 연결되어 배경을 파란색으로 지정하였고, 흰색 텍스트로 부각시킬 내용을 강조하고 있습니다. 파란색은 어떤 분야를 막론하고 메인과 서브의 색상으로 많이 사용되고 있습니다.

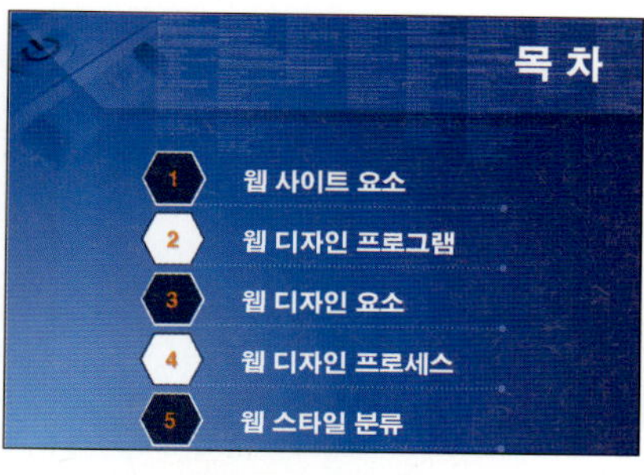

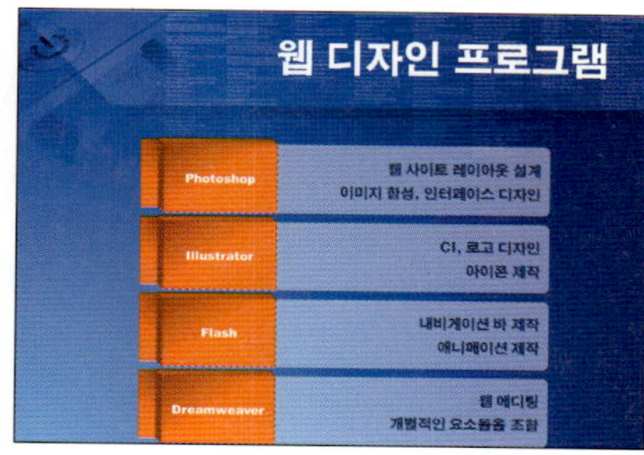

PART 4
역동적인 슬라이드 제작을 위한 멀티미디어 기능 알아두기

해당 프레젠테이션은 여성적인 느낌으로 미술관을 설명하고 있습니다. 미술관의 전경 사진에서 알 수 있듯이 화려하고 부드러운 느낌과 어울릴 수 있도록 프레젠테이션의 색상도 진한 분홍색과 자주색을 사용하였습니다. 특히 고채도의 자주색은 강렬한 느낌을, 저채도의 어두운 자주색은 클래식한 느낌을 줄 수 있습니다. 그러나 파란색과 달리 무난한 색은 아니므로 사용에 주의가 필요합니다.

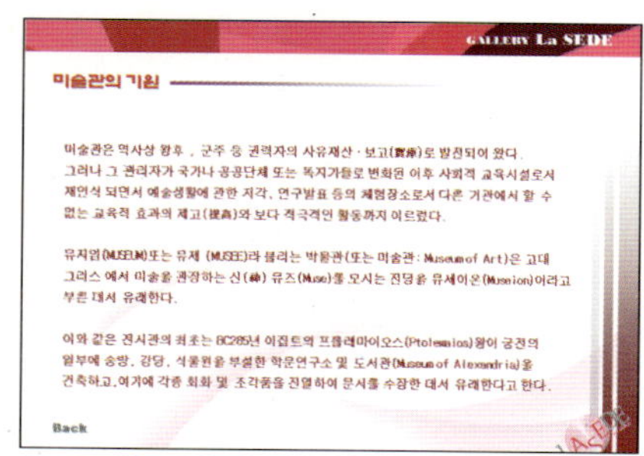

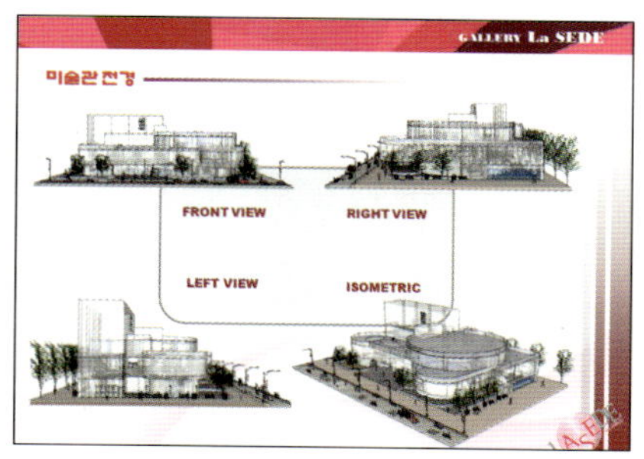

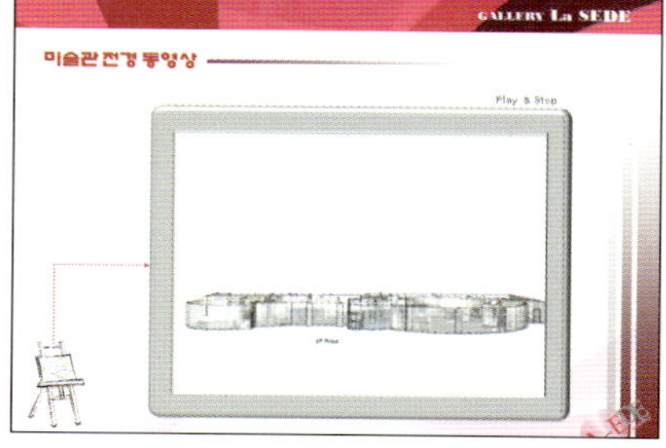

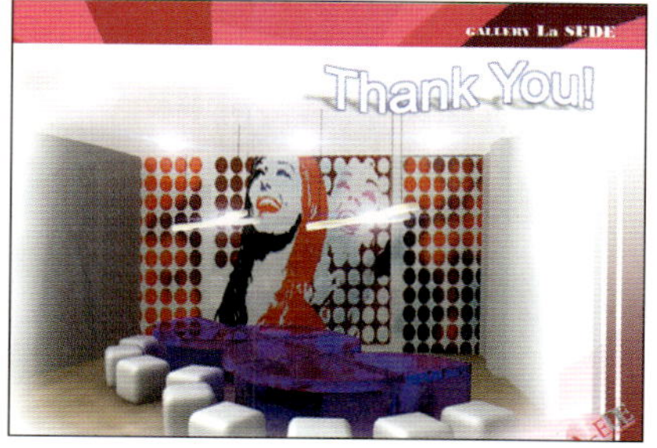

P A R T 5
일목요연하게 정리하는 차트와 표로 슬라이드 꾸미기

파란색과 더불어 가장 많이 사용하는 녹색은 건강과 자연이라는 이미지를 가지고 있습니다. 이런 이유로 해당 '비만과 다이어트' 라는 주제의 프레젠테이션에서도 녹색을 사용했습니다. 자유롭게 배색을 하고 싶다면 흰색을, 선명한 느낌을 전달하고 싶다면 보색 대비를 위해 빨간색을 이용하면 좋습니다. 전체적으로 녹색은 눈의 피로감을 덜어주기 때문에 무난히 사용할 수 있는 색상입니다.

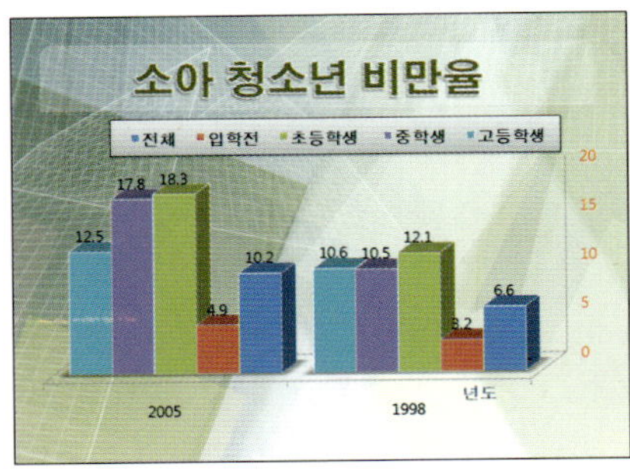

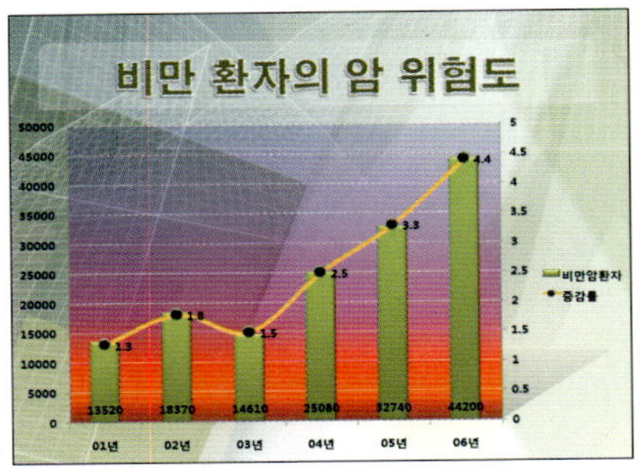

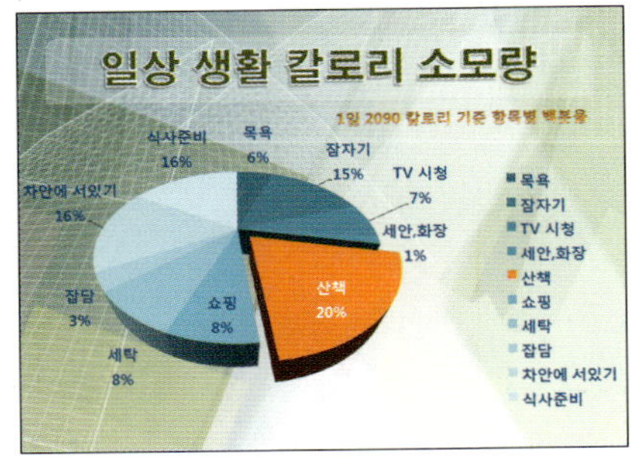

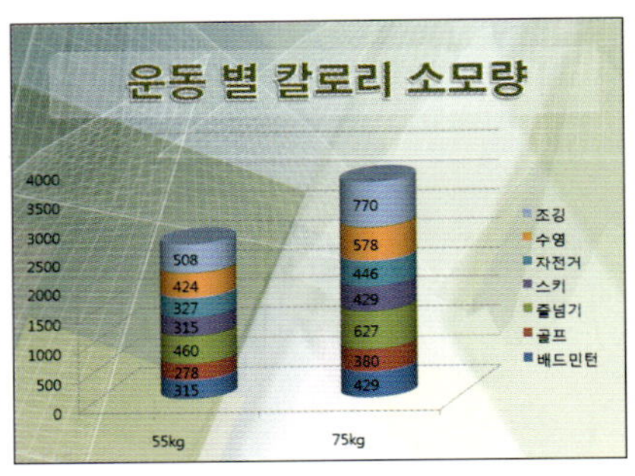

P A R T 6
애니메이션으로 청중의 시선을 자극하는
슬라이드에 생동감 불어넣기

해당 프레젠테이션에서 사용한 보라색은 일상생활에서 흔히 볼 수 있는 색상은 아닙니다. 그러나 우아한 느낌과 신비롭고 환상적인 이미지를 강조할 수 있으며, 여성적인 이미지와 연결하여 사용하면 효과적입니다. 다소 어둡게 보일 수 있기 때문에 텍스트와 도형에 대한 색상 결정이 중요합니다.

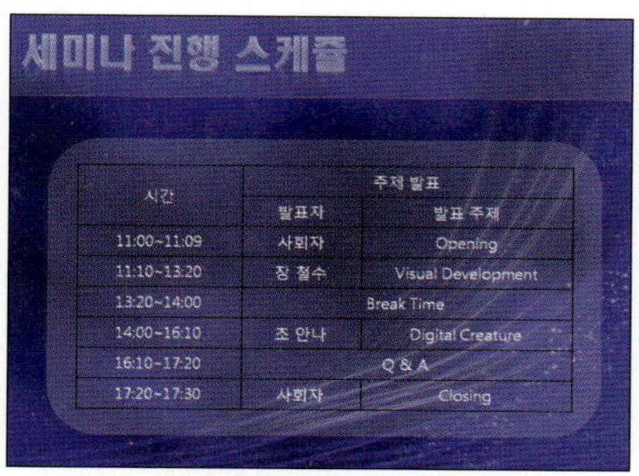

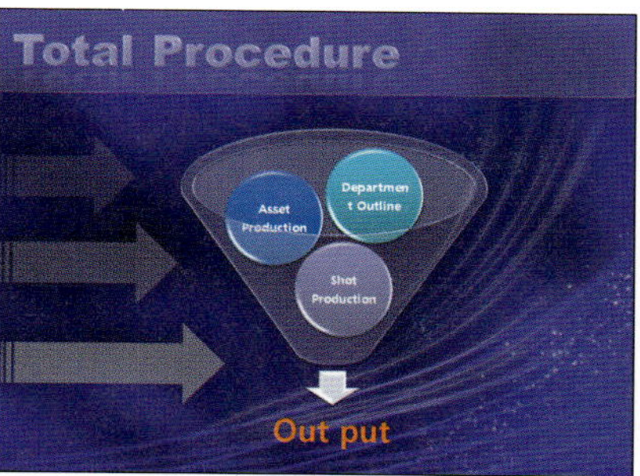

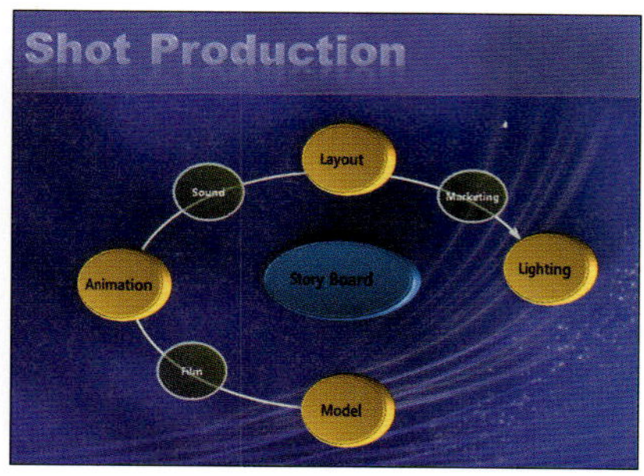

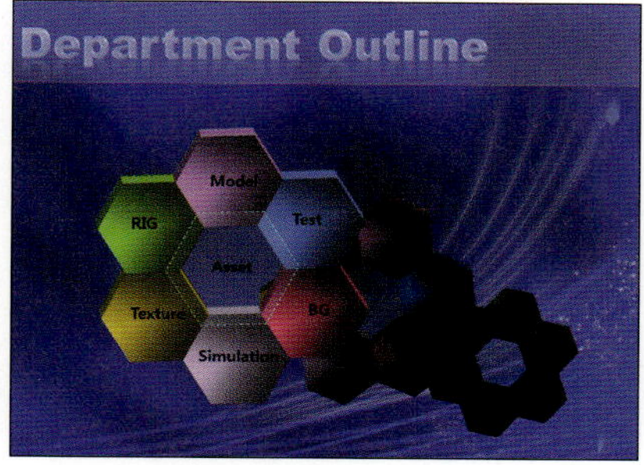

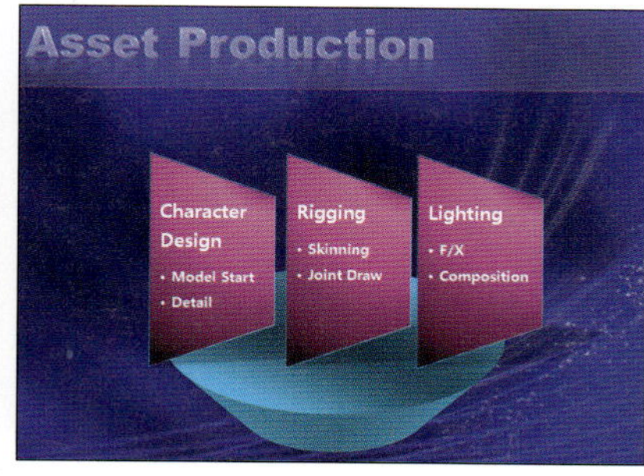

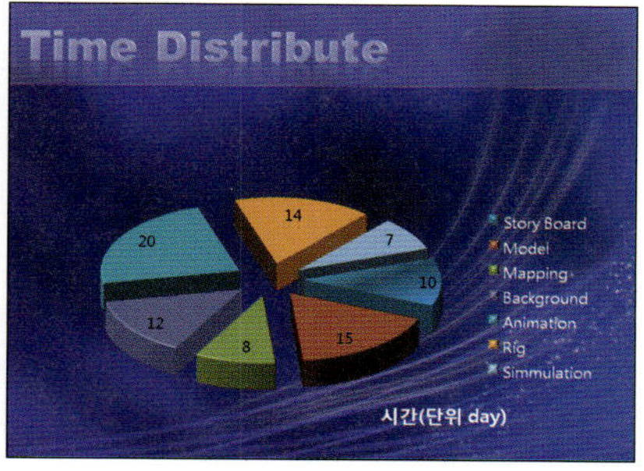

PART 7

슬라이드 쇼로 청중의 마음을 유혹하는
프레젠테이션 진행하기

아기 사진을 촬영하는 스튜디오를 부각시키기 위해 많은 사진을 배치하고 있으며, 흰색의 테두리를 통해 중앙으로 시선을 집중시키고자 했습니다. 또한, 밝고 선명한 노란색과 주황색을 사용하였고 너무 밝은 느낌을 피하기 위해 꽃과 유럽풍의 건물 이미지를 함께 삽입하여 아기 사진에 맞게 아기자기한 느낌과 전체적으로 활기찬 느낌을 받을 수 있도록 제작하였습니다.

PART 8
슬라이드 마스터로
쉽고 간단하게 프레젠테이션 제작하고 인쇄하기

해당 프레젠테이션은 실내 디자인이라는 주제로 제작되었으며, 내추럴한 이미지를 전달하기 위해서 연두색 계열과 부분적으로 진한 녹색을 사용하고 있습니다. 노란색과 함께 배색하는 경우도 많이 볼 수 있으며, 하이테크한 이미지를 표현하기 위해서 자주 사용하는 색상입니다. 여기에 빨간색으로 포인트를 주어서 청중들의 시선을 집중시킬 수 있는 슬라이드를 제작하였습니다.

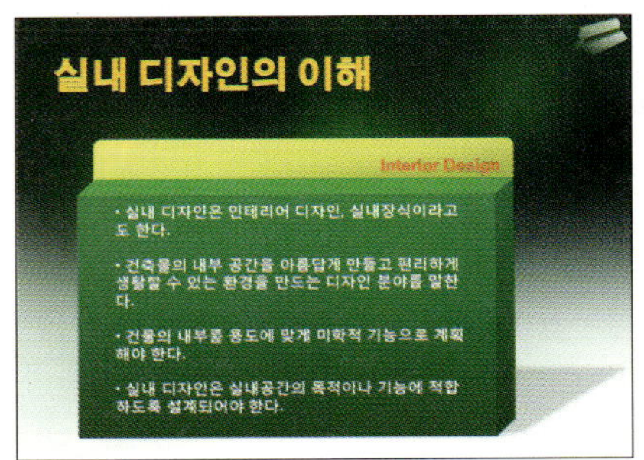

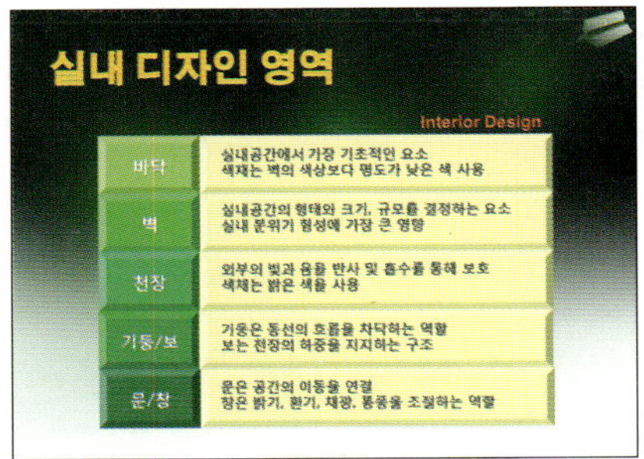

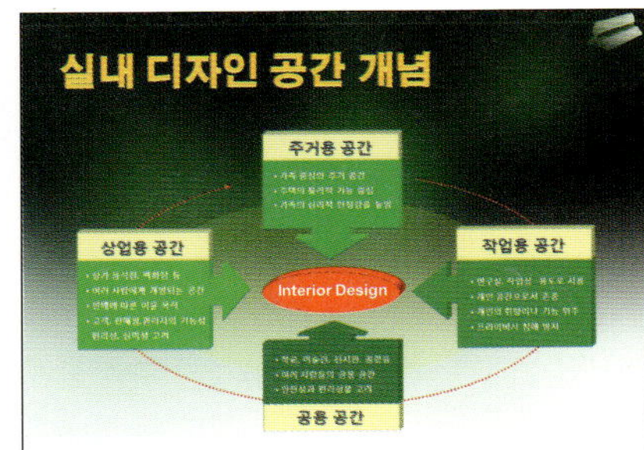

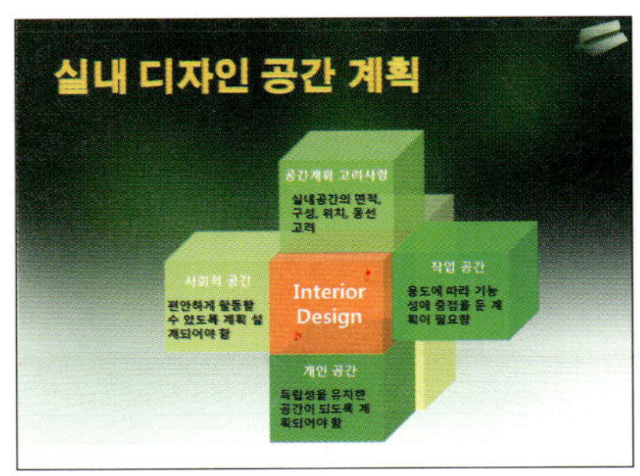

P A R T 9
다양한 응용 프로그램을 이용한 파워포인트 활용 노하우 알아보기

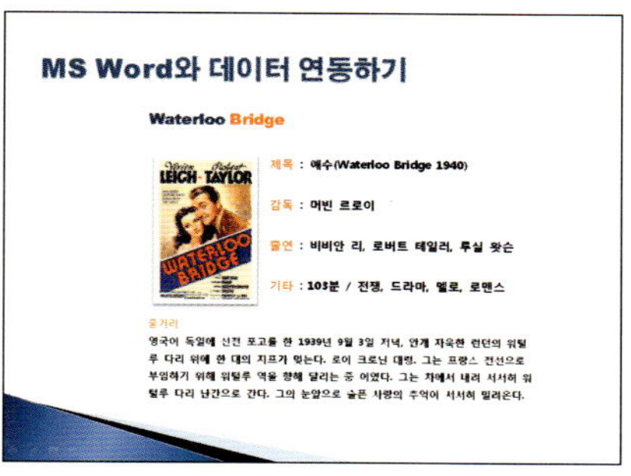

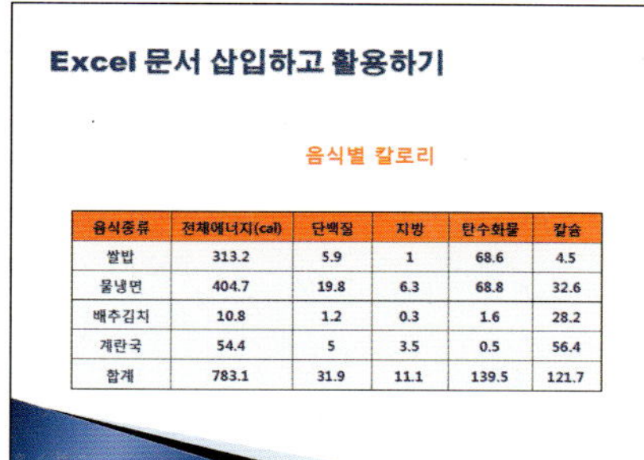

플래시 무비 삽입하기

워드 문서 삽입하기

엑셀 문서 삽입하기

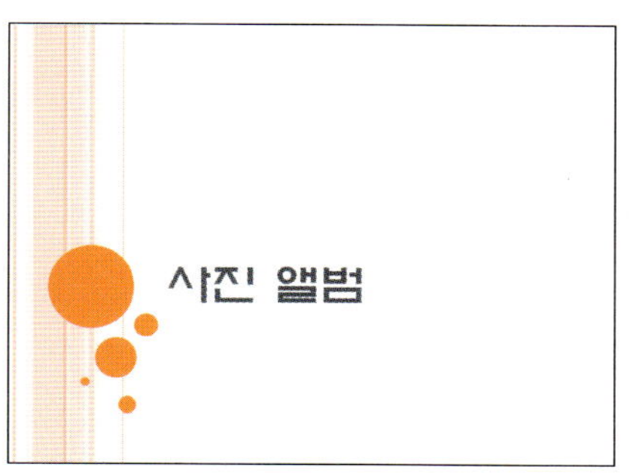

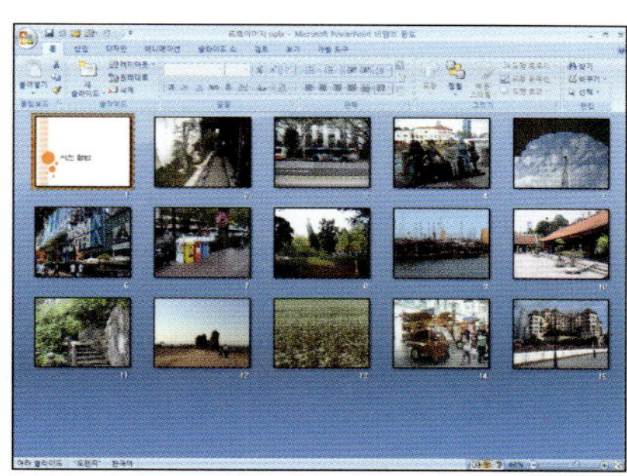

수식 삽입하기

사진 앨범을 위한 제목 슬라이드

자동으로 만들어진 사진 앨범

B O O K   I N   T H E   B O O K
실무 디자인 감각으로 프레젠테이션 제작하기

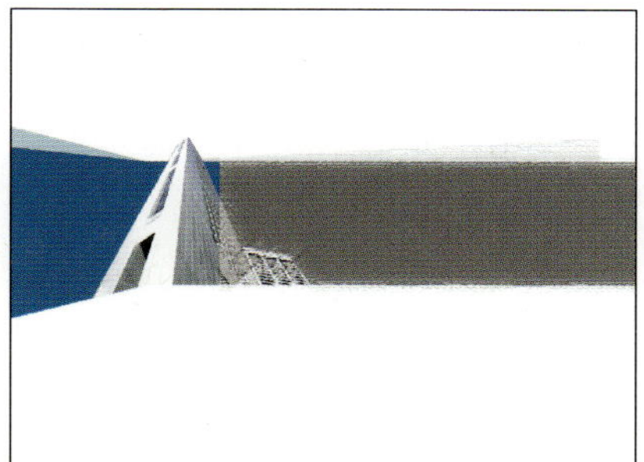

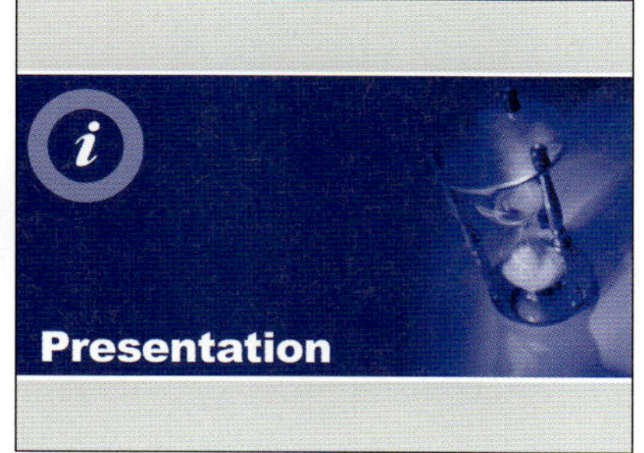

플래시로 제작된 인트로 슬라이드

포토샵을 이용한 인트로 슬라이드

간단하게 제작된 달력

이 책을 보는 방법

이 책은 파워포인트 2007을 처음 접하는 독자도 쉽게 배울 수 있도록 따라하기 형태로 구성하였습니다. 각 Part 시작 부분에서 Intro 코너를 마련하여 Part에서 다루는 전반적인 내용을 한눈에 파악할 수 있도록 하였고, 따라하기 단계에서 필요한 부연 설명이나 주의해야 할 사항은 '주목', '공부하세요' 등의 요소로 구성하였습니다. '혼자서도 할 수 있다!' 코너에서는 본문에서 다루지 못한 업그레이드된 내용을 소개합니다.

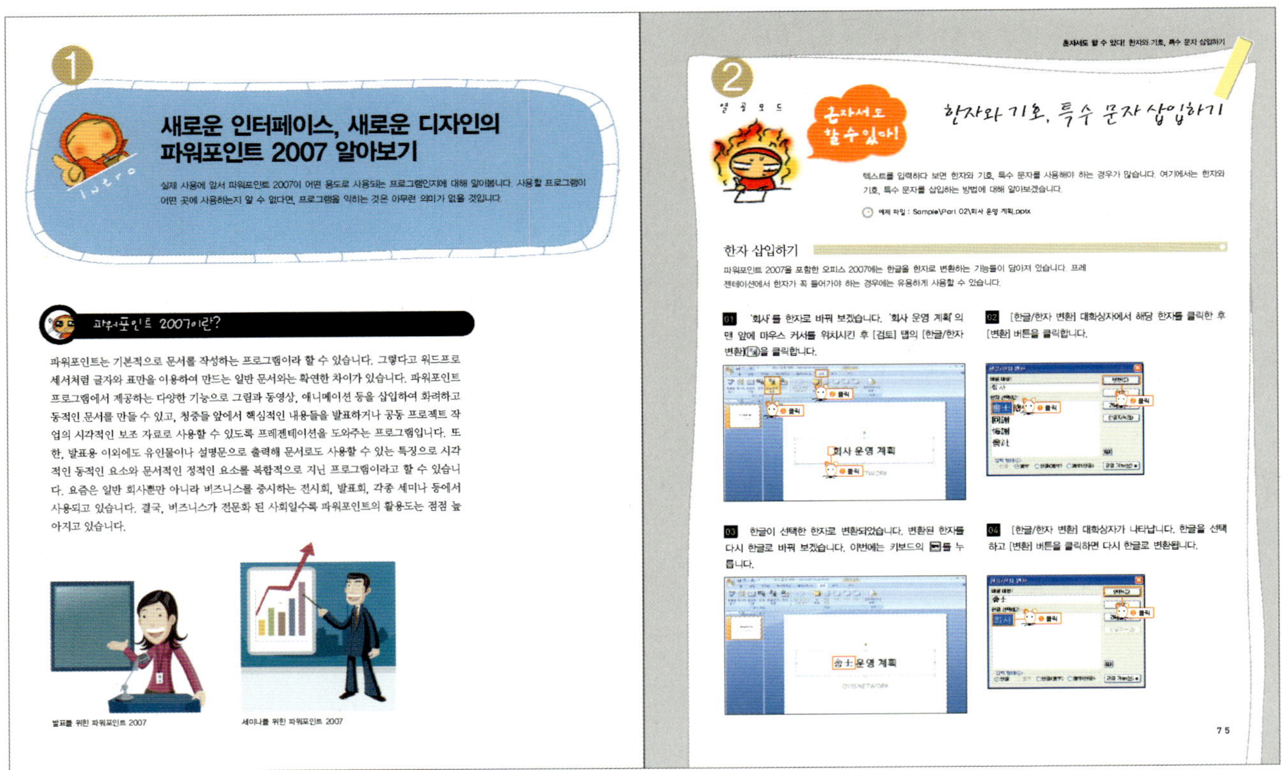

① Intro

각 Part 시작 부분에 배치하여 Part 안에서 어떤 내용을 다루는지 한 눈에 파악할 수 있도록 구성하였습니다.

② 혼자서도 할 수있다!

파워포인트 2007의 특별한 기능이나 해당 Part에서 사용했던 툴과 메뉴를 200% 활용할 수 있는 내용으로 구성합니다.

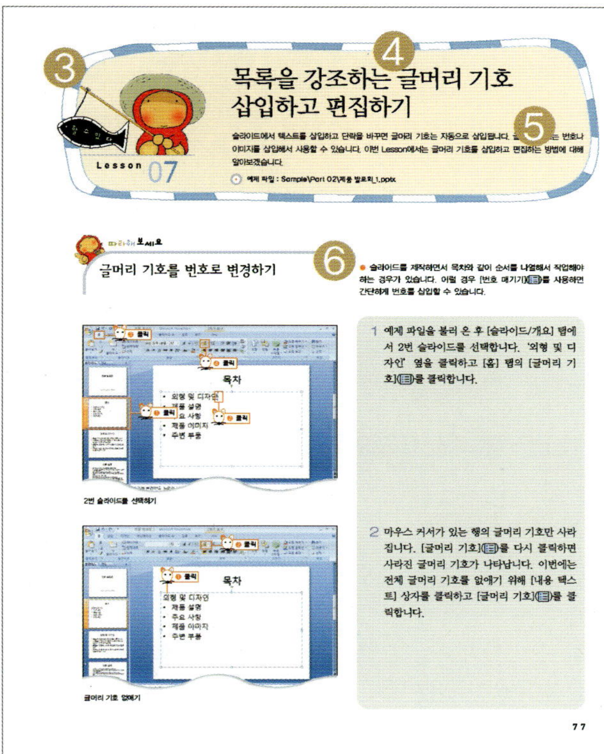

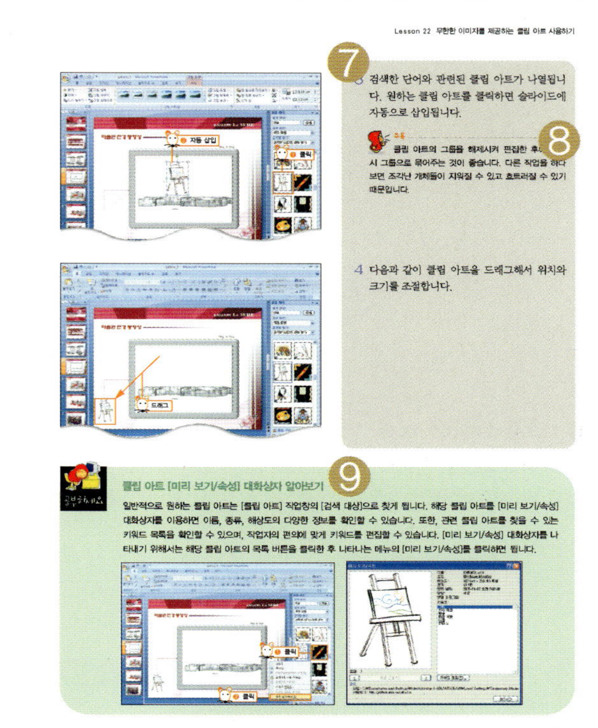

③ Lesson

파워포인트 2007의 다양한 기능을 Lesson으로 나누어 구성하였습니다. Lesson을 하나씩 따라하다 보면 어느새 파워포인트 2007의 기능을 마스터할 수 있게 될 것입니다.

④ Lesson 제목

이번 Lesson에서 배우게 될 내용에 대한 제목입니다.

⑤ Lesson 설명

이번 Lesson에서 배우게 되는 내용에 대해 간략하고 쉽게 설명합니다.

⑥ 작은 제목과 설명

따라하기 과정에서 배우게 되는 내용에 대해 구체적으로 설명합니다.

⑦ 따라하기 과정

하나하나 쉽게 따라해 볼 수 있도록 자세하게 설명합니다.

⑧ 주목

따라하기 과정과 관련해 주의 또는 참고해야 할 사항을 알려주거나, 본문의 부연 설명이나 저자만의 알짜배기 노하우를 공개합니다.

⑨ 공부하세요

파워포인트 2007에서 사용 중인 툴 및 대화상자에 대한 옵션 설명, 기타 알아두면 좋을 다양한 내용을 소개합니다.

이 책의 부록 CD에는 파워포인트 2007 기본과 활용을 위한 다양한 예제 파일과 프레젠테이션 문서에 배경이나 스타일을 적용시킬 수 있는 좋은 품질에 디자인 서식 파일들이 담아져 있습니다.

예제 파일 설치하기

부록 CD에 Sample.exe를 더블릭한 후 [알집 EXE] 대화상자가 나타나면 경로를 확인하거나 지정한 후 [압축풀기] 버튼을 클릭합니다. 탐색기를 이용해 해당 경로에 예제 파일이 설치되어 있는지 확인합니다.

무료 디자인 서식 파일 사용하기

프레젠테이션 디자인 전문회사인 (주)피티라인(http://www.ptline.com/)에서 독자 여러분에게 좋은 품질에 다양한 디자인 서식 파일을 제공하고 있습니다. 도서의 내용을 익힌 다음 여러분에 프레젠테이션 문서에 적용해 보세요. 관련 파일은 부록 CD의 Template 폴더에 담아져 있습니다. 또한 (주)피티라인(http://www.ptline.com/) 홈페이지를 통해서도 다양한 디자인 서식 파일을 다운로드 받을 수 있습니다. 피티라인 홈페이지에 접속한 후 회원가입을 하고 [무료템플릿]을 클릭하면 별도로 파일들을 다운로드 받을 수 있습니다.

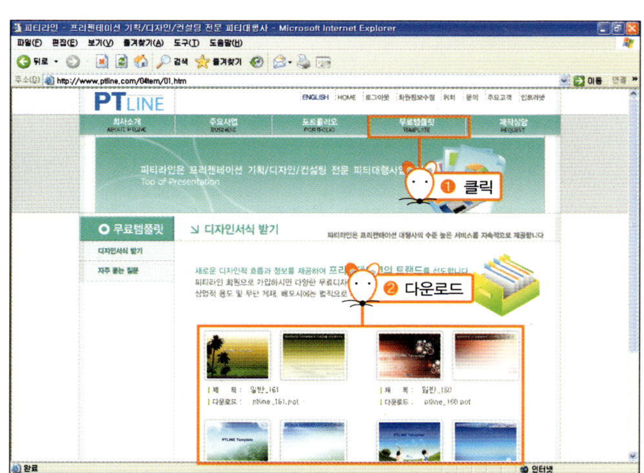

이 책의 목차

PART 1

새로운 지식과 경험을 프레젠테이션으로 담아내는 파워포인트 2007 시작하기 27

PART 2

완벽한 프레젠테이션을 위한
파워포인트 2007의 기본 기능 익히기　　65

PART 3

전문 디자이너의 드로잉 기술을 이용한 도형 사로잡기   143

PART 4

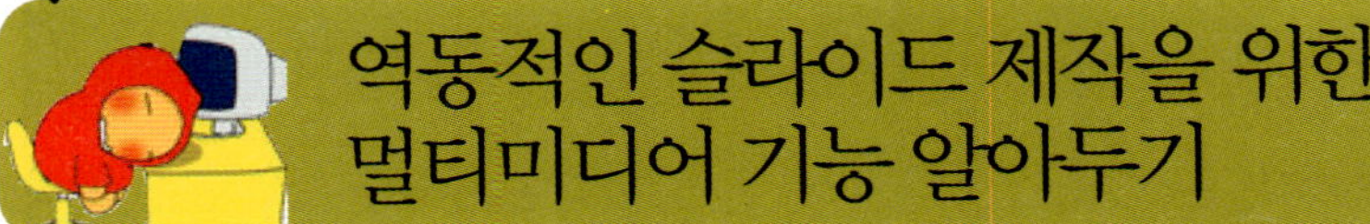

역동적인 슬라이드 제작을 위한
멀티미디어 기능 알아두기 205

PART 5

일목요연하게 정리하는 차트와 표로 슬라이드 꾸미기 · 249

PART 6

애니메이션으로 청중의 시선을 자극하는 슬라이드 제작하기

311

PART 7

슬라이드 쇼로 청중의 마음을 유혹하는 프레젠테이션 진행하기 345

PART 8

슬라이드 마스터로 쉽고 간단하게
프레젠테이션 제작하고 인쇄하기　　381

PART 9

다양한 응용 프로그램을 이용한 파워포인트의 활용 노하우 알아보기

Book in the Book

실무 디자인 감각으로 프레젠테이션 제작하기

455

Part

새로운 지식과 경험을 프레젠테이션으로 담아내는 파워포인트 2007 시작하기

지금까지 파워포인트는 기능의 향상과 새로운 인터페이스의 변화를 통해 프레젠터에게 작업의 극대화를 주고자 했습니다. 2007 Microsoft Office system에 포함된 Microsoft Office PowerPoint 2007도 인상적인 동적 프레젠테이션을 제작할 수 있도록 워크플로(WorkFlow)의 통합으로 다른 작업자의 공유를 쉽게 하고 있습니다. 새롭게 디자인된 사용자 인터페이스와 그래픽, 서식 지정 기능까지 기존 사용자에게 처음에는 익숙하지 않게 느낄 수 있지만, 몇 번의 클릭만으로 쉽게 원하는 프레젠테이션을 제작할 수 있음을 알 수 있습니다. 이번 Part에서는 그동안의 경험으로 새롭게 탄생한 파워포인트 2007을 이해하고, 새로운 기능들을 살펴보겠습니다.

새로운 인터페이스, 새로운 디자인의 파워포인트 2007 알아보기

실제 사용에 앞서 파워포인트 2007이 어떤 용도로 사용되는 프로그램인지에 대해 알아봅니다. 사용할 프로그램이 어떤 곳에 사용하는지 알 수 없다면, 프로그램을 익히는 것은 아무런 의미가 없을 것입니다.

파워포인트란?

파워포인트는 기본적으로 문서를 작성하는 프로그램이라 할 수 있습니다. 그렇다고 워드프로세서처럼 글자와 표만을 이용하여 만드는 일반 문서와는 확연한 차이가 있습니다. 파워포인트 프로그램에서 제공하는 다양한 기능으로 그림과 동영상, 애니메이션 등을 삽입하여 화려하고 동적인 문서를 만들 수 있고, 청중들 앞에서 핵심적인 내용들을 발표하거나 공동 프로젝트 작업의 시각적인 보조 자료로 사용할 수 있도록 프레젠테이션을 도와주는 프로그램입니다. 또한, 발표용 이외에도 유인물이나 설명문으로 출력해 문서로도 사용할 수 있는 특징으로, 시각적인 동적인 요소와 문서적인 정적인 요소를 복합적으로 지닌 프로그램이라고 할 수 있습니다. 요즘은 일반 회사뿐만 아니라 비즈니스를 중시하는 전시회, 발표회, 각종 세미나 등에서 사용되고 있습니다. 결국, 비즈니스가 전문화된 사회일수록 파워포인트의 활용도는 점점 높아지고 있습니다.

발표를 위한 파워포인트 2007

세미나를 위한 파워포인트 2007

프레젠테이션은 무엇인가?

그렇다면 파워포인트로 제작된 프레젠테이션은 무엇일까요? 프레젠테이션은 '소개, 발표, 표현, 공개'의 뜻으로 자신이 전달하고자 하는 생각과 핵심적인 정보를 청중들에게 효과적으로 전달해 주는 것을 의미합니다. 프레젠테이션은 발표자가 의도하는 정보를 대상자들에게 쉽고 빠르게 이해하도록 해야 합니다. 따라서 짧은 시간 내에 효과적으로 정보를 전달하기 위해서는 목적과 상황 및 대상에 적합한 자료를 준비해야 합니다. 여기에서 메시지를 전달함에 있어 가장 중요한 것은 정보를 전달하고자 하는 대상이나 단체의 특성을 미리 파악해서 상대방이 갖고 있는 니즈, 의도, 예상 등을 정확하게 알고 있어야 하고, 계획된 정보 전달 과정에서 일어날 수 있는 예상 질문과 문제점들을 염두에 두어 프레젠테이션의 내용을 준비해야 합니다.

프레젠테이션 문서는 텍스트를 요약하여 간단하면서도 핵심적인 내용만을 나타내는 것과 자료가 한 눈에 들어오도록 표와 그림을 활용하는 것이 특징입니다. 프레젠테이션을 하기 위해서는 파워포인트 프로그램 이외에도 필요한 장비들이 필요합니다. 바로 스크린(Screen)과 프로젝터(Projector)입니다. 프로젝터를 컴퓨터와 연결하고 스크린을 통해 관련 자료를 보면서 발표를 시작할 수 있습니다.

프레젠테이션을 위한 스크린

프레젠테이션을 위한 프로젝터

프레젠테이션 제작에서 무엇이 중요한가?

프레젠테이션을 제작할 때 무엇보다 중요한 것은 명확하고 간결한 메시지 구성입니다. 일반적으로 제목 페이지는 인쇄 매체 광고의 헤드라인 카피와 같은 역할을 하기 때문에 16pt 이상의 큰 텍스트로 구성을 하면서 1~2줄을 넘지 않도록 해야 합니다. 또한, 한 장의 슬라이드에는 하나의 메시지만을 전달하는 것이 좋습니다. 너무 많은 내용을 한꺼번에 보여주려고 하면 오히려 산만해지는 경향이 있기 때문에 주의해야 하고, 같은 내용이 여러 번 반복되는 것을 반드시 피하면서 핵심만을 최대한으로 강조해야 합니다.

제목 슬라이드

간결하고 핵심만을 알려주는 슬라이드

실무에서 사용하는 파워포인트

파워포인트는 학생들의 리포트로도 사용되고 회사에서는 보고서를 작성할 때도 사용됩니다. 그렇지만, 실무에서는 단순한 용도가 아닌 고급 기능으로 다양하게 사용되고 있으며 그 영역 이 점차 확장되어 가고 있습니다.

● 사업 계획서와 회사 소개서

회사나 기업에서는 대부분 파워포인트를 이용해 프레젠테이션을 제작하고 있습니다. 일반적 인 업무 보고에서 마케팅 전략, 사업 계획까지 회사 내에서 필요한 보고용 문서는 파워포인트 로 작성한다고 해도 과언이 아닐 것입니다. 파워포인트 2007에서는 'PowerPoint XML' 파일 형식으로 저장할 수 있는 기능이 추가되어 정보 보안이 더욱 강력해졌고 관리 기능이 향상되 었습니다. 그러므로 중요한 업무 정보는 보안을 유지한 채 빠르게 공유할 수 있게 되었습니다.

보안이 필요한 사업 계획서

● 신제품 발표회와 세미나

신제품이나 전시를 위한 특별한 장소를 살펴보면 발표자가 없이도 상품 안내에서 정보까지 자동으로 진행되는 프레젠테이션을 본 적이 있을 것입니다. 이것은 파워포인트를 이용해 문서를 자동으로 실행될 수 있도록 설정했기 때문입니다. 이렇게 시간에 구애를 받지도 않고도 홍보용이나 전시용으로 유용하게 사용할 수도 있습니다. 또한, 학회나 회사의 연구발표를 토대로 전체 회원들과 조직원들이 토론하는 방식의 세미나에서도 파워포인트는 매우 유용하게 쓰이고 있습니다.

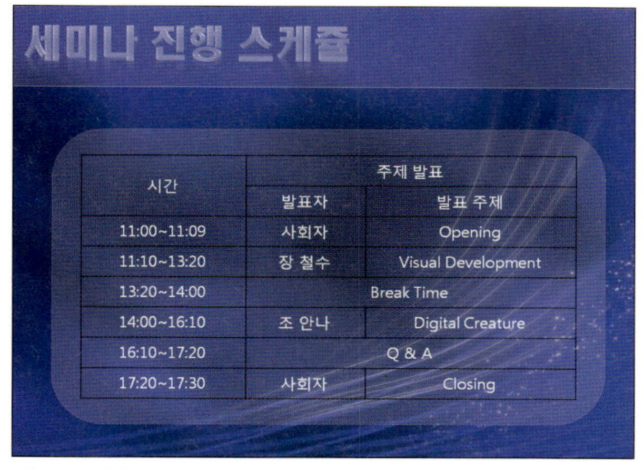

세미나를 위한 프레젠테이션

● 통계와 분석 자료

파워포인트 2007에서 제공하는 표와 차트의 메뉴를 이용하면 엑셀 프로그램을 사용하지 않고도 비교 분석을 나타내는 슬라이드와 통계를 위한 슬라이드를 제작할 수 있습니다. 파워포인트 2007에서 더욱 막강해진 표와 차트의 기능을 익히고 활용할 수 있다면 엑셀 프로그램이 부럽지 않은 프레젠테이션을 완성할 수 있습니다.

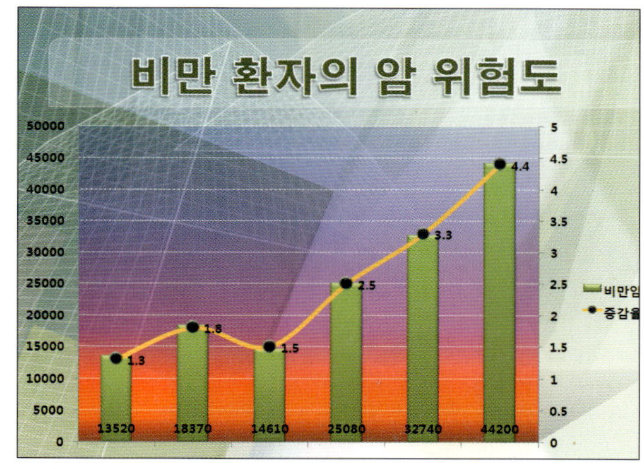

표와 차트 기능으로 제작된 프레젠테이션

● 여러 확장자로 전환할 수 있는 프레젠테이션

프레젠테이션을 발표할 장소에 파워포인트 프로그램이 설치되어 있지 않은 경우를 생각해서 여러 가지 확장자를 가진 프레젠테이션을 제작할 수 있습니다. 원본 프레젠테이션 파일은 없지만 자동으로 슬라이드 쇼를 진행할 수 있게 해주는 PPS 파일이나 Adobe Reader 프로그램만 있으면 언제든지 열어 볼 수 있는 PDF 파일로도 전환할 수 있습니다. 또한, 웹 전용 파일인 HTML 파일로 전환하여 웹 계정에 업로드하면, 인터넷이 가능한 곳에서 프레젠테이션을 실행할 수 있습니다.

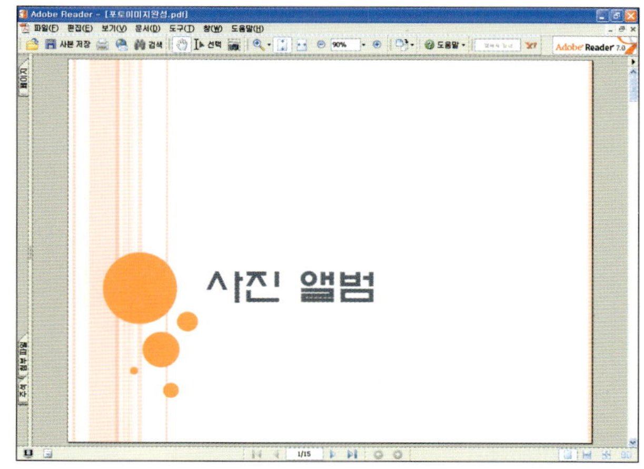

PDF 파일로 전환된 프레젠테이션

새로운 시작을 위한
파워포인트 2007 설치 방법 알아보기

일반적으로 Microsoft Office Home and Student 2007을 설치하면 파워포인트 이외에도 워드나 엑셀 등의 오피스 프로그램이 같이 설치됩니다. 여기에서는 모든 오피스 프로그램을 동시에 설치하는 기본 설치 방법에 대해 알아봅니다.

Lesson 01

따라해 보세요

Microsoft Office Home and Student 2007 설치하기

● 파워포인트 2007을 포함한 워드와 엑셀 2007을 동시에 설치하는 방법을 알아보겠습니다. 먼저 CD-ROM에 Microsoft Office 2007 설치 CD를 삽입한 후 설치를 시작해야 합니다.

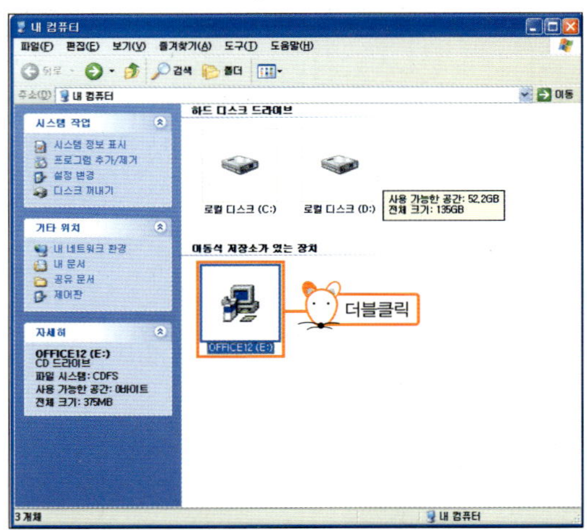

1 [Microsoft Office Home and Student 2007] 설치 CD를 CD-ROM 드라이브에 삽입한 후 윈도우 탐색기를 이용하여 CD-ROM을 더블클릭합니다. 설치 CD를 삽입한 후 자동으로 설치 준비를 위한 대화상자가 나타나면 ④번 과정으로 넘어갑니다.

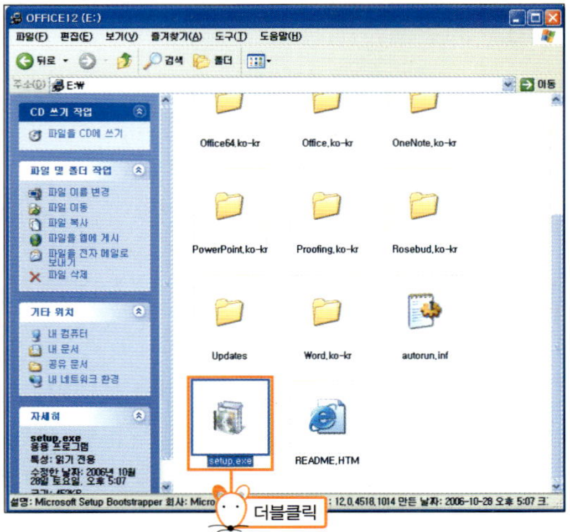

2 [Microsoft Office Home and Student 2007] 설치 CD에서 'SETUP.EXE'를 더블클릭합니다.

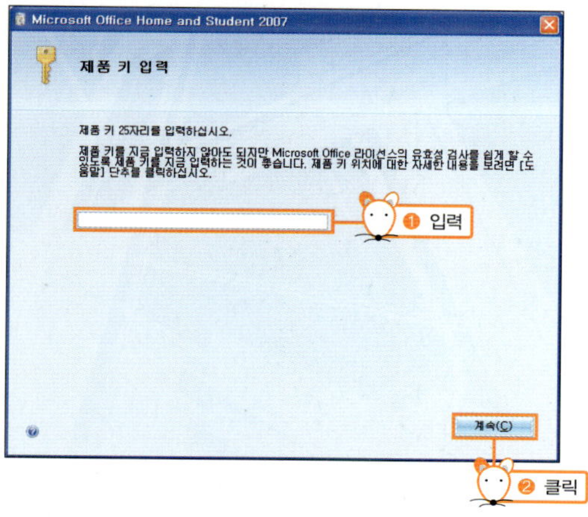

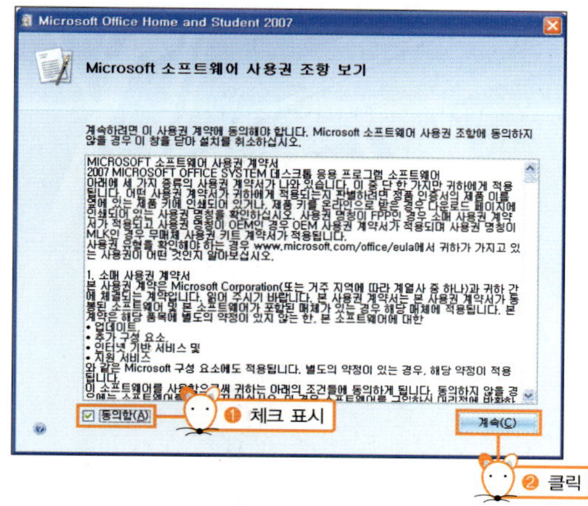

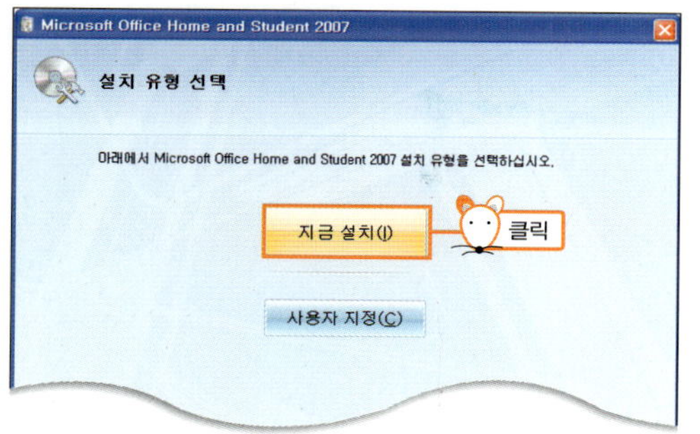

3 설치 준비를 위한 대화상자가 나타나면 잠시 기다립니다.

4 '제품 키 입력'을 위한 대화상자가 나타나면 제품 키를 입력한 후 [계속] 버튼을 클릭합니다.

> **주목**
> [Office Online] 홈페이지에서 평가판으로 다운로드 받은 사용자는 반드시 홈페이지에서 알려준 제품 키를 입력해야 합니다.

5 프로그램 사용을 위한 사용권 계약서입니다. 꼼꼼히 확인한 후 [동의함]에 체크 표시하고 [계속] 버튼을 클릭합니다.

6 설치 유형을 선택하는 대화상자가 나타나면 [지금 설치]를 클릭합니다.

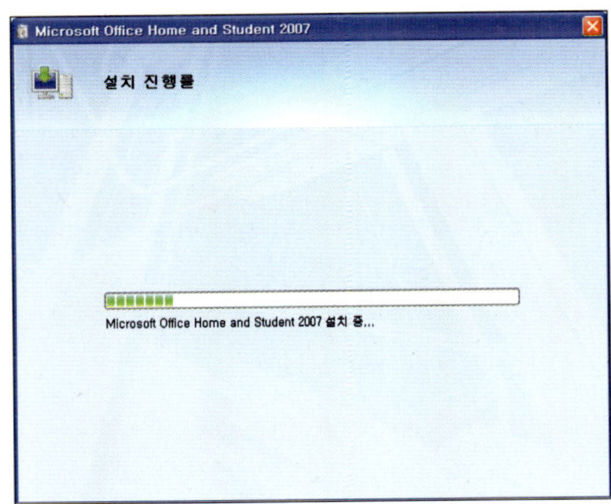

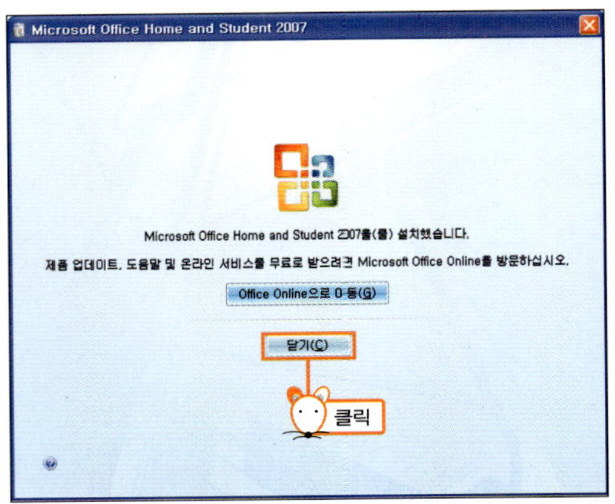

7 [Microsoft Office Home and Student 2007]을 설치하는 대화상자가 나타납니다. 설치하는 시간은 사용자의 컴퓨터에 따라 차이가 있을 수 있습니다. 설치가 끝날 때까지 기다립니다.

8 설치가 완료되었다는 대화상자가 나타나면 [닫기] 버튼을 클릭합니다.

주목

파워포인트 2007만 설치하기

설치 CD를 삽입한 후 설치 유형을 선택하는 대화상자에서 [지금 설치]가 아닌 [사용자 지정]을 클릭하면 파워포인트 2007만 설치할 수 있습니다.

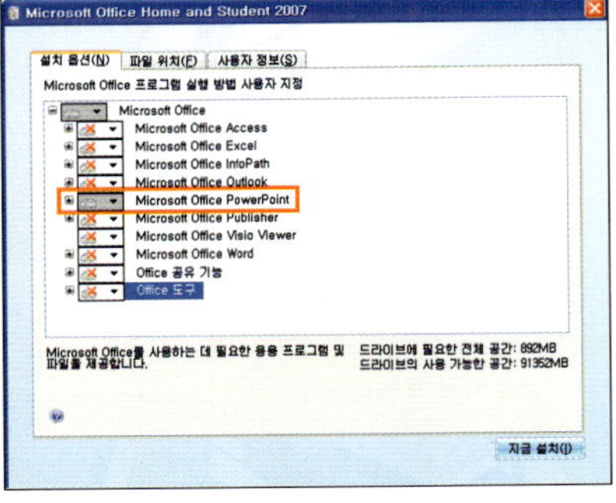

파워포인트 2007이 포함된 오피스 2007 평가판 다운로드 받기

● 마이크로소프트 사에서 운영하는 [Office Online] 홈페이지를 통해 평가판을 다운로드 받을 수 있습니다. 평가판은 일정 기간 동안 사용이 가능하며, 정상적인 사용을 위해서 정식 제품을 구입해야 합니다. 평가판을 다운로드 하기 위해서는 Windows Live ID가 필요합니다. 기존에 MSN 메신저 사용자들은 해당 메일 주소로 로그인하면 됩니다. 다음의 내용은 해당 홈페이지의 차후 정책에 따라서 부분이나 전체적으로 변경될 수 있습니다.

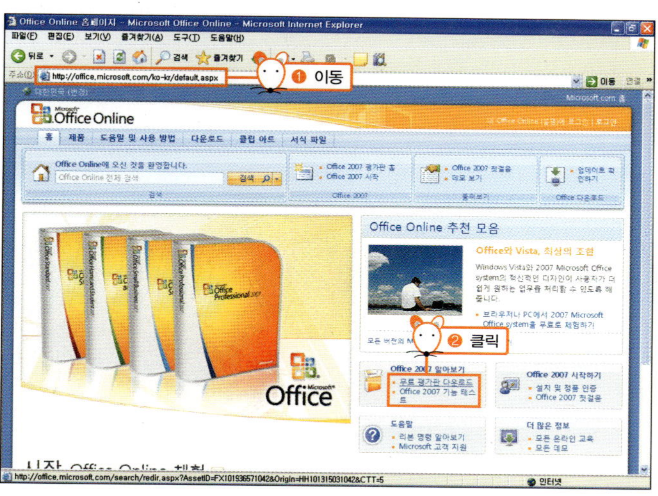

1 웹 브라우저를 실행한 후 마이크로소프트 오피스시스템(http://office.microsoft.com/ko-kr/default.aspx)으로 이동합니다. 그런 다음 [다운로드] 클릭하거나 [무료 평가판 다운로드]를 클릭합니다.

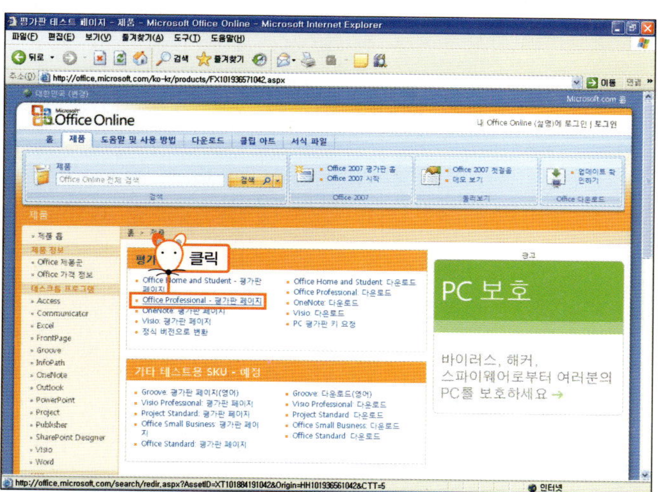

2 [평가판 포털 페이지]에서 원하는 제품을 클릭합니다. 여기에서는 [Office Professional – 평가판 페이지]를 클릭합니다.

주목

평가판 제품 키를 분실한 경우에는 [평가판 포털 페이지]의 [PC 평가판 키 요청]을 클릭하여 새로운 제품 키를 부여받을 수 있습니다.

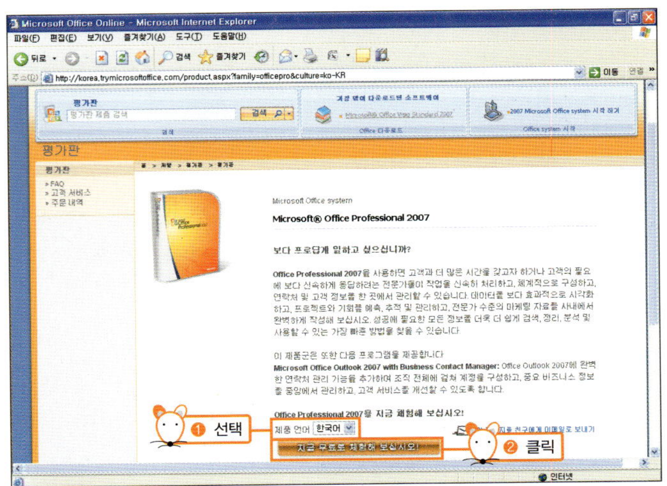

3 제품 언어를 선택한 후 [지금 무료로 체험해 보십시오!]를 클릭합니다.

4 평가판 다운로드를 위해서는 로그인이 필요합니다. 메일 주소와 암호를 입력한 후 로그인을 합니다.

5 평가판 다운로드를 위한 등록이 필요합니다. 고객 정보를 입력한 후 [계속]을 클릭합니다.

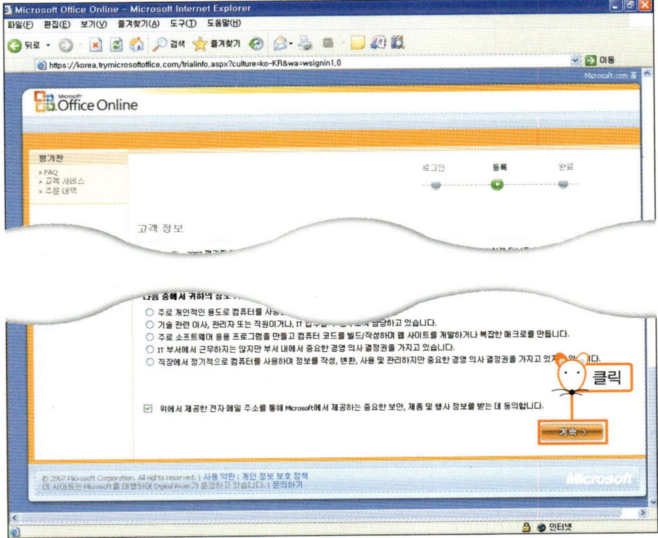

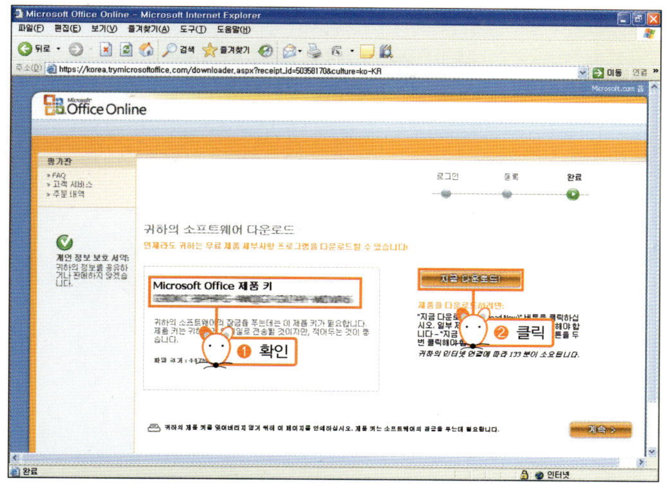

6 평가판 설치를 위한 제품 키를 확인할 수 있습니다. 별도로 메모를 하거나 해당 페이지를 출력하여 보관해야 합니다. [지금 다운로드]를 클릭합니다.

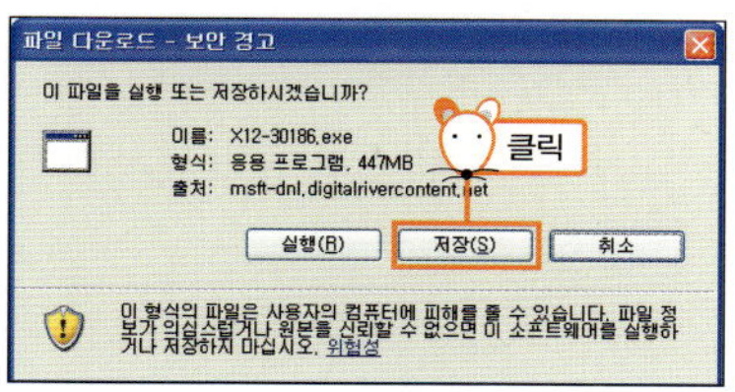

7 [파일 다운로드] 대화상자가 나타나면 [저장] 버튼을 클릭합니다.

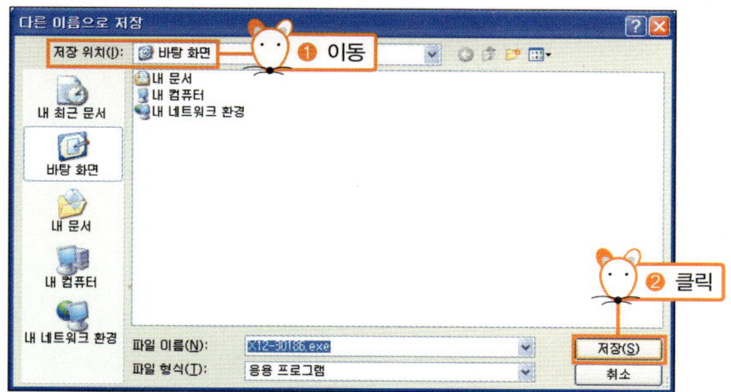

8 [다른 이름으로 저장] 대화상자가 나타나면 원하는 위치로 이동한 후 [저장] 버튼을 클릭합니다.

9 [파일 다운로드] 대화상자가 나타나면서 컴퓨터로 전송되는 과정을 확인할 수 있습니다. 다운로드가 완료되고 해당 실행 파일을 더블클릭하면 프로그램을 설치할 수 있습니다.

사용자 경험이 축적된 파워포인트 2007 실행 방법 알아보기

파워포인트 2007의 설치가 끝났으면 프레젠테이션 제작을 위한 실행과 종료시키는 방법을 알아야 합니다. 이번 Lesson에서는 파워포인트 2007를 실행하고 새로운 프레젠테이션 파일을 불러오는 방법과 프로그램을 종료하는 기본적인 방법에 대해 알아보겠습니다.

따라해 보세요

파워포인트 2007 실행하고 종료하기

● 윈도우 화면의 [시작] 버튼을 이용하면 파워포인트 2007을 쉽게 실행시킬 수 있습니다.

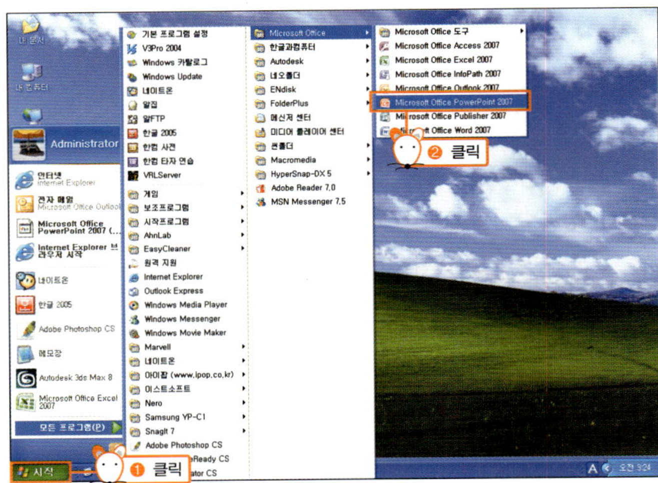

1 윈도우 화면의 작업 표시줄에서 [시작] 버튼을 클릭한 후 [모든 프로그램]-[Microsoft Office]-[Microsoft Office PowerPoint 2007]을 클릭합니다.

주목

[시작] 메뉴는 최근에 사용한 프로그램이 자동으로 등록되어 표시됩니다. 파워포인트도 한 번만 실행시키면 [시작] 메뉴에 자동으로 표시됩니다.

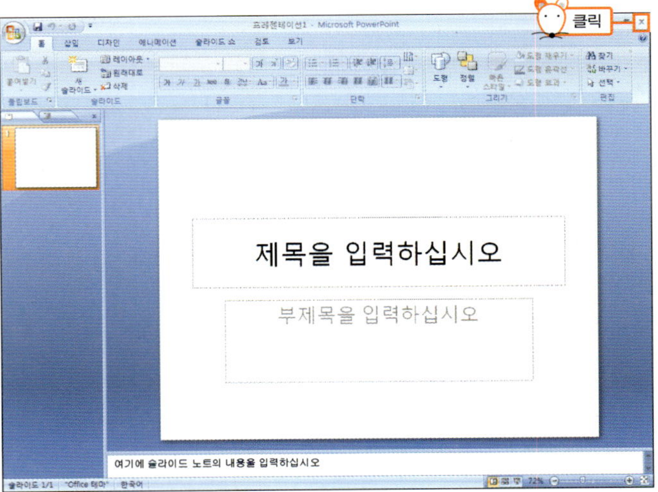

2 파워포인트 2007이 실행되면서 파워포인트 화면이 나타납니다. 실행된 파워포인트를 종료시키려면 화면 오른쪽 위에 있는 [닫기](×) 버튼을 클릭합니다.

프레젠테이션 제작을 위한 새 파일 만들고 창 닫기

● 파워포인트 프로그램은 그대로 두고 현재 열려 있는 창만 종료시키는 방법에 대해 알아봅니다.

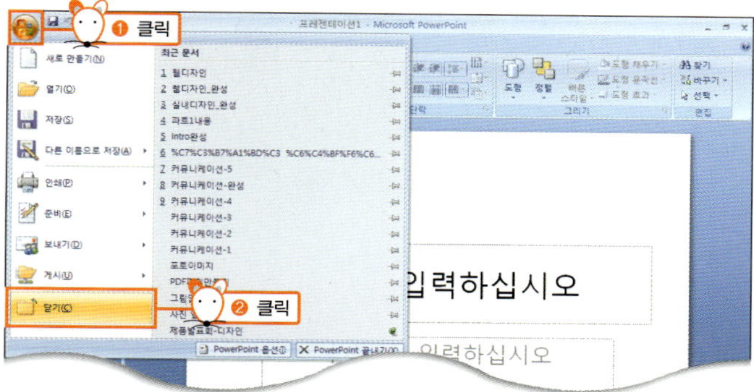

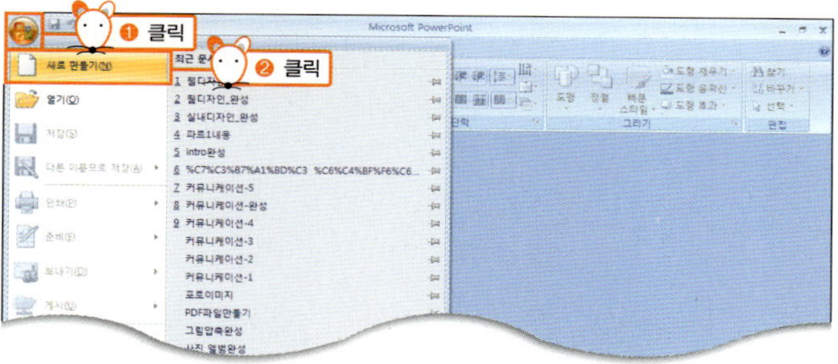

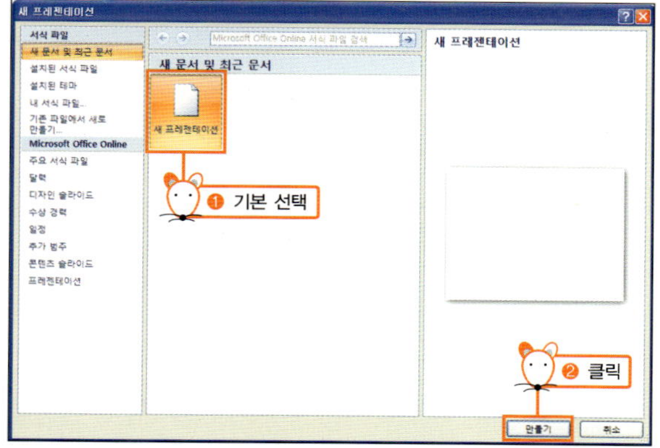

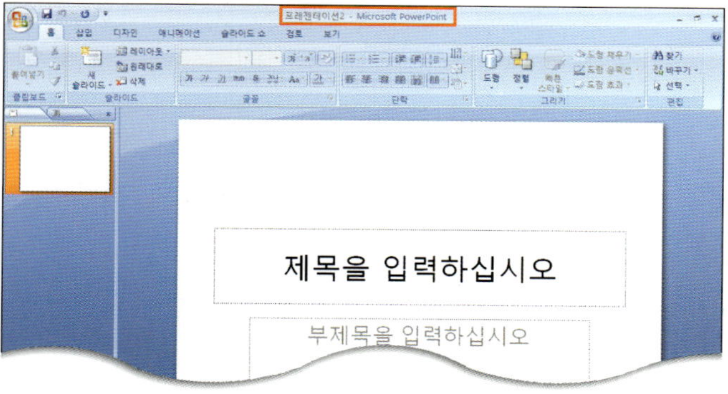

1 파워포인트가 실행된 상태에서 현재 파일만 종료시키기 위해 [Office 단추]()를 클릭한 후 [닫기]를 클릭합니다.

> **주목**
> 파워포인트를 실행시킨 후 바로 [Office 단추]()를 클릭하고 [닫기]를 클릭하면 창이 닫힙니다. 그러나 슬라이드에 텍스트를 입력하거나 특정 작업을 한번이라도 했다면 문서를 저장할 것인지를 묻는 대화상자가 나타납니다.

2 프로그램은 그대로 실행된 상태에서 현재 파일만 종료됩니다. 새 파일을 만들기 위해 다시 [Office 단추]()를 클릭한 후 [새로 만들기]를 클릭합니다.

> **주목**
> [새로 만들기]의 단축키는 윈도우 상에서 공통적으로 사용하는 Ctrl+N 입니다.

3 [새 프레젠테이션] 대화상자가 나타나면 [새 프레젠테이션]이 기본으로 선택되어 있습니다. [만들기] 버튼을 클릭합니다.

4 [프레젠테이션 2]라는 새 파일이 생성됩니다.

새로운 구성으로 출발하는 파워포인트 2007 살펴보기

Lesson 03

이제 파워포인트 2007을 시작할 모든 준비를 마쳤으면 새롭게 변화된 파워포인트 2007의 화면 구성을 이해해야 합니다. 특히 사용의 편리성을 강조하는 리본 메뉴는 기존 사용자들에게 다소 익숙하지 않을 수 있지만, 사용하는 용도와 특성에 따라서 이해를 한다면 이전보다 편리함을 느낄 수 있을 것입니다. 이번 Lesson에서는 파워포인트 2007의 화면 구성과 여러 가지 탭으로 이루어진 리본 메뉴에 대해서 알아보겠습니다.

기억하세요

새로운 모습으로 나타난 파워포인트 2007의 화면 구성 알아보기

이전 버전과 확실하게 달라진 화면 구성은 기존 사용자와 처음 사용자에게 낯설고 어렵게 느껴질 수 있습니다. 그러나 이런 변화는 사용자의 요구와 편리성을 강조하기 위함입니다. 어떤 구성과 특징들이 있는지 살펴보겠습니다.

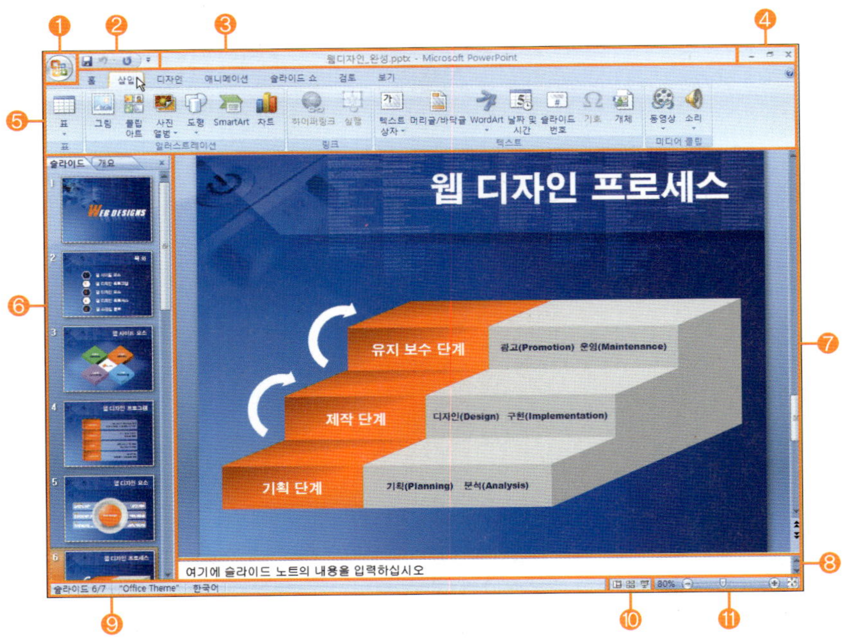

❶ **Office 단추** : 이전 버전에서 [파일] 메뉴와 같은 기능으로 새로운 문서 작성이나 열기, 인쇄, 옵션 등의 메뉴들이 있습니다.

❷ **빠른 실행 도구 모음** : 도구 모음을 이용해서 빠르게 작업할 수 있고 사용자가 임의에 따라 원하는 메뉴를 빠른 실행 도구 모음에 추가시킬 수 있습니다.

❸ **제목 표시줄** : 현재 작업 중인 파일의 이름을 표시합니다.

❹ **화면 조절 단추** : 파워포인트의 창을 조절하거나 종료시킬 수 있습니다.

⑤ **리본 메뉴** : 리본 메뉴는 탭, 그룹, 명령 이렇게 세 가지 형태로 만들어져 있습니다.
  - 탭 : 리본 메뉴에서 주요 부분을 구성하는 요소이며, 위쪽에 표시되어 있습니다.
  - 그룹 : 탭과 관련된 명령들을 묶어 놓은 것으로 특정 유형 작업에 자주 사용하는 명령들이 포함되어 있습니다.
  - 명령 : 탭과 그룹 별로 표시되어 있는 기능들이 표시되어 있고, 클릭하면 필요한 메뉴가 나타납니다.

⑥ **슬라이드/개요 탭** : [슬라이드] 탭은 슬라이드를 작은 그림 형태로 표시되고, [개요] 탭은 슬라이드 텍스트 상자에 입력된 내용들만 표시합니다.

⑦ **슬라이드** : 프레젠테이션을 제작하기 위한 슬라이드 작업을 합니다.

⑧ **슬라이드 노트 창** : 프레젠테이션에 필요한 부연 설명을 발표자가 입력할 수 있는 영역입니다. 실제 프레젠테이션을 진행하는 슬라이드 쇼 화면에서는 표시되지 않습니다.

⑨ **상태 표시줄** : 현재 작업 중인 슬라이드 위치와 번호, 디자인 서식 등의 정보를 제공합니다.

⑩ **화면 보기 단추** : 기본, 여러 슬라이드, 슬라이드 쇼 형식의 화면을 선택해서 볼 수 있습니다.

⑪ **확대/축소** : 슬라이드 영역의 화면을 사용자가 임의로 확대 또는 축소를 시킬 수 있습니다.

기억하세요

리본 메뉴의 다양한 탭 알아보기

기존의 메뉴와 툴 바를 대체해서 새롭게 생성된 것이 리본 메뉴입니다. 리본 메뉴는 사용하는 대상에 따라 변화되는 여러 가지 탭의 형식으로 이루어져 있습니다. 또한 각각의 탭은 그룹, 아이콘의 순서로 구성되어 있으며, 표나 그림, 차트에 따라서 필요한 탭들이 추가로 나타납니다.

❶ **[홈] 탭** : 이전 버전에서 사용하던 [표준] 도구 모음과 [서식] 도구 모음에 해당되는 메뉴들이 있습니다. 글자의 글꼴이나 크기, 색, 정렬 등을 지정할 수 있으며, 새로운 슬라이드와 도형들도 삽입할 수 있습니다.

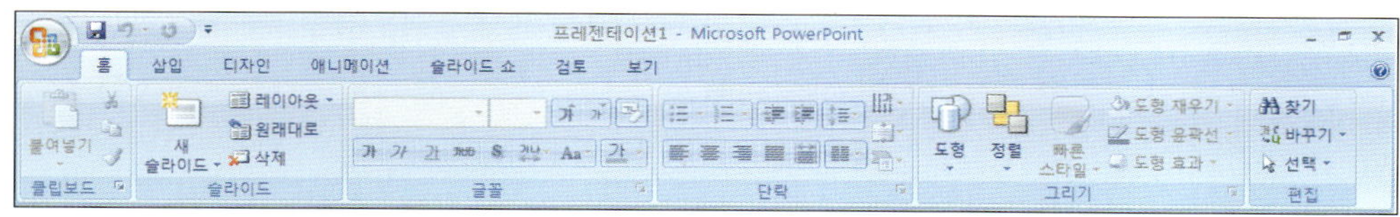

❷ **[삽입] 탭** : 그림이나 차트, 동영상 등을 슬라이드에 삽입할 수 있는 다양한 명령 아이콘들이 있습니다.

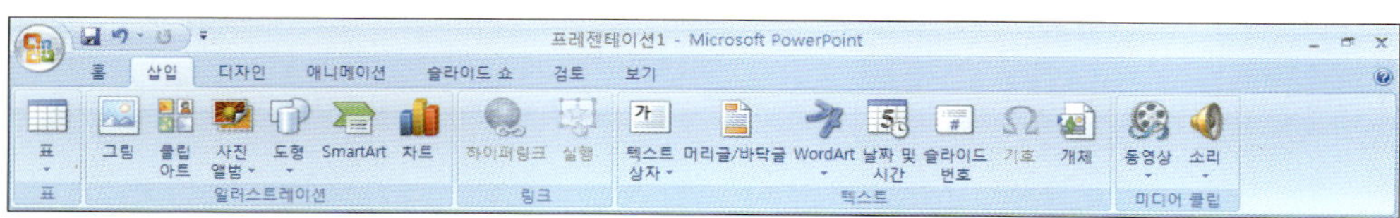

❸ **[디자인] 탭** : 슬라이드의 배경을 꾸며주는 디자인 서식과 테마 등이 있고 배경 스타일을 여러 가지 형태로 수정할 수 있습니다.

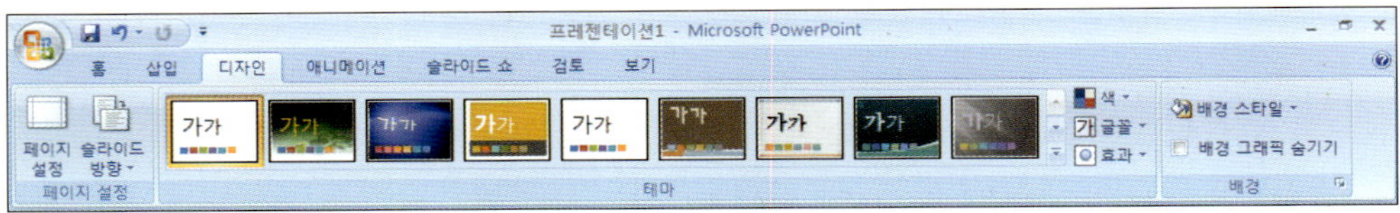

❹ **[애니메이션] 탭** : 슬라이드 화면이나 개체에 다양한 애니메이션 효과를 적용할 수 있는 메뉴들이 있습니다.

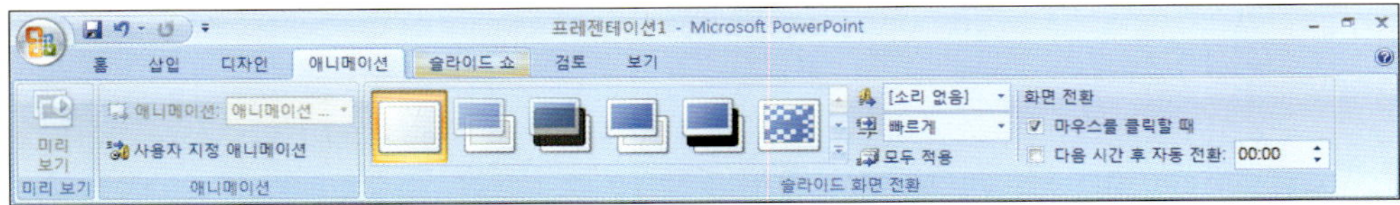

❺ **[슬라이드 쇼] 탭** : 완성된 프레젠테이션을 재구성하거나 예행 연습을 통해 자동 실행되는 프레젠테이션을 제작할 수 있는 메뉴들이 있습니다.

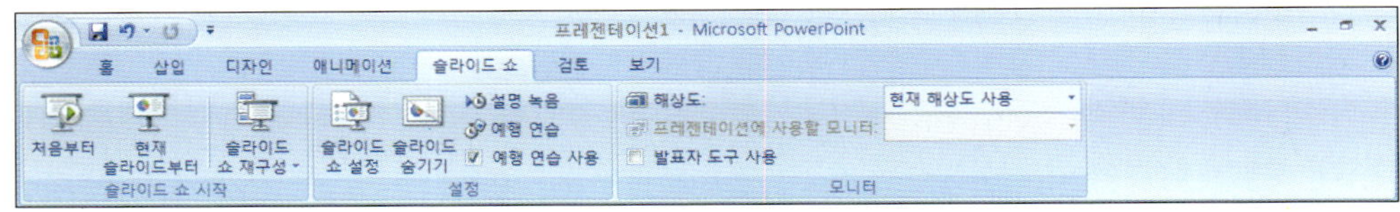

❻ **[검토] 탭** : 동의어 사전, 번역 사전, 한국어 사전 등을 검색할 수 있는 명령과 온라인 리서치 사이트로 원하는 정보를 제공받을 수 있습니다.

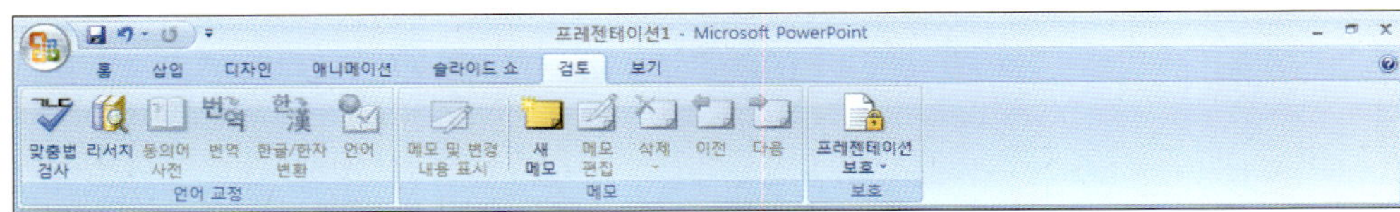

❼ **[보기] 탭** : 슬라이드 보기 화면과 슬라이드 마스터, 슬라이드 노트 마스터 등의 명령들이 있고 여러가지 형태로 슬라이드를 볼 수 있습니다.

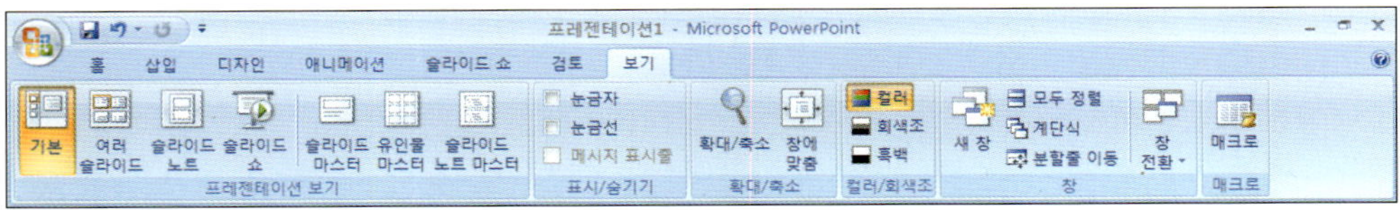

❽ **[그리기 도구]–[서식] 탭** : 기본적으로는 표시되지 않다가 텍스트 상자를 선택하거나 마우스 커서를 위치시키면 나타나는 탭입니다. 텍스트에 WordArt, 스타일, 정렬, 크기 등을 지정할 수 있습니다.

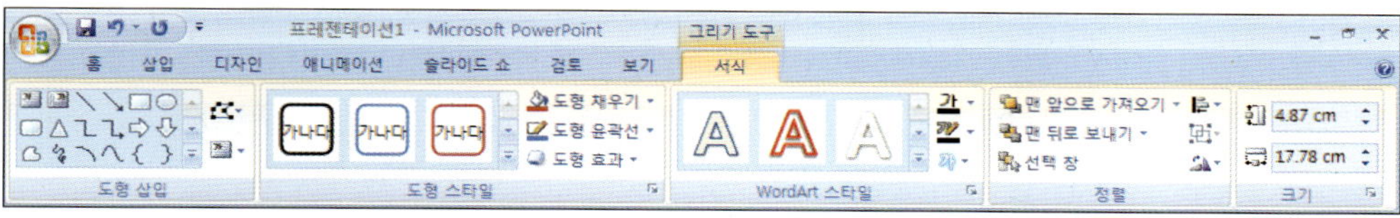

❾ **[그림 도구]–[서식] 탭** : 기본적으로 표시되지 않다가 그림을 삽입했을 경우 나타나는 탭입니다. 원본 그림의 밝기와 대비, 크기를 수정할 수 있으며, 스타일, 정렬 등을 지정할 수 있습니다.

❿ **[SmartArt 도구]–[디자인] 탭** : 기본적으로 표시되지 않다가 SmartArt를 사용했을 경우 나타나는 탭입니다. SmartArt의 레이아웃이나 스타일 등을 수정할 수 있습니다.

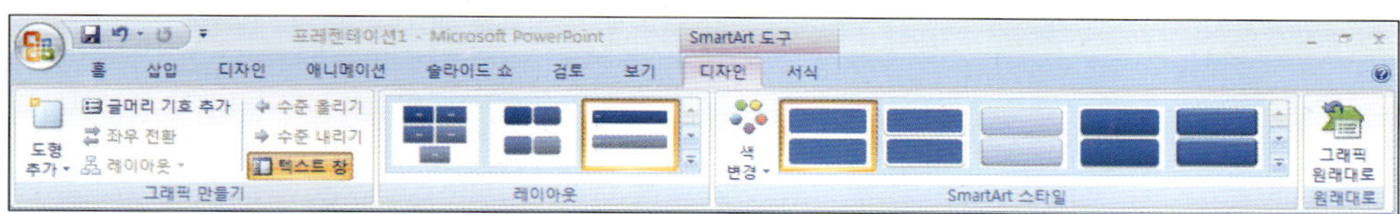

⓫ **[SmartArt 도구]–[서식] 탭** : 마찬가지로 SmartArt를 사용했을 경우 나타나는 탭으로 SmartArt의 서식이나 색, 정렬과 크기 등을 수정할 수 있습니다.

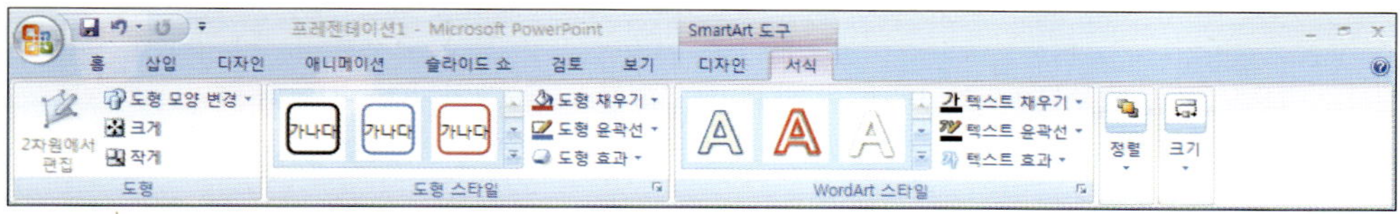

⓬ **[표 도구]–[디자인] 탭** : 기본적으로 표시되지 않다가 표를 삽입했을 경우 나타나는 탭입니다. 표의 스타일이나 테두리 색, 두께 등을 지정할 수 있습니다.

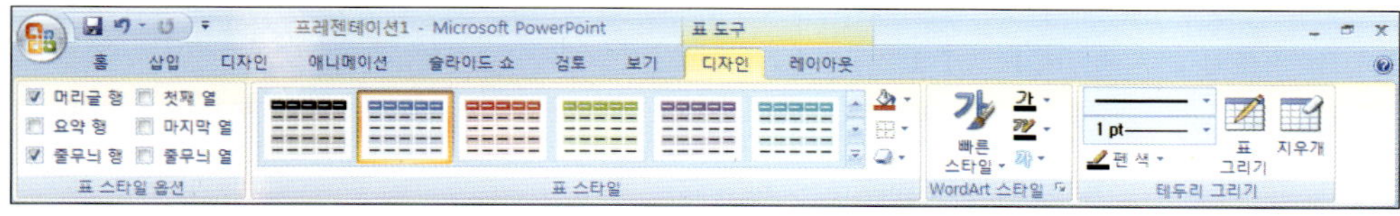

❸ **[표 도구]-[레이아웃] 탭** : 표를 삽입했을 경우 나타나는 탭으로 셀의 삽입과 삭제, 병합하거나 분할을 할 수 있으며, 표의 정렬과 크기도 지정할 수 있습니다.

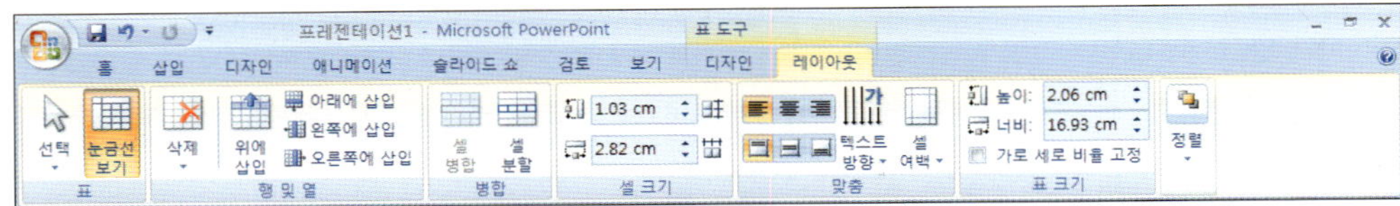

❹ **[차트 도구]-[디자인] 탭** : 기본적으로 표시되지 않다가 차트를 삽입했을 경우 나타나는 탭으로 차트의 종류나 스타일 등을 지정할 수 있습니다.

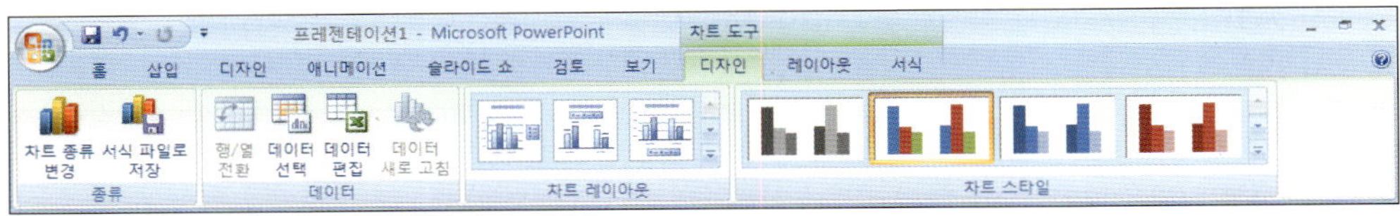

❺ **[차트 도구]-[레이아웃] 탭** : 차트를 삽입했을 경우 나타나는 탭으로 데이터 레이블, 범례 등의 차트 옵션을 지정할 수 있습니다.

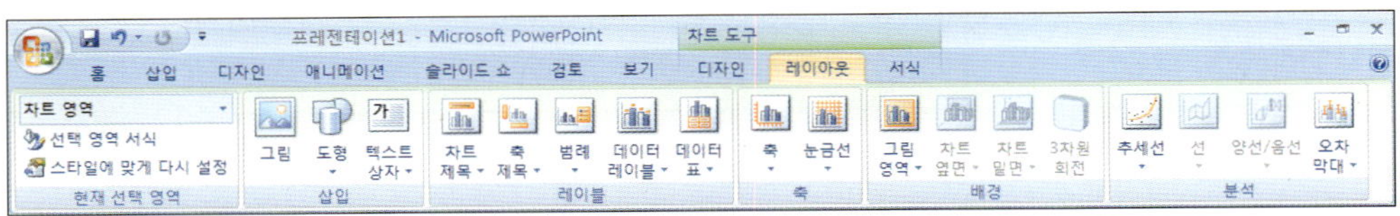

❻ **[차트 도구]-[서식] 탭** : 차트 영역이나 그림 영역, 범례 등의 서식을 지정할 수 있습니다.

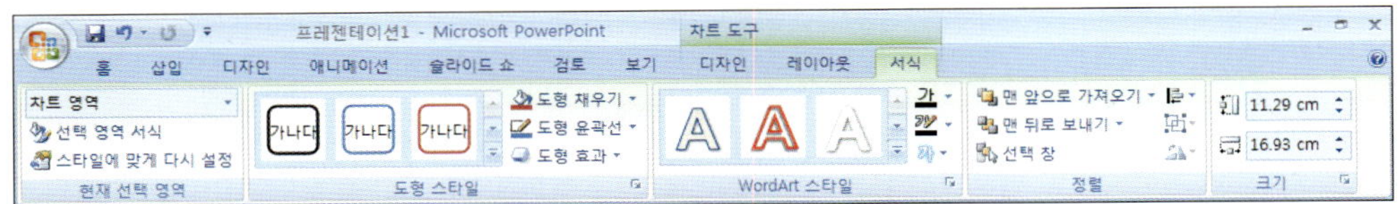

❼ **[동영상 도구]-[옵션] 탭** : 기본적으로 표시되지 않다가 동영상 파일을 삽입했을 경우 나타나는 탭으로 미리 보기와 동영상 재생 방법 등을 지정할 수 있습니다.

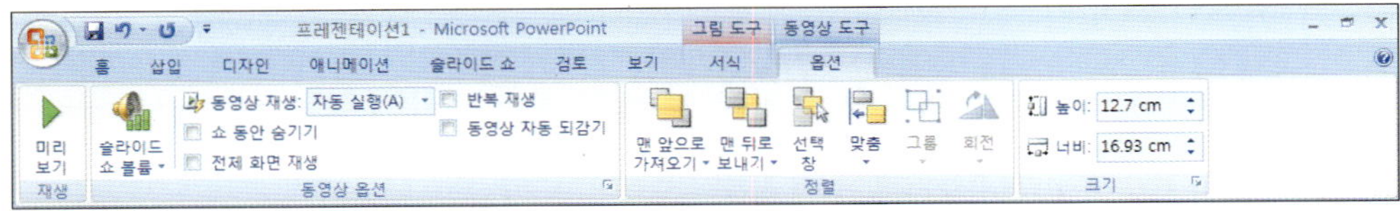

❽ **[소리 도구]-[옵션] 탭** : 기본적으로 표시되지 않다가 소리 파일을 삽입했을 경우 나타나는 탭으로 미리 보기와 소리 재생 방법 등을 지정할 수 있습니다.

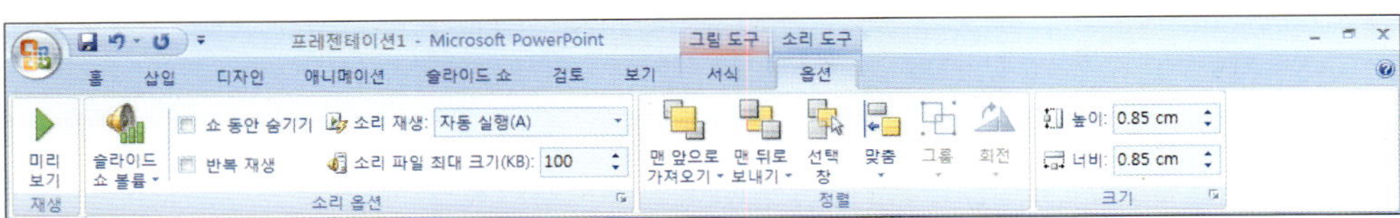

빠르게 사용할 수 있는 빠른 실행 도구 모음과 리본 메뉴의 단축키

파워포인트 2007을 포함한 다양한 프로그램들은 작업자의 편의를 위해 단축키를 제공하고 있습니다. 그러나 무수히 많은 단축키를 모두 외울 수 없는 것이 현실이지만, 파워포인트 2007에서는 Alt 를 이용해 모든 기능에 단축키를 순차적으로 확인할 수 있습니다. 먼저 키보드의 Alt 를 누르면 빠른 실행 도구 모음을 포함한 리본 메뉴의 영문 단축키를 확인할 수 있습니다. 원하는 단축키를 누르면 세부적인 기능에 대한 단축키까지 표시됩니다. 이런 표시는 다시 Alt 를 누르면 사라집니다.

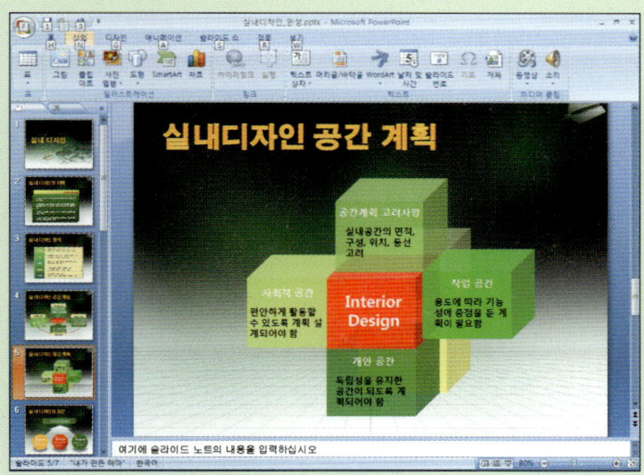

빠른 실행 도구 모음과 리본 메뉴에 표시된 단축키

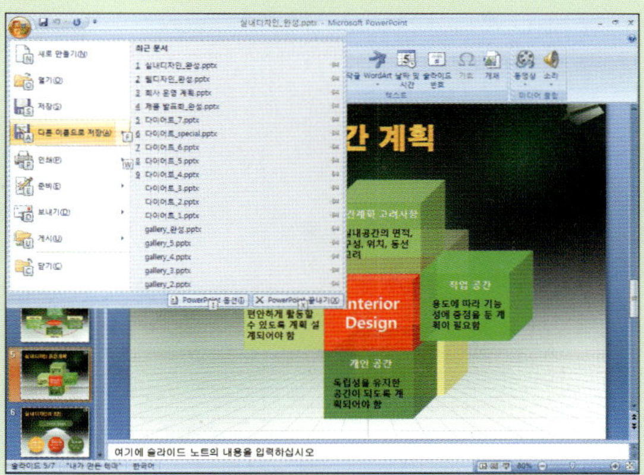

순차적으로 표시되는 단축키

파워포인트 2007의 도움말로 궁금증 해결하기

● 파워포인트 2007에서는 새로운 기능이 많아졌습니다. 작업을 하다가 막히는 부분이 있다면 [Microsoft Office PowerPoint 도움말]을 이용해 보세요. 다양한 정보를 제공하고 문제 해결 방법을 제시해 주기 때문에 유용하게 사용할 수 있습니다.

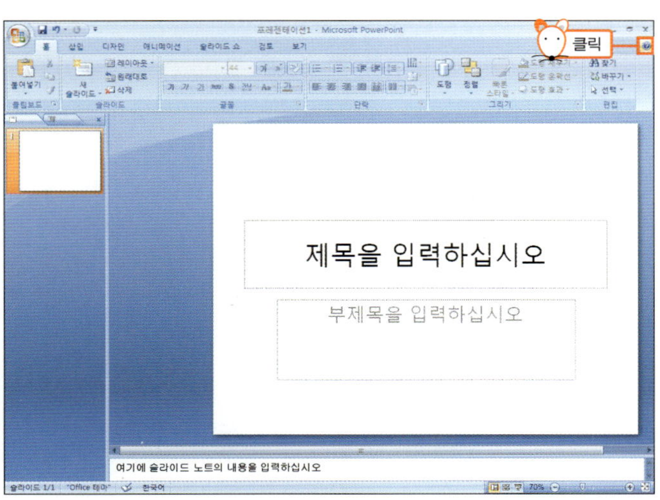

1 리본 메뉴에서 [Microsoft Office PowerPoint 도움말]( )를 클릭하거나 F1 을 누릅니다.

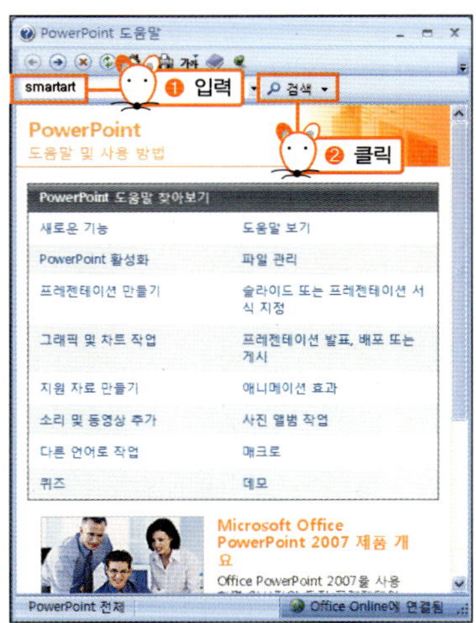

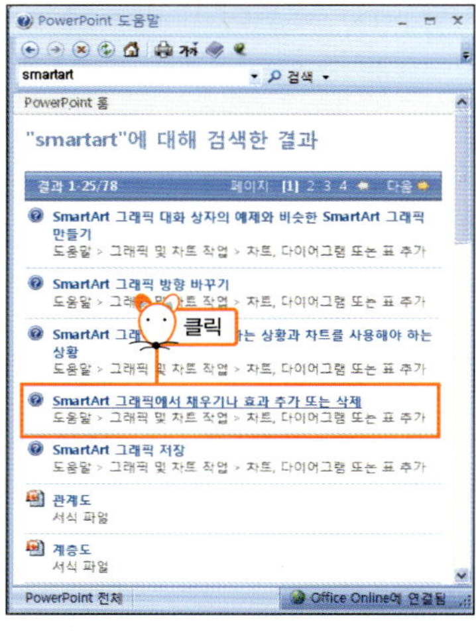

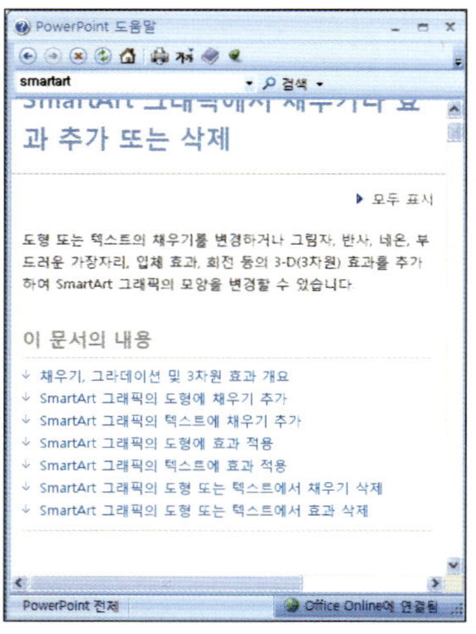

2 [PowerPoint 도움말] 창이 나타나면 궁금한 내용을 입력한 후 [검색] 버튼을 클릭하면 됩니다. 여기에서는 "smartart"를 입력했습니다.

3 검색한 결과가 종류별로 나열되면 원하는 항목을 클릭하면 됩니다. 여기에서는 'SmartArt 그래픽에서 채우기나 효과 추가 또는 삭제'를 클릭합니다.

4 선택한 항목의 정보를 제공해 줍니다. 정보가 부족하다면 원하는 항목을 선택하거나 추가적으로 검색을 합니다.

작업 속도를 열 배 빠르게 해주는 새로운 기능 알아보기

Lesson 04

파워포인트 2007은 새로운 화면 구성을 제공하고 있습니다. 기존 버전에 익숙한 사용자라면 다소 복잡해진 느낌을 받을 수 있지만, 새로운 리본 메뉴와 기능들을 살펴보면 작업의 편리성을 느낄 수 있습니다. 또한, 실시간 미리 보기를 통해 다양한 결과물을 빠르게 확인할 수 있습니다. 이번 Lesson에서는 파워포인트 2007에서 달라진 기능에 대해서 알아보겠습니다.

 **기억하세요**

파워포인트 2007의 뉴 페이스 알아보기

기존에 파워포인트 사용자들은 이미 익숙해진 작업 습관을 가지고 있습니다. 처음 접하는 파워포인트 2007을 보면서 어디에서 무엇을 클릭하고 선택해야 하는지 난감할 수 있습니다. 여기에서는 새로운 리본 메뉴의 특징과 내용을 살펴보겠습니다.

● 하나로 결합된 리본 메뉴

파워포인트 2007은 기존에 있었던 메뉴와 도구 모음을 탭, 그룹, 아이콘으로 구성된 리본 메뉴로 대체하였습니다. 리본 메뉴는 편리하게 분류된 탭과 공통적인 메뉴들을 하나로 묶어서 보여주기 때문에 작업 속도 향상에 많은 도움을 줍니다.

● 필요할 때마다 나타나는 콘텍스트 도구

기존에는 표시되지 않다가 그림이나 차트, 동영상 등의 특정 개체를 삽입하면 해당 개체와 관련된 콘텍스트 메뉴가 리본 메뉴에 자동으로 표시됩니다. 처음에는 조금 어색할 수 있지만, 문서를 작성하면서 어떤 개체에는 무엇이 나타날 것인지 생각한다면 오히려 편리하게 사용할 수 있을 것입니다.

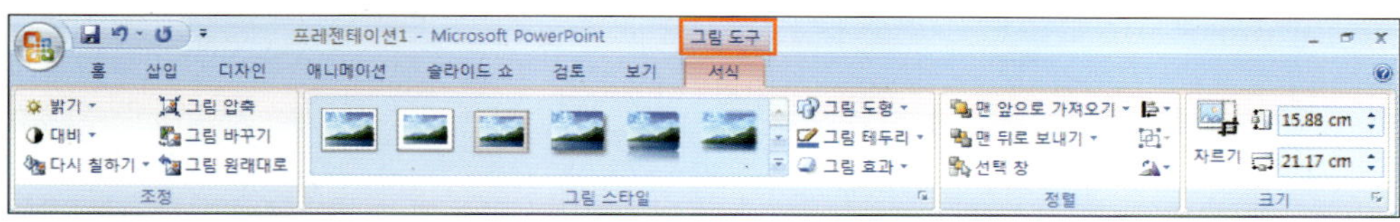

● 파일 메뉴의 새로운 기능 – Office 단추( )

기존의 [파일] 메뉴와 동일한 기능들이 있으며, [다른 이름으로 저장]이나 [게시] 등의 메뉴들이 있습니다. [새로 만들기] 메뉴에서는 원하는 파일을 고정시켜 바로 열어볼 수 있게 하는 기능이 추가되었고, 여러 가지 형식으로 저장할 수 있는 저장 방식이 추가되었습니다. 기본적인 [저장]은 [빠른 실행 도구 모음]에서 사용할 수 있고 [인쇄] 등의 메뉴는 [빠른 실행 도구 모음 사용자 지정]에서 추가로 등록해서 사용할 수 있습니다.

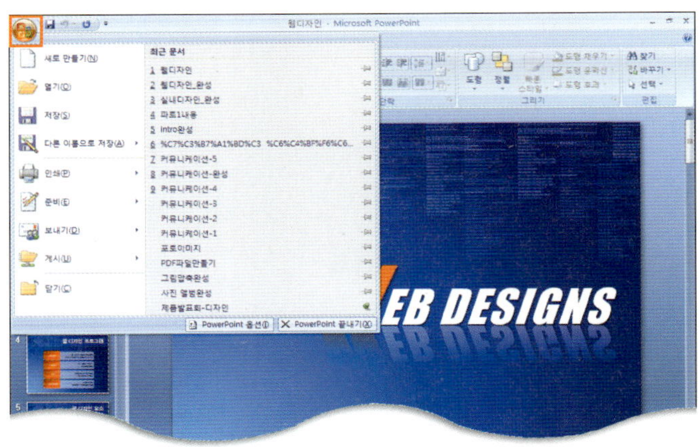

파일 메뉴의 기능이 포함된 Office 단추

● 작업 속도를 향상 시켜주는 빠른 실행 도구 모음

[새로 만들기]나 [열기] 등의 자주 사용하는 메뉴들을 [빠른 실행 도구 모음]에 추가시키면 작업 속도를 좀 더 빠르게 향상시킬 수 있습니다. 또한, [빠른 실행 도구 모음]은 리본 메뉴의 위나 아래로 위치시킬 수 있고 [기타 명령]을 클릭하면 나타나는 [PowerPoint 옵션]에서 사용자가 원하는 메뉴를 추가로 등록시킬 수 있습니다.

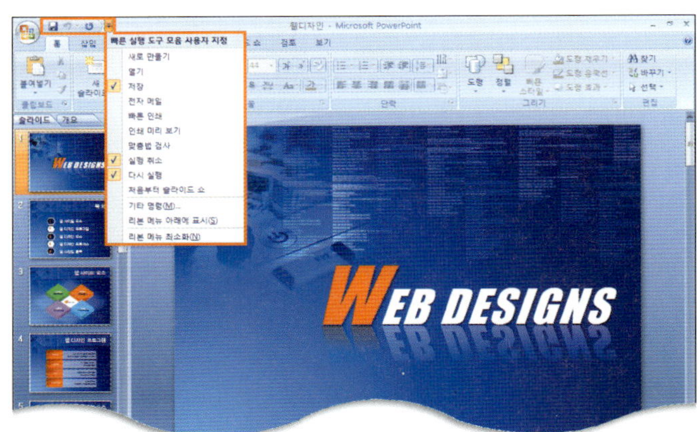

빠른 실행을 위한 [빠른 실행 도구 모음]

● 자세한 설명을 알려주는 스크린 팁

메뉴에 마우스 포인터를 가져다 대면 해당 메뉴에 관련된 내용이 아래에 표시됩니다. 파워포인트 2007에서는 이전 버전에 비해 훨씬 자세한 설명이 그림과 함께 추가되어 표시되고, 더 많은 정보를 원하면 도움말로 바로 연결할 수 있는 링크 기능이 함께 추가되었습니다.

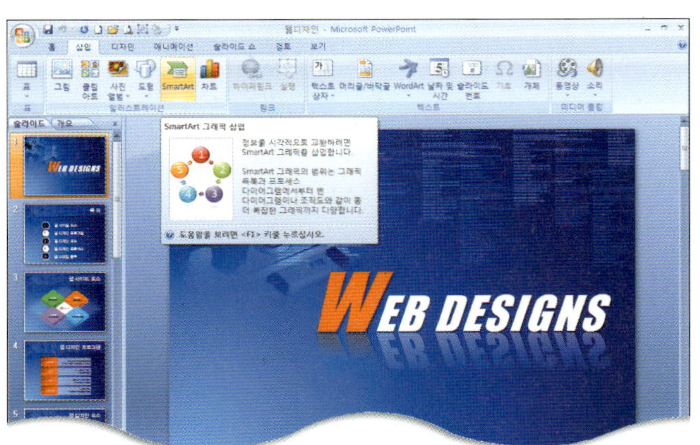

기능 설명을 알려주는 스크린 팁

● 마우스 보다 빠른 단축키 기능

작업 중 키보드의 Alt 를 누르면 리본 메뉴에 각각의 단축키가 바로 표시됩니다. 처음에는 익숙하지 않아 힘들겠지만 자꾸 사용하다보면 마우스를 사용해서 작업할 때보다 작업 속도가 향상되는 것을 느낄 수 있습니다.

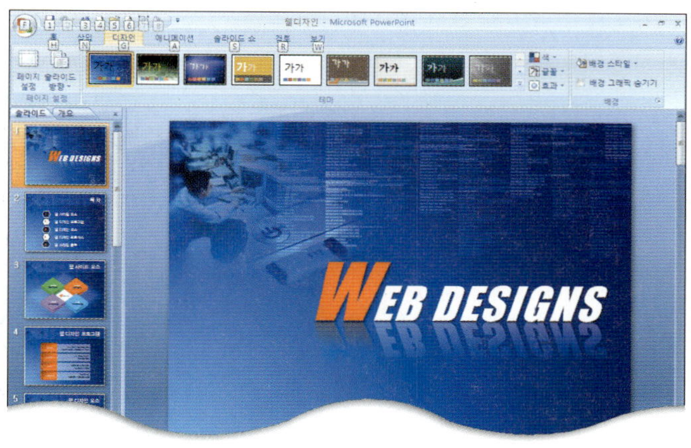

순차적으로 표시하는 단축키

● 화려함이 더해진 갤러리 기능

여러 가지 형태나 스타일 등을 모아놓은 곳입니다. 개체에 적용된 후의 결과물을 미리 보기 형식으로 나타내기 때문에 개체에 바로 적용시키지 않고 사용자가 원하는 스타일 등을 쉽게 확인하고 골라서 사용할 수 있습니다.

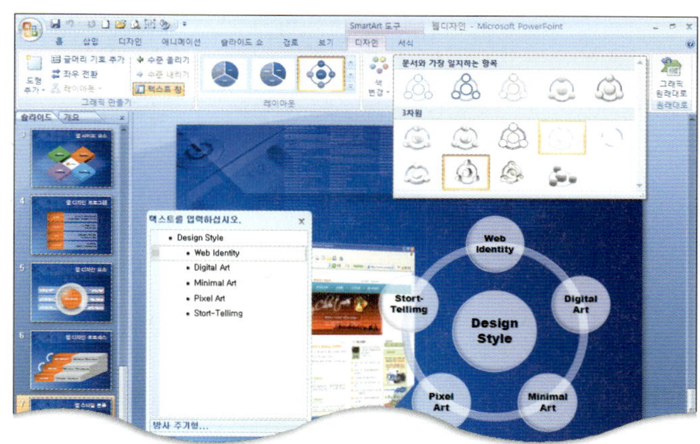

결과를 미리 확인할 수 있는 갤러리

● 언제든지 볼 수 있는 미리 보기 기능

개체에 원하는 메뉴를 지정하기 전에 결과를 나타내주는 미리 보기 형식입니다. 이 기능으로 개체에 여러 가지 메뉴들을 미리 적용시켜서 불필요한 작업을 줄일 수 있습니다.

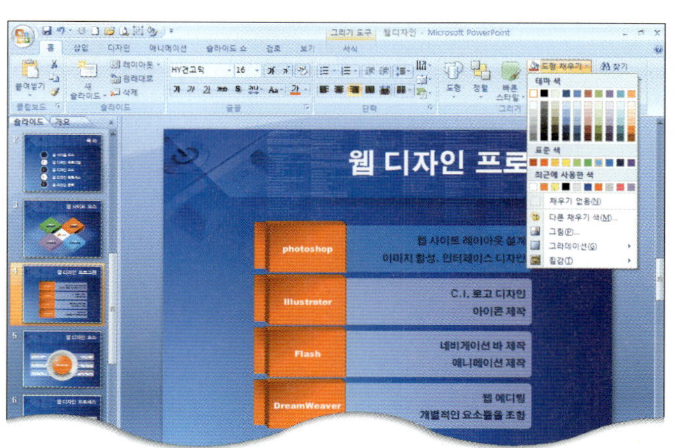

실시간 미리 보기

● 텍스트를 빠르게 수정할 수 있는 미니 도구 모음

텍스트를 블록으로 지정하거나 선택하면 텍스트 서식을 수정할 수 있는 미니 도구 모음이 슬라이드에 표시됩니다. 미니 도구 모음은 텍스트 가까이에 표시되기 때문에 리본 메뉴까지 가지 않고 빠르게 수정할 수 있어 작업 시간을 좀 더 단축시킬 수 있습니다.

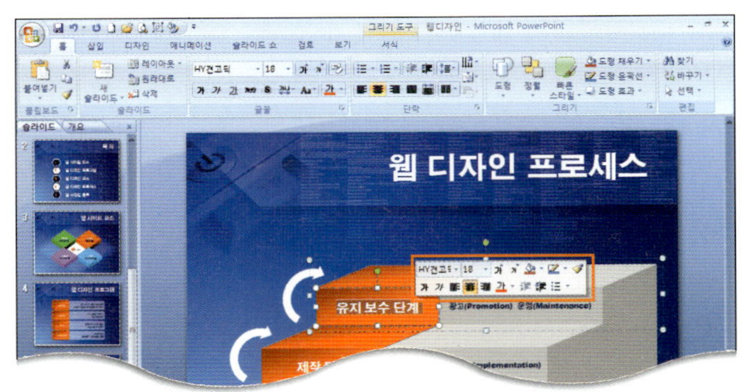

개체에 빠른 실행을 위한 미니 도구 모음

● 화면을 자유자재로 조절하는 확대/축소 기능

슬라이드 화면의 크기를 자유롭게 조절할 수 있는 기능이 추가되었습니다. 특정 개체를 확대해서 작업하려면 먼저 개체를 선택하고 확대와 축소 기능을 이용하면 됩니다.

화면과 개체 중심의 확대와 축소 기능

매크로와 같은 컨트롤 기능을 사용하기

엑셀, 워드, 파워포인트 사용에 능숙한 사용자라면 오피스 2007에서 한 가지가 빠져 있다고 생각하는 부분이 있습니다. 고급 기능으로 분류되는 매크로와 폼 요소를 삽입할 수 있는 컨트롤 도구입니다. 이것은 기능이 없어진 것이 아니라 필요한 경우에는 옵션을 통해 사용할 수 있습니다.

[Office 단추]를 클릭한 후 [PowerPoint 옵션] 버튼을 클릭합니다. [PowerPoint 옵션] 대화상자가 나타나면 [기본 설정] 항목에서 [리본 메뉴에 개발 도구 탭 표시]에 체크 표시한 후 [확인] 버튼을 클릭합니다. 그런 다음 리본 메뉴에 [개발 도구] 탭을 확인할 수 있습니다.

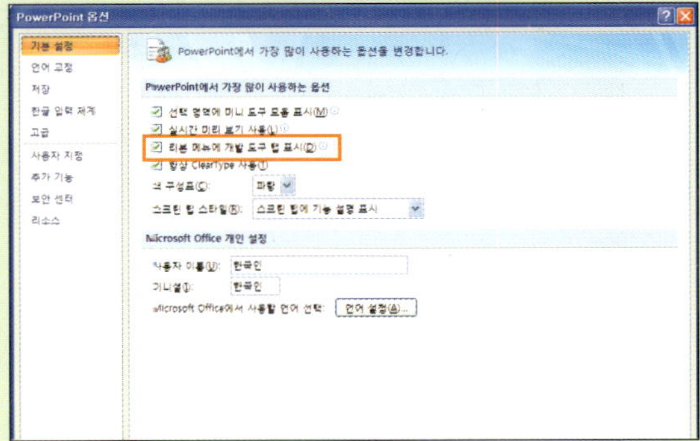

파워포인트 2007의 새로운 기능 알아보기

파워포인트 2007을 포함한 오피스 2007의 가장 큰 특징은 화면 구성이 달라졌다는 점도 있지만, 전문 디자이너가 아니라도 누구나 고급 도형의 다양한 결과물을 손쉽게 작성할 수 있으며, 실시간으로 확인할 수 있습니다. 여기에서는 파워포인트 2007에서 꼭 알아야 하는 새로운 기능들을 살펴보겠습니다.

● 슬라이드 레이아웃

파워포인트 2007에서 기본으로 제공하는 레이아웃을 작업자가 임의로 만들어서 사용할 수 있습니다. 또한, 레이아웃에 개체 틀을 추가하여 표나 차트, 그림 등을 포함시킬 수 있습니다.

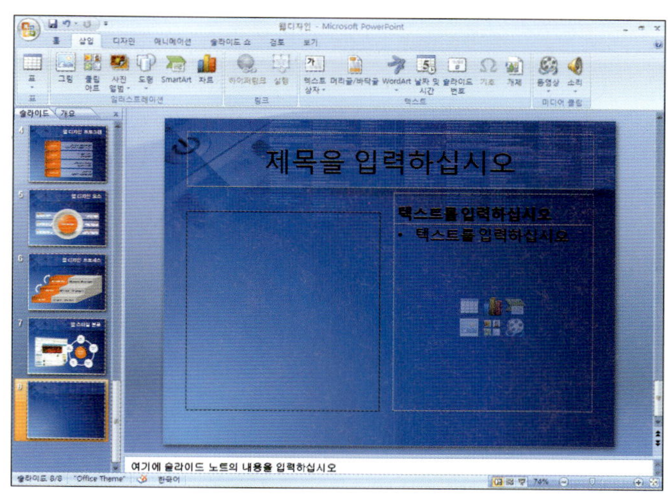

제목 및 내용 슬라이드 레이아웃

● 텍스트와 WordArt

기존에는 WordArt를 이용해 텍스트의 비주얼을 강조했습니다. 그러나 이번에는 텍스트 자체에 WordArt 효과를 구현할 수 있도록 하고 있습니다. 또한, 문자 간격을 조절할 수 있는 메뉴와 취소선과 같이 편리한 서식들을 새롭게 제공하고 있습니다.

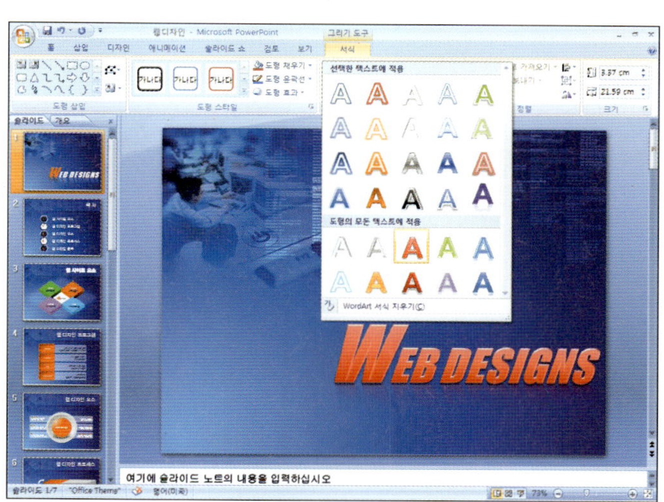

텍스트에서 구현할 수 있는 WordArt 효과

● 다양해진 테마

이전 버전에서 디자인 서식으로 사용되었던 메뉴가 파워포인트 2007에서는 [테마]라는 이름으로
전환되었습니다. 기존의 디자인 서식은 개별적인 수정이 불가능하였으나 [테마]는 색, 글꼴, 효과
등을 수정할 수 있어 하나의 테마에서도 다양한 느낌으로 표현할 수 있게 되었습니다.

[디자인] 탭의 [테마] 그룹

● 전문 디자이너 수준의 SmartArt 그래픽

이전까지 단순하기만 했던 다이어그램과는 달리 Smart
Art 그래픽에는 다양한 종류의 다이어그램이 추가되어
사용자가 용도에 맞게 선택할 수 있습니다. 또한, 여러
형태의 레이아웃을 적용할 수 있고, 스타일을 이용해서 3
차원 효과를 구현할 수 있습니다. 모든 SmartArt 그래픽
은 마우스 포인터의 이동만으로 실시간으로 결과를 확인
할 수 있습니다. SmartArt 그래픽은 목록으로 작성된 텍
스트에 바로 적용할 수 있다는 점에서 활용도가 매우 높
습니다.

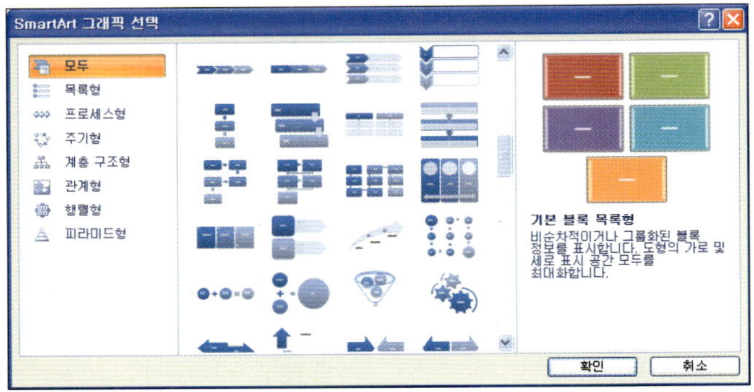

다양한 종류의 SmartArt 그래픽

● 도형 효과

도형 효과에도 가장자리를 부드럽게 처리하는 효과에서
테두리에 적용하는 네온 효과까지 그래픽적인 요소를 추
가하여, 도형으로 슬라이드 작성에 강력한 구현을 가능
케 하고 있습니다.

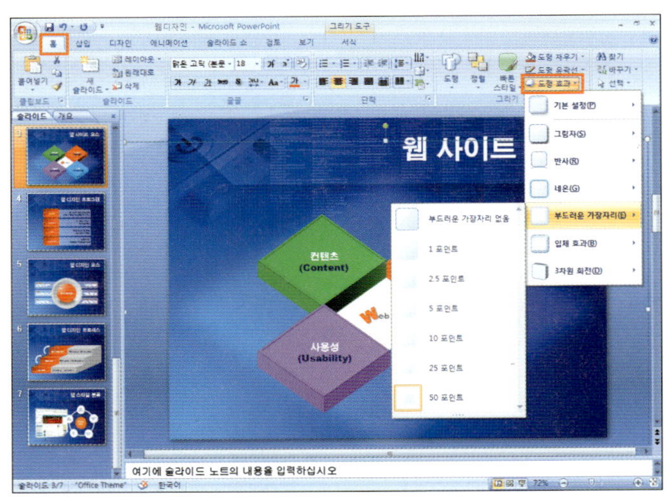

그래픽적인 요소를 강조한 도형 효과

● 다양해진 표와 차트 샘플

파워포인트 2007에서는 표와 차트를 쉽게 사용하고 편집할 수 있도록 기능이 새롭게 구성되었습니다. 리본 메뉴에는 표와 차트를 빠르게 삽입할 수 있는 메뉴들이 나열되어 있고 여러 종류의 레이아웃과 화려한 디자인이 추가되어 디자인적인 요소가 가미된 표와 차트를 제작할 수 있게 되었습니다.

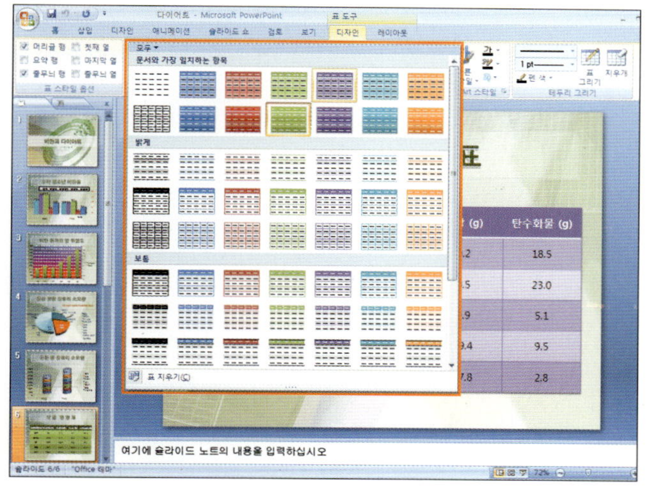

표의 레이아웃

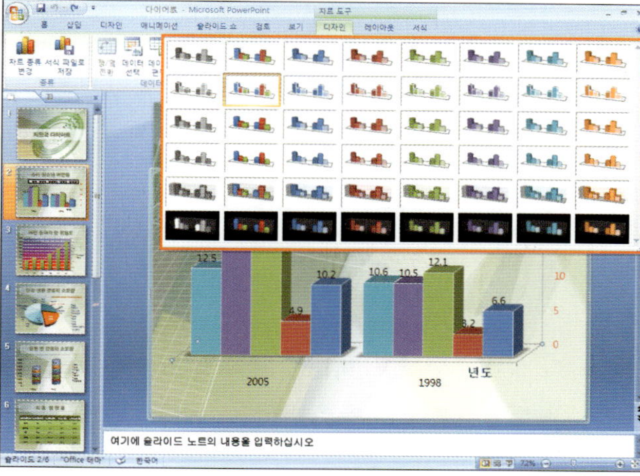

차트의 레이아웃

● 언어 교정 도구

파워포인트 2007 맞춤법 검사기는 2007 Microsoft Office system 프로그램 전체에서 동일하게 사용할 수 있으며, 옵션의 설정도 동일하게 적용됩니다. 그리고 제외 사전을 사용하면 맞춤법 검사에서 사용하지 않을 단어에 대한 플래그(물결 모양의 빨간색 밑줄)를 표시하지 않을 수 있습니다. 파워포인트에서 사용하는 맞춤법 검사기는 문맥에 맞지 않는 철자나 오류를 찾아주는 기능을 가지고 있어서 잘못된 내용을 빠르게 수정할 수 있는 장점을 가지고 있습니다. 그러나 상황에 따라서 기본으로 설정된 맞춤법 검사의 플래그로 전체적인 내용 보기가 산만해질 수 있습니다. 이런 경우에는 [PowerPoint 옵션]을 통해 플래그를 숨길 수 있으며, 작업자가 원하는 맞춤법의 방식을 설정할 수 있습니다.

● 발표자 도구

프레젠테이션 진행에서 발표자를 위한 모니터와 청중을 위한 모니터를 따로 사용할 수 있도록 기능이 추가되었습니다. 발표자 도구를 이용하면 두 대의 모니터를 사용해서 프레젠테이션을 진행할 수 있고 순서에 관계없이 슬라이드를 선택할 수 있습니다. 또한, 발표자 노트는 필요한 내용을 정리할 수 있어서 편리하게 사용할 수 있고, 잠시 쉬는 시간에는 슬라이드의 내용을 나타나지 않게 설정할 수도 있습니다.

● PowerPoint XML 파일 형식

파워포인트로 작성한 문서를 XML 파일 형식으로 지정하면 저장을 하는 순간에는 압축을 하고 파일을 열면 자동으로 압축이 풀리는 과정으로 최대 75%까지 용량을 줄일 수 있습니다. 또한,

손상된 파일을 복구하는 기능이 향상되어 파일의 특정 개체가 손상되어도 파일을 확인할 수 있습니다. PowerPoint XML은 개인 정보 보호 및 관리 기능을 위해 중요한 업무 정보를 빠르게 구분하여 삭제와 기밀을 유지하면서 문서를 공유할 수 있습니다.

● 새 파일 확장자명

파워포인트 2007에서는 기존에 사용했던 확장자 뒤에 'x'를 붙여 이전 버전과 다른 확장자명을 사용하고 있습니다. 이제부터 저장되는 모든 프레젠테이션 문서는 '*.pptx'로 저장됩니다. 파워포인트 2007 하위 버전에서도 문서를 확인하려면 파일 저장 시 파일 형식을 맞추어서 저장해야 합니다.

● PDF와 XPS로 저장

PDF(Portable Document Format)는 실제 인쇄 상태의 내용을 보여주기 때문에 디지털 출판에 적합한 형식입니다. PDF 파일을 확인하는 방법은 어도비 사에서 무료로 배포하는 어도비 리더(Adobe Reader)를 다운로드 받아 설치하면 확인할 수 있습니다. 이에 XPS(XML Paper Specification) 파일은 온라인상에서만 볼 수 있도록 하는 형식입니다. PDF 파일처럼 암호를 지정하거나 특정 부분에 권한을 설정하여 다른 사람이 문서의 내용을 변경하지 못하게 제어할 수 있습니다.

● 정보 보호 및 관리

파워포인트 2007에서는 여러 가지 방법으로 정보를 보호하고 관리할 수 있습니다. 많은 사람과 프레젠테이션을 공유할 경우 필요한 사람 이외에 접근을 제한할 수 있으며, 중요한 내용과 정보는 처음부터 공개되지 않도록 프레젠테이션에 액세스를 제한할 수도 있습니다.

입맛대로 슬라이드 화면 조절하고 빠른 실행 도구 모음 사용하기

파워포인트 2007에서는 여러 가지 형태의 화면 보기를 제공합니다. 기본 화면과 여러 슬라이드 화면, 슬라이드 쇼 화면으로 전환할 수 있기 때문에 사용자가 원하는 화면으로 전환해서 작업할 수 있고 새롭게 추가된 확대/축소 메뉴를 이용하면 정교한 작업을 할 수 있습니다. 또한, 빠른 실행 도구 모음을 이용하면 필요한 도구들을 추가시킬 수 있어 좀 더 빠른 작업할 수 있게 합니다. 이번 Lesson에서는 화면 보기 방법과 빠른 실행 도구 모음에 대해 알아보겠습니다.

Lesson 05

예제파일 : Sample\Part 01\gallery.pptx

 기억 하세요

종류별로 슬라이드 보기

예제 파일을 불러온 후 작업을 시작합니다. 슬라이드 화면 아래에 있는 화면 보기 버튼을 이용하면 원하는 화면으로 빠르게 전환할 수 있습니다.

● 기본

파워포인트의 기본 화면으로 가장 많이 사용하는 화면입니다. 슬라이드 작업 시 텍스트를 입력하거나 편집할 때 주로 사용합니다.

기본 슬라이드 보기

● 여러 슬라이드

여러 슬라이드를 한 눈에 볼 수 있고 전체 슬라이드의 디자인이나 구성을 확인할 수 있습니다. 슬라이드의 이동과 복사, 삭제 등의 명령을 사용할 때 여러 슬라이드 화면을 이용하면 편리하게 작업할 수 있습니다.

여러 슬라이드 보기

● 슬라이드 쇼(📺)

완성된 슬라이드를 전체 화면으로 보여줍니다. 모니터
화면에 맞추어 크게 확대되기 때문에 작업 중에 지나치
기 쉬운 문제점을 발견할 수 있습니다. 이런 이유로 가끔
씩 슬라이드 쇼 화면으로 전환하여 작업에 문제가 없는
지 확인하는 것이 좋습니다. 슬라이드 쇼에서 Esc 를 누
르면 원래의 화면으로 돌아옵니다.

 **주목**

화면보기 버튼에서 [슬라이드 쇼](📺) 버튼을 클릭하면 현재
작업 중인 슬라이드부터 슬라이드 쇼가 진행됩니다. 처음 슬라이드
부터 슬라이드 쇼를 진행하려면 [보기] 탭의 [슬라이드 쇼](📺)를 클
릭하거나 단축키 F5 를 누르면 됩니다.

전체 화면으로 나타나는 슬라이드 쇼

● 슬라이드 노트

슬라이드 노트 보기는 발표자의 원활한 진행을 위해 사
용하는 화면입니다. 그러나 화면보기 버튼에는 [슬라이
드 노트]가 없으며, [보기] 탭의 [슬라이드 노트](📄)를 클
릭하면서 슬라이드 노트 화면으로 전환해야 합니다.

주목

[슬라이드 노트 보기]에 대한 내용은 402쪽을 참고하세요.

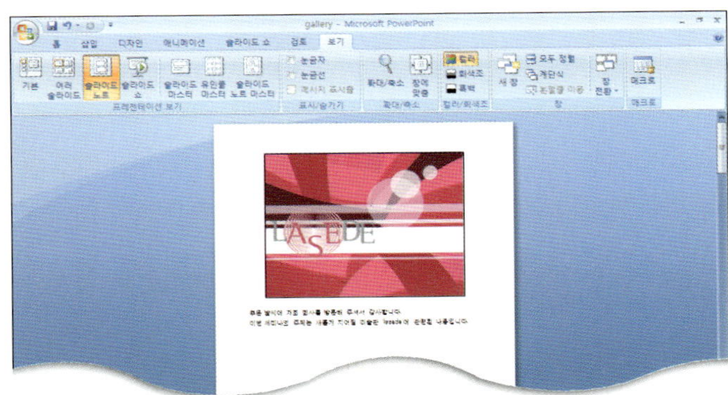

부연 설명의 기록을 위한 슬라이드 노트

공부하세요

[슬라이드/개요] 탭과 리본 메뉴 숨기기

작업 영역을 좀 더 넓게 사용하고 싶다면, [슬라이드/개
요] 탭이나 [리본 메뉴]를 숨겨 놓을 수 있습니다. [슬라
이드/개요] 탭의 [닫기](✖) 버튼을 클릭하면 슬라이드
영역만 남고 [슬라이드/개요] 탭은 사라집니다. 다시 나타
나게 하려면 [보기] 탭의 [기본](📄)을 클릭하면 됩니다.

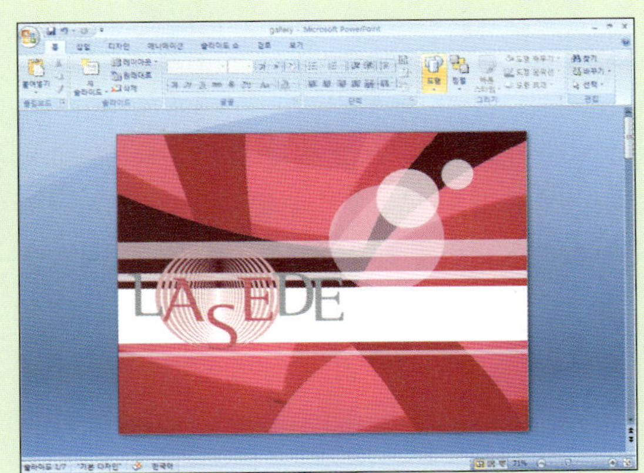

[슬라이드/개요] 탭 숨기기

문서를 작성하면서 상황에 따라서 리본 메뉴의 공간으로 작업 공간이 부족함을 느낄 수 있습니다. 이런 경우에는 잠시 리본 메뉴의 아이콘들을 잠시 숨길 수 있습니다. 먼저 리본 메뉴의 탭을 더블클릭하거나 Ctrl+F1를 누르면 고정이 해제되면서 아이콘들이 사라지고, 작업 공간을 넓게 사용할 수 있습니다.

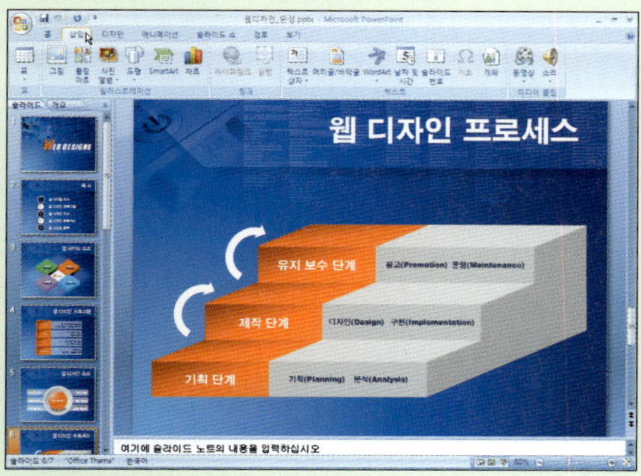
리본 메뉴의 고정 해제

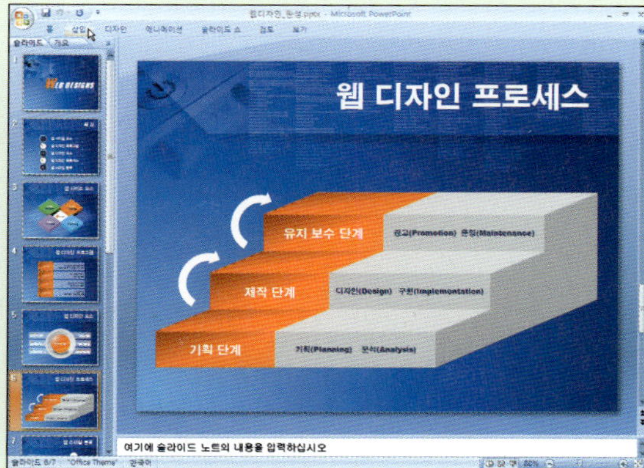
리본 메뉴의 아이콘 숨기기

리본 메뉴의 고정이 해제된 상태에서는 원하는 탭을 클릭하면 다시 아이콘들을 볼 수 있습니다. 리본 메뉴의 탭을 더블클릭하거나 Ctrl+F1를 누르면 다시 원상태로 고정이 됩니다.

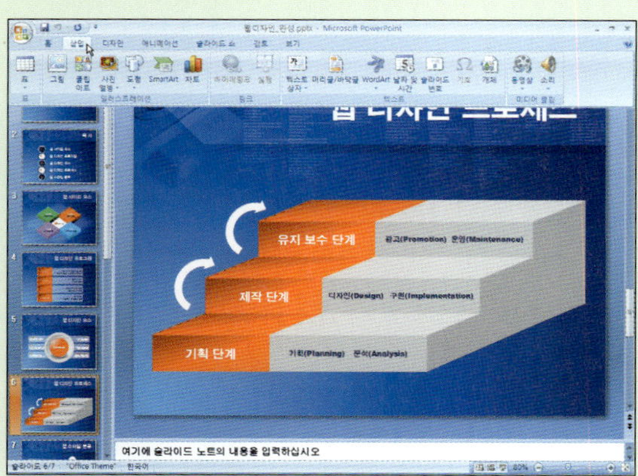
리본 메뉴의 아이콘 나타내기

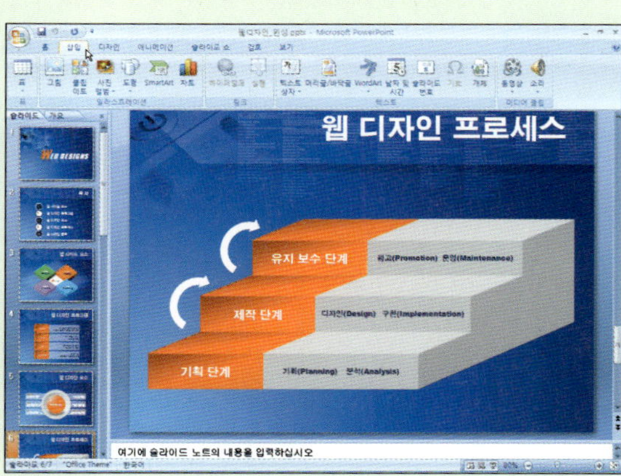
리본 메뉴 고정하기

슬라이드 확대/축소하기

● 슬라이드가 너무 크거나 작으면 작업하기에 매우 불편합니다. 따라서 사용자가 원하는 배율로 슬라이드를 확대하거나 축소시킬 수 있어야 합니다. 슬라이드 화면 아래에 있는 [확대/축소]를 이용하면 슬라이드 화면 전체나 특정 개체를 빠르게 확대와 축소시킬 수 있어 매우 편리합니다.

1 [슬라이드/개요] 탭에서 3번 슬라이드를 클릭한 후 슬라이드 화면의 크기를 조절하기 위해 [보기] 탭의 [확대/축소](🔍)를 클릭합니다.

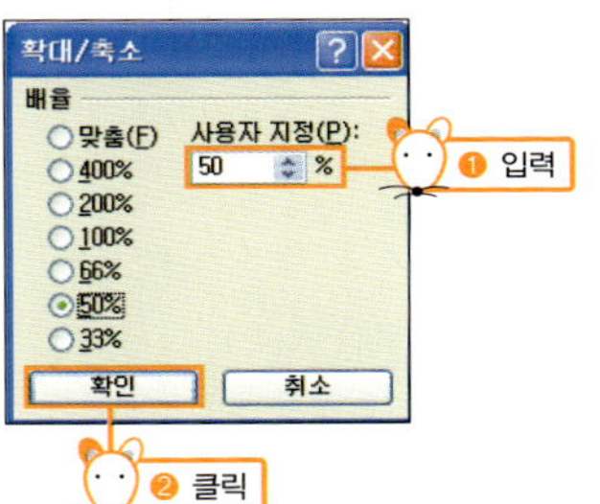

2 [확대/축소] 대화상자가 나타나면 원하는 배율을 선택해서 화면을 조절할 수 있고, [사용자 지정]에서 임의의 배율을 입력할 수 있습니다. 여기에서는 '50%'를 입력하고 [확인] 버튼을 클릭합니다.

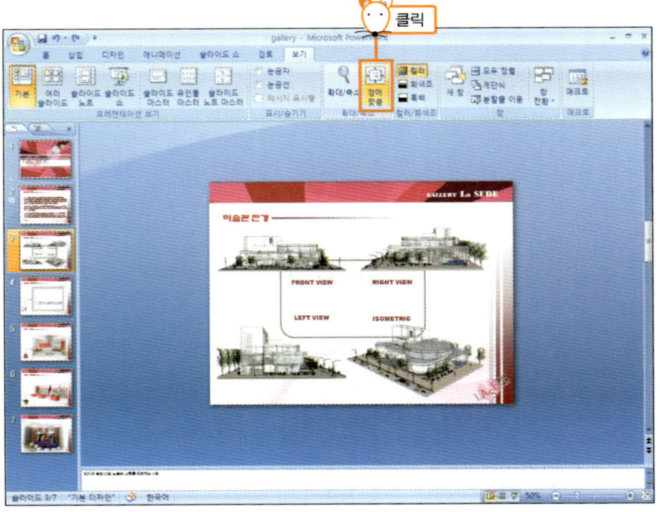

3 슬라이드 화면이 50% 배율로 조절됩니다. 다시 슬라이드 영역에 맞게 창을 조절하기 위해서 [창에 맞춤](🔲)을 클릭합니다.

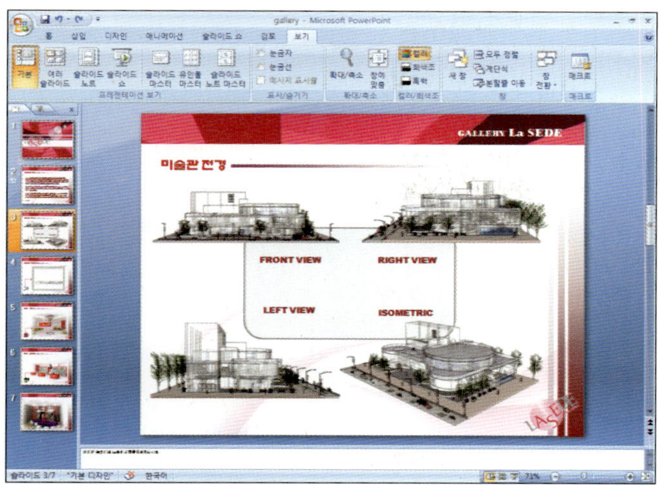

4 화면에 딱 맞게 슬라이드가 조절됩니다.

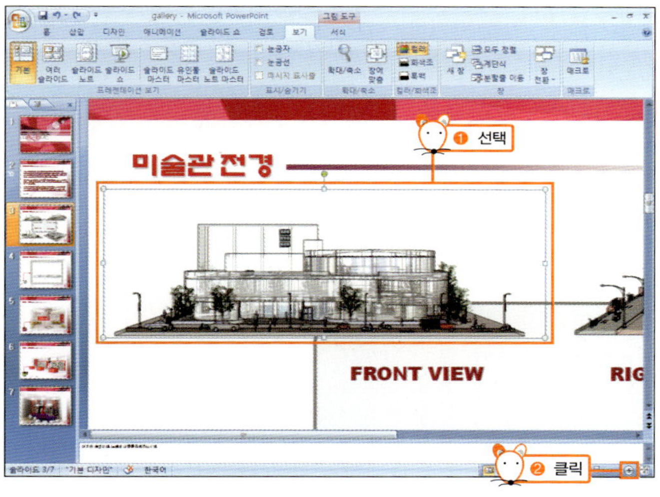

5 이번에는 필요한 개체를 선택해서 확대시켜 보겠습니다. 다음과 같이 첫 번째 개체를 선택하고 슬라이드 화면 하단의 [확대]( ) 버튼을 여러 번 클릭합니다. 선택한 개체를 기준으로 슬라이드가 확대되는 것을 알 수 있습니다.

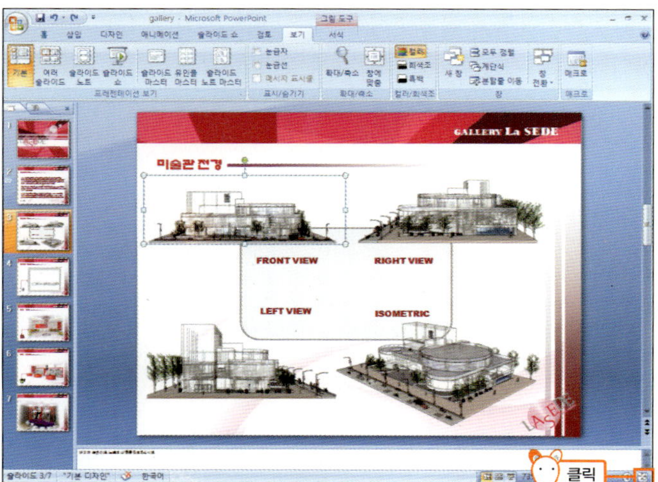

6 슬라이드 화면 하단의 ( )를 클릭하면 현재 창 크기에 맞게 슬라이드가 조절됩니다. ( ) 는 언제든지 화면에 표시되기 때문에 [보기] 탭으로 전환하지 않고도 빠르게 화면을 조절할 수 있는 편리한 메뉴입니다.

빠른 실행 도구 모음 사용자 지정 사용하기

● 빠른 실행 도구 모음 사용자 지정을 이용해서 필요한 메뉴를 빠른 실행 도구 모음에 추가시키고 위치를 조절하는 방법에 대해 알아보겠습니다.

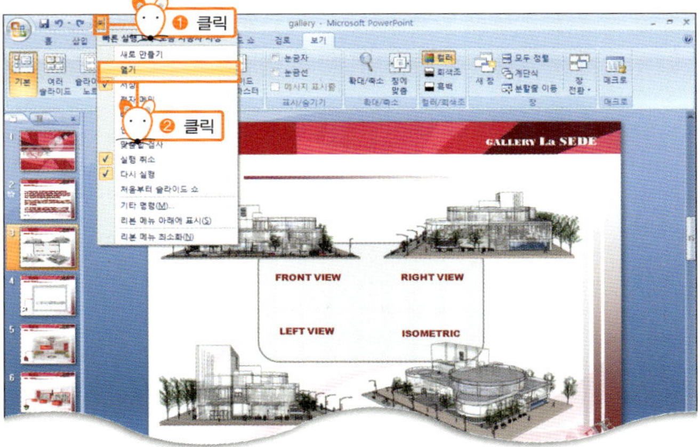

1 필요한 메뉴를 추가시키기 위해 [빠른 실행 도구 모음 사용자 지정](▼)을 클릭합니다. 그런 다음 필요한 메뉴를 클릭하면 빠른 실행 도구 모음에 추가시킬 수 있습니다. 여기에서는 [열기] 메뉴를 클릭했습니다.

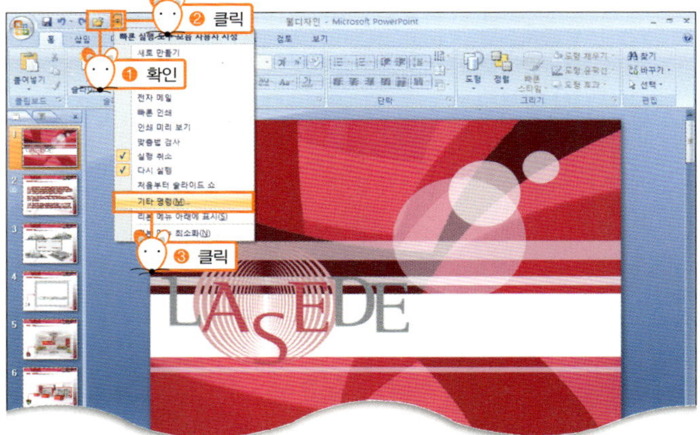

2 선택한 메뉴가 빠른 실행 도구 모음에 추가됩니다. 이번에는 목록에 없는 다른 메뉴를 추가시키기 위해 [빠른 실행 도구 모음 사용자 지정](▼)을 클릭한 후 [기타 명령]을 클릭합니다.

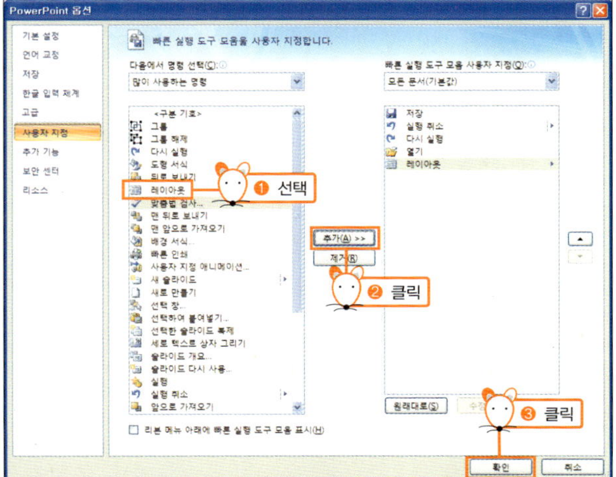

3 [PowerPoint 옵션] 대화상자가 나타나면 [사용자 지정] 탭에서 필요한 메뉴를 선택하고 [추가] 버튼을 클릭하면 빠른 실행 도구 모음에 추가시킬 수 있습니다. 여기에서는 [레이아웃]을 선택하고 [추가] 버튼을 클릭한 후 [확인] 버튼을 클릭했습니다.

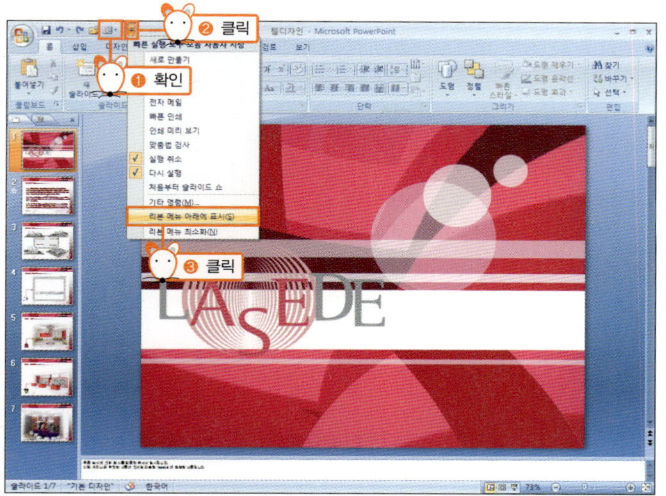

4 빠른 실행 도구 모음에 [레이아웃]이 추가됩니다. 이번에는 빠른 실행 도구 모음의 위치를 조절하기 위해 [빠른 실행 도구 모음 사용자 지정](⏷)을 클릭한 후 [리본 메뉴 아래에 표시]를 클릭합니다.

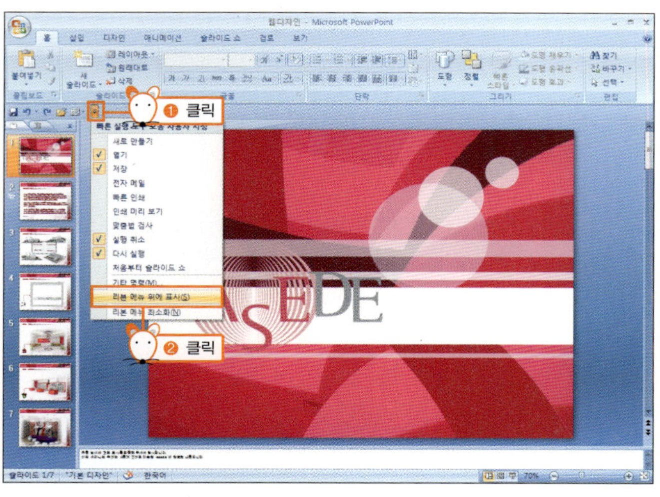

5 빠른 실행 도구 모음의 위치가 리본 메뉴 아래로 이동됩니다. 다시 원래의 위치로 되돌리기 위해 [빠른 실행 도구 모음 사용자 지정](⏷)을 클릭해서 [리본 메뉴 위에 표시]를 클릭합니다.

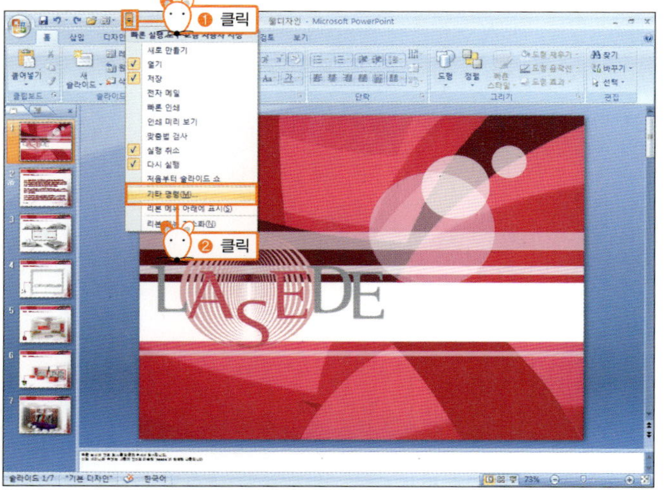

6 빠른 실행 도구 모음이 원래의 위치로 되돌아옵니다. 이번에는 빠른 실행 도구 모음을 원래대로 되돌리기 위해 [빠른 실행 도구 모음 사용자 지정](⏷)을 클릭한 후 [기타 명령]을 클릭합니다.

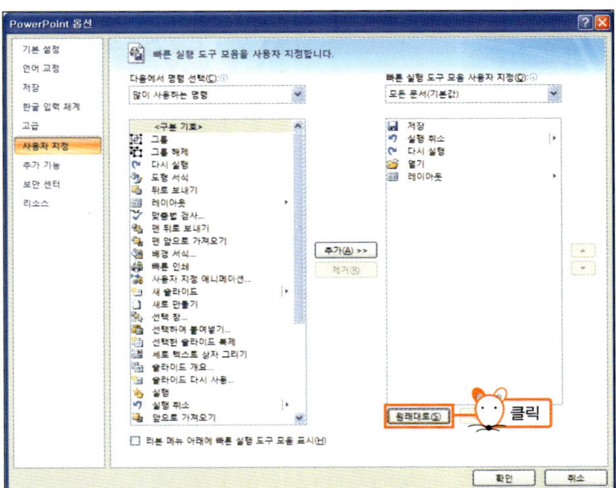

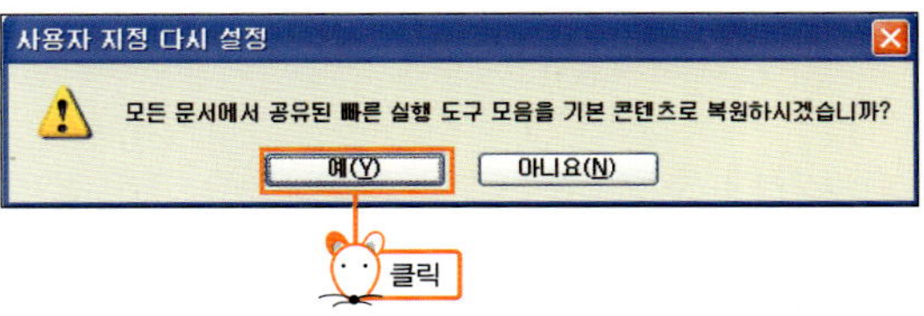

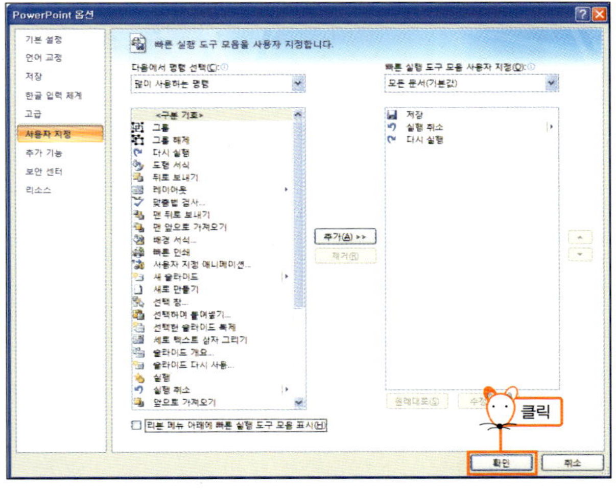

7 [PowerPoint 옵션] 대화상자가 나타나면 [사용자 지정] 탭에서 [원래대로] 버튼을 클릭합니다.

8 [사용자 지정 다시 설정] 대화상자가 나타나면 [예] 버튼을 클릭합니다.

9 다시 [PowerPoint 옵션] 대화상자에서 [확인] 버튼을 클릭합니다.

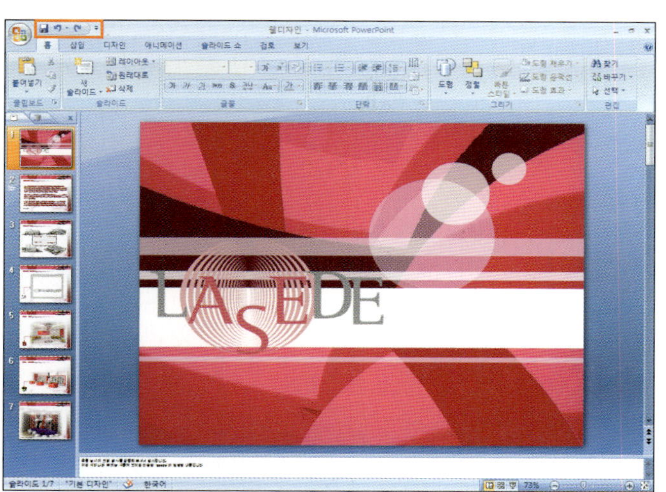

10 빠른 실행 도구 모음이 원래의 상태로 되돌아 옵니다.

주목

빠른 실행 도구 모음에는 작업자가 원하는 도구 모음들을 추가시킬 수 있습니다. 그러나 너무 많은 도구 모음을 추가하고 위치를 유지하면 제목 표시줄이 슬라이드의 이름을 확인할 수 없을 정도로 줄어들게 됩니다. 따라서 10개 이상의 도구 모음을 추가했다면 기본 위치보다는 리본 메뉴 아래로 변경하는 것이 좋습니다.

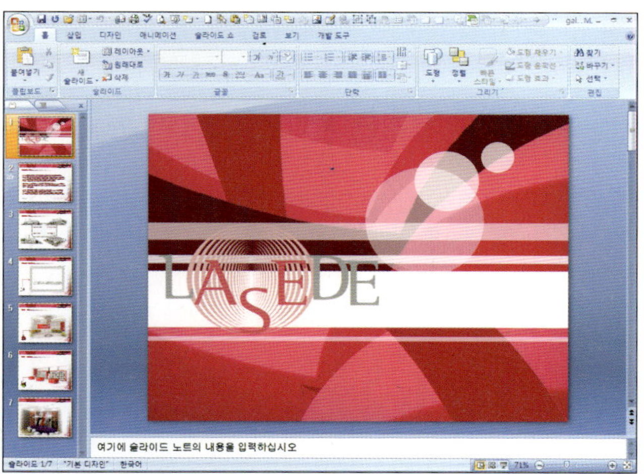

많은 빠른 실행 도구 모음으로 가려진 제목 표시줄

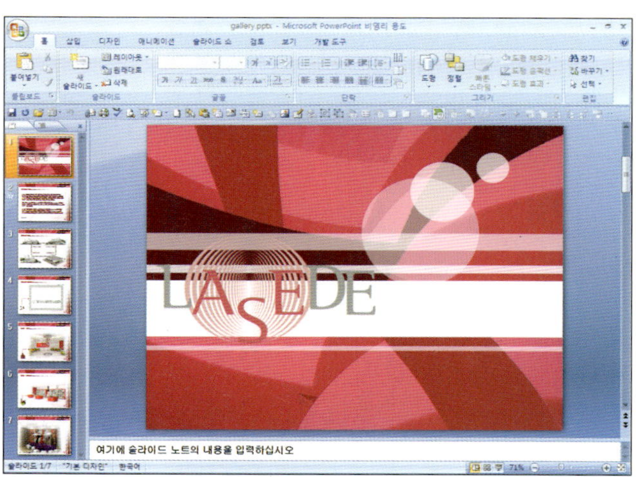

독립적으로 변경된 제목 표시줄과 빠른 실행 도구 모음

Part

완벽한 프레젠테이션을 위한 파워포인트 2007의 기본 기능 익히기

파워포인트 2007을 이용해 프레젠테이션 문서를 제작하기 위해서는 슬라이드를 삽입하고 텍스트를 입력하는 방법을 알아야 합니다. 일반적으로 텍스트는 텍스트 상자를 이용해서 색을 넣거나 크기, 위치 등을 조절하여 슬라이드에 배치합니다. 또한, 이미지와 디자인 서식을 삽입하여 슬라이드를 더욱 화려하게 꾸밀 수 있습니다. 이번 Part에서는 달라진 파워포인트 2007을 이용해 프레젠테이션의 기본인 슬라이드에 텍스트와 여러 개체를 삽입하는 방법을 알아보겠습니다. 새롭게 시작하는 파워포인트 2007의 활용을 위해 처음부터 끝까지 차분하게 살펴보도록 하겠습니다.

기본에, 기본을 위한
파워포인트 2007로 슬라이드 주무르기

슬라이드 제작에서 가장 기본이 되는 텍스트 입력 방법은 기본 보기 화면과 개요 보기 화면에서 작성해야 합니다.
또한, 이미지와 디자인 서식으로 예쁘게 꾸민 후 완성한 슬라이드를 저장하고 보관하는 방법을 알아야 합니다.

슬라이드 삽입하고 텍스트 입력하기

파워포인트에서 문서 작업을 할 때에는 계속해서 슬라이드를 삽입하면서 작업해야 합니다. 슬라이드를 삽입하는 방법에는 크게 세 가지가 있습니다.

- [홈] 탭에서 [새 슬라이드]를 클릭하여 슬라이드를 삽입할 수 있습니다.

- Ctrl + M 을 누르면 [홈] 탭에서 [새 슬라이드]를 클릭하는 것처럼 슬라이드를 삽입할 수 있습니다.

- 슬라이드의 가장 마지막 텍스트 상자를 선택한 후 Ctrl + Enter 를 누르면 동일한 성격의 슬라이드를 삽입할 수 있습니다.

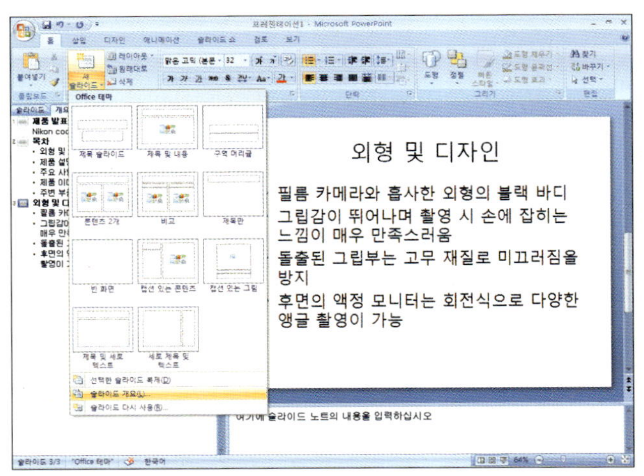

[홈] 탭을 이용한 슬라이드 삽입하기

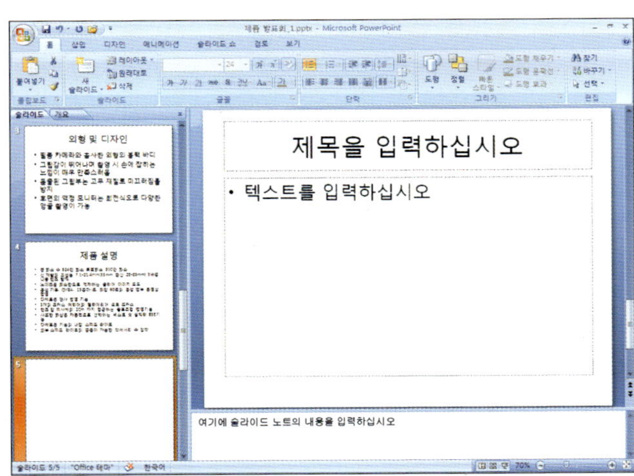

단축키를 이용한 슬라이드 삽입하기

 ## 글머리 기호 삽입하고 편집하기

제목 및 내용 슬라이드나 콘텐츠 슬라이드의 본문 텍스트 상자에 텍스트를 입력하면 글머리 기호가 자동으로 삽입됩니다. 글머리 기호는 번호나 딩뱃 문자, 또는 이미지로 대신할 수 있습니다.

- **글머리 기호** : [글머리 기호 및 번호 매기기] 대화상자의 [글머리 기호] 탭에서 [그림] 버튼을 클릭하고 [그림 글머리 기호] 대화상자 나타나면 [가져오기] 버튼을 클릭합니다. 그런 다음 [클립 추가] 대화상자에서 그림 파일을 선택하면 됩니다.

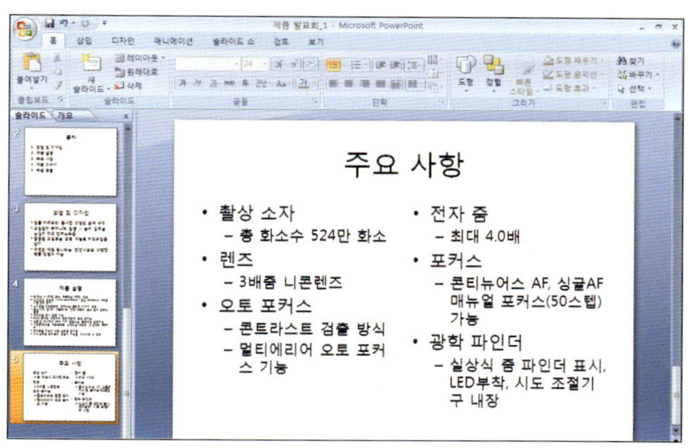

기본으로 나타나는 글머리 기호

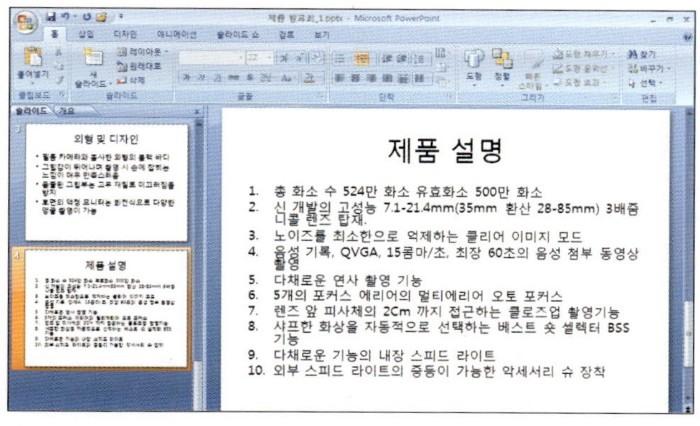

숫자로 편집된 글머리 기호

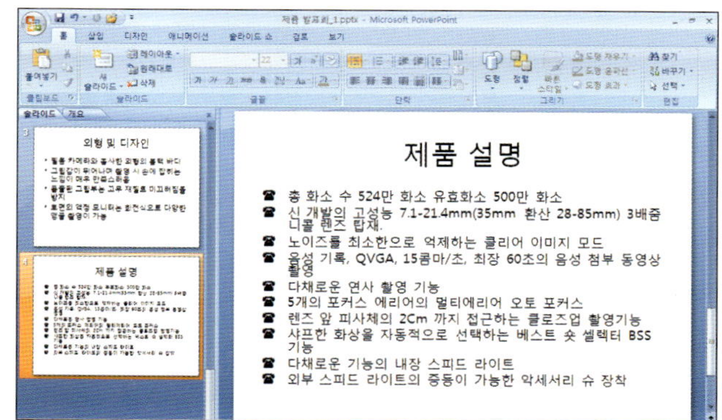

이미지로 편집된 글머리 기호

 ## 줄 간격과 단락 조절하기

텍스트 상자에 텍스트를 입력하고 줄 간격이나 단락 등을 수정할 수 있습니다. 일반적으로 메뉴를 이용하는 방법과 단축키를 이용하는 방법이 있습니다.

- **줄 간격 조절하기** : [홈] 탭의 [단락] 그룹에서 [줄 간격]을 클릭한 후 원하는 간격을 지정합니다.

- **줄 나누기** : 줄을 나누고자 하는 곳에 마우스 커서를 위치시키고 Shift + Enter 를 누릅니다.

- **단락 나누기** : [홈] 탭에서 [단락] 그룹의 버튼을 클릭한 후 [단락] 대화상자에서 조절합니다.

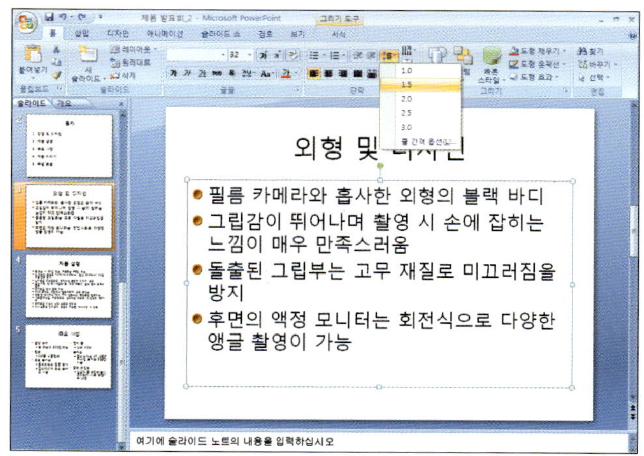

줄 간격 조절하기

 ## 텍스트에 다양한 효과 적용하기

텍스트를 입력하고 여러 서식을 적용해서 글꼴이나 색, 크기 등을 수정할 수 있으며, 그라데이션이나 질감의 효과들도 함께 적용시킬 수 있습니다. 또한, 자신이 사용한 글꼴을 다른 사용자들도 볼 수 있도록 글꼴을 프레젠테이션에 포함시키는 기능도 있습니다.

- **글꼴 프레젠테이션에 포함시키기** : [Office 단추]( )를 클릭하고 [PowerPoint 옵션]을 클릭합니다. 그런 다음 [저장] 항목에서 [파일의 글꼴 포함]에 체크 표시를 하면 현재 슬라이드에서 작업한 글꼴을 프레젠테이션 파일에 포함시켜 저장할 수 있습니다.

텍스트에 효과 주기

 ## 슬라이드에 이미지와 사진 앨범을 만들고 압축하기

텍스트 위주로 제작된 슬라이드는 딱딱한 느낌의 정적인 분위기를 전달할 수 있습니다. 이런 부분을 보완하기 위해서는 이미지를 이용하는 것이 일반적입니다. 또한, 사진 앨범 기능으로 여러 장의 이미지들을 깔끔하게 정리할 수 있으며, 큰 이미지의 용량을 줄여서 슬라이드를 좀 더 가볍게 제작할 수 있습니다.

- **이미지 편집하기** : 이미지를 삽입하면 [그림 도구]의 [서식] 탭이 나타납니다. 불필요한 부분을 잘라 내거나 색상과 밝기 등을 수정할 수 있는 메뉴들이 있습니다.

슬라이드에 이미지 삽입하기

 ## 슬라이드에 테마 적용하기

슬라이드의 옷이라고 할 수 있는 테마는 전문적인 디자이너가 아닌 일반 사용자들에게 고급스러운 프레젠테이션의 기준을 제시하고 있습니다. 또한, 다른 폴더에 있는 디자인 서식 파일을 현재 슬라이드에 불러와서 적용할 수 있으며, 반대로 원하는 폴더에 저장도 할 수 있습니다.

- **슬라이드에 테마 적용하기** : [디자인] 탭의 [테마] 갤러리에서 다양한 테마를 선택하고 적용할 수 있습니다. 또한, [테마 찾아보기] 메뉴를 이용하면 다른 폴더에 있는 테마나 디자인 서식 파일을 현재 슬라이드에 테마로 사용할 수 있습니다.

[테마] 갤러리

 ## 슬라이드 마무리하기

모든 작업이 끝나면 문서를 저장해야 합니다. 파워포인트 2007에서는 보안이 필요한 경우 수정하지 못하게 열람만 할 수 있도록 저장할 수 있으며, 콘텐츠 보호 차원에서 별도의 암호를 설정할 수 있습니다.

프레젠테이션의 시작을 위한 슬라이드 삽입하고 텍스트 입력하기

파워포인트 2007을 이용한 프레젠테이션 제작의 기본은 텍스트 입력입니다. 텍스트를 입력하는 방법은 이전 버전과 크게 다르지 않지만, 작업자를 위해 몇 가지 달라진 점들이 있습니다. 이번 Lesson에서는 여러 종류의 텍스트와 슬라이드를 삽입하는 방법을 알아보도록 하겠습니다. 실질적으로 파워포인트를 시작하는 첫 단계이므로 차분하게 살펴보겠습니다.

Lesson 06

따라해 보세요

제목 슬라이드에 텍스트 입력하고 텍스트 상자 조절하기

● 파워포인트를 실행시키면 프레젠테이션을 작성하기 위한 제목 슬라이드가 나타납니다. 말 그대로 프레젠테이션의 제목을 입력하고 위치와 글꼴, 크기를 조절할 수 있습니다.

1 텍스트를 입력하기 위하여 '제목을 입력 하십시오' 라고 쓰인 [제목 텍스트] 상자를 클릭합니다.

> **주목**
> 출력을 위한 인쇄나 프레젠테이션을 진행하는 과정에서는 텍스트 상자의 모양이 나타나지 않습니다. 그러나 글꼴이나 크기, 색, 정렬 등을 사용한다면 지정한 형식대로 확인할 수 있습니다.

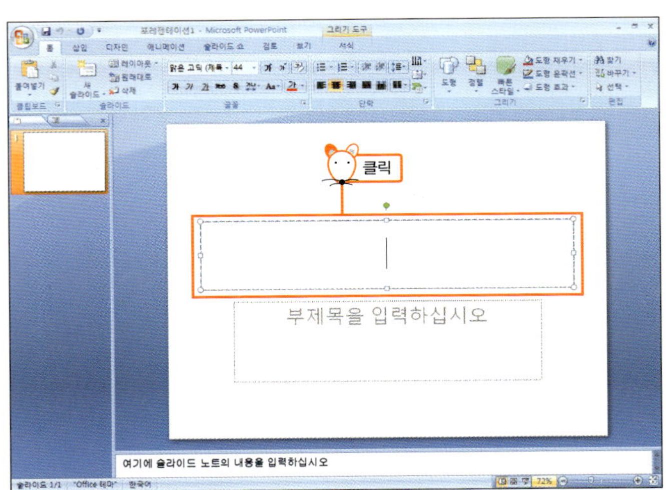

2 [제목 텍스트] 상자에 '제품 발표회'를 입력한 후 [부제목 텍스트] 상자를 클릭합니다.

> **주목**
> 텍스트 상자에서 다음 텍스트 상자로 이동할 때 Ctrl + Enter 를 사용하면 빠르게 이동할 수 있습니다.

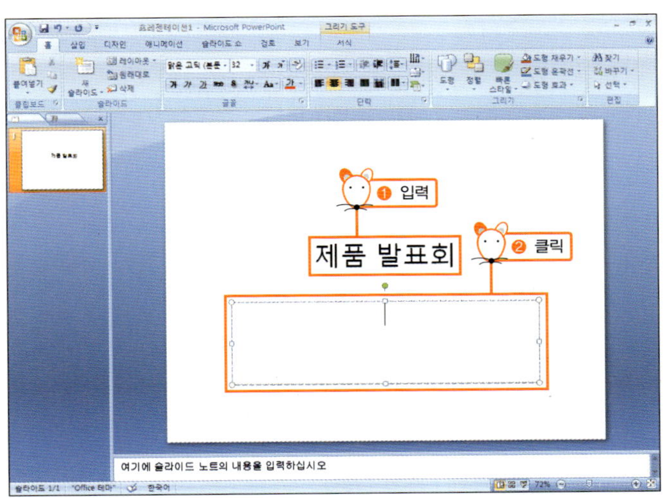

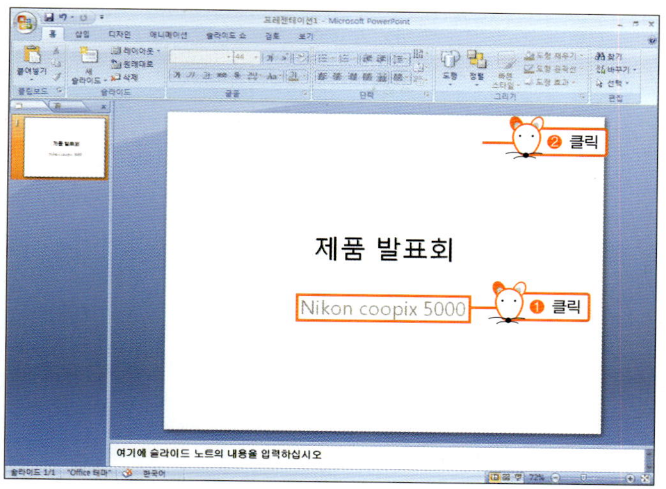

3 [부제목 텍스트] 상자에 'Nikon coopix 5000'을 입력한 후 슬라이드의 빈 영역을 클릭하여 선택을 해제합니다.

> **주목**
> 텍스트를 입력하려면 반드시 텍스트 상자가 있어야 합니다. 또한, 텍스트를 수정하려면 텍스트 상자의 외곽선을 클릭하거나 텍스트 상자 안에 마우스 커서를 위치시켜야 합니다.

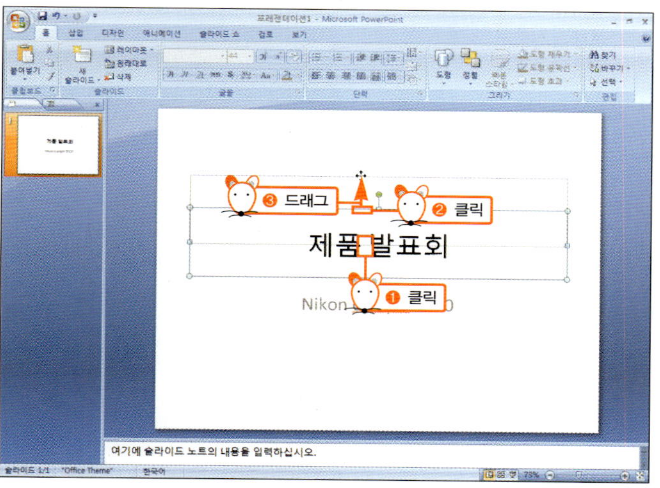

4 [제목 텍스트] 상자의 선택하기 위하여 '제품 발표회' 라고 쓴 글자 사이를 클릭합니다. 그런 다음 [제목 텍스트] 상자의 외곽선을 클릭한 채 드래그하여 위쪽으로 이동시킵니다.

> **주목**
> 슬라이드에 선택된 텍스트 상자가 하나도 없는 경우 Ctrl + Enter 를 사용하면 [제목 텍스트] 상자가 자동으로 나타납니다.

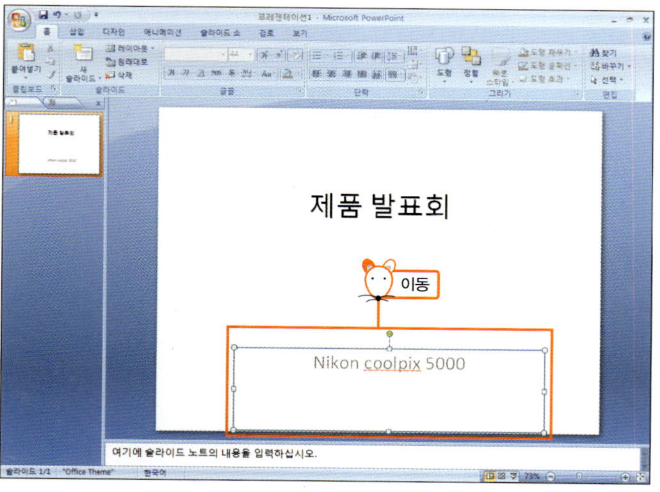

5 [제목 텍스트] 상자가 선택된 상태에서 Ctrl + Enter 를 눌러 [부제목 텍스트] 상자로 이동합니다. 그런 다음 Esc 를 눌러 텍스트 상자를 선택하고 키보드에 있는 네 개의 방향키를 이용하여 원하는 위치로 이동시킵니다.

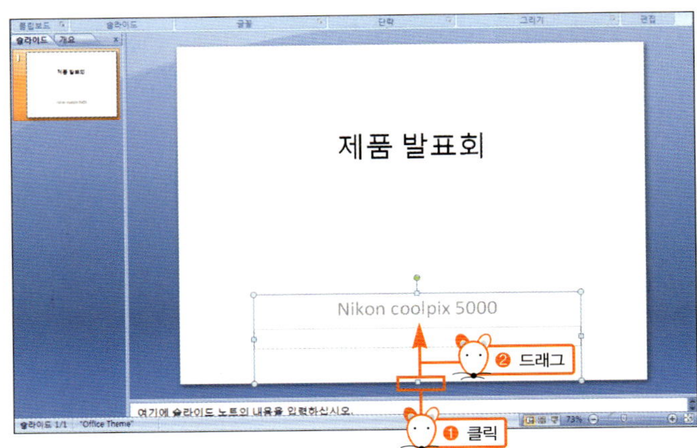

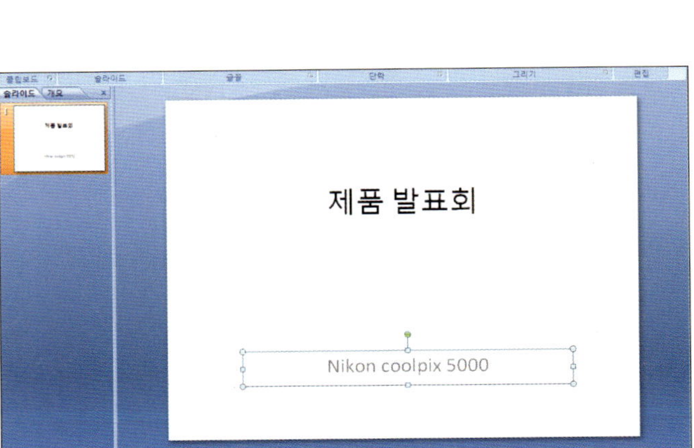

6 다음과 같이 텍스트 상자의 크기를 조절하기 위해서 조절점을 클릭한 채 드래그합니다.

> **주목**
> Shift 를 누른 채 수직, 수평, 대각선 방향으로 일정하게 조절할 수 있으며, Ctrl 를 누른 채 드래그하면 수직과 수평으로 동시에 크기를 조절할 수 있습니다.

7 텍스트 상자의 크기가 줄어듭니다. 텍스트 상자의 여덟 개의 조절점을 드래그하면 크기를 자유롭게 조절할 수 있습니다.

슬라이드 레이아웃 알아보기

프레젠테이션 제작에서 가장 많이 사용하는 슬라이드 레이아웃은 주로 네 가지 정도로, [제목 슬라이드], [제목 및 내용], [제목만], [빈 화면] 슬라이드입니다.

❶ **제목 슬라이드/제목 및 내용** : [제목 슬라이드]는 프레젠테이션을 대표하는 시작 화면으로 제목 슬라이드를 제작할 때 사용합니다. [제목 및 내용] 슬라이드는 텍스트로 이루어진 슬라이드로 앞부분에 글머리 기호의 목록이나 숫자를 삽입할 수 있습니다.

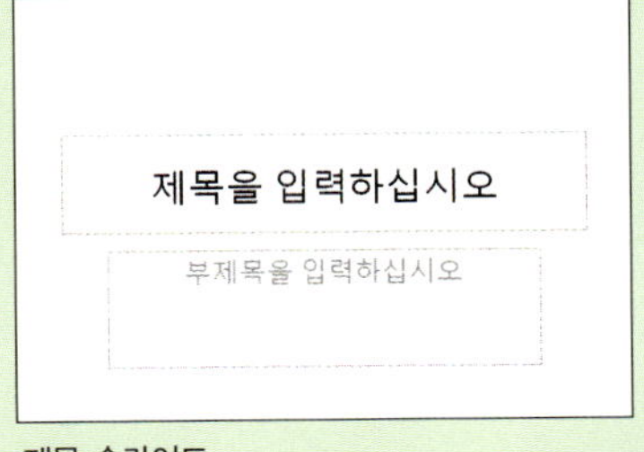

제목 슬라이드

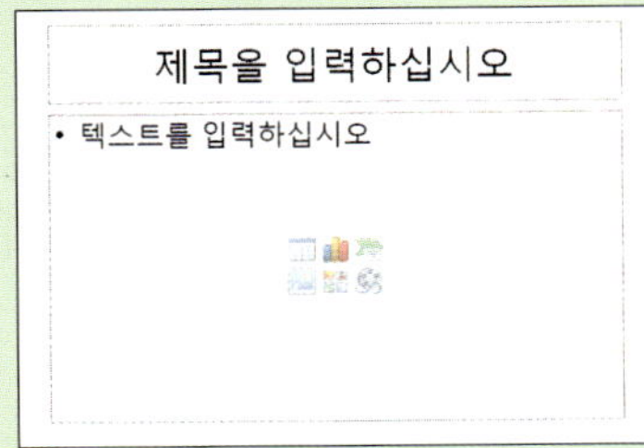

제목 및 내용 슬라이드

❷ **제목만/빈 화면 슬라이드** : 두 슬라이드의 차이는 [제목 텍스트] 상자에 텍스트를 입력하는 것만 제외하고는 같은 용도로 사용합니다. 그림이나 개체, 클립 아트 등을 삽입할 때 주로 사용하는 슬라이드입니다.

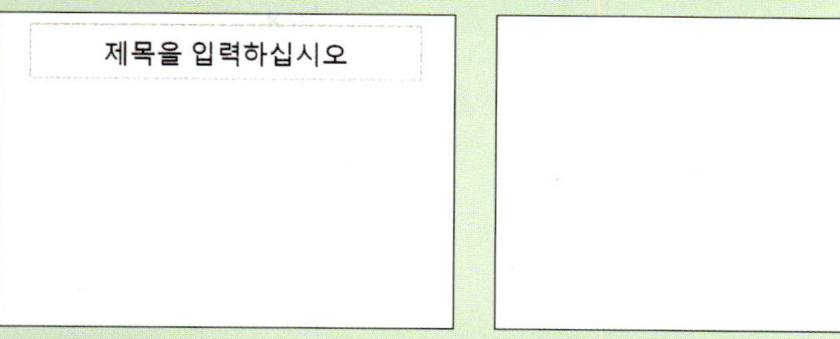

제목만 슬라이드

빈 화면 슬라이드

❸ **기타** : 일반적으로 자주 사용하지 않지만, 프레젠테이션의 성격에 따라서 꼭 필요한 슬라이드들도 있습니다. 두 개의 콘텐츠를 비교하거나 제목 텍스트 상자를 다른 위치에서 시작하고 싶다면 슬라이드를 선택해서 작업하면 됩니다.

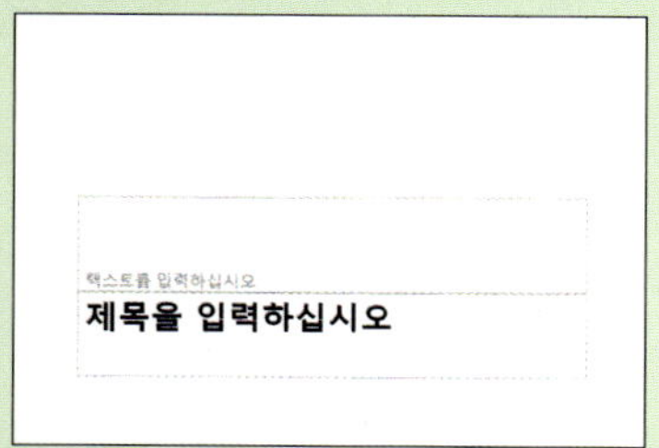

구역 머리글 슬라이드

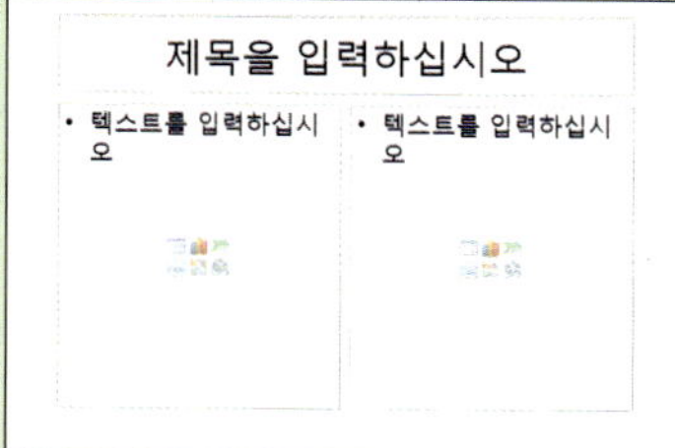

콘텐츠 2개 슬라이드

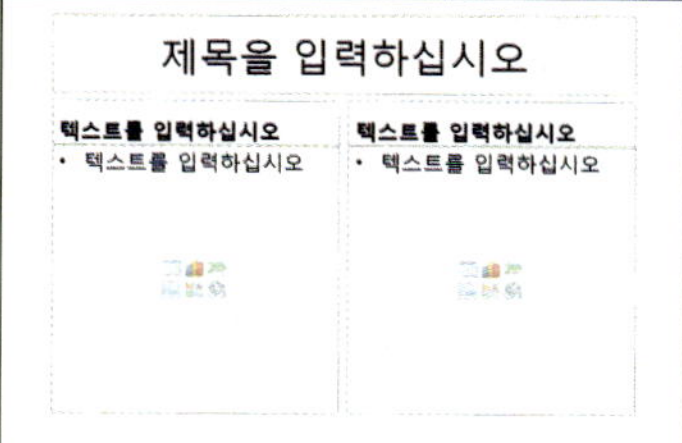

비교 슬라이드

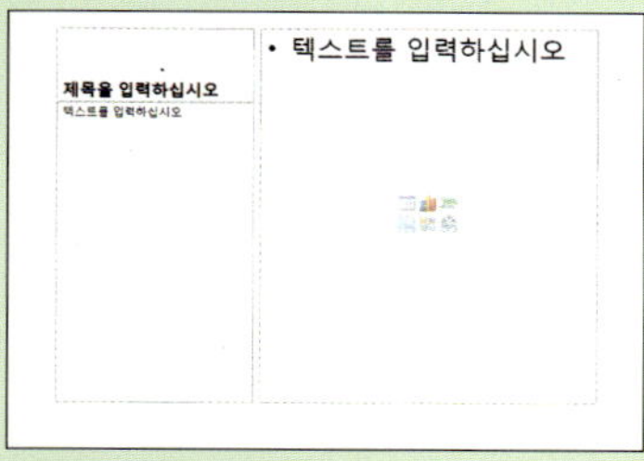

캡션 있는 콘텐츠 슬라이드

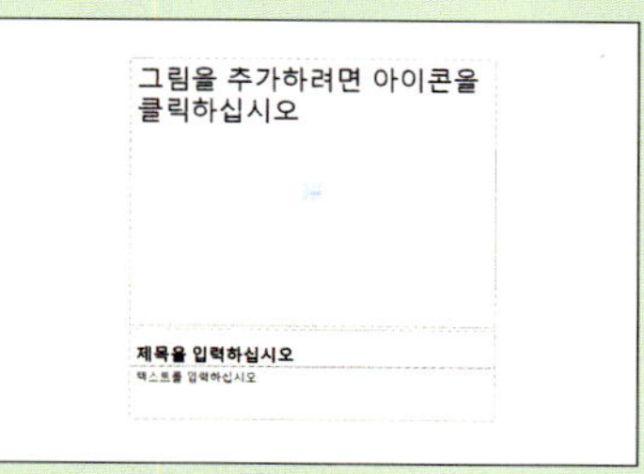

캡션 있는 그림 슬라이드

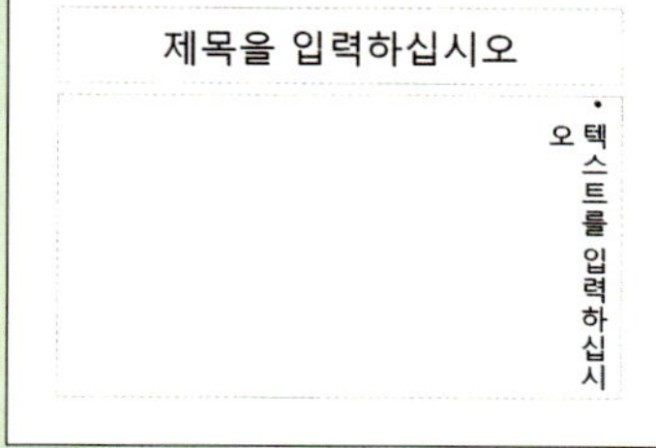

제목 및 세로 텍스트 슬라이드

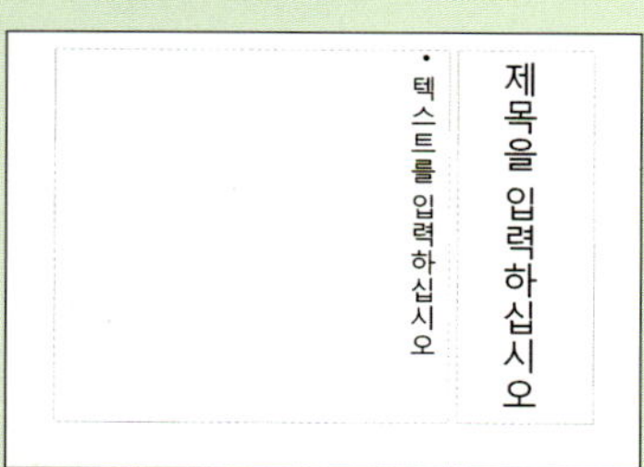

세로 제목 및 텍스트 슬라이드

따라해 보세요

제목 및 내용 슬라이드 삽입해서 텍스트 입력하기

● 파워포인트는 다른 프로그램과는 달리 내용을 입력할 때마다 슬라이드를 계속 만들면서 작업을 해야 합니다. [글머리 기호]나 [번호 매기기] 등을 삽입할 수 있는 [제목 및 내용] 슬라이드를 삽입한 후 텍스트를 입력하고 새로운 슬라이드를 삽입해 텍스트를 입력하겠습니다.

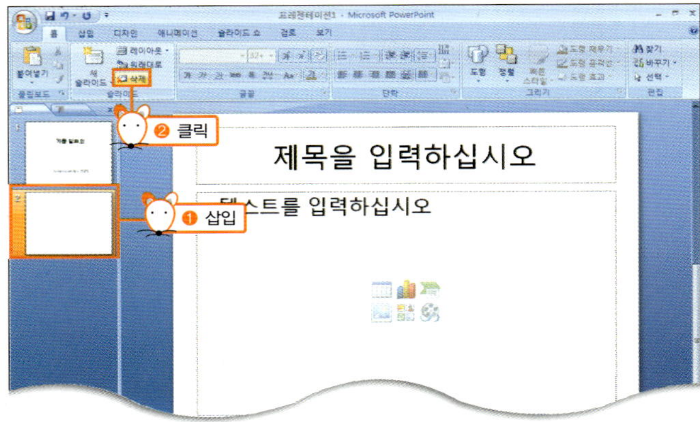

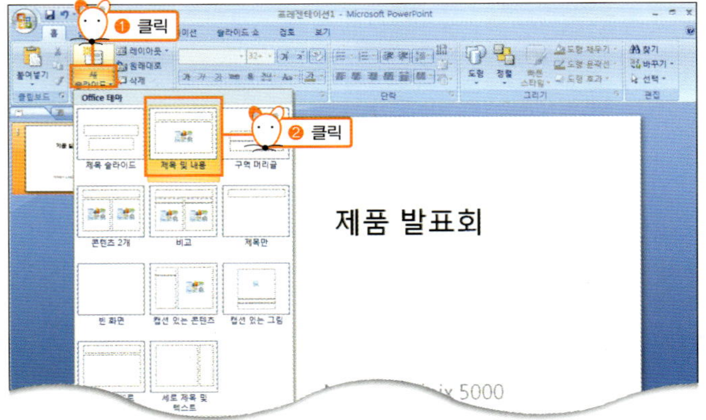

1 [홈] 탭에서 [새 슬라이드]( )를 클릭합니다.

2 [제목 및 내용] 슬라이드가 삽입됩니다. [홈] 탭에서 [삭제]( )를 클릭합니다.

> **주목**
>
> 새 슬라이드 삽입의 단축키는 Ctrl+M 이고, 원하는 슬라이드를 선택한 후 Delete 를 누르면 삭제할 수 있습니다.

3 방금 삽입한 슬라이드가 삭제됩니다. 다시 [새 슬라이드]( )를 클릭하고 [제목 및 내용] 슬라이드를 클릭합니다.

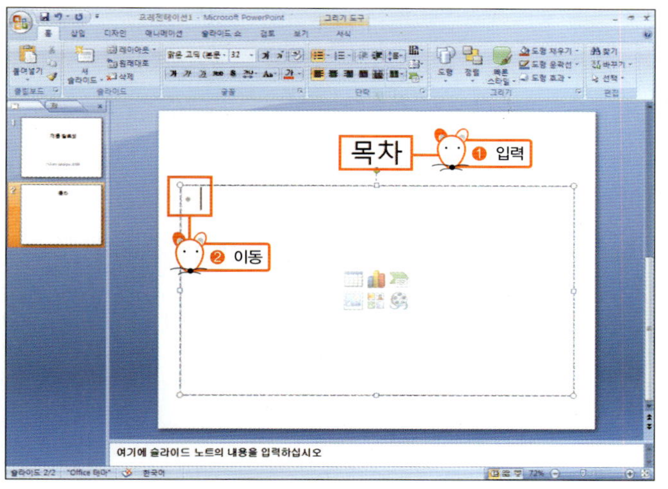

4 다시 [제목 및 내용] 슬라이드가 삽입됩니다. [제목 텍스트] 상자에 '목차'를 입력한 후 Ctrl + Enter 를 눌러 마우스 커서를 아래 텍스트 상자로 이동시킵니다.

> **주목**
>
> [제목] 슬라이드 다음에 바로 [새 슬라이드]( )를 클릭하면 [제목 및 내용] 슬라이드가 삽입되고 계속 클릭하면 같은 슬라이드가 반복해서 삽입됩니다. 그러나 슬라이드 레이아웃을 바꾸면 최종적인 슬라이드의 모양과 동일한 슬라이드가 삽입됩니다.

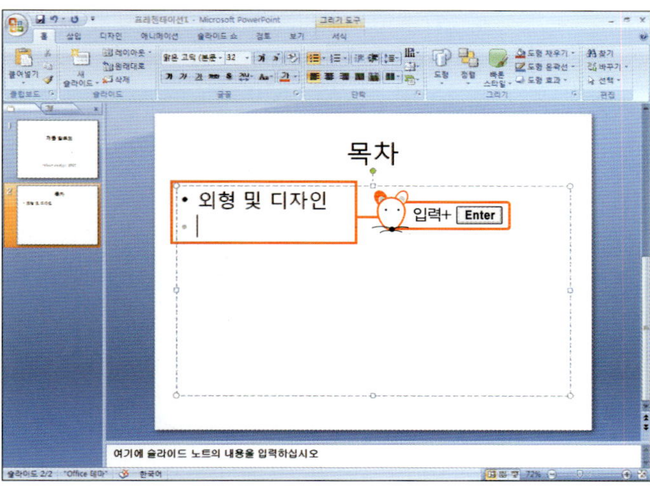

5 [제목 및 내용 텍스트] 상자는 기본으로 글머리 기호를 제공합니다. '외형 및 디자인'을 입력한 후 Enter 를 누릅니다.

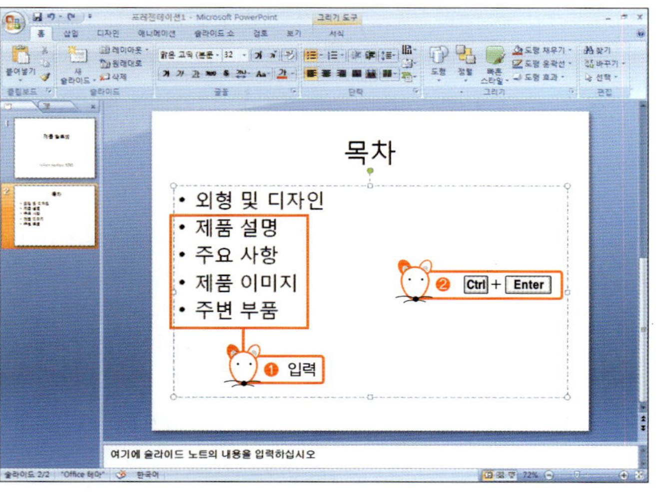

6 다음 줄로 이동하면서 글머리 기호가 자동으로 나타납니다. 이어서 다음과 같이 입력한 후 Ctrl + Enter 누릅니다.

> **주목**
>
> [제목 텍스트] 상자에서 Ctrl + Enter 를 누르면 [글머리 기호 텍스트] 상자로 이동합니다. 그러나 [글머리 기호 텍스트] 상자에서 Ctrl + Enter 를 누르면 더 이상 이동할 텍스트 상자가 없기 때문에 동일한 레이아웃의 슬라이드가 새롭게 삽입됩니다. 슬라이드에서 텍스트 상자를 빠르게 이동하고 새 슬라이드 삽입할 수 있는 단축키이므로 알아두면 유용하게 사용할 수 있습니다.

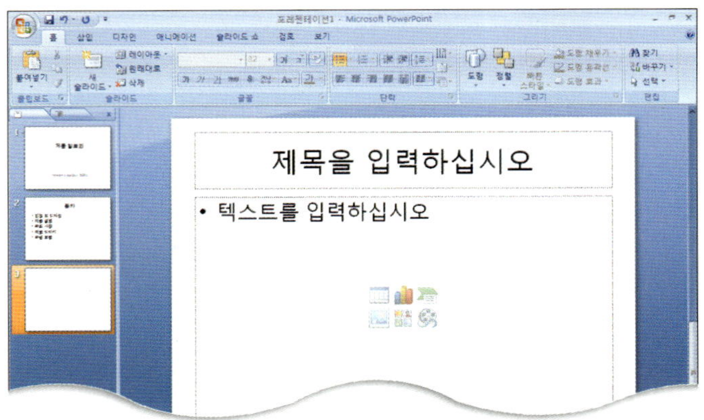

7 [제목 및 내용] 슬라이드가 삽입됩니다.

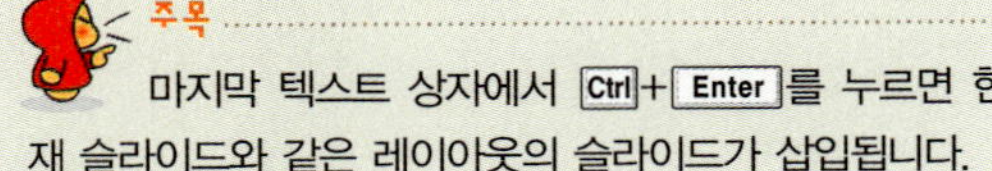

주목

마지막 텍스트 상자에서 Ctrl + Enter 를 누르면 현재 슬라이드와 같은 레이아웃의 슬라이드가 삽입됩니다.

따라해보세요

슬라이드 개요에서 텍스트 빠르게 입력하기

● [개요] 탭은 그림 없이 텍스트만 표시합니다. 일반적인 경우에는 사용하지 않지만, 텍스트 위주의 슬라이드를 제작하는 경우에는 훨씬 편리하게 작업할 수 있습니다.

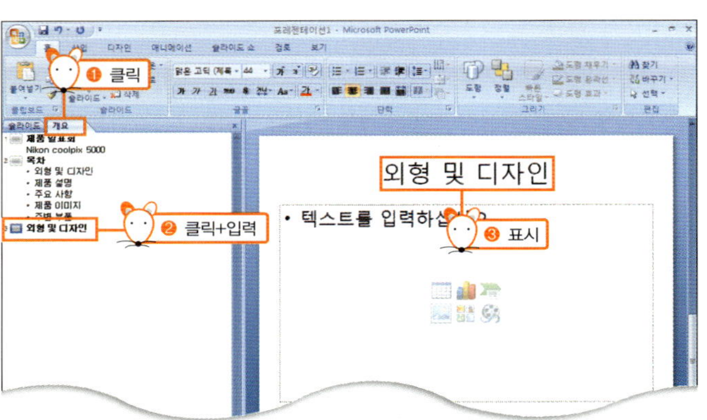

1 화면의 왼쪽에 있는 [개요] 탭을 클릭합니다. 3번 슬라이드의 □을 클릭한 후 '외형 및 디자인'을 입력하면, 오른쪽 슬라이드 화면에도 제목과 같이 표시됩니다.

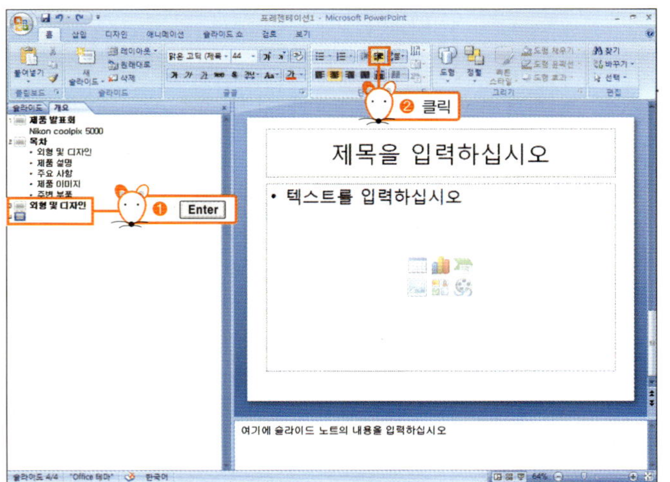

2 입력이 끝나면 바로 Enter 를 눌러 새 슬라이드가 삽입합니다. 3번 슬라이드에 계속해서 작업하기 위해 [목록 수준 늘림](🔳)을 클릭합니다.

주목

[목록 수준 늘림](🔳)을 클릭하면 글머리 기호가 안으로 이동되고 [목록 수준 줄임](🔳)을 클릭하면 글머리 기호가 바깥쪽으로 이동됩니다. 또한, [목록 수준 늘림](🔳)은 Tab 으로, [목록 수준 줄임](🔳)은 Shift + Tab 으로 사용할 수 있습니다.

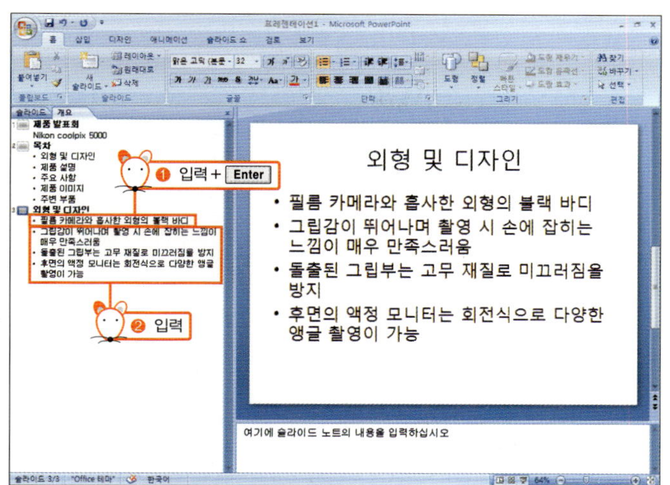

3 슬라이드에 내용을 입력할 수 있는 [글머리 기호]로 바뀌면 텍스트를 입력한 후 Enter 를 누릅니다. 이와 같이 [목록 수준 늘림]을 적용하면 다음부터는 연속적으로 텍스트를 입력할 수 있습니다. 다음과 같이 텍스트를 입력하여 완성합니다.

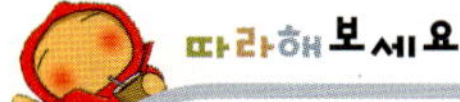

텍스트 파일 삽입해서
간단하게 슬라이드로 만들기

● [슬라이드 개요] 메뉴를 사용하면 메모장에서 작성한 '*.txt' 파일을 삽입해서 간단하게 슬라이드를 만들 수 있습니다.

◉ 예제 파일 : Sample\Part 02\제품설명.txt

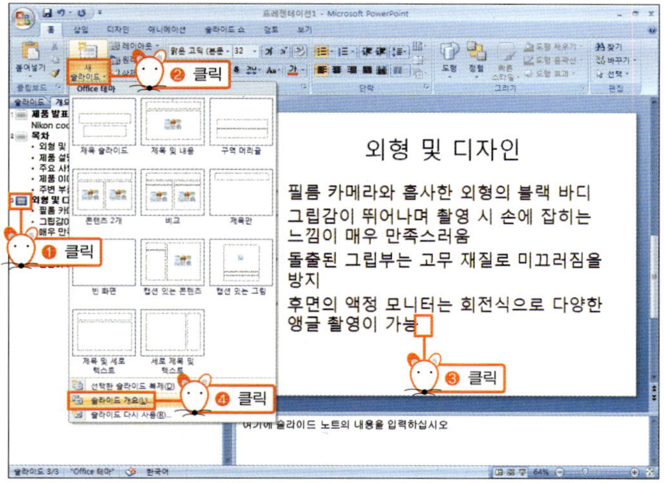

1 슬라이드 개요 탭에서 3번 슬라이드를 선택한 후 가장 마지막 줄에 마우스 커서를 위치시킵니다. 그런 다음 [홈] 탭의 [새 슬라이드](새 슬라이드▾)를 클릭한 후 [슬라이드 개요]를 클릭합니다.

주목

슬라이드에 삽입하는 메모장 파일 만들기

슬라이드에 삽입하는 '*.txt' 파일에는 반드시 제목과 내용이 나누어져 있어야 합니다. 또한, 내용 부분에는 Tab 을 적용시켜 주어야 합니다. 그렇지 않으면 내용 한 줄이 하나의 슬라이드로 인식하여 여러 개의 슬라이드가 만들어지기 때문입니다.

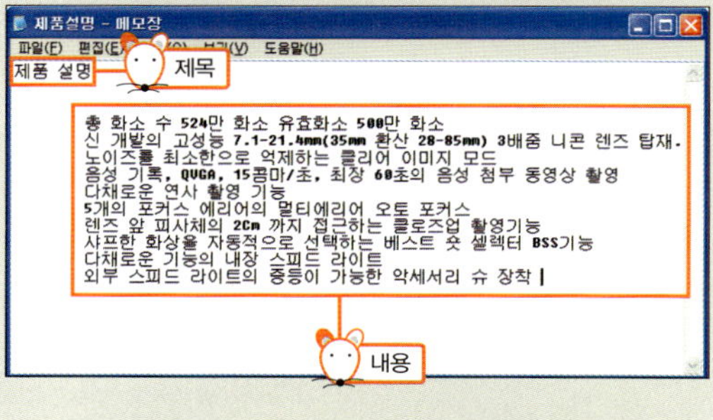

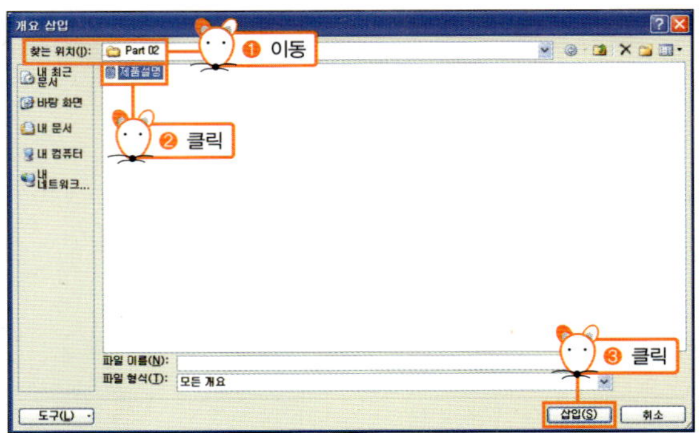

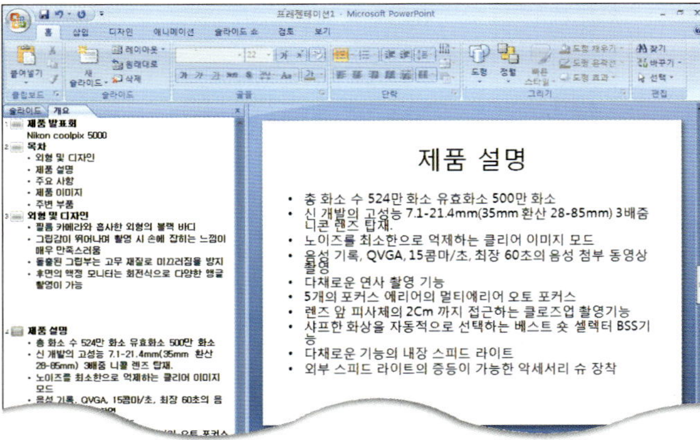

2 [개요 삽입] 대화상자가 나타나면 'Sample\Part 02\제품설명.txt'를 클릭한 후 [삽입] 버튼을 클릭합니다.

3 메모장 파일의 텍스트가 슬라이드에 자동으로 삽입됩니다.

> **주목**
>
> 메모장 파일의 텍스트를 삽입했을 때 가끔 텍스트 상자를 넘치는 경우가 있습니다. 이런 경우 슬라이드의 텍스트 상자를 한 번만 클릭하면 자동으로 조절됩니다.

텍스트에 나타나는 빨간 밑줄(플래그)을 숨기자!

텍스트에 나타나는 빨간 밑줄은 틀린 단어를 표시해 주는 플래그입니다. 주의할 점은 고유명사 등은 파워포인트에서 검색되지 않기 때문에 맞는 내용이라도 틀린 것으로 나타납니다.

❶ [Office 단추](<img>)을 클릭한 후 [PowerPoint 옵션] 버튼을 클릭합니다.

❷ [PowerPoint 옵션] 대화상자가 나타나면 [언어교정] 항목에서 [PowerPoint에서 맞춤법 검사]에서 [맞춤법 오류 숨기기]에 체크 표시한 후 [확인] 버튼을 클릭하면 플래그가 나타나지 않습니다.

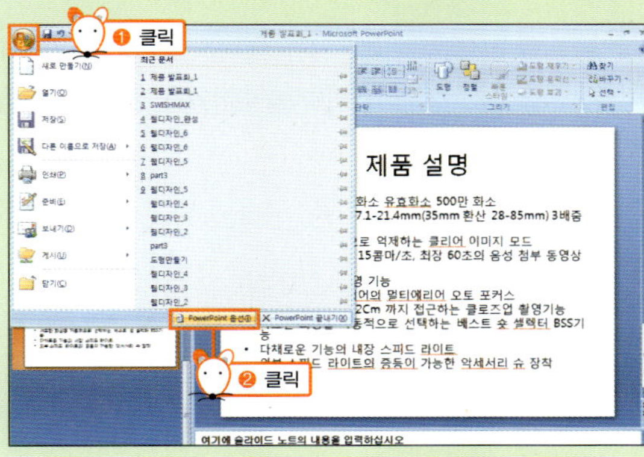

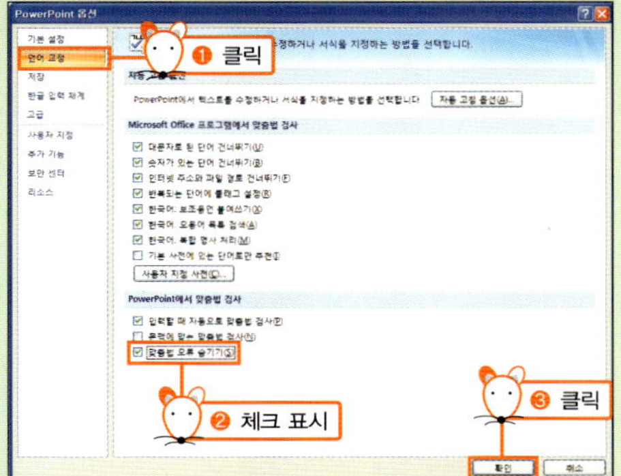

한자와 기호, 특수 문자 삽입하기

텍스트를 입력하다 보면 한자와 기호, 특수 문자를 사용해야 하는 경우가 많습니다. 여기에서는 한자와 기호, 특수 문자를 삽입하는 방법에 대해 알아보겠습니다.

◉ 예제 파일 : Sample\Part 02\회사 운영 계획.pptx

한자 삽입하기

파워포인트 2007을 포함한 오피스 2007에는 한글을 한자로 변환하는 기능들이 담아져 있습니다. 프레젠테이션에서 한자가 꼭 들어가야 한다면 유용하게 사용할 수 있습니다.

01 '회사'를 한자로 바꿔 보겠습니다. '회사 운영 계획'의 맨 앞에 마우스 커서를 위치시킨 후 [검토] 탭의 [한글/한자 변환](🔣)을 클릭합니다.

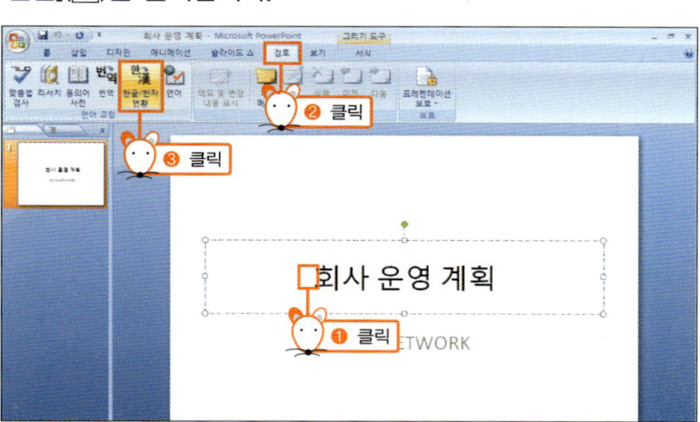

02 [한글/한자 변환] 대화상자에서 해당 한자를 클릭한 후 [변환] 버튼을 클릭합니다.

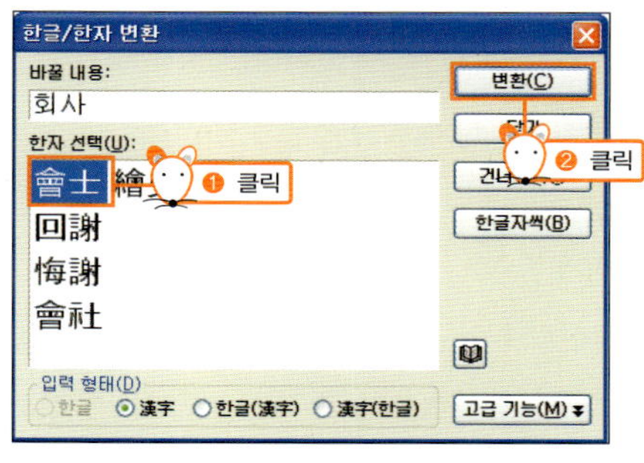

03 한글이 선택한 한자로 변환되었습니다. 변환된 한자를 다시 한글로 바꿔 보겠습니다. 이번에는 키보드의 [한자]를 누릅니다.

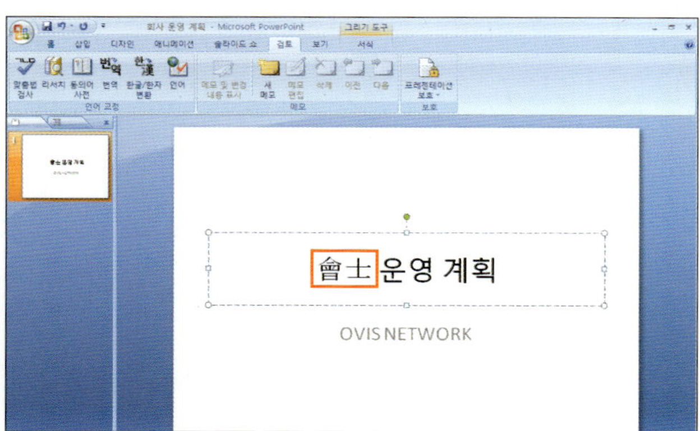

04 [한글/한자 변환] 대화상자가 나타납니다. 한글을 선택하고 [변환] 버튼을 클릭하면 다시 한글로 변환됩니다.

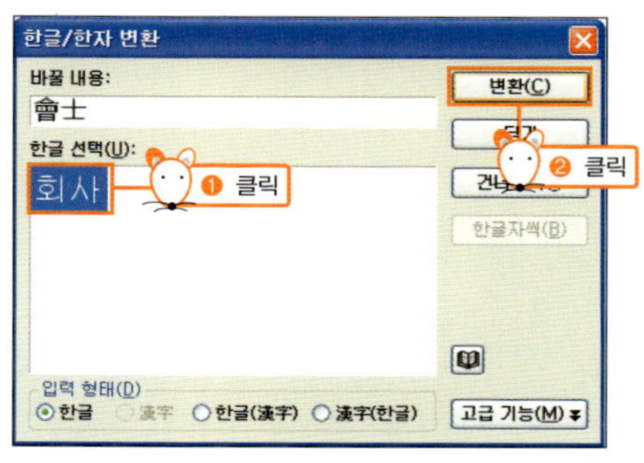

기호 삽입하기

원모양, 수학 기호, 전각 기호 등과 같이 일반 글꼴로 표현할 수 없는 기호들을 삽입할 수 있습니다. 어떤 기호들이 있는지 살펴보고, 삽입해 보겠습니다.

01 'OVIS NETWORK' 앞에 마우스 커서를 위치시킨 후 [삽입] 탭의 [기호](Ω)를 클릭합니다.

02 [기호] 대화상자가 나타나면 원하는 기호를 선택한 후 [삽입] 버튼을 클릭합니다. 다른 기호를 삽입하려면 [글꼴] 항목의 목록 버튼(▼)을 클릭하여 글꼴을 선택합니다.

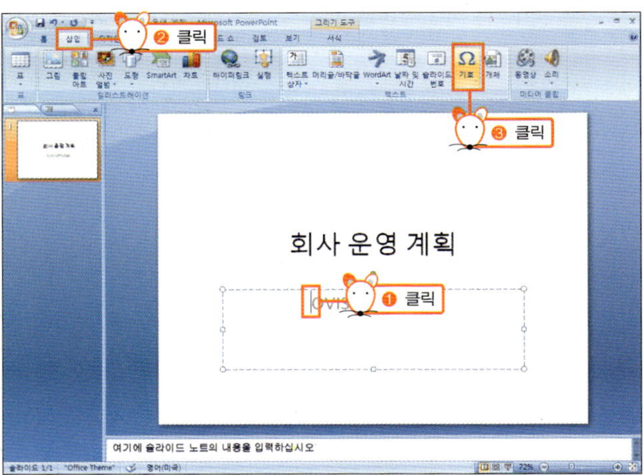

주목

기호만을 모아놓은 글꼴을 '딩뱃(dingbat)' 글꼴이라고 합니다. 이런 글꼴은 'Webdings'이나 'Windings'처럼 끝에 'dings'가 붙어있는 글꼴들을 말하며 다양한 종류의 기호들이 있습니다.

한글 자음을 이용한 특수 문자 삽입하기

파워포인트의 [기호] 대화상자를 이용하지 않고도 한글 자음으로 특수 문자를 삽입할 수 있습니다.
[기호] 대화상자처럼 종류는 다양하지 않지만, 빠르게 사용할 수 있다는 장점을 가지고 있습니다.

01 'OVIS NETWORK' 앞에 마우스 커서를 위치시킨 후 자음 중에 'ㅁ'을 입력하고 키보드의 [한자]를 누릅니다. [특수 문자] 목록이 나타나면 원하는 특수 문자를 클릭합니다.

02 선택한 특수 문자가 삽입됩니다. [특수 문자] 목록에서는 스크롤 바나 방향키를 아래로 내리면 여러 가지의 특수 문자를 확인하고 선택할 수 있습니다.

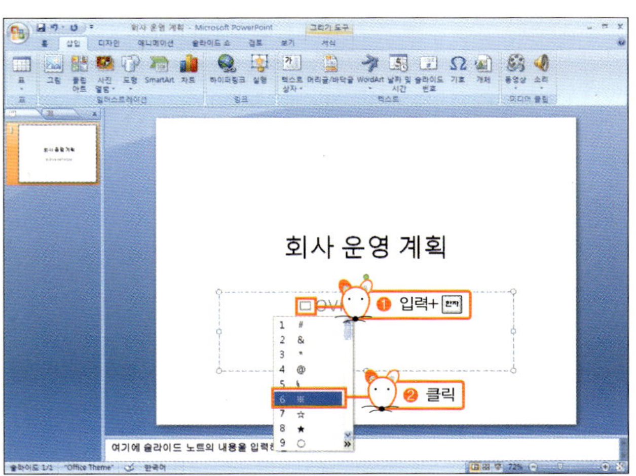

목록을 강조하는 글머리 기호 삽입하고 편집하기

슬라이드에서 텍스트를 삽입하고 단락을 바꾸면 글머리 기호는 자동으로 삽입됩니다. 글머리 기호는 번호나 이미지를 삽입해서 사용할 수 있습니다. 이번 Lesson에서는 글머리 기호를 삽입하고 편집하는 방법에 대해 알아보겠습니다.

Lesson 07

● 예제 파일 : Sample\Part 02\제품 발표회_1.pptx

 **따라해 보세요**

글머리 기호를 번호로 변경하기

● 슬라이드를 제작하면서 목차와 같이 순서를 나열해서 작업해야 하는 경우가 있습니다. 이럴 경우 [번호 매기기](≣)를 사용하면 간단하게 번호를 삽입할 수 있습니다.

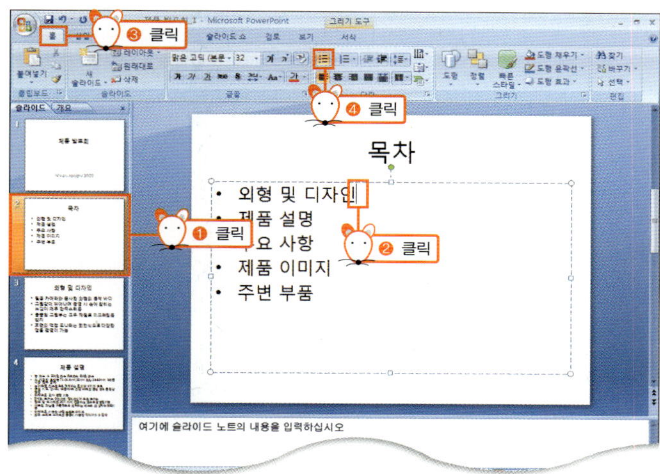

1 예제 파일을 불러오고 [슬라이드/개요] 탭에서 2번 슬라이드를 선택합니다. '외형 및 디자인' 옆을 클릭하고 [홈] 탭의 [글머리 기호](≣)를 클릭합니다. 마우스 커서가 있는 행의 글머리 기호만 사라집니다. [글머리 기호](≣)를 다시 클릭하면 사라진 글머리 기호가 나타납니다.

2 이번에는 전체 글머리 기호를 없애기 위해 [내용 텍스트] 상자를 클릭하고 [글머리 기호](≣)를 클릭합니다.

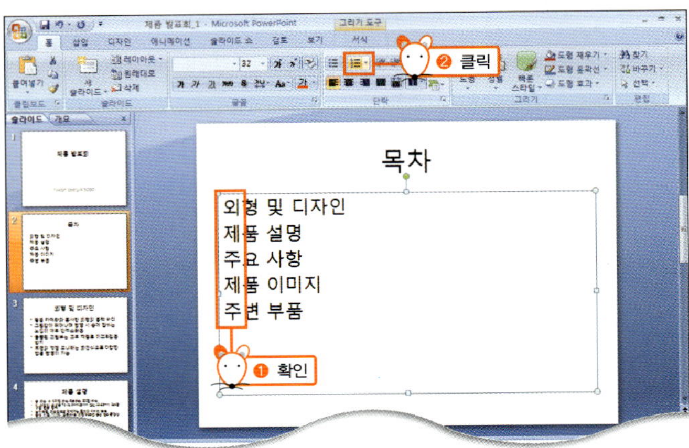

3 모든 글머리 기호가 사라집니다. [내용 텍스트] 상자의 선택을 해제하지 않은 상태에서 [번호 매기기](圖)를 클릭합니다.

4 텍스트 상자에 번호가 삽입됩니다.

여러 종류의 [번호 매기기] 형식 알아보기

[번호 매기기](圖)의 목록 버튼(圖)을 클릭하면 일곱 가지 형식의 번호가 나타납니다. 또한, [글머리 기호 및 번호 매기기]를 클릭한 후 나타나는 대화상자에서는 글머리 번호의 색상이나 크기를 조절할 수 있습니다.

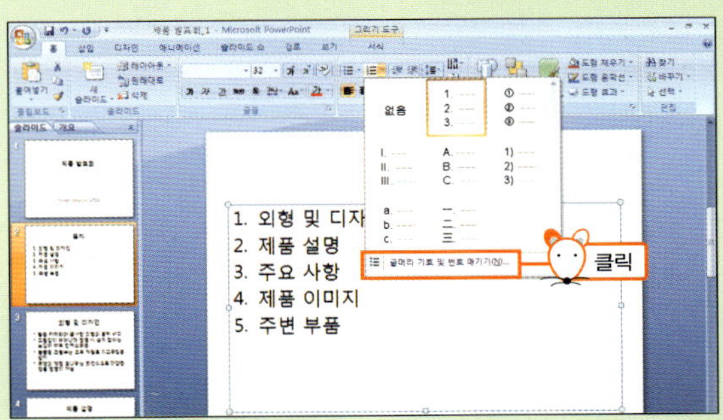

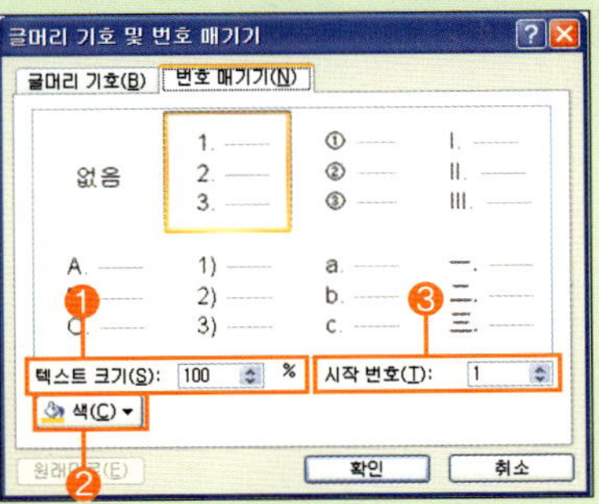

❶ **텍스트 크기** : 삽입된 번호의 크기를 지정합니다. 100%는 현재 텍스트의 크기와 동일하게 삽입됩니다.

❷ **색** : 삽입된 번호의 색을 지정합니다.

❸ **시작 번호** : 삽입된 번호의 시작 번호를 임의로 지정할 수 있습니다.

사용자 지정으로 글머리 기호 모양 변경하기

● 글머리 기호는 번호 매기기와 마찬가지로 일곱 가지 형식의 기호를 제공합니다. 또한, [글머리 기호 및 번호 매기기]를 클릭한 후 나타나는 대화상자의 [사용자 지정] 버튼은 다양한 기호를 글머리 기호로 삽입할 수 있습니다.

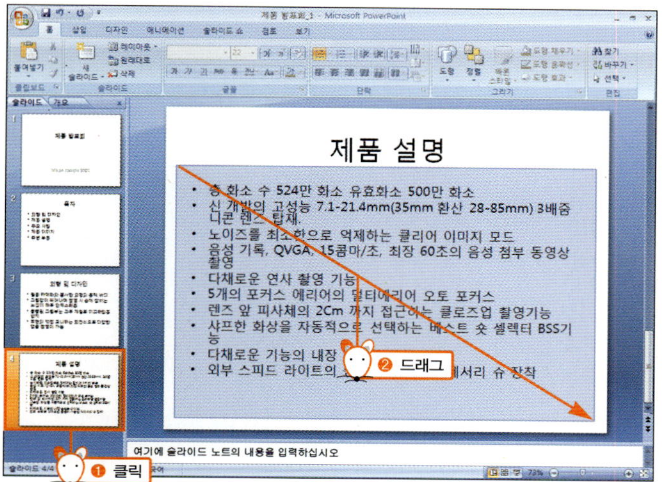

1 [슬라이드/개요] 탭에서 4번 슬라이드를 선택하고 다음과 같이 드래그를 해서 [내용 텍스트] 상자를 선택합니다.

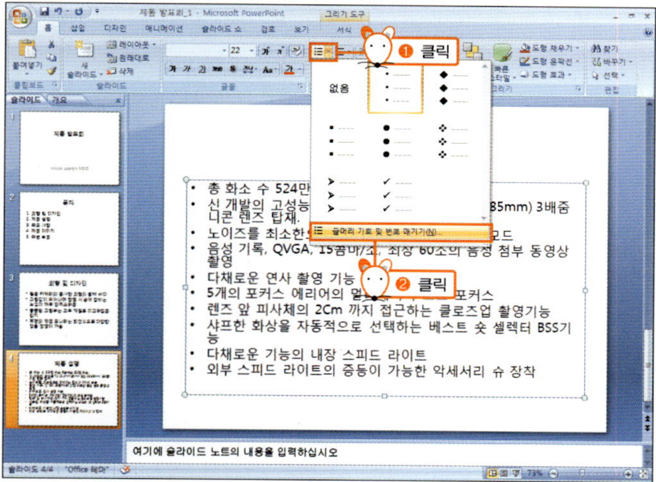

2 [내용 텍스트] 상자가 선택되면 [글머리 기호](≡ ▾)의 목록 버튼(▾)을 클릭하고 [글머리 기호 및 번호 매기기]를 클릭합니다.

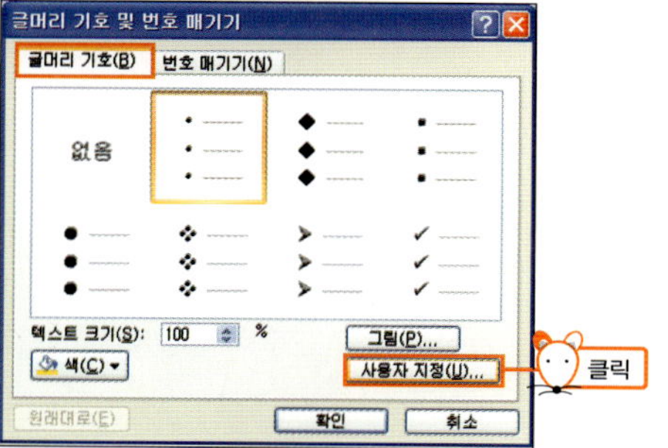

3 [글머리 기호 및 번호 매기기] 대화상자가 나타나면, [글머리 기호] 탭에서 [사용자 지정] 버튼을 클릭합니다.

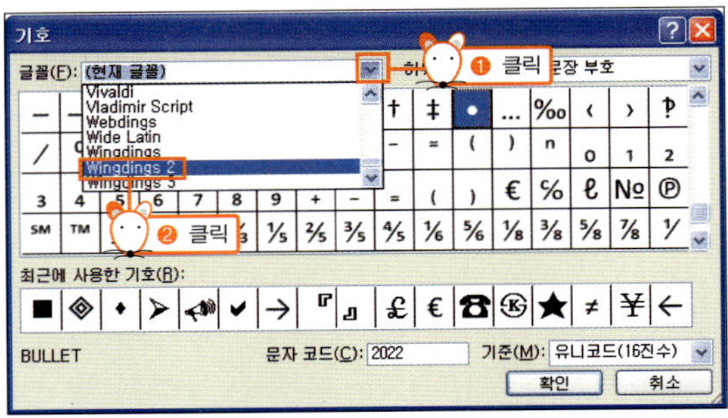

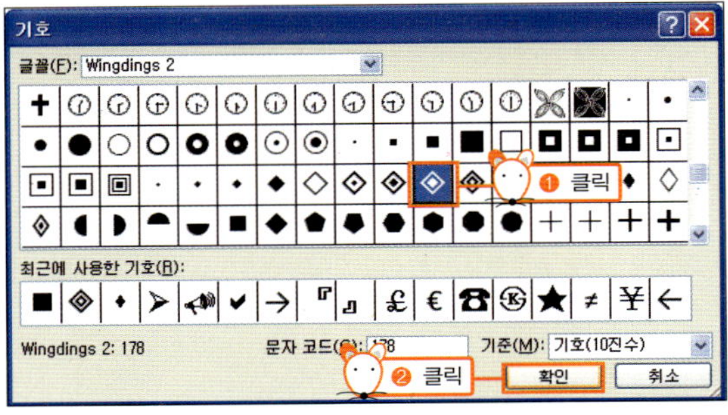

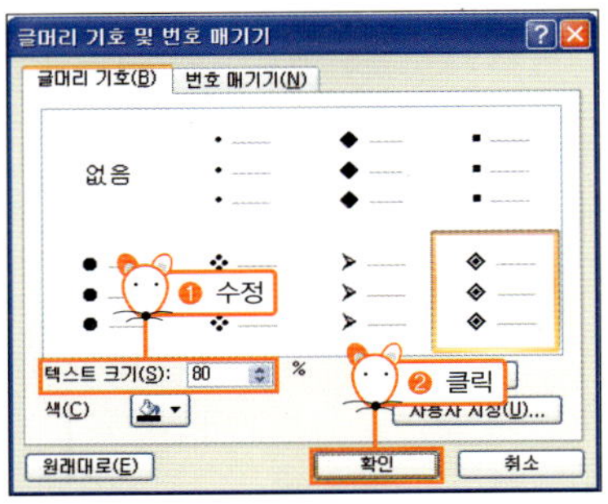

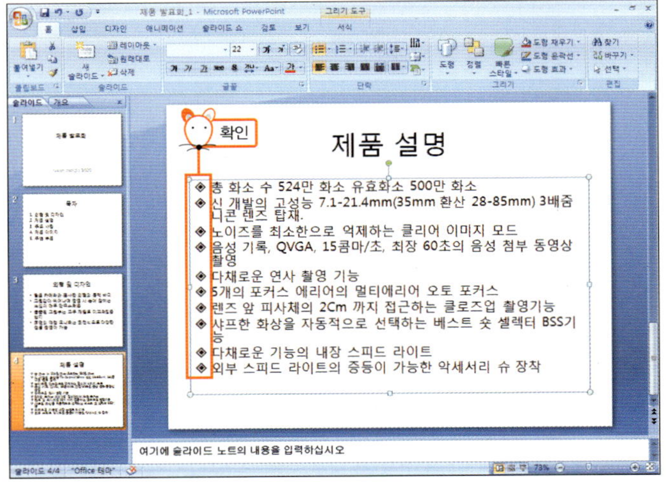

4 [기호] 대화상자가 나타나면 [글꼴] 항목의 목록 버튼(▼)을 클릭한 후 'windings2'를 클릭합니다.

5 스크롤 바를 아래로 내려 기호를 클릭한 후 [확인] 버튼을 클릭합니다.

6 다시 나타나는 [글머리 기호 및 번호 매기기] 대화상자에서 [텍스트 크기]를 '80%'로 수정한 후 [확인] 버튼을 클릭합니다.

7 [내용 텍스트] 상자에 선택한 기호로 변경되는 것을 확인할 수 있습니다.

[글머리 기호] 탭 알아보기

[글머리 기호] 탭에는 사용자가 원하는 모양에 글머리를 삽입할 수 있습니다. 또한, 글머리를 이미지나 여러 종류의 기호로 직접 삽입할 수 있습니다.

❶ **텍스트 크기** : 삽입된 기호의 크기를 지정합니다. 100%는 현재 텍스트의 크기와 동일하게 삽입됩니다.

❷ **색** : 삽입된 기호의 색을 지정합니다.

❸ **그림** : 글머리 기호에 이미지를 삽입합니다.

❹ **사용자 지정** : 여러 종류의 기호나 '딩뱃(dingbat)'과 같은 기호들을 삽입합니다.

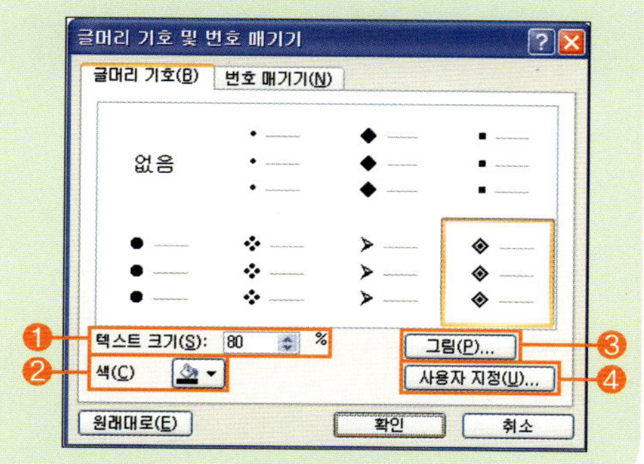

따라해 보세요

이미지를 글머리 기호로 삽입하기

● 여러 종류의 이미지 파일을 글머리 기호로 삽입해서 사용할 수 있습니다. 또한, 한 번 삽입된 글머리 기호는 클립에 추가되기 때문에 계속해서 사용할 수 있습니다.

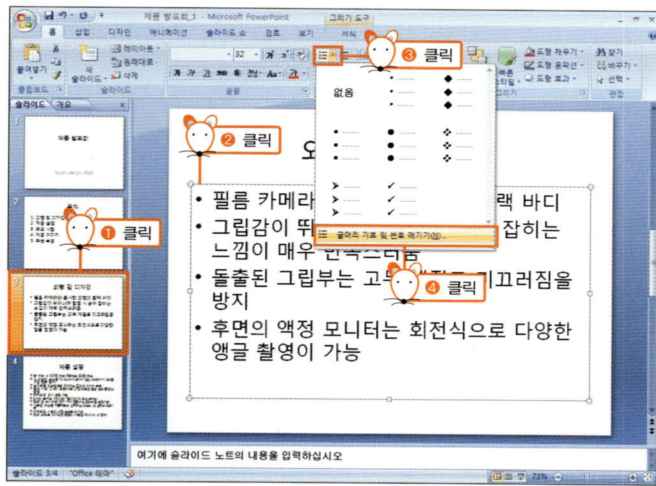

1 [슬라이드/개요] 탭에서 3번 슬라이드를 선택하고 [내용 텍스트] 상자를 선택합니다. 그런 다음 [글머리 기호] (☰ ▾)의 목록 버튼(▾)을 클릭하고 [글머리 기호 및 번호 매기기]를 클릭합니다.

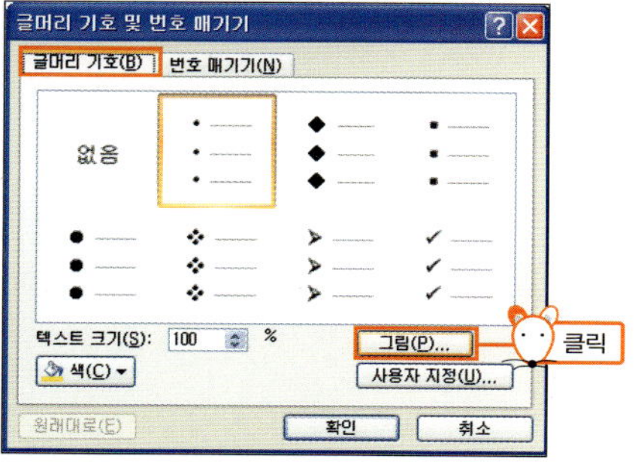

2 [글머리 기호 및 번호 매기기] 대화상자의 [글머리 기호] 탭에서 [그림] 버튼을 클릭합니다.

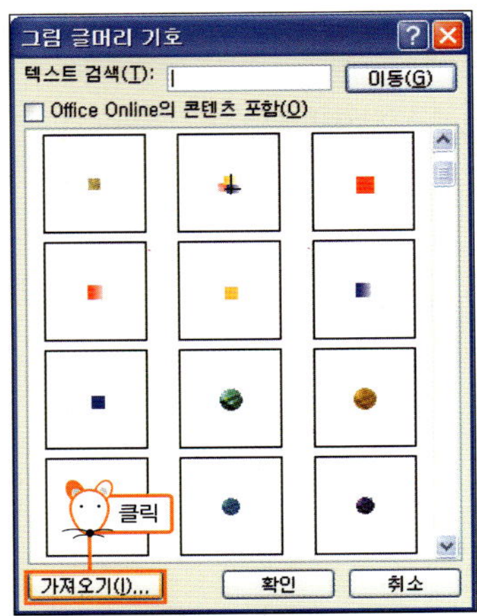

3 [그림 글머리 기호] 대화상자 나타나면 [가져오기] 버튼을 클릭합니다.

4 [클립 추가] 대화상자가 나타나면 'Sample\Part 02\아이콘.png' 파일을 클릭한 후 [추가] 버튼을 클릭합니다.

5 [그림 글머리 기호] 대화상자에 새로운 이미지가 추가되면 [확인] 버튼을 클릭합니다.

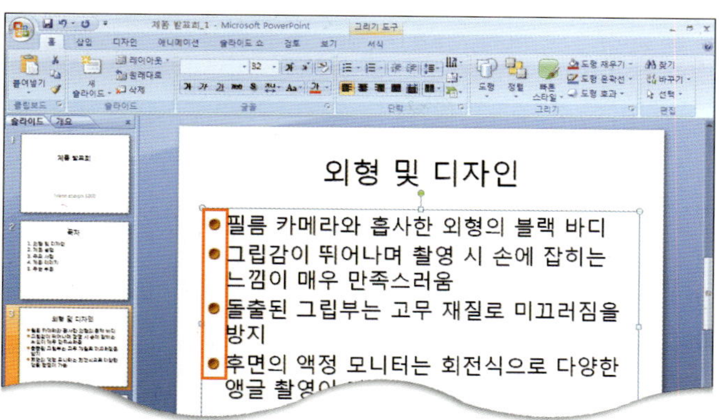

6 글머리 기호가 이미지로 변경됩니다.

따라해 보세요

글머리 기호의 수준 조절하기

● 슬라이드 작업 시 항목을 구분해서 작업해야 하는 경우가 있습니다. 이때 앞에서 알아본 [개요] 탭의 작업과 마찬가지로 [목록 수준 늘림]( )를 이용하면 글머리 기호의 수준을 변경할 수 있습니다.

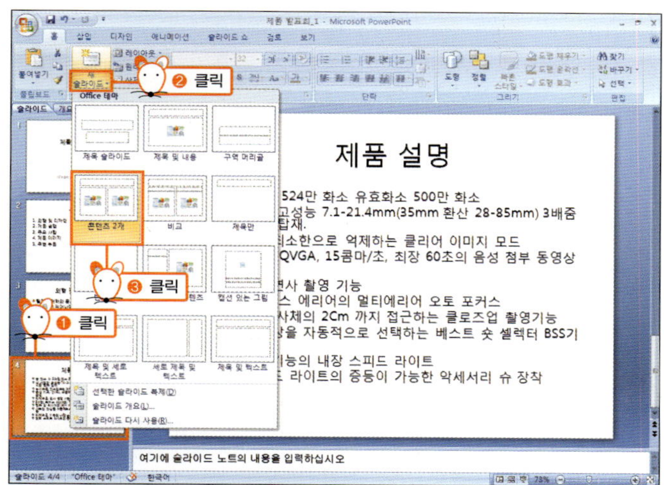

1 [슬라이드/개요] 탭에서 4번 슬라이드를 선택합니다. 그런 다음 [홈] 탭의 [새 슬라이드]( )를 클릭하고 [콘텐츠 2개]를 클릭합니다.

주목

제목 슬라이드 다음에 Ctrl+M 을 누르면 [제목 및 내용] 슬라이드가 삽입됩니다. 다른 레이아웃의 슬라이드를 삽입하려면 [새 슬라이드]( )를 사용하는 것이 좋습니다.

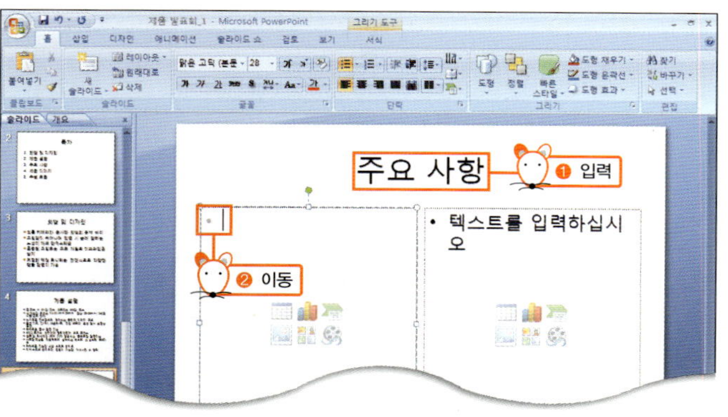

2 텍스트 상자가 두 개인 슬라이드가 삽입됩니다. [제목 텍스트] 상자에 '주요 사항'을 입력한 후 Ctrl+Enter 를 눌러 마우스 커서를 아래 텍스트 상자로 이동시킵니다.

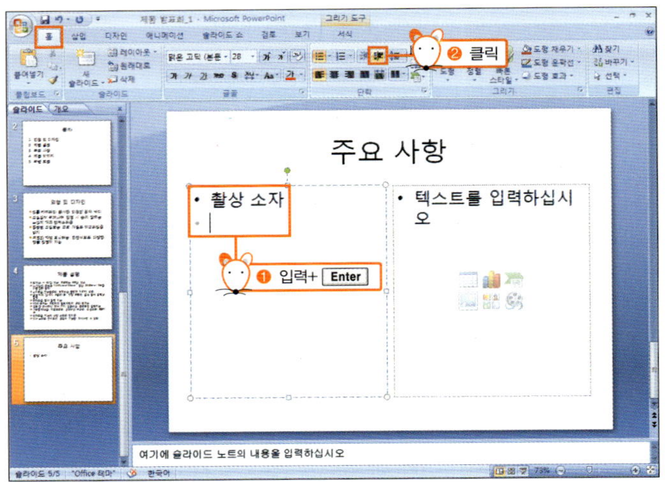

3 첫 행에 '촬상 소자'를 입력한 후 [Enter]를 누릅니다. 같은 수준의 글머리 기호가 나타나면 [홈] 탭에서 [목록 수준 늘림](📋)을 클릭합니다.

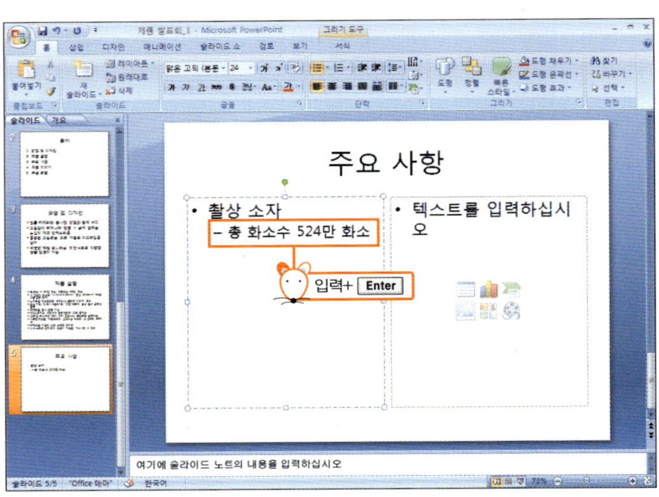

4 다음과 같이 [목록 수준 늘림] 적용되면서 글머리 기호 모양이 변경되면 '총 화소수 524만 화소'를 입력한 후 [Enter]를 누릅니다.

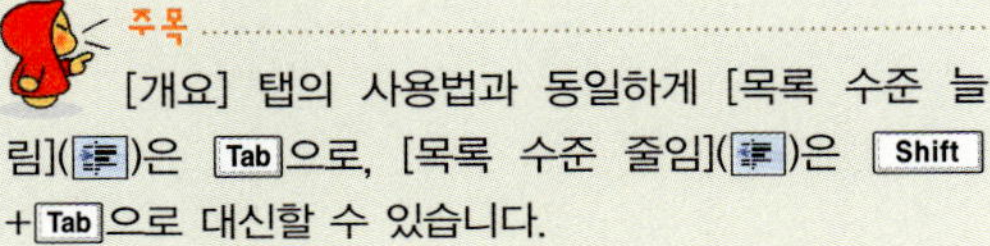

주목

[개요] 탭의 사용법과 동일하게 [목록 수준 늘림](📋)은 [Tab]으로, [목록 수준 줄임](📋)은 [Shift]+[Tab]으로 대신할 수 있습니다.

5 같은 수준의 글머리 기호가 삽입이 되면, [홈] 탭에서 [목록 수준 줄임](📋)을 클릭하거나 [Shift]+[Tab]를 누릅니다.

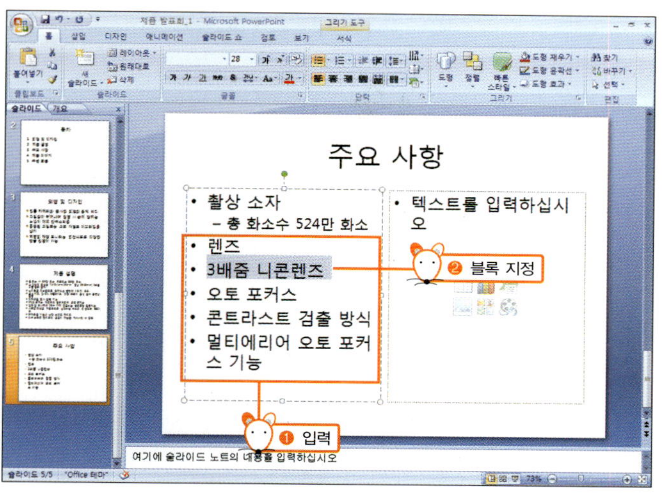

6 다음과 같이 글머리 기호가 바깥쪽으로 이동되면 관련 내용을 입력한 후 '3배줌 니콘렌즈'를 블록으로 지정합니다.

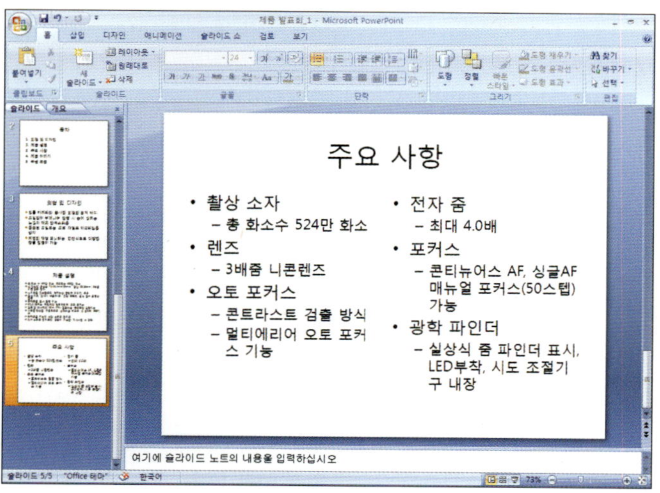

7 Tab 을 눌러 [목록 수준 늘림]을 적용합니다. 그런 다음 다음과 같이 블록 지정한 후 Ctrl + Y 를 누릅니다.

주목

파워포인트에서 Ctrl + Y 를 누르면 방금 전 작업이 바로 재실행되므로 매우 편리합니다. 그러므로 Ctrl + Y 는 파워포인트에서 매우 유용하게 쓰이는 단축키입니다.

8 블록을 지정한 텍스트에 바로 전 작업이 재실행되면서 [목록 수준 늘림]이 적용됩니다. [목록 수준 늘림]( )과 [목록 수준 줄임]( )을 사용하거나 Tab 과 Shift + Tab , 또는 Ctrl + Y 이용하여 다음과 같이 텍스트를 입력합니다.

텍스트의 줄 간격과 단락 조절하기

텍스트 상자에 줄 간격이 너무 붙어 있으면 슬라이드가 답답해 보입니다. 또한, 줄 간격과 단락이 같으면 구분하기가 어렵습니다. 이번 Lesson에서는 텍스트 사이의 줄 간격과 단락 등을 조절해서 좀 더 정리된 슬라이드를 만들어보겠습니다.

Lesson 08

예제 파일 : Sample\Part 02\제품 발표회_2.pptx

 따라해 보세요

줄 간격 조절하기

● 줄 간격을 조절하는 방법으로는 [홈] 탭의 [줄 간격](📑)을 이용하면 간단하고 빠르게 간격을 조절할 수 있습니다.

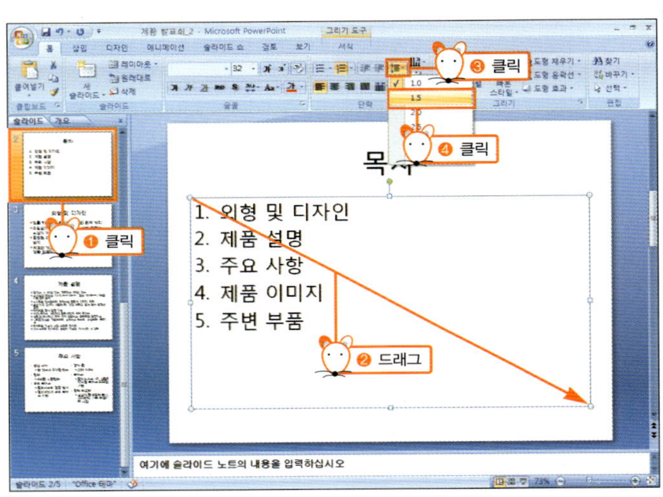

1 2번 슬라이드를 선택하고 그림과 같이 드래그해서 [내용 텍스트] 상자를 선택합니다. 그런 다음 [홈] 탭의 [줄 간격](📑)을 클릭한 후 '1.5'를 클릭합니다.

2 텍스트 상자의 [줄 간격]이 조절됩니다.

단축키로 원하는 부분만 줄 나누기

● 텍스트 상자에 텍스트를 입력할 때 단락의 끝 부분은 되도록 맞춰주는 것이 좋습니다. 이럴 경우 Shift + Enter 를 사용하면 원하는 부분에 줄을 쉽게 나눌 수 있습니다.

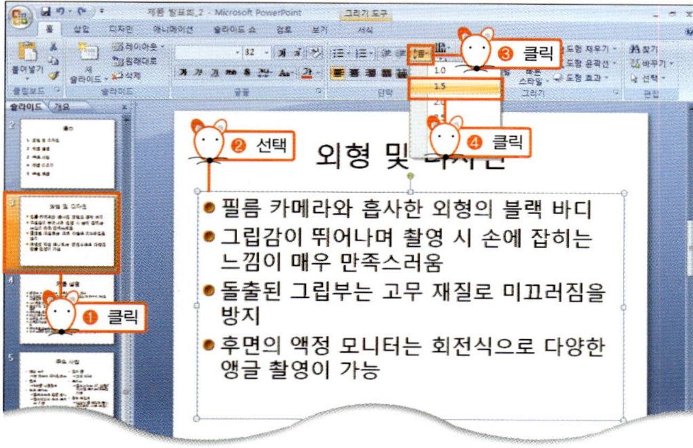

1 3번 슬라이드를 선택한 후 드래그해서 [내용 텍스트] 상자를 선택합니다. 그런 다음 [홈] 탭의 [줄 간격]( )을 클릭한 후 '1.5'를 클릭합니다.

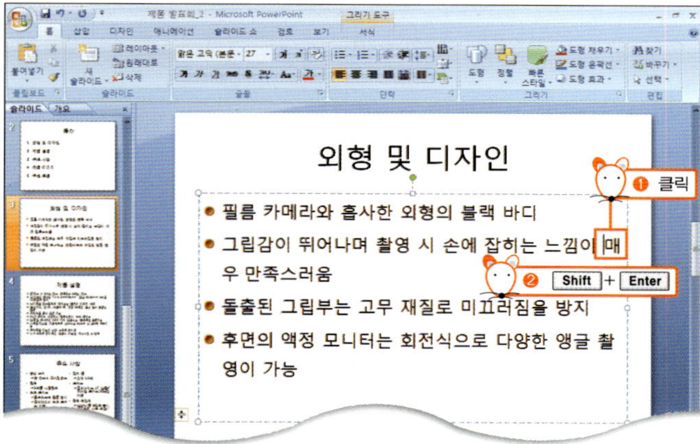

2 줄 간격이 조절됩니다. 두 번째 단락의 '매' 자 앞에 마우스 커서를 위치시키고 Shift + Enter 를 누릅니다.

주목

텍스트 상자에서 Enter 를 누르면 글머리 기호가 나타납니다. 그 이유는 Enter 를 누르면 단락이 나누어지기 때문입니다. 단락을 나누지 않고 줄만 나누려면 반드시 Shift + Enter 를 사용해야 합니다.

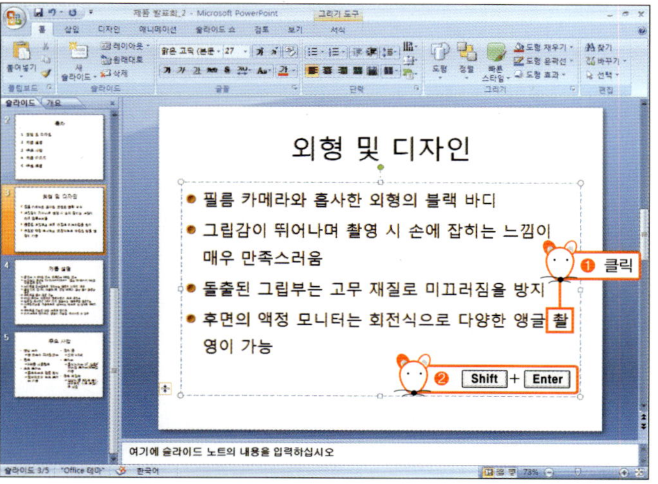

3 단락은 나눠지지 않고 줄 바꾸기가 되었습니다. 마지막 단락의 '촬' 자 앞에 마우스 커서를 위치시키고 Shift + Enter 를 누릅니다.

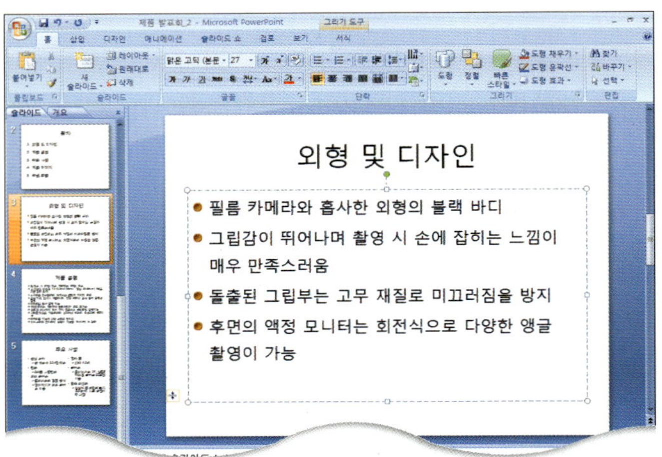

4 줄 바꾸기를 통해 전체적으로 깔끔하게 정리가 되었습니다. 이와 같이 어느 위치에서나 Shift + Enter 를 누르면 하나의 단락에서 여러 개의 줄을 나눌 수 있습니다.

대화상자로 단락 나누기

● Enter 로 단락을 나누게 되면 일정한 간격으로 나눠집니다. 단락을 사용자가 원하는 간격대로 나누려면 [단락] 대화상자를 사용하면 됩니다. [단락] 대화상자는 단락 간격을 조절하는 것 이외에 [들여쓰기]나 [줄 간격] 등도 임의로 조절할 수 있습니다.

1 4번 슬라이드를 선택한 후 드래그해서 [내용 텍스트] 상자를 선택합니다. 그런 다음 [홈] 탭에서 [단락] 그룹의 [단락](□)을 클릭합니다.

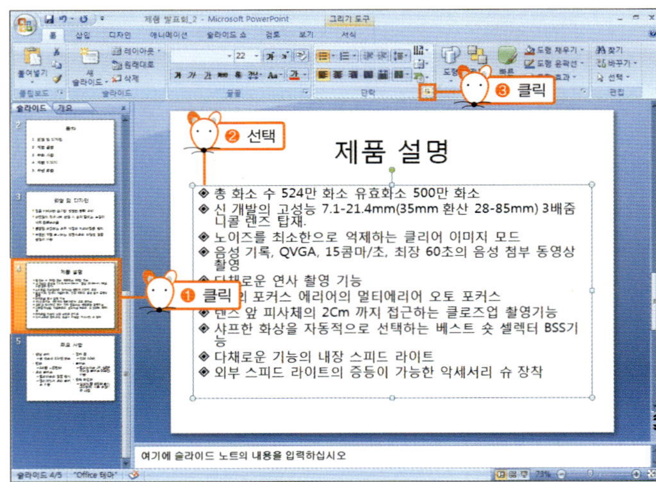

2 [단락] 대화상자에서 [단락 뒤]에 '15pt'를 입력하고 [확인] 버튼을 클릭합니다.

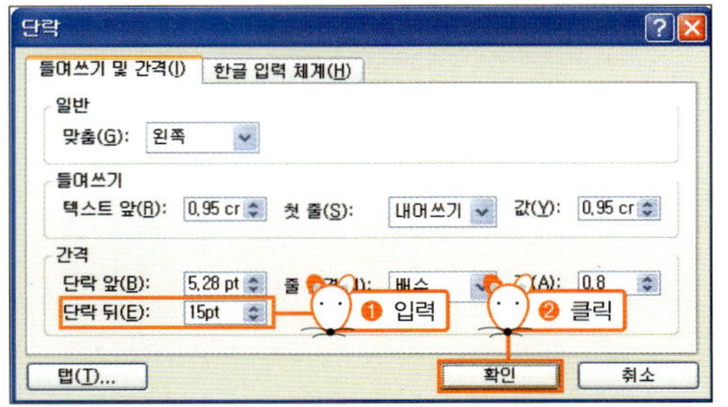

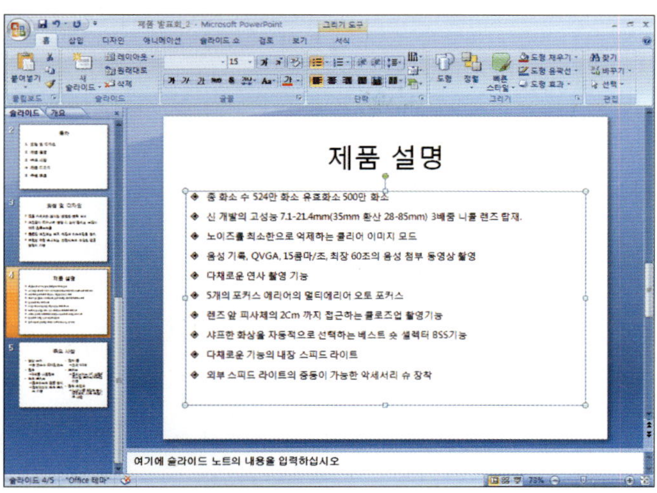

3 지정된 간격대로 단락이 조절됩니다.

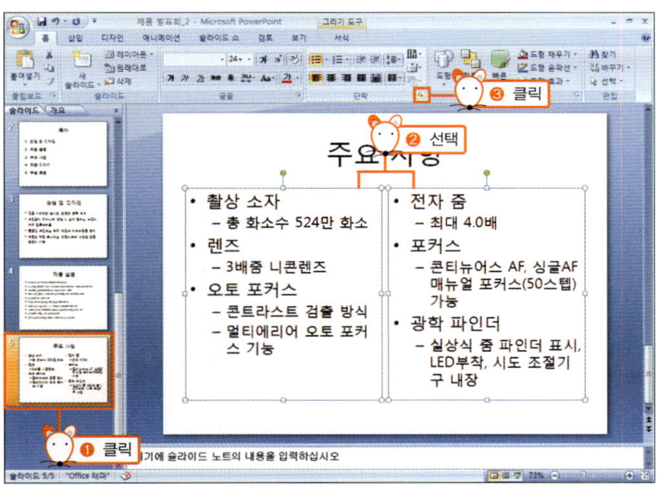

4 5번 슬라이드를 선택하고 드래그해서 두 개의 텍스트 상자를 선택합니다. 그런 다음 [홈] 탭에서 [단락] 그룹의 [단락](□)을 클릭합니다.

🔴 **주목**

　　하나의 텍스트 상자를 선택하고 Ctrl이나 Shift 를 누른 상태에서 다른 텍스트 상자의 글머리 기호를 클릭하면 텍스트 상자를 추가로 선택할 수 있습니다. 또한, 선택된 텍스트 상자를 다시 클릭하면 선택이 해제됩니다.

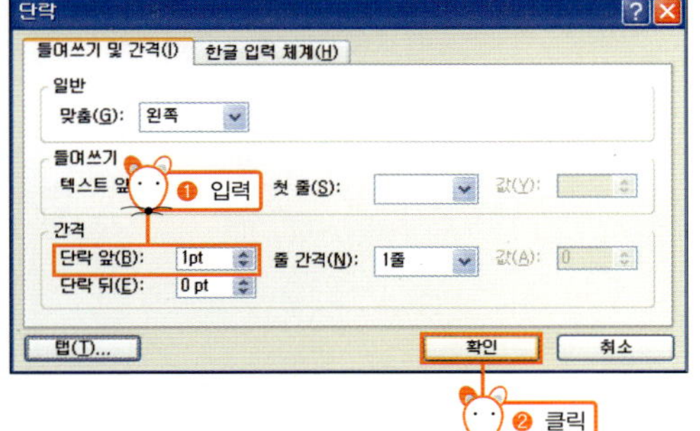

5 대화상자가 나타나면 [단락 앞]을 '1pt'로 입력하고 [확인] 버튼을 클릭합니다.

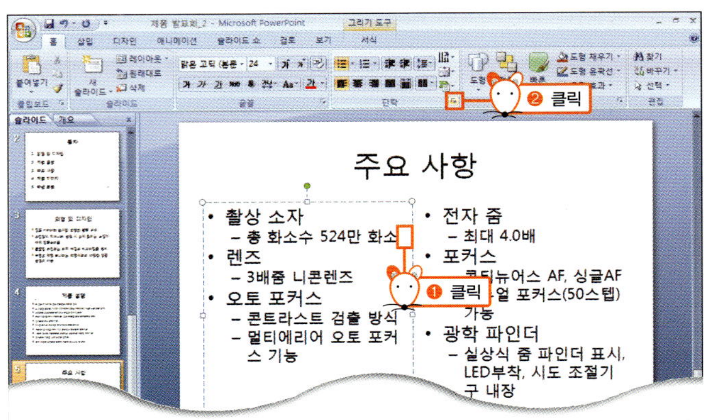

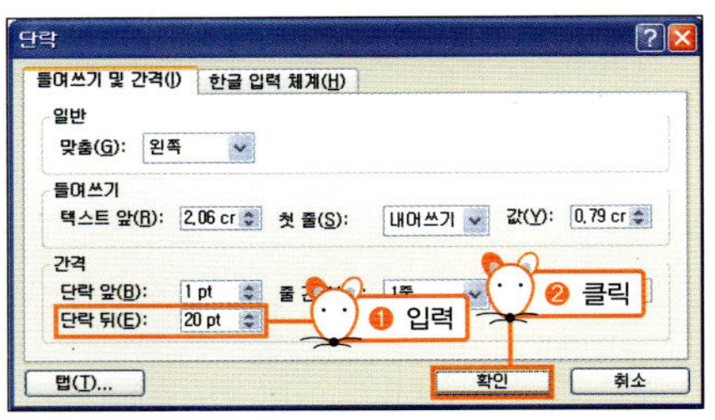

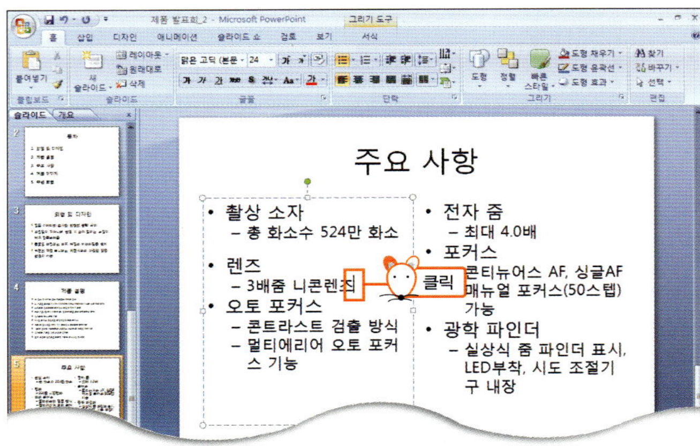

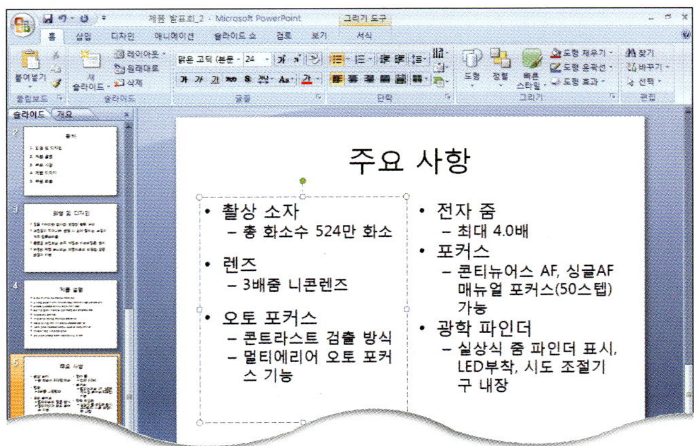

6 단락의 간격이 좁아집니다. 왼쪽 텍스트 상자의 2번째 줄 맨 끝에 마우스 커서를 위치시키고 [홈] 탭에서 [단락] 그룹의 [단락](□)을 클릭합니다.

7 [단락] 대화상자가 나타나면 [단락 뒤]를 '20pt'로 입력하고 [확인] 버튼을 클릭합니다.

8 마우스 커서가 있는 곳의 단락 간격만 조절됩니다. 다음과 같이 마우스 커서를 위치시키고 Ctrl + Y 를 누릅니다.

9 다시 단락의 간격이 조절됩니다. 이처럼 같은 명령을 반복할 때에는 Ctrl + Y 를 이용하면 빠르게 작업할 수 있습니다.

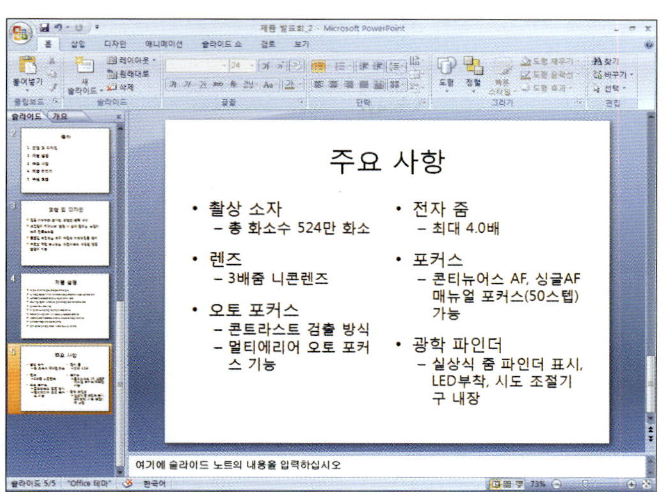

10 오른쪽 텍스트 상자에도 같은 방법으로 적용하여 완성합니다.

자동 맞춤 옵션(⊕) 사용하기

너무 많은 텍스트를 입력하거나 줄 간격, 단락을 조절하다보면 텍스트 상자의 범위를 벗어나게 됩니다. 이럴 경우 텍스트 상자의 크기는 변하지 않고 텍스트의 크기가 줄어듭니다. 또한, 자동 맞춤 옵션(⊕) 실행되면서 사용자가 옵션을 선택할 수 있게 해 줍니다. 기본적으로 [개체 틀에 텍스트 자동 맞춤]이 체크되어 있어서 텍스트가 밖으로 넘치지 않고 텍스트의 크기가 자동 조절됩니다.

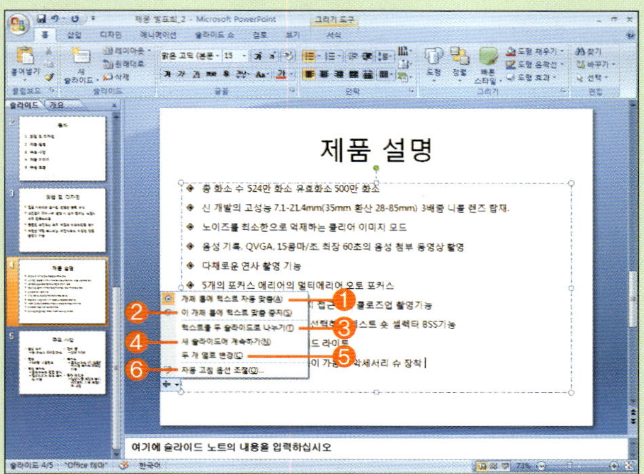

❶ **개체 틀에 텍스트 자동 맞춤** : 텍스트 상자에 맞게 텍스트의 크기가 자동으로 조절됩니다.

❷ **이 개체 틀에 텍스트 맞춤 중지** : 텍스트가 자동 조절되는 것을 중지시켜 텍스트가 텍스트 상자 밖으로 넘치게 합니다.

❸ **텍스트를 두 슬라이드로 나누기** : 새 슬라이드가 삽입되며 기존의 있는 텍스트가 두 개의 슬라이드에 나누어져 자동으로 삽입됩니다.

❹ **새 슬라이드에 계속하기** : 새 슬라이드가 삽입되며 내용 텍스트 상자에 텍스트를 입력할 수 있게 합니다.

❺ **두 개의 열로 변경** : 하나의 텍스트 상자에 텍스트가 두 개의 열로 나누어집니다.

❻ **자동 고침 옵션 조절** : [자동 고침] 대화상자가 나타나면서 여러 가지 옵션을 선택할 수 있게 합니다.

텍스트에 다양한 글꼴 서식과 효과 적용하기

파워포인트 2007에서는 기본적으로 '맑은 고딕' 글꼴을 제공합니다. 그러나 모든 슬라이드의 텍스트가 같은 글꼴과 색상으로 표현된다면 너무 단조로울 것입니다. 이번 Lesson에서는 각 슬라이드의 특성에 맞게 여러 가지 효과를 적용해서 보다 개성 있는 텍스트를 만듭니다.

Lesson 09

● 예제 파일 : Sample\Part 02\제품 발표회_3.pptx

따라해 보세요

텍스트 서식 꾸미기

● 텍스트의 서식을 꾸밀 때에는 글꼴, 크기, 정렬 등의 다양한 방법으로 효과를 적용할 수 있습니다. 또한, 텍스트 상자 안에 있는 모든 텍스트에 효과를 적용할 수 있고 일부만 선택해서 적용할 수도 있습니다.

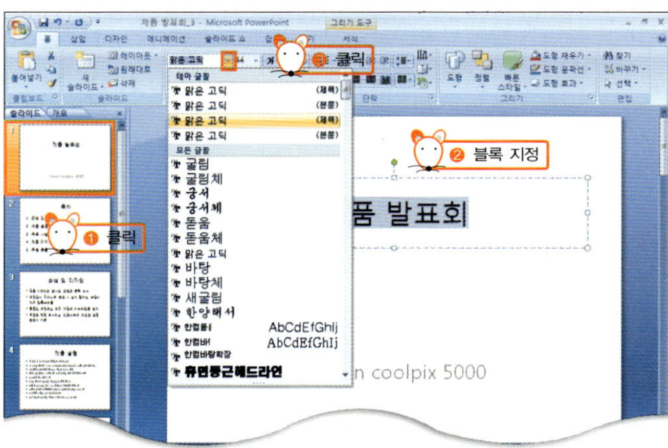

1 1번 슬라이드에서 Ctrl + Enter 를 누릅니다. [제목 텍스트] 상자의 텍스트가 블록으로 지정되면 [홈] 탭에서 [글꼴]의 목록 버튼(▾)을 클릭합니다.

> **주목**
> [슬라이드/개요] 탭에서는 Ctrl + Enter 가 적용되지 않습니다. 반드시 슬라이드를 클릭하고 Ctrl + Enter 를 사용해야 합니다.

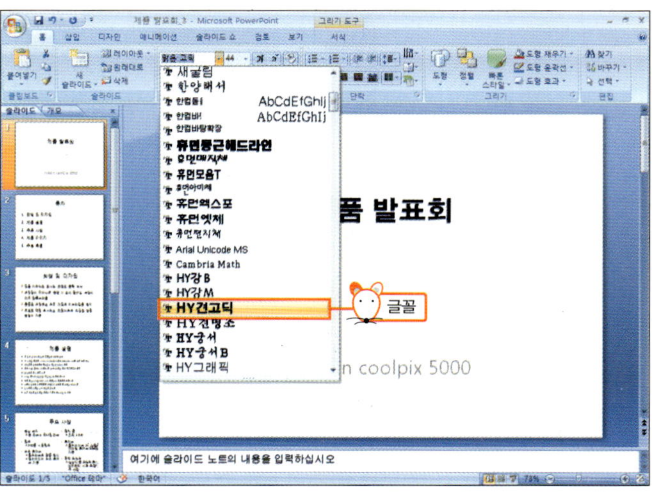

2 글꼴을 변경하기 위해 'HY견고딕'을 클릭합니다.

> **주목**
> 원하는 글꼴에 마우스 포인터를 이동시키면 미리 보기 형식으로 나타납니다. 따라서 슬라이드에 맞는 텍스트를 보다 쉽게 적용할 수 있습니다.

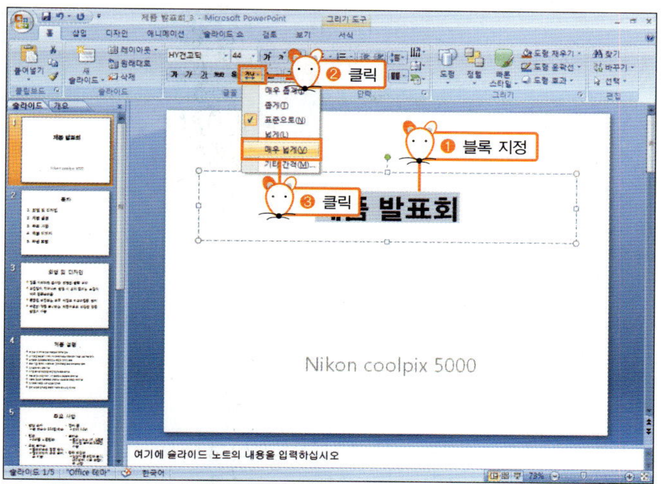

3 [제목 텍스트] 상자의 글꼴이 'HY견고딕'으로 변경되면, 블록이 지정된 상태에서 [홈] 탭의 [문자 간격]( )을 클릭한 후 '매우 넓게'를 클릭합니다.

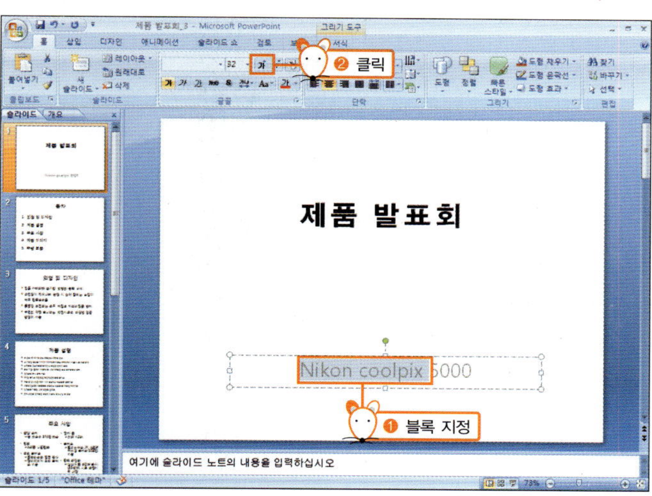

4 텍스트의 간격이 넓어지면서 훨씬 보기가 좋아집니다. 다음과 같이 [부제목 텍스트] 상자의 서식을 적용시킵니다.

❶ 'Nikon coolpix'를 블록으로 지정합니다.
❷ [홈] 탭의 [굵게]( )를 클릭합니다.

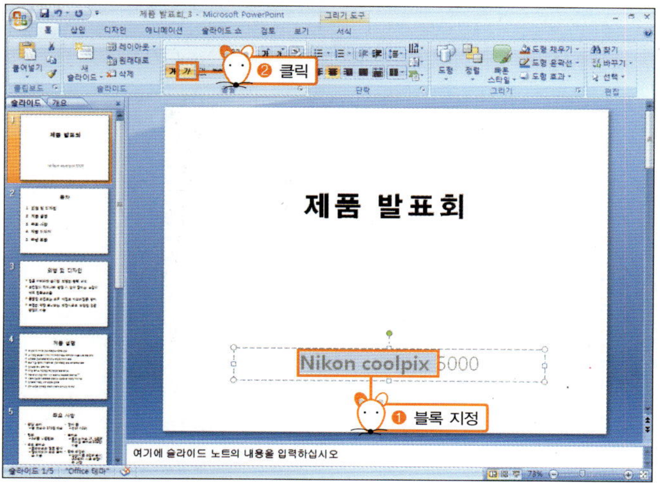

5 블록이 지정된 텍스트만 굵게 변경되었습니다. 블록이 지정된 상태에서 [홈] 탭의 [기울임꼴]( )을 클릭합니다.

주목

텍스트 상자의 테두리를 클릭하고 서식을 지정하면 모든 텍스트에 적용이 됩니다. 텍스트 일부에만 적용하려면 원하는 부분만 드래그해서 블록으로 지정한 후 서식을 적용해야 합니다.

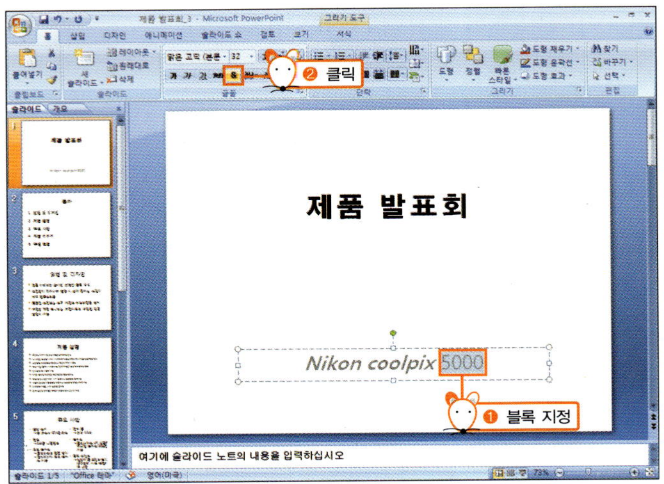

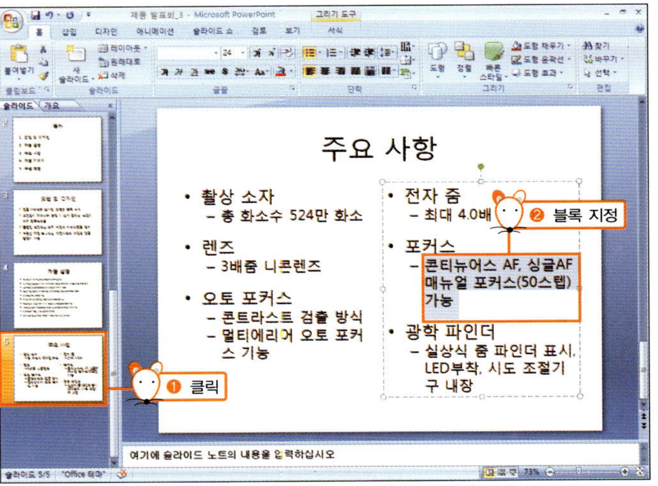

6 이번에는 '5000'을 블록으로 지정한 후 [홈] 탭의 [텍스트 그림자](**S**)를 클릭합니다.

7 그림자가 적용된 텍스트를 자세히 보기 위해 화면 오른쪽 아래에 있는 [슬라이드 쇼](🖵)를 클릭해서 [슬라이드 쇼] 보기 화면으로 전환합니다. 슬라이드 쇼 화면에서 그림자가 좀 더 확실하게 나타납니다. **Esc** 를 눌러 [기본] 화면으로 돌아갑니다.

> **주목**
> [슬라이드 쇼](🖵)의 단축키는 **F5** 입니다.

8 다음과 같이 5번 슬라이드를 선택한 후 블록으로 지정합니다.

> **주목**
> 선택하고자 하는 행의 [글머리 기호]를 클릭하면 좀 더 빠르게 블록을 지정할 수 있습니다.

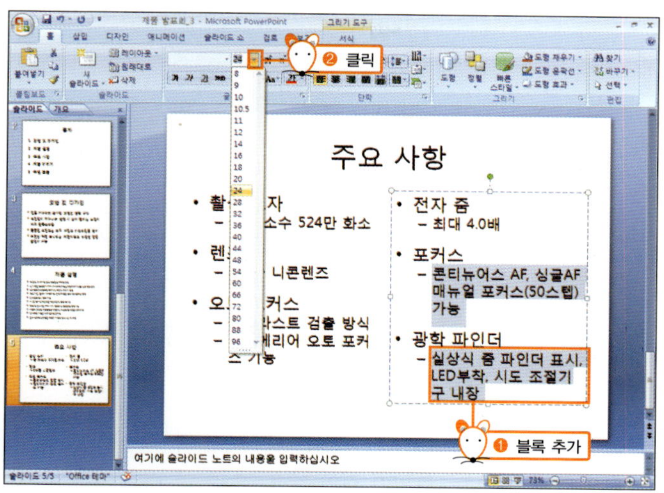

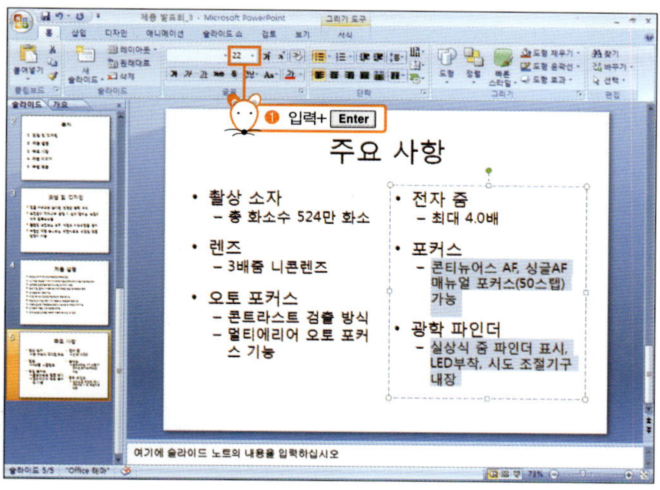

9 블록이 지정되면 Ctrl 을 누른 상태에서 '실상식 줌 파인더 표시' 행 앞의 [글머리 기호]를 클릭해서 블록을 추가합니다. 그런 다음 [글꼴 크기]의 [글꼴]을 클릭한 후 마우스 포인터가 글꼴 크기로 이동하면 자동으로 크기가 변경되는 것을 확인할 수 있습니다.

주목

텍스트 선택을 추가하려면 Ctrl 을 누른 채로 드래그해서 블록을 지정하거나, Ctrl 을 누르고 선택하고자 하는 행의 [글머리 기호]를 클릭하면 됩니다.

10 원하는 크기가 없을 경우에는 [글꼴 크기]에 직접 숫자를 입력하면 됩니다. [홈] 탭의 [글꼴 크기]([28])에 '22'를 입력한 후 Enter 를 누릅니다.

[글꼴] 대화상자 알아보기

[홈] 탭의 [단락] 그룹에서 [단락](□)을 클릭하거나 [문자 간격](갢·)의 목록 버튼(□)을 클릭한 후 [기타]를 클릭하면 [글꼴] 대화상자가 나타납니다. [글꼴] 대화상자는 [글꼴] 탭과 [문자 간격] 탭으로 나누어져 있습니다.

01 | [글꼴] 탭

[글꼴] 탭에서는 텍스트의 글꼴이나 크기, 색 등의 여러 효과를 한 번에 지정할 수 있으므로 더욱 빠르게 작업할 수 있는 장점이 있습니다.

❶ **영어 글꼴** : 영어로 입력한 텍스트의 글꼴을 지정합니다.

❷ **한글 글꼴** : 한글로 입력한 텍스트의 글꼴을 지정합니다.

❸ **글꼴 스타일** : 글꼴에 기울임이나 굵게, 굵게 기울임 등을 적용합니다.

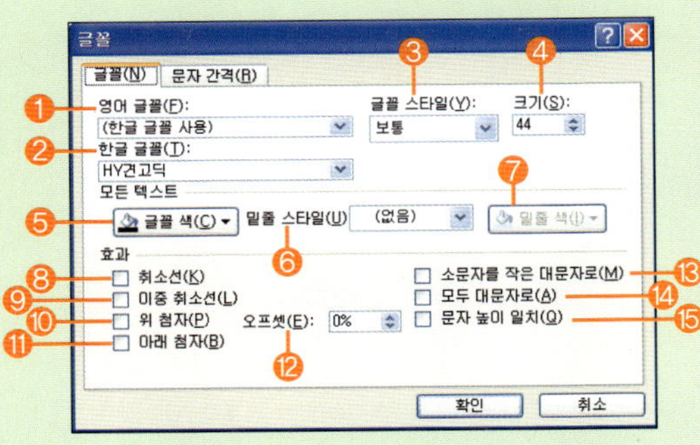

❹ **크기** : 텍스트의 크기를 지정합니다.

❺ **글꼴 색** : 텍스트에 여러 종류의 색을 지정할 수 있습니다.

❻ **밑줄 스타일** : 텍스트에 단일선이나 점선 과 같은 여러 종류의 선을 지정할 수 있습니다.

❼ **밑줄 색** : 텍스트에 적용된 밑줄의 색을 지정할 수 있습니다.

❽ **취소선** : 체크 표시를 하면 텍스트에 취소선이 표시됩니다.

❾ **이중 취소선** : 체크 표시를 하면 텍스트에 취소선이 이중선으로 표시됩니다.

❿ **위 첨자** : 체크 표시를 하면 텍스트가 위 첨자로 바뀝니다.

⓫ **아래 첨자** : 체크 표시를 하면 텍스트가 아래 첨자로 바뀝니다.

⓬ **오프셋** : 위 첨자나 아래 첨자를 적용했을 경우 첨자의 위치를 조절합니다. 위 첨자의 기본 오프셋 값은 '30%'이고 아래 첨자의 기본 오프셋 값은 '-25%'입니다. 위 첨자가 '100%'일 때는 가장 위로 이동되고, 아래 첨자가 -100%일 때는 가장 아래로 이동됩니다.

⓭ **소문자를 작은 대문자로** : 소문자를 대문자로 바꾸어주고 크기는 원래 소문자 크기를 유지합니다.

⓮ **모두 대문자로** : 소문자를 모두 대문자로 바꾸어줍니다.

⓯ **문자 높이 일치** : 높이가 다른 텍스트들을 같은 높이로 맞추어줍니다.

02 | [문자 간격] 탭

[문자 간격] 탭에서는 사용자가 임의로 문자의 간격을 조절할 수 있습니다.

❶ **간격** : 텍스트 사이의 간격을 목록 상자를 통해 선택합니다.

❷ **값** : 임의의 숫자를 입력해서 텍스트 사이의 간격을 조절합니다. 입력한 수치가 높을수록 간격이 많이 벌어집니다.

❸ **글꼴 커닝** : 텍스트와 텍스트 사이의 간격을 조절합니다.

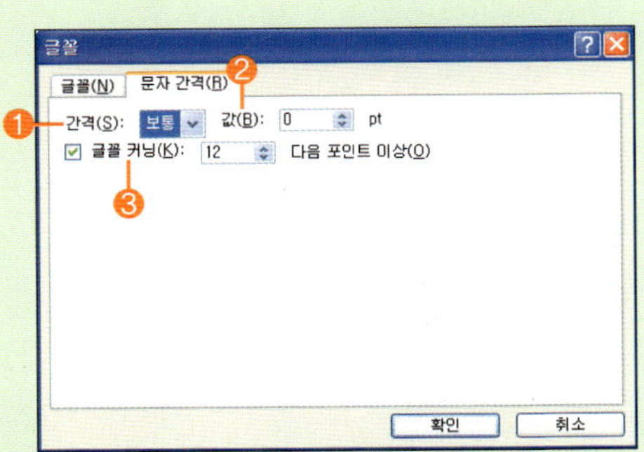

텍스트 상자 삽입하고 입력하기

● 슬라이드에서 텍스트를 입력하려면 반드시 텍스트 상자가 있어야 합니다. 그러므로 [레이아웃]에서 제공하는 슬라이드 이외에 사용자가 원하는 위치에 텍스트를 입력하려면 [가로]와 [세로] 텍스트 상자를 삽입할 수 있습니다.

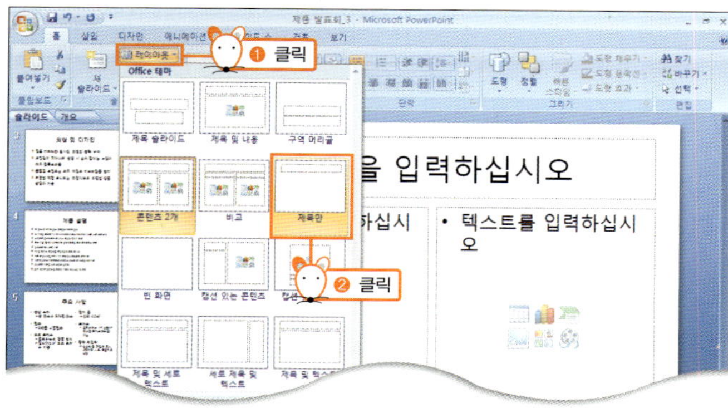

1 5번 슬라이드를 선택한 후 Ctrl+M 을 누르면 같은 레이아웃의 슬라이드가 삽입됩니다. 슬라이드 레이아웃을 변경하기 위하여 [홈] 탭의 [레이아웃](☰)을 클릭하고 [제목만] 슬라이드를 클릭합니다.

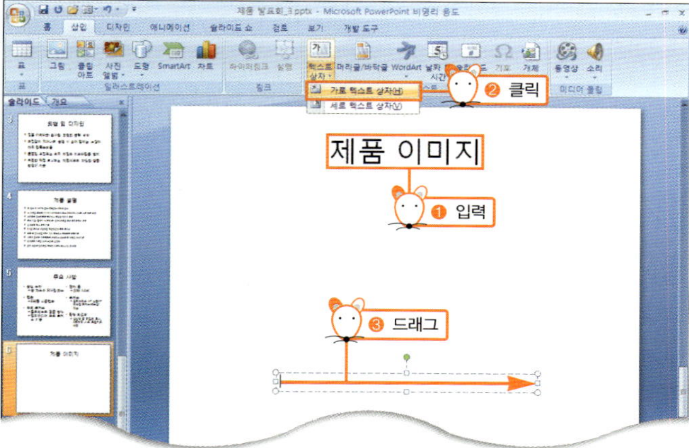

2 슬라이드 레이아웃이 변경되면 [제목 텍스트] 상자에 '제품 이미지'를 입력하고 [삽입] 탭의 [가로 텍스트 상자 그리기](가)를 클릭한 후 드래그합니다.

주목

텍스트 상자(가)를 클릭하면 [가로 텍스트 상자]와 [세로 텍스트 상자]를 선택할 수 있습니다.

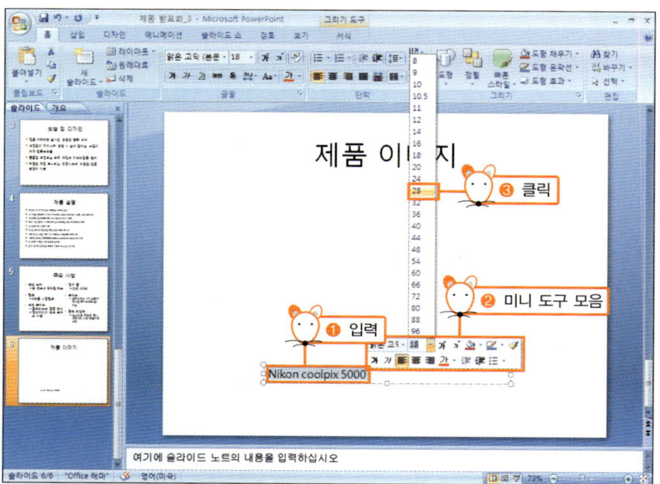

3 삽입된 텍스트 상자에 텍스트를 입력한 후 서식을 적용합니다.

❶ 'Nikon coolpix 5000'을 입력합니다.
❷ 블록으로 지정하면 미니 도구 모음이 나타납니다.
❸ 미니 도구 모음에서 [글꼴 크기]를 클릭하고 '28'을 클릭합니다.

주목

텍스트를 블록 지정하거나 텍스트 상자 안에 마우스 커서를 위치한 후 마우스 오른쪽 버튼을 클릭하면 미니 도구 모음이 나타납니다. 미니 도구 모음은 해당 텍스트에서 자주 사용하는 메뉴가 등록되어 있으며 블록이 지정된 텍스트 바로 위에 나타나는 메뉴입니다. 이를 이용하면 작업 시간을 단축할 수 있는 장점이 있습니다. 블록이 해제되면 미니 도구 모음은 자동으로 사라집니다.

4 텍스트의 크기가 지정한 크기대로 변경됩니다.

텍스트 색 변경하고 정렬시키기

● [색] 대화상자를 이용하여 텍스트의 색을 변경하고 텍스트 상자 안에서 텍스트의 위치를 중앙으로 정렬시킬 수 있습니다.

1 6번 슬라이드에서 삽입한 텍스트 상자를 선택하고 [홈] 탭의 [글꼴 색](가)을 클릭합니다.

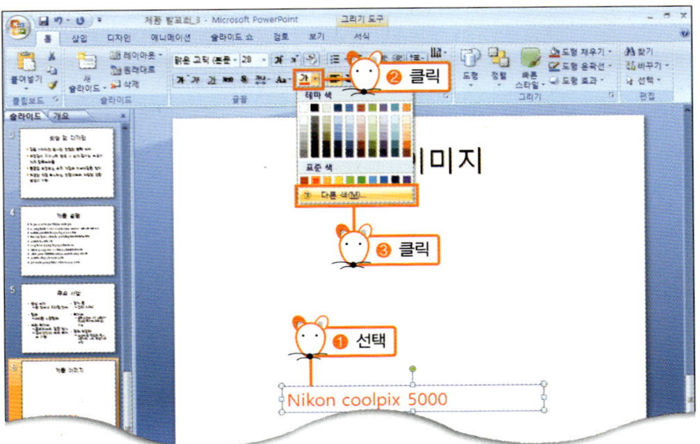

2 텍스트의 색이 변경됩니다. [홈] 탭의 [글꼴 색](가)의 목록 버튼( )을 클릭한 후 [다른 색]을 클릭합니다.

3 [색] 대화상자가 나타나면, [표준] 탭에서 다음과 같이 색을 클릭하고 [확인] 버튼을 클릭합니다.

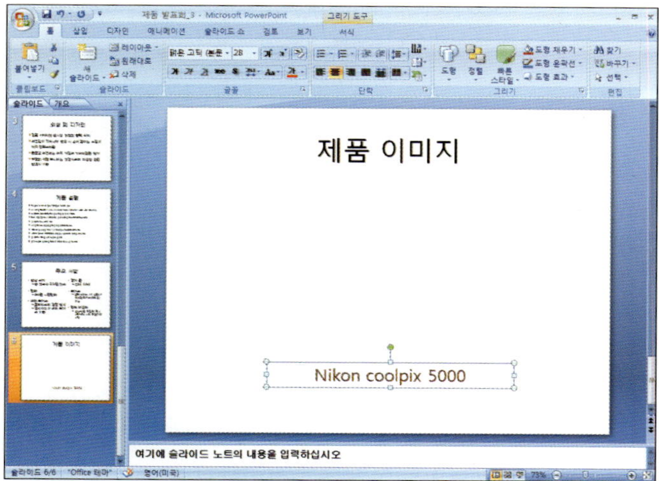

4 텍스트에 선택한 색이 적용되면 [홈] 탭의 [가운데 맞춤](▤)을 클릭합니다.

5 텍스트 상자의 텍스트가 가운데로 정렬됩니다.

주목

[균등 분할] 사용하기

[홈] 탭의 [균등 분할](▤)을 클릭하면 텍스트들은 텍스트 상자의 크기에 따라서 양쪽으로 분할되어 정렬됩니다.

슬라이드에서 사용한 글꼴을 프레젠테이션에 포함시키기

작업한 슬라이드의 글꼴이 다른 컴퓨터에 없다면 아무리 멋있는 글꼴을 사용했어도 무용지물이 됩니다. 왜냐하면 컴퓨터에 없는 글꼴은 모두 '바탕체'로 전환되기 때문입니다. 따라서 슬라이드 작업에서 사용한 글꼴은 프레젠테이션에 포함시켜 주는 것이 좋습니다.

❶ [Office 단추](📋)를 클릭하고 [PowerPoint 옵션]을 클릭합니다.

❷ [저장] 항목에서 [파일의 글꼴 포함]에 체크 표시를 한 후 [확인] 버튼을 클릭합니다.

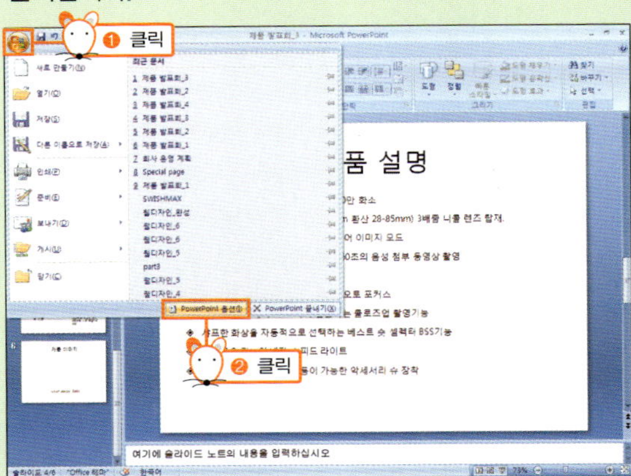

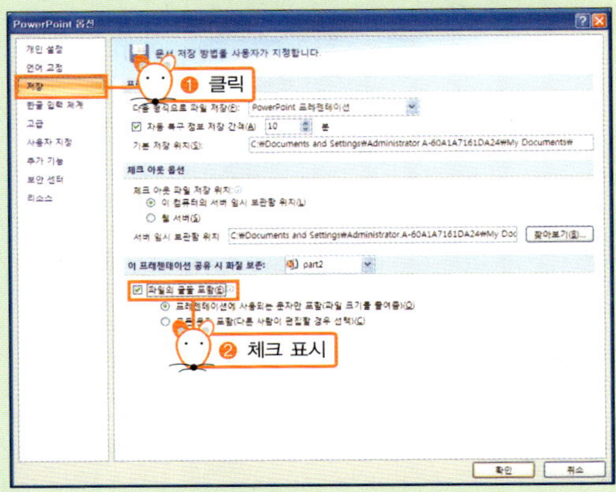

❶ **프레젠테이션에 사용되는 문자만 포함(파일 크기를 줄여줌)** : 문서 작업에서 사용한 문자만 저장됩니다.

❷ **모든 문자 포함(다른 사람이 편집할 경우 선택)** : 파워포인트에서 제공하는 기본 글꼴들이 모두 저장되므로 저장 시간이 매우 길어집니다.

따라해 보세요

텍스트 상자에 배경색, 테두리 색, 3차원 효과 적용하기

● 텍스트뿐만 아니라 텍스트 상자에도 여러 가지 효과를 적용시킬 수 있습니다. 그라데이션이나 3차원 효과를 이용해서 보다 입체적인 텍스트 상자를 만들수 있습니다.

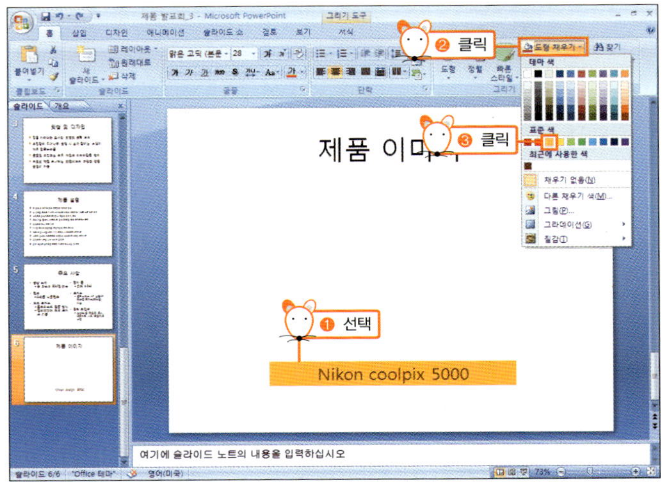

1 텍스트 상자를 선택하고 [홈] 탭에서 [도형 채우기](도형 채우기 ▾)를 클릭합니다. 그런 다음 [표준 색]의 '주황'을 클릭합니다.

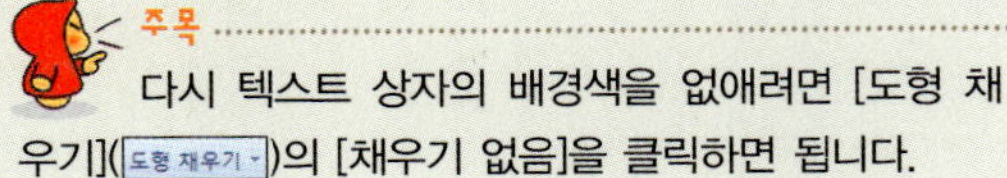

주목

다시 텍스트 상자의 배경색을 없애려면 [도형 채우기](도형 채우기 ▾)의 [채우기 없음]을 클릭하면 됩니다.

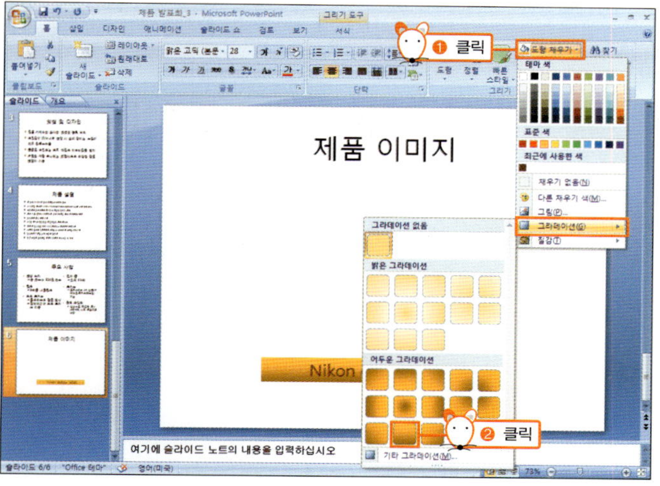

2 텍스트 상자에 지정한 색이 적용됩니다. 선택을 해제하지 않은 상태에서 다시 [도형 채우기](도형 채우기)를 클릭하고 [그라데이션]의 [어두운 그라데이션]에서 '선형 위쪽'을 클릭합니다.

주목

[도형 채우기]도 미리 보기 기능이 제공되므로 텍스트 상자에 적용된 모습이 슬라이드에 바로 나타납니다.

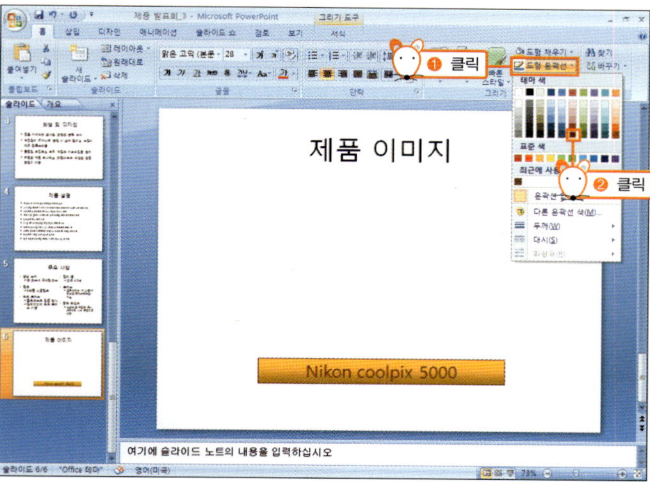

3 이번에는 텍스트 상자에 테두리 색을 지정합니다.

❶ 텍스트 상자를 선택한 상태에서 [도형 윤곽선](도형 윤곽선)을 클릭합니다.

❷ [테마 색]에서 '빨강, 강조2, 50% 더 어둡게'를 클릭합니다.

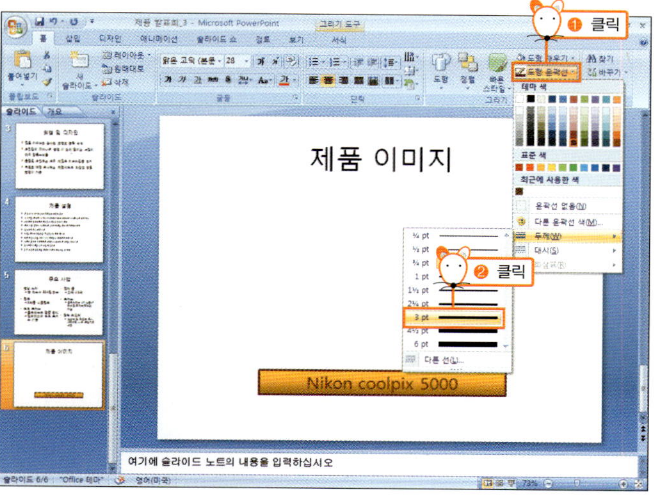

4 텍스트 상자 테두리에 지정한 색이 적용됩니다. 테두리의 두께를 조절합니다.

❶ [도형 윤곽선](도형 윤곽선)을 클릭합니다.

❷ [두께]의 '3pt'를 클릭합니다.

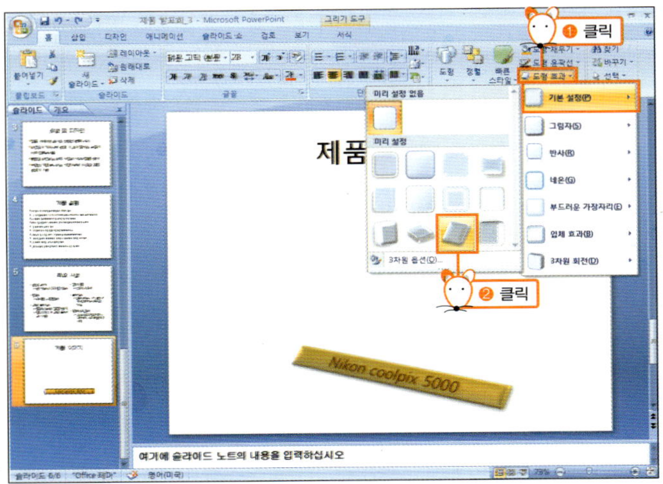

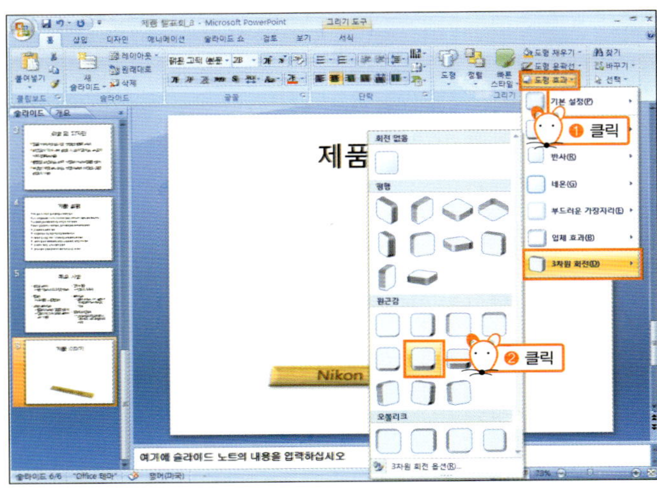

5 테두리가 두껍게 조절되면 [도형 효과] ( )를 클릭하고 [기본 설정]의 [미리 설정]에서 '기본 설정 색 11'을 클릭합니다.

6 텍스트 상자에 3차원 효과가 적용됩니다. 다시 [도형 효과] ( )를 클릭하고 [3차원 회전]의 '원근감(보통의 경사)'를 클릭합니다.

7 텍스트 상자가 원래의 형태로 회전됩니다. Shift + F5 를 눌러 슬라이드 쇼 화면으로 확인합니다.

주목

문서 작성 시 F5 를 누르면 [슬라이드 쇼] 화면으로 전환됩니다. 그러나 F5 는 항상 [제목 슬라이드]에서부터 쇼를 진행하기 때문에 현재 작업 슬라이드를 보려면 매번 슬라이드를 찾아야 하는 번거로움이 있습니다. 그러므로 현재 작업 중인 슬라이드부터 [슬라이드 쇼]를 실행하려면 Shift + F5 를 사용하는 것이 좋습니다. 슬라이드 화면으로 되돌아오려면 Esc 를 누릅니다.

텍스트를 선택하는 다양한 방법 알아보기

텍스트 서식을 변경하거나 다양한 효과를 주기 위해서는 사용자가 원하는 텍스트를 빠르게 선택하는 것이 중요합니다. 텍스트를 선택하는 방법에는 마우스로 선택하는 방법과 단축키로 선택하는 방법이 있습니다. 선택하는 방법을 잘 숙지하고 사용한다면 작업 속도를 단축시킬 수 있습니다.

마우스를 이용해서 선택하는 방법

01 **단어 선택하기** : 단어 사이에 마우스 커서를 위치시킵니다. 단어 사이에 마우스 커서가 있으면 한 단어는 선택한 것과 같은 효과가 됩니다. 예를 들어 '카메라와'의 '카' 자와 '메' 자 사이에 마우스 커서를 위치시키고 [글꼴 색]을 변경하면 '카메라와'의 네 글자가 모두 변경됩니다.

02 **단어와 공백 선택하기** : 단어 앞이나 뒤, 또는 단어를 더블클릭합니다. 이렇게 하면 단어의 공백까지 블록으로 지정이 됩니다. 예를 들어 '회전식으로'의 '회' 자 앞에서 더블클릭하면 '회전식으로'의 공백까지 선택됩니다.

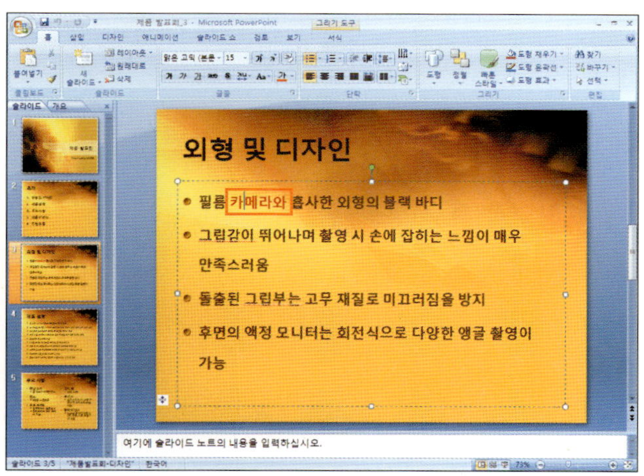

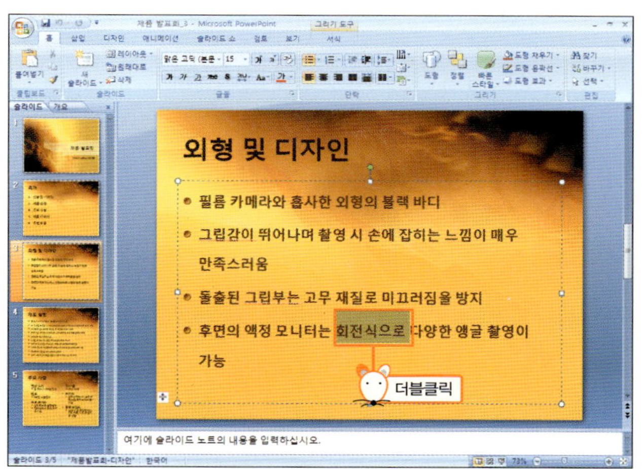

03 **한 단락 선택하기** : 글머리 기호를 클릭하거나 단락의 원하는 위치에서 빠르게 세 번 클릭합니다. 이렇게 하면 단락 전체가 선택됩니다.

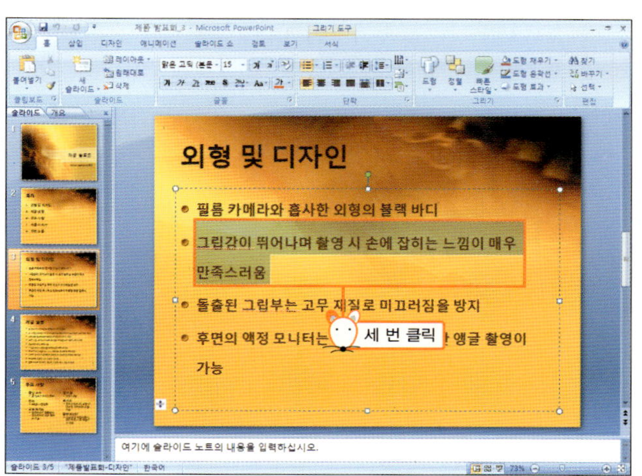

04 **마우스 드래그로 선택하기** : 마우스 드래그를 이용하여 원하는 단어나 단락까지 선택합니다.

05 **전체 선택하기** : 텍스트 상자 안에 마우스 커서가 있을 때 Esc 를 누르면 텍스트 상자가 선택됩니다. 텍스트 상자가 선택된 상태에서 [글꼴 색]이나 [글꼴 크기] 등 서식을 변경하면 텍스트 상자 안의 모든 텍스트에 적용됩니다.

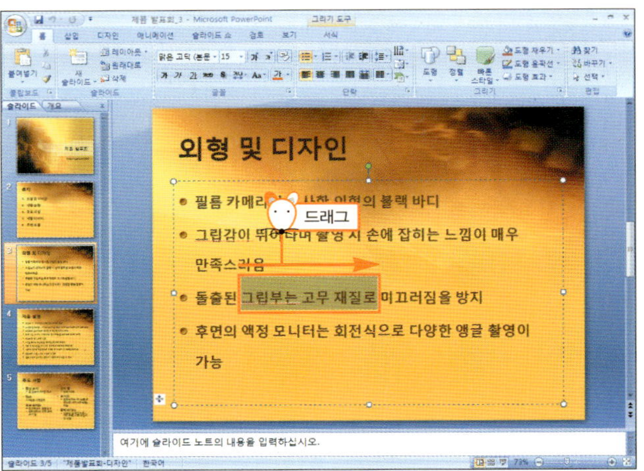

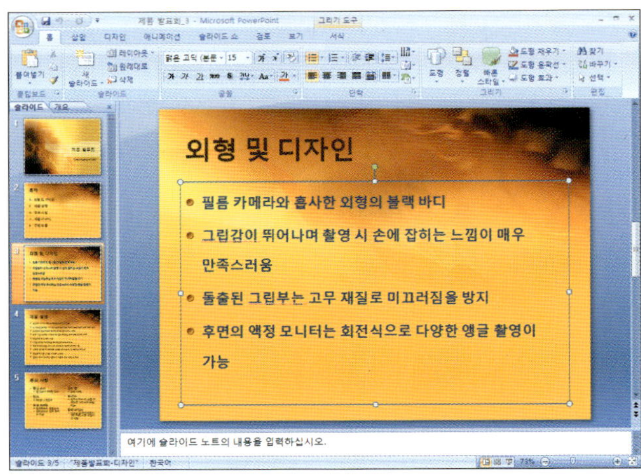

단축키를 이용해서 선택하는 방법

01 **모든 텍스트 선택하기(** Ctrl + A **)** : 마우스 커서가 텍스트 상자 안에 있을 경우에는 모든 텍스트가 블록으로 지정됩니다. 그러나 텍스트 상자 안에 마우스 커서가 없는 경우에는 슬라이드에 있는 텍스트 상자가 모두 선택됩니다.

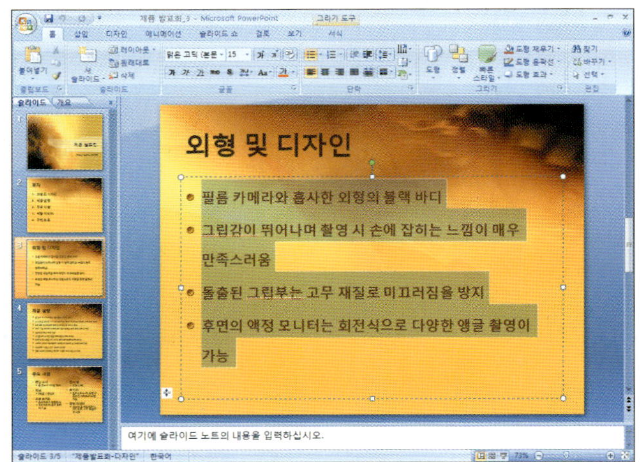

텍스트 상자 안에 마우스 커서가 있는 경우

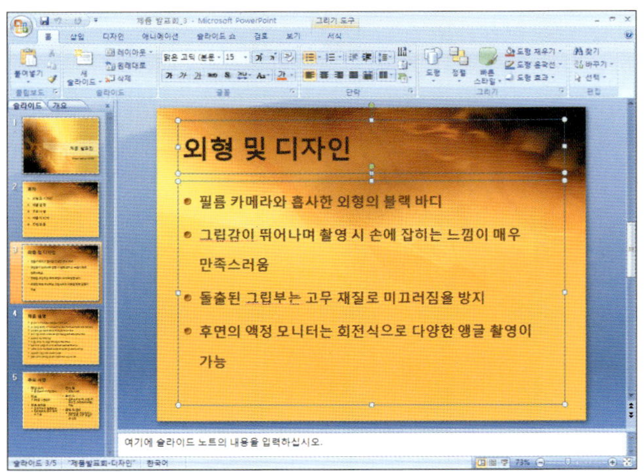

텍스트 상자 안에 마우스 커서가 없는 경우

02 **오른쪽으로 한 글자 선택하기**(Shift + →) : 마우스 커서가 위치한 곳에서부터 오른쪽으로 한 글자가 선택됩니다. Shift 를 누른 상태에서 방향키를 누를 때마다 오른쪽으로 글자 선택이 추가됩니다.

03 **왼쪽으로 한 글자 선택하기**(Shift + ←) : 마우스 커서가 위치한 곳에서부터 왼쪽으로 한 글자가 선택됩니다. Shift 를 누른 상태에서 방향키를 누를 때마다 왼쪽으로 한 글자씩 선택됩니다.

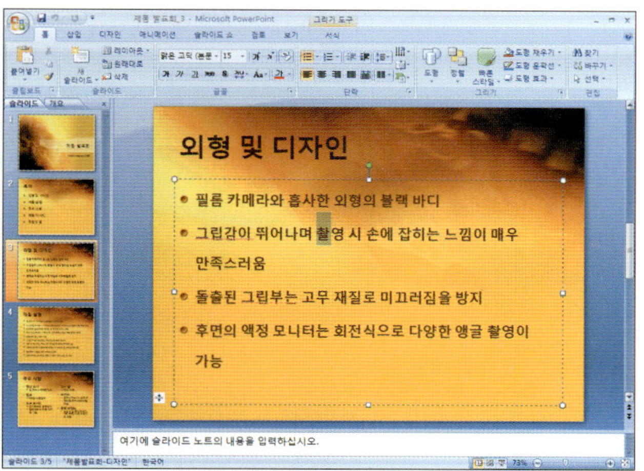
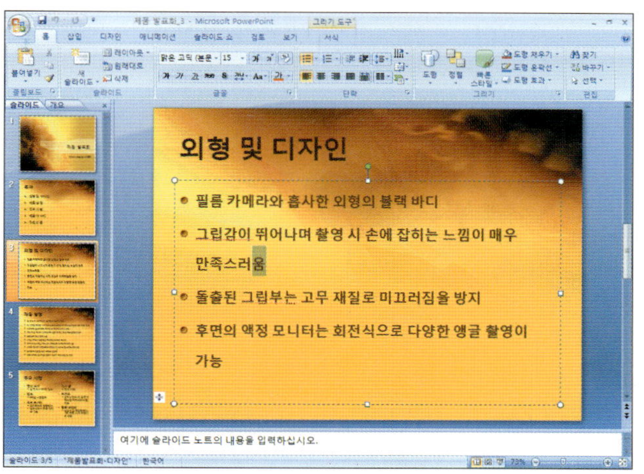

04 **단어 끝까지 선택하기**(Ctrl + Shift + →) : 마우스 커서가 위치한 곳에서 단어의 마지막까지 선택됩니다. Shift 를 누른 상태에서 방향키를 누를 때마다 오른쪽으로 글자 선택이 추가됩니다.

05 **단어 처음까지 선택하기**(Ctrl + Shift + ←) : 마우스 커서가 위치한 곳에서 단어의 처음까지 선택됩니다. Shift 를 누른 상태에서 방향키를 누를 때마다 왼쪽으로 글자 선택이 추가됩니다.

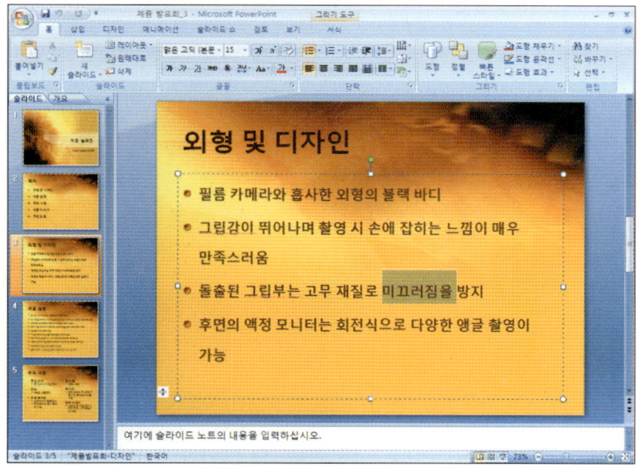
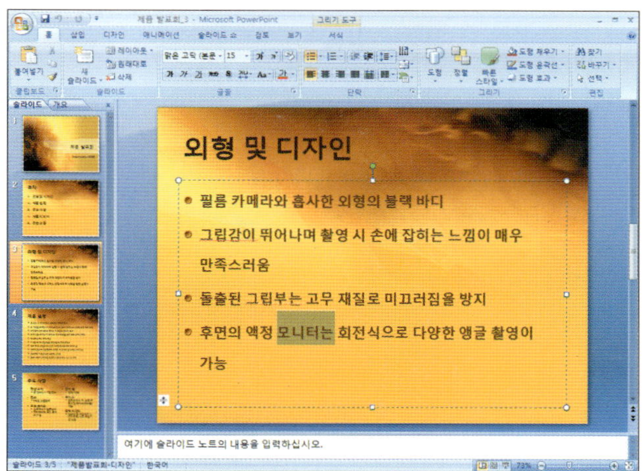

06 **뒤로 한 줄 선택하기(** Shift **+** End **)** : 마우스 커서가 텍스트의 맨 앞에 있을 경우에는 한 줄 전체가 선택되고, 텍스트의 사이에 있을 경우에는 마우스 커서가 있는 곳에서부터 줄의 맨 끝까지 선택됩니다.

마우스 커서가 텍스트의 맨 앞에 있을 경우

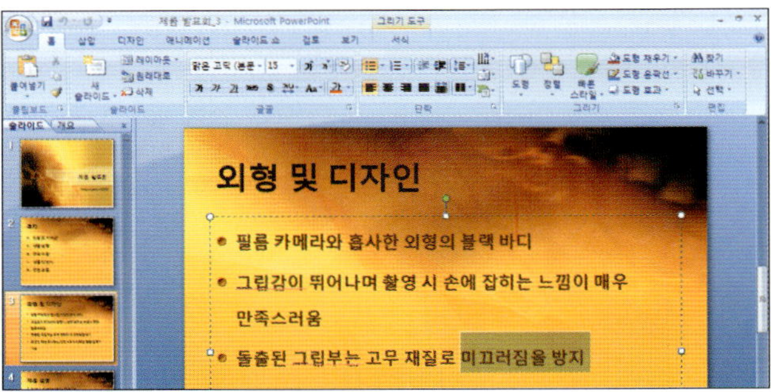
마우스 커서가 텍스트 사이에 있을 경우

07 **앞으로 한 줄 선택하기(** Shift **+** Home **)** : 마우스 커서가 텍스트의 맨 뒤에 있을 경우에는 한 줄 전체가 선택되고, 텍스트의 사이에 있을 경우에는 마우스 커서가 있는 곳에서부터 줄의 맨 앞까지 선택됩니다.

마우스 커서가 텍스트의 맨 뒤에 있을 경우

마우스 커서가 텍스트 사이에 있을 경우

08 **부분적으로 텍스트 선택하기(** Ctrl **+드래그)** : 원하는 단어나 단락을 불규칙적으로 드래그해서 추가로 선택할 수 있습니다.

09 **원하는 텍스트까지 일괄로 선택하기(** Shift **+클릭)** : 마우스 커서를 위치시키고 Shift 를 누른 채로 클릭하는 지점까지 모든 텍스트들이 선택됩니다.

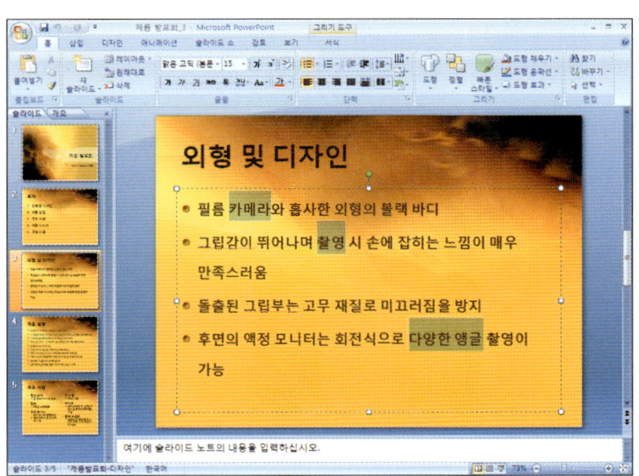

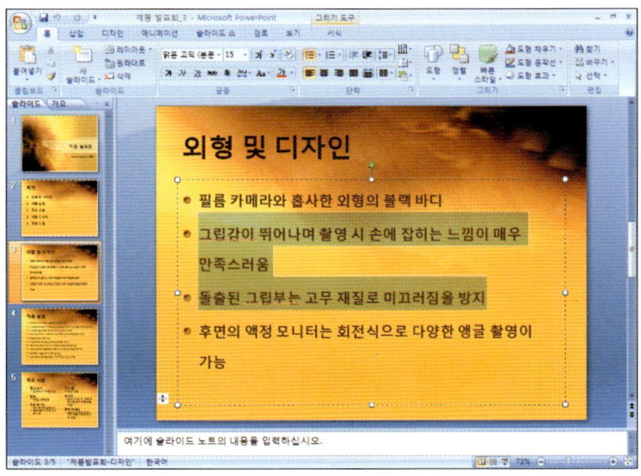

슬라이드에 이미지 삽입과 압축, 사진 앨범 만들기

모든 슬라이드가 텍스트로만 이루어져 있다면 청중들의 눈을 사로잡기에 부족하겠지요? 부연적인 설명은 텍스트보다 이미지가 더 효과적일 수 있습니다. 또한, 이미지만으로 구성된 사진 앨범을 별도로 제작할 수 있습니다. 이번 Lesson에서는 내용에 맞는 이미지를 적절히 삽입해서 보다 효과적인 슬라이드를 제작하고, 여러 장의 이미지를 사진 앨범으로 제작하는 방법을 알아보겠습니다. 또한, 높은 용량의 이미지를 압축하는 방법까지 살펴보겠습니다.

Lesson 10

● 예제 파일 : Sample\Part 02\제품 발표회_4.pptx

따라해 보세요

이미지 삽입하고 그림자 효과 주기

● 제품 이미지인 카메라 이미지를 삽입하고 그림자 효과를 적용한 후 투명도와 크기를 조절합니다.

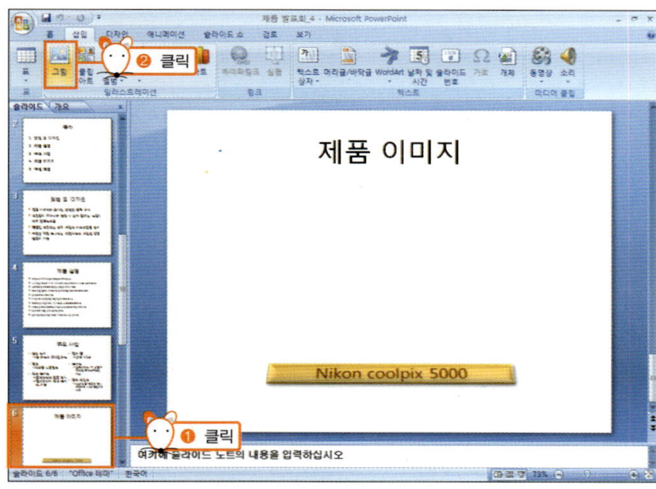

1 6번 슬라이드를 선택한 후 [삽입] 탭의 [파일에서 그림 삽입](▣)을 클릭합니다.

2 [그림 삽입] 대화상자가 나타나면, 'Sample\Part 02\camera.png' 파일을 클릭한 후 [삽입] 버튼을 클릭합니다.

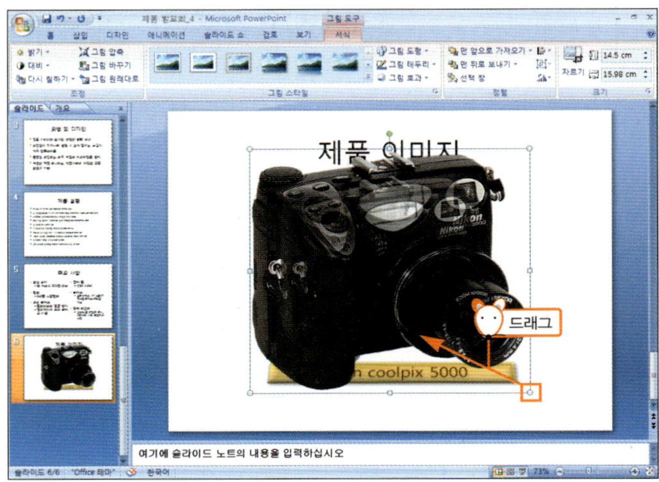

3 선택한 이미지가 삽입됩니다. 다음과 같이 조절점을 드래그해서 이미지의 크기를 조절합니다. 이 때 Ctrl을 누른 채로 드래그하면 이미지 중심을 유지한 채 크기만 변합니다.

> **주목**
> 회전 조절점(초록색 원)을 클릭한 채 드래그하면 이미지를 회전시킬 수 있습니다.

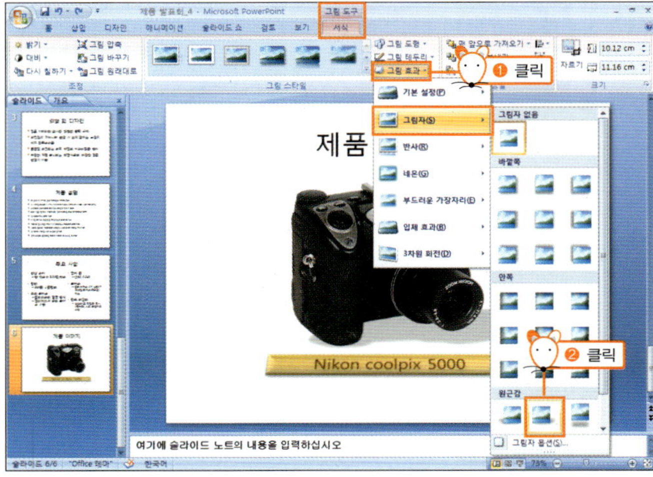

4 이미지의 크기가 줄어들면 그림 효과를 적용합니다.

❶ [그림 도구]의 [서식] 탭에서 [그림 효과](□)를 클릭합니다.
❷ [그림자]를 선택하고 [원근감]의 '원근감 대각선 오른쪽 위'를 클릭합니다.

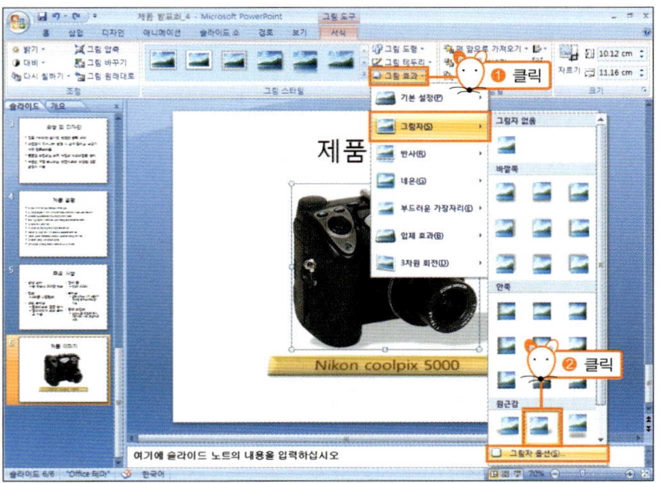

5 이미지에 그림자가 적용됩니다. 그림자의 투명도를 수정하기 위하여 다시 [그림 효과](□)를 클릭하고 [그림자]의 [그림자 옵션]을 클릭합니다.

> **주목**
> 현재 슬라이드에 삽입한 이미지는 배경이 없는 투명한 이미지입니다. 그래서 그림자를 적용했을 때 카메라 형태대로 적용되는 것입니다. 만약 배경이 있는 이미지를 삽입하면 배경의 형태대로 그림자가 적용됩니다.

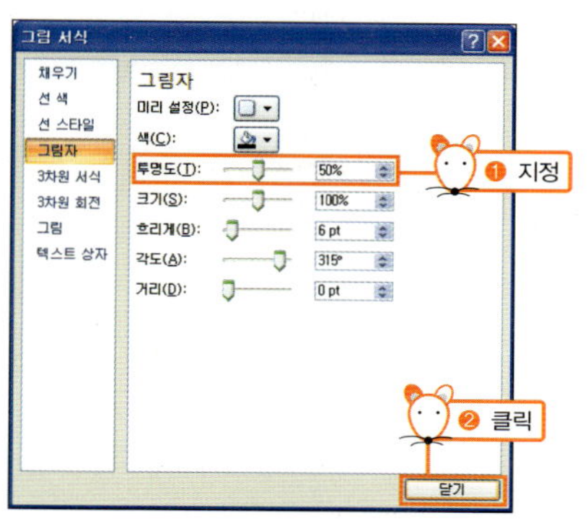

6 [그림 서식] 대화상자가 나타납니다. [그림자]의 [투명도]를 '50%'로 지정하고 [닫기] 버튼을 클릭합니다.

7 그림자가 좀 더 선명해졌습니다. 이미지와 텍스트 상자의 위치와 크기를 조절해서 완성합니다.

단축키로 이미지에 동일한 효과 주기

● 여러 개의 이미지에 같은 효과를 한 번에 적용하려면 이미지를 드래그하여 적용하는 방법이 있습니다. 그러나 필요한 이미지만 선택해서 효과를 적용하려면 개체를 따로 선택해야 합니다. 이런 경우 F4 를 이용하면 방금 전 효과가 선택한 이미지에 바로 적용되므로 매우 편리합니다.

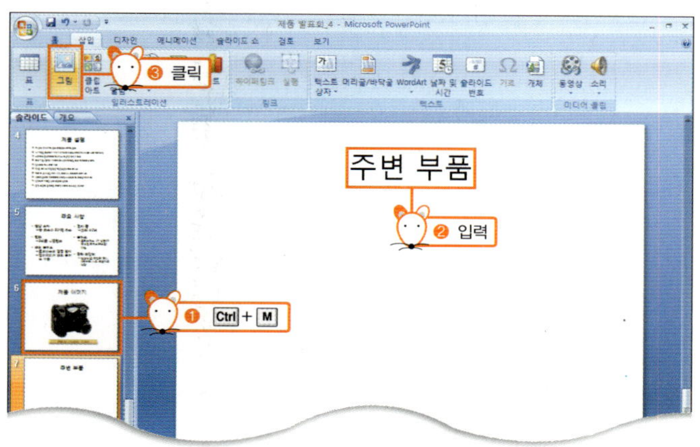

1 다음과 같이 6번 슬라이드에서 Ctrl + M 을 누르면 동일한 레이아웃인 [제목만] 슬라이드가 삽입됩니다.

❶ 텍스트를 입력하고 그림을 삽입합니다.
❷ [제목 텍스트] 상자에 '주변 부품'을 입력합니다.
❸ [삽입] 탭의 [파일에서 그림 삽입](🖼)을 클릭합니다.

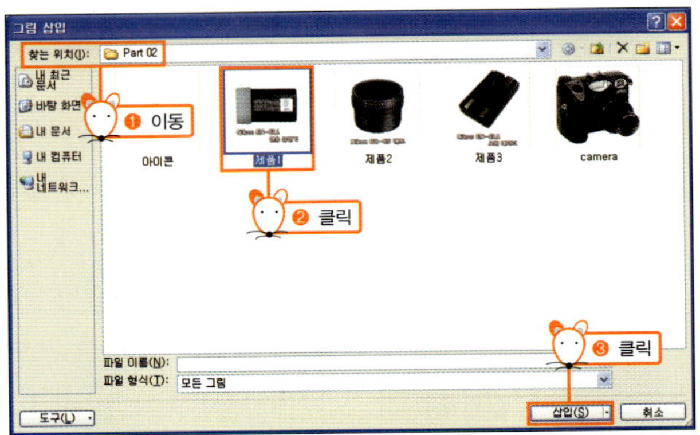

2 [그림 삽입] 대화상자가 나타나면 'Sample\Part 02\제품1.png' 파일을 클릭한 후 [삽입] 버튼을 클릭합니다.

3 같은 방법으로 나머지 이미지를 삽입한 후 크기와 위치를 조절합니다.

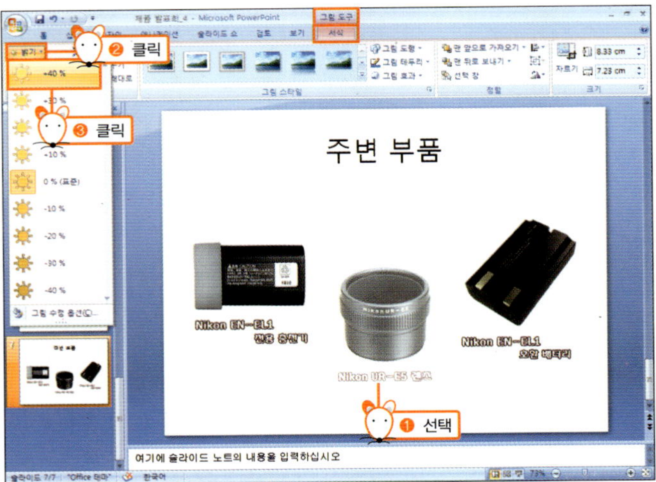

4 이번에는 가운데 이미지를 선택합니다. 그런 다음 [그림 도구]의 [서식] 탭에서 [밝기](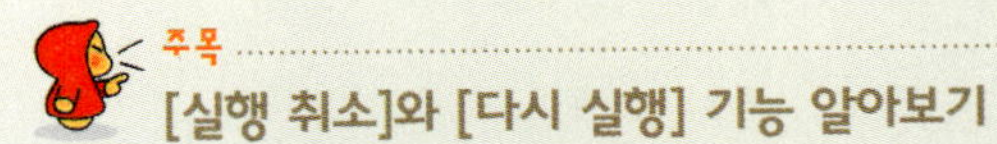)를 클릭하고 '+40%'을 클릭합니다.

> **주목**
>
> **[실행 취소]와 [다시 실행] 기능 알아보기**
>
> Ctrl + Z 는 윈도우와 기타 여러 프로그램에서 사용하는 공통적인 단축키로 [실행 취소]를 의미합니다. 방금 전 작업을 바로 취소시킬 수 있기 때문에 알아두면 매우 편리합니다. 그리고 [빠른 실행 도구 모음]의 [실행 취소]와 [다시 실행]를 사용해도 실행 취소를 할 수 있습니다. 특히, [실행 취소]의 목록 버튼을 클릭하면 이전에 작업한 목록이 나열되므로 원하는 곳에서 선택하여 취소할 수 있습니다.

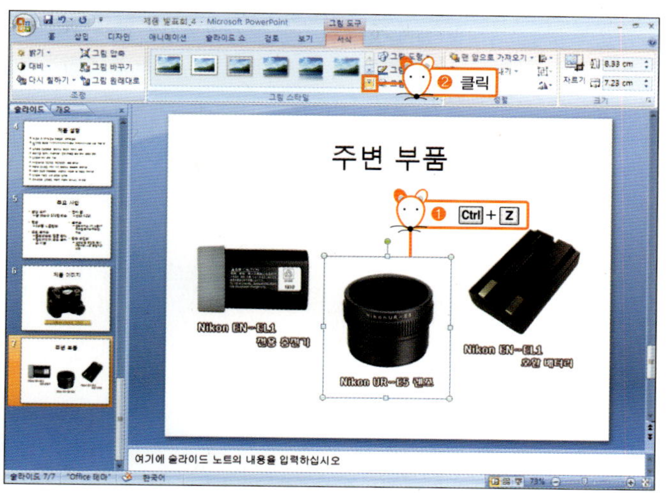

5 이미지의 밝기가 조절되면 Ctrl + Z 를 눌러 방금 전 작업을 취소합니다. 선택을 해제하지 않은 상태에서 [그림 스타일]의 [자세히]( )를 클릭합니다.

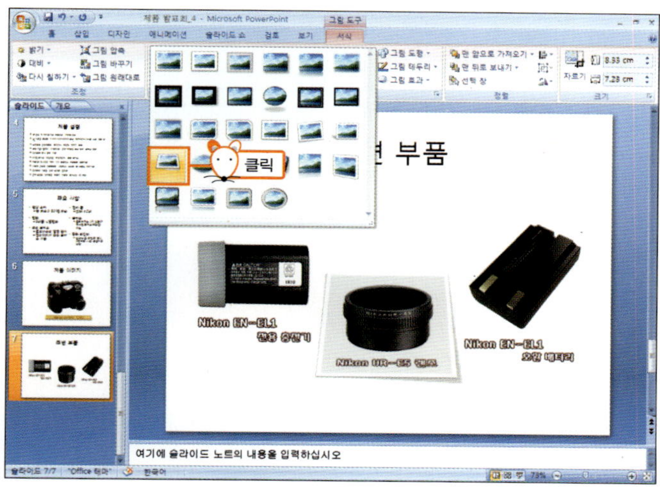

6 [그림 스타일] 목록이 나타나면 '낮은 수준의 원근감, 흰색'을 클릭하여 이미지에 원근감을 적용시킵니다.

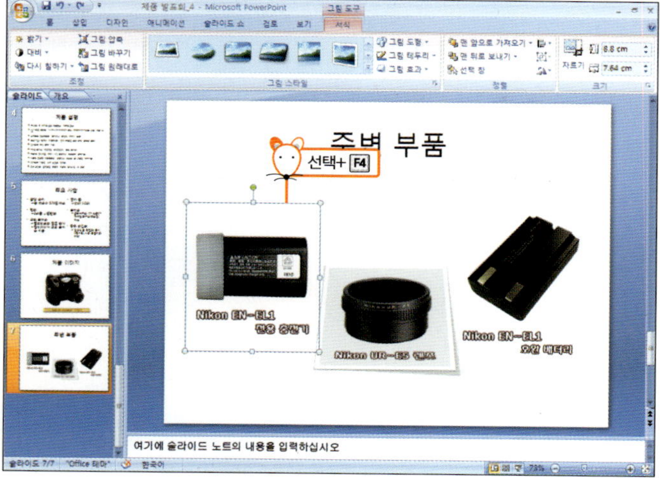

7 이번에는 왼쪽 이미지를 선택한 후 F4 를 누르면, 같은 효과의 원근감이 적용됩니다.

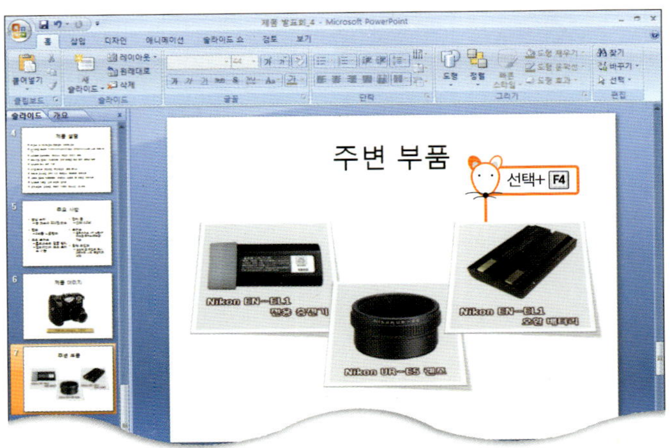

8 오른쪽 이미지에도 F4를 눌러 원근감을 적용시키고 크기와 위치를 조절해서 완성합니다.

> **주목**
>
> **[실행 취소 최대 횟수] 조절하기**
>
> 파워포인트에서 [실행 취소 최대 횟수]는 기본적으로 20회입니다. 작업자의 의도에 따라서 최대 150회까지 늘릴 수 있지만, 그 만큼 시스템 메모리가 필요하기 때문에 적절히 조절해서 사용하는 것이 좋습니다. 설정 방법은 [Office 단추](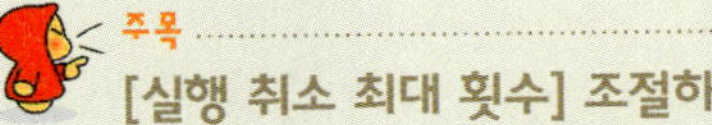)를 클릭한 후 [PowerPoint 옵션] 버튼(PowerPoint 옵션)을 클릭하면 [PowerPoint 옵션] 대화상자가 나타납니다. [고급] 탭을 선택하고 [편집 옵션]의 [실행 취소 최대 횟수]에서 원하는 횟수를 적용한 후 [확인] 버튼을 클릭합니다.

 **따라해 보세요**

이미지로 사진 앨범 만들기

● [새 사진 앨범] 명령은 많은 이미지들을 슬라이드에 삽입할 때 아주 유용하게 쓰이는 명령입니다 이 명령을 사용하면 여러 장의 이미지들을 슬라이드 크기와 동일하게 삽입할 수 있고, 하나의 슬라이드에 배치시켜 삽입할 수 있습니다.

1 파워포인트를 실행하고 [삽입] 탭의 [새 사진 앨범]( )을 클릭합니다.

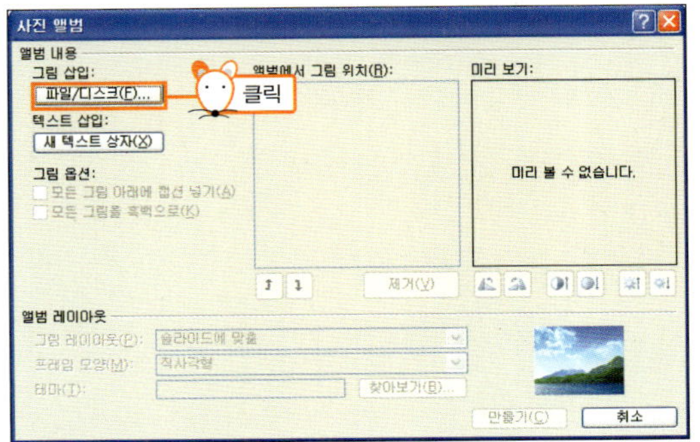

2 [사진 앨범] 대화상자가 나타나면 [파일/디스크] 버튼을 클릭합니다.

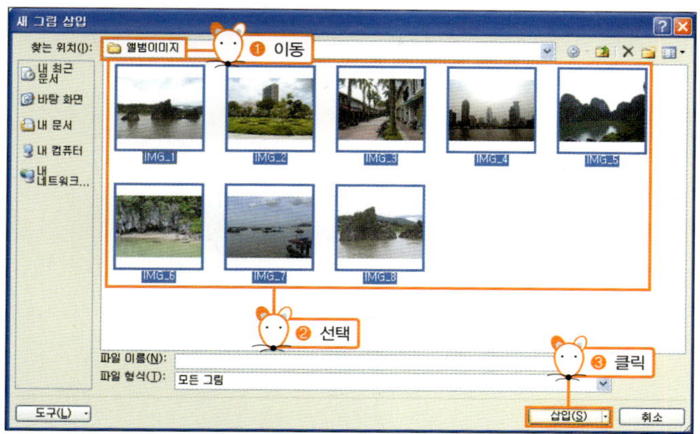

3 [새 그림 삽입] 대화상자가 나타나면 'Sample \Part 02\앨범이미지' 폴더에서 8개의 이미지를 모두 선택한 후 [삽입] 버튼을 클릭합니다.

4 다시 [사진 앨범] 대화상자에서 [앨범에서 그림 위치]에 선택한 이미지의 목록을 확인합니다. 그런 다음 [만들기] 버튼을 클릭합니다.

5 지정한 이미지가 각각의 슬라이드로 삽입되면서 새로운 프레젠테이션 파일이 만들어집니다. [여러 슬라이드](田)를 클릭합니다.

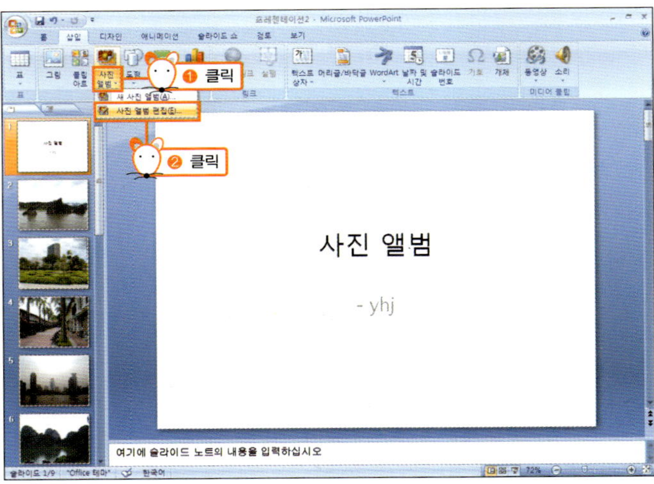

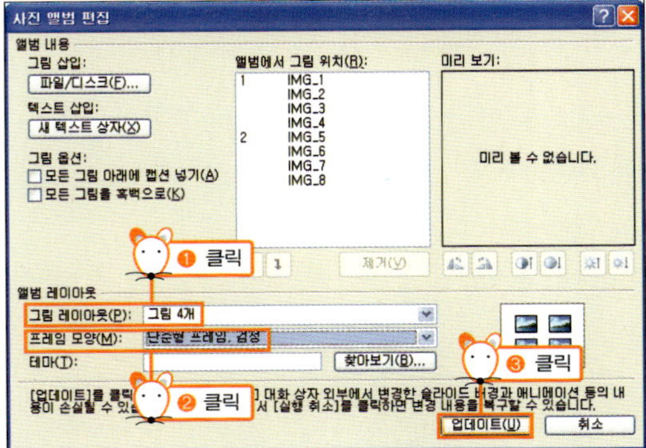

6 [여러 슬라이드] 화면에서 삽입된 이미지를 확인하고 [제목 슬라이드]를 더블클릭합니다.

7 다시 [기본] 화면으로 돌아옵니다. 이제 앨범을 편집해보겠습니다. [삽입] 탭의 [새 사진 앨범](사진 앨범)을 클릭하고 [사진 앨범 편집]을 클릭합니다.

8 [사진 앨범 편집] 대화상자가 나타나면 [그림 레이아웃]과 [프레임 모양]을 설정한 후 [업데이트] 버튼을 클릭합니다.

❶ [그림 레이아웃]에서 '그림 4개'를 클릭합니다.
❷ [프레임 모양]에서 '단순형 프레임, 검정'을 클릭합니다.

9 이미지가 새롭게 편집되어 삽입됩니다. 2번 슬라이드를 선택하고 슬라이드 빈 영역을 마우스 오른쪽 버튼으로 클릭한 후 [배경 서식]을 클릭합니다.

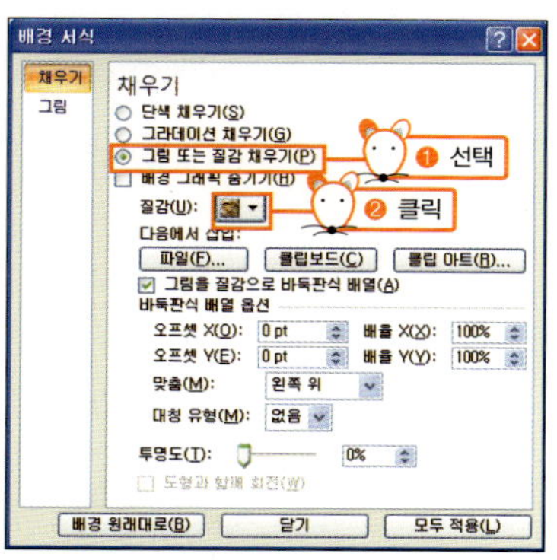

10 [배경 서식] 대화상자가 나타나면 [채우기] 항목에서 [그림 또는 질감 채우기]에 선택합니다. 그런 다음 [질감]의 목록 버튼을 클릭합니다.

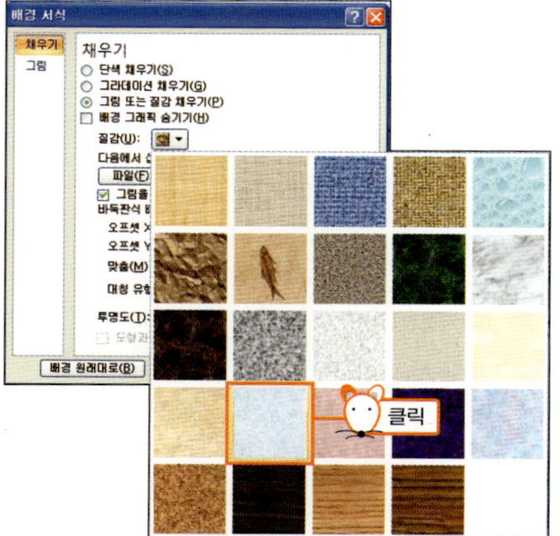

11 질감 종류가 나타나면 '파랑 박엽지'를 클릭합니다.

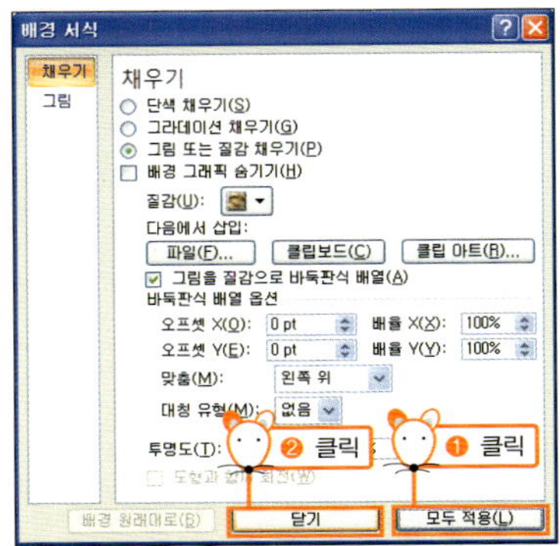

12 다시 [배경 서식] 대화상자에서 [모두 적용] 버튼을 클릭하고 [닫기] 버튼을 클릭합니다.

13 모든 슬라이드 배경에 질감 효과가 적용됩니다.

이미지를 압축해서 용량 줄이기

● 사진 앨범으로 만든 프레젠테이션이나 이미지가 많이 삽입된 프레젠테이션은 상대적으로 많은 용량을 차지하게 됩니다. 이런 경우 [그림 압축] 메뉴를 이용하면 이미지의 크기를 상당히 줄여주기 때문에 파일을 가볍게 만들 수 있습니다.

예제 파일 : Sample\Part 02\그림압축.pptx

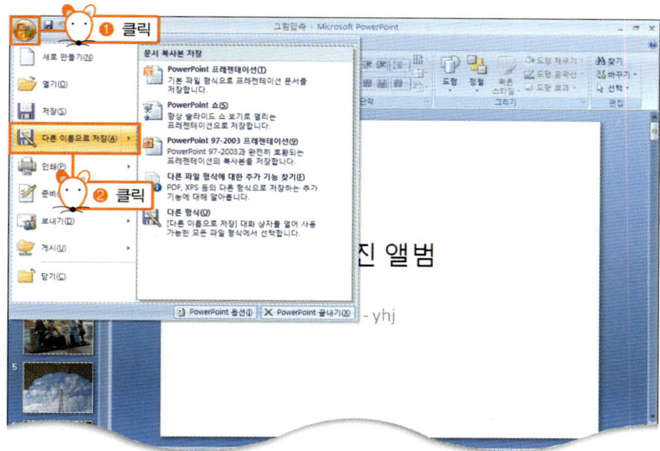

1 [Office 단추](⬤)를 클릭하고 [다른 이름으로 저장]을 클릭합니다.

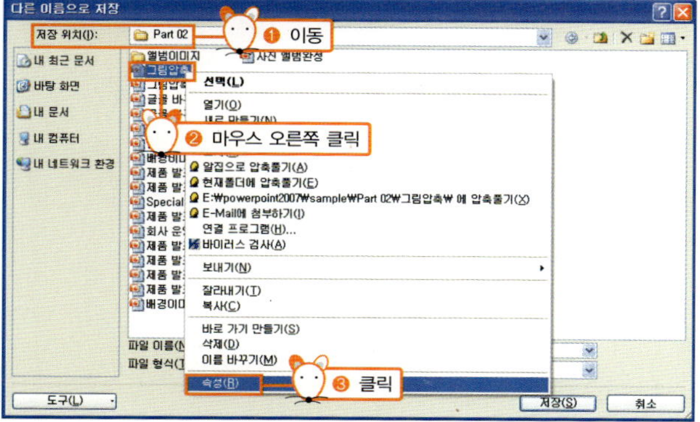

2 [다른 이름으로 저장] 대화상자가 나타납니다. 우선 '그림압축.pptx' 파일의 용량을 알아보기 위해서 'Sample\Part 02\그림압축.pptx' 파일을 마우스 오른쪽 버튼으로 클릭한 후 나타나는 메뉴에서 [속성]을 클릭합니다.

주목

[다른 이름으로 저장] 대화상자의 [도구] 버튼을 클릭한 후 [속성]을 클릭해도 됩니다.

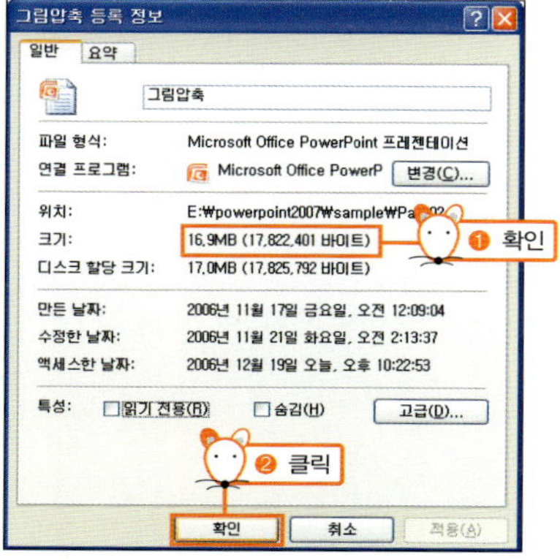

3 [그림 압축 등록 정보] 대화상자가 나타납니다. 현재 '그림압축.pptx'의 크기는 '16.9MB'입니다. [확인] 버튼을 클릭합니다.

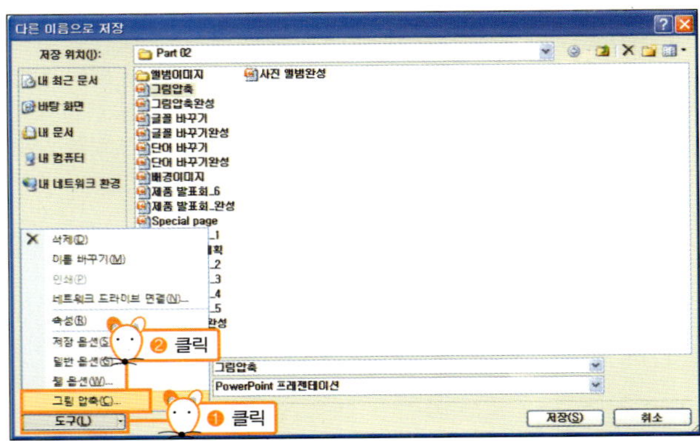

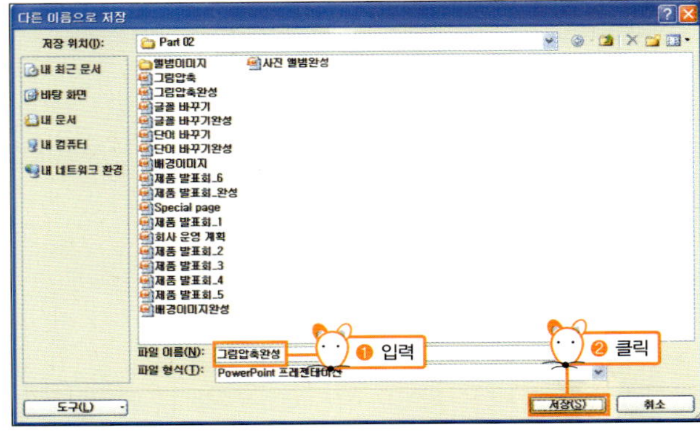

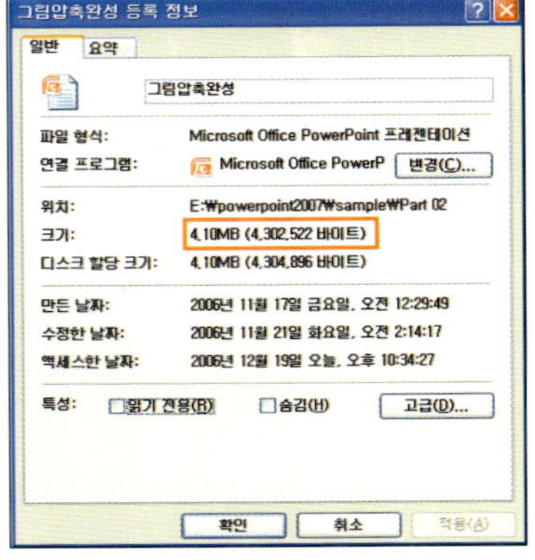

4 이제 그림을 압축시켜 보겠습니다. 다시 [다른 이름으로 저장] 대화상자에서 [도구] 버튼을 클릭하고 [그림 압축]을 클릭합니다.

5 [그림 압축] 대화상자가 나타나면 [확인]을 클릭합니다.

6 압축을 시작합니다. 이미지의 크기와 컴퓨터 성능에 따라 다소 시간 차이가 있을 수 있으니 끝날 때까지 기다립니다. 압축이 종료되면 [파일 이름]에 원하는 이름을 입력한 후 [저장] 버튼을 클릭합니다.

7 같은 방법으로 압축된 파일의 등록 정보를 살펴봅니다. 파일의 크기가 '4.10MB'로 확실하게 줄어들었습니다. 이와 같이 이미지가 많이 삽입된 파일이라면 반드시 [그림 압축] 메뉴를 이용해서 파일의 크기를 줄이는 것이 좋습니다.

> **주목**
> 파일의 크기가 줄어도 이미지의 해상도는 떨어지지 않습니다.

[그림 도구] 이용하여 멋진 배경 이미지 만들기

[그림 도구]에는 이미지를 편집하거나 수정할 수 있는 여러 가지 기능들이 있습니다. 이미지를 자르는 기능과 특정 색을 지워서 투명하게 만드는 기능 등을 이용해서 간단하면서도 멋진 배경 이미지를 만들 어봅니다.

⊙ 예제 파일 : Sample\Part 02\배경이미지.pptx

슬라이드 배경에 이미지 삽입하기

슬라이드에 이미지를 삽입하는 기능 이외에 슬라이드 배경에 이미지를 삽입하는 기능도 있습니다. 슬라 이드에 이미지를 삽입하면 크기나 위치 등을 조절할 수 있고 [그림 도구]를 이용하여 편집할 수 있습니 다. 그러나 배경에 이미지를 삽입하면 크기와 상관없이 배경 크기에 맞게 삽입되고 편집, 수정이 불가능 합니다.

01 예제 파일에서 [제목 슬라이드]를 선택한 후 [홈] 탭의 [레이아웃]( )을 클릭한 후 [빈 화면]을 클릭합니다.

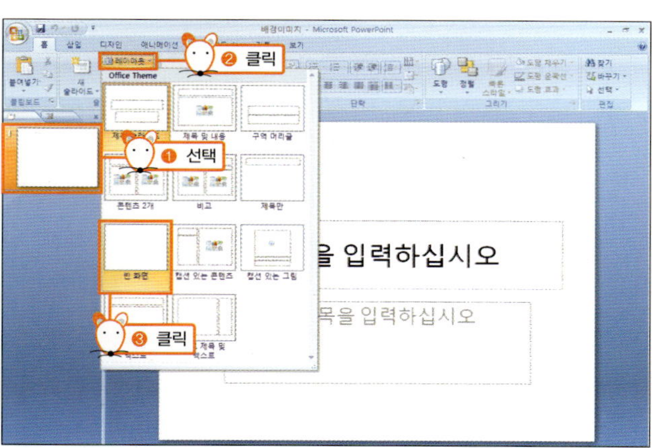

02 레이아웃이 [빈 화면] 레이아웃으로 바뀝니다. [디자인] 탭에서 [배경 스타일]( )을 클릭한 후 [배경 서식]을 클릭합 니다.

슬라이드 영역에서 마우스 오른쪽 버튼을 클릭한 후 나타나는 메뉴에서 [배경 서식]을 클릭하면 좀 더 빠르게 작업할 수 있습니다.

03 [배경 서식] 대화상자가 나타납니다. [채우기] 항목에 서 [그림 또는 질감 채우기]를 선택하고 [파일] 버튼을 클릭 합니다.

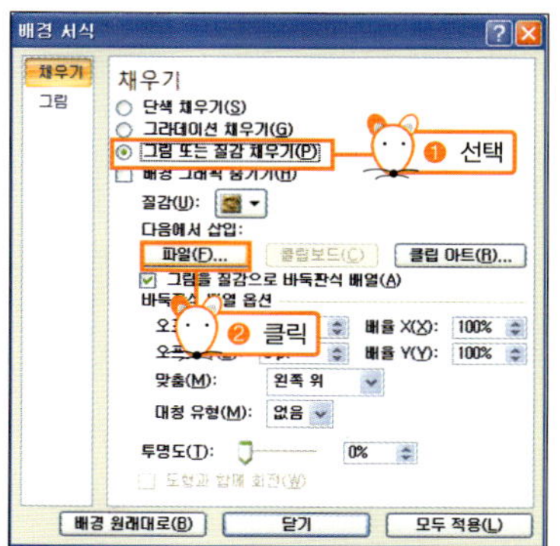

04 [그림 삽입] 대화상자가 나타납니다. 'Sample\Part 02\배경이미지.jpg' 파일을 클릭한 후 [삽입] 버튼을 클릭합니다.

05 다시 [배경 서식] 대화상자에서 [닫기]를 클릭합니다. 슬라이드가 여러 장일 경우 [모두 적용]을 클릭하면 모든 슬라이드에 배경 이미지가 삽입됩니다.

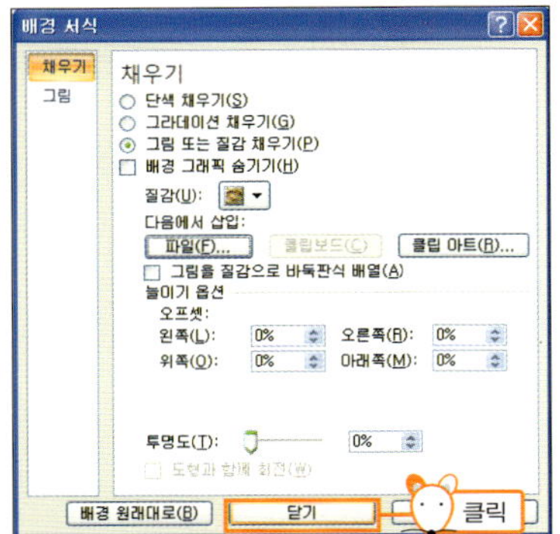

06 슬라이드에 배경 이미지가 삽입됩니다. 위에서 설명한 것과 같이 배경 이미지는 선택이 되지 않으므로 위치를 이동하거나, 크기를 조절하는 등의 수정 작업을 할 수가 없습니다.

이미지 삽입하고 잘라내기/밝기 조절하기

파워포인트에서도 이미지를 삽입한 후 불 필요한 영역은 삭제할 수 있습니다. 그림이 슬라이드보다 크거나 숨기고 싶은 영역이 있을 경우 [자르기] 메뉴를 이용하여 이미지를 편집합니다. 또한, [밝기] 메뉴를 이용하여 이미지의 밝고 어두움을 조절합니다.

01 [삽입] 탭에서 [파일에서 그림 삽입]( )을 클릭합니다.

02 [그림 삽입] 대화상자가 나타납니다. 'Sample\Part 02\꽃.png' 파일을 클릭한 후 [삽입] 버튼을 클릭합니다.

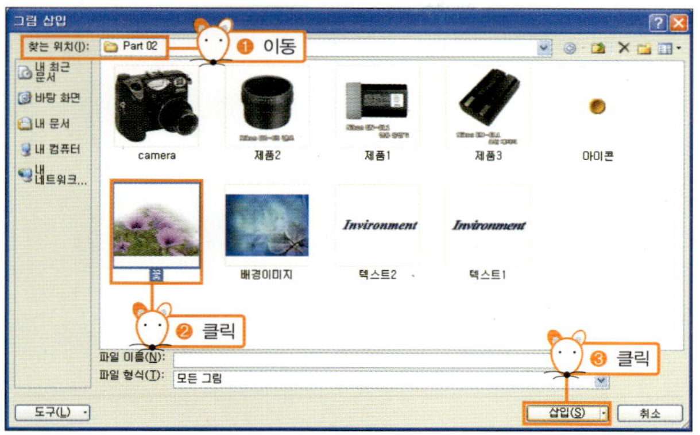

03 이미지가 삽입되면 [그림 도구]의 [서식] 탭에서 [자르기](표)를 클릭합니다.

04 이미지 주변에 자르기 틀이 나타나면 그림과 같이 드래그합니다.

05 아래 부분의 꽃이 잘려나갑니다. 이미지를 그림과 같이 왼쪽 하단 슬라이드에 딱 맞게 이동 시킵니다. 그런 다음 이미지의 밝기를 조절하기 위하여 [서식] 탭의 [밝기](표)를 클릭한 후 '-10 %'를 클릭합니다.

주목

이미지의 크기 조절점을 드래그하면 이미지의 영역은 그대로 있고 크기만 줄어듭니다. 그러나 [자르기](표) 틀을 이용해서 드래그하면 이미지가 잘려나갑니다.

06 이미지가 좀 더 어두워집니다. [+] 값이 증가할수록 이미지가 밝아지고 [−] 값이 증가할수록 어두워집니다.

> **주목**
>
> [대비]( )는 이미지의 채도를 조절합니다. [+] 값이 증가할수록 채도가 높아지고 [−] 값이 증가할수록 채도가 낮아집니다.

이미지를 투명하게 만들고 다른 이미지로 바꾸기

[투명한 색 설정] 메뉴를 이용하면 삽입한 이미지의 특정 색을 투명하게 만들어서 슬라이드 배경이 나타나게 할 수 있습니다. 또한, [그림 바꾸기] 메뉴를 이용하면 현재 이미지의 위치는 그대로 유지한 채 새로운 이미지로 대체시킬 수 있습니다.

01 [삽입] 탭에서 [파일에서 그림 삽입]( )을 클릭합니다.

02 [그림 삽입] 대화상자가 나타납니다. 'Sample\Part 02\텍스트1.jpg' 파일을 클릭한 후 [삽입] 버튼을 클릭합니다.

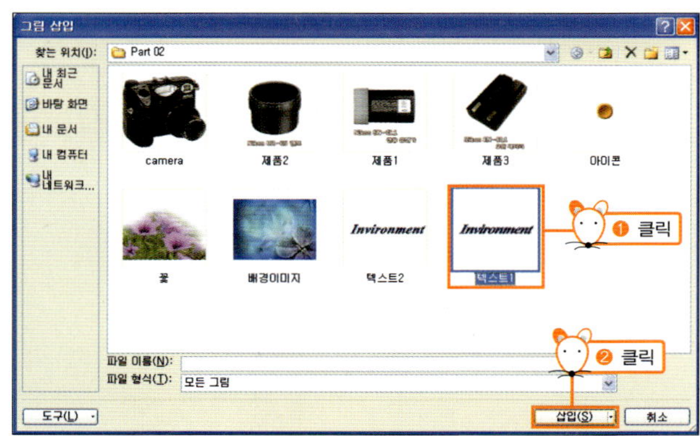

03 이미지가 삽입되면 다음과 같이 이동시킵니다. 그런 다음 [서식] 탭의 [다시 칠하기]( )를 클릭하고 [투명한 색 설정]을 클릭합니다.

04 마우스 포인트의 모양이 으로 나타나면 텍스트 영역을 클릭합니다.

05 텍스트의 색이 사라지면서 아래의 배경이 나타납니다. 이번에는 [서식] 탭의 [그림 원래대로]( )를 클릭합니다.

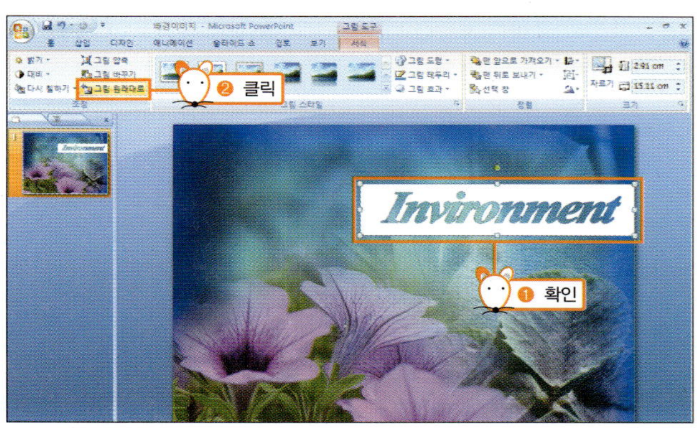

06 이미지가 처음 삽입했을 때의 상태로 되돌아갑니다. 이번에는 이미지를 다른 이미지로 바꾸기 위해 [그림 바꾸기]( )를 클릭한 후 'Sample\Part 02\텍스트2.jpg' 파일을 삽입합니다.

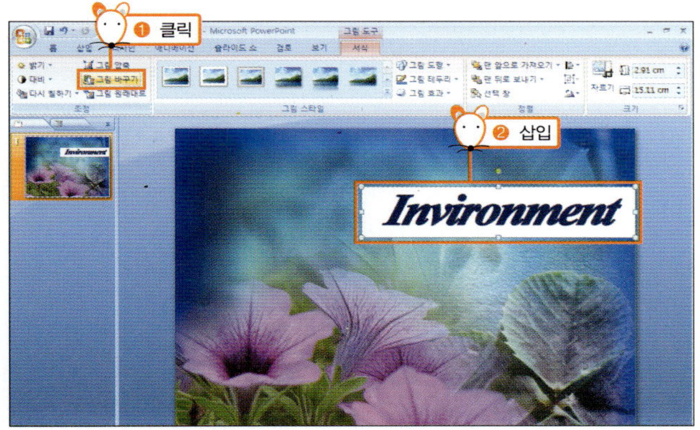

07 처음 이미지의 위치를 그대로 유지한 채 새로운 이미지가 삽입됩니다. 이번에는 텍스트의 배경을 투명하게 하기 위하여 [다시 칠하기]( )를 클릭하고 [투명한 색 설정]을 클릭합니다.

08 마우스 포인트의 모양이 으로 나타나면 다음과 같이 검정색 배경을 클릭합니다.

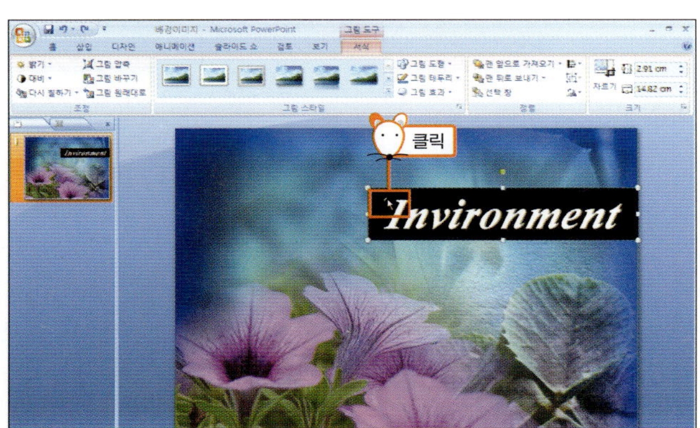

09 검정색 배경이 사라지면서 텍스트만 남습니다.

테마를 이용해 슬라이드의 개성 살려주기

지금까지 슬라이드에 텍스트를 입력하거나 이미지를 삽입하는 기본적인 작업을 마쳤습니다. 그런데 왠지 허전해 보이지요? 그 이유는 슬라이드에 배경이 빠져 있기 때문입니다. 아무리 좋은 내용의 슬라이드라도 배경이 비어있으면 왠지 초라해 보입니다. 이번 Lesson에서는 디자인 서식 파일과 파워포인트 2007에서 새롭게 추가된 테마를 이용하여 슬라이드를 예쁘게 꾸며봅니다.

● 예제 파일 : Sample\Part 02\제품 발표회_5.pptx

따라해 보세요

슬라이드 특성을 살려주는 테마 적용하기

● 파워포인트 2003까지는 기본적으로 디자인 서식을 제공합니다. 그러나 파워포인트 2007에서는 디자인 서식 대신 [테마]를 제공합니다. [테마]는 슬라이드의 내용에 맞게 수정할 수 있는 [테마 색]이나 [테마 글꼴] 등이 포함되어 있습니다. 슬라이드에 [테마]를 적용하고 수정하는 방법에 대해 알아보겠습니다.

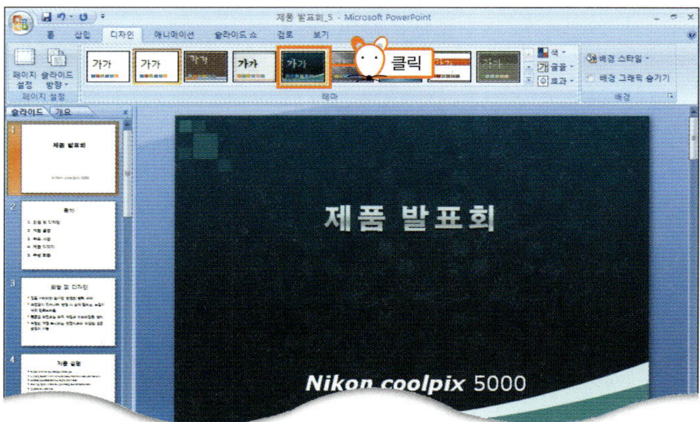

1 [디자인] 탭에서 [테마] 갤러리에 마우스 포인터를 가져다 대면 슬라이드에 적용될 모습이 미리 보기 형식으로 나타납니다. 이 때 원하는 테마를 선택하면 됩니다. 여기에서는 '고려청자' 테마를 클릭합니다.

2 모든 슬라이드에 '고려청자' 테마가 적용됩니다. 적용된 테마의 색을 변경하기 위해 [디자인] 탭의 [테마 색](■색▼)을 클릭하고 '고구려 벽화'를 클릭합니다.

주목

슬라이드에 테마를 적용하면 테마가 가지고 있는 글꼴대로 슬라이드의 글꼴도 변경됩니다. 그러나 사용자가 미리 글꼴을 변경했다면 글꼴은 변하지 않고 기본 글꼴만 테마 글꼴로 변경됩니다. 따라서 제목 텍스트는 'HY견고딕' 글꼴을 그대로 유지한 채 바꾸지 않은 영문 텍스트와 나머지 슬라이드의 텍스트만 테마 글꼴에 맞게 변경된 것입니다.

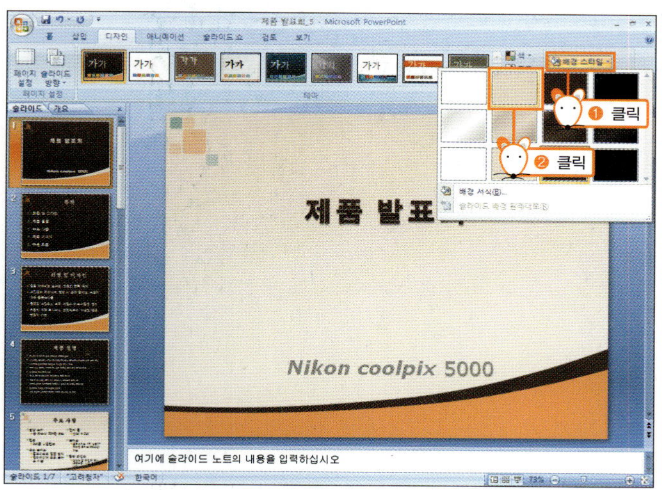

3 테마가 선택한 색으로 변경됩니다. 이번에는 [디자인] 탭의 [배경 스타일](🔳)을 클릭하고 '스타일 2'를 클릭합니다.

> **주목**
> 적용된 테마를 취소하고 처음 상태도 되돌리려면 [Office 테마](가가)를 클릭하면 됩니다.

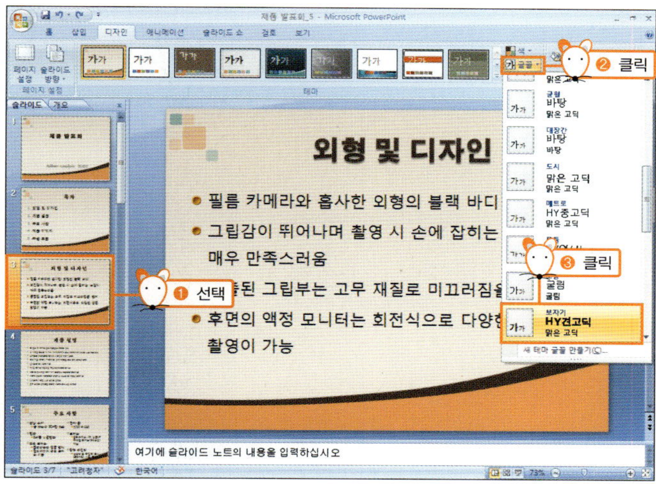

4 배경 스타일이 선택한 스타일로 변경됩니다. 이번에는 글꼴을 변경하기 위해 3번 슬라이드를 선택하고 [디자인] 탭의 [테마 글꼴](개)을 클릭한 후 [보자기 HY견고딕 맑은 고딕](가 보자기 HY견고딕 맑은 고딕)을 클릭합니다.

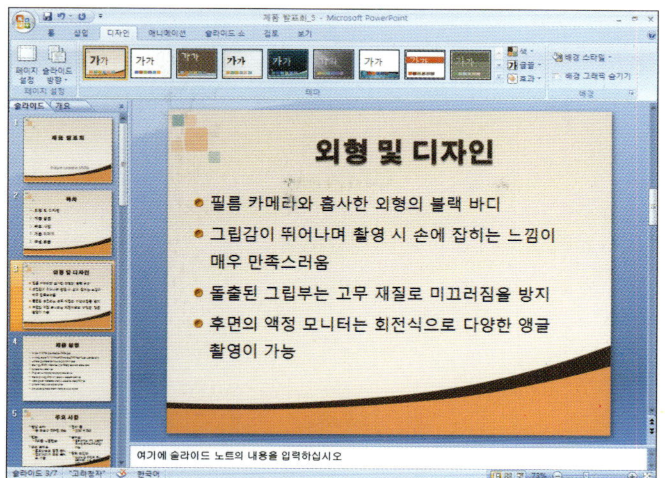

5 텍스트가 지정한 글꼴로 변경됩니다.

> **주목**
> 제목 텍스트는 'HY견고딕'으로 바뀌었으나 본문 텍스트는 원래 글꼴이 '맑은 고딕'이었기 때문에 변화가 없는 것처럼 보입니다. 그러나 '맑은 고딕'이 아닌 새로운 글꼴을 지정하면 본문 텍스트도 새롭게 지정한 글꼴로 바뀝니다.

슬라이드 특성에 맞도록 테마 편집하기

● 기존에 제공되는 테마의 색이나 글꼴, 배경 등이 마음에 들지 않는다면 사용자가 직접 만들어서 사용할 수 있습니다. 같은 테마의 형식이라도 사용자가 편집해서 사용한다면 전혀 다른 분위기의 테마를 만들 수 있습니다.

1 새 테마 색을 만들기 위해 [디자인] 탭의 [테마 색](■)을 클릭하고 [새 테마 색 만들기]를 클릭합니다.

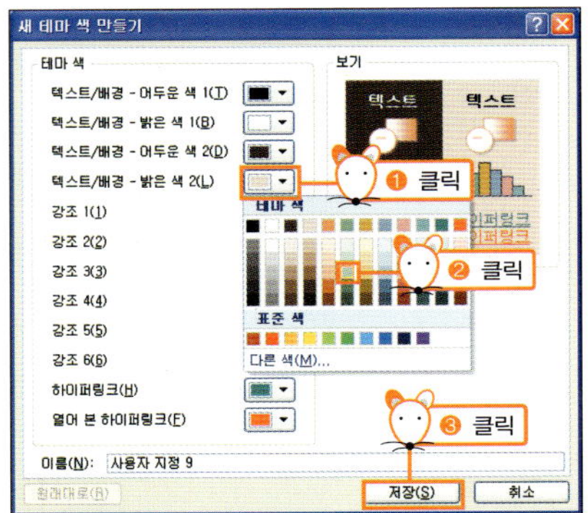

2 [새 테마 색 만들기] 대화상자가 나타납니다. [텍스트/배경-밝은 색 2]를 클릭하고 [테마 색]에서 '녹색, 강조 2, 40% 더 밝게'를 클릭한 후 [저장] 버튼을 클릭합니다.

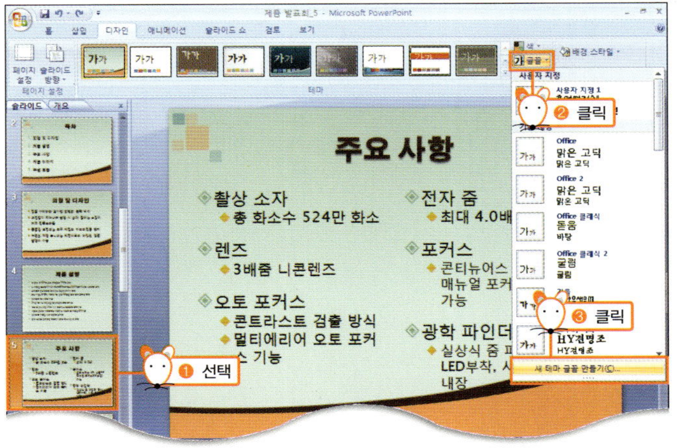

3 테마 색이 새롭게 변경되었습니다. 이제 새로운 글꼴을 만들어 적용시키기 위해 5번 슬라이드를 선택하고 [디자인] 탭의 [테마 글꼴](가)을 클릭한 후 [새 테마 글꼴 만들기]를 클릭합니다.

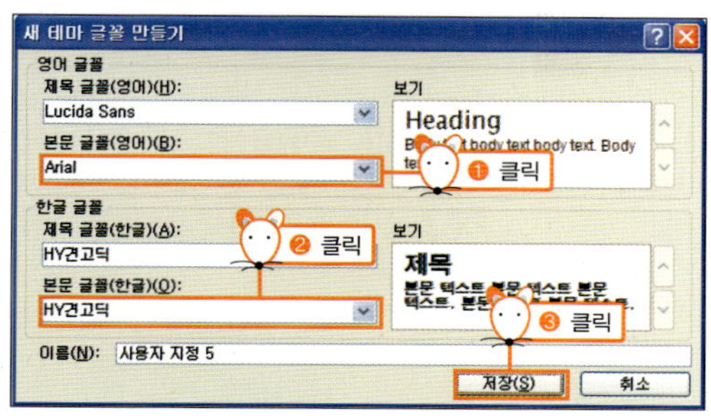

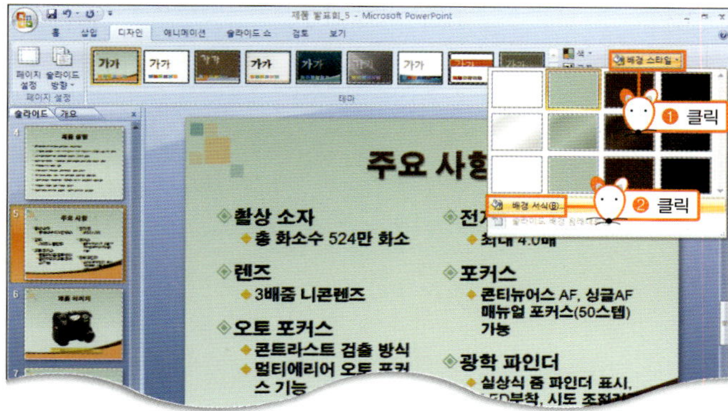

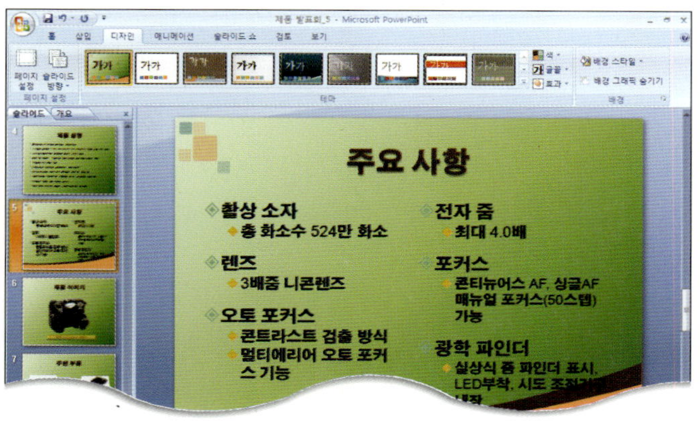

4 [새 테마 글꼴 만들기] 대화상자가 나타나면 필요한 글꼴을 설정한 후 [저장] 버튼을 클릭합니다.

❶ [본문 글꼴(영어)]의 목록 상자에서 'Arial'을 클릭합니다.
❷ [본문 글꼴(한글)]의 목록 상자에서 'HY견고딕'을 클릭합니다.

5 영문과 한글 모두 지정한 글꼴로 변경됩니다. 이번에는 배경 색을 변경하기 위해 [디자인] 탭의 [배경 스타일](🖼)을 클릭하고 '배경 서식'을 클릭합니다.

6 [배경 서식] 대화상자가 나타나면 필요한 서식을 설정한 후 [닫기] 버튼을 클릭합니다.

❶ [채우기] 항목에서 [그라데이션 채우기]를 선택합니다.
❷ [기본 설정 색]의 '이끼'를 클릭합니다.
❸ [모두 적용] 버튼을 클릭합니다.

주목

[모두 적용] 버튼을 클릭하지 않고 [닫기] 버튼만 클릭하면 현재 선택한 슬라이드에만 바뀐 배경이 적용됩니다.

7 슬라이드 배경에 그라데이션이 적용됩니다. 이처럼 같은 테마라도 글꼴이나 배경 등을 편집하고 나면 전혀 다른 느낌의 새로운 테마로 변경됩니다.

다른 폴더에 있는 디자인 서식 파일 적용하기

● [테마 찾아보기] 메뉴를 이용하면 다른 폴더에 있는 테마나 디자인 서식 파일을 현재 슬라이드에 적용시킬 수 있습니다. 파워포인트 2007에서는 확장자가 '*.potx'인 파일과 새롭게 추가된 [테마] 파일인 '*.thmx'까지 디자인 서식으로 사용할 수 있습니다.

1 1번 슬라이드를 선택한 후 [테마]의 [자세히](□)를 클릭합니다.

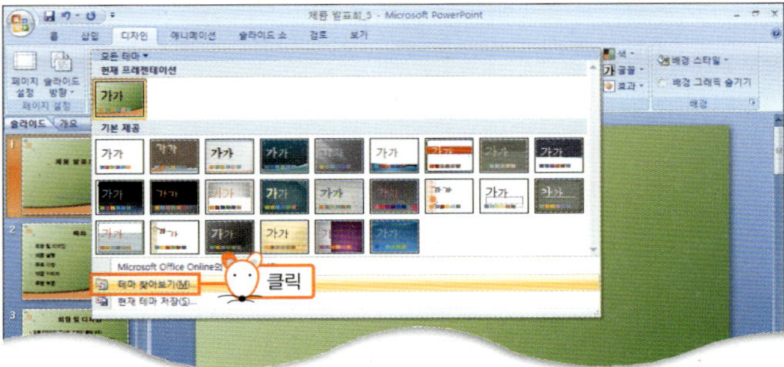

2 [테마] 갤러리에서 [테마 찾아보기]를 클릭합니다.

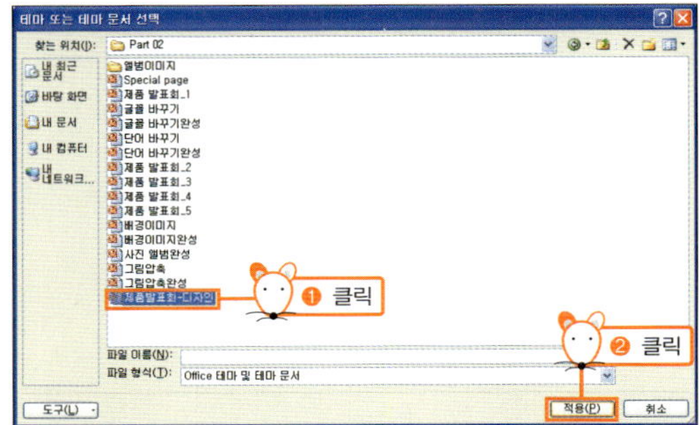

3 [테마 또는 테마 문서 선택] 대화상자가 나타납니다. 여기에서는 디자인 서식 파일을 적용해 보겠습니다. 'Sample\Part 02\제품발표회-디자인.potx' 파일을 클릭한 후 [적용] 버튼을 클릭합니다.

4 슬라이드에 새로운 테마가 적용됩니다.

현재 테마를 파일로 저장하기

● 테마를 새롭게 수정하면 이전에 만들었던 테마는 사라집니다. 지금도 '제품발표회-디자인.potx'를 적용하고 나니 그 전에 글꼴이나 배경을 수정해서 만들어 놓은 테마는 이미 사라져 버렸습니다. 필요한 경우에는 새롭게 만든 테마는 반드시 저장한 후 사용할 수 있게 만드는 것이 중요합니다.

1 삽입된 디자인 서식 파일을 테마 파일로 저장해 보겠습니다. [테마]의 [자세히](☰)를 클릭하고 [현재 테마 저장]을 클릭합니다.

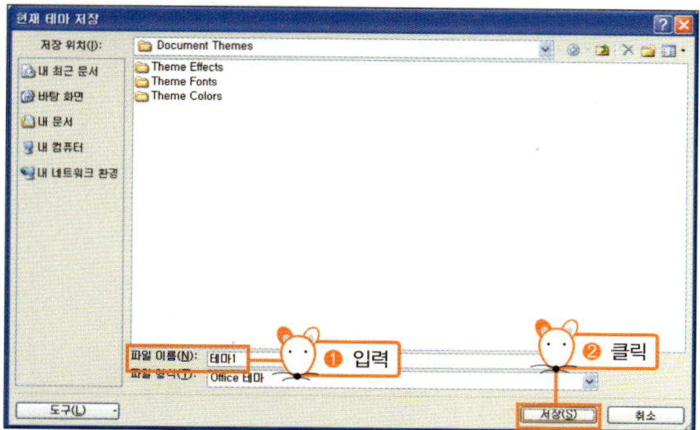

2 [현재 테마 저장] 대화상자가 나타나면 [파일 이름]은 그대로 '테마1'로 입력하고 [저장] 버튼을 클릭합니다.

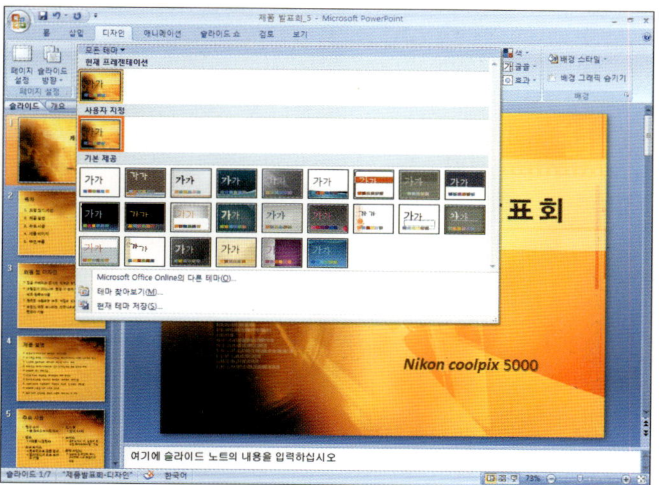

3 [테마]의 [자세히](☰)를 클릭하면 [사용자 지정] 항목에 새롭게 생긴 것을 알 수 있습니다.

좋고 나쁜 글꼴을 구분하고 원하는 단어로 바꾸기

프레젠테이션에 주로 사용하는 글꼴들과 피해야할 글꼴에 대해 알아보고 원하는 텍스트만 선택해서 한 번에 글꼴을 바꾸는 방법에 대해 알아보겠습니다. 또한, 메뉴를 이용하여 같은 단어를 한 번에 바꾸는 방법에 대해서도 알아보겠습니다.

좋은 글꼴과 나쁜 글꼴 구분하기

파워포인트에서 문서 작성 시 내용만큼 중요한 것이 글꼴입니다. 슬라이드에 맞지 않는 글꼴을 사용하게 되면 프레젠테이션을 진행할 때 스크린에서 잘 나타나지 않기 때문입니다.

프레젠테이션에서 많이 사용하는 글꼴은 고딕체입니다. 고딕체의 대표적인 한글 글꼴은 '돋움체'나 'HY견고딕' 등이 있고, 영문에서는 'Arial'이나 'Verdana' 등이 있습니다. 고딕체를 많이 사용하는 이유는 고딕체가 스크린에서 잘 나타나기 때문입니다. 그렇다면 피해야 할 글꼴은 어떤 것이 있을까요? '궁서체'나 '바탕체'와 같은 명조체로, 가늘고 휘날리는 느낌이 강해서 프레젠테이션에서의 사용은 적합하지 않습니다. 또 하나는 너무 많은 글꼴을 사용하면 산만해 보이는 경향이 있으므로 하나의 슬라이드에 한두 가지 정도 사용하는 것이 바람직합니다.

■ 프레젠테이션의 텍스트 사용 방법

❶ 명조체를 피하고 고딕체를 사용합니다.

한글	돋움체, 굴림체, 견고딕체, 헤드라인체
영문	Arial, Arial Narrow, Arial Black, Tahoma, Verdana

❷ 텍스트의 크기

서술형	본문인 경우 12pt~14pt
	제목인 경우 18pt 정도
발표형	본문인 경우 20pt~25pt, 최소 14pt
	제목인 경우 36pt~44pt 정도, 최소 30pt

❸ 강조하기

영문이나 숫자는 'Bold'를 사용해서 강조하는 것이 좋습니다. 또한, 한글은 반드시 한글 글꼴로 지정하고 영문은 영문 글꼴로 지정해서 사용해야 합니다.

다음의 두 슬라이드에서 굴림으로 되어있던 글꼴을 한글은 'HY견고딕', 영문은 'Arial'에 'Bold'를 적용하여 수정하였습니다. 텍스트가 선명해지면서 훨씬 보기가 편해진 것을 알 수 있습니다.

굴림의 글꼴로 지정된 슬라이드

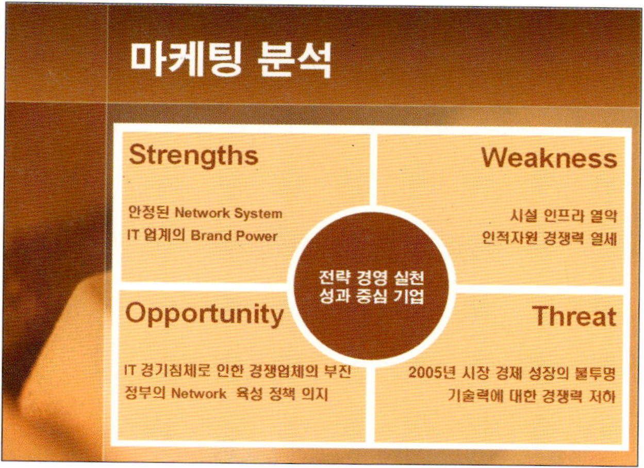

한글과 영문 글꼴로 지정된 슬라이드

[글꼴 바꾸기] 메뉴를 이용하여 글꼴을 한 번에 바꾸기

문서 작업에서 특정 단어나 단락의 글꼴을 바꿔야 하는 경우가 있습니다. 그때마다 일일이 선택해서 바꾸려면 무척 번거롭습니다. 이런 경우에는 [글꼴 바꾸기] 메뉴를 이용하면 간단하게 해결할 수 있습니다.

◉ 예제 파일 : Sample\Part 02\글꼴 바꾸기.pptx

01 5번 슬라이드를 선택합니다. 그런 다음 [홈] 탭의 [바꾸기](🔲)의 목록 버튼(▾)을 클릭하고 [글꼴 바꾸기]를 클릭합니다.

02 [글꼴 바꾸기] 대화상자가 나타나면 [현재 글꼴]에서 '돋움'을 클릭합니다.

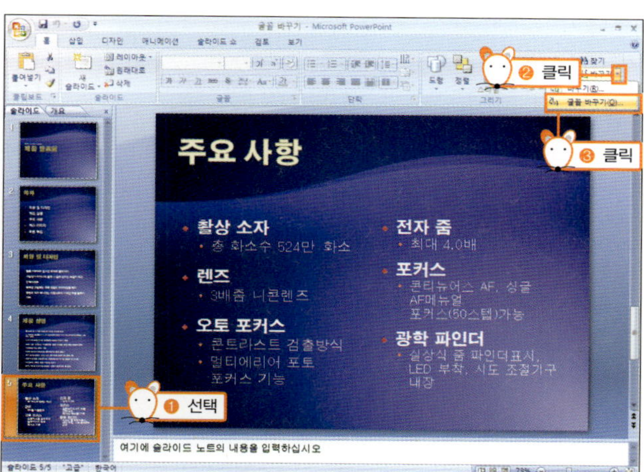

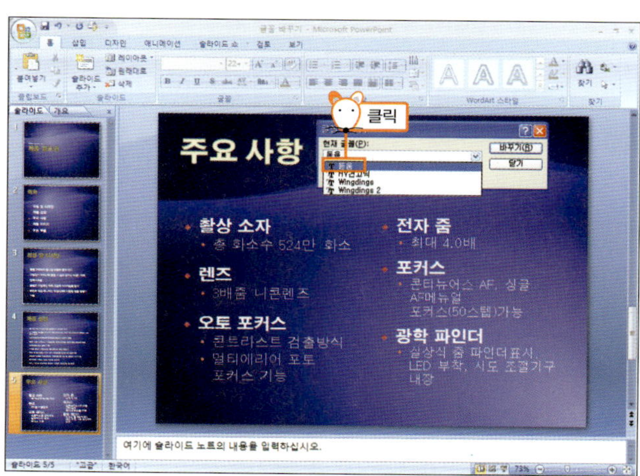

03 [새 글꼴]에서 'HY견고딕'을 클릭한 후 [바꾸기] 버튼을 클릭합니다.

04 슬라이드에 '돋움'으로 되어 모든 텍스트들이 'HY견고딕'으로 바뀝니다.

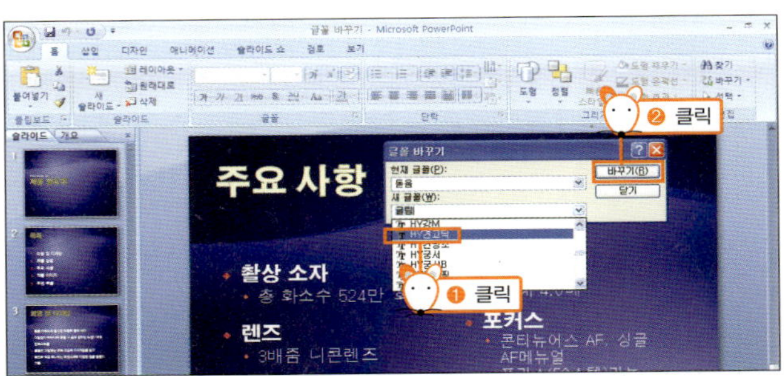

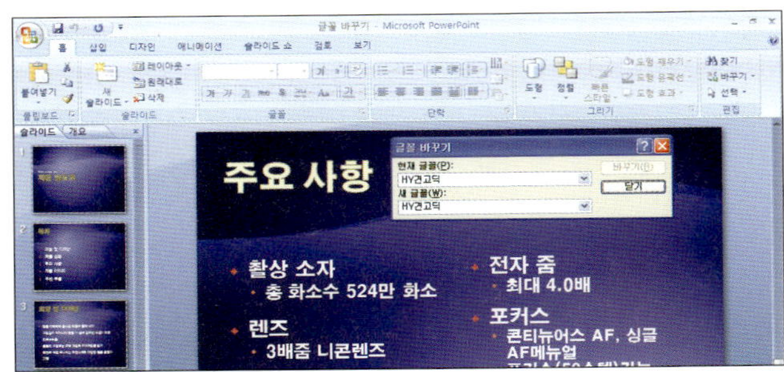

[바꾸기] 메뉴를 이용하여 같은 단어를 한 번에 바꾸기

문서 작업 시 같은 단어를 일괄적으로 바꾸어야 하는 경우가 있습니다. 예를 들면 한글로 입력한 단어를 영문으로 바꾼다던지, 특정 단어의 내용을 다른 내용으로 바꾸는 경우입니다. 이렇게 여러 단어를 바꾸어야 한다면 [바꾸기] 메뉴를 이용하여 한 번에 바꿀 수 있습니다.

🔘 **예제 파일 : Sample\Part 02\단어 바꾸기.pptx**

01 예제 파일을 불러온 후 2번 슬라이드를 선택합니다.

02 [홈] 탭의 [바꾸기](🔁)를 클릭합니다. 그런 다음 [바꾸기] 대화상자가 나타나면 [찾을 내용]에 '카메라'를 입력하고 [다음 찾기]를 클릭합니다.

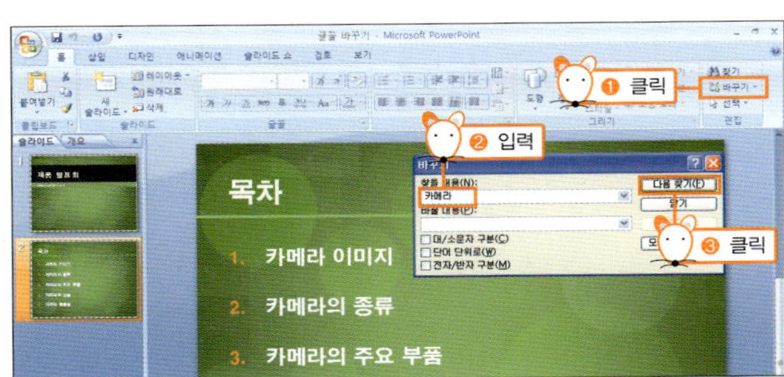

03 텍스트 상자에 있는 '카메라'에 블록이 지정됩니다. [바꿀 내용]에 'Camera'를 입력하고 [모두 바꾸기] 버튼을 클릭합니다.

04 프레젠테이션 찾기를 끝냈다는 메시지 대화상자와 함께 텍스트 상자 안의 '카메라'가 영문인 'Camera'로 바뀝니다. [확인] 버튼을 누르고 [바꾸기] 대화상자의 [닫기]를 클릭합니다.

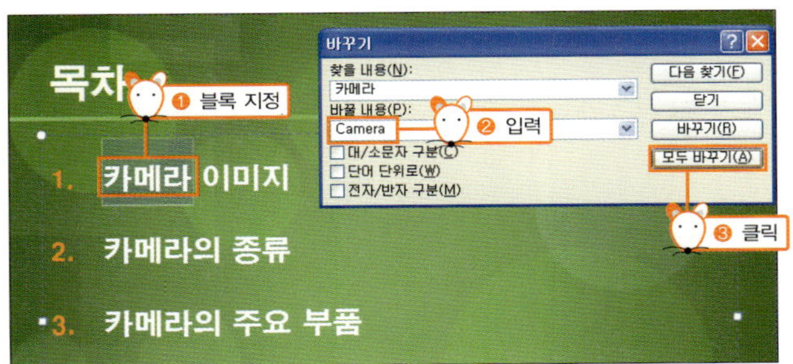

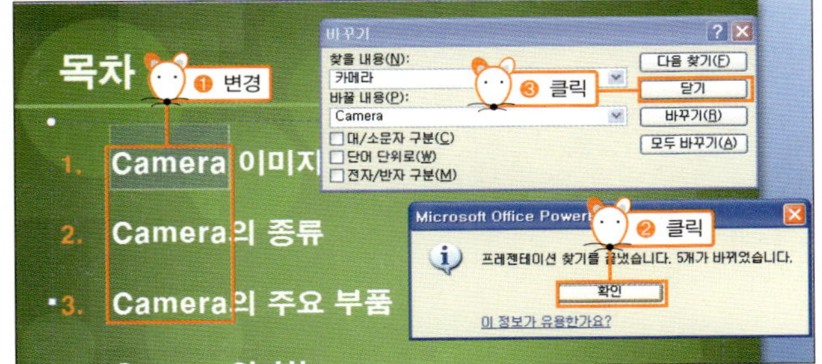

슬라이드를 프레젠테이션 문서로 저장하여 마무리하기

프레젠테이션 파일을 흔히 PPT 문서라고도 합니다. 그 이유는 파워포인트 문서의 확장자가 '*.ppt'이기 때문입니다. 그러나 파워포인트 2007에서는 이전 버전에서 사용한 파일과 차별을 두기 위해 모든 파일의 확장자에 '*.pptx'로 표시됩니다. 지금까지 작업한 문서를 저장하고 불러오는 방법에 대해 알아봅니다.

● 예제 파일 : Sample\Part 02\제품 발표회_6.pptx

 따라해 보세요

슬라이드 저장하기

● 처음 파워포인트를 실행하면 [프레젠테이션1]이라고 나타납니다. 이것은 아직 저장되지 않은 상태를 의미합니다. 여러 장의 슬라이드를 제작하고 마지막으로 저장하는 것보다 생각날 때마다 저장하는 습관이 중요합니다.

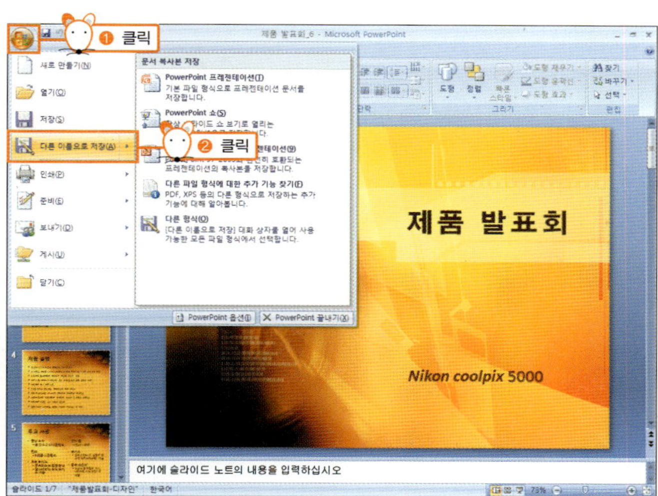

1 파일을 처음 저장하려면 [빠른 도구 실행 모음]의 [저장](□)을 클릭하거나 [Office 단추](□)를 클릭하고 [저장]을 클릭합니다. 그러나 예제 파일은 이미 저장이 되어 있는 문서이므로 여기에서는 [다른 이름으로 저장] 메뉴를 사용합니다. [Office 단추](□)의 [다른 이름으로 저장]을 클릭합니다.

주목
[파일 저장하기]의 단축키는 Ctrl+S, [다른 이름으로 저장하기]의 단축키는 F12입니다.

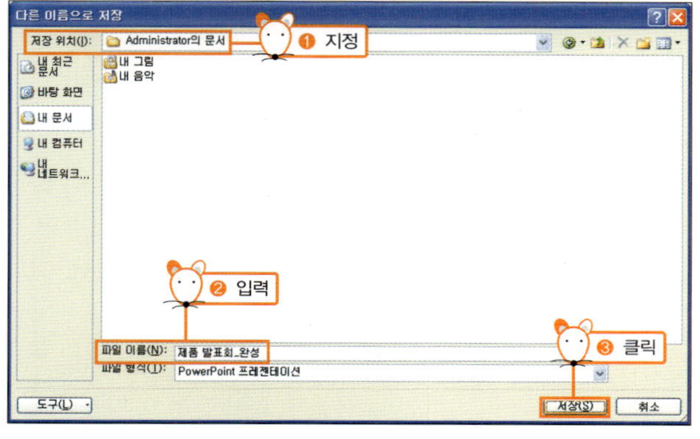

2 [다른 이름으로 저장] 대화상자가 나타납니다. [저장 위치]를 지정하고 [파일 이름]에 '제품 발표회_완성'을 입력한 후 [저장] 버튼을 클릭합니다.

주목
기본 저장 위치 바꾸기

파워포인트의 기본 저장 위치는 [내 문서] 폴더입니다. 자주 사용하는 폴더가 있다면 기본 저장 위치를 변경하는 것이 좋습니다. 이렇게 하면 [열기]에서 [저장]이나 [다른 이름으로 저장] 메뉴를 사용해도 자신이 지정한 폴더가 열리기 때문에 매우 편리합니다. [Office 단추](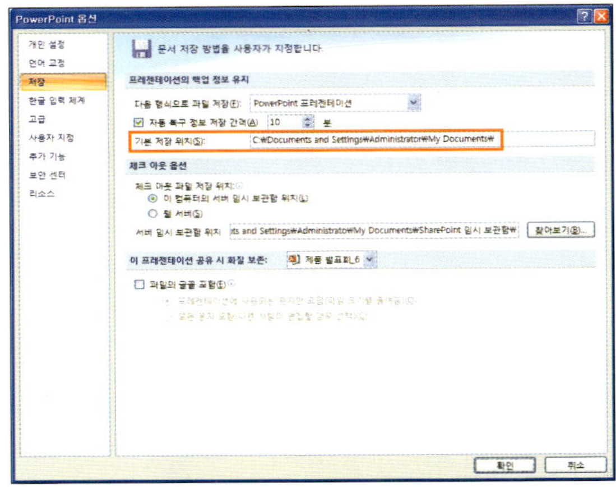)를 클릭하고 [PowerPoint 옵션]을 클릭합니다. 그런 다음 [PowerPoint 옵션] 대화상자의 [저장] 항목을 클릭하고 [기본 저장 위치]에서 변경할 폴더 경로를 입력한 후 [확인] 버튼을 클릭합니다.

파워포인트 2007 하위 버전으로 저장하기

● 파워포인트 2007 상태에서 저장을 하면 하위 버전에서는 문서를 확인할 수 없습니다. 따라서 다른 컴퓨터에 설치된 파워포인트의 버전에 맞게 저장을 해야 합니다.

1 [Office 단추]의 [다른 이름으로 저장]에서 [PowerPoint 97-2003 프레젠테이션]을 클릭합니다.

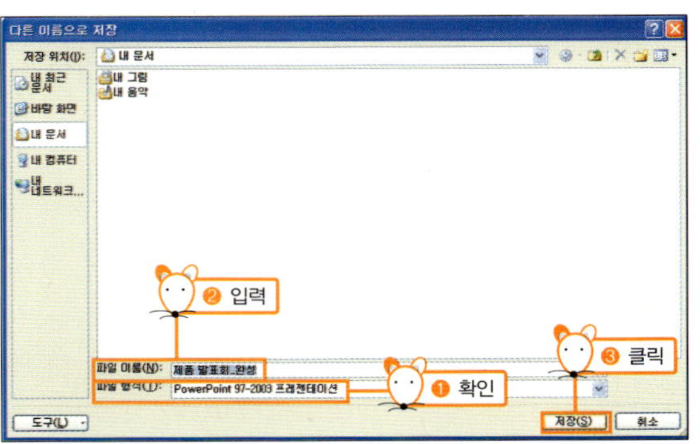

2 [다른 이름으로 저장] 대화상자가 나타납니다. [파일 형식]이 일반 저장과는 다르게 나타나는 것을 알 수 있습니다. [파일 이름]에 파일 이름을 입력하고 [저장] 버튼을 클릭합니다. 이렇게 저장한 파일은 PowerPoint 97 버전에서 2003까지 모두 열어 볼 수 있습니다.

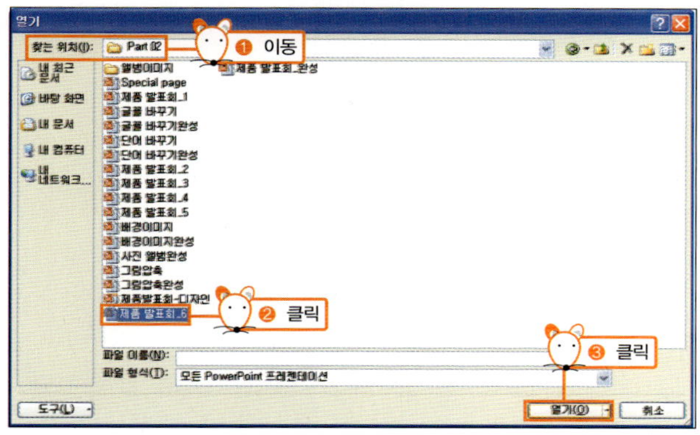

3 이번에는 저장된 파일을 불러오기 위해 [Office 단추]()의 [열기]를 클릭합니다.

4 [열기] 대화상자가 나타납니다. [찾는 위치]를 지정하고 파일을 선택한 후 [열기] 버튼을 클릭하면 선택한 문서가 삽입됩니다.

주목
자주 사용하는 문서 고정시키기

[표시할 최근 문서 수]에서 지정한 개수가 넘게 되면 열어본 파일이 순차적으로 사라집니다. 자주 사용하는 문서나 참고가 되는 문서들이 자꾸 사라지면 작업하는데 매우 불편하겠지요? 이런 문제는 파워포인트 2007에서 새롭게 추가된 기능으로 간단하게 해결할 수 있습니다. [최근 문서]의 열어본 파일명 옆에 📌 모양의 단추가 있습니다. 이 단추를 클릭하면 단추가 초록색으로 바뀌면서 선택한 파일을 고정시켜 줍니다. 이렇게 만들어 놓으면 새로운 파일을 계속해서 열어도 초록색으로 고정된 파일은 사라지지 않습니다. 초록색 단추를 다시 한 번 클릭하면 원래의 상태로 되돌아갑니다.

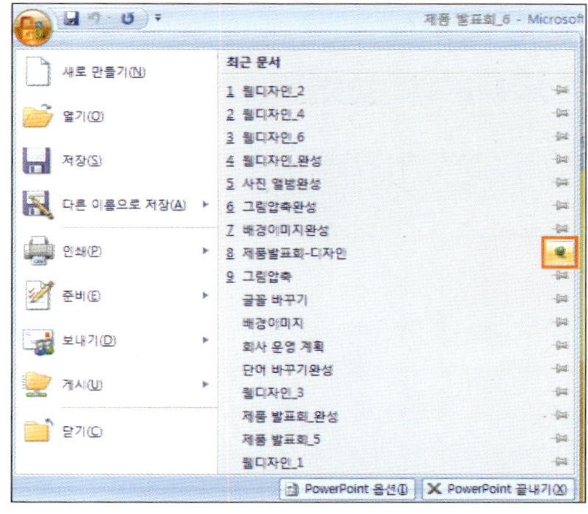

프레젠테이션 문서에 암호 설정하기

보안이 필요한 프레젠테이션 문서를 남들이 쉽게 볼 수 있다면, 곤란한 일들이 발생할 수 있습니다. 이런 경우 파일에 암호를 설정하여 제작한 사람만이 열어 볼 수 있도록 해야 합니다.

01 F12를 눌러 [다른 이름으로 저장] 대화상자를 엽니다. [도구] 버튼을 클릭한 후 [일반 옵션]을 클릭합니다.

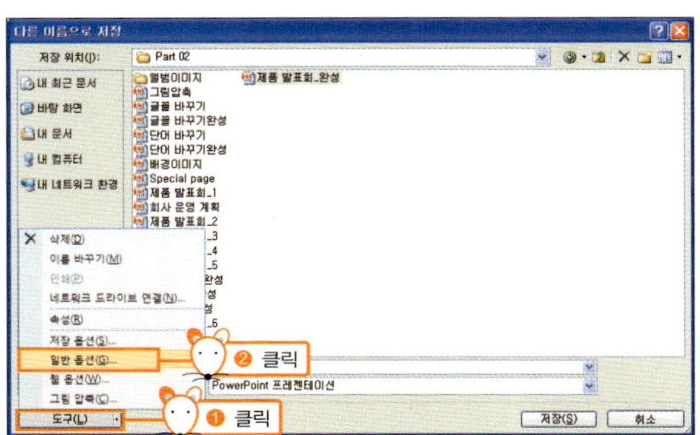

02 [일반 옵션] 대화상자가 나타나면 [열기 암호]와 [쓰기 암호]를 입력하고 [확인] 버튼을 클릭합니다. 가능하면 [열기 암호]와 [쓰기 암호]는 다르게 지정하는 것이 좋습니다.

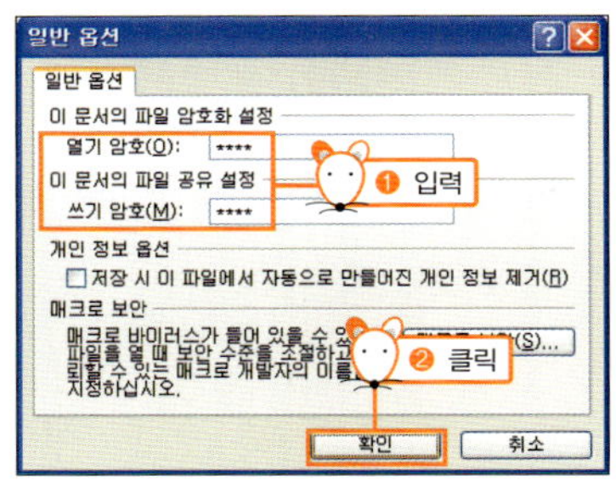

주목

[열기 암호]는 문서의 열람이 가능하지만, 수정을 할 수 없습니다. 수정을 위해서는 반드시 [쓰기 암호]를 입력해야 합니다.

03 [암호 확인] 대화상자가 나타나면 다시 한 번 같은 암호를 입력하고 [확인] 버튼을 클릭합니다. 쓰기 암호에도 같은 방법을 적용합니다.

04 [다른 이름으로 저장] 대화상자의 [저장] 버튼을 클릭합니다.

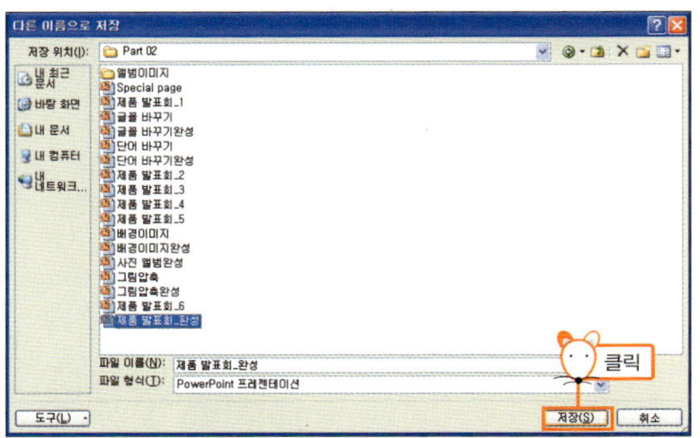

05 암호를 설정한 파일을 열면 [암호] 대화상자가 나타납니다. 지정한 암호를 입력한 후 [확인] 버튼을 클릭하면 파일이 열립니다.

바로 가기 모음을 이용해 원하는 폴더로 빠르게 이동하기

일반적으로 사용자들은 자신이 원하는 폴더를 만들어 문서나 그림 등을 관리합니다. 대부분 파일을 불러오거나 저장을 위해서 몇 번의 클릭으로 원하는 폴더로 이동해야 합니다. 그러나 바로 가기 모음에 폴더를 추가하면 한 번의 클릭만으로 빠르게 이동할 수 있습니다. 이전 버전에는 없었던 기능으로 최대 256개까지 추가할 수 있습니다.

❶ 먼저 원하는 폴더를 추가하기 위해서 [Office 단추]()를 클릭한 후 [열기]를 클릭합니다. [열기] 대화상자가 나타나면, 추가하고 싶은 폴더를 선택하거나 더블클릭하여 해당 폴더 안으로 이동합니다. 그런 다음 왼쪽에 있는 바로 가기 모음에서 마우스 오른쪽 버튼을 클릭한 후 나타나는 메뉴에서 해당 폴더를 클릭하면 폴더를 추가할 수 있습니다.

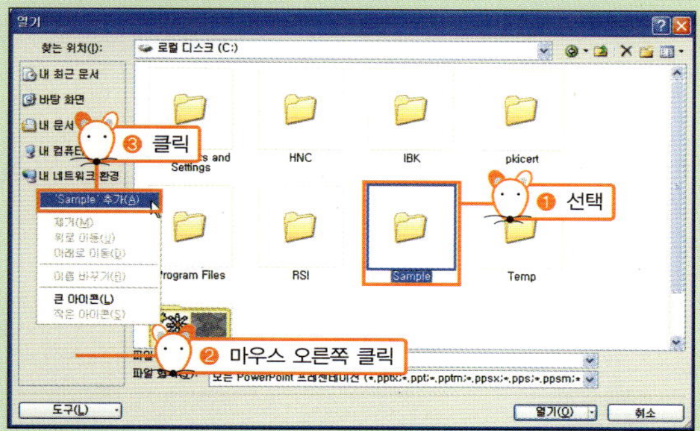
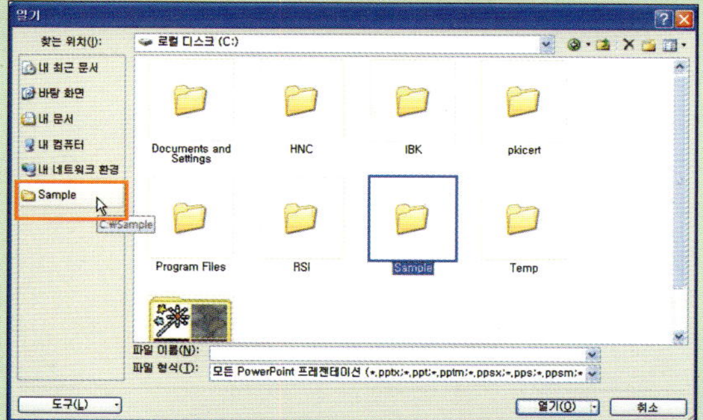

❷ 바로 가기 모음에 추가된 폴더를 클릭하면 내용들을 확인할 수 있습니다. 이렇게 폴더를 추가하면 [내 컴퓨터]–[로컬 디스크]–[폴더]로 클릭하는 단계를 한 번의 클릭만으로 해결할 수 있습니다. 바로 가기 모음에 추가된 폴더를 삭제하고 싶다면 마우스 오른쪽 버튼을 클릭한 후 나타나는 메뉴에서 [제거]를 클릭하면 됩니다.

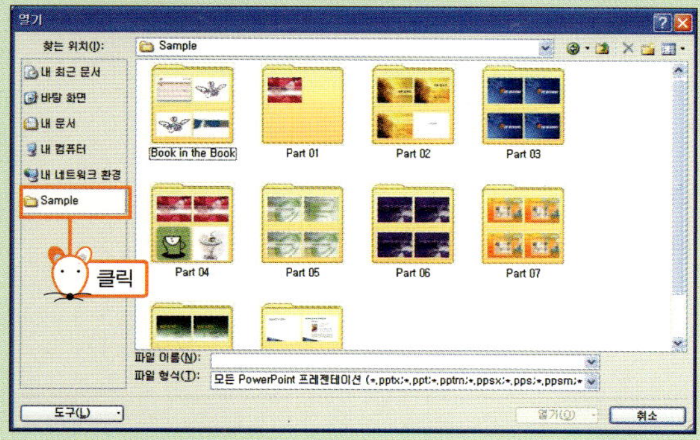
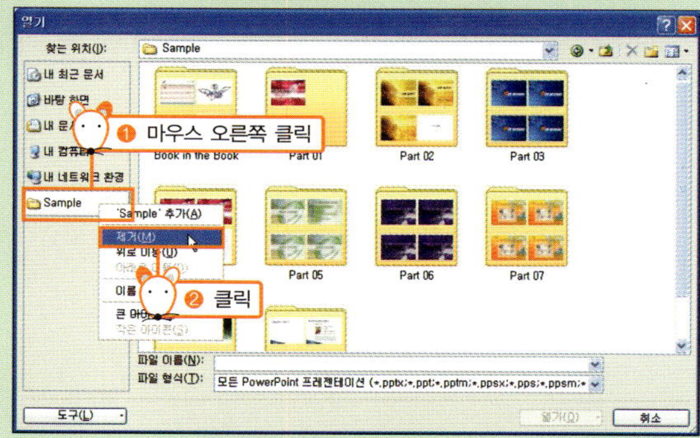

앞에서 바로 가기 모음에 폴더를 추가하면 [열기] 대화상자와 성격이 유사한 [저장], [그림 삽입], [사진 앨범]의 [새 그림 삽입], [테마 또는 테마 선택]의 모든 대화상자에도 동일하게 추가된 폴더를 확인할 수 있습니다.

Part
3

전문 디자이너의 드로잉 기술을 이용한 도형 사로잡기

파워포인트에서 제공하는 도형은 다양한 형태와 높은 수준의 디자인을 제공하고 있습니다. 또한 도형에 여러 가지 채우기 색으로 질감 효과 등을 부여할 수 있고, 그림자 효과나 3차원 효과를 이용하면 보다 입체적이고 개성 있는 도형을 만들 수 있습니다. 이번 Part에서는 도형을 드로잉하는 기본적인 방법과 도형으로 표와 차트 형식 등을 만드는 방법에 대해 알아보겠습니다.

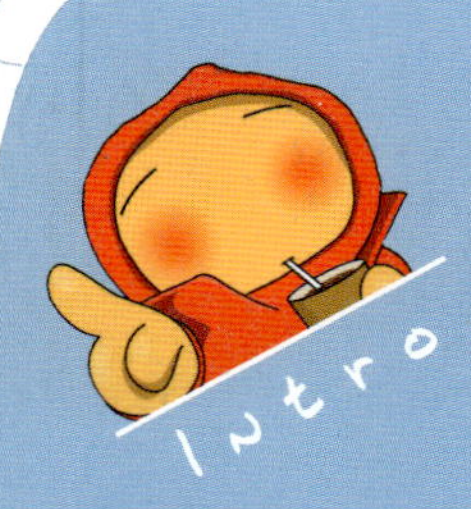

도형으로 높은 수준의 슬라이드 제작하기

파워포인트에서 도형을 이용하지 않고, 높은 수준의 슬라이드를 얻을 수 없습니다. 제품이나 특별한 프로젝트를 강조하는 프레젠테이션의 특징을 고려한다면, 많은 텍스트보다는 간결하고 모양만으로 의미를 전달할 수 있는 도형의 제작 방법에 익숙해야 합니다.

도형과 선을 이용한 목차 만들기

파워포인트 2007에서 도형을 삽입하는 방법에는 리본 메뉴와 단축키를 이용하는 방법이 있습니다. 슬라이드에 삽입된 도형들은 작업자의 의도에 맞게 크기를 조절하거나 색을 적용해야 합니다.

- 도형을 삽입할 때 **Shift**를 누른 상태에서 드래그하면 가로와 세로의 크기가 동일한 정사각형이나 정원, 각 변의 길이가 동일한 정다각형을 삽입할 수 있고, **Ctrl**을 누른 상태에서 드래그하면 중심에서부터 시작되는 도형을 삽입할 수 있습니다.

- 선을 드로잉 할 때 **Shift**를 누른 상태에서 드래그하면 수직, 수평선을 삽입할 수 있습니다.

육각형과 직선의 도형

도형에 텍스트 입력하고 그룹으로 묶어 복제하기

보통의 도형을 삽입하면 여러 개의 도형을 이용해 원하는 대상을 표현하게 됩니다. 또한, 이렇게 제작된 도형들은 상황에 따라서 위치와 크기를 변경하는 경우도 있습니다. 그러나 개별적으로 삽입된 도형들을 하나씩 수정하기 보다는 그룹으로 지정하여 관리하는 것이 편리합니다. 나중에 똑같은 도형을 복제하기 위해서도 그룹으로 하는 것이 좋습니다.

- [홈] 탭의 [정렬](📇)을 클릭하면 나타나는 메뉴에서 [그룹](🔲)을 클릭합니다.
- [그리기 도구]의 [서식] 탭에서 [그룹](🔲)을 클릭합니다.

- 개체들을 선택하고 마우스 오른쪽 버튼으로 클릭한 후 나타나는 메뉴의 [그룹]을 클릭합니다.
- 그룹 지정은 Ctrl + G , 그룹 해제는 Ctrl + Shift + G 의 단축키를 사용할 수 있습니다.

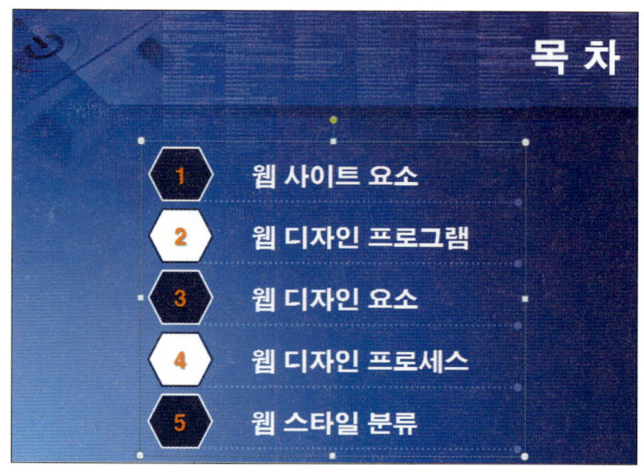

그룹으로 지정된 도형

효과와 서식을 대화상자로 한번에 적용하기

[도형 효과]와 [도형 서식]을 이용해서 도형에 부드러운 가장자리 효과나 입체적인 3차원 효과를 적용시킬 수 있습니다. 또한, 도형의 원하는 위치에 텍스트를 입력하기 위해서는 텍스트 상자를 삽입해야 합니다. 그런 다음 [글꼴] 대화상자를 이용하면 빠르게 수정할 수 있습니다.

- [홈] 탭의 [그리기] 그룹에서 [도형 서식](□)를 클릭합니다.
- [그리기]의 [서식] 탭의 [도형 스타일] 그룹에서 [도형 서식](□)를 클릭합니다.
- 도형을 마우스 오른쪽 버튼으로 클릭한 후 나타나는 메뉴에서 [도형 서식]을 클릭합니다.

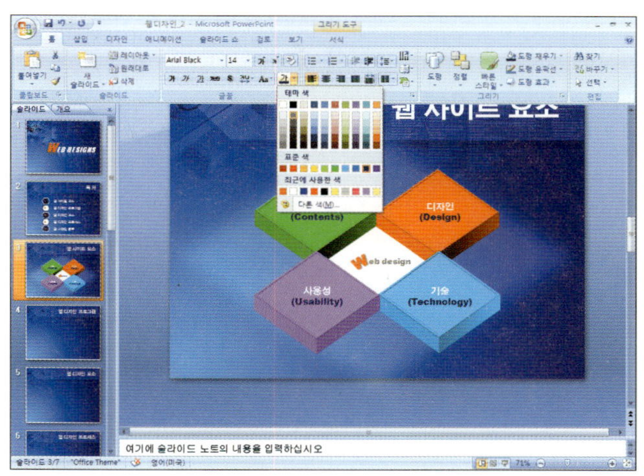

도형에 효과 적용하기

도형에 그라데이션 효과 적용하고 겹쳐진 순서 변경하기

도형에 단 색을 적용하는 것보다 그라데이션 효과를 적용하면 더욱 세련되어 보입니다. 그라데이션은 하나 이상의 색을 조합하여, 입체적인 분위기를 표현할 때 자주 사용합니다. 도형은 나중에 삽입하는 순으로 위와 아래의 순서를 결정되게 됩니다. 필요한 경우에는 순서를 변경하여 사용합니다.

- [그리기]의 [정렬] 그룹에서 선택해서 사용합니다.

- [그리기]의 [서식] 탭에서 [선택 창]()을 클릭한 후 나타
  나는 [선택 및 표시] 작업창에서 [순서 다시 매기기]를 사
  용합니다.

- 도형을 마우스 오른쪽 버튼으로 클릭하면 나타나는 메뉴
  에서 클릭합니다.

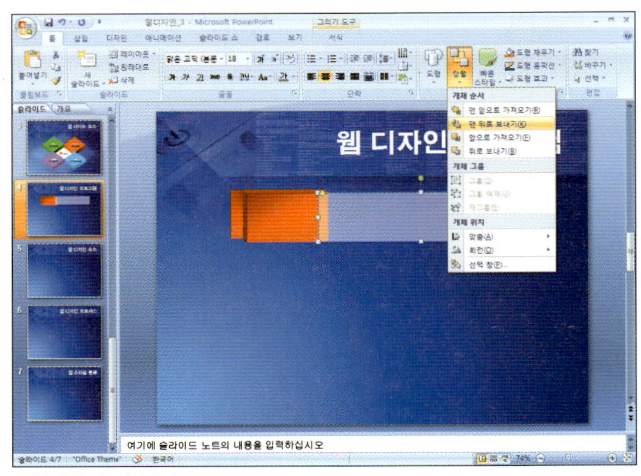

도형의 순서 결정하기

그라데이션으로 입체 버튼과 입체 구 만들기

그라데이션 효과는 도형에 세련된 효과를 주기도 하지만 그라데이션의 종류와 방향을 잘 활용
하면 입체적인 버튼과 3차원 형태의 구를 만들 수 있습니다. 그라데이션에 [도형 효과]와 [도
형] 서식 대화상자를 이용해서 보다 입체적인 형태의 도형으로 만들 수 있습니다.

- [도형 서식] 대화상자의 [채우기] 탭에서 그라데이션의 종류와 방향 등을 지정할 수 있습니다.

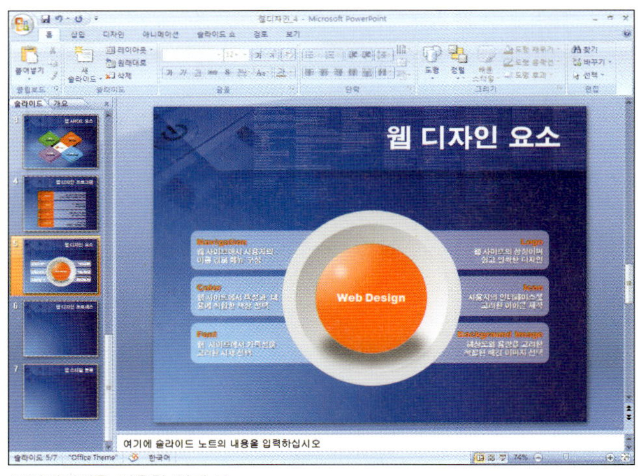

그라데이션을 이용한 입체 구

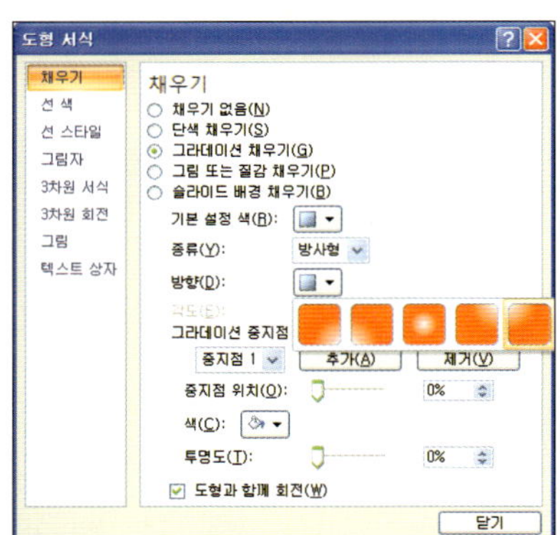

[도형 서식] 대화상자

도형 편집 명령과 안내선 설치 방법 알아보기

도형의 모양 조절점(노란색 마름모)을 이용해서 사용자가 원하는 형태로 자유롭게 수정할 수 있습니다. 또한, 안내선을 활용하면 정확한 위치와 크기로 조절할 수 있습니다.

- [그리기 도구]의 [서식] 탭에서 [도형 편집](📷)을 클릭하고 [자유형으로 변환] 메뉴를 적용합니다. 그런 다음 다시 [도형 편집](📷)에서 [점 편집]을 클릭하면 사용자가 원하는 형태로 도형 모양을 수정할 수 있습니다.

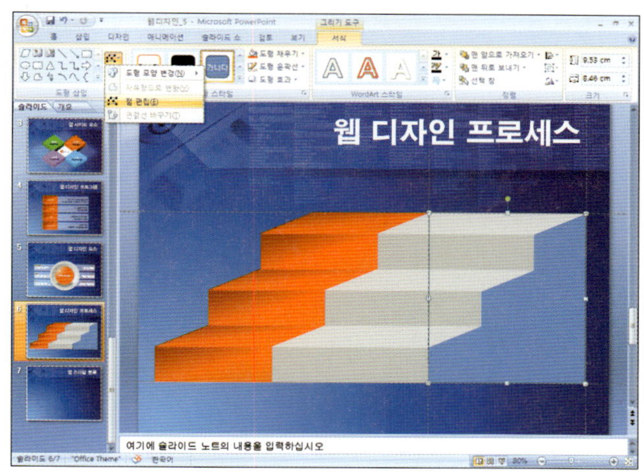

도형의 모양 변경하기

도형에 그림 채우고 SmartArt로 다이어그램 만들기

일반적으로 도형에는 텍스트를 입력하는 경우가 많지만, 그림을 삽입할 때도 있습니다. 파워포인트 2007에서 더욱 막강해진 SmartArt를 사용하면 간단한 조작으로 높은 수준의 도형으로 제작할 수 있습니다.

- [홈] 탭의 [도형 채우기]에서 [그림]을 선택하고 [그림 삽입] 대화상자에서 원하는 그림 파일을 선택합니다.
- [그리기 도구]의 [서식] 탭에서 [도형 채우기]의 [그림]을 선택하고 [그림 삽입] 대화상자에서 원하는 그림 파일을 선택합니다.
- [도형 서식] 대화상자의 [채우기] 탭에서 [그림 또는 질감 채우기]를 선택하고 [파일] 대화상자에서 원하는 그림 파일을 선택합니다.

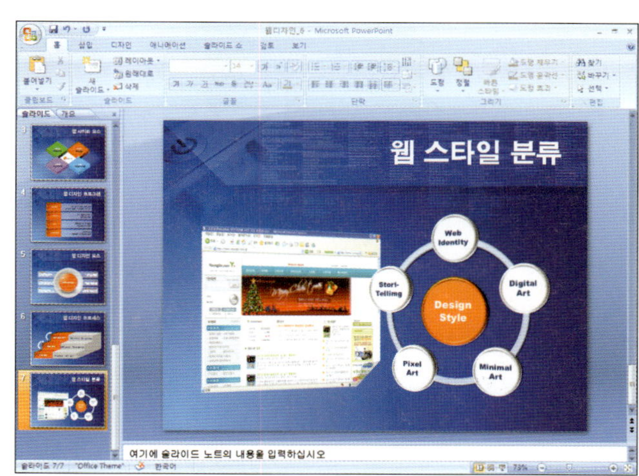

SmartArt 다이어그램

도형과 선을 이용한 슬라이드 목차 만들기

파워포인트에서 도형은 종류와 그 쓰임이 매우 다양합니다. 단순한 드로잉의 목적만이 아닌 여러 가지 형태의 슬라이드를 제작할 수 있습니다. 또한, 도형을 이용해서 목차나 표, 차트 등을 만들 수 있으며, 완성도가 매우 높아서 많이 사용하는 추세입니다. 슬라이드에 도형을 만들고 목차를 만들기 위해 선을 삽입하는 방법을 알아보겠습니다.

● 예제파일 : Sample\Part 03\웹디자인_1.pptx

따라해 보세요

도형 삽입하고 수정하기

● 슬라이드에 원하는 도형을 삽입하고 색과 윤곽선을 수정해 보겠습니다.

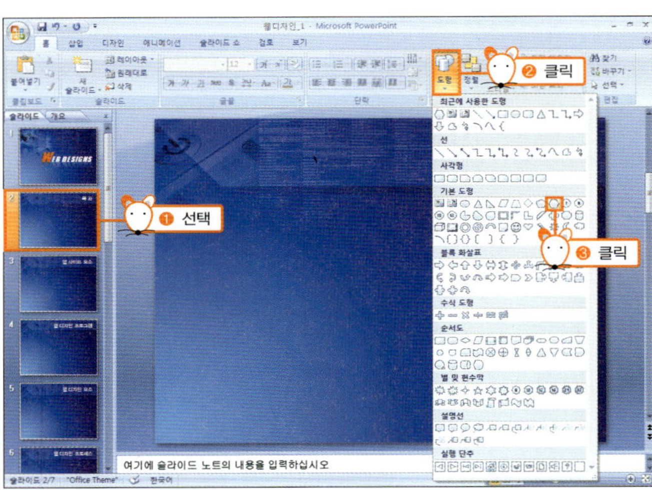

1 예제를 불러온 후 2번 슬라이드를 선택하고 [홈] 탭에서 [도형]()을 클릭한 후 [기본 도형]의 '육각형'을 클릭합니다.

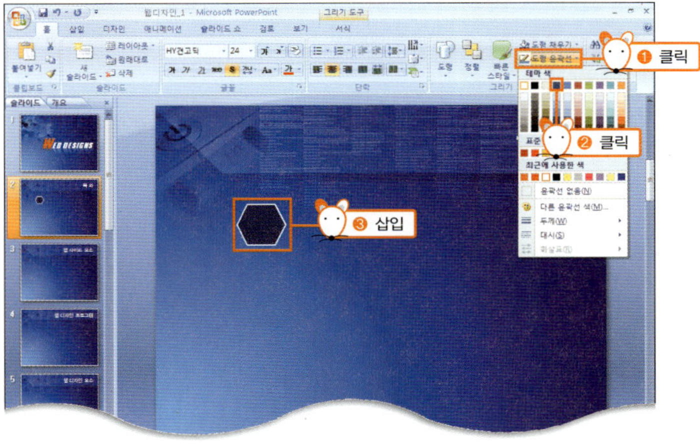

2 슬라이드에 적당히 드래그해서 도형을 삽입하고 [홈] 탭의 [도형 채우기](도형 채우기)를 클릭한 후 [표준 색]의 '진한 파랑'을 클릭하여 도형에 색상을 적용합니다.

주목

도형을 삽입할 때 Shift 를 누른 상태에서 드래그하면 가로와 세로의 크기가 동일한 도형을 삽입할 수 있습니다. 또한, 도형을 삽입할 때 드래그하지 않고 그냥 슬라이드를 클릭하면 원래 정해진 크기대로 삽입됩니다.

3 이번에는 [홈] 탭의 [도형 윤곽선](도형 윤곽선 ▾)을 클릭하고 [테마 색]의 '흰색, 배경 1'을 클릭해서 도형의 윤곽선을 흰색으로 수정합니다.

 **따라해 보세요**

화살표 삽입하고 수정하기

● 먼저 삽입한 육각형에 맞추어 화살표를 삽입하고 두께나 형태 등의 여러 가지 스타일을 적용해 보겠습니다.

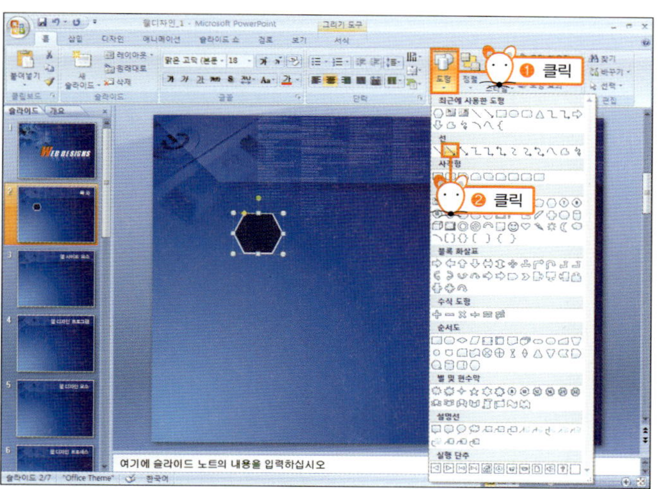

1 화살표를 삽입하기 위해 [홈] 탭의 [도형](▦)을 클릭하고 [선]의 '화살표'를 클릭합니다.

> **주목**
>
> 도형을 선택하면 크기 조절점과 회전 조절점(초록색 원)이 나타납니다. 이미지와 마찬가지로 크기 조절점을 클릭한 채 드래그하면 도형의 크기를 수정할 수 있고 회전 조절점은 도형을 회전시킬 수 있습니다.

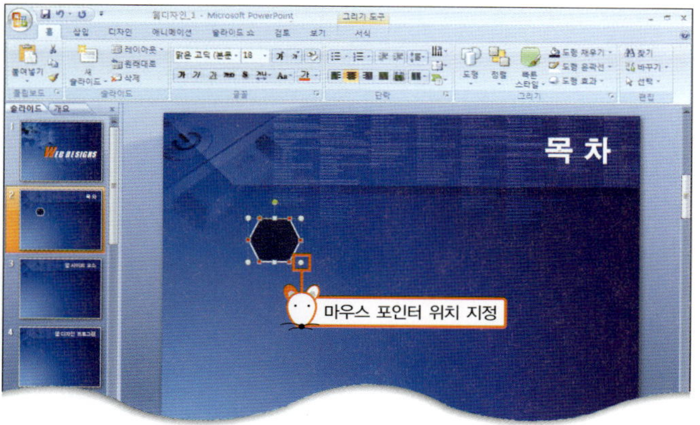

2 슬라이드에 삽입되어 있는 도형에 마우스 포인터를 위치시키면 빨간색 포인트 점이 나타납니다. 다음과 같이 마우스 포인터를 위치시킵니다.

> **주목**
>
> 선이나 화살표, 연결선 등을 삽입할 때 빨간색 조절점을 클릭하고 드래그하면 연결되는 선을 삽입할 수 있습니다.

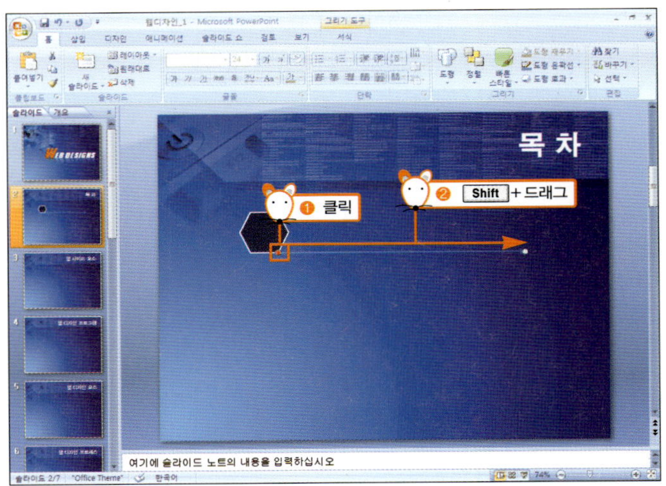

3 Shift 를 누른 상태에서 도형의 오른쪽 아래의 조절점을 클릭한 채 드래그하면 도형의 윤곽선에 맞춰 정확하게 화살표를 삽입할 수 있습니다.

> **주목**
> 선이나 화살표를 그릴 때 Shift 를 누르고 드래그하면 수직, 수평으로 삽입할 수 있습니다.

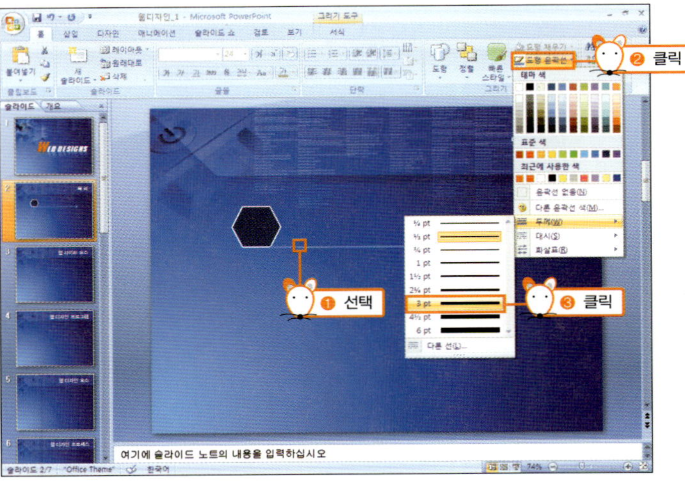

4 선의 두께를 조절합니다.

❷ [홈] 탭의 [도형 윤곽선](도형 윤곽선 ·)을 클릭합니다.

❸ [두께]의 '3 pt'를 클릭합니다.

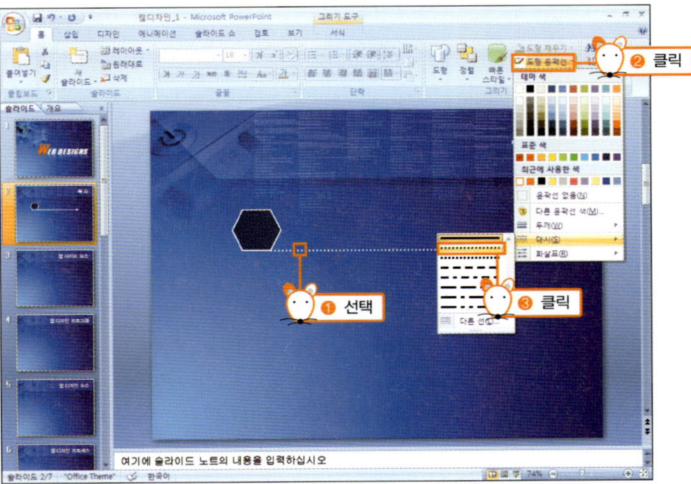

5 선의 두께가 지정한 값으로 변경되면 선의 형태를 변경합니다.

❷ [홈] 탭의 [도형 윤곽선](도형 윤곽선 ·)을 클릭합니다.

❸ [대시]에서 '둥근 점선'을 클릭합니다.

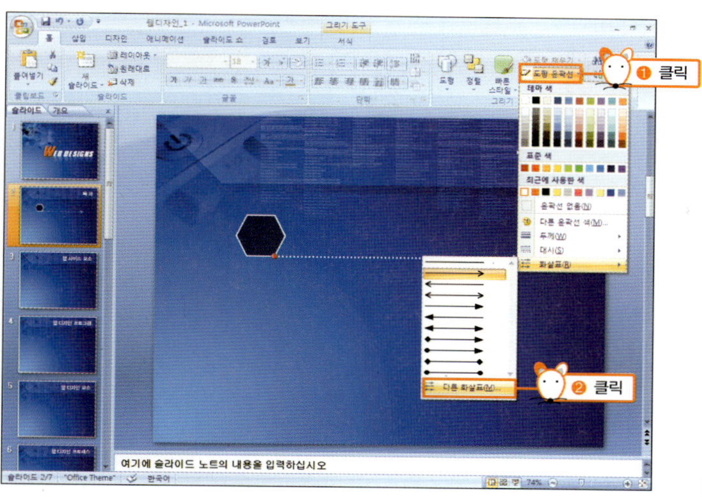

6 선의 형태가 점선으로 변경되면 화살표의 모양을 바꿉니다.

❶ [홈] 탭의 [도형 윤곽선]을 클릭합니다.
❷ [화살표]의 [다른 화살표]를 클릭합니다.

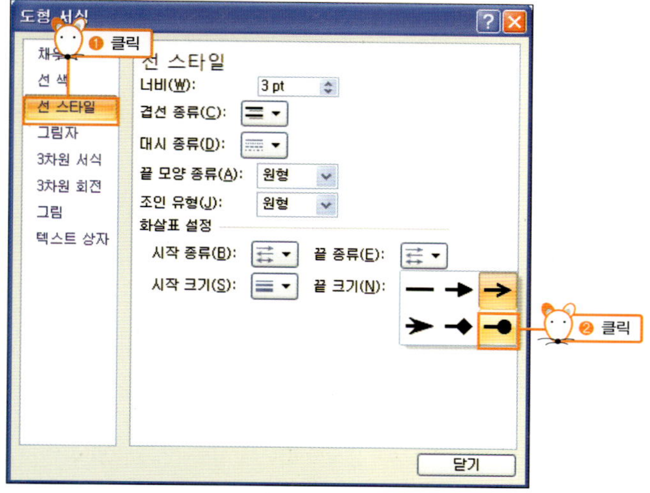

7 [도형 서식] 대화상자가 나타나면 화살표를 설정한 후 [닫기] 버튼을 클릭합니다.

❶ 왼쪽에서 [선 스타일] 항목을 클릭합니다.
❷ [화살표 설정]에서 [끝 종류]의 목록 버튼을 클릭하고 [타원 화살표]를 클릭합니다.

주목

도형이나 선의 스타일과 같이 여러 가지를 수정할 경우 [도형 서식] 대화상자를 이용하면 한 번에 수정할 수 있어 편리합니다. 또한, [도형 서식] 대화상자를 불러오기 위해서 해당 도형이나 선을 마우스 오른쪽 버튼으로 클릭한 후 나타나는 메뉴에서 빠르게 선택할 수 있습니다.

8 화살표의 형태가 원 모양으로 변경되면 지금까지의 내용을 저장합니다.

도형에 텍스트 입력하고 그룹으로 묶어 복제하기

도형에 텍스트를 입력하는 방법은 매우 간단합니다. 도형을 선택하고 바로 입력하면 도형에 텍스트가 삽입됩니다. 또한, 텍스트를 삽입한 후 개체 전체를 그룹으로 묶은 다음 단축키를 이용하여 복제해야 합니다. 이번 Lesson에서는 도형에 텍스트를 입력하고 그룹으로 묶어서 복제하는 방법을 알아보겠습니다.

Lesson 14

● 예제파일 : Lesson 13을 이어서 작업합니다.

 따라해 보세요

도형에 텍스트 입력하기

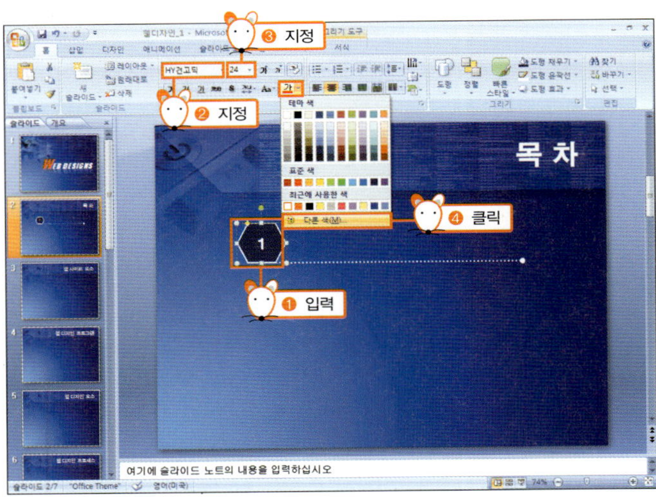

● 삽입한 도형에 텍스트를 입력하고 글꼴 서식의 수정 방법을 알아보겠습니다.

1 다음과 같이 도형에 텍스트를 입력하고 서식을 적용합니다.

❶ 도형을 선택하고 '1' 을 입력합니다.
❷ [글꼴]은 'HY견고딕' 으로 지정합니다.
❸ [글꼴 크기]는 '24' 로 지정합니다.
❹ [글꼴 색]( )의 목록 버튼을 클릭한 후 [다른 색]을 클릭합니다.

주목

도형을 선택하면 마우스 커서가 없이도 텍스트를 입력할 수 있습니다. 만약 도형에 마우스 커서를 나타나게 하려면 도형을 선택하고 F2를 누르면 됩니다. 그러나 도형에 텍스트가 입력된 상태에서는 블록으로 지정되기 때문에 수정이 필요한 경우에 사용하면 편리합니다.

2 [색] 대화상자가 나타나면, 다음과 같이 색을 선택한 후 [확인] 버튼을 클릭합니다.

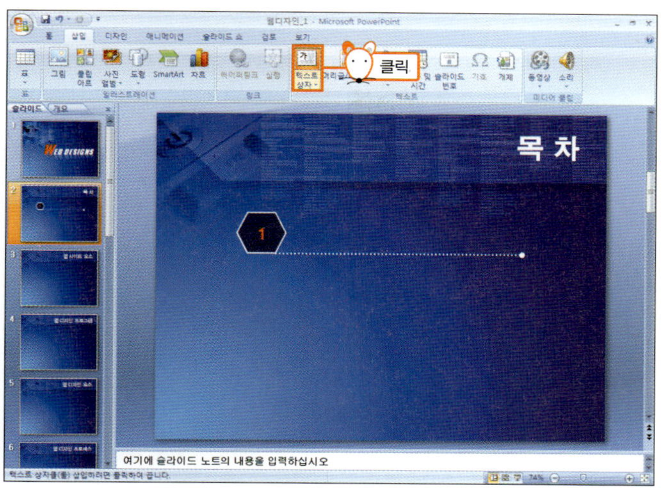

3 텍스트가 지정한 스타일로 변경되었다면 이번에는 [삽입] 탭의 [가로 텍스트 상자 그리기]( ) 를 클릭합니다.

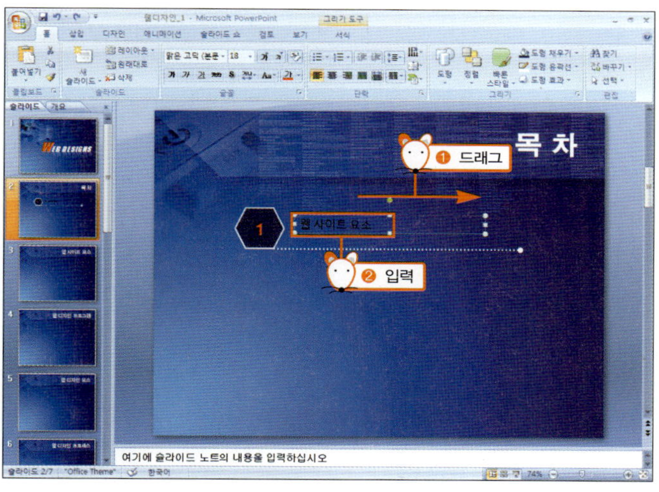

4 다음과 같이 드래그해서 텍스트 상자를 삽입한 후 '웹 사이트 요소'를 입력합니다.

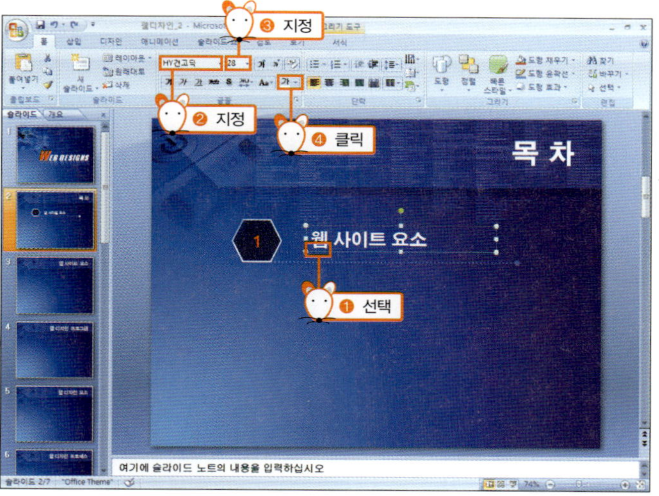

5 텍스트 상자를 선택한 상태에서 [글꼴]은 'HY견고딕', [글꼴 크기]는 '28'로 지정하고 [글꼴 색]( )의 목록 버튼을 클릭한 후 '흰색, 배경 1'을 클릭해서 적용시킵니다.

❷ [글꼴]은 'HY견고딕'으로 지정합니다.

❸ [글꼴 크기]는 '28'로 지정합니다.

❹ [글꼴 색]( )의 목록 버튼을 클릭한 후 '흰색, 배경 1'을 클릭합니다.

도형을 그룹으로 묶어 빠르게 복제하기

● 여러 개의 도형이나 텍스트 등과 같은 개체를 일괄적으로 관리하기 위해서는 그룹으로 지정하는 것이 시간을 단축시킬 수 있는 방법입니다. 또한, Ctrl+D를 이용하면 방금 전에 적용했던 이동거리와 위치 등을 그대로 복제해 주기 때문에 훨씬 편리합니다.

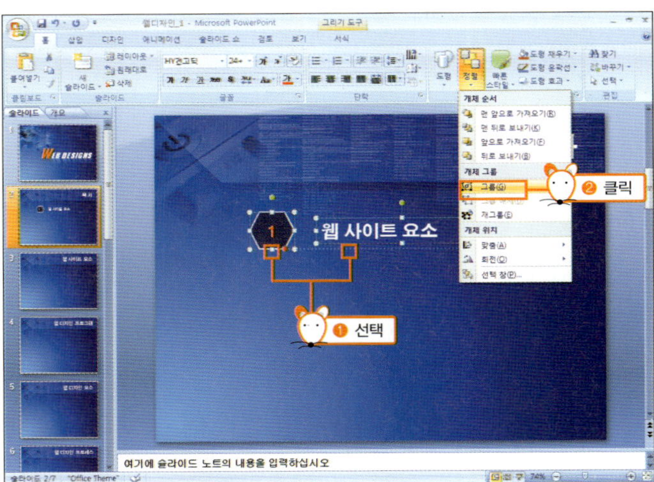

1 도형과 선, 텍스트를 마우스로 드래그해서 모두 선택한 후 [홈] 탭의 [정렬]( )에서 [그룹]( )을 클릭합니다.

주목

도형이나 선 등의 개체를 선택할 때 Shift 나 Ctrl을 누르고 클릭하면 추가로 선택할 수 있습니다. 그러나 지금처럼 한 번에 여러 개의 개체를 선택할 경우에는 마우스로 드래그하여 훨씬 빠르게 선택할 수 있습니다. 그러나 이런 방법은 개체를 완전히 포함시켜 드래그해야 선택이 됩니다. 만약에 선택되지 못한 도형은 Shift 나 Ctrl을 누르고 클릭하면 선택을 할 수 있으며, 반대로 선택을 해제할 수도 있습니다.

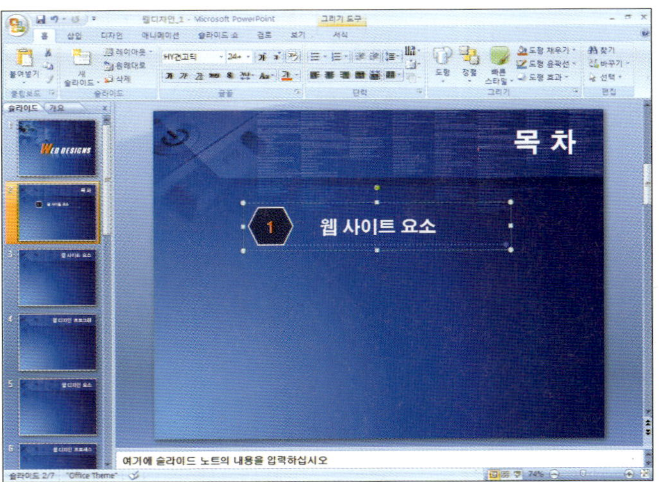

2 개체 틀이 하나로 표시됩니다. 이것은 선택한 개체들이 하나의 그룹으로 묶인 것을 나타내는 것입니다.

주목

[그룹]이나 [그룹 해제]를 사용할 수 있는 여러 가지 방법 알아보기

❶ [홈] 탭의 [정렬]( )을 클릭하면 나타나는 메뉴에서 선택합니다.
❷ [서식] 탭의 [그룹]( )을 클릭합니다.
❸ 개체들을 선택하고 마우스 오른쪽 버튼으로 클릭한 후 나타나는 메뉴에서 [그룹]을 클릭합니다.
❹ 그룹 지정은 Ctrl+G, 그룹 해제는 Ctrl+Shift+G 의 단축키를 사용할 수 있습니다.

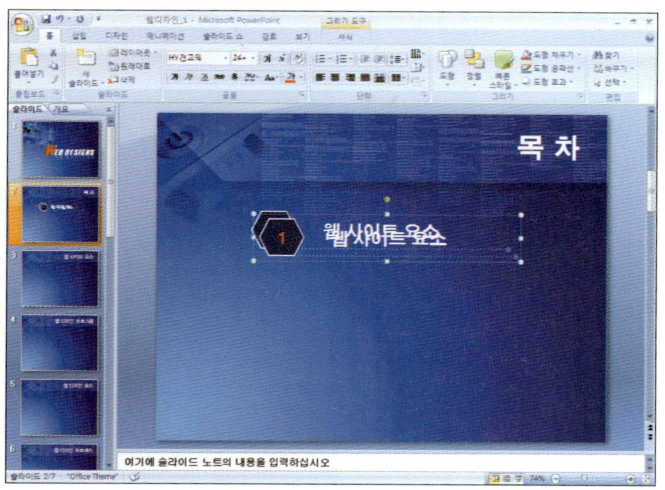

3 선택을 해제하지 않은 상태에서 Ctrl+D를 누릅니다. 바로 앞에 [그룹]이 적용된 개체들이 복제됩니다.

> **주목**
> [홈] 탭의 [복사]와 [붙여넣기] 명령을 이용해도 되지만, 좀 더 빠른 작업을 위해서는 Ctrl+D를 사용하는 것이 좋습니다. 이 단축키는 실무에서도 자주 사용하는 단축키입니다.

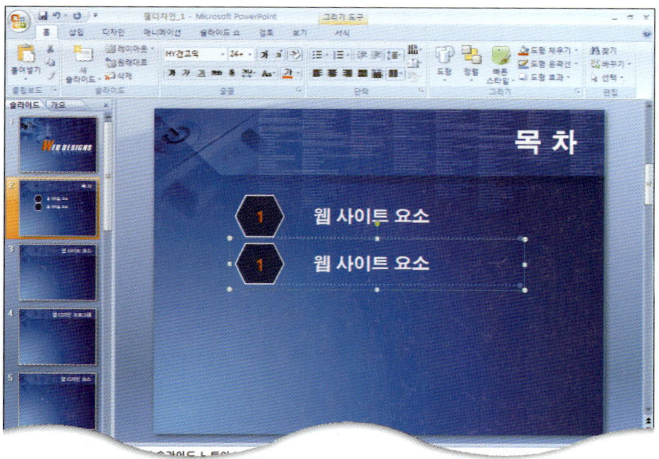

4 마우스 드래그나 방향키를 이용하여 아래로 나란히 배치시킵니다.

> **주목**
> 정확한 배치를 위해서는 드래그보다는 방향키를 사용하는 것이 좋습니다.

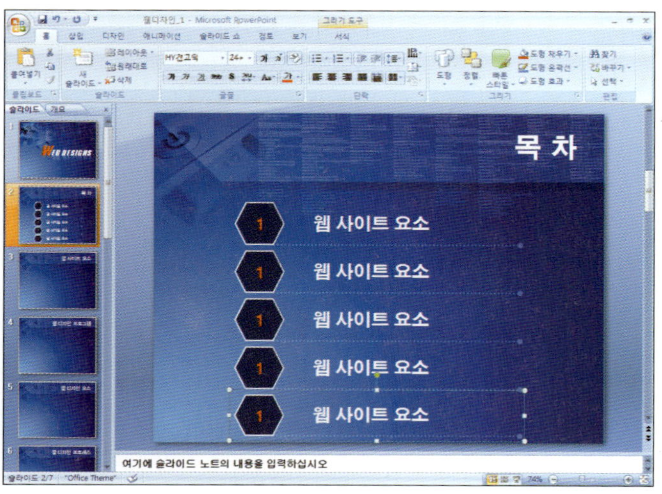

5 배치를 마치고 나면 다시 Ctrl+D 연속적으로 3번 누릅니다. 이동한 거리만큼 연속적으로 복제됩니다.

> **주목**
> **연속적인 도형의 복제 방법**
> Ctrl+D를 눌러 복제한 후 다른 메뉴를 선택하거나 다른 명령을 실행하면 복제가 해제되어 연속적인 복제가 실행되지 않습니다. 이런 경우에는 복제한 개체를 지우고 처음 개체를 선택한 후 Ctrl+D를 눌러 다시 시작합니다. 먼저 복사할 개체를 선택한 후 아래의 명령을 사용합니다.
> ❶ [홈] 탭의 [복사]() 클릭하고 [붙여넣기]()를 클릭합니다.
> ❷ Ctrl+C를 눌러 복사하고 Ctrl+V를 눌러 붙여넣기를 합니다.
> ❸ Ctrl+드래그를 이용하여 원하는 위치로 복제합니다.

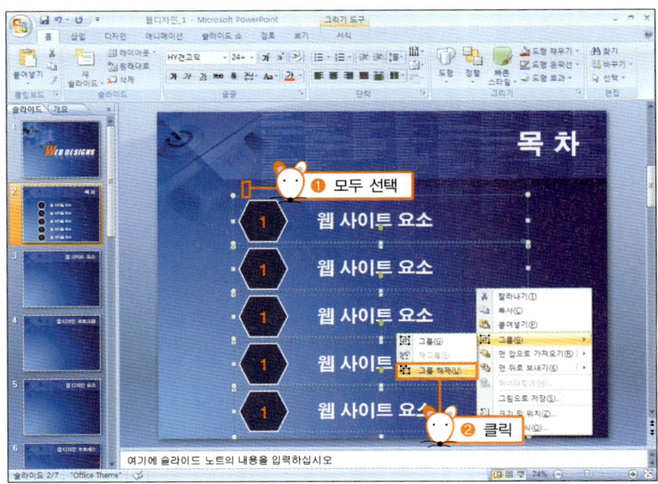

6 이번에는 그룹을 해제하기 위해 개체들을 모두 선택하고 마우스 오른쪽 버튼으로 클릭한 후 나타나는 메뉴의 [그룹]-[그룹 해제]를 클릭합니다.

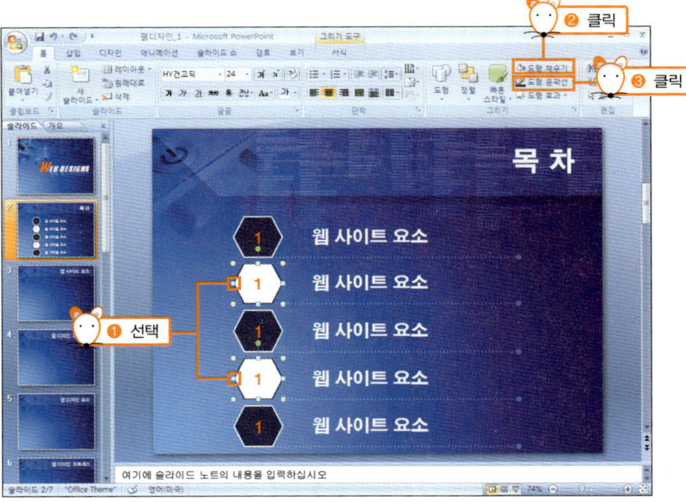
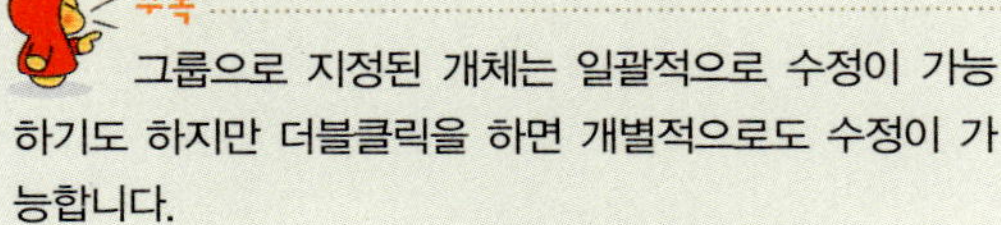

7 개체들의 그룹이 해제되면 두 번째와 네 번째 육각형을 Ctrl을 누른 채 선택한 후 도형의 서식을 설정합니다.

❷ [홈] 탭의 [도형 채우기]([도형 채우기 ▾])를 클릭하고 [테마 색]의 '흰색, 배경 1'을 적용합니다.

❸ [홈] 탭의 [도형 윤곽선]([도형 윤곽선])을 클릭하고 [표준 색]의 '진한 파랑'을 적용합니다.

주목

그룹으로 지정된 개체는 일괄적으로 수정이 가능하기도 하지만 더블클릭을 하면 개별적으로도 수정이 가능합니다.

8 이번에는 다음과 같이 텍스트를 수정하고 5개의 '육각형'만 드래그해서 선택한 후 [홈] 탭의 [텍스트 그림자]([S])를 클릭합니다.

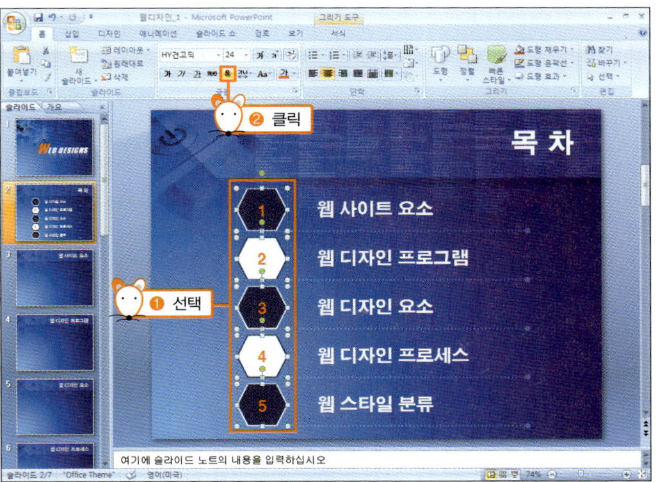

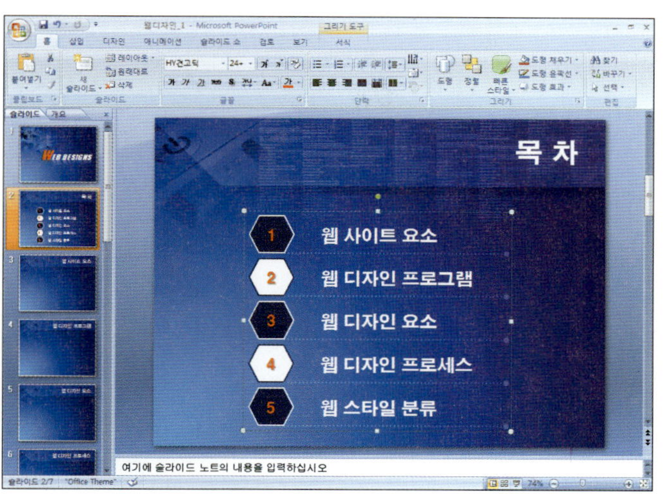

9 선택한 도형의 텍스트에 그림자가 적용됩니다. 다시 모든 개체를 그룹으로 묶어 크기와 위치를 조절해서 목차 슬라이드를 완성합니다. 이 때 Shift 를 누른 채로 드래그하면 가로와 세로의 비율을 유지하고 Ctrl 를 누른 채로 드래그하면 중심을 유지한 상태로 크기를 조절할 수 있습니다.

그래픽 프로그램에서 레이어와 같은 [선택 창] 알아보기

[그리기 도구]의 [서식] 탭에서 [선택 창](🔲)은 파워포인트 2007에서 새롭게 추가된 기능으로 포토샵이나 플래시 등의 레이어와 같은 개념으로 생각하면 됩니다. 선택 창에서는 빠른 작업을 위해서 개체를 일시적으로 숨기거나 다시 나타나게 하는 기능과 도형의 겹친 순서를 조절해 주는 기능이 있습니다.

❶ 개체를 선택하고 [그리기 도구]의 [서식] 탭에서 [선택 창](🔲)을 클릭합니다.

❷ [선택 및 표시] 작업창이 나타나면서 슬라이드에 있는 개체의 목록이 나열됩니다. [제목 10] 옆의 눈 아이콘(👁)을 클릭합니다.

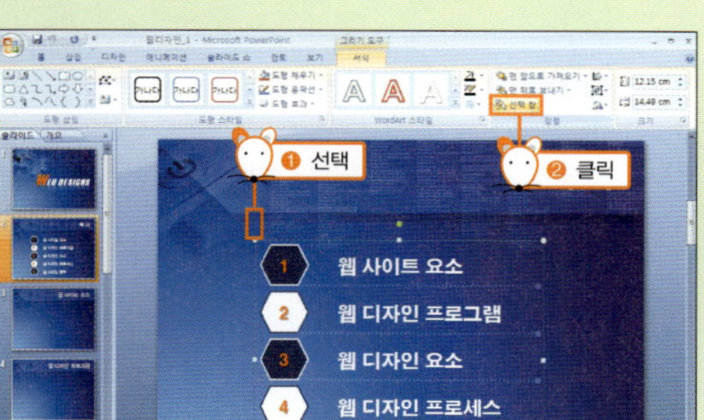

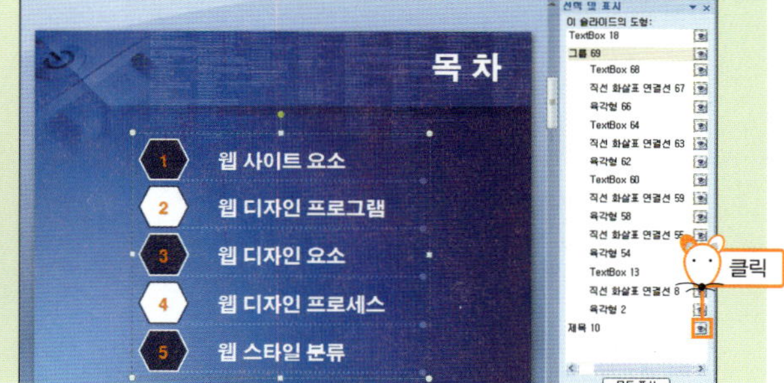

❸ 제목이 슬라이드에서 사라집니다. 다시 눈 아이콘(👁)을 클릭하면 제목이 나타납니다. 이와 같이 [선택 및 표시] 작업창에서는 슬라이드의 개체를 일시적으로 숨기거나 나타나게 할 수 있고 [모두 숨기기] 버튼을 클릭하면 슬라이드에 있는 모든 개체를 숨길 수 있습니다.

주목

[선택 및 표시] 작업창에 있는 [순서 다시 매기기]의 화살표(🔼)와 (🔽)를 클릭하면 개체들의 위, 아래 순서를 변경할 수 있습니다

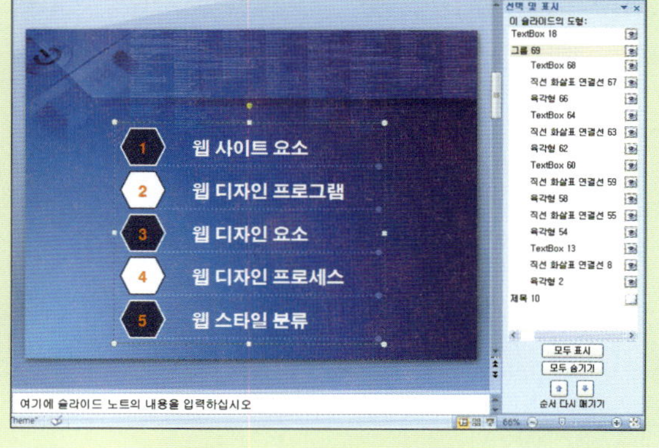

도형에서 Shift, Ctrl 사용하기

도형의 삽입과 이동, 크기를 조절할 때에는 마우스보다 키보드의 Shift, Ctrl 를 이용하면 빠르게 작업할 수 있습니다. 단축키에 익숙하지 않은 상태라면 다소 어려움을 느낄 수 있겠지만, 꾸준히 연습한다면 사용의 편리성을 느낄 수 있습니다.

Shift 를 이용한 도형 그리기와 이동, 회전, 선택하기

01 정방형의 도형 드로잉하기

도형을 마우스로 드로잉할 때 Shift 를 누른 채 드래그하면 가로와 세로의 크기가 동일한 정사각형, 지름이 일정한 정원, 각 변의 길이가 같은 정다각형을 그릴 수 있습니다.

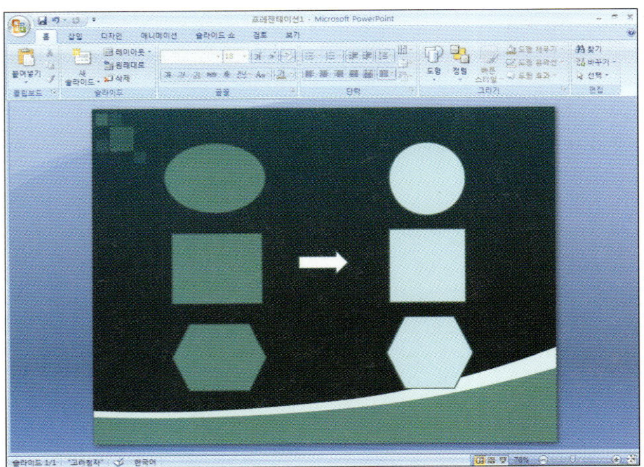

02 가로와 세로의 비율을 유지하며 도형 크기 조절하기

도형의 크기를 조절할 때 Shift 를 누른 채 대각선 방향으로 드래그하면 가로와 세로의 비율을 유지한 상태로 크기를 조절할 수 있습니다.

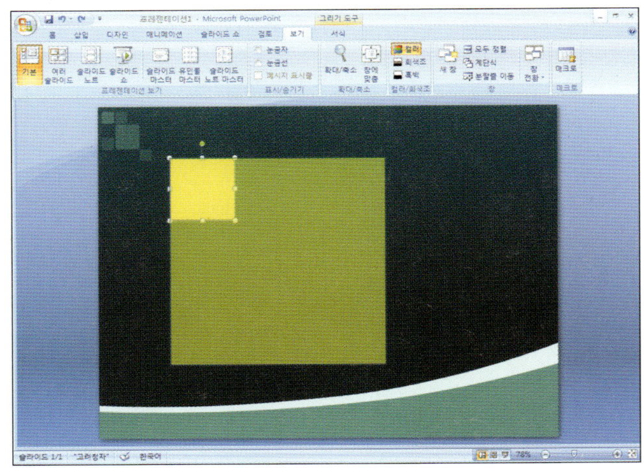

03 수직과 수평으로 도형 이동하기

도형을 이동할 때 Shift 를 누른 채 드래그하면 수직과 수평으로 정확하게 이동할 수 있습니다.

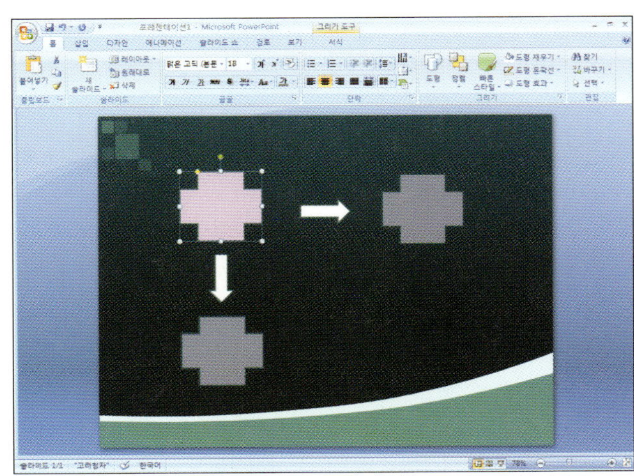

04　수직선과 수평선, 45도 간격의 각도로 선 그리기

선을 그릴 때 Shift 를 누른 채 드래그하면 수직선과 수평선을 45도 간격의 선을 그릴 수 있습니다.

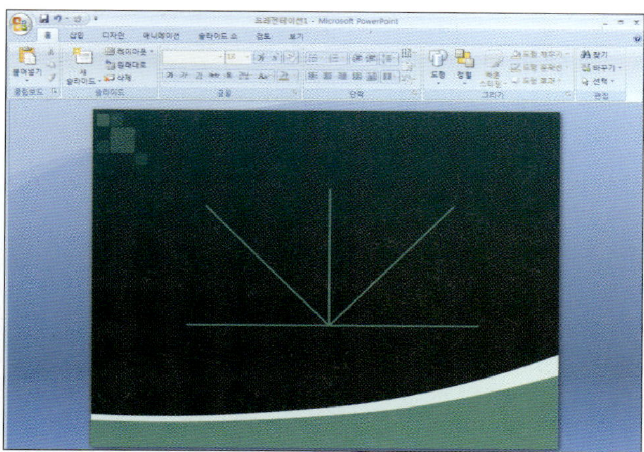

05　도형을 15도 간격으로 회전하기

도형을 회전시킬 때 Shift 를 누른 채 드래그하면 15도 간격으로 회전시킬 수 있습니다.

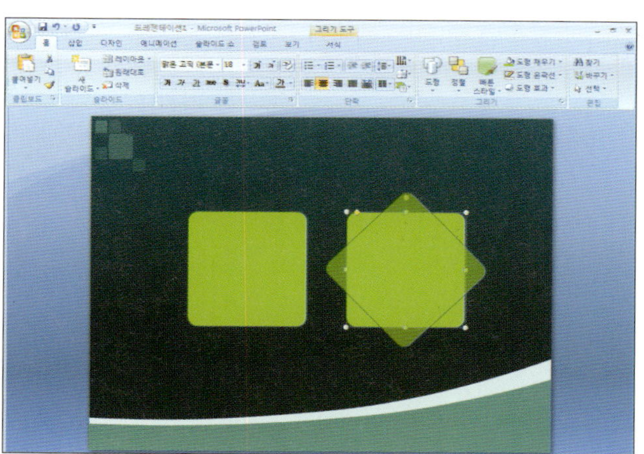

06　원하는 도형을 추가로 선택하기

도형을 선택할 때 Shift 를 누른 채 클릭하면 원하는 도형을 추가로 선택할 수 있고 동시에 색상이나 크기를 조절할 수 있습니다.

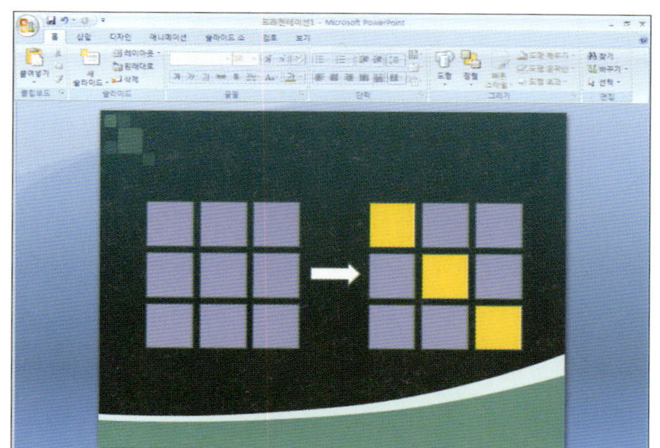

Ctrl 를 이용한 도형 그리기와 이동, 회전, 선택하기

01　중심에서 시작하는 도형 그리기

도형을 그릴 때 Ctrl 을 누른 채 드래그하면 도형의 중심에서부터 시작되는 도형을 그릴 수 있습니다.

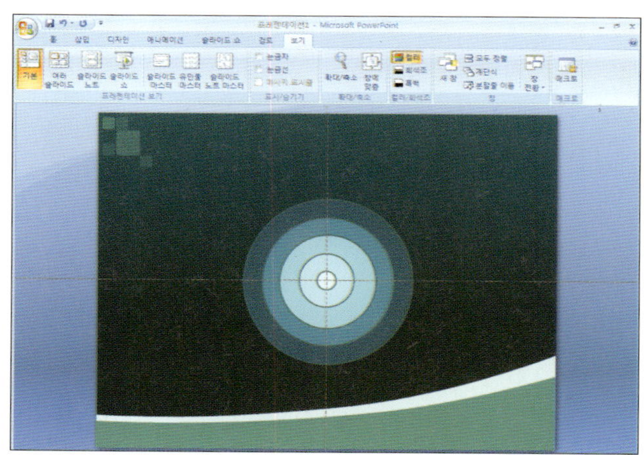

02 중심을 유지한 채 도형 크기 조절하기

도형의 크기를 조절할 때 `Ctrl`을 누른 채 드래그하면 중심을 기점으로 조절할 수 있습니다.

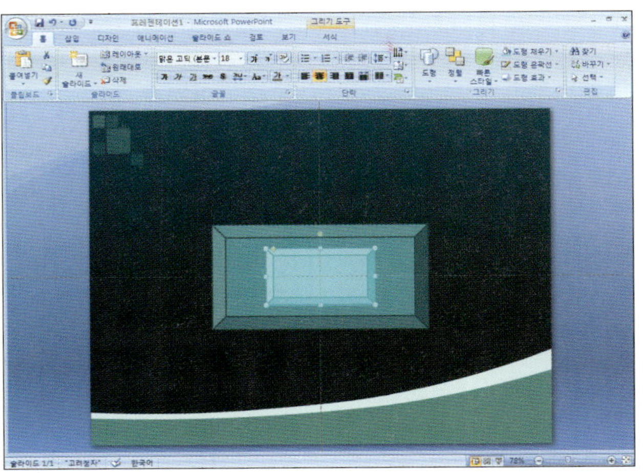

03 도형 복사하기

도형을 `Ctrl`을 누른 채 드래그하면 원본과 같은 도형이 생성됩니다.

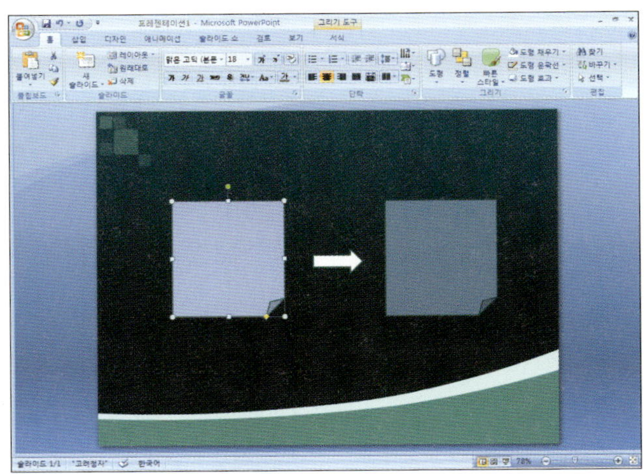

도형에서의 `Shift`와 `Ctrl`을 같이 사용하기

도형에서 `Shift`와 `Ctrl`을 같이 사용하면 각각의 기능을 함께 사용할 수 있습니다. 예를 들어 크기를 조절할 때 `Shift`와 `Ctrl`을 동시에 누르고 대각선으로 드래그하면 가로와 세로 비율과 중심을 유지한 채 조절할 수 있습니다.

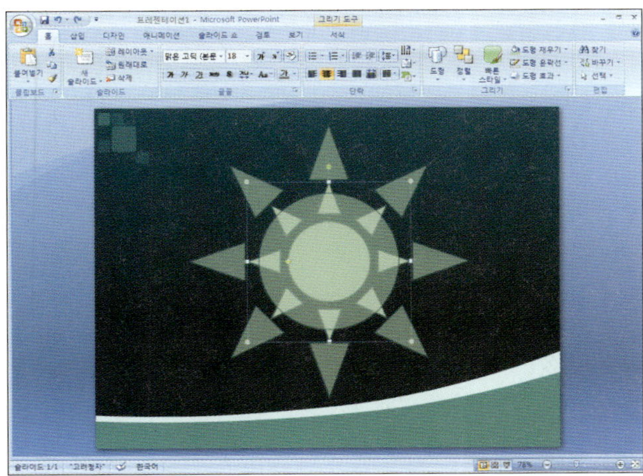

도형 효과와 도형 서식으로 다양한 효과 적용하기

[도형 효과]에는 그림자, 반사, 입체 효과 등을 적용할 수 있는 여러 가지 기능들이 있습니다. [도형 효과]를 이용하면 단순한 도형을 입체적으로 부각시킬 수도 있고 도형을 희미하게 만들어 원근감의 효과도 나타날 수 있습니다. 또한, 하나의 도형에 여러 가지 [도형 효과]를 적용할 경우 [도형 서식]을 이용하면 대화상자를 통해 빠르게 효과를 적용할 수 있어 작업 속도가 빨라집니다. 이번 Lesson에서는 [도형 효과]와 [도형 서식]에 대해 알아보겠습니다.

● 예제파일 : Sample\Part 03\웹디자인_2.pptx

 **따라해 보세요**

도형에 [도형 효과] 적용하기

● [도형 효과]를 이용하여 도형의 테두리를 흐리게 만드는 효과와 도형을 입체적으로 만드는 효과를 적용해 보겠습니다.

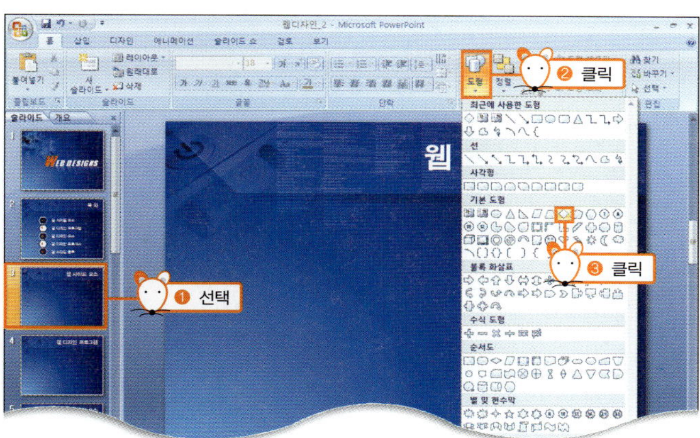

1 3번 슬라이드를 선택하고 [홈] 탭에서 [도형](□)을 클릭한 후 [기본 도형]의 '다이아몬드'를 클릭합니다.

2 슬라이드에 적당한 크기로 드래그해서 삽입한 후 [홈] 탭의 [도형 효과](□)를 클릭하고 [부드러운 가장자리]에서 '50 포인트'를 클릭합니다.

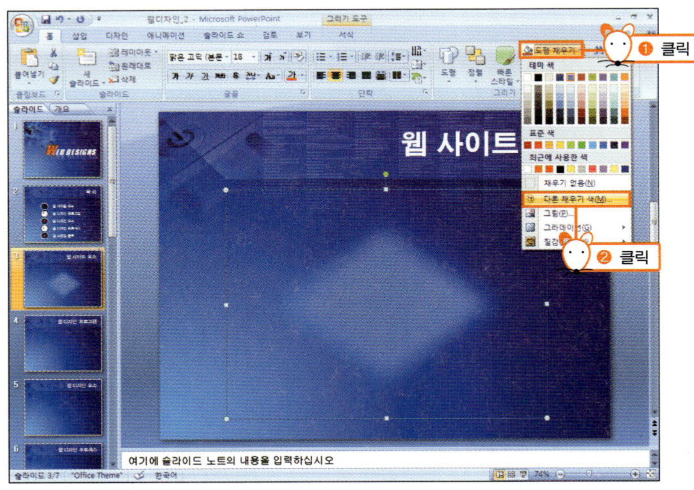

3 도형의 가장 자리가 부드럽게 변합니다. [홈] 탭의 [도형 채우기](도형 채우기)를 클릭한 후 [다른 채우기 색]을 클릭합니다.

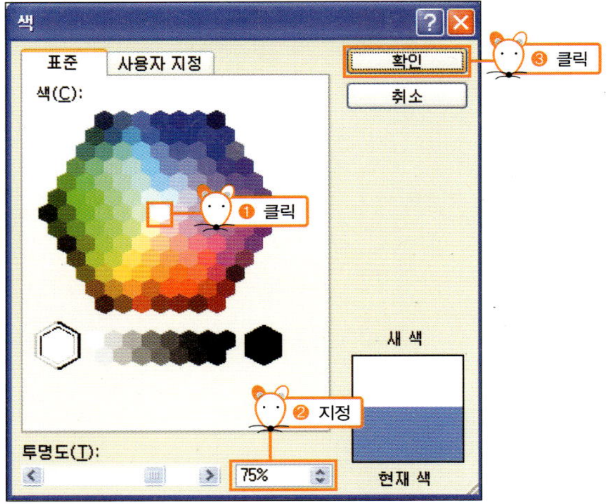

4 [색] 대화상자가 나타나면 [표준] 탭에서 '흰색'을 클릭하고 [투명도]를 '75%'로 지정한 후 [확인] 버튼을 클릭합니다.

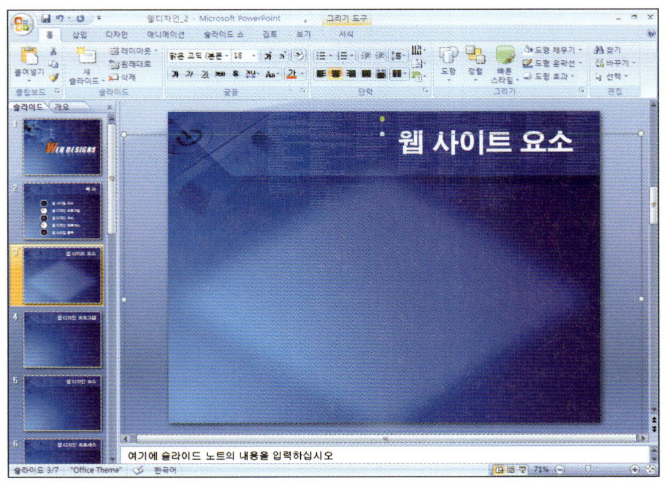

5 색이 변경되면 크기 조절점을 이용하여 다음과 같이 크기를 슬라이드에 꽉 차게 조절합니다.

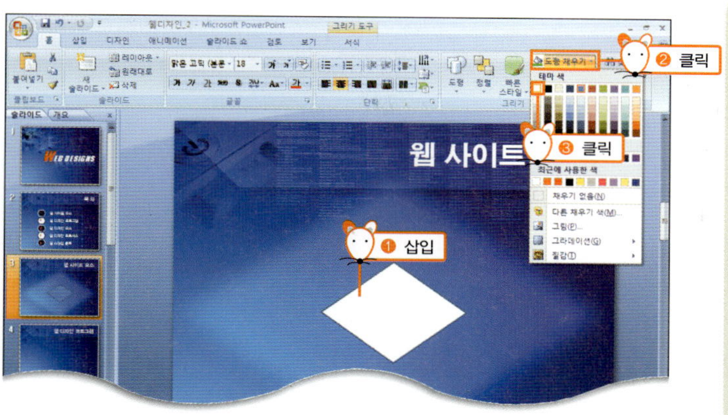

6 다시 '다이아몬드'를 하나 더 삽입하고 다음과 같이 위치를 조절합니다. 그런 다음 [홈] 탭의 [도형 채우기](도형 채우기 ▾)를 클릭한 후 [테마 색]의 '흰색, 배경 1'을 적용합니다.

따라해 보세요

[도형 서식]으로 한 번에 여러 가지 효과 적용하기

● [도형 서식] 대화상자를 이용하면 여러 번 메뉴를 클릭하지 않고도 도형을 한 번에 수정할 수 있고 [도형 효과]를 빠르게 적용시킬 수 있습니다.

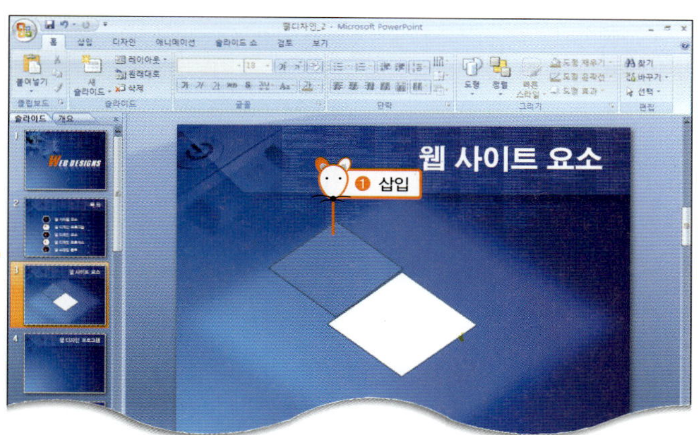

1 이제 3차원 도형을 만들기 위해 '다이아몬드'를 적당한 크기로 드래그해서 삽입한 후 위치를 조절합니다.

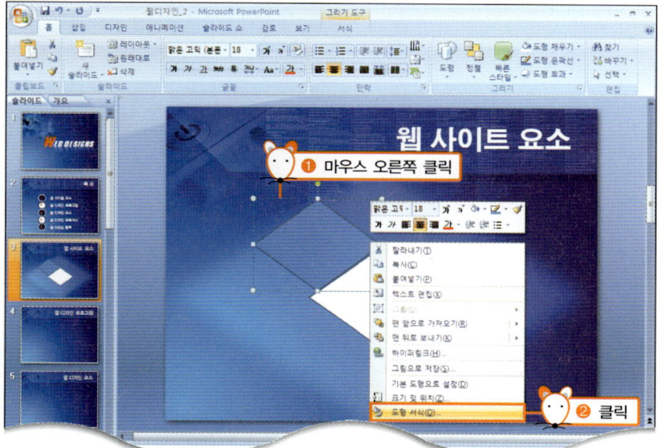

2 삽입한 도형을 마우스 오른쪽 버튼으로 클릭한 후 나타나는 메뉴에서 [도형 서식]을 클릭합니다.

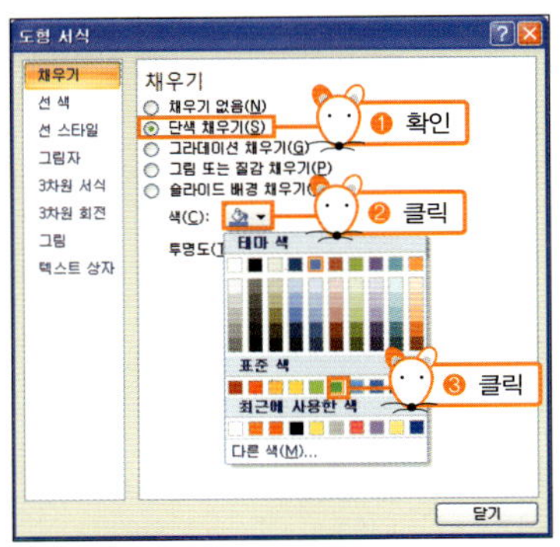

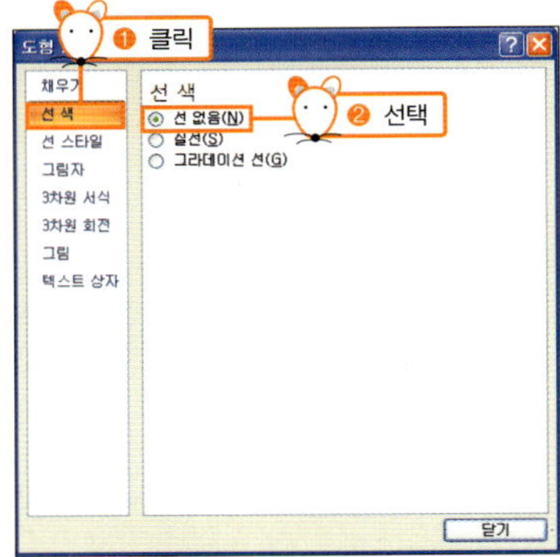

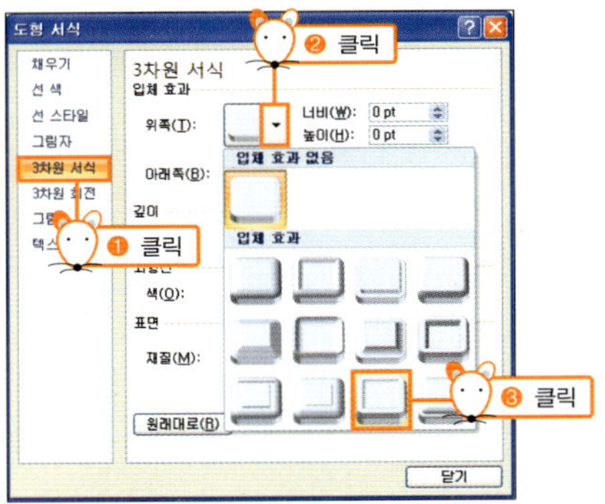

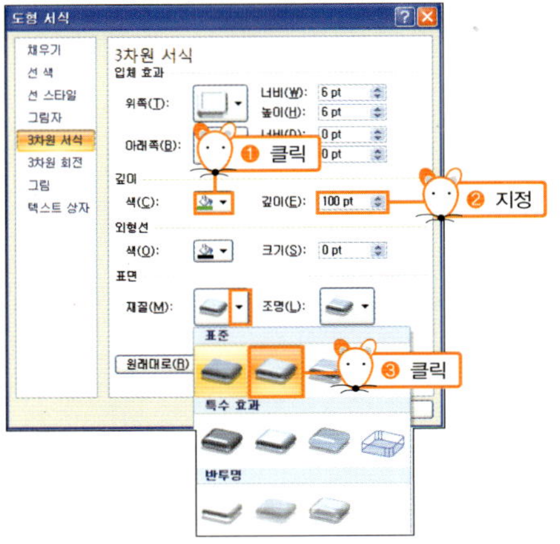

3 [도형 서식] 대화상자가 나타나면 [채우기] 탭에서 [단색 채우기]가 선택되어 있는지 확인하고 [색]([🖌▼])을 클릭한 후 [표준 색]의 [녹색]을 클릭합니다.

4 [선 색] 탭을 클릭하고 [선 없음]을 선택합니다.

5 [3차원 서식] 탭을 클릭하고 [입체 효과]의 [위쪽] 목록 버튼을 클릭한 후 [딱딱한 가장자리]를 클릭합니다.

6 이번에는 [깊이]와 [재질]을 설정합니다.

❶ [깊이]의 [색]을 클릭하고 [표준 색]의 [녹색]을 적용합니다.
❷ 깊이는 '100 pt'로 지정합니다.
❸ [표면]에서 [재질]의 목록 버튼을 클릭한 후 [표준]의 [무광택]을 클릭합니다.

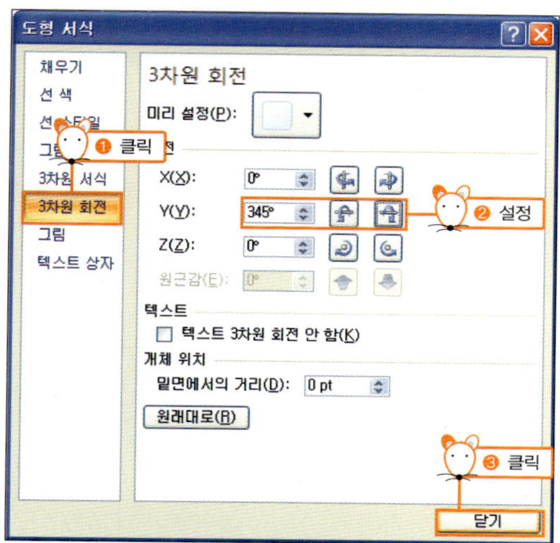

7 [3차원 회전] 탭을 클릭합니다. [회전]의 [Y]의 [아래쪽](⬆)을 세 번 클릭하거나 다음과 같이 입력한 후 [닫기] 버튼을 클릭합니다.

> **주목**
>
> 3차원 서식을 적용해도 [3차원 회전] 탭에서 [회전] 값을 주지 않으면 효과가 적용되지 않습니다. 적용되는 그림을 보면서 여러 가지 모양의 3차원 효과를 만들어 봅니다.

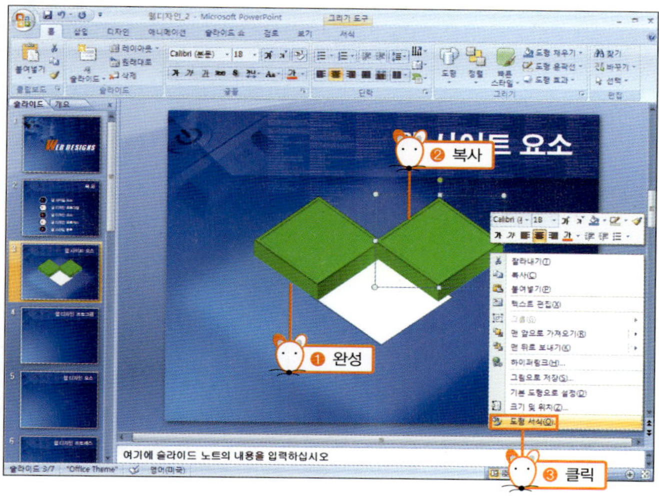

8 도형에 여러 가지 효과가 적용되어 3차원 입체 도형이 완성되었습니다. 도형을 선택한 상태에서 Ctrl + Shift 를 누르고, 드래그하여 옆으로 복사합니다. 그런 다음 마우스 오른쪽 버튼으로 클릭한 후 [도형 서식]을 클릭합니다.

> **주목**
>
> 도형을 이동하거나 복사할 때 Shift 를 누른 채로 드래그하면 수직과 수평으로 이동, 복사를 할 수 있습니다.

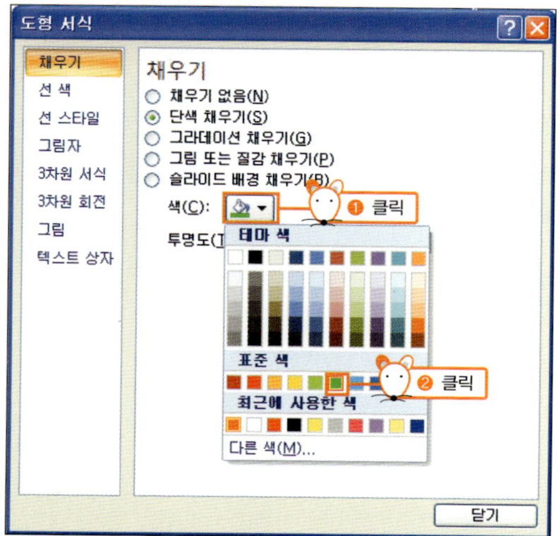

9 [도형 서식] 대화상자의 [채우기] 탭에서 [색] (🎨▼)을 클릭하고 [최근에 사용한 색]의 [주황]을 클릭합니다.

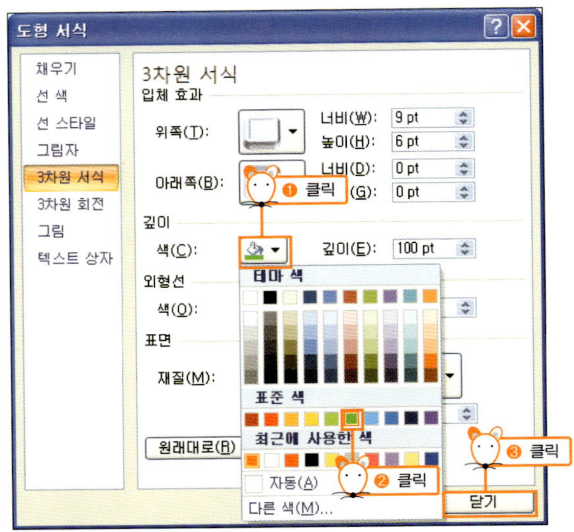

10 [3차원 서식] 탭에서 [깊이]의 [색]( )을 클릭한 후 [최근에 사용한 색]의 [주황]을 클릭하고 [닫기] 버튼을 클릭합니다.

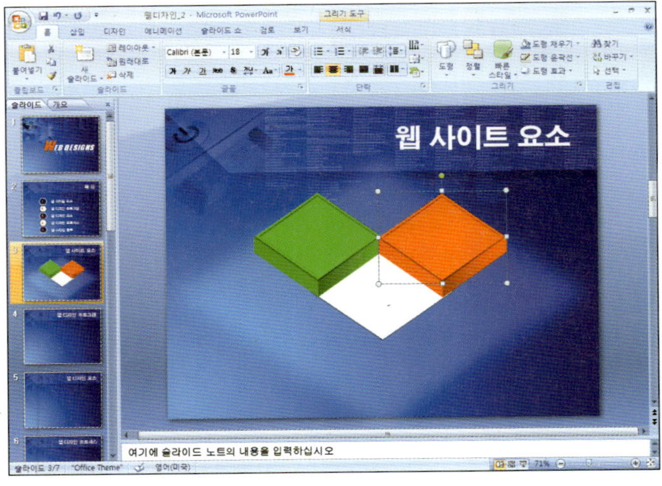

11 복사한 도형의 색과 3차원 깊이의 색이 변경되었습니다.

12 두 개를 더 복사하여 다음과 같이 위치로 이동시키고 도형의 색과 깊이 색을 원하는 대로 수정해서 완성합니다. 여기에서 왼쪽 아래의 도형은 연보라, 오른쪽 아래의 도형은 연한 파랑으로 지정하였습니다.

도형에 텍스트 상자 삽입하고 [글꼴] 대화상자로 수정하기

● 도형에 텍스트를 바로 입력할 수 있지만, 작업자가 원하는 위치에 배치하고 싶다면 텍스트 상자를 삽입해서 입력하는 것이 좋습니다. 또한, 텍스트의 서식을 수정할 때에는 [글꼴] 대화상자를 이용해 일괄적으로 수정하는 것이 매우 편리합니다.

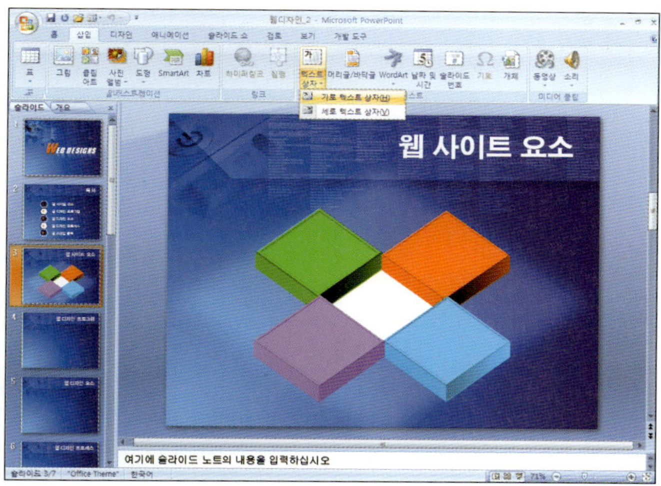

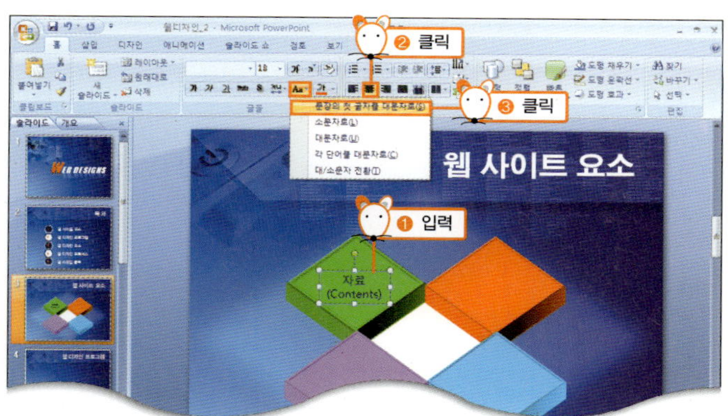

1 [삽입] 탭의 [가로 텍스트 상자 그리기](가)를 클릭합니다.

2 다음과 같이 왼쪽 위에 있는 도형에 드래그해서 텍스트 상자를 삽입하고 텍스트를 입력합니다.

❶ 텍스트 상자에 '자료'를 입력한 후 Enter를 누르고 '(contents)' 영문을 소문자로 입력합니다.

❷ 텍스트 상자를 선택한 상태에서 [단락] 그룹의 [가운데 맞춤](≡)을 클릭합니다.

❸ [글꼴] 그룹의 [대/소문자 바꾸기](Aa▾)를 클릭해서 [문장의 첫 글자를 대문자로]를 클릭합니다.

3 영문의 앞 글자가 대문자로 변경됩니다. 텍스트 상자를 선택한 상태에서 [글꼴] 그룹의 [글꼴](⬚)을 클릭합니다.

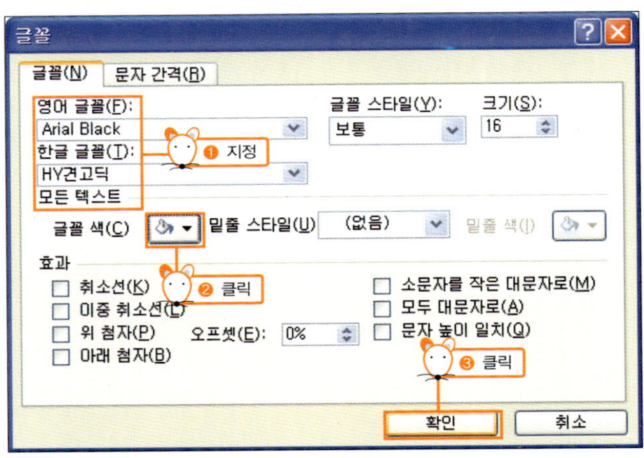

4 [글꼴] 대화상자가 나타나면 글꼴과 색을 설정한 후 [확인] 버튼을 클릭합니다.

❶ [영어 글꼴]은 'Arial Black'으로, [한글 글꼴]은 'HY견고딕'으로 지정합니다.

❸ [글꼴 색]의 [테마 색]을 '흰색, 배경 1'으로 적용합니다.

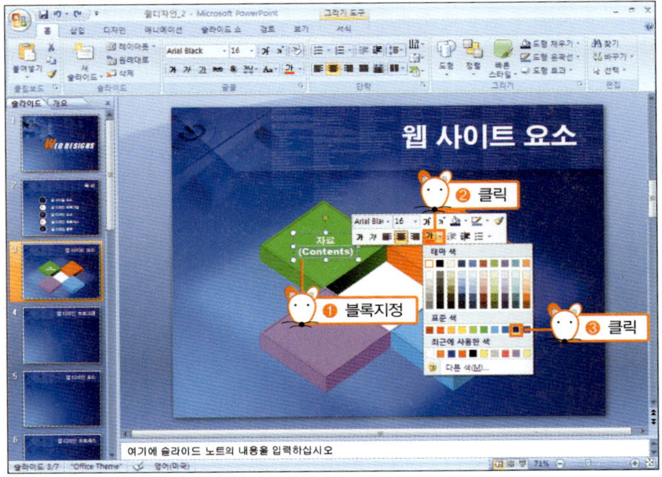

5 텍스트가 수정되면 다시 영문만 블록 지정한 후 미니 도구 모음의 [글꼴 색]을 클릭해서 [표준 색]의 '진한 파랑'을 적용합니다.

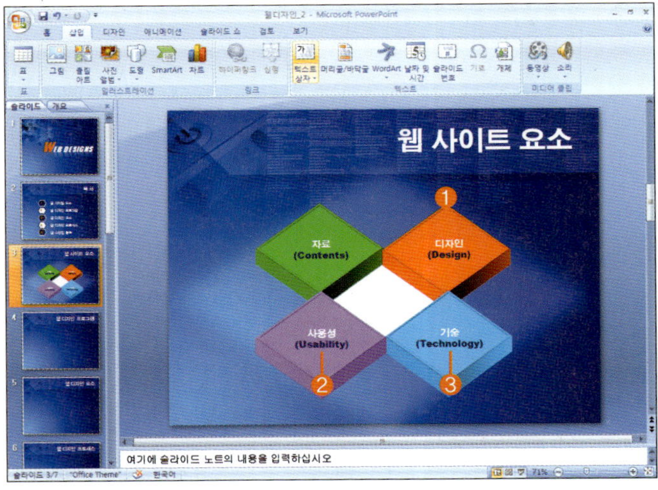

6 다음과 같이 텍스트 상자를 선택하여 각각의 위치에 복사하고 내용을 수정합니다. 그런 다음 [삽입] 탭의 [가로 텍스트 상자 그리기]를 클릭하여 텍스트 상자를 삽입하고 텍스트를 입력한다.

❶ 디자인(Design)

❷ 사용성(Usability)

❸ 기술(Technology)

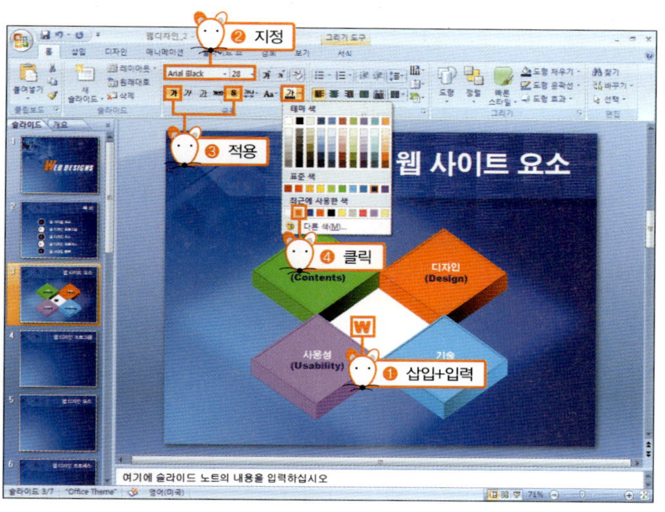

7 텍스트 상자를 작게 드래그해서 삽입하고 'W'를 대문자로 입력한 후 글꼴과 색을 설정합니다.

❷ [홈] 탭의 [글꼴] 그룹에서 [글꼴]은 'Arial Black'으로, [글꼴 크기]는 '28'로 지정합니다.

❸ [굵게](가)와 [텍스트 그림자](s)를 적용합니다.

❹ [글꼴 색](가)은 [최근에 사용한 색]의 [주황]을 클릭합니다.

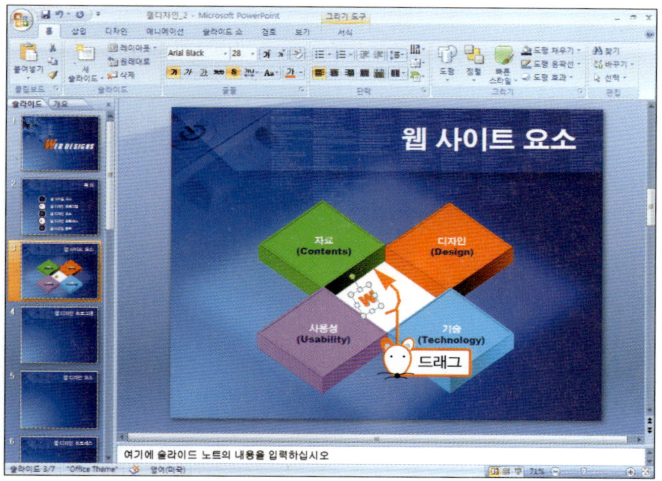

8 텍스트가 수정되면 텍스트 상자의 회전 조절점(초록색 원)을 클릭한 채 왼쪽으로 드래그해서 텍스트를 회전시킵니다.

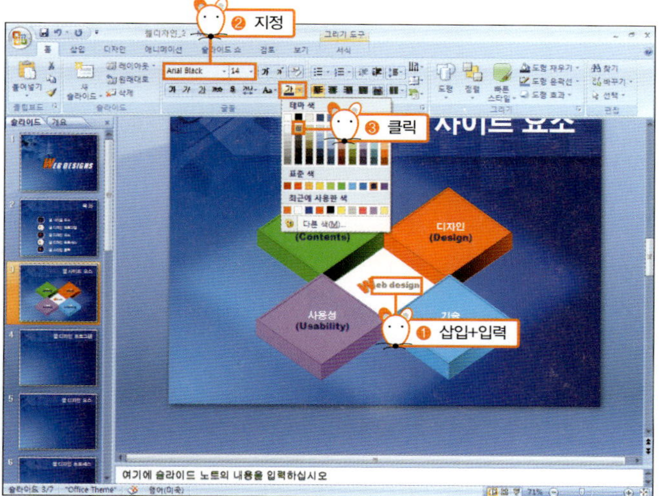

9 'W' 옆에 다시 텍스트 상자를 삽입한 후 'eb design'을 입력하고 글꼴과 색을 설정합니다.

❷ [홈] 탭의 [글꼴] 그룹에서 [글꼴]은 'Arial Black'으로, [글꼴 크기]는 '14'로 지정합니다.

❸ [글꼴 색](가)은 [테마 색]의 '검정, 텍스트 1, 50% 더 밝게'를 클릭합니다.

도형에 그라데이션 효과 적용하고 겹쳐진 순서 변경하기

도형에 그라데이션 효과를 적용하면 음영을 나타낼 수 있어 하나의 색을 적용했을 때보다 훨씬 입체적인 느낌으로 표현할 수 있습니다. 또한, 여러 가지 도형을 삽입하면 서로 겹쳐지는 경우가 있습니다. 이 때 도형은 마지막에 그린 것이 가장 위에 표시되어 상황에 맞게 도형의 순서를 변경해야 합니다. 이번 Lesson에서는 도형에 그라데이션 효과를 적용하고 순서를 변경하는 방법에 대해 알아보겠습니다.

Lesson 16

◉ 예제파일 : Sample\Part 03\웹디자인_3.pptx

 **따라해 보세요**

도형에 그라데이션 효과 주기

● 여러 가지 [도형 효과]가 적용된 도형에 그라데이션 효과를 추가시켜 좀 더 입체적인 버튼을 만들어 보겠습니다.

1 4번 슬라이드를 선택하고 [홈] 탭의 [도형]( )을 클릭하고 [사각형]의 '직사각형'을 클릭합니다.

2 다음과 같이 마우스로 드래그하여 '직사각형' 도형을 삽입하고, 색과 그라데이션을 적용합니다.

❷ [홈] 탭의 [도형 채우기](도형 채우기)를 클릭한 후 [최근에 사용한 색]의 [주황]을 클릭합니다.

❸ [그라데이션]의 [어두운 그라데이션]−[모서리에서]를 클릭합니다.

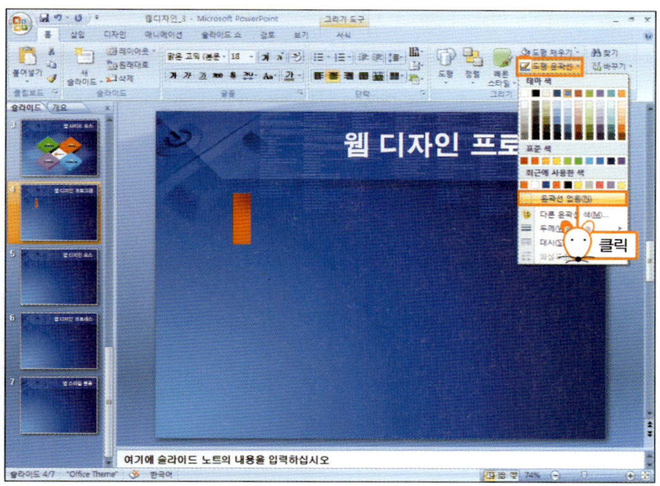

3 [홈] 탭의 [도형 윤곽선]([도형 윤곽선 ▾])을 클릭하고 [윤곽선 없음]을 클릭합니다.

4 다음과 같이 가로의 길이가 긴 직사각형 도형을 삽입하고, 속성을 지정합니다.

❷ [홈] 탭의 ([도형 윤곽선 ▾])은 [윤곽선 없음]을 클릭합니다. 그런 다음 [홈] 탭의 [도형 채우기]([도형 채우기 ▾])를 클릭한 후 [최근에 사용한 색]의 [주황]을 클릭합니다.

❸ [그라데이션]의 [어두운 그라데이션]-[선형 대각선]을 클릭합니다.

🔸 **주목**

앞에서 삽입한 직사각형을 복제한 후 크기를 조절하고 그라데이션 효과의 속성을 변경하면 빠르게 작업을 수행할 수 있습니다.

5 도형에 그라데이션 효과가 적용되었으면 선택된 상태에서 마우스 오른쪽 버튼을 클릭한 후 나타나는 메뉴에서 [도형 서식]을 클릭합니다.

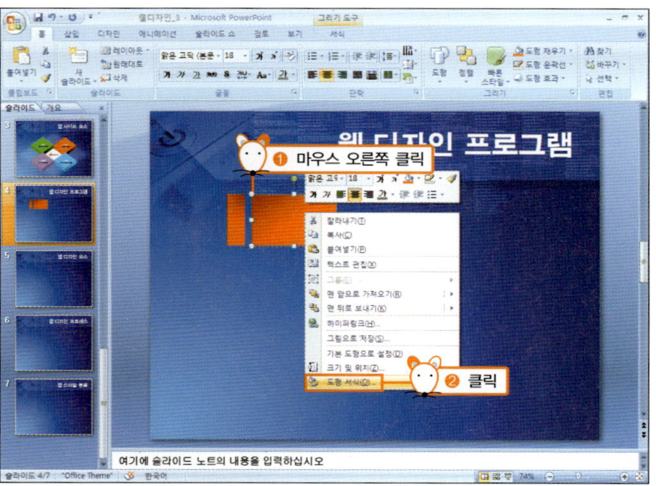

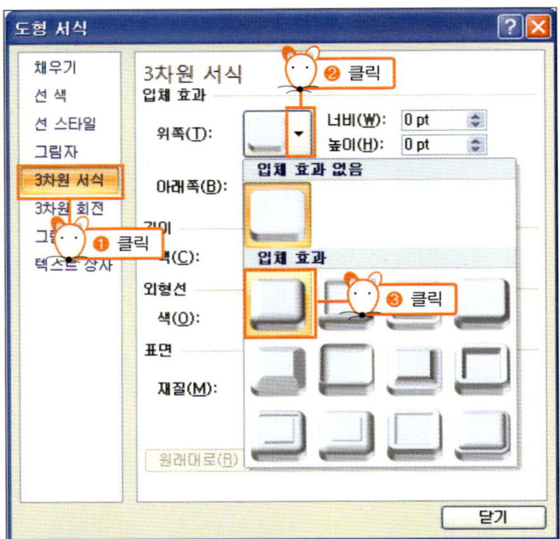

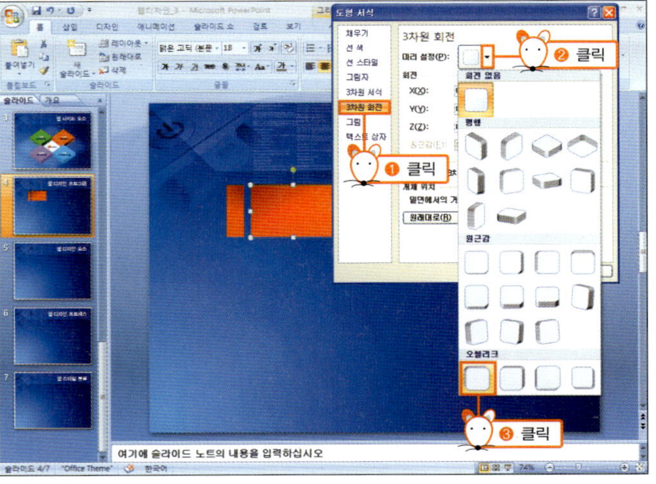

6 [도형 서식] 대화상자가 나타나면 [3차원 서식] 탭을 클릭하고 [입체 효과]의 [위쪽] 목록 버튼을 클릭한 후 [둥글게]를 클릭합니다.

7 이번에는 [3차원 서식] 탭을 클릭한 후 속성을 지정합니다.

❷ [입체 효과]에서 [위쪽]의 [너비]와 [높이]를 각각 '1 pt'로 지정합니다.

❸ [깊이]의 [색]([🎨▼])을 '주황', [깊이]는 '30 pt'로 지정합니다.

❹ [표면]에서 [재질]의 목록 버튼을 클릭하고 [표준]의 '무광택'을 클릭합니다.

8 [3차원 회전] 탭을 클릭합니다. 그런 다음 [미리 설정] 목록 버튼을 클릭하고 [오블리크]에서 '왼쪽 위 오블리크'를 클릭한 후 [닫기] 버튼을 클릭합니다.

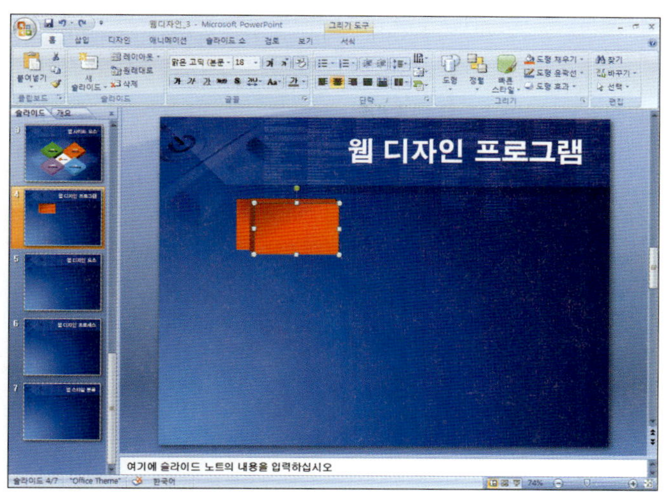

9 다음과 같이 도형에 여러 가지 효과가 적용되었습니다. `Alt`를 눌러 위치와 크기를 조절합니다.

따라해 보세요

도형 순서 변경하기

● 새로운 도형을 삽입하고 [개체 순서] 메뉴를 이용해서 도형의 겹쳐진 순서를 조절해 보겠습니다.

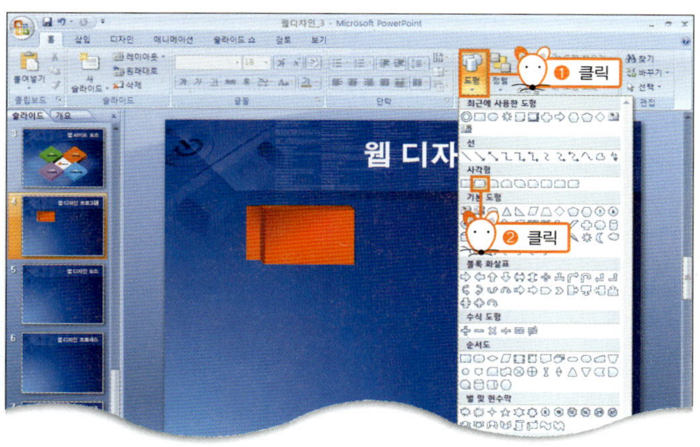

1 [홈] 탭에서 [도형]( )을 클릭하고 [사각형]의 '모서리가 둥근 직사각형'을 클릭합니다.

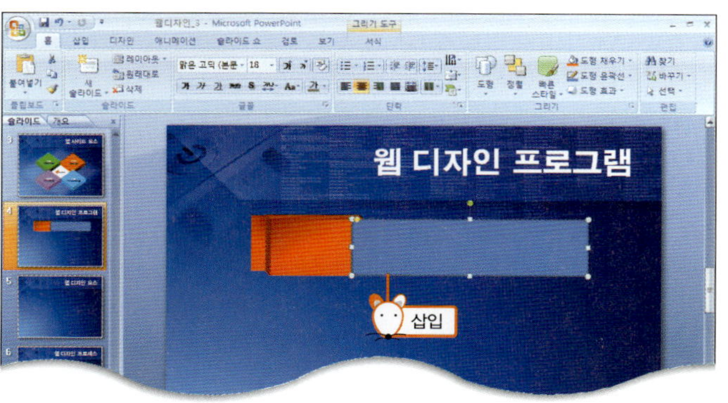

2 다음과 같이 도형을 삽입하고 노란색 조절점을 드래그해서 모서리의 둥근 부분을 작게 조절하고 위치와 크기를 조절합니다.

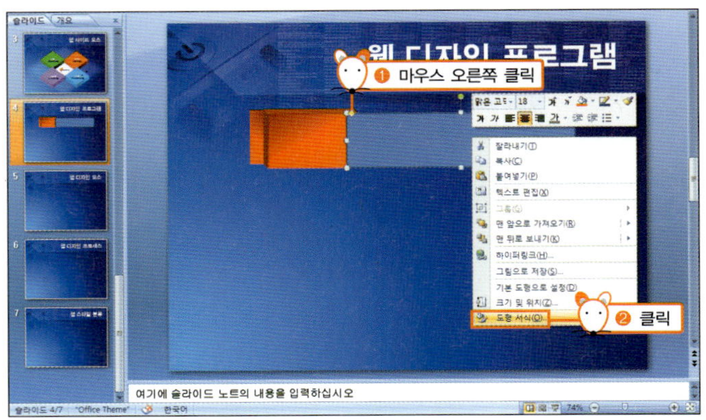

3 위치와 크기 수정이 끝나면 마우스 오른쪽 버튼을 클릭한 후 나타나는 메뉴의 [도형 서식]을 클릭합니다.

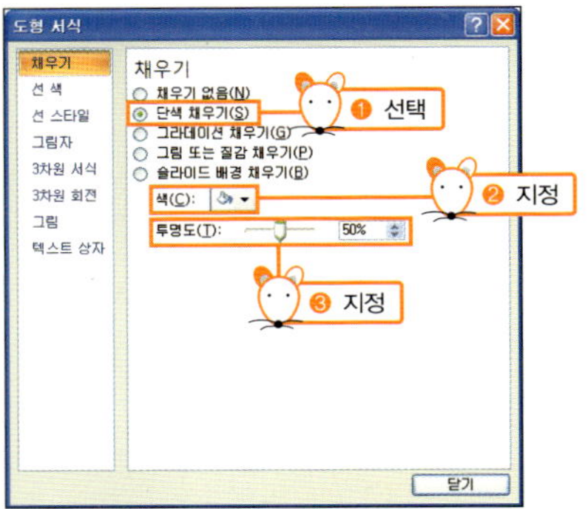

4 [도형 서식] 대화상자가 나타나면 [채우기] 탭에서 [단색 채우기]에 선택한 후 색과 투명도를 설정합니다.

❷ [색]([🎨▼])의 목록 버튼을 클릭하고 '흰색, 배경 1'을 지정합니다.
❸ [투명도]에 '50%'으로 지정합니다.

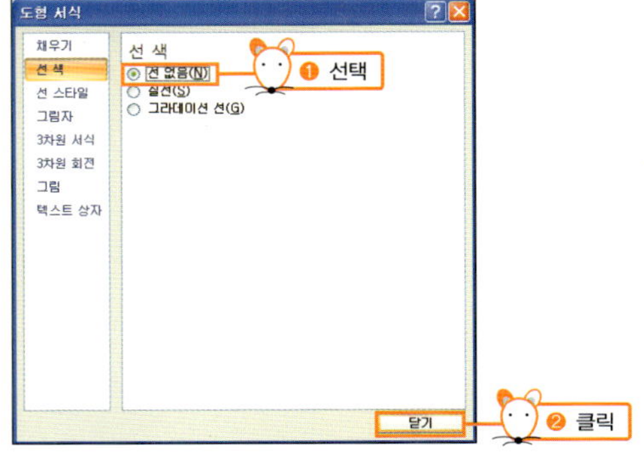

5 [선 색] 탭에서 [선 없음]에 선택하고 [닫기] 버튼을 클릭합니다.

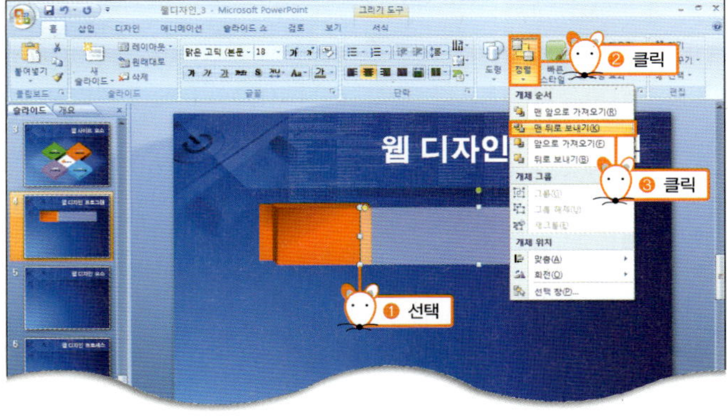

6 선택을 해제하지 않은 상태에서 [홈] 탭의 [정렬]([🔲])을 클릭하고 [개체 순서]에서 [맨 뒤로 보내기]를 클릭합니다.

🐭 **주목**

[앞으로 가져오기]나 [뒤로 보내기]를 한 번 클릭할 때마다 한 단계씩 앞이나 뒤로 이동합니다. 따라서 여러 개의 도형이 겹쳐져 있을 때는 여러 번 클릭해야 합니다. 따라서 선택한 도형을 제일 아래로 보내려면 [맨 뒤로 보내기]를 사용하는 것이 빠른 작업에 도움이 됩니다.

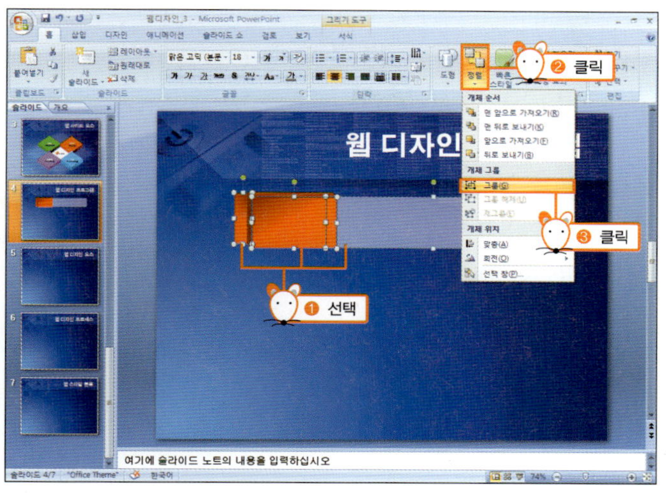

7 선택한 도형이 맨 뒤로 이동하면서 도형의 겹쳐진 순서가 변경되었습니다. 모든 도형을 그룹으로 묶기 위해 마우스로 드래그해서 모든 도형을 선택한 후 [홈] 탭의 [정렬](🔲)을 클릭하고 [개체 그룹]의 [그룹]을 클릭합니다.

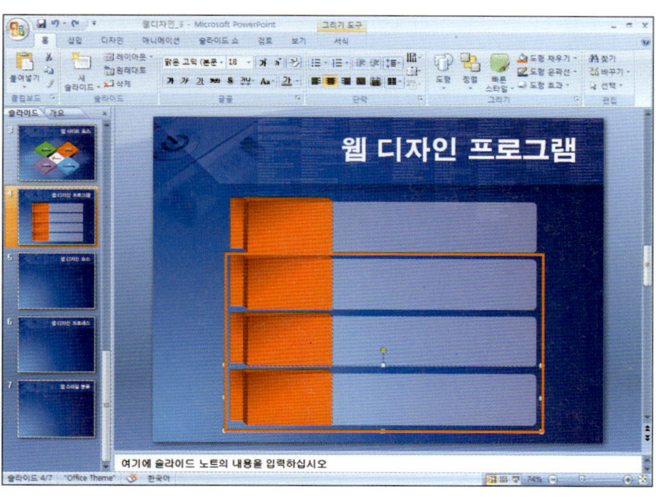

8 다음과 같이 그룹으로 지정된 도형을 Ctrl + D 를 이용해서 3개를 만듭니다.

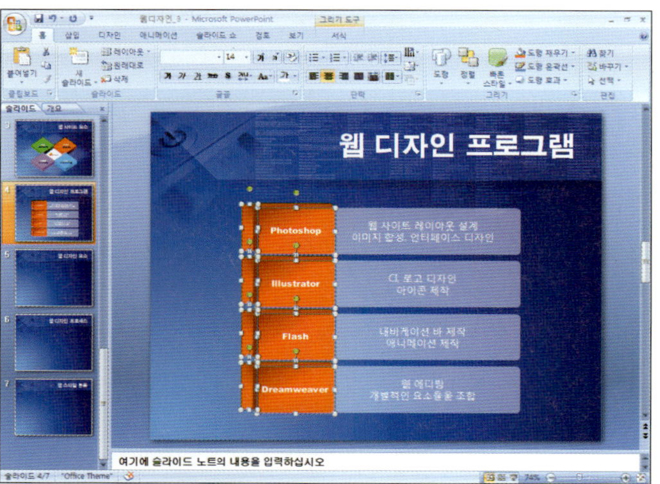

9 그룹을 해제하고 다음과 같이 텍스트를 입력합니다. 그런 다음 드래그 해서 왼쪽 4개의 사각형을 선택한 후 [글꼴]은 'Arlal Black'을 적용하고 [글꼴 크기]는 '14pt'를 적용합니다.

Photoshop	웹 사이트 레이아웃 설계 이미지 합성, 인터페이스 디자인
Illustrator	CI, 로고 디자인 아이콘 제작
Flash	내비게이션 바 제작 애니메이션 제작
Dreamweaver	웹 에디팅 개별적인 요소들을 조합

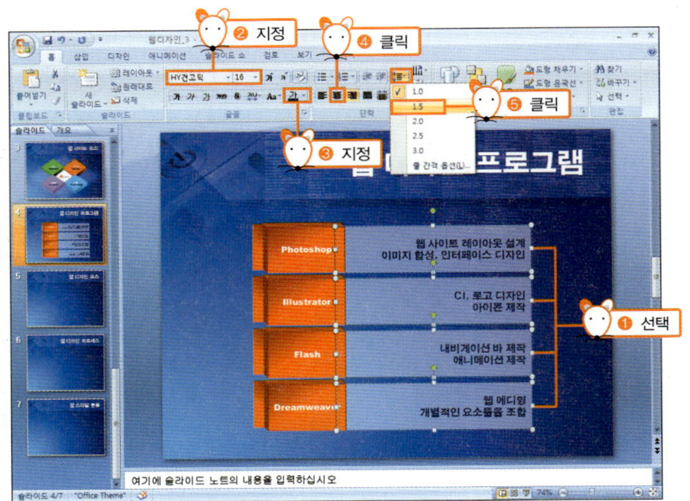

10 텍스트가 수정되면 4개의 투명한 사각형을 선택합니다. 그런 다음 글꼴과 색, 서식을 설정합니다.

❷ [홈] 탭의 [글꼴]은 'HY견고딕', [글꼴 크기]는 '16pt'로 지정합니다.

❸ [글꼴 색](가)은 [표준 색]의 '진한 파랑'을 지정합니다.

❹ [텍스트 오른쪽 맞춤](▤)을 클릭합니다.

❺ [줄 간격](▤)의 목록 버튼을 클릭한 후 '1.5'를 클릭합니다.

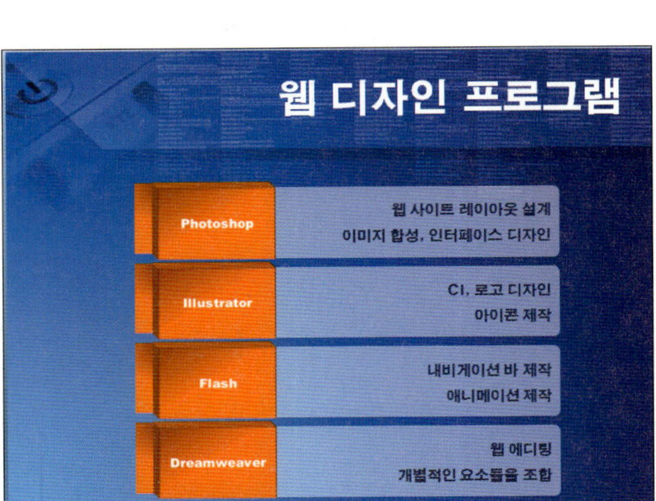

11 모든 글꼴과 단락이 적용되었으면 크기와 위치를 조절해서 완성합니다. 크기를 조절할 때에는 반드시 그룹으로 묶고 조절해야 모든 도형이 일정하게 조절됩니다.

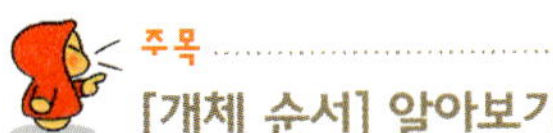

주목

[개체 순서] 알아보기

여러 개의 도형이 겹쳐 있을 때 앞/뒤 순서를 변경합니다.

❶ 여러 개체 중에서 선택한 개체가 맨 앞으로 이동합니다.

❷ 여러 개체 중에서 선택한 개체가 맨 뒤로 이동합니다.

❸ 여러 개체 중에서 선택한 개체가 한 칸 앞으로 이동합니다.

❹ 여러 개체 중에서 선택한 개체가 한 칸 뒤로 이동합니다.

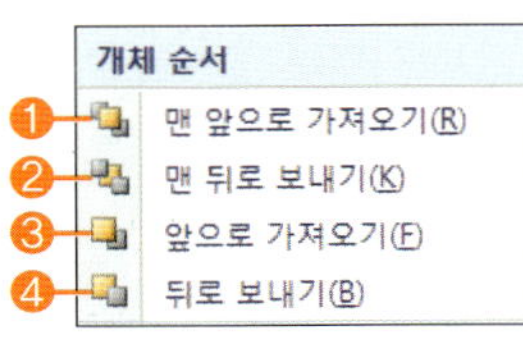

[도형 모양 변경]을 이용해 새로운 도형으로 바꾸기

다양한 효과를 적용시켜 도형을 완성한 후에 마음에 들지 않는다면 이전까지는 처음부터 다시 시작해야 했습니다. 그러나 [도형 모양 변경] 메뉴를 이용하면 도형을 지우지 않고 새로운 도형으로 바꿀 수 있어 새롭게 만들 필요가 없습니다.

❶ 변경하고자 하는 도형들을 선택합니다. 그런 다음 [서식] 탭의 [도형 편집](🔲)을 클릭한 후 [도형 모양 변경]에서 원하는 도형을 클릭합니다.

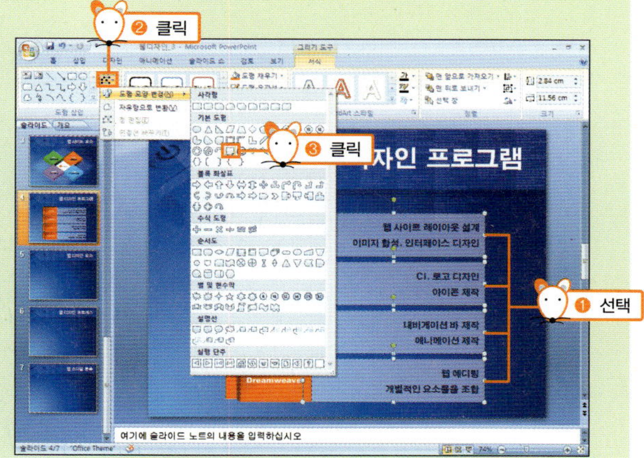

❷ 효과는 그대로 적용된 채 선택한 도형으로 새롭게 변경됩니다.

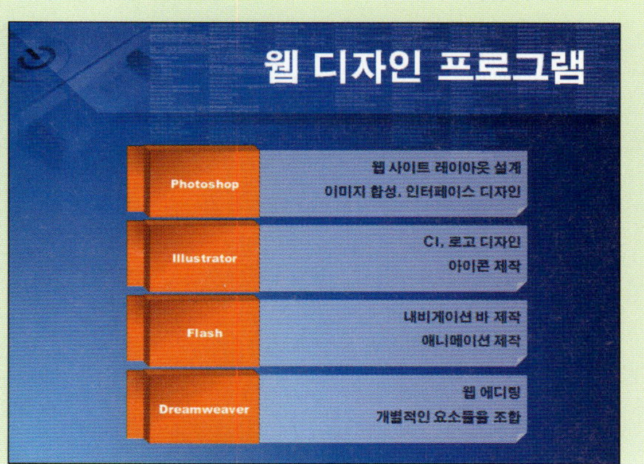

그라데이션과 도형 효과로
입체 버튼과 입체 구 만들기

그라데이션의 음영 효과를 이용하면 입체적인 효과의 도형을 만들 수 있습니다. 또한, [도형 효과]를 적용하면 그림자 효과를 추가시킬 수도 있습니다. 이번 Lesson에서는 그라데이션과 [도형 효과]를 이용해서 입체적인 버튼과 구를 만들어 보겠습니다. 프레젠테이션 문서 제작에서 유용하게 사용할 수 있는 내용으로 차분하게 살펴보도록 합니다.

Lesson 17

● 예제파일 : Sample\Part 03\웹디자인_4.pptx

 따라해 보세요

그라데이션으로 입체 버튼 만들기

● 원 도형을 만들고 입체적인 효과를 주기 위해 그라데이션 효과를 적용시켜 보겠습니다.

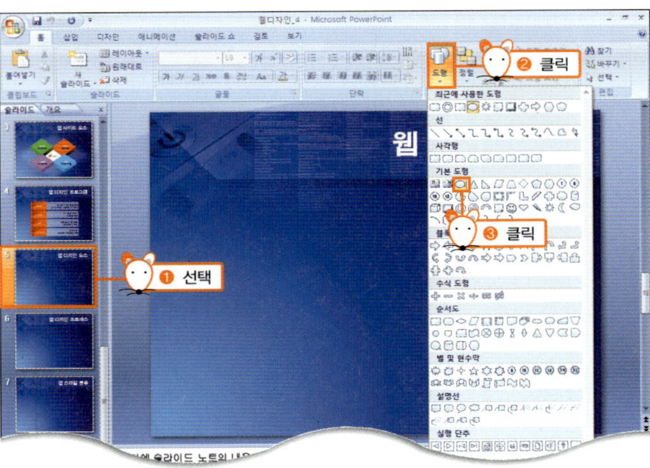

1 5번 슬라이드를 선택합니다. 그런 다음 [홈] 탭에서 [도형]( )을 클릭하고 [기본 도형]의 '타원'을 클릭합니다.

2 다음과 같이 Shift 를 누르고 마우스 드래그하여 정원을 그리고 속성을 지정합니다.

❷ [홈] 탭의 [도형 윤곽선](도형 윤곽선)은 [윤곽선 없음]과 [도형 채우기](도형 채우기)에서 [다른 채우기 색]을 클릭합니다.

3 [색] 대화상자가 나타나면 [표준] 탭에서 색을 다음과 같이 클릭한 후 [확인] 버튼을 클릭합니다.

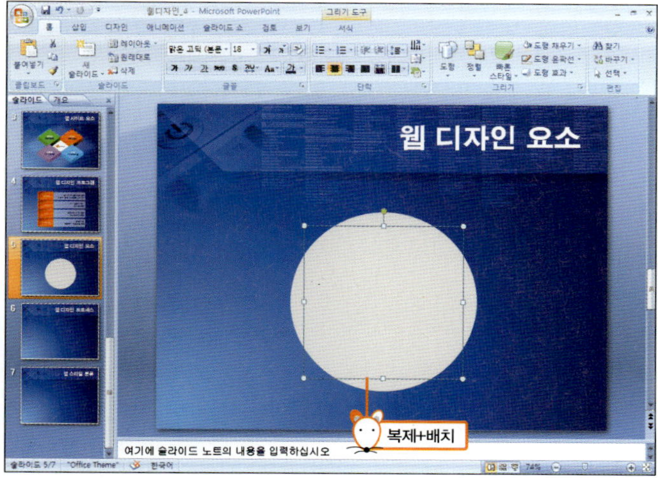

4 도형에 색이 적용되면 [Ctrl]+[D]를 눌러 복제합니다. 그런 다음 방향키를 이용해 처음 만든 원 도형과 맞게 구도를 배치하고 [Shift]와 [Ctrl]을 눌러 중심을 유치한 채 크기를 작게 조절합니다.

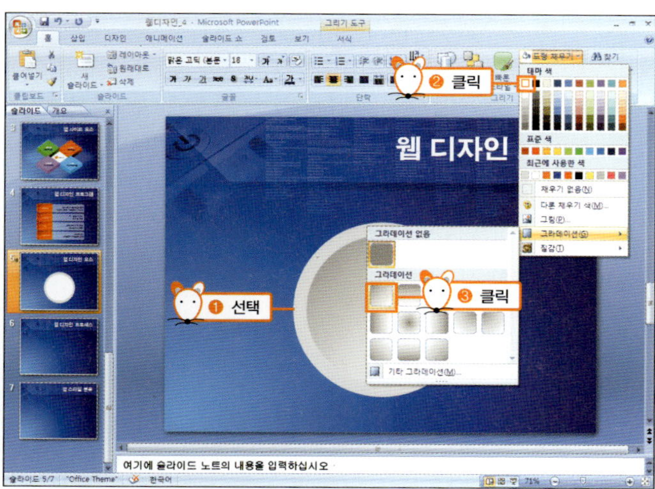

5 복제한 도형을 선택한 상태에서 색과 그라데이션의 속성을 지정합니다.

❷ [홈] 탭의 [도형 채우기]([도형 채우기▼])를 클릭하고 [테마 색]의 '흰색, 배경 1'을 적용합니다.

❸ [그라데이션]에서 '선형 대각선'을 클릭합니다.

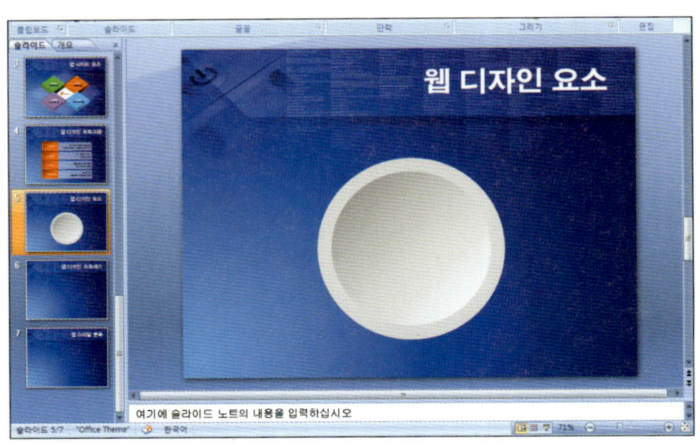

6 도형에 그라데이션이 적용되면서 간단하게 입체 버튼이 완성되었습니다.

그라데이션과 [도형 효과]를 이용하여 입체 구 만들기

● 원을 입체 도형을 만들 때에는 그라데이션만으로는 효과가 부족합니다. [도형 효과]의 [부드러운 가장자리] 메뉴를 이용하여 보다 입체적인 구를 완성합니다.

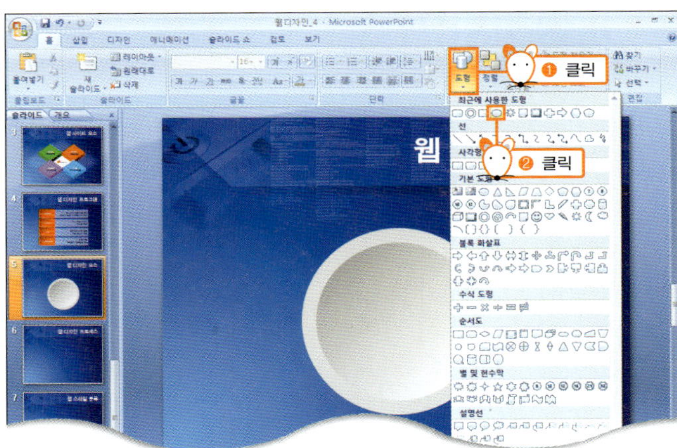

1 [홈] 탭에서 [도형]()을 클릭하고 [최근에 사용한 도형]에서 '타원'을 클릭합니다.

2 다음과 같이 Shift 를 누른 채로 드래그해서 정원을 삽입하고 속성을 지정합니다.

❷ [홈] 탭의 [도형 윤곽선](도형 윤곽선 ▾)은 [윤곽선 없음]으로 적용한 후 [도형 채우기](도형 채우기 ▾)에서 [최근에 사용한 색]의 '주황'을 클릭합니다.

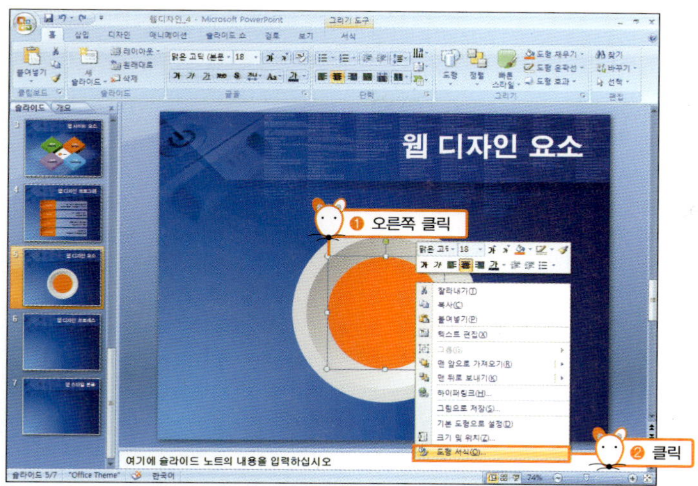

3 색이 적용되면 원을 마우스 오른쪽 버튼으로 클릭한 후 나타나는 메뉴의 [도형 서식]을 클릭합니다.

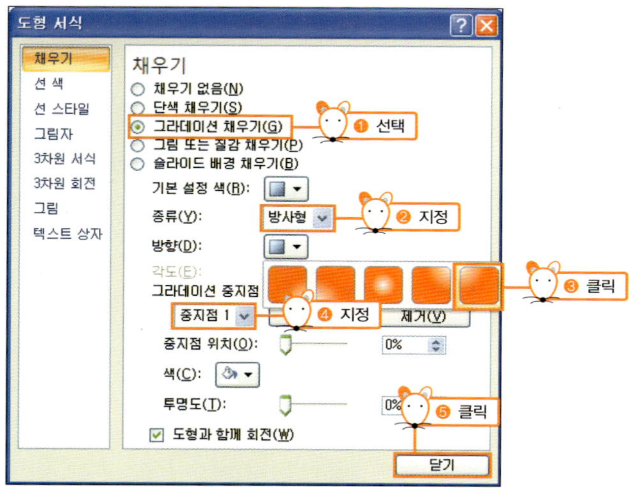

4 [도형 서식] 대화상자가 나타나면 [채우기] 탭에서 필요한 속성을 지정한 후 [닫기] 버튼을 클릭합니다.

❷ 그라데이션의 [종류]는 '방사형'으로 지정합니다.

❸ [방향]은 '모서리에서'를 클릭합니다.

❹ [색]([　▼])은 '흰색'으로 지정합니다.

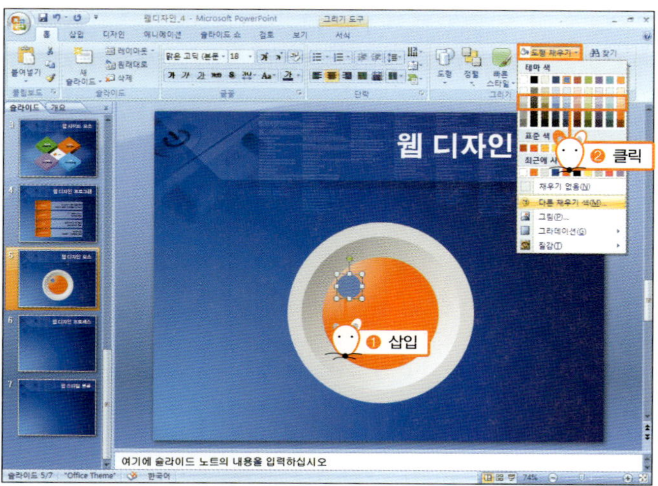

5 다음과 같이 도형에 그라데이션 효과가 적용되었다면 입체적인 효과를 더욱 주기 위해 원을 삽입하고 속성을 지정합니다.

❷ [홈] 탭의 도형 윤곽선([도형 윤곽선 ▼])은 [윤곽선 없음]으로 적용한 후 [도형 채우기]([도형 채우기 ▼])에서 [다른 채우기 색]을 클릭합니다.

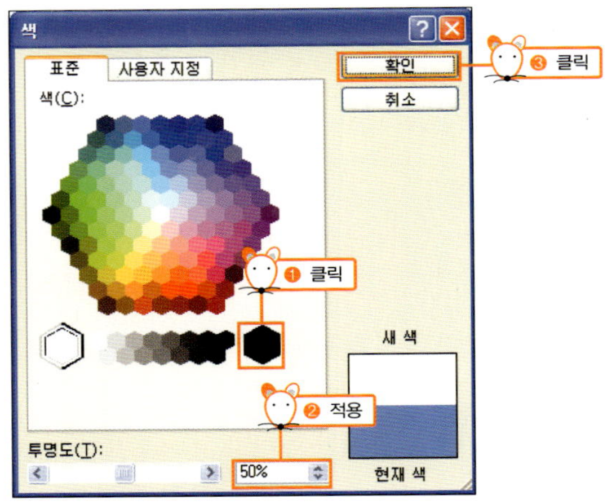

6 [색] 대화상자가 나타나면 [표준] 탭의 [색]을 '흰색'으로 클릭하고 [투명도]를 '50%'로 적용한 후 [확인] 버튼을 클릭합니다.

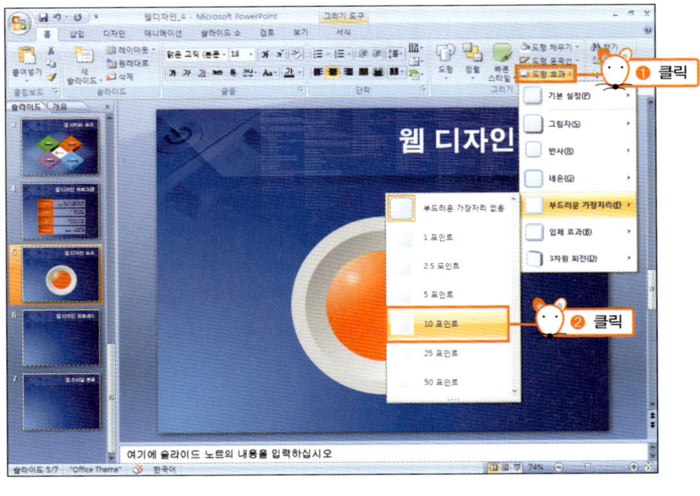

7 색이 적용되었으면 [홈] 탭의 [도형 효과] ()를 클릭하고 [부드러운 가장자리]에서 '10 포인트'를 클릭합니다.

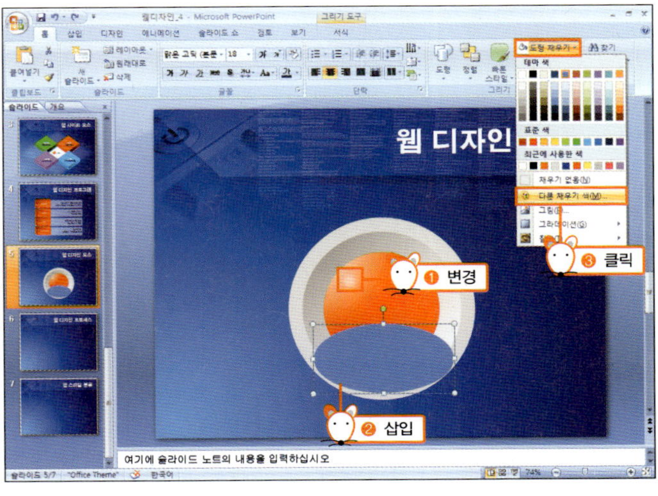

8 도형의 테두리가 뿌옇게 변경됩니다. 그림자를 만들기 위해 다음과 같이 원을 삽입하고 [홈] 탭의 도형 윤곽선(도형 윤곽선)은 [윤곽선 없음]으로 적용한 후 [도형 채우기](도형 채우기)에서 [다른 채우기 색]을 클릭합니다.

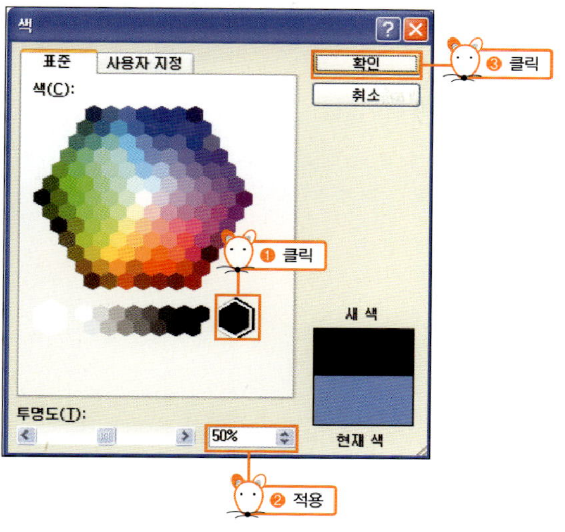

9 [색] 대화상자의 [표준] 탭에서 [검은색]을 클릭하고 [투명도]를 '50%'로 적용한 후 [확인] 버튼을 클릭합니다.

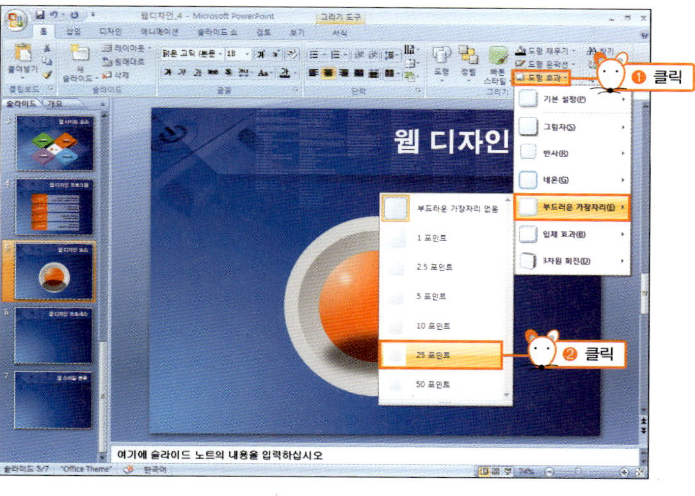

10 색이 적용되었으면 [홈] 탭의 [도형 효과]를 클릭하고 [부드러운 가장자리]에서 '25 포인트'를 클릭합니다.

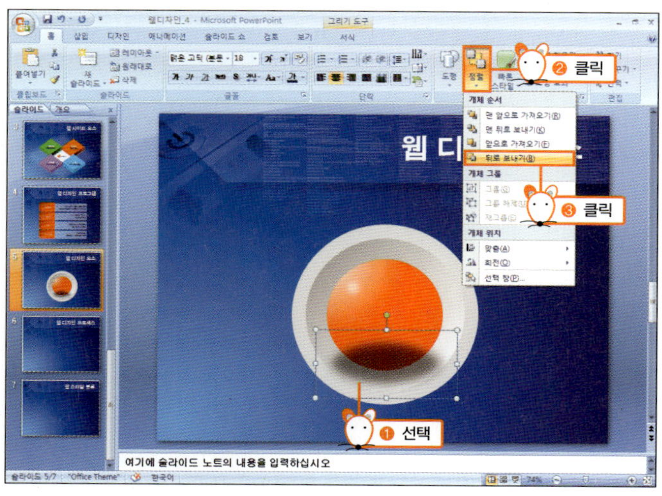

11 그림자가 완성되었습니다. 이제 도형의 순서를 변경하기 위해 [홈] 탭의 [정렬]을 클릭하고 [개체 순서]에서 [뒤로 보내기]를 클릭합니다.

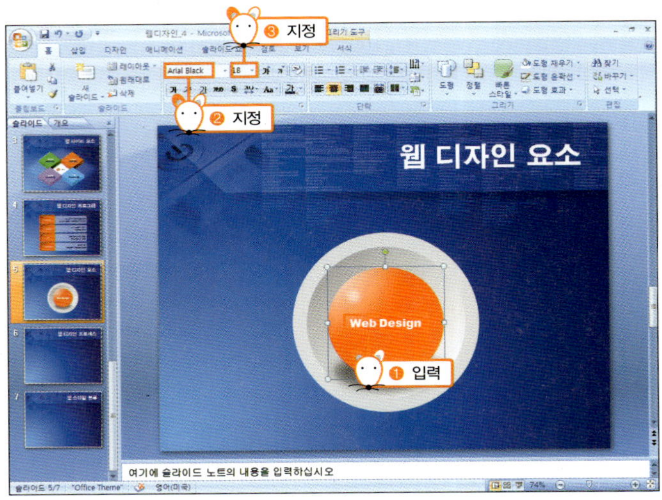

12 다시 한 번 [뒤로 보내기]를 클릭해서 완성합니다. 그런 다음, 텍스트를 입력하고 글꼴과 크기를 적용합니다.

❷ [글꼴]은 'Arial Black'으로 지정합니다.

❸ [글꼴 크기]는 '18pt'로 지정합니다.

13 나머지 메뉴를 만들기 위해 다음과 같이 도형을 만들고 속성을 지정합니다.

❷ '모서리가 둥근 직사각형'을 삽입합니다.

❸ [홈] 탭의 도형 윤곽선([도형 윤곽선 ▾])은 [윤곽선 없음]으로 적용한 후 [도형 채우기]([도형 채우기 ▾])에서 [다른 채우기 색]을 클릭합니다.

14 [색] 대화상자의 [표준] 탭에서 [흰색]을 클릭하고 [투명도]를 '50%'로 적용한 후 [확인] 버튼을 클릭합니다.

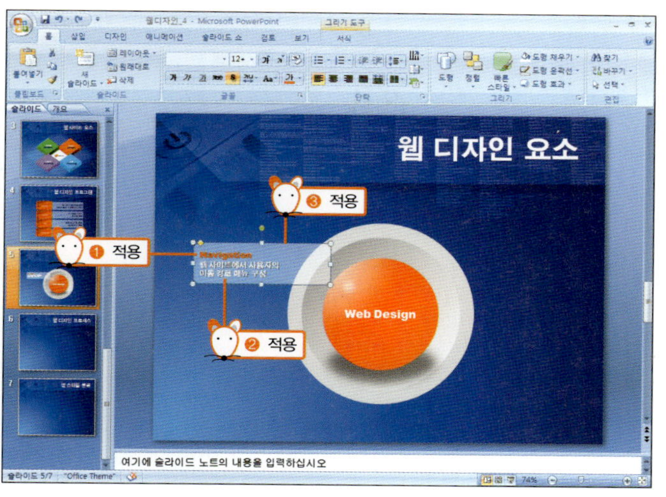

15 도형에 투명도가 적용되면 다음과 같이 텍스트를 입력하고 속성을 지정합니다.

❶ 영문의 [글꼴]은 'Arial Black', [글꼴 크기]는 '14pt', [글꼴 색](🔳)은 '주황'을 적용합니다.

❷ 한글의 [글꼴]은 'HY견고딕', [글꼴 크기]는 '14pt', [글꼴 색](🔳)은 '흰색'을 적용합니다.

❸ 텍스트 상자를 선택해서 모든 텍스트에 [그림자](🔳)와 [텍스트 왼쪽 맞춤](🔳)을 적용합니다.

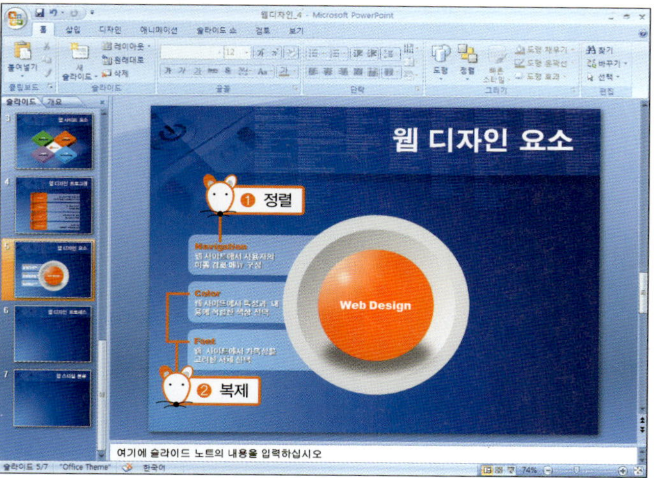

16 선택을 해제하지 않은 상태에서 [홈] 탭의 [정렬](🔳)을 클릭하고 [개체 순서]에서 [맨 뒤로 보내기]를 클릭해서 도형을 정렬합니다. 그런 다음 Ctrl + D 를 이용해서 복제하고 텍스트를 입력합니다.

Naviagtion	웹사이트에서 사용자의 이동 경로 메뉴 구성
Color	웹사이트에서 특성과 콘텐츠에 적합한 색상 선택
Font	웹 사이트에서 콘셉트와 가독성을 고려한 서체 선택

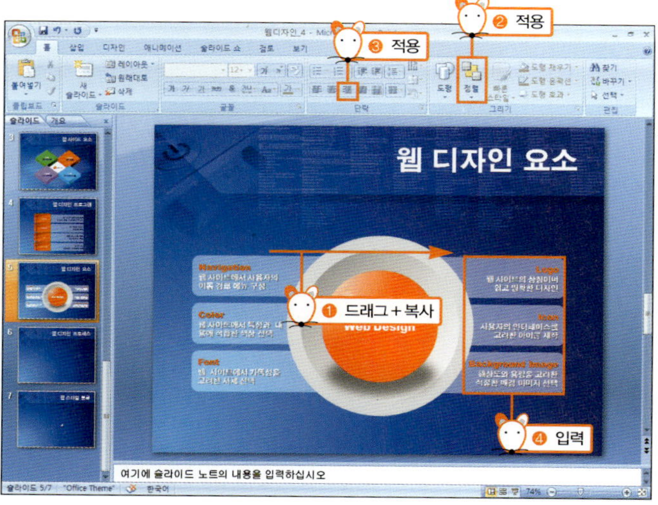

17 3개의 도형을 선택해서 Ctrl + Shift 를 누른 채 드래그해서 오른쪽으로 복사합니다. 그런 다음 [맨 뒤로 보내기]와 [텍스트 오른쪽 맞춤](🔳)을 적용하고 다음과 같이 텍스트를 입력해서 완성합니다.

Logo	웹사이트의 상징이며 쉽고 명확한 디자인
Icon	사용자의 인터페이스를 고려한 아이콘 제작
Background Image	해상도와 용량을 고려한 적절한 배경 이미지 선택

도형의 모양을 수정하기 위한 안내선과 편집 명령 알아보기

제작된 도형은 상황에 따라서 원하는 모양으로 수정해야 합니다. 보통 도형의 조절점을 드래그하여 수정을 하는데, 안내선을 활용한다면 정확한 크기로 수정합니다. 또한, 전혀 다른 모양으로도 [점 편집] 기능을 이용하면 쉽게 변경할 수 있습니다. 이번 Lesson에서는 도형의 크기와 편집 명령을 이용해 원하는 형태로 수정하는 방법을 알아보겠습니다.

Lesson 18

⊙ 예제파일 : Sample\Part 03\웹디자인_5.pptx

따라해 보세요

도형의 모양 조절점으로 원하는 형태로 수정하기

● 도형의 노란색 모양 조절점을 이용하면 여러 가지 형태로 조절할 수 있습니다. 여기에서는 사각형과 평행 사변형의 도형을 삽입하고 원하는 형태로 수정하는 방법에 대해 알아봅니다.

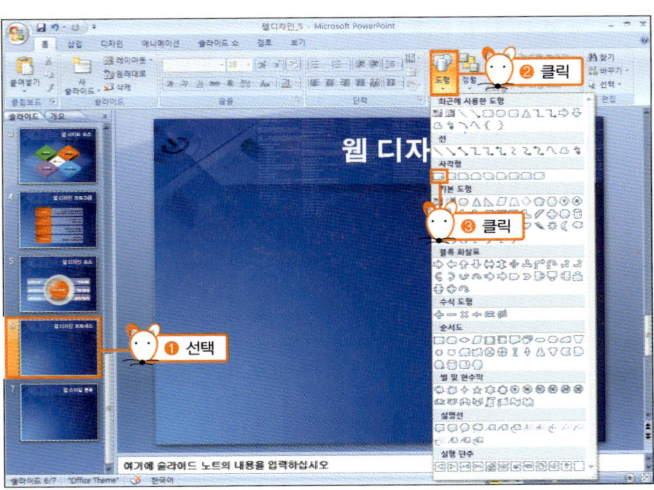

1 6번 슬라이드를 선택합니다. 그런 다음 [홈] 탭의 [도형] (🔲)을 클릭하고 [사각형]의 '직사각형'을 클릭합니다.

2 다음과 같이 사각형을 삽입하고 [홈] 탭의 [도형 윤곽선] (도형 윤곽선 ▾)의 [윤곽선 없음]을 클릭합니다.

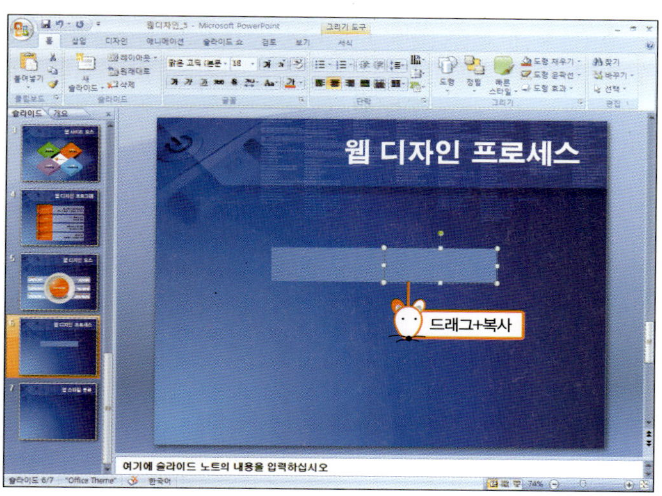

3 Ctrl + Shift 를 누른 채로 드래그해서 오른쪽으로 복사합니다.

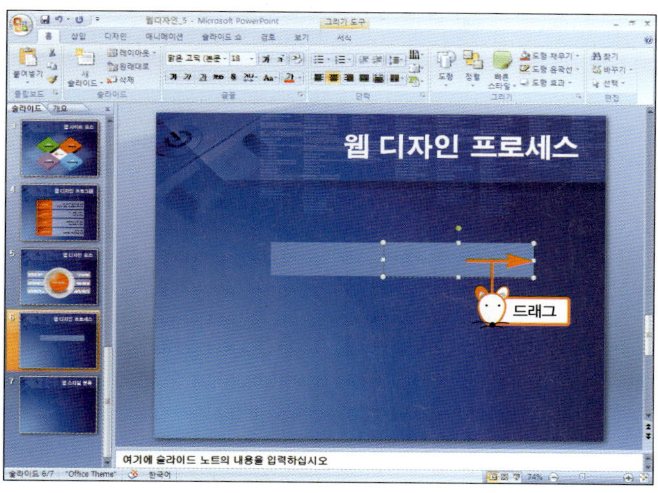

4 다음과 같이 복사가 되었으면 크기를 조절하기 위해 오른쪽으로 드래그하여 길게 늘려 줍니다.

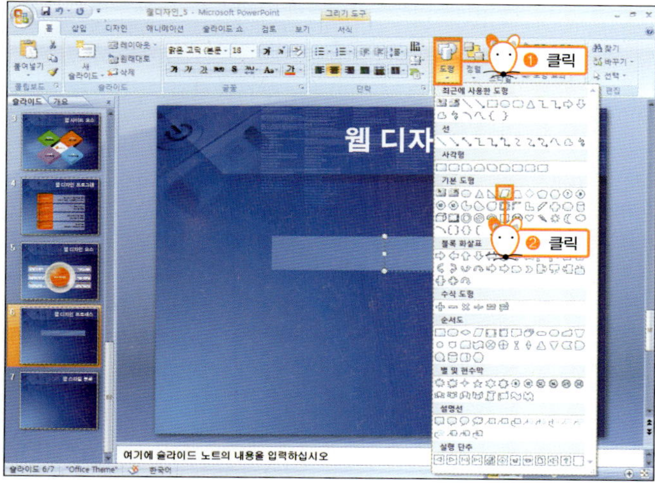

5 [홈] 탭에서 [도형]( )을 클릭하고 [기본 도형]의 '평행 사변형'을 클릭합니다.

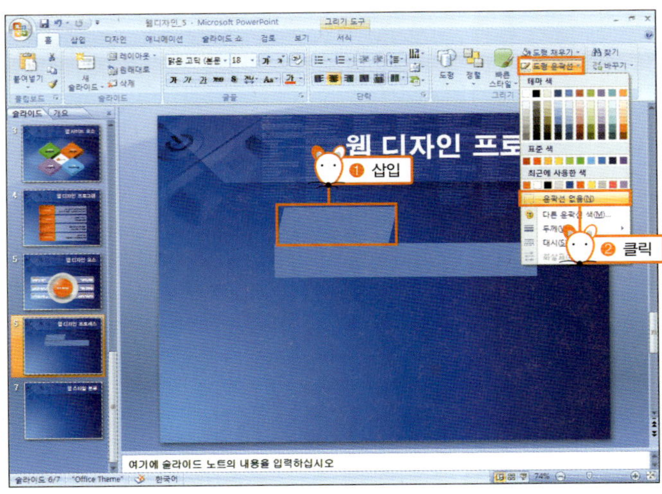

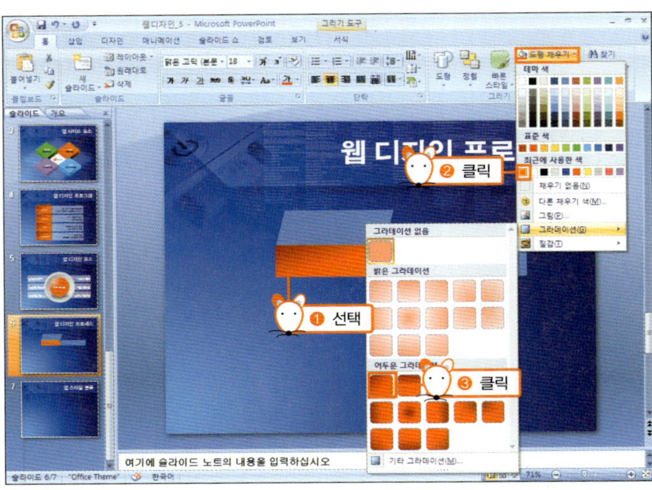

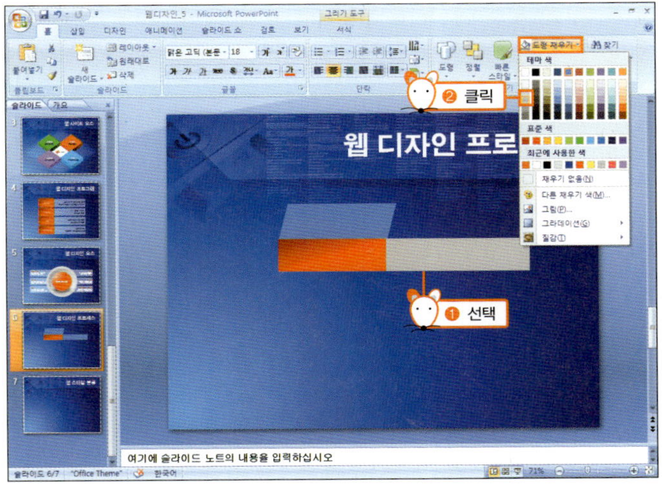

6 다음과 같이 마우스로 드래그하여 도형을 삽입하고 [홈] 탭의 [도형 윤곽선](도형 윤곽선 ▾)의 [윤곽선 없음]을 클릭합니다.

7 '평형 사변형'의 모양을 수정하기 전에 먼저 두 개의 사각형에 색을 지정하겠습니다. 왼쪽 사각형을 선택한 후 색과 그라데이션을 적용합니다.

❷ [홈] 탭의 [도형 채우기](도형 채우기 ▾)를 클릭하고 [최근에 사용한 색]의 '주황'을 적용합니다.

❸ [그라데이션]의 '선형 대각선'을 클릭합니다.

> **주목**
> 여러 도형들의 색이 동일하면 모서리를 정확하게 맞추어서 수정하기 힘듭니다. 따라서 가능하면 다른 색을 지정하고 작업하는 것이 좋습니다.

8 그라데이션이 적용되었으면 긴 사각형을 선택합니다. 그런 다음 [홈] 탭의 [도형 채우기](도형 채우기 ▾)를 클릭하고 [테마 색]에서 '흰색, 배경 1, 25% 더 어둡게'를 클릭합니다.

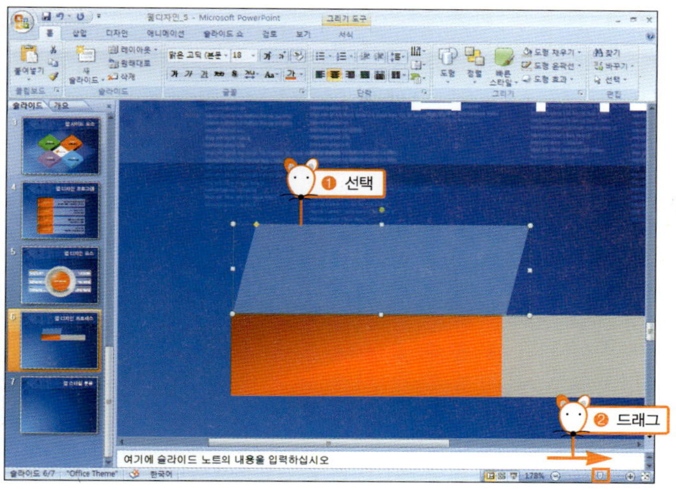

9 이번에는 '평행 사변형'의 모양을 수정해 보겠습니다. 정확히 모서리에 맞게 크기를 조절하기 위하여 먼저 '평행 사변형'을 선택하고 [확대/축소](　) 바를 오른쪽으로 이동시켜 화면을 확대합니다.

> **주목**
>
> 개체를 선택하지 않은 상태에서 [확대/축소](　) 바를 조절하면 화면이 중앙에서부터 확대와 축소가 됩니다. 그러나 개체를 선택하고 [확대/축소](　) 바를 조절하면 선택한 개체를 중심으로 확대와 축소를 할 수 있습니다.

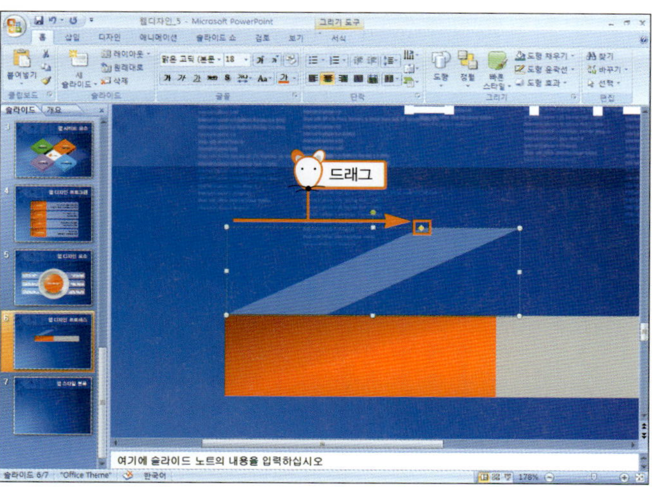

10 화면이 확대되었으면 이제 '평행 사변형'의 노란색 조절점을 클릭한 채 오른쪽으로 드래그해서 다음과 같이 모양을 수정합니다.

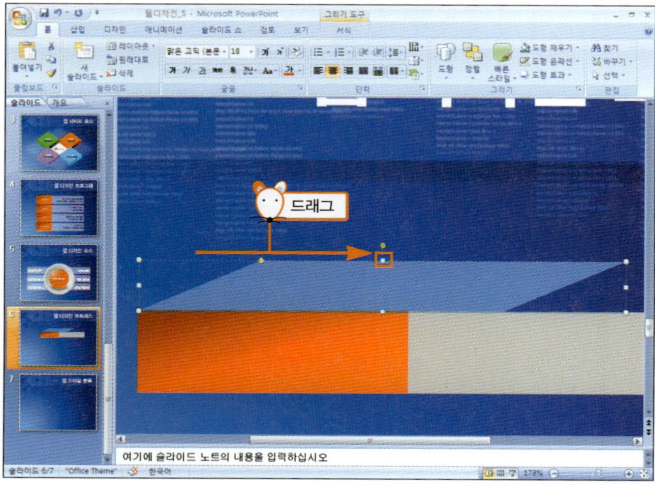

11 이번에는 위쪽 가운데 조절점을 아래로 드래그해서 다음과 같이 모양을 수정합니다. 모서리가 맞지 않는다면 화면을 크게 확대시킨 후 Alt 를 누르고 드래그해서 세밀하게 조절합니다.

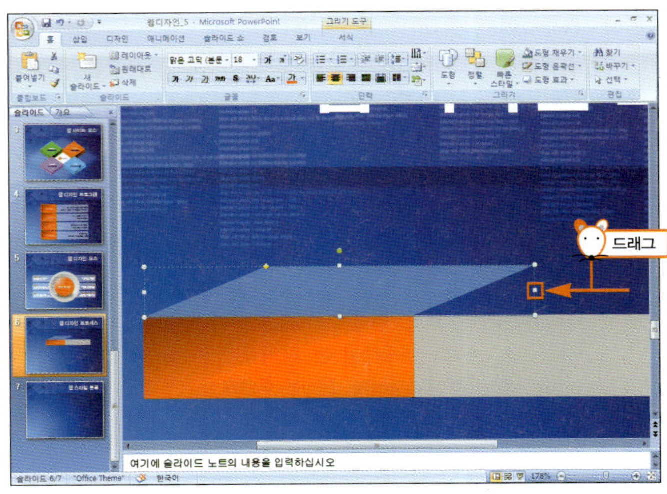

12 마지막으로 오른쪽 가운데 조절점을 왼쪽으로 드래그해서 크기를 조절합니다.

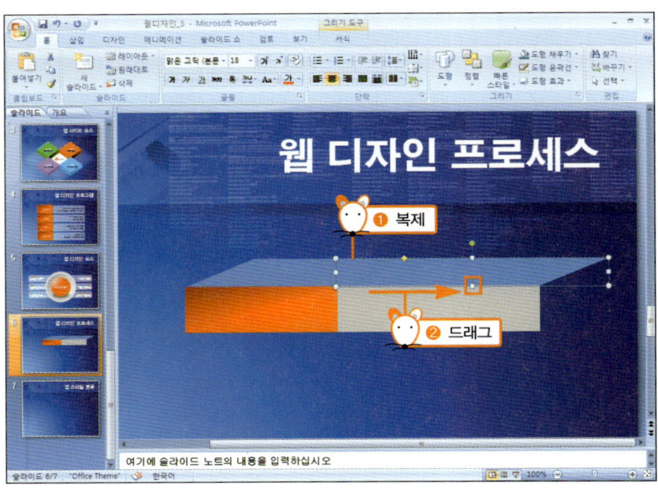

13 [확대/축소] 바를 적당히 조절한 후 '평행 사변형'을 Ctrl+Shift 를 누른 채로 오른쪽으로 드래그해서 복제합니다. 그런 다음 오른쪽 가운데 조절점을 오른쪽으로 드래그해서 다음과 같이 크기를 조절합니다.

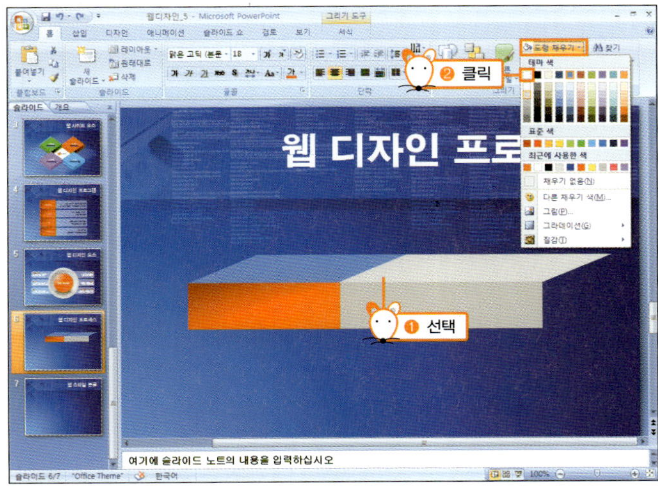

14 선택을 해제하지 않은 상태에서 [홈] 탭의 [도형 채우기](도형 채우기 ▾)를 클릭하고 [테마 색]에서 '흰색, 배경 1, 15% 더 어둡게'를 클릭합니다.

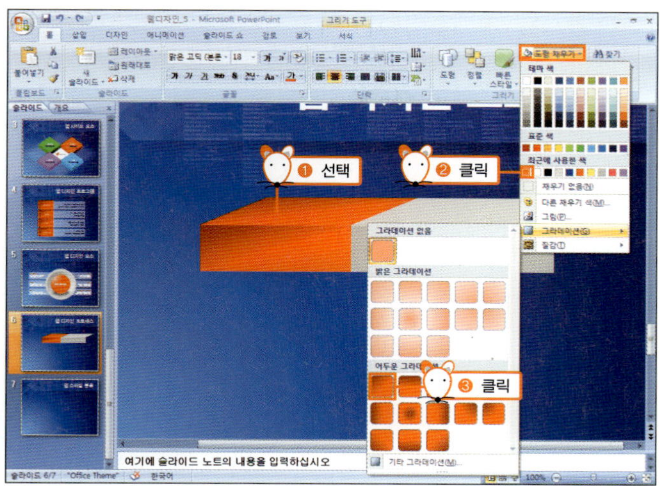

15 도형에 색이 적용되었으면 왼쪽 '평행 사변형'을 선택한 후 속성을 지정합니다.

❷ [홈] 탭의 [도형 채우기]([도형 채우기 ▼])를 클릭하고 [최근에 사용한 색]의 '주황'을 적용합니다.

❸ [그라데이션]의 '선형 대각선'을 클릭합니다.

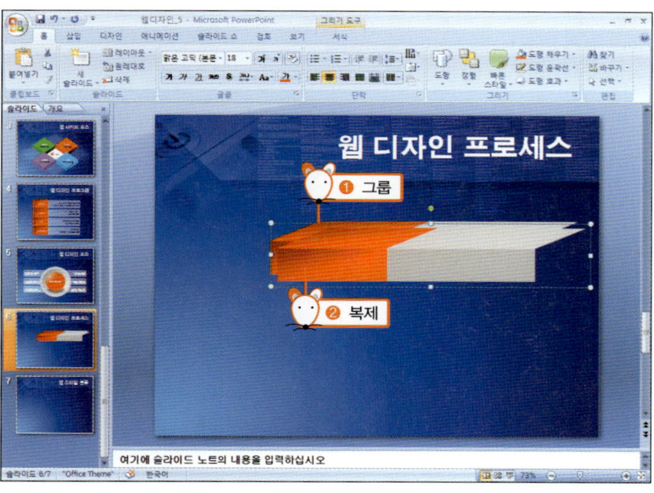

16 모든 도형을 선택한 후 Ctrl + G 를 눌러 그룹으로 묶습니다. 그런 다음 Ctrl + D 를 눌러 복제합니다.

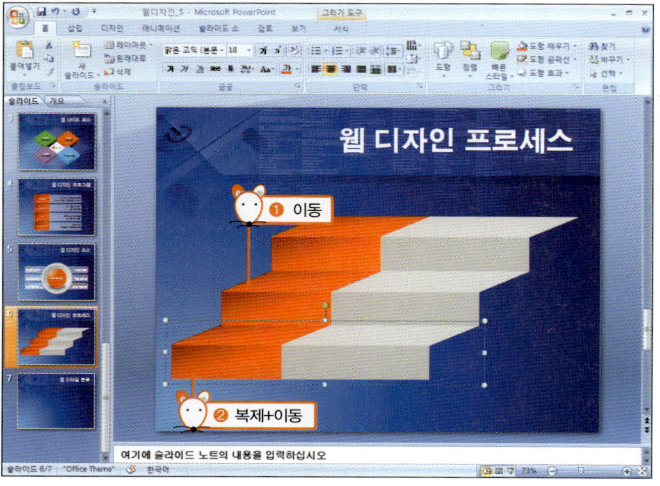

17 방향키로 위치를 맞추고 Ctrl + D 를 이용해서 다음과 같이 복제합니다.

정교한 작업을 위한 안내선 만들기

● 개체의 크기와 위치를 보다 정교하고 정확하게 위치시키기
위해서 안내선을 만들고 작업합니다.

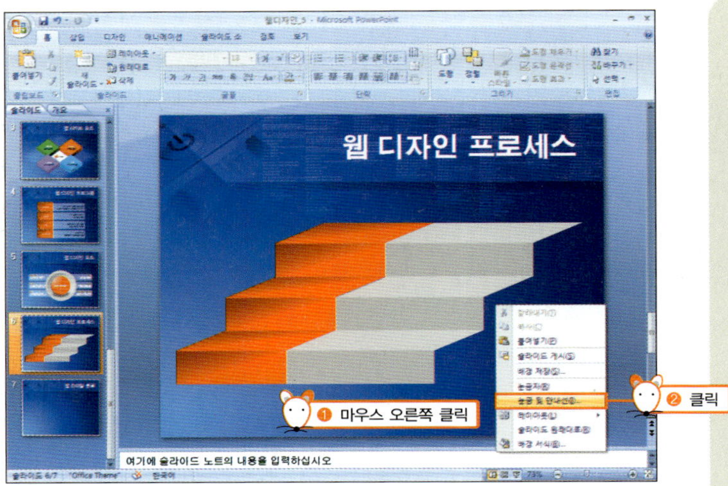

1 슬라이드의 빈 영역을 마우스 오른쪽 버튼으
로 클릭한 후 [눈금 및 안내선]을 클릭합니다.

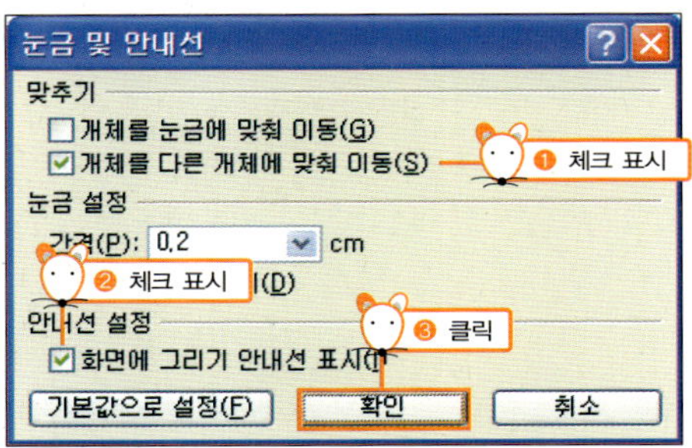

2 [눈금 및 안내선] 대화상자가 나타납니다. [개
체를 다른 개체에 맞춰 이동]과 [화면에 그리
기 안내선 표시]에 체크 표시한 후 [확인] 버튼
을 클릭합니다.

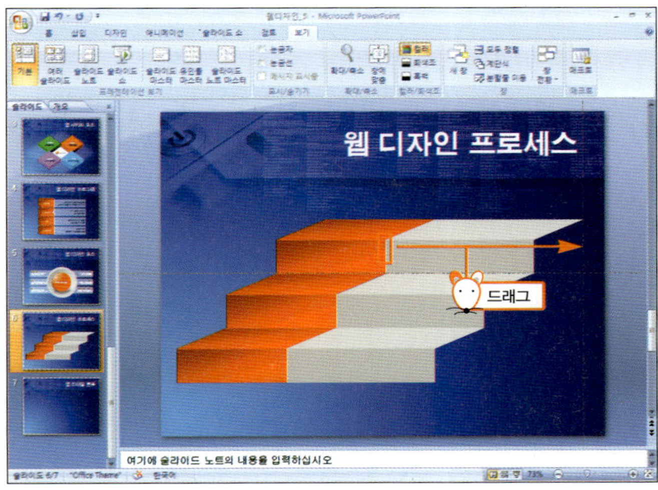

3 슬라이드 화면에 안내선이 표시되면 클릭한
채 드래그하여 오른쪽 '평행 사변형'의 가장
끝 부분으로 이동시킵니다.

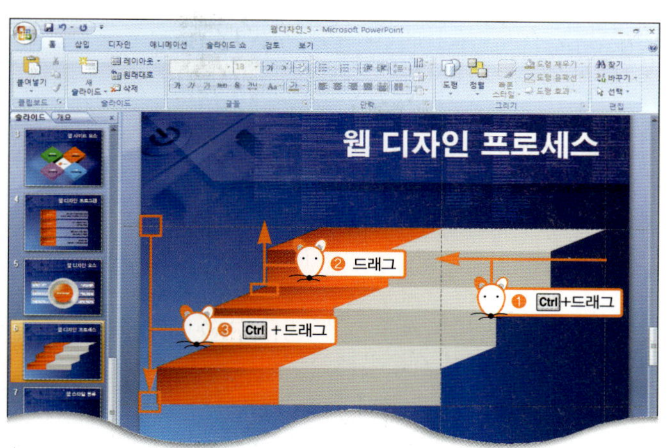

4   원하는 위치에 안내선을 이동하였다면, 같은 방법으로 한 개의 세로 안내선과 두 개의 가로 안내선을 추가시킵니다.

따라해 보세요

도형 삽입하고 도형 편집 명령으로 자유롭게 조절하기

● 도형을 보다 자유롭게 조절하려면 [자유형으로 변환] 명령을 적용시켜야 합니다. 그런 다음 [점 편집] 명령을 이용하면 쉽게 조절할 수 있습니다.

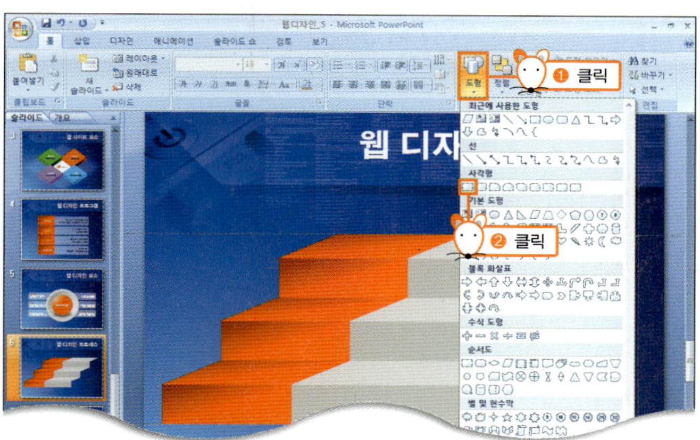

1   [홈] 탭의 [도형]( )을 클릭하고 [사각형]의 '직사각형'을 클릭합니다.

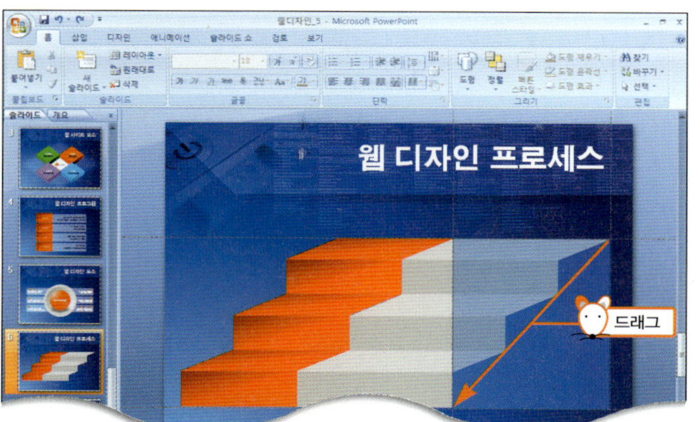

2   다음과 같이 안내선에 맞게 드래그합니다.

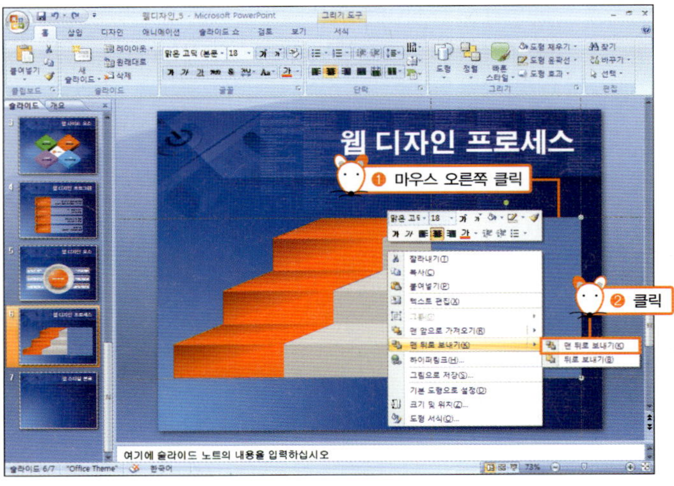

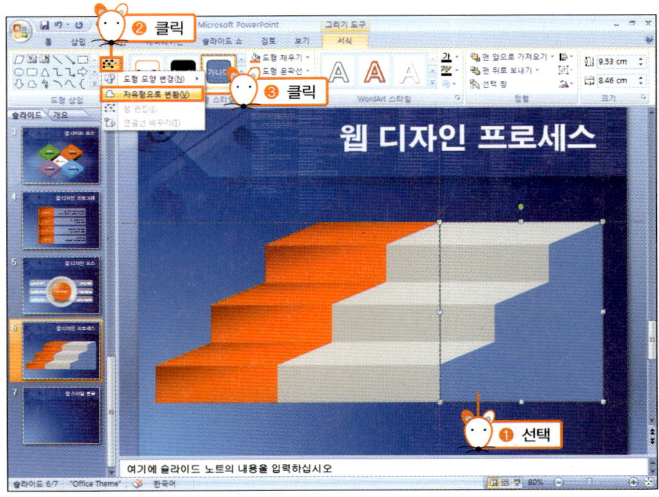

3 사각형이 삽입되면 [홈] 탭의 [도형 윤곽선] (도형 윤곽선 ▼)을 클릭하고 [윤곽선 없음]을 클릭합니다.

4 사각형을 마우스 오른쪽 버튼으로 클릭한 후 나타나는 메뉴에서 [맨 뒤로 보내기]를 클릭하여 맨 뒤로 이동시킵니다.

5 도형이 선택된 상태에서 [서식] 탭의 [도형 편집](⊞)을 클릭하고 [자유형으로 변환]을 클릭합니다.

6 다시 [도형 편집](⊠)을 클릭한 후 [점 편집]을 클릭합니다.

> **주목**
>
> 도형을 편집하기 위해서는 먼저 [자유형으로 변환] 명령을 먼저 실행하고 [점 편집]을 클릭해야 도형을 편집할 수 있습니다.

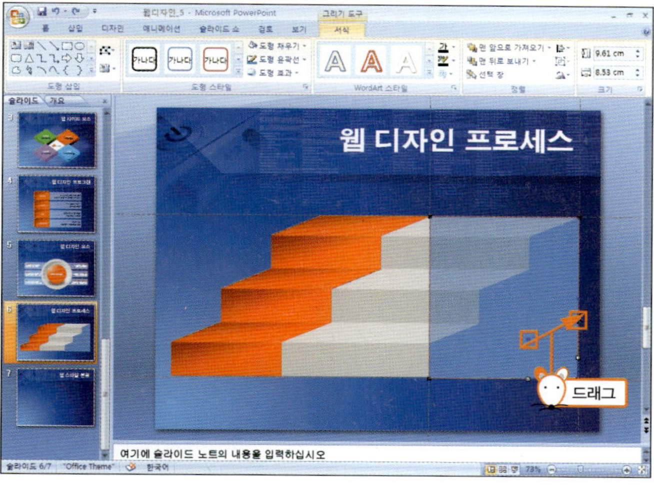

7 다음과 같이 조절점에 마우스 포인트를 이동시킨 후 모양이 ⊕으로 변경되면 클릭한 채 위쪽으로 드래그합니다.

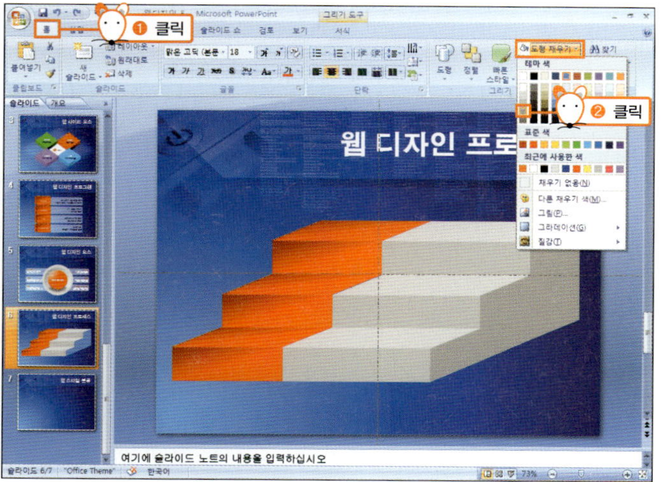

8 모양이 마음에 들지 않는다면 같은 방법으로 조절점을 드래그해서 수정합니다. 그런 다음 [홈] 탭의 [도형 채우기](도형 채우기 ▾)를 클릭한 후 [테마 색]의 '흰색, 배경 1, 35% 더 어둡게'를 적용합니다.

9 이번에는 화살표를 삽입하기 위하여 [홈] 탭을 클릭하고 [도형]( )의 [블록 화살표]에서 [원형 화살표]를 클릭합니다.

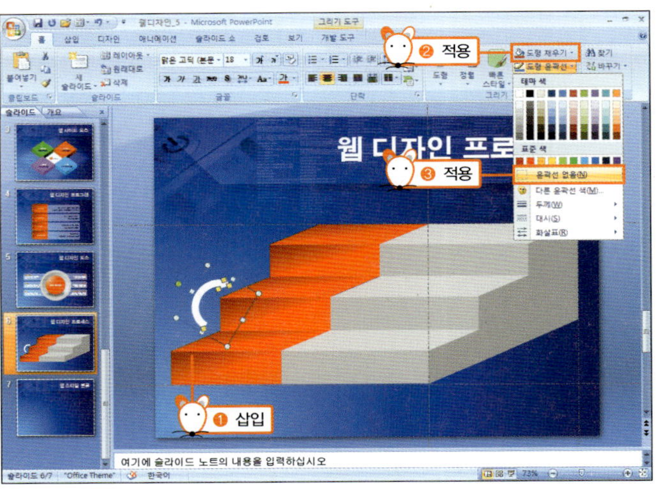

10 마우스로 적당히 드래그하여 삽입하고 속성을 지정합니다. 그런 다음 회전 조절점과 모양 조절점을 이용하여 수정합니다.

❷ [홈] 탭에서 [도형 채우기](도형 채우기 ▾)의 [테마 색]의 '흰색, 배경 1'을 적용합니다.

❸ [홈] 탭에서 [도형 윤곽선](도형 윤곽선 ▾)을 [윤곽선 없음]으로 적용합니다.

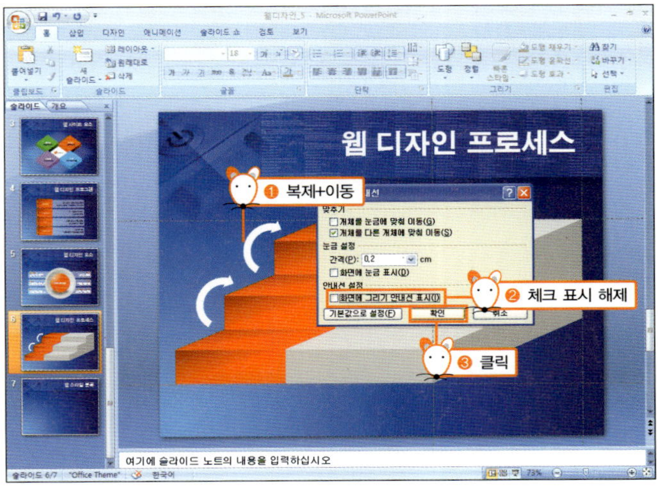

11 Ctrl를 누른 채 마우스로 드래그하여 복제하고 위치를 조절합니다. 그런 다음 슬라이드를 마우스 오른쪽 버튼을 클릭하여 [눈금 및 안내선]을 클릭하고 대화상자가 나타나면 [화면에 그리기 안내선 표시]의 체크 표시를 해제한 후 [확인] 버튼을 클릭합니다.

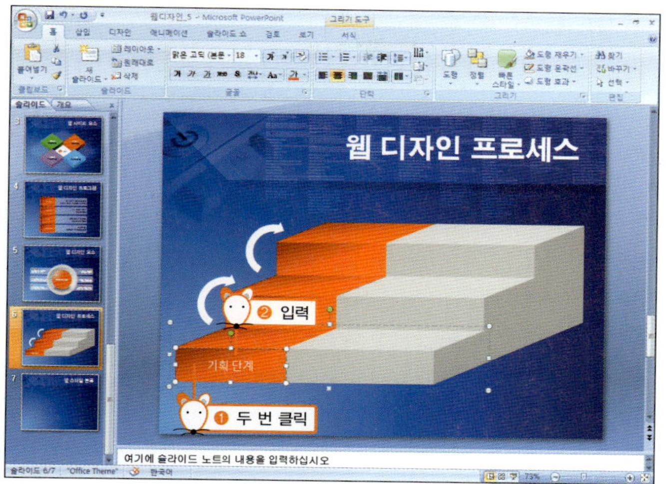

12 이제 텍스트를 입력하기 위해 사각형을 클릭합니다. 그룹으로 묶여 있기 때문에 사각형 전체가 선택됩니다. 다시 한 번 사각형을 클릭하면 그룹으로 묶여 있는 상태에서도 개별적으로 선택할 수 있습니다. 이제 '기획 단계'라고 입력합니다.

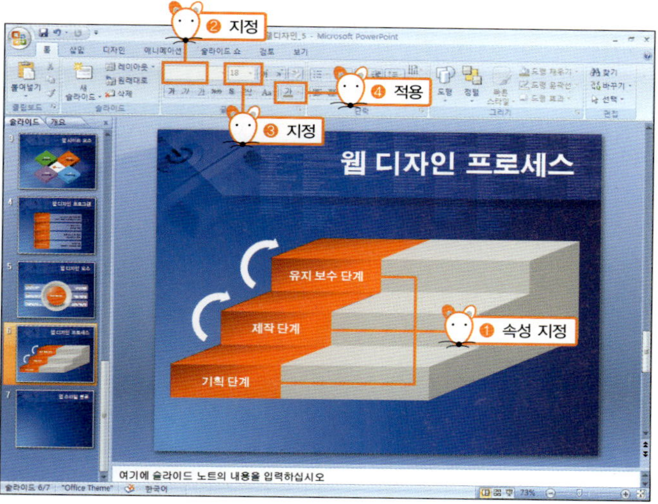

13 다음과 같은 방법으로 나머지 텍스트를 입력하고 속성을 지정합니다.

❷ [글꼴]은 'HY견고딕'으로 지정합니다.
❸ [글꼴 크기]는 '18pt'로 지정합니다.
❹ [글꼴 색]( )은 '흰색'으로 적용합니다.

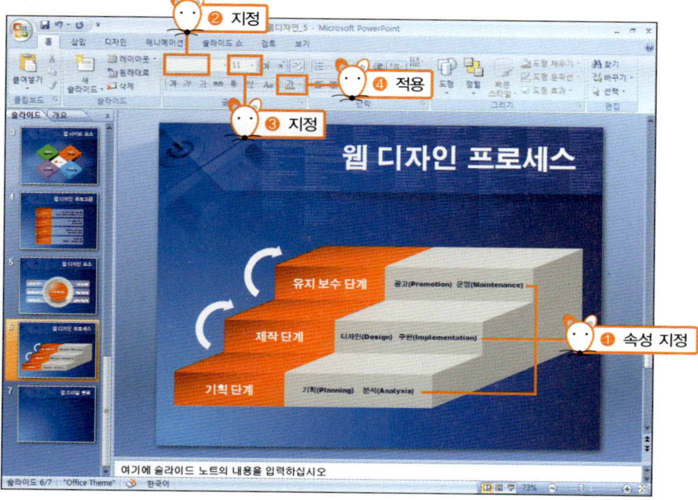

14 오른쪽 사각형에도 텍스트를 입력하고 속성을 지정합니다.

❷ 한글 [글꼴]은 'HY견고딕'으로, 영문 [글꼴]은 'Arial Black'으로 지정합니다.
❸ [글꼴 크기]는 한글과 영문 모두 '11pt'로 지정합니다.
❹ [글꼴 색]( )은 '진한 파랑'으로 적용합니다.

광고(Promotion)	운영(Maintenance)
디자인(Design)	구현(Implementation)
기획(Planning)	분석(Analysis)

도형에 그림 채우고
SmartArt로 다이어그램 만들기

[도형 채우기]에는 여러 가지 효과를 이용하여 색을 채우는 방법들이 있습니다. 패턴 형태의 무늬를 채워주는 효과와 한 가지 이상의 색을 혼합하여 채워주는 그라데이션 효과, 그리고 목재나 대리석 등의 질감 효과 등이 있습니다. 또한, 슬라이드에 도형 대신 [SmartArt]를 사용하면 쉽고 빠르게 다이어그램이나 조직도처럼 힘든 형태의 도형을 만들 수 있는 장점이 있습니다.

Lesson 19

예제파일 : Sample\Part 03\웹디자인_6.pptx

도형에 그림 채우기

● 도형에 색 대신 그림을 채우면 도형의 형태를 그대로 유지하면서 이미지가 채워지므로 도형을 좀 더 부각시킬 수 있습니다.

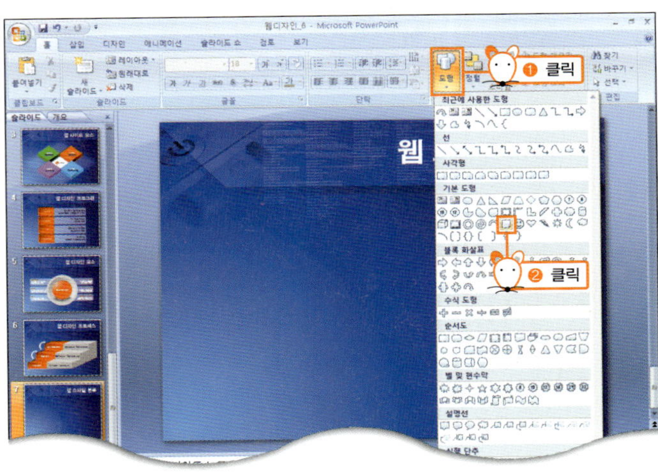

1 7번 슬라이드를 선택합니다. 그런 다음 [홈] 탭에서 [도형]을 클릭하고 [기본 도형]의 '모서리가 접힌 도형'을 클릭합니다.

2 다음과 같이 슬라이드에 마우스로 드래그하여 삽입합니다. 그런 다음 [홈] 탭의 [도형 채우기]를 클릭하고 [그림]을 클릭합니다.

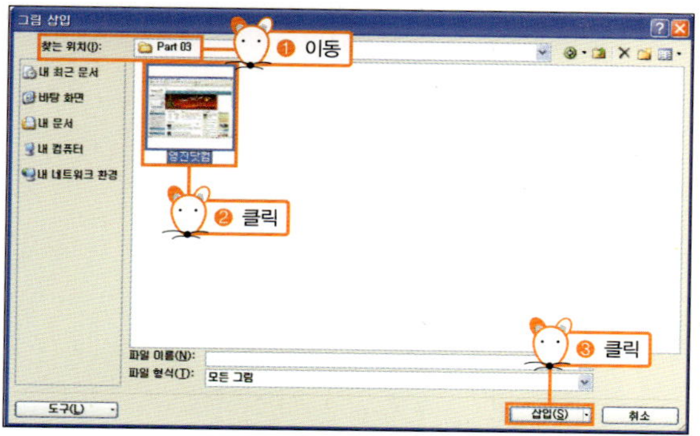

3 [그림 삽입] 대화상자가 나타나면 'Sample\Part 03\영진닷컴.jpg'를 클릭하고 [삽입] 버튼을 클릭합니다.

4 도형에 그림이 삽입됩니다. [홈] 탭의 [도형 윤곽선]([도형 윤곽선 ·])을 클릭하고 [윤곽선 없음]을 클릭합니다.

5 선택을 해제하지 않은 상태에서 [그림 도구]의 [서식] 탭을 클릭합니다. 그런 다음 [그림 효과]를 클릭하고 [3차원 회전]의 [원근감]에서 '원근감(오른쪽)'을 클릭합니다.

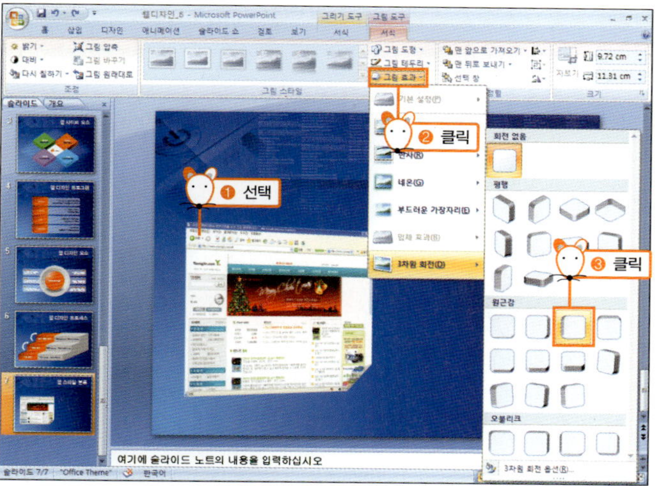

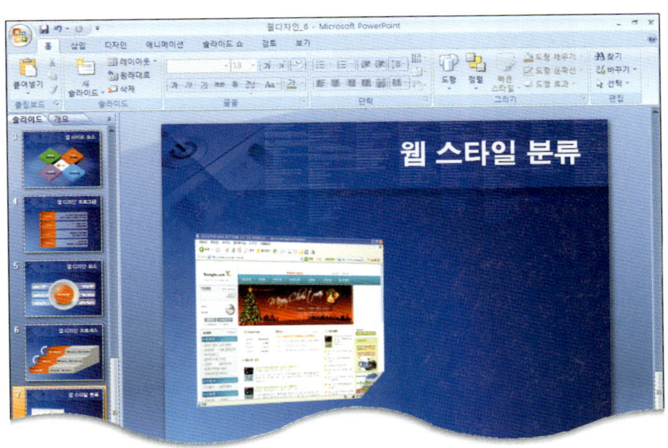

6 도형에 원근감이 적용되면 모양 조절점과 크기 조절점을 이용하여 적당히 크기와 위치를 조절합니다.

SmartArt로 다이어그램 만들기

● [SmartArt]에는 여러 종류의 다이어그램과 조직도 등이 있습니다. 여기에서는 [주기형]의 '방사 주기형'을 이용하여 다이어그램을 만들어 보겠습니다.

1 [삽입] 탭의 [SmartArt 그래픽 삽입]( )을 클릭합니다.

2 [SmartArt 그래픽 선택] 대화상자가 나타납니다. 왼쪽 항목에서 [주기형]을 클릭하고 '방사 주기형'을 클릭한 후 [확인] 버튼을 클릭합니다.

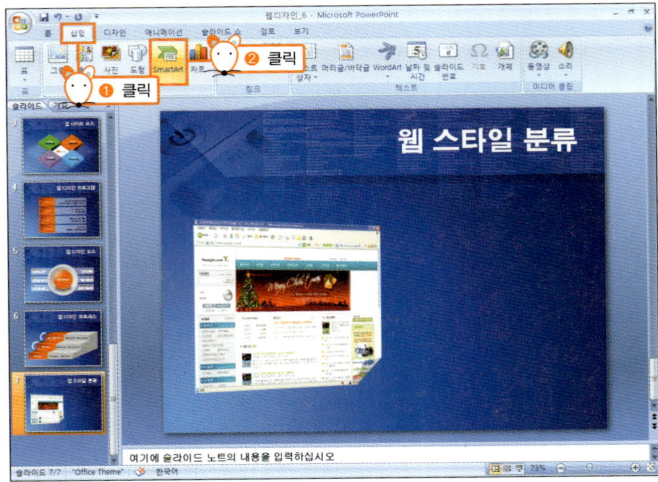

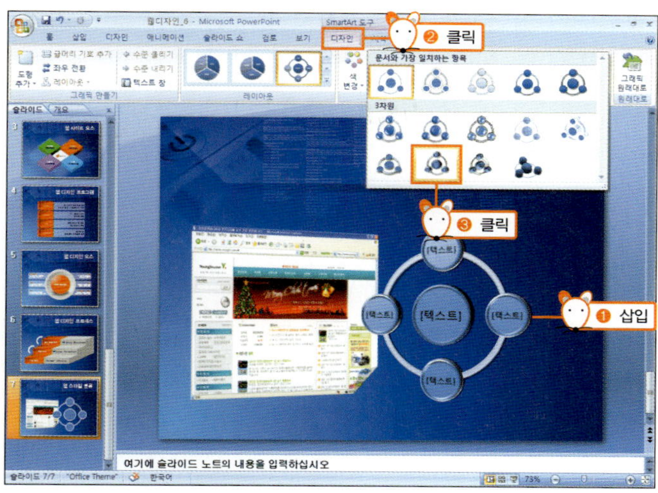

3 '방사 주기형' 다이어그램이 삽입됩니다. [디자인] 탭에서 [SmartArt 스타일] 그룹의 [자세히](▾) 버튼을 클릭한 후 [3차원]의 [금속]을 클릭합니다.

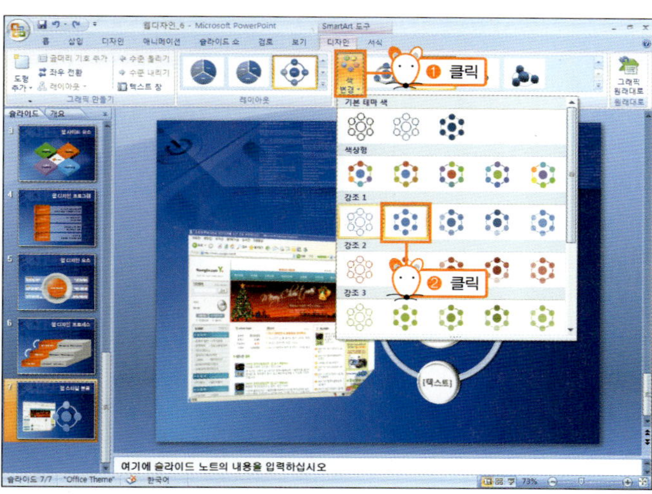

4 다이어그램에 금속 디자인이 적용됩니다. 이번에는 다이어그램의 색을 변경하기 위해서 [디자인] 탭에서 [색 변경](🎨)을 클릭하고 [강조 1]의 '색 윤곽-강조 1'을 클릭합니다.

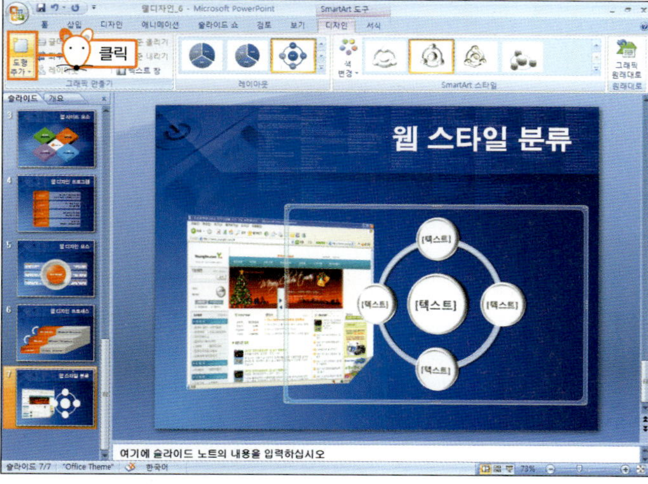

5 다이어그램의 색이 변경됩니다. 이번에는 도형을 추가하기 위해서 [디자인] 탭에서 [도형 추가](🔲)를 클릭합니다.

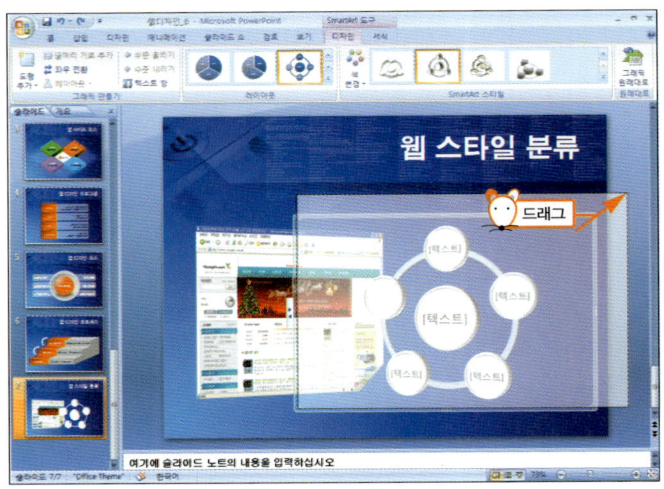

6 다이어그램에 도형이 추가되었습니다. [SmartArt]의 외곽을 다음과 같이 드래그한 후 적당히 크기를 조절합니다.

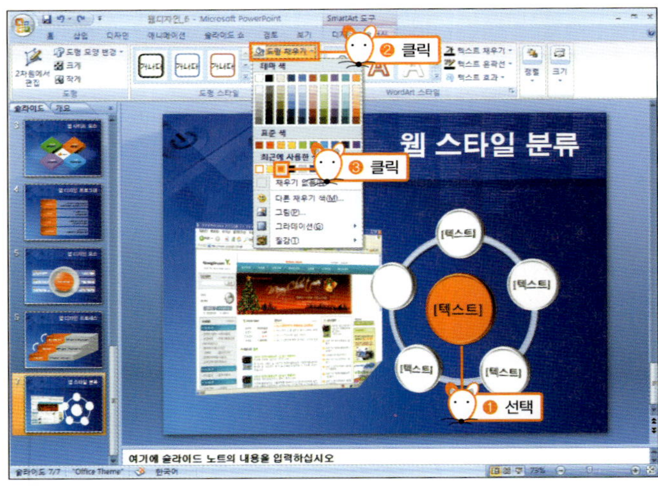

7 크기가 조절되었으면 다이어그램의 가운데 큰 원만 선택합니다. 그런 다음 [서식] 탭에서 [도형 채우기](도형 채우기 ⋅)를 클릭하고 [최근에 사용한 색]의 '주황'을 클릭합니다.

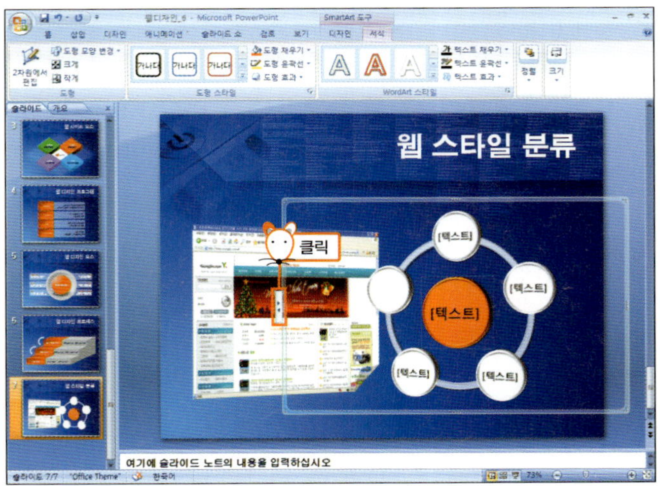

8 선택한 원에 지정한 색이 적용됩니다. 이번에는 텍스트를 입력하기 위해 [SmartArt]의 목록 버튼(⊞)을 클릭합니다.

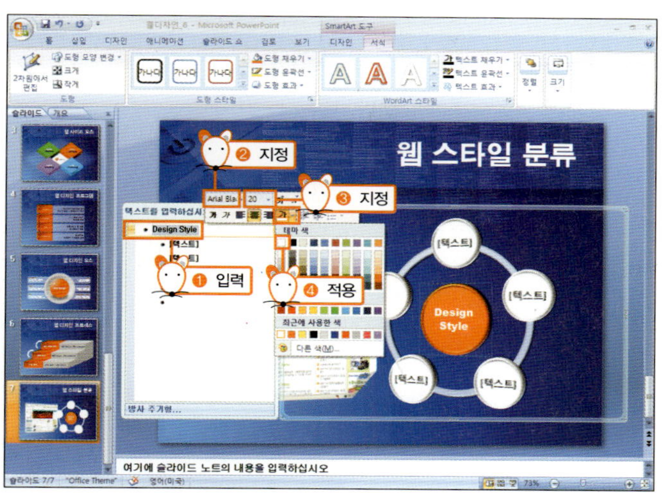

9 다음과 같이 텍스트를 입력할 수 있는 창이 열리면 'Design Style'을 입력하고 속성을 지정합니다.

❷ [글꼴]은 'Arial Black'을 지정합니다.
❸ [글꼴 크기]는 '20pt'로 지정합니다.
❹ [글꼴 색]은 '흰색'을 적용합니다.

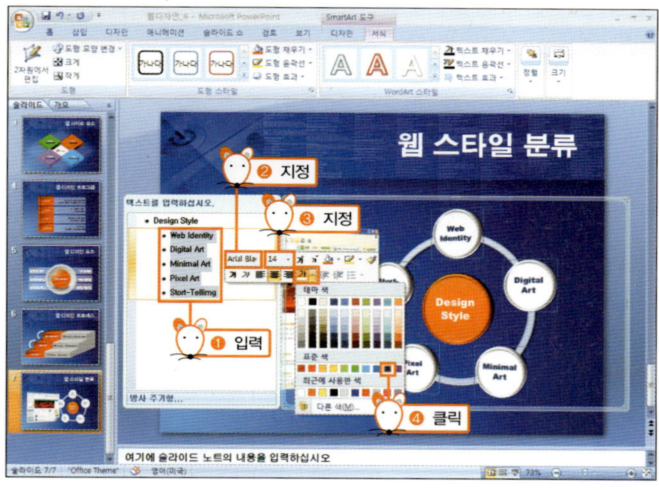

10 나머지 내용도 입력한 후 속성을 지정합니다.

❶ [글꼴]은 'Arial Black'을 지정합니다.
❷ [글꼴 크기]는 '14pt'로 지정합니다.
❸ [글꼴 색]은 [표준 색]의 '진한 파랑'을 적용합니다.

11 다이어그램에 텍스트를 모두 입력하였으면 [SmartArt]의 외곽을 클릭합니다. 텍스트 입력 창이 사라지면 도형과 다이어그램의 크기와 위치를 조절해서 완성합니다.

Part
4

역동적인 슬라이드 제작을 위한 멀티미디어 기능 알아두기

프레젠테이션을 포함한 다양한 문서는 텍스트와 이미지 등을 이용해 동적인 느낌을 전달할 수 있지만, 소리나 영상을 통해서도 제작하는 경우가 많아지고 있습니다. 제품의 사용 방법이나 제작 과정 등을 텍스트와 이미지로 표현하기 보다는 말과 연속적인 이미지들을 통해 청중을 설득시키는 것이 효과적이기 때문입니다. 또한, WordArt와 클립 아트를 이용해 슬라이드를 더욱 멋지게 장식할 수 있습니다. 이번 Part에서는 슬라이드의 활력을 불어넣는 다양한 멀티미디어 기능에 대해 알아보고, Microsoft Office Online에서 필요한 소스들을 다운로드 받아 삽입하는 방법을 알아보겠습니다.

눈과 귀가 즐거워지는
멀티미디어 슬라이드 제작하기

파워포인트 2007에서 더욱 막강해진 WordArt와 이미지를 대신해서 슬라이드를 꾸며주는 클립 아트 기능에 대해 알아보겠습니다. 또한, 동영상 파일과 소리 파일을 삽입하고 제어하는 여러 가지 방법에 대해 알아봅니다.

 소리 파일 삽입하기

프레젠테이션에 배경 음악으로 사용할 소리 파일을 삽입하고 [실행 설정]을 이용해서 소리 파일에 적용시킬 수 있습니다. 또한, 음악 CD를 이용해 원하는 트랙을 선택한 후 슬라이드에 삽입하여 반복해서 재생할 수 있습니다.

- [삽입] 탭의 [소리 파일]( )을 클릭해서 [소리 삽입] 대화 상자가 나타나면 원하는 소리 파일을 선택합니다.

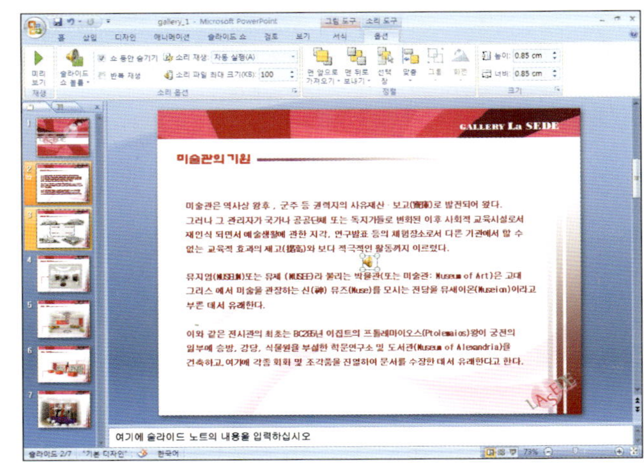

슬라이드에 삽입된 소리 파일

 동영상 파일 삽입하기

제품의 생산 과정, 또는 작업 과정 등을 동영상 파일로 제작해서 프레젠테이션에 활용하면 그 효과는 배가 됩니다. 파워포인트 2007를 이용해 동영상 파일을 삽입하고 원하는 위치나 크기로 조절할 수 있습니다. 또한, 동영상 버튼과 윈도우 미디어 플레이어를 삽입하여 깔끔한 슬라이드를 제작할 수 있습니다.

- 먼저 리본 메뉴에 [개발 도구] 탭을 추가시킵니다. 그런 다음 [기타 컨트롤]( )을 클릭해서 [Window Media Player]를 삽입합니다.

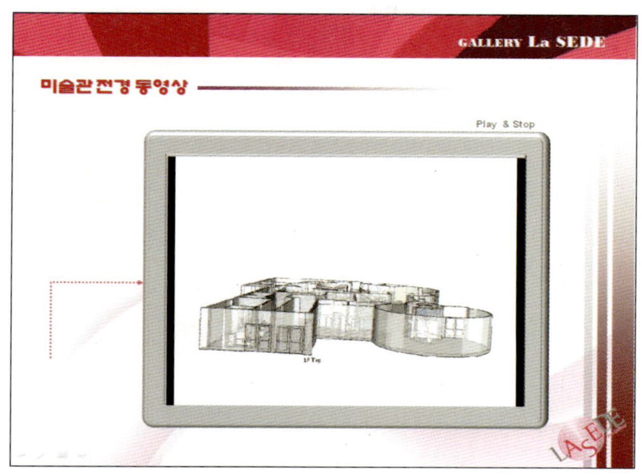
슬라이드에 삽입된 동영상 파일

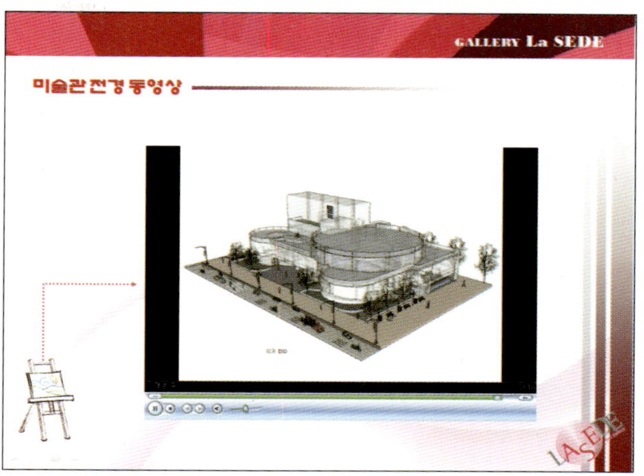
슬라이드에 동영상과 함께 삽입된 윈도우 미디어 플레이어

클립 아트 사용하기

이미지나 아이콘을 대신해서 사용하는 클립 아트는 파워포인트 2007에서 다양하게 제공하고 있습니다. 그러나 너무 많이 삽입하면 자칫 산만해질 수 있기 때문에 적절하게 사용하여 활용도를 높여야 합니다. 파워포인트 2007에서 제공하는 클립 아트 외에 인터넷을 통해 무한에 가까울 정도로 다운로드 받을 수 있습니다.

- 클립 아트를 마우스 오른쪽 버튼을 클릭한 후 나타나는 메뉴에서 [그룹]-[그룹 해제]를 클릭하거나 단축키 Ctrl + Shift + G 를 누릅니다. 그런 다음 다시 메뉴를 한 번 적용합니다. 이와 같이 클립 아트는 [그룹 해제] 메뉴를 두 번 적용시켜 주어야 완전한 그리기 개체로 전환하여 수정할 수 있습니다.

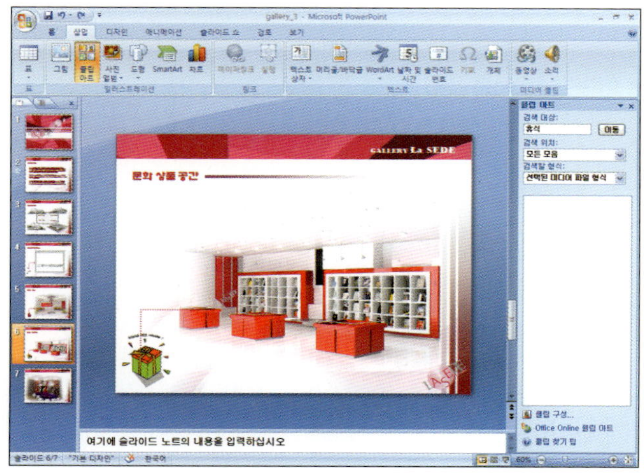
슬라이드에 삽입된 클립 아트

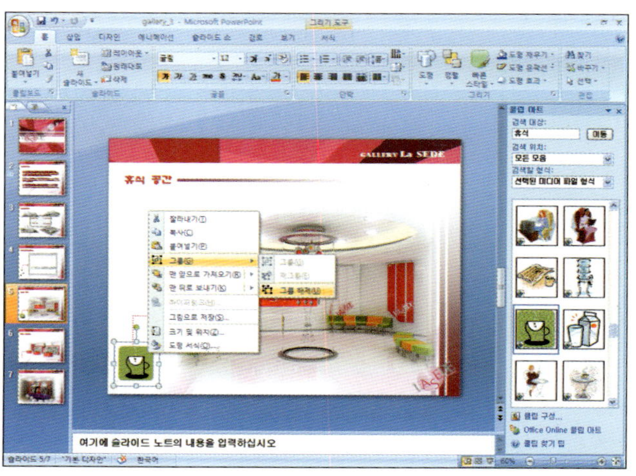
클립 아트를 그리기 개체로 전환하기

 ## WordArt 사용하기

텍스트에 화려함을 더해주는 WordArt는 지금까지 슬라이드 제작에서 빼놓을 수 없는 요소입니다. 화려함을 강조하는 프레젠테이션에서 반드시 알고 사용할 수 있어야 합니다.

- [삽입] 탭의 [WordArt](📄)를 클릭하면 WordArt를 삽입할 수 있고 일반적인 텍스트에도 WordArt 효과를 적용시킬 수 있습니다.

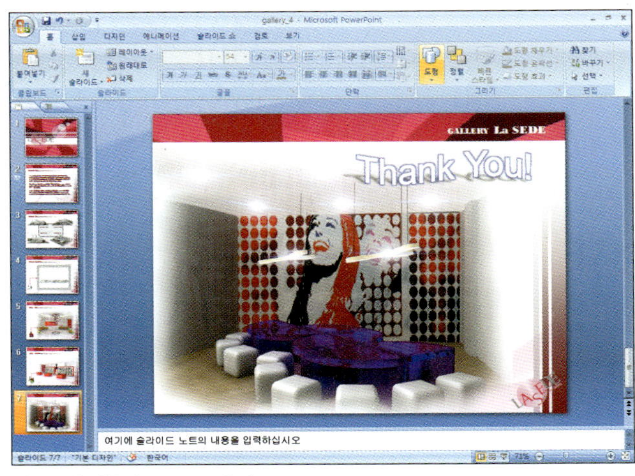

텍스트에 적용된 WordArt 효과

 ## 원하는 슬라이드로 이동하는 버튼 만들기

프레젠테이션 진행 중에 순서와 상관없이 다른 슬라이드로 이동하거나 현재 문서에서 다른 문서, 또는 웹 사이트 등으로 이동할 수 있게 해주는 것이 하이퍼링크입니다. 프레젠테이션에서 참고나 부연의 설명이 필요한 경우에는 하이퍼링크를 이용해 자료들을 불러올 수 있습니다.

- 개체를 마우스 오른쪽 버튼으로 클릭한 후 나타나는 메뉴에서 [하이퍼링크]를 클릭하거나 Ctrl + K 를 누릅니다. 그런 다음 [하이퍼링크] 대화상자가 나타나면 슬라이드나 다른 프레젠테이션 문서를 연결시키면 됩니다.

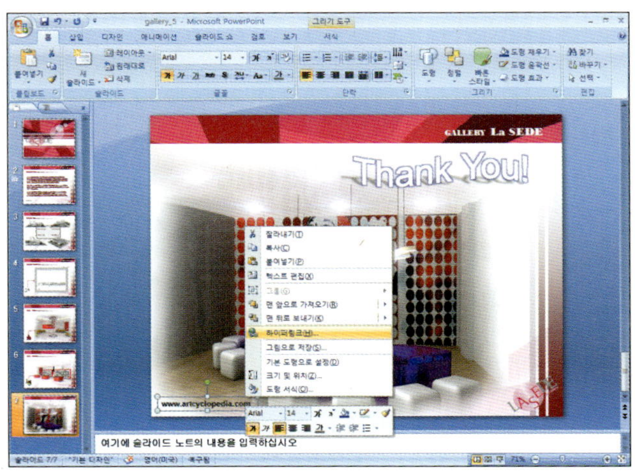

텍스트에 하이퍼링크 연결하기

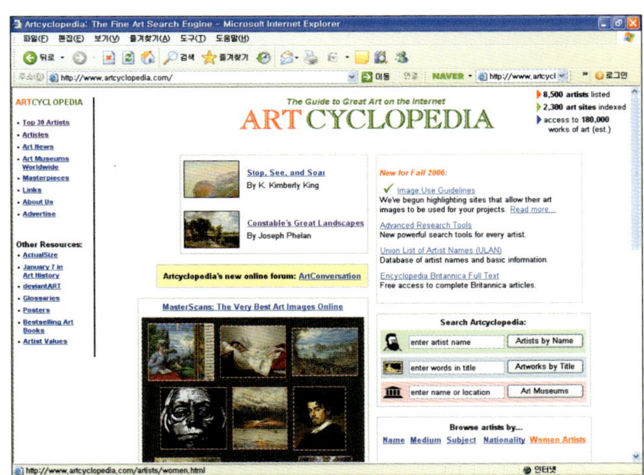

하이퍼링크로 이동된 웹 사이트

청각을 자극하는
소리 파일 삽입하기

Lesson 20

슬라이드에는 컴퓨터에서 사용할 수 있는 다양한 소리 파일을 삽입할 수 있습니다. 특히 프리젠터가 없이 자동으로 진행하는 프레젠테이션에는 소리 파일을 배경으로 처리하면 지루함을 줄일 수 있습니다. 컴퓨터에서 구현되는 모든 소리 파일을 삽입할 수 있지만, 일반적으로 사람들이 많이 사용하는 '*.mp3', '*.wav', '*.mid', '*.wma' 파일들을 사용하는 것이 좋습니다. 이번 Lesson에서는 프레젠테이션에 소리 파일을 어떻게 적용시키는지 알아보겠습니다.

● 예제 파일 : Sample\Part 04\gallery_1.pptx

슬라이드에 소리 파일 삽입하고 옵션 조절하기

● 파워포인트 2007에는 각각의 슬라이드에 소리 파일을 삽입하고 [소리 도구]의 [옵션] 탭을 이용해 볼륨, 재생 방법, 효과 등을 적용시킬 수 있습니다.

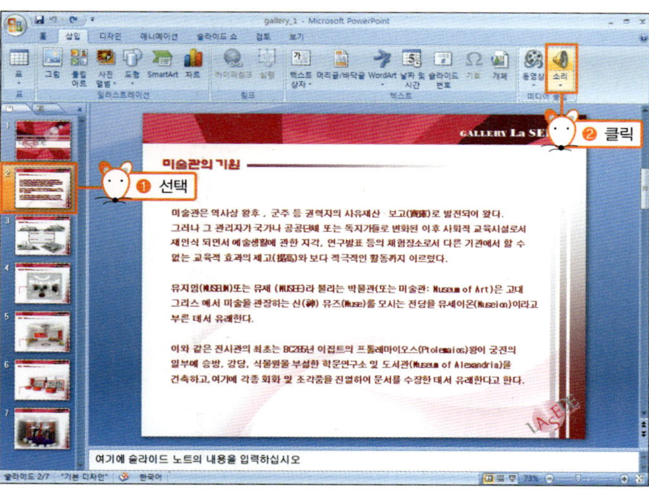

1 예제 파일에서 2번 슬라이드를 선택하고 [삽입] 탭의 [소리 파일](🔊)을 클릭합니다.

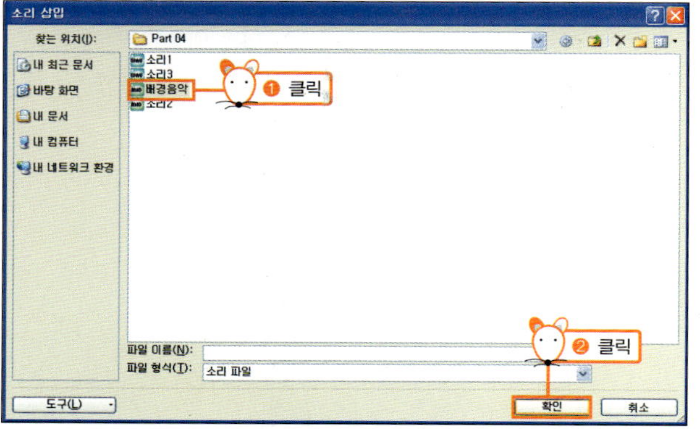

2 [소리 삽입] 대화상자가 나타나면 'Sample\Part 04\배경음악.mid' 파일을 클릭한 후 [확인] 버튼을 클릭합니다.

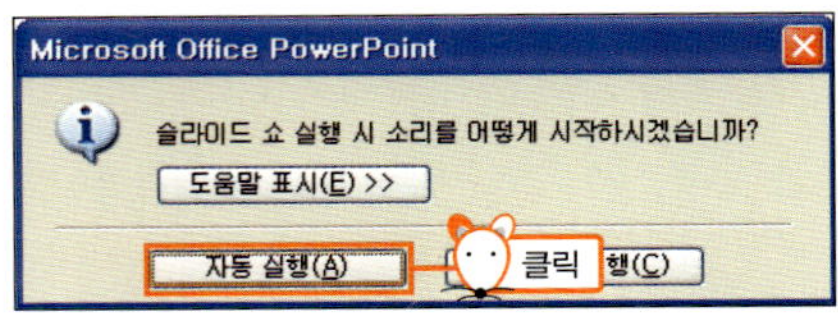

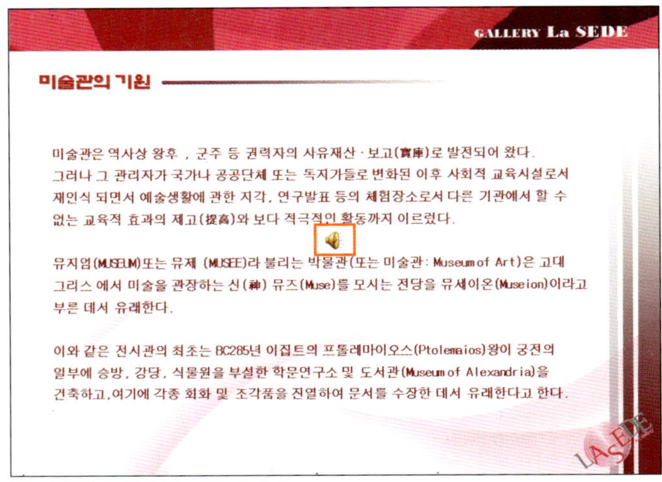

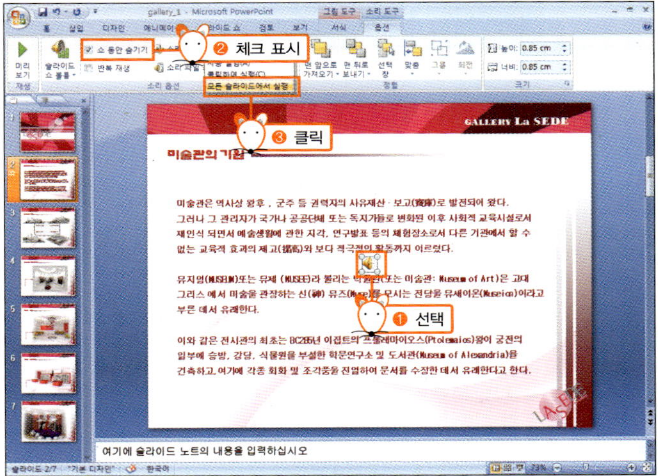

3 소리를 어떻게 실행할 것인지를 묻는 대화상자가 나타납니다. [자동 실행] 버튼을 클릭합니다.

4 슬라이드에 소리 아이콘이 삽입됩니다. Shift +F5를 눌러 슬라이드 쇼 화면으로 전환하면 자동으로 소리가 실행되는 것을 알 수 있습니다. Esc를 눌러 슬라이드 기본 화면으로 돌아옵니다.

주목

소리 파일 아이콘을 선택한 상태에서 [소리 도구]의 [옵션] 탭에서 [미리 보기](▶)를 클릭하면 슬라이드 쇼 화면으로 전환하지 않고도 소리가 실행되는지 확인할 수 있습니다. 다시 한 번 클릭하면 소리가 중지됩니다. 또한, 슬라이드 쇼 진행 시 소리를 멈추고 싶으면 슬라이드 쇼 영역을 클릭하면 됩니다. 다시 한 번 클릭하면 다음 슬라이드로 이동합니다.

5 이제 슬라이드 쇼가 진행되는 동안 소리 아이콘을 숨기기 위해 선택된 상태에서 [소리 도구]의 [옵션] 탭에서 [쇼 동안 숨기기]를 체크 표시합니다. 그런 다음 [소리 재생] 목록에서 [모든 슬라이드에서 실행]을 클릭합니다.

주목

원래 소리 파일은 삽입한 슬라이드에만 실행됩니다. 슬라이드 쇼가 진행되는 동안 모든 슬라이드에 실행하려면 [소리 재생] 목록에서 [모든 슬라이드에서 실행]을 적용해야 합니다.

6 **Shift** + **F5** 를 눌러 슬라이드 쇼 화면으로 전환합니다. 소리 아이콘은 사라졌으나 소리는 계속해서 실행됩니다. 클릭해서 다른 슬라이드로 이동해도 소리가 계속 실행되는지 확인합니다. 마지막 슬라이드까지 소리가 실행되는 것을 알 수 있습니다.

> **주목**
>
> 삽입된 소리 파일이 슬라이드에 비해 짧으면 마지막 슬라이드까지 실행되지 않고 중간에 중지될 수 있습니다. 이런 경우에는 [소리 도구]의 [옵션] 탭에서 [반복 실행]에 체크 표시를 해주면 소리가 중간에 중지되지 않고 반복 실행됩니다.

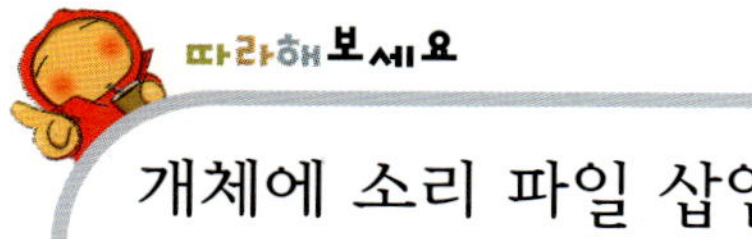

개체에 소리 파일 삽입하기

● [실행 설정] 대화상자를 이용하면 그림이나 텍스트 상자, 또는 WordArt나 클립 아트에 소리 파일을 삽입할 수 있습니다. 개체에 삽입한 소리 파일은 자동으로 실행할 수 없고 개체를 클릭하거나 개체에 마우스 포인트를 이동시킬 때만 실행이 됩니다.

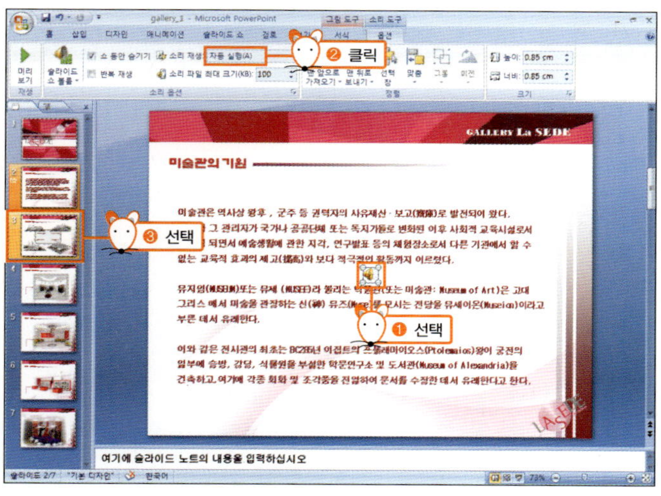

1 다음 작업을 위해 소리 아이콘을 선택한 상태에서 [소리 도구]의 [옵션] 탭에서 [소리 재생]을 다시 [자동 실행]을 클릭합니다. 그런 다음 3번 슬라이드를 선택합니다.

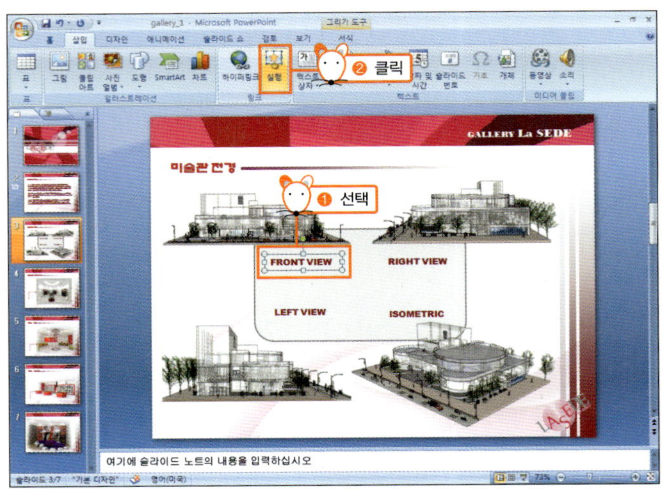

2 3번 슬라이드로 전환되면 'FRONT VIEW' 라고 입력된 텍스트 상자를 선택합니다. 그런 다음 [삽입] 탭에서 [실행]()을 클릭합니다.

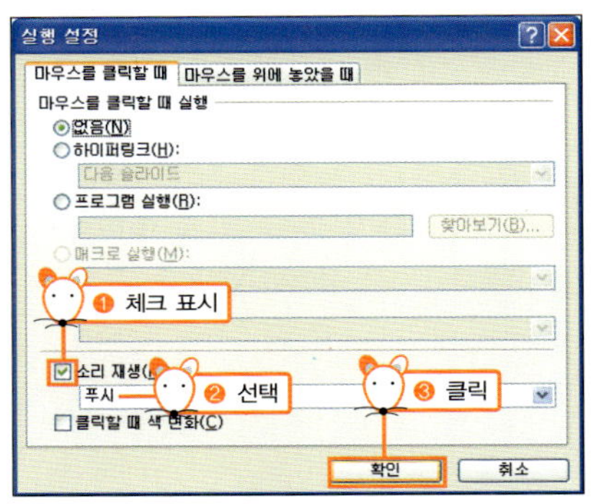

3 [실행 설정] 대화상자가 나타나면 [마우스를 클릭할 때] 탭에서 [소리 재생]에 체크 표시를 합니다. 그런 다음 [소리 재생] 목록 버튼에서 '푸시'를 선택한 후 [확인] 버튼을 클릭합니다.

주목

다른 폴더에 있는 소리 파일을 삽입하려면 [소리 재생] 목록 버튼에서 '다른 소리'를 선택한 후 [소리 추가] 대화상자에서 원하는 소리 파일을 삽입하면 됩니다.

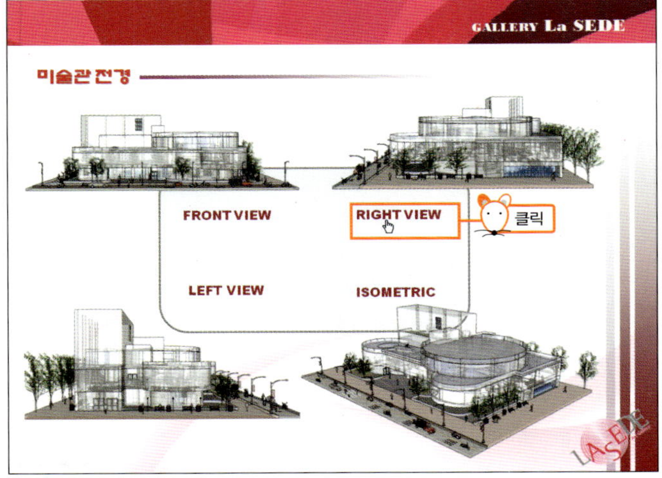

4 나머지 3개의 텍스트 상자에도 같은 방법으로 소리를 적용시키고 Shift + F5 를 눌러 슬라이드 쇼 화면으로 전환합니다. 그런 다음 텍스트를 클릭해서 소리가 실행되는지 확인합니다.

슬라이드에 음악 CD 삽입하기

프레젠테이션을 시작하기 전에 행사 준비를 위해서 대부분 청중에게 음악을 들려주는 경우가 많습니다. 그러나 하나의 음악만 계속 재생하면 지루함을 줄 수 있기 때문에 여러 음악을 들려주는 것이 좋습니다. 파워포인트 2007의 [CD 오디오 삽입] 대화상자를 이용하면 음악 CD의 전체 트랙이나 특정 트랙만 골라서 삽입할 수 있습니다.

❶ 컴퓨터 CD-ROM 드라이브에 배경 음악으로 삽입할 CD를 넣습니다. 그런 다음 [삽입] 탭의 [소리]( )를 클릭하고 [CD 오디오 재생]을 클릭합니다.

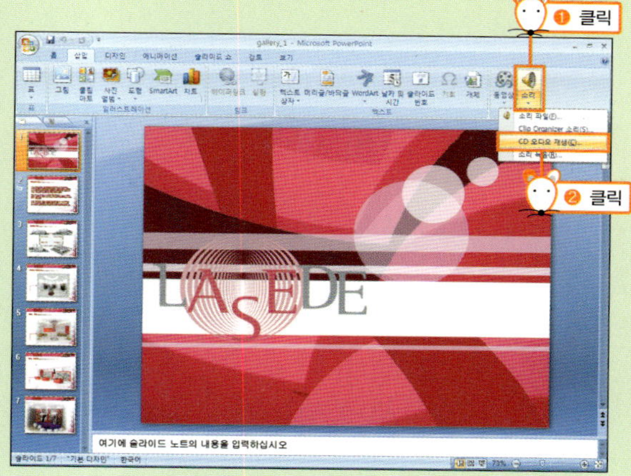

❷ [CD 오디오 삽입] 대화상자가 나타나면 [시작 트랙]과 [종료 트랙]에서 원하는 트랙 번호를 지정합니다. 그런 다음 [반복 재생]과 [슬라이드 쇼 동안 소리 아이콘 숨기기]에 체크 표시를 한 후 [확인] 버튼을 클릭합니다.

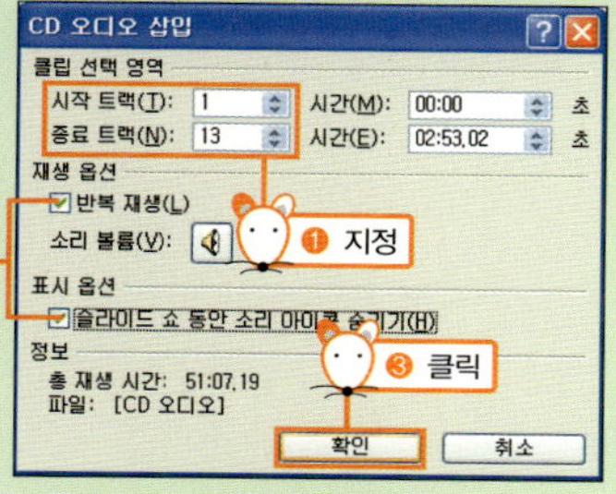

❸ 소리 실행 방법을 묻는 대화상자가 나타나면 [자동 실행] 버튼을 클릭합니다.

❹ 슬라이드에 CD 아이콘이 삽입됩니다. 적당한 곳으로 드래그해서 위치를 조절합니다.

❺ Shift + F5 를 눌러 슬라이드 쇼 화면으로 전환한 후 음악이 실행되는지 확인합니다.

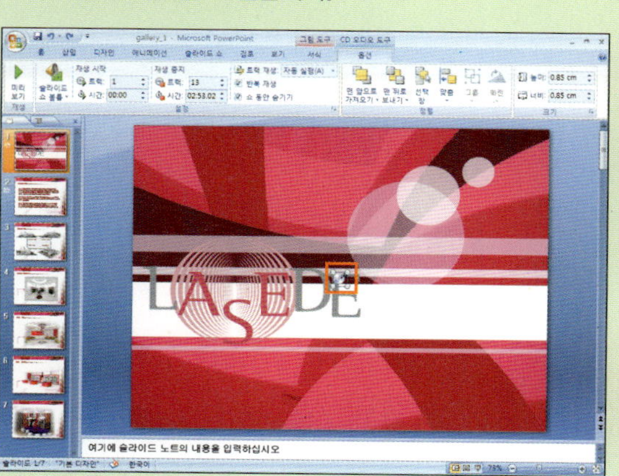

눈을 즐겁게 해주는
동영상 파일 삽입하기

파워포인트에서는 동영상 파일도 삽입이 가능합니다. 그림이나 도형을 이용해서 만든 슬라이드도 좋지만 설명을 위해 자료용으로 만든 동영상을 삽입하면 프레젠테이션을 한층 업그레이드시킬 수 있습니다. 이번 Lesson에서는 슬라이드에 동영상을 삽입하는 방법과 버튼을 이용해 동영상을 제어하는 방법을 알아보겠습니다.

예제 파일 : Sample\Part 04\gallery_2.pptx

따라해 보세요

동영상 파일 삽입하고
위치와 크기 조절하기

● 슬라이드에 동영상을 삽입한 후 미리 보기 기능과 슬라이드 쇼에서 동영상만 전체 화면으로 실행시키는 방법에 대해 알아봅니다.

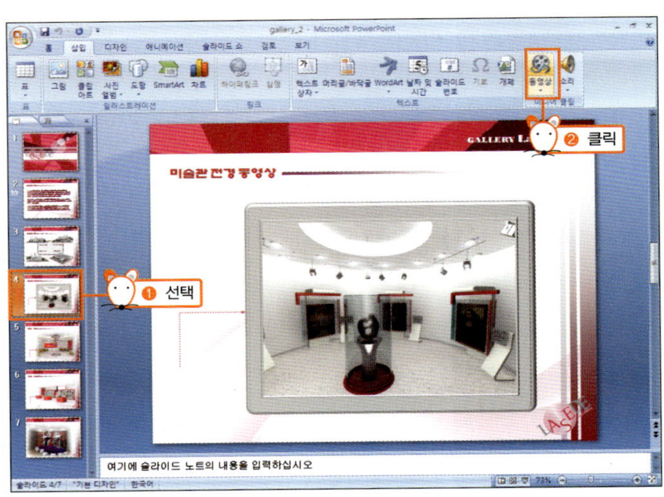

1 4번 슬라이드를 선택하고 [삽입] 탭에서 [동영상 파일]( )을 클릭합니다.

2 [동영상 삽입] 대화상자가 나타나면 'Sample \Part 04\gallery.avi' 파일을 클릭하고 [확인] 버튼을 클릭합니다.

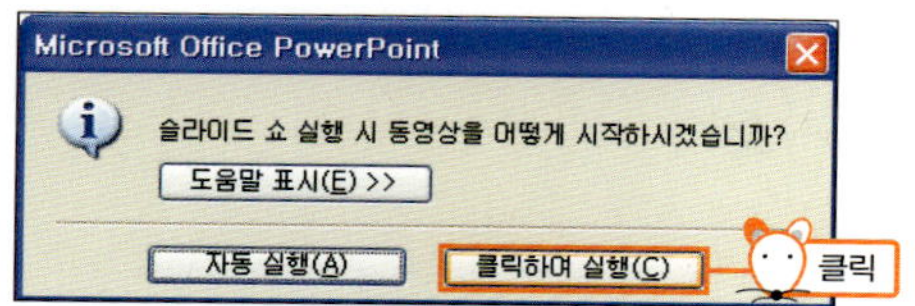

3 동영상을 어떻게 실행할 것인지를 묻는 대화 상자가 나타나면 [클릭하여 실행] 버튼을 클릭합니다.

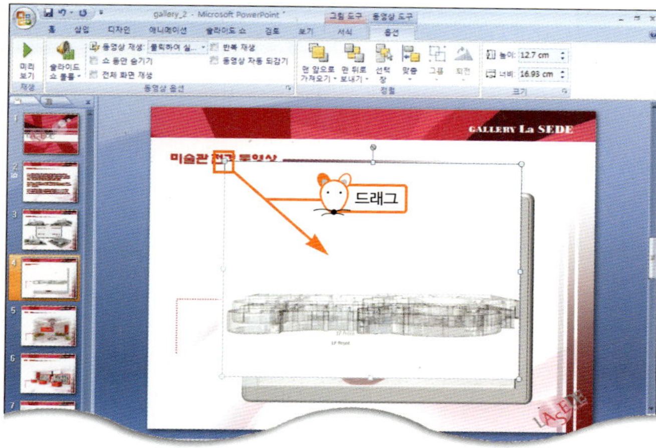

4 슬라이드에 동영상 파일이 삽입됩니다. 그림이 있는 곳으로 드래그해서 위치와 크기를 조절합니다.

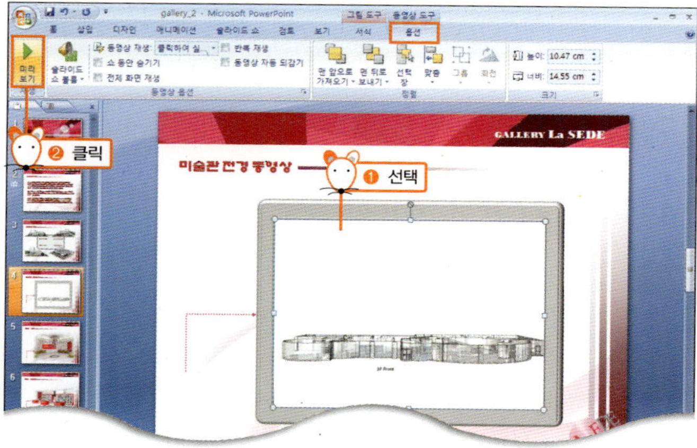

5 동영상 파일을 선택한 상태에서 [동영상 도구]의 [옵션] 탭에서 [미리보기](▶)를 클릭합니다.

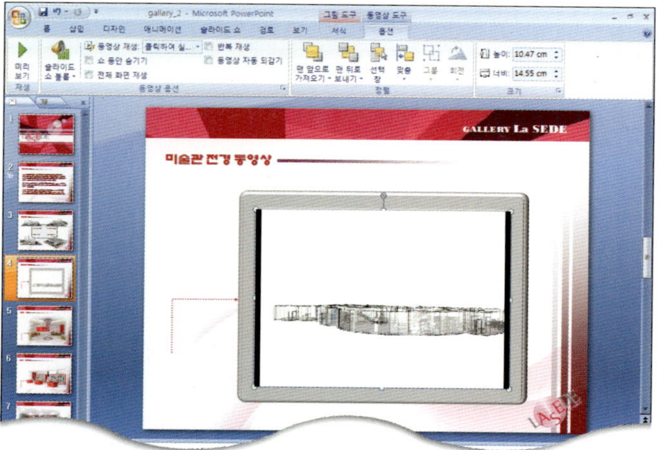

6 슬라이드 화면에서 동영상이 실행됩니다.

주목

슬라이드 화면에서 동영상을 더블클릭해도 미리보기 명령이 실행됩니다. 실행 중에 동영상을 다시 클릭하면 중지되고 다른 영역을 클릭하면 처음 삽입된 상태의 모습으로 되돌아갑니다.

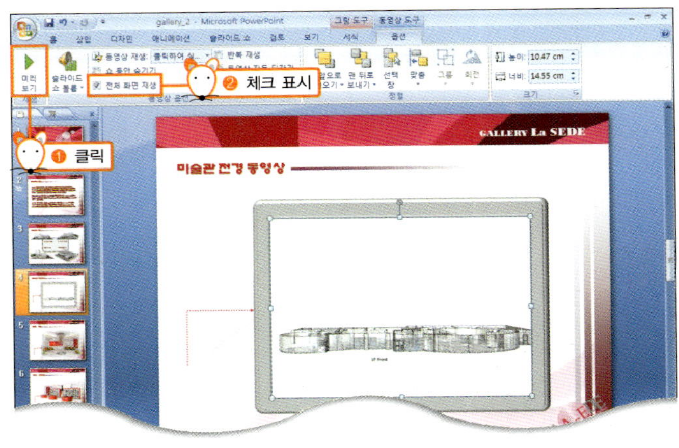

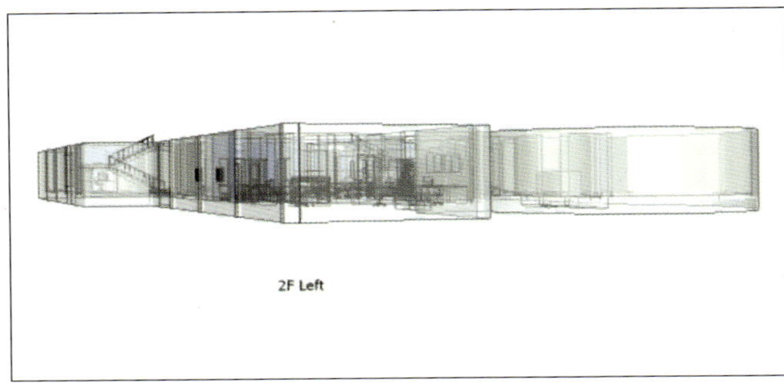

7 [동영상 도구]의 [옵션] 탭에서 [미리보기](▶)를 클릭해서 동영상의 실행을 중지시키고 [전체 화면 재생]에 체크 표시를 합니다.

8 Shift + F5 를 눌러 슬라이드 쇼 화면으로 전환한 후 동영상을 클릭하면 전체 화면에서 동영상이 실행됩니다. 클릭하면 실행이 멈추고 Esc 를 누르면 다시 슬라이드 쇼 화면으로 전환됩니다. 이렇게 전체 화면에서 슬라이드 편집 화면으로 이동하려면 Esc 를 두 번 눌러야 합니다.

따라해 보세요

버튼으로 동영상 파일 제어하기

● 텍스트 상자와 그림과 같은 개체를 통해서 동영상을 제어할 수 있습니다. 여기에서는 사용자 지정 애니메이션 명령을 이용해 버튼으로 만들어 보겠습니다.

1 동영상을 제어할 버튼을 만들기 위하여 [삽입] 탭에서 [가로 텍스트 상자 그리기](가)을 클릭합니다.

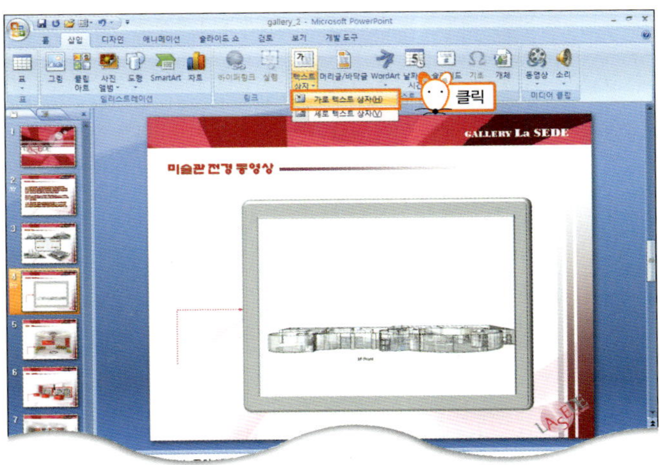

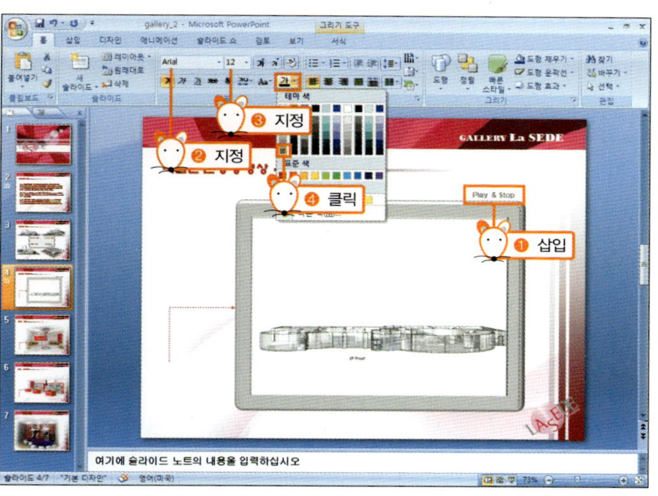

2 마우스로 드래그해서 텍스트 상자를 삽입하고 'Play & Stop'을 입력한 후 속성을 지정합니다.

❷ [글꼴]은 'Arial'로 지정합니다.

❸ [글꼴 크기]는 '12'로 지정합니다.

❹ [글꼴 색] (가)은 '흰색, 배경 1,50% 더 어둡게'를 클릭합니다.

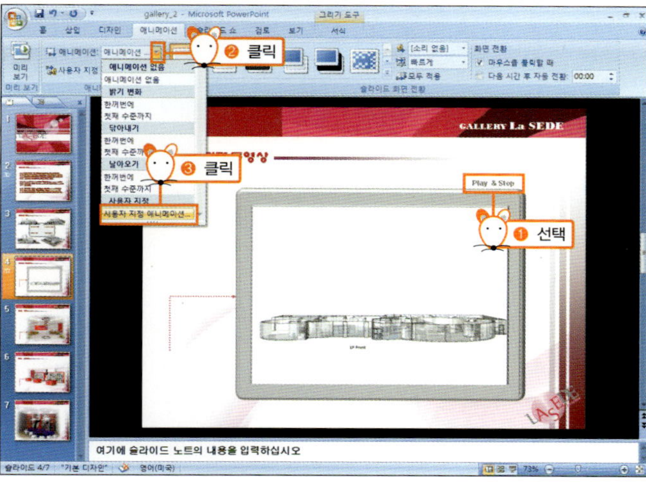

3 텍스트 상자를 선택한 상태에서 [애니메이션] 탭을 클릭하고 [애니메이션]의 목록에서 [사용자 지정 애니메이션]을 클릭합니다.

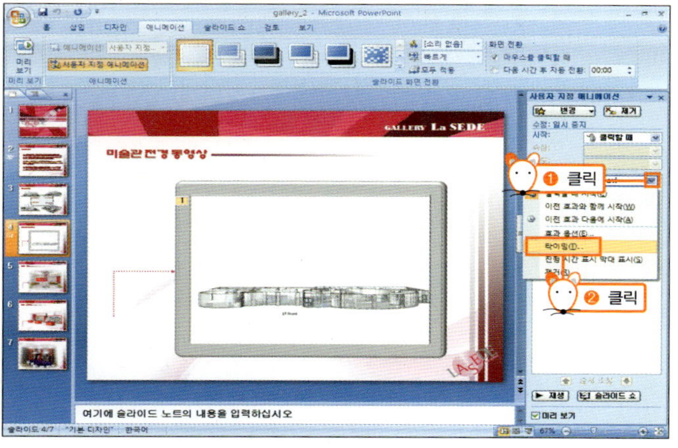

4 슬라이드에 [사용자 지정 애니메이션] 작업 창이 나타나면 애니메이션 목록에 동영상 파일이 삽입되어 있는 것을 확인할 수 있습니다. 동영상의 목록 버튼을 클릭한 후 [타이밍]을 클릭합니다.

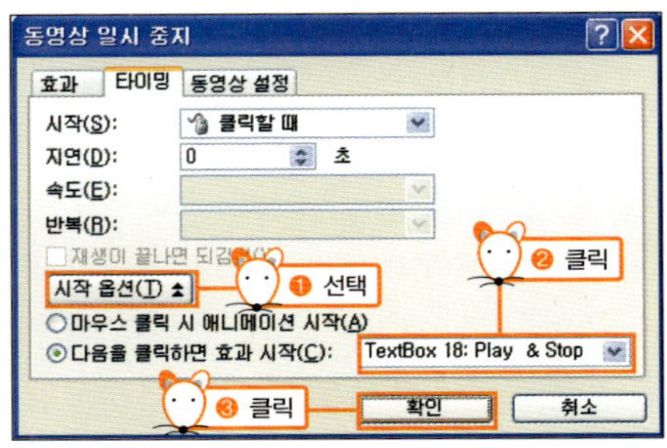

5 [동영상 일시 중지] 대화상자가 나타나면 [타이밍] 탭에서 속성을 지정하고 [확인] 버튼을 클릭합니다.

❶ [시작 옵션]([시작 옵션(T) ▲])을 클릭하면 나타나는 메뉴에서 [다음을 클릭하면 효과 시작]을 선택합니다.

❷ 'TextBox 18: Play & Stop'을 클릭합니다.

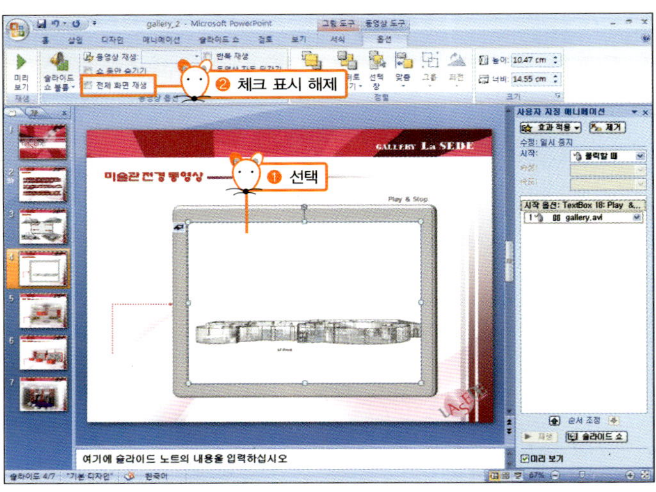

6 [사용자 지정 애니메이션] 작업 창에 [시작 옵션]이 삽입됩니다. 버튼으로 동영상을 실행하기 위하여 먼저 슬라이드에 삽입된 동영상 개체를 선택한 후 [동영상 도구]의 [옵션] 탭에서 [전체 화면 재생]의 체크 표시를 해제합니다.

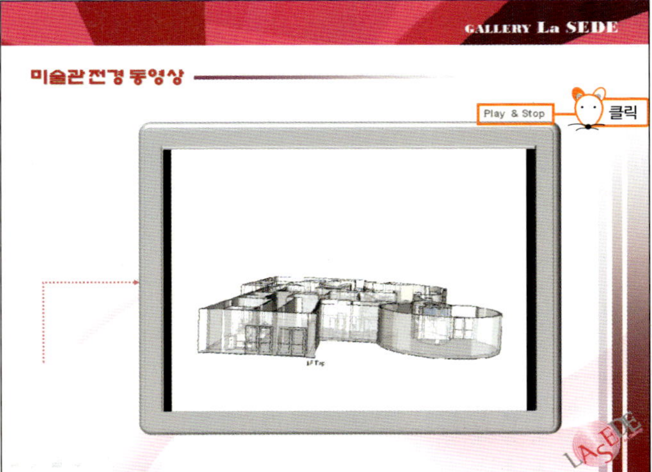

7 Shift + F5를 눌러 슬라이드 쇼 화면으로 전환하고 'Play & Stop' 버튼을 클릭합니다. 한 번 클릭하면 동영상이 실행되고 다시 한 번 클릭하면 동영상이 중지됩니다. 동영상이 제대로 실행되고 중지되는지 확인한 후 Esc를 눌러 슬라이드 편집 화면으로 되돌아옵니다.

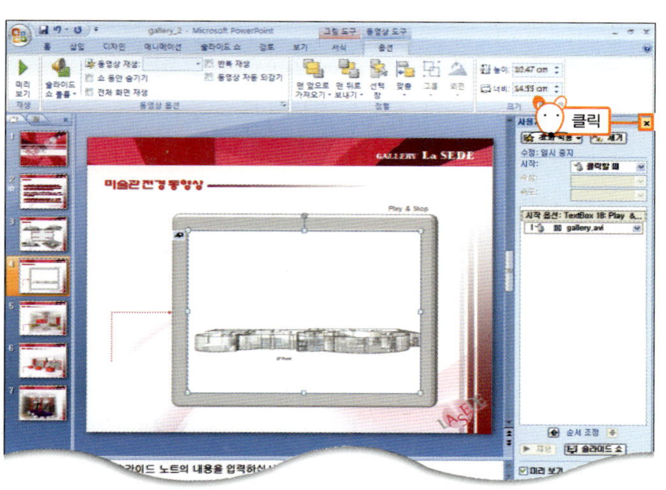

8 다음 작업을 위해 [사용자 지정 애니메이션] 작업 창의 [닫기]([×]) 버튼을 클릭해서 닫습니다.

슬라이드에 소리 녹음시키기

파워포인트 2007에서 간단하게 소리를 녹음하는 '소리 녹음' 기능과 프레젠터 없이 프레젠테이션을 진행할 때 주로 사용하는 '설명 녹음' 기능이 있습니다. 여기에서는 간단하게 녹음하는 '소리 녹음' 기능에 대해 알아보고 설명을 녹음하는 기능은 Part 07에서 자세하게 알아봅니다.

❶ [삽입] 탭에서 [소리]([소리])를 클릭하고 [소리 녹음]을 클릭합니다.

❷ [소리 녹음] 대화상자가 나타납니다. [이름]에 적당한 제목을 입력하고 [녹음] 버튼을 클릭합니다.

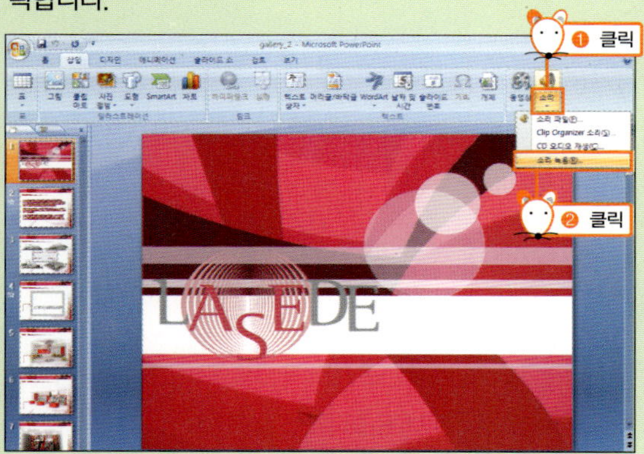

❸ 녹음이 끝나면 [중지] 버튼을 클릭한 후 [확인] 버튼을 클릭합니다.

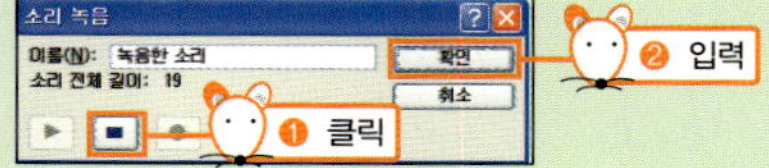

❹ 슬라이드에 녹음 아이콘이 삽입됩니다. 아이콘을 더블클릭하면 녹음된 소리가 실행됩니다.

주목

소리 녹음 현재 작업하고 컴퓨터에 사운드 카드가 장착되어 있어야 가능합니다. 장치가 정상적으로 설치되어 있어도 녹음을 할 수 없는 경우에는 하드웨어 테스트를 통해 이상 유무를 확인할 수 있습니다. 자세한 내용은 369쪽을 참고하세요.

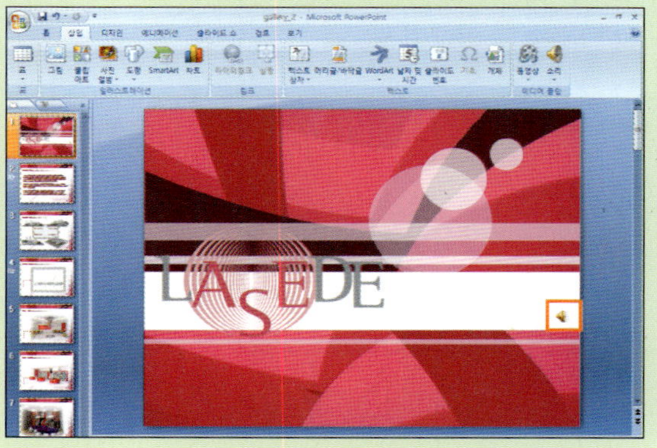

열 공 모 드

동영상 파일을 윈도우 미디어 플레이어로 연결시키기

버튼으로 동영상을 제어하는 방법 이외에 윈도우 미디어 플레이어를 슬라이드에 삽입해서 동영상 파일을 제어하는 방법도 있습니다. 윈도우 미디어 플레이어를 삽입하려면 먼저 리본 메뉴에 [개발 도구] 탭을 추가시킨 후 윈도우 미디어 플레이어를 삽입하고 파일을 연결시키면 됩니다.

> ⊙ 예제 파일 : Sample\Part 04\동영상_Special.pptx

01 리본 메뉴에 [개발 도구] 탭을 추가시키기 위해 [Office 단추](🔘)를 클릭하고 `PowerPoint 옵션(I)` 버튼을 클릭합니다. [PowerPoint 옵션] 대화상자가 나타납니다. [기본 설정] 탭의 '리본 메뉴에 개발 도구 탭 표시'에 체크 표시한 후 [확인] 버튼을 클릭합니다.

02 리본 메뉴에 [개발 도구] 탭이 추가가 되면 [기타 컨트롤](🔧)을 클릭합니다.

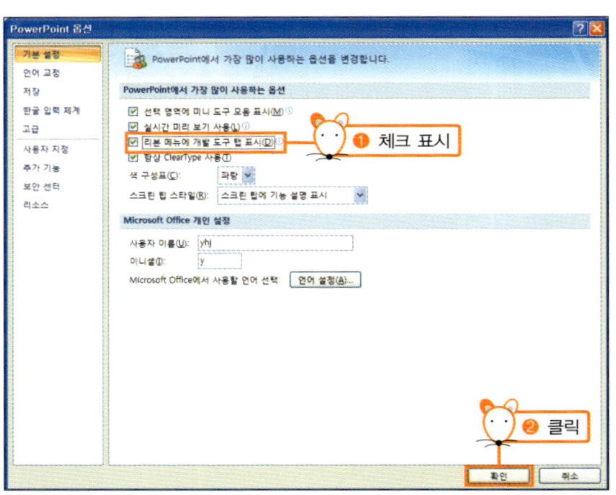

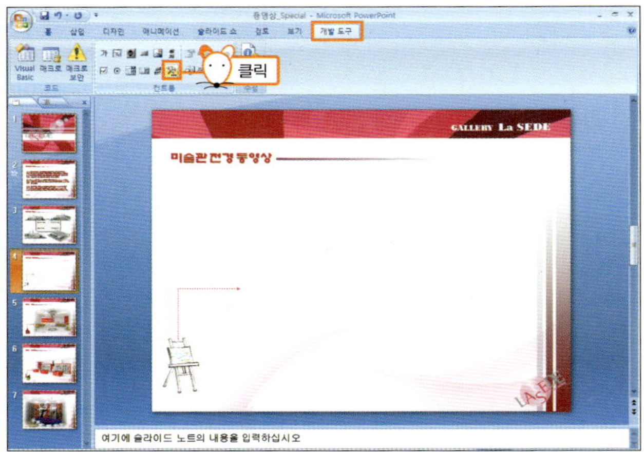

03 [기타 컨트롤] 대화상자가 나타나면 [Window Media Player]를 선택한 후 [확인] 버튼을 클릭합니다.

04 마우스 포인터가 '+' 모양으로 바뀌면 동영상을 파일을 삽입할 위치에 드래그합니다.

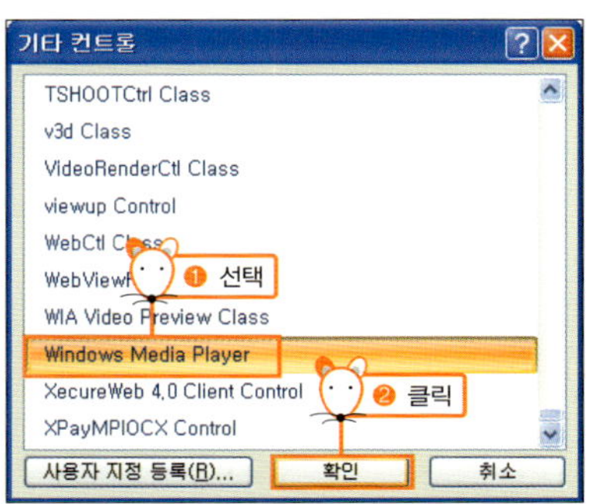

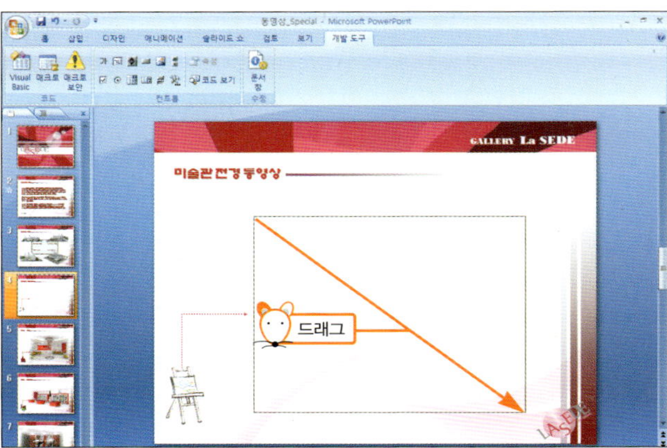

05 윈도우 미디어 플레이어가 슬라이드에 삽입됩니다. 동영상 파일을 연결하기 위해 선택된 상태에서 [개발 도구] 탭에서 [속성](🖼)을 클릭합니다.

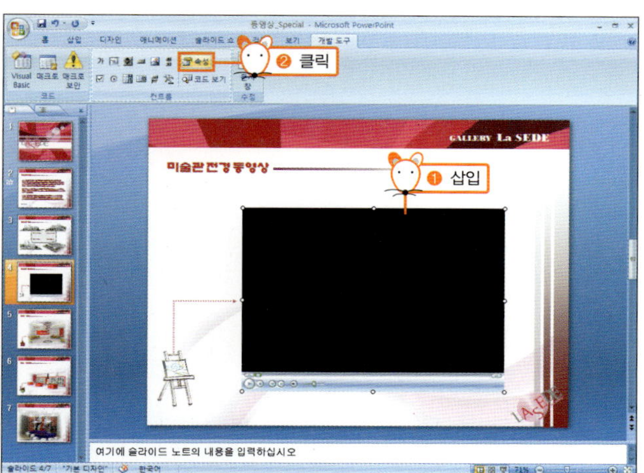

06 [속성] 대화상자가 나타나면 [사용자 정의] 목록 버튼(⬛)을 클릭합니다.

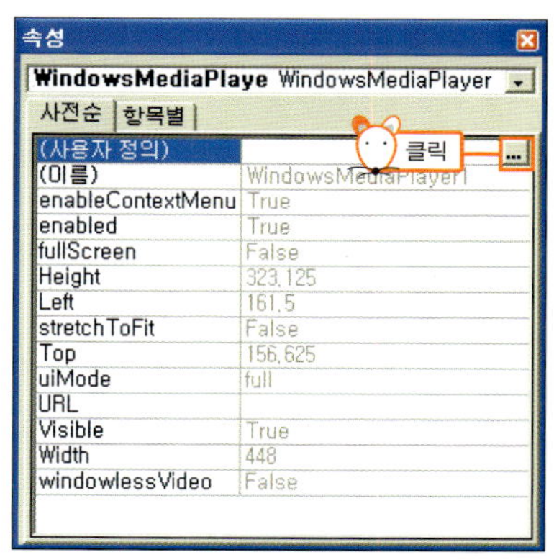

07 [Window Media Player 속성] 대화상자가 나타나면 [찾아보기] 버튼을 클릭합니다.

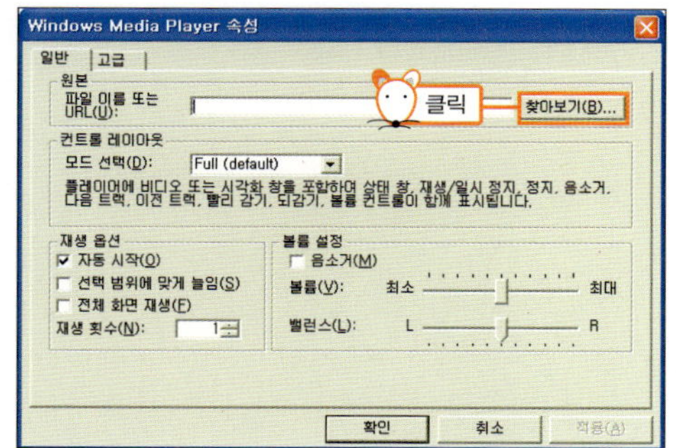

08 [열기] 대화상자가 나타나면 'Sample\Part 04\gallery.avi' 파일을 클릭한 후 [열기] 버튼을 클릭합니다.

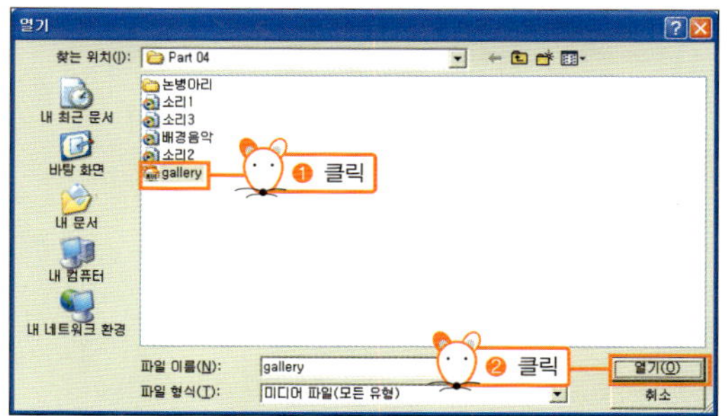

09 [파일 이름 또는 URL]에 삽입될 파일의 경로와 파일명을 확인한 후 [확인] 버튼을 클릭합니다.

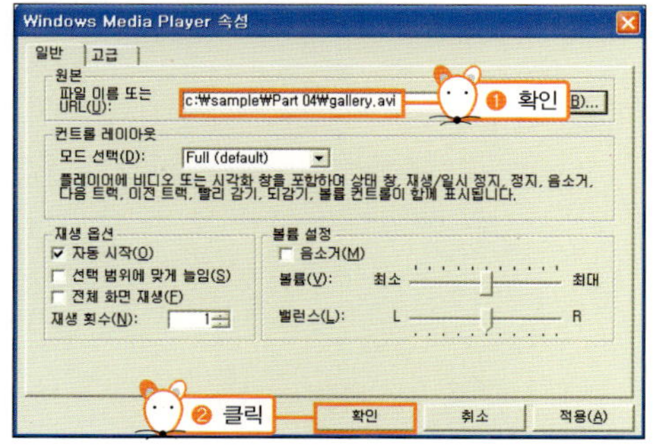

10 윈도우 미디어 플레이어에 동영상 파일이 삽입됩니다. Shift + F5 를 눌러 슬라이드 쇼 화면으로 전환한 후 확인합니다.

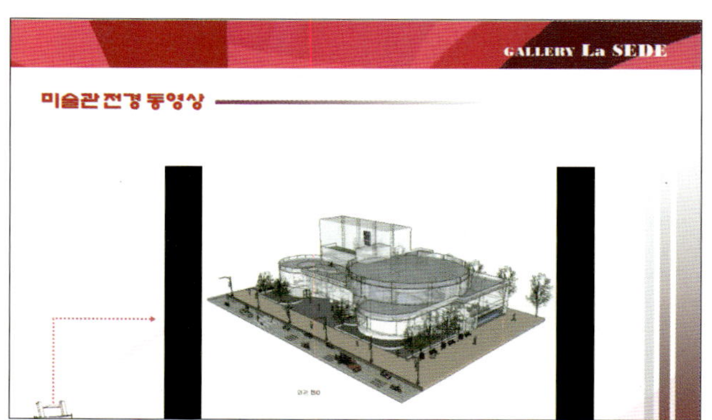

무한한 이미지를 제공하는 클립 아트 사용하기

파워포인트에서 그림이나 이미지를 대신해서 사용할 수 있는 클립 아트가 있습니다. 이전 버전보다 다양해진 클립 아트를 통해 슬라이드에 삽입한 후 편집해서 원하는 용도로 사용할 수 있고, Office Online을 이용하여 필요한 클립 아트를 다운 받아서 사용할 수 있습니다. 이번 Lesson에서는 슬라이드 내용에 맞는 클립 아트를 적절히 사용하고 다양한 효과로 표현해 보겠습니다.

Lesson 22

◉ 예제 파일 : Sample\Part 04\gallery_3.pptx

 따라해 보세요

슬라이드에 알맞은 클립 아트 삽입하기

● [클립 아트] 작업 창에서 찾고자 하는 단어를 입력하면 단어에 해당되는 다양한 형태의 클립 아트가 나열됩니다. 그 중에서 원하는 클립 아트를 클릭하면 슬라이드에 삽입됩니다.

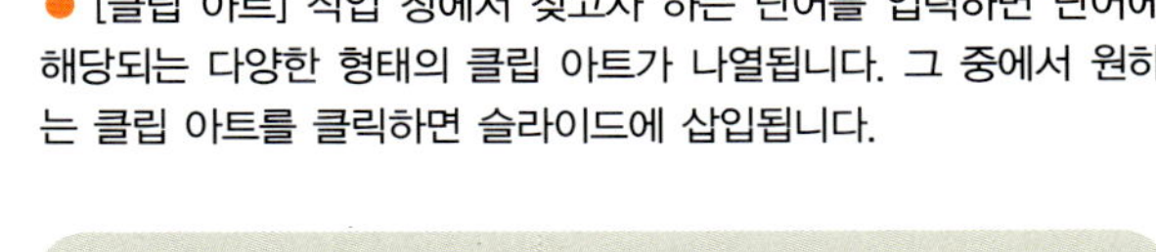

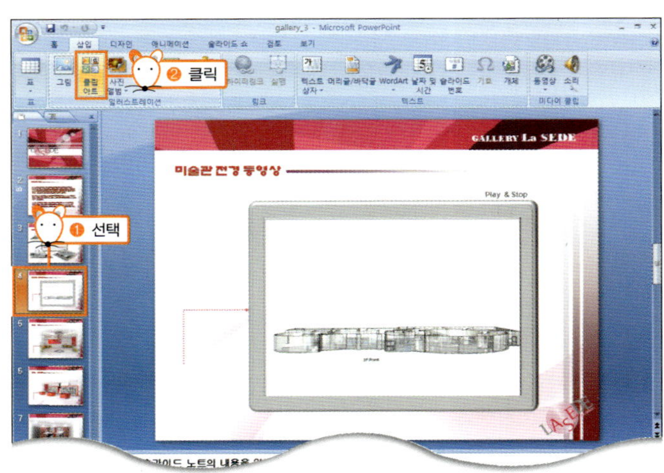

1 4번 슬라이드를 선택하고 [삽입] 탭에서 [클립 아트](📋)를 클릭합니다.

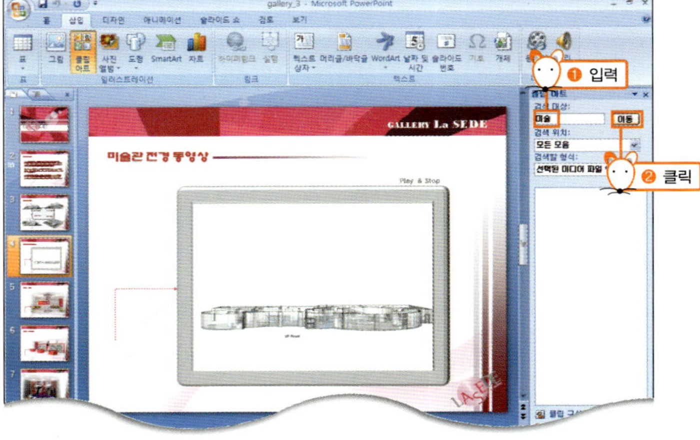

2 슬라이드에 [클립 아트] 작업창이 나타나면 [검색 대상]에 '미술'을 입력하고 [이동] 버튼을 클릭합니다.

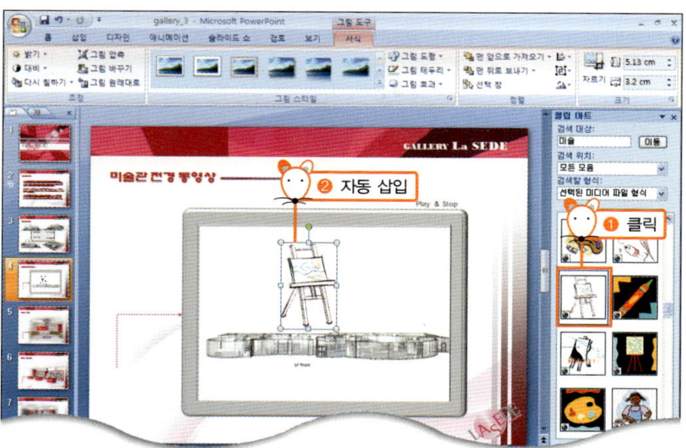

3 검색한 단어와 관련된 클립 아트가 나열됩니다. 원하는 클립 아트를 클릭하면 슬라이드에 자동으로 삽입됩니다.

4 다음과 같이 클립 아트을 드래그해서 위치와 크기를 조절합니다.

클립 아트 [미리 보기/속성] 대화상자 알아보기

일반적으로 원하는 클립 아트는 [클립 아트] 작업 창의 [검색 대상]으로 찾게 됩니다. 해당 클립 아트를 [미리 보기/속성] 대화상자를 이용하면 이름, 종류, 해상도의 다양한 정보를 확인할 수 있습니다. 또한, 관련 클립 아트를 찾을 수 있는 키워드 목록을 확인할 수 있으며, 작업자 편의에 맞게 키워드를 편집할 수 있습니다. [미리 보기/속성] 대화상자를 나타내기 위해서는 해당 클립 아트의 목록 버튼을 클릭한 후 나타나는 메뉴에서 [미리 보기/속성]를 클릭하면 됩니다.

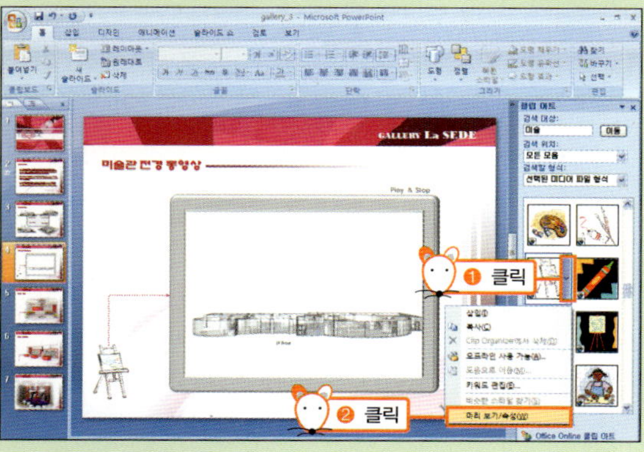

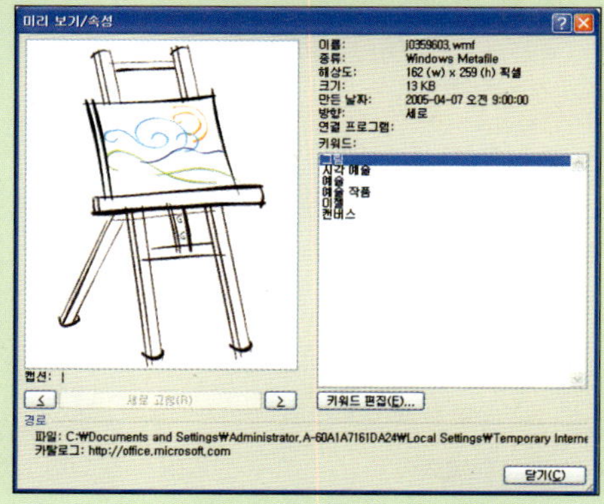

클립 아트 내 맘대로 편집하기

● 클립 아트는 여러 개의 그룹으로 묶여 있는 개체입니다. 그룹을 해제 시켜보면 여러 개의 조각으로 되어 있는 것을 알 수 있습니다. 클립 아트의 그룹을 해제시켜 일반적인 그리기 개체로 전환시키면 사용자가 원하는 모양으로 편집, 수정할 수 있습니다.

1 5번 슬라이드를 선택하고 [클립 아트] 작업 창의 [검색 대상]에 '휴식'을 입력하고 [이동] 버튼을 클릭합니다.

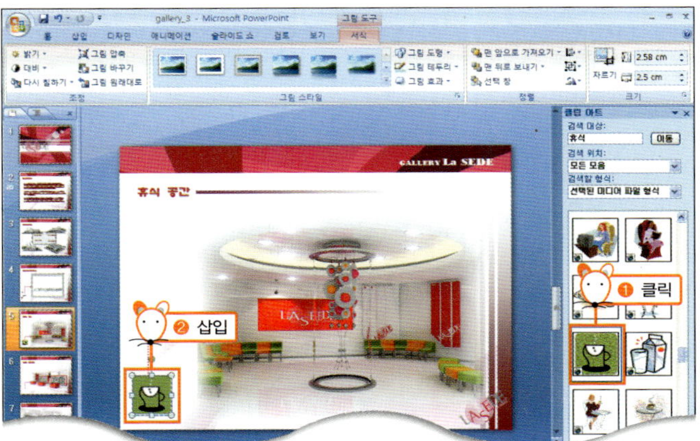

2 검색한 목록에서 스크롤 바를 이용해 클립 아트를 클릭합니다. 슬라이드에 클립 아트가 삽입되면 드래그하여 위치를 조절합니다.

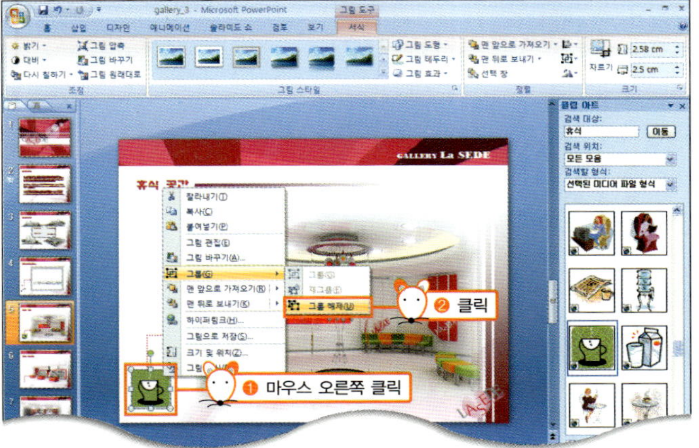

3 클립 아트를 그리기 개체로 변환하기 위해 마우스 오른쪽 버튼으로 클릭한 후 나타나는 메뉴에서 [그룹]-[그룹 해제]를 클릭합니다.

4 그리기 개체로 변환할 것인지를 묻는 대화상자가 나타나면 [예] 버튼을 클릭합니다.

5 클립 아트가 그리기 개체로 전환됩니다. 그러나 편집을 위해서는 그룹을 한 번 더 해제해야 합니다. 클립 아트를 선택한 상태에서 다시 [그룹 해제]를 클릭합니다.

6 이제 클립 아트가 완전히 분해되어 각각의 개체로 변환되었습니다.

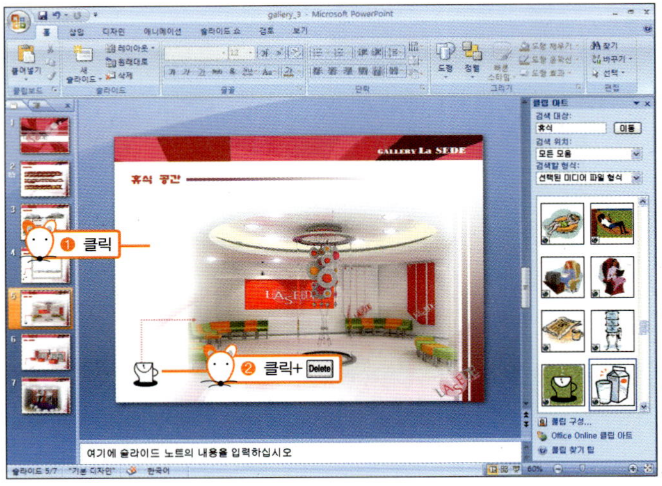

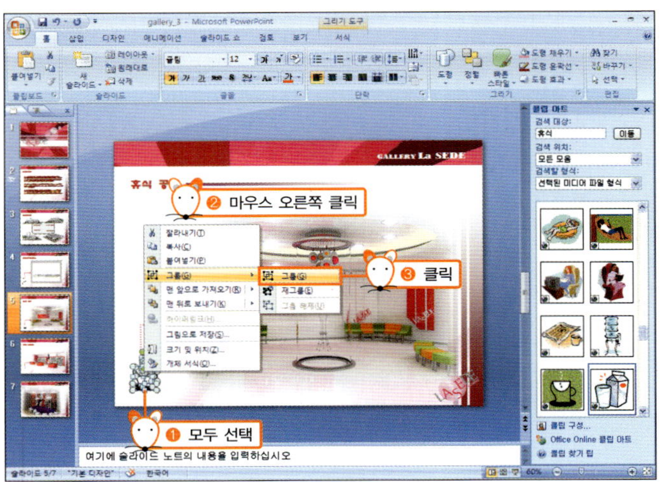

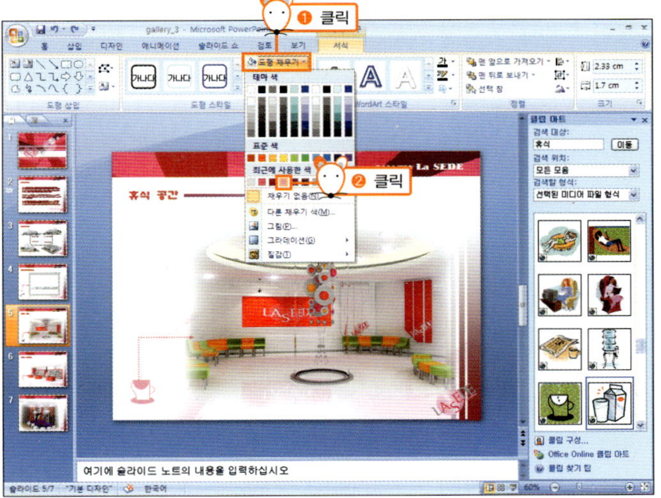

7 슬라이드의 빈 영역을 클릭하여 선택을 해제 합니다. 그런 다음 커피 잔의 배경을 클릭한 후 Delete 를 눌러 삭제합니다.

8 편집이 끝나면 분해된 클립 아트를 그룹으로 지정하도록 합니다. 마우스로 드래그해서 모두 선택합니다. 그런 다음 마우스 오른쪽 버튼을 클릭한 후 나타나는 메뉴에서 [그룹]-[그룹]을 클릭합니다.

> **주목**
> 클립 아트의 그룹을 해제시켜 편집한 후에는 다시 그룹으로 묶어주는 것이 좋습니다. 다른 작업을 하다 보면 조각난 개체들이 지워지거나 흐트러질 수 있기 때문입니다.

9 이번에는 클립 아트에 새로운 색을 지정하기 위해 [서식] 탭의 [도형 채우기](도형 채우기 ▼)를 클릭하고 [최근에 사용한 색]에서 '다홍'을 클릭합니다.

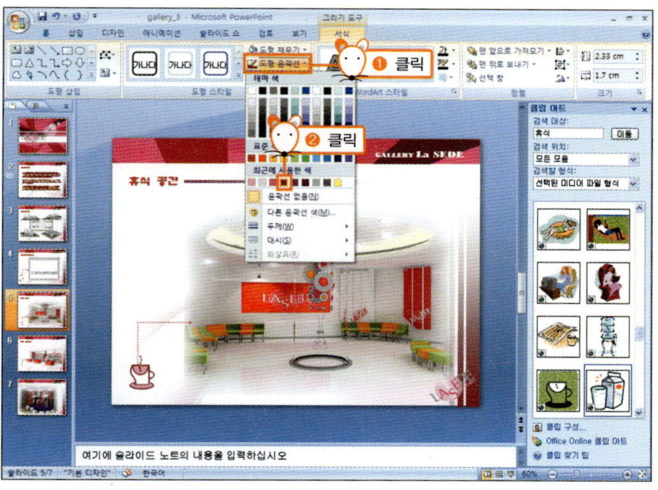

10 클립 아트의 윤곽선을 변경하기 위해 [서식] 탭의 [도형 윤곽선]([도형 윤곽선 ▼])을 클릭하고 [최근에 사용한 색]에서 '진한 빨강'을 클릭합니다.

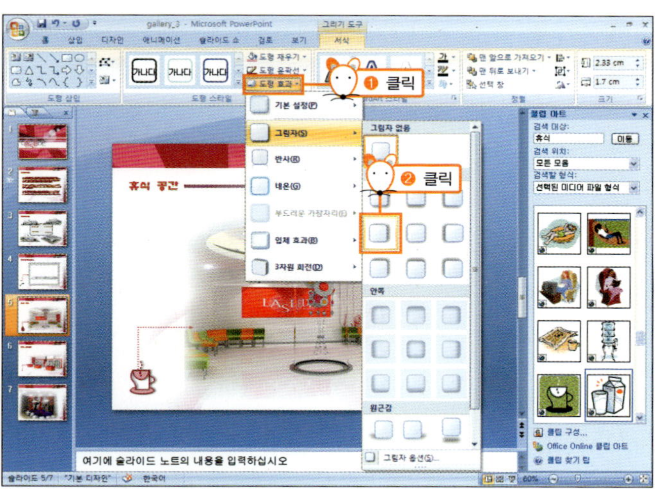

11 클립 아트의 효과를 적용하기 위해 [서식] 탭의 [도형 효과]([])를 클릭하고 [그림자]의 '오프셋 오른쪽'을 클릭합니다

12 클립 아트가 지정한 도형 서식에 맞게 변경되었습니다.

Office Online으로 클립 아트 다운받아 삽입하기

● Microsoft Office Online에서는 프레젠테이션으로 활용할 수 있는 다양한 미디어 파일들을 무료로 제공합니다. Microsoft Office Online을 통해서 필요한 소스들을 직접 다운로드 받아서 프레젠테이션에 맞게 적절히 활용할 수 있습니다.

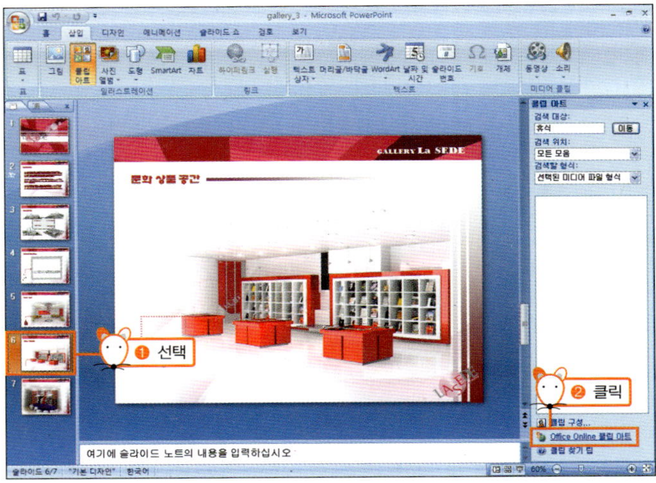

1 6번 슬라이드를 선택하고 [클립 아트] 작업 창에서 [Office Online 클립 아트]를 클릭합니다.

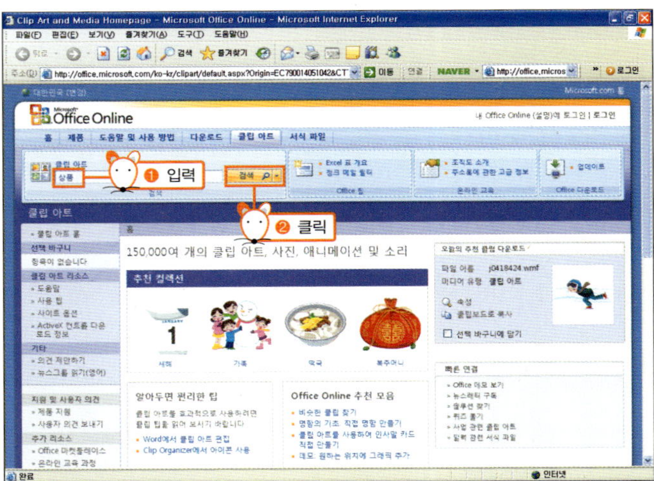

2 [Microsoft Office Online] 사이트의 클립 아트 페이지로 접속됩니다. [검색]에 '상품' 이라고 입력한 후 [검색] 버튼을 클릭합니다.

주목

Microsoft Office Online에 접속하려면 먼저 컴퓨터에 인터넷이 연결되어 있어야 합니다.

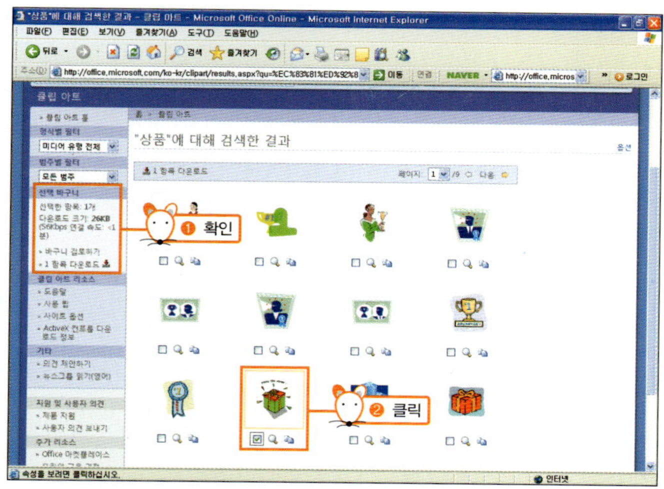

3 단어에 해당하는 클립 아트의 목록에서 원하는 클립 아트에 체크 표시를 하면 [선택 바구니]에 정보를 확인할 수 있습니다. 비슷한 스타일을 검색하기 위하여 클립 아트를 클릭합니다.

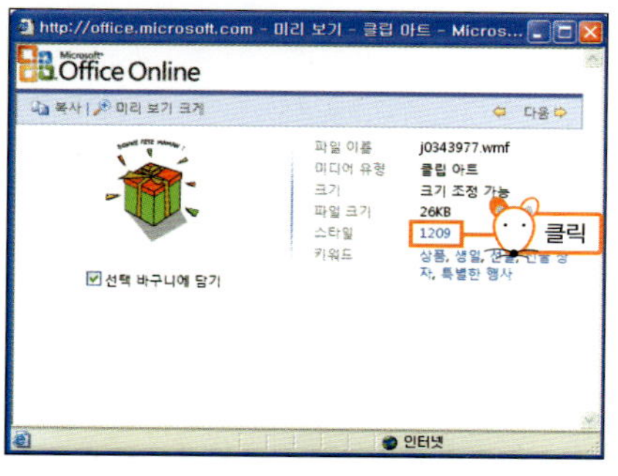

4 선택한 클립 아트의 속성 창이 나타나면 [스타일]의 번호를 클릭합니다.

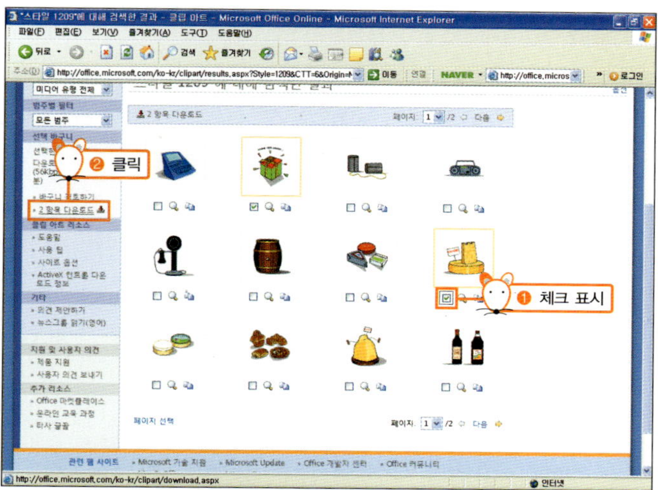

5 선택한 클립 아트와 비슷한 스타일을 검색해서 찾아줍니다. 원하는 클립 아트에 체크 표시를 한 후 [2개 항목 다운로드]를 클릭합니다.

주목

[2개의 항목 다운로드] 위의 [바구니 검토하기]를 클릭하면 체크 표시한 클립 아트만 확인할 수 있습니다. 혹시라도 필요하지 않는 클립 아트가 있다면 체크 표시를 해제합니다.

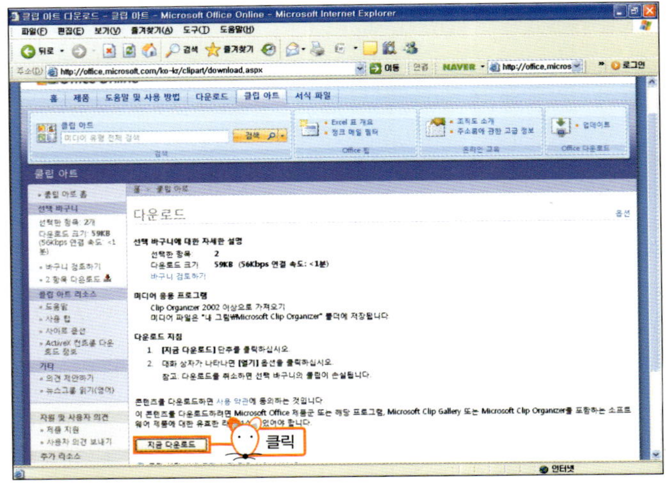

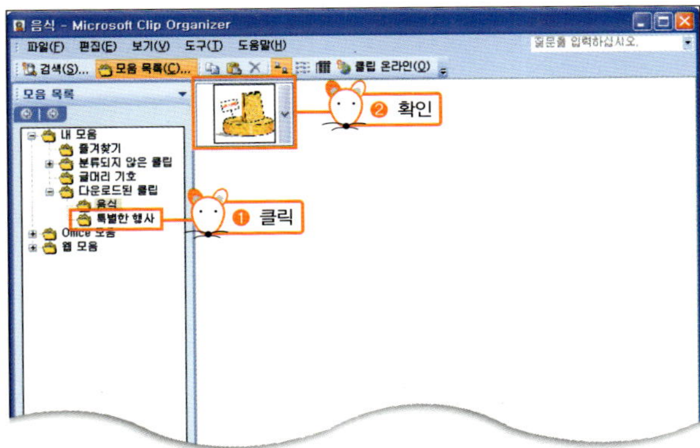

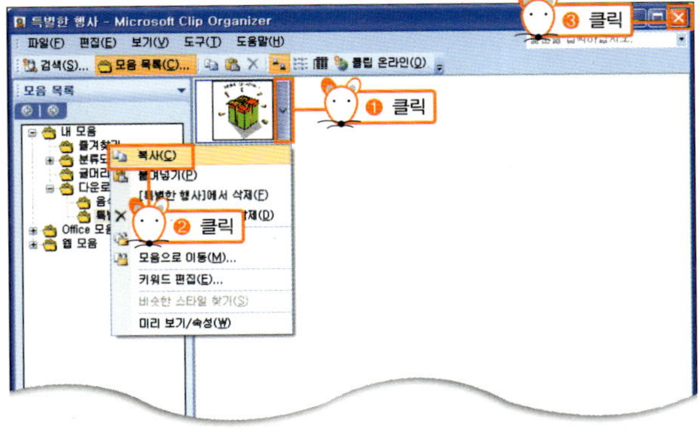

6 다운로드 페이지로 이동되면 [지금 다운로드] 버튼을 클릭합니다.

> **주목**
>
> [Microsoft Office Online] 사이트에 처음 접속해서 다운로드를 받는 경우에는 [사용 약관] 페이지가 나타납니다. [동의함] 버튼을 클릭해야 필요한 소스들을 다운로드 받을 수 있습니다.

7 [파일 다운로드] 대화상자가 나타나면 [열기] 버튼을 클릭합니다.

8 [Microsoft Clip Organizer] 창이 나타납니다. [내 모음]의 [다운로드된 클립] 폴더에서 세부 폴더를 클릭하면 해당 클립 아트가 추가된 것을 확인할 수 있습니다.

9 [특별한 행사] 폴더에서 해당 클립 아트의 목록 버튼을 클릭한 후 [복사]를 클릭하고 [Microsoft Clip Organizer] 창을 닫습니다.

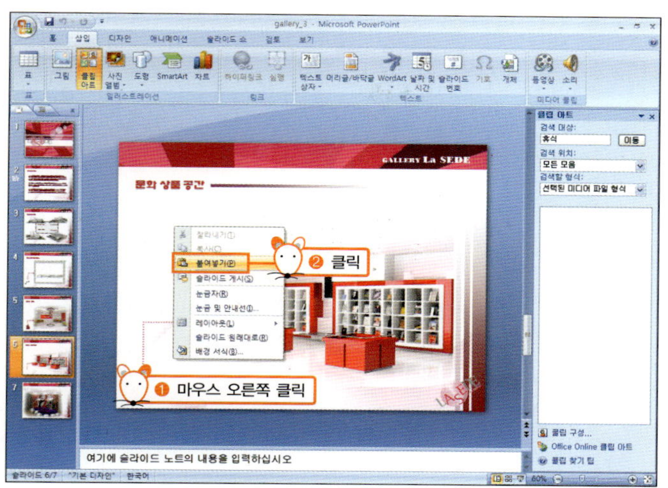

10 6번 슬라이드의 빈 영역을 마우스 오른쪽 버튼으로 클릭한 후 나타나는 메뉴에서 [붙여넣기]를 클릭합니다.

11 다음과 같이 복사된 클립 아트가 삽입되면 위치와 크기를 조절하여 완성합니다.

주목

[클립 아트] 작업 창의 [클립 구성] 알아보기

[클립 아트] 작업 창의 [클립 구성]을 클릭하면 바로 [Microsoft Clip Organizer] 창이 나타납니다. [Microsoft Clip Organizer] 창에는 이미 여러 종류의 클립 아트가 폴더 별로 저장되어 있으며, 원하는 클립 아트를 확인하고 삽입하면 됩니다.

클립 아트를 다른 그림으로 바꾸고, 저장하기

클립 아트가 삽입한 상태에서 [그림 바꾸기]와 [그림으로 저장하기]를 이용하면 원하는 클립 아트를 바꿀 수 있으며, 그림으로도 저장할 수 있습니다. [그림 바꾸기]는 클립 아트를 포함한 모든 이미지에 사용할 수 있습니다. 그러나 일반 그리기 개체인 상태에서는 적용할 수 없습니다. [그림으로 저장하기]는 슬라이드에 삽입된 클립 아트를 이미지로 저장해 주는 메뉴입니다. 일반적으로 '*.jpg', '*.gif', '*.png' 등의 이미지 파일로 저장할 수 있습니다.

다른 그림으로 바꾸기

슬라이드에 삽입된 클립 아트를 다른 그림으로 바꿀 수 있습니다.

01 클립 아트를 마우스 오른쪽 버튼으로 클릭한 후 나타나는 메뉴에서 [그림 바꾸기]를 클릭합니다.

주목
[그림 도구]의 [서식] 탭에서 [그림 바꾸기](📷)를 클릭해도 됩니다.

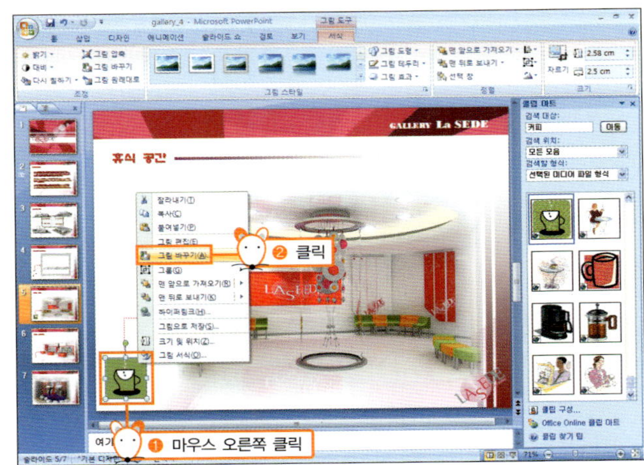

02 [그림 삽입] 대화상자가 나타나면 대체시킬 그림 파일을 선택한 후 [삽입] 버튼을 클릭합니다. 여기에서는 'Sample\Part 04\커피.jpg' 파일을 삽입했습니다.

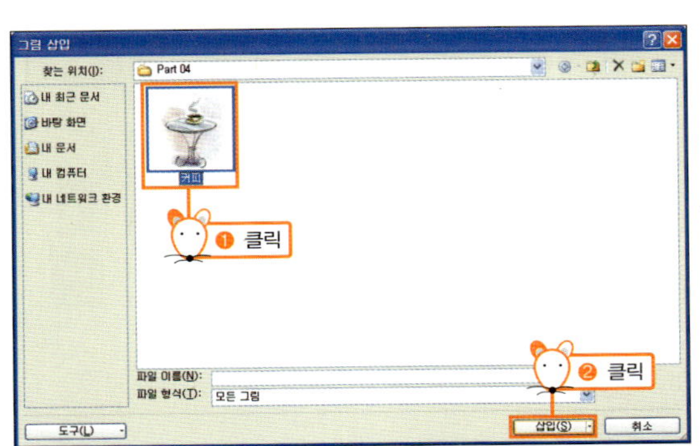

02 클립 아트의 위치는 변하지 않은 채 다른 그림으로 대체됩니다.

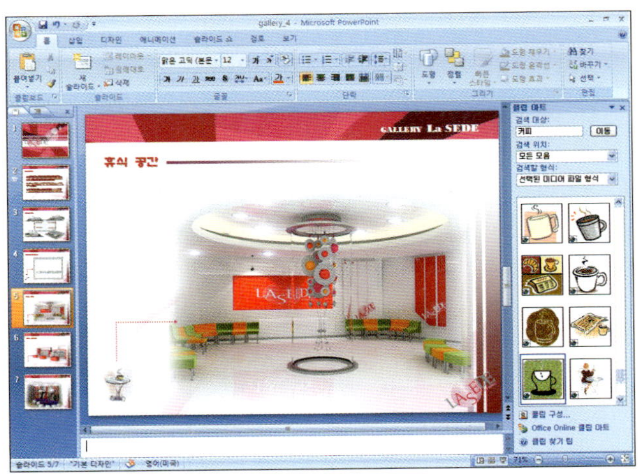

그림으로 저장하기

슬라이드에 삽입된 클립 아트를 그림 파일로 저장할 수 있습니다.

01 클립 아트를 마우스 오른쪽 버튼으로 클릭한 후 나타나는 메뉴에서 [그림으로 저장하기]를 클릭합니다.

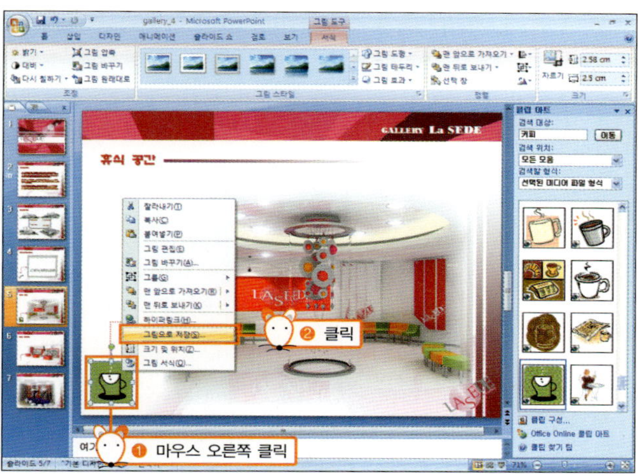

02 [그림으로 저장] 대화상자가 나타나면 [저장 위치]와 [파일 형식]을 지정하고 [파일 이름]을 입력한 후 [저장] 버튼을 클릭합니다.

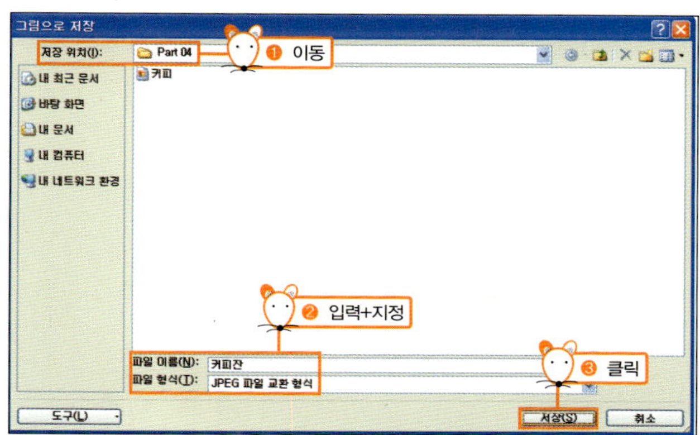

03 저장된 폴더를 보면 클립 아트가 그림 파일로 저장되어 있는 것을 알 수 있습니다.

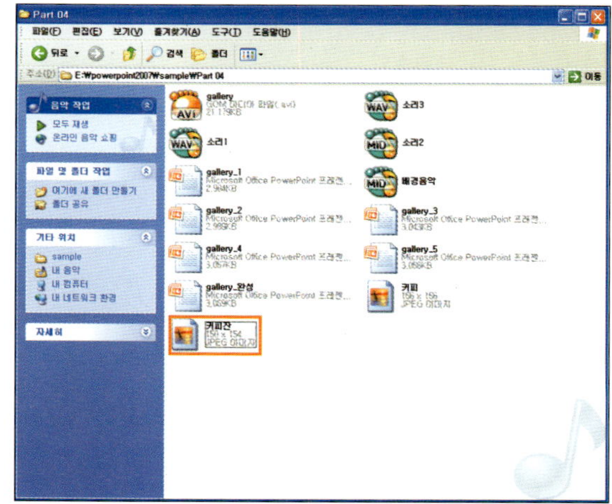

이미지 텍스트 WordArt 사용하기

파워포인트 2007 이전 버전에서 사용하는 WordArt는 일반 텍스트의 역할과 그래픽적인 효과를 구현할 수 있기 때문에 이미지 텍스트로 많이 사용되었습니다. 그러나 지금은 일반 텍스트에도 WordArt의 효과를 사용할 수 있어서 차이점이 많이 줄어들었습니다. 이번 Lesson에서는 WordArt를 삽입하고 효과를 적용시켜 완성해 보겠습니다.

Lesson 23

● 예제 파일 : Sample\Part 04\gallery_4.pptx

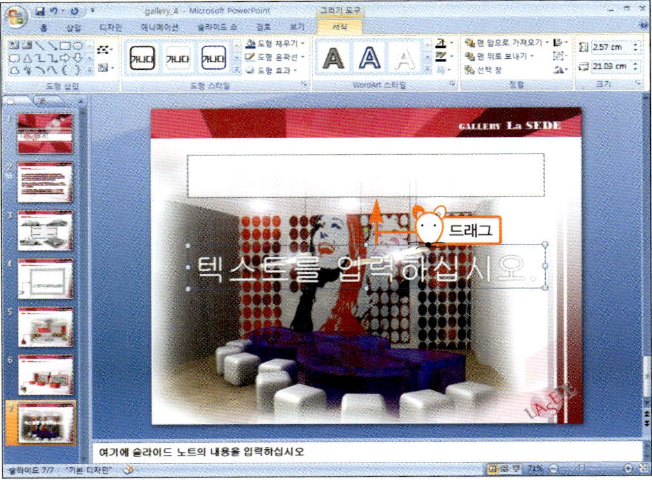

1 7번 슬라이드를 선택하고 [삽입] 탭의 [Word Art] (➜)를 클릭한 후 '채우기 – 흰색, 그림자'를 클릭합니다.

2 [WordArt]를 입력할 수 있는 텍스트 상자가 나타나면 드래그해서 위치를 조절합니다.

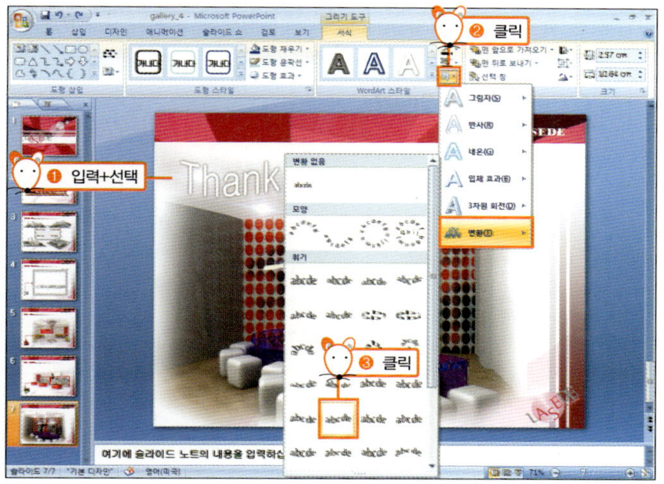

3 'Thank You!'를 입력하고 텍스트 상자를 선택합니다. 그런 다음 [그리기 도구]의 [서식] 탭에서 [텍스트 효과](짜▾)를 클릭한 후 [변환] 에서 '물결 2'를 클릭합니다.

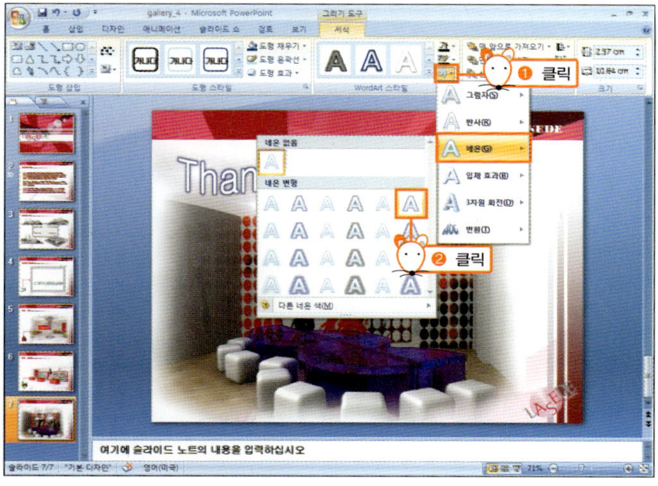

4 WordArt에 물결 효과가 적용됩니다. 선택을 해제하지 않은 상태에서 [텍스트 효과](짜▾)를 클릭하고 [네온]에서 '강조색 6, 5pt 네온'을 클릭합니다.

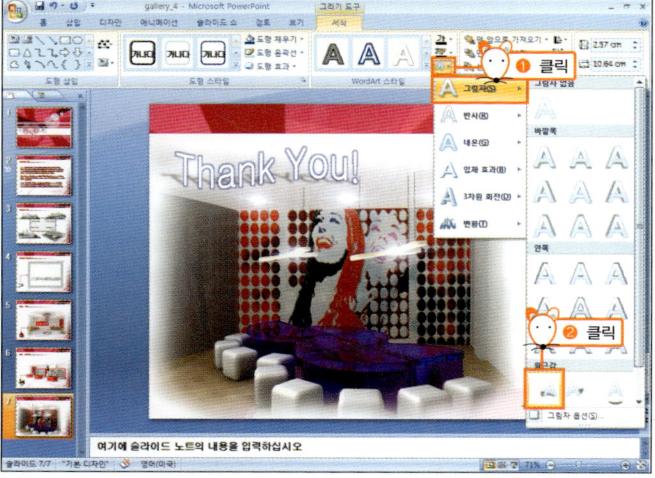

5 이번에는 WordArt에 그림자 효과를 적용하기 위해 다시 한 번 [텍스트 효과](짜▾)를 클릭하고 [그림자]를 클릭합니다. 그런 다음 [원근 감]의 '원근감 대각선 왼쪽 위'를 클릭합니다.

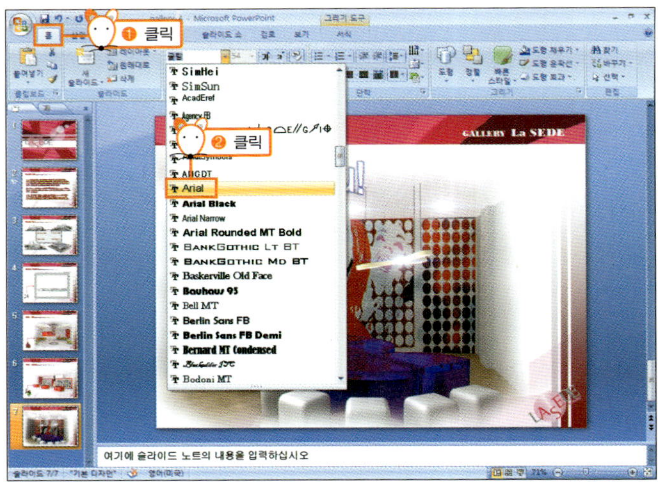

6 WordArt의 글꼴을 변경하기 위해 [홈] 탭의 [글꼴]에서 'Arial'을 클릭합니다.

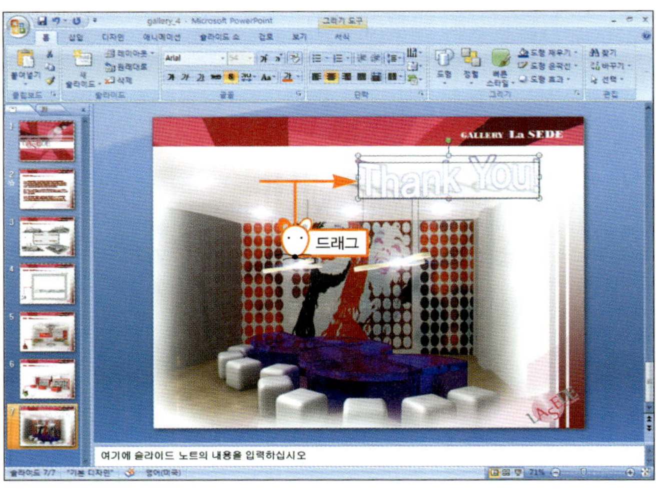

7 글꼴이 변경되면 오른쪽으로 이동시킵니다. 그런 다음 WordArt의 크기를 조절하기 위해 텍스트 상자의 크기 조절점을 클릭한 채 아래로 드래그합니다.

> **주목**
>
> WordArt의 글꼴은 일반 텍스트와 마찬가지로 [글꼴] 메뉴로 조절할 수 있습니다. 그러나 WordArt 크기는 [글꼴 크기]로 조절할 수 없고 텍스트 상자를 드래그해서 크기를 조절합니다.

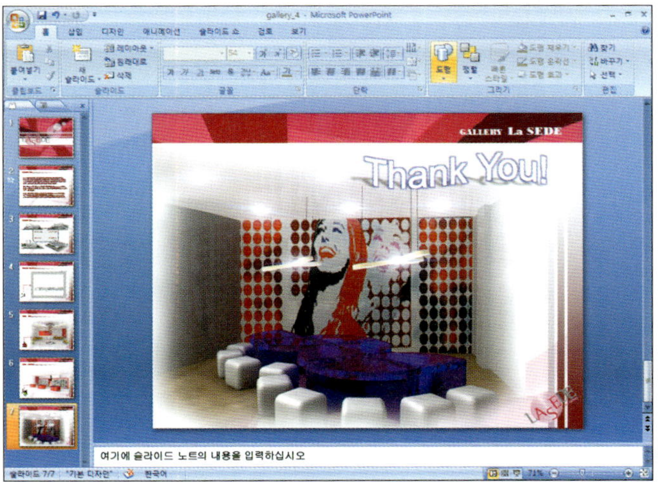

8 반복적으로 WordArt의 크기와 위치를 조절하여 완성시킵니다.

공간을 뛰어넘는 이동 버튼 만들기

Lesson 24

파워포인트에서는 원하는 곳으로 이동시켜주는 하이퍼링크(Hyper-Link) 기능을 제공합니다. 이 기능을 이용하면 현재 슬라이드에서 순서와 상관없이 특정 슬라이드로 이동할 수 있고 다른 프레젠테이션 문서와도 연동이 가능합니다. 또한, 현재 프레젠테이션 문서를 닫지 않고도 원하는 웹 사이트로도 이동할 수 있습니다. 이번 Lesson에서는 버튼에 하이퍼링크 기능을 부여하여 슬라이드를 이동시키는 방법과 다른 프레젠테이션 문서와 웹 사이트를 이동시키는 방법을 알아보겠습니다.

● 예제 파일 : Sample\Part 04\gallery_5.pptx

특정 슬라이드로 이동하고 되돌아가는 버튼 만들기

● 프레젠테이션을 진행하다보면 특정 슬라이드로 이동해야 하는 경우가 있습니다. 이런 경우 이미지나 클립 아트, 텍스트 상자와 같은 개체에 하이퍼링크 기능을 연결시키면 현재 슬라이드에서 원하는 슬라이드로 빠르게 이동할 수 있습니다.

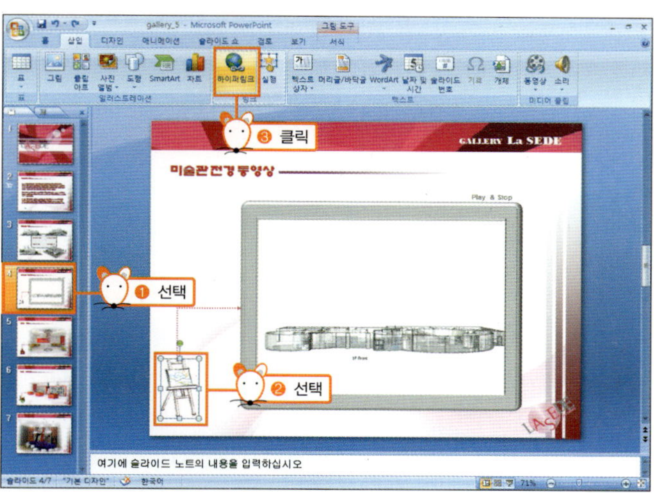

1 4번 슬라이드에서 클립 아트를 선택합니다. 그런 다음 [삽입] 탭의 [하이퍼링크 삽입](🌐)을 클릭합니다.

> **주목**
>
> 개체를 마우스 오른쪽 버튼으로 클릭한 후 나타나는 메뉴에서 [하이퍼링크]를 클릭하거나 Ctrl + K 를 이용해도 [하이퍼링크 삽입] 대화상자를 열 수 있습니다.

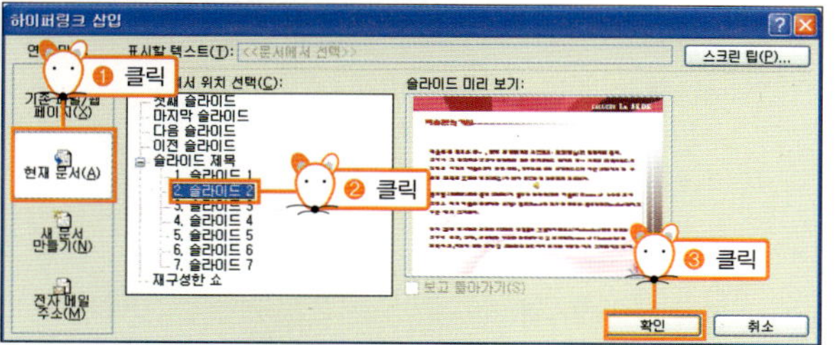

2 [하이퍼링크] 대화상자가 나타나면 [연결 대상]에서 [현재 문서]를 클릭하면 현재 작업 중인 프레젠테이션의 슬라이드가 순서대로 나열됩니다. '2. 슬라이드 2'를 클릭하고 [확인] 버튼을 클릭합니다.

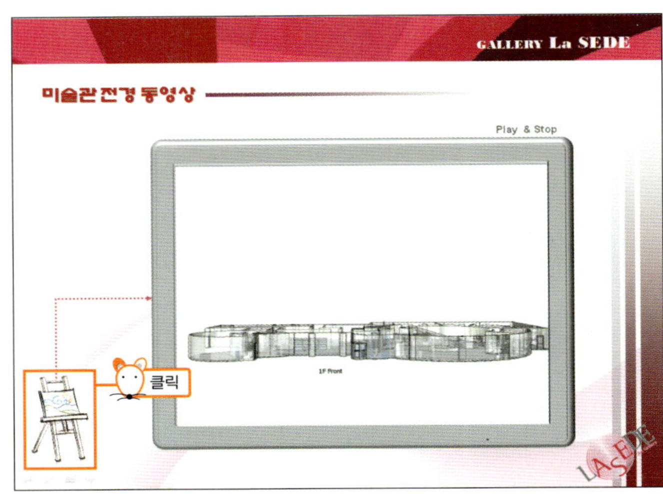

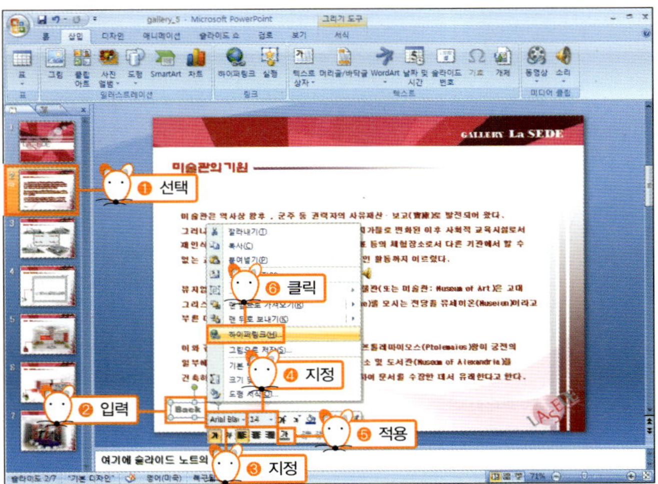

3 Shift + F5 를 눌러 슬라이드 쇼 화면으로 전환합니다. 그런 다음 하이퍼링크가 연결된 클립 아트를 클릭합니다.

> **주목**
> 하이퍼링크 기능은 슬라이드 편집화면에서는 적용되지 않고 슬라이드 쇼 화면에서만 사용이 가능합니다.

4 하이퍼링크가 연결된 해당 슬라이드로 이동됩니다. Esc 를 눌러 슬라이드 편집 화면으로 되돌아옵니다.

5 이번에는 2번 슬라이드에서 원래의 슬라이드로 되돌아가는 버튼을 만들기 위해 텍스트 상자를 삽입하고 'Back'을 입력합니다. 그런 다음 속성을 지정하고 텍스트 상자를 마우스 오른쪽 버튼으로 클릭해서 [하이퍼링크]를 클릭합니다.

❸ [글꼴]은 'Arial Black'로 지정합니다.
❹ [글꼴 크기]는 '14'로 지정합니다.
❺ [글꼴 색](가)은 '흰색, 배경 1 50% 더 어둡게'를 적용합니다.

> **주목**
> 텍스트 상자를 선택하고 하이퍼링크를 적용하면 텍스트에 아무 변화가 없지만 텍스트를 블록 지정하고 하이퍼링크를 적용하면 텍스트의 색상이 원래 색상과 다르게 나타납니다.

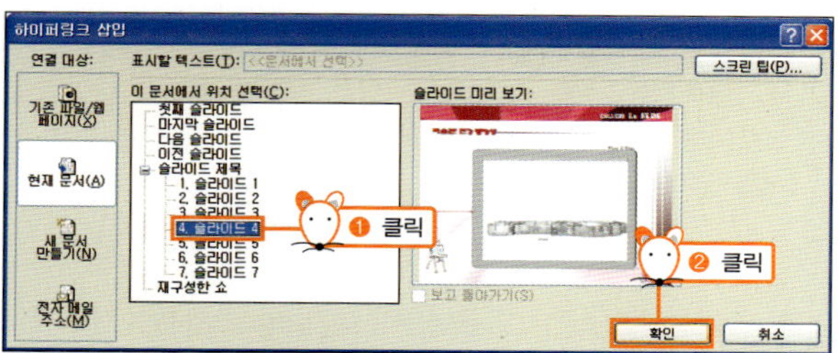

6 [하이퍼링크 삽입] 대화상자가 나타나면 원래 슬라이드로 돌아가기 위해 [현재 문서]에서 '4. 슬라이드 4'를 선택한 후 [확인] 버튼을 클릭합니다.

7 Shift + F5를 눌러 슬라이드 쇼 화면으로 전환한 후 하이퍼링크가 연결된 텍스트를 클릭합니다.

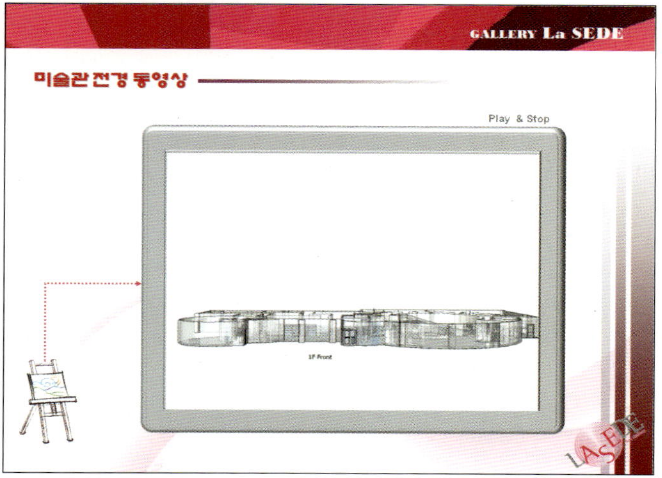

8 다시 원래의 4번 슬라이드로 되돌아갑니다.

주목

프레젠테이션 진행 중에 특정 슬라이드로 이동했다면 다시 되돌아오는 버튼도 만들어 주는 것이 슬라이드 쇼를 진행하는데 편리합니다.

다른 프레젠테이션 문서로 이동하는 버튼 만들기

● 프레젠테이션을 진행하면서 참고 자료를 불러오는 경우도 있습니다. 이런 경우에도 하이퍼링크 기능을 이용하면 현재 문서를 닫지 않고도 해당 문서로 이동할 수 있습니다.

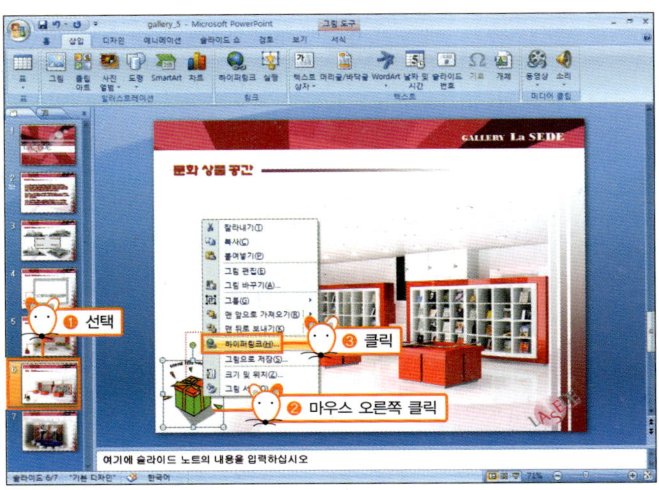

1 6번 슬라이드의 클립 아트를 선택하고 마우스 오른쪽 버튼으로 클릭한 후 나타나는 메뉴에서 [하이퍼링크]를 클릭합니다.

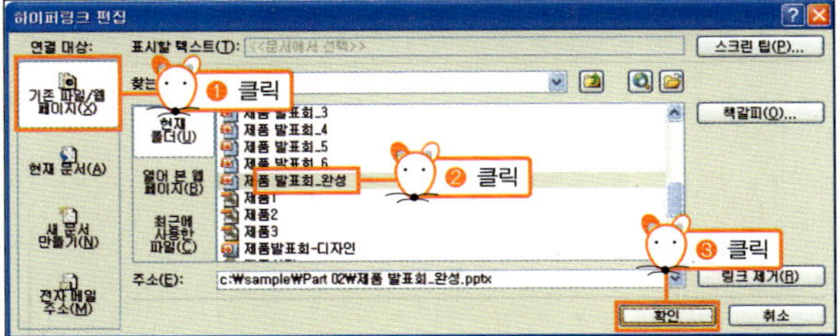

2 [하이퍼링크] 대화상자가 나타나면 [연결 대상]에서 [기존 파일/웹 페이지]를 클릭합니다. 그런 다음 원하는 프레젠테이션의 경로를 지정합니다. 여기에서는 'Sample\Part 02\제품 발표회_완성.pptx'를 선택하고 [확인] 버튼을 클릭했습니다.

3 Shift + F5 를 눌러 슬라이드 쇼 화면으로 전환한 후 하이퍼링크가 연결된 클립 아트를 클릭합니다.

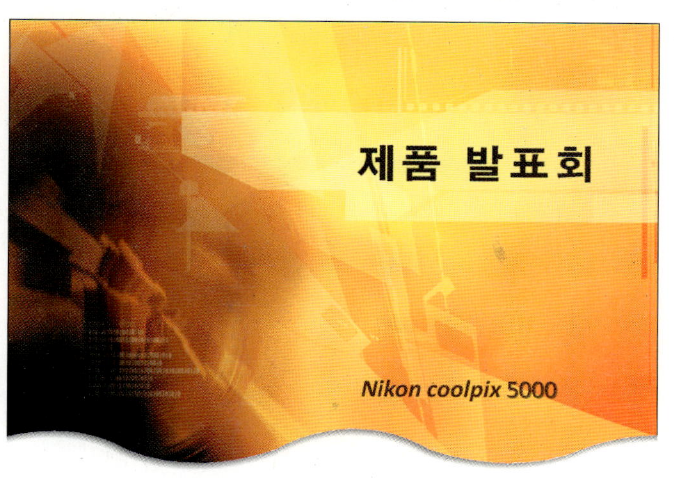

4 하이퍼링크가 연결된 '제품 발표회_완성. pptx' 문서로 전환됩니다.

> **주목**
> 실행된 새 프레젠테이션 파일에서 [Esc]를 누르면 진행 중인 프레젠테이션 문서로 다시 이동됩니다.

[하이퍼링크 삽입] 대화상자의 [책갈피] 기능 알아보기

[책갈피] 기능은 하이퍼링크가 연결된 문서의 특정 슬라이드로 바로 이동시켜주는 기능입니다. 1번 슬라이드로 이동하지 않고 지정한 슬라이드로 바로 이동되기 때문에 매우 편리한 기능입니다.

❶ 클립 아트를 마우스 오른쪽 버튼으로 클릭한 후 나타나는 메뉴에서 [하이퍼링크]를 클릭합니다.

❷ [하이퍼링크] 대화상자가 나타나면 [기존 파일/웹페이지]에서 연결 시킬 문서의 경로를 지정하고 파일을 선택합니다. 여기에서는 'Part 06\디지털애니메이션세미나_완성'을 클릭하고 [책갈피] 버튼을 클릭했습니다.

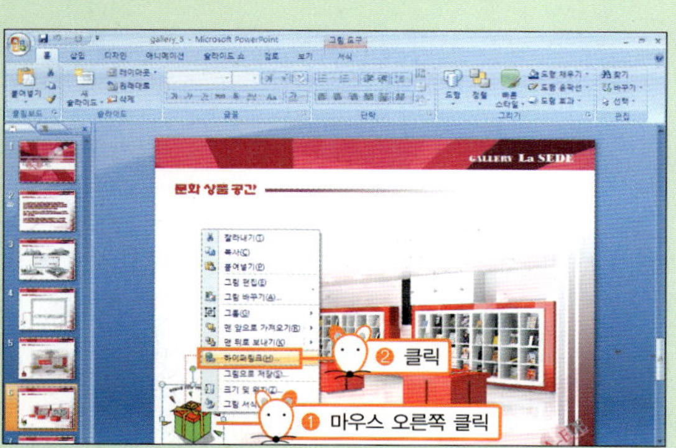

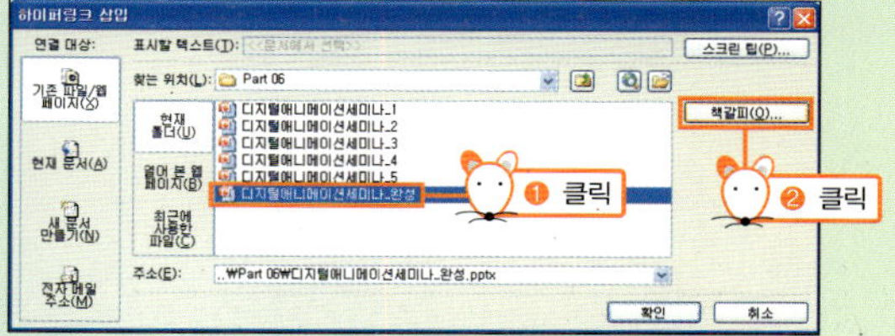

❸ [문서에서의 위치 선택] 대화상자가 나타나면 '5.슬라이드 5'를 클릭하고 [확인] 버튼을 클릭합니다.

❹ 다시 [하이퍼링크 삽입] 대화상자에서 [확인] 버튼을 클릭합니다.

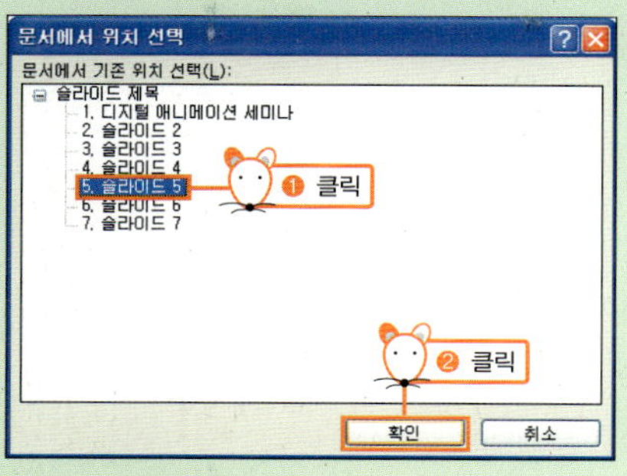

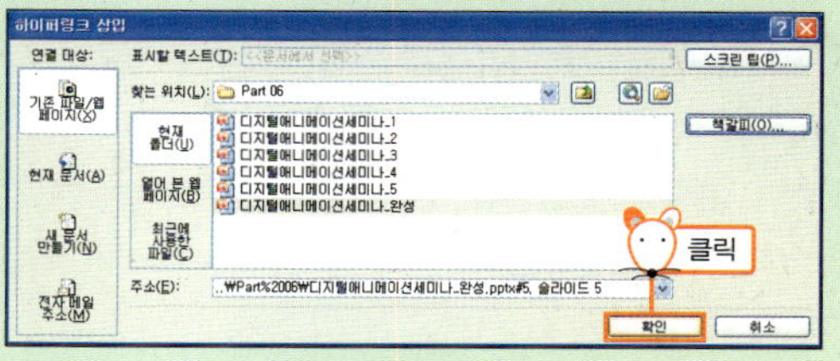

❺ 이제 [Shift]+[F5]를 눌러 슬라이드 쇼 화면으로 전환한 후 하이퍼링크가 연결된 클립 아트를 클릭합니다.

❻ '디지털애니메이션세미나_완성' 문서로 이동됩니다. 그러나 1번 슬라이드가 아닌 책갈피 기능이 적용된 5번 슬라이드로 바로 이동됩니다.

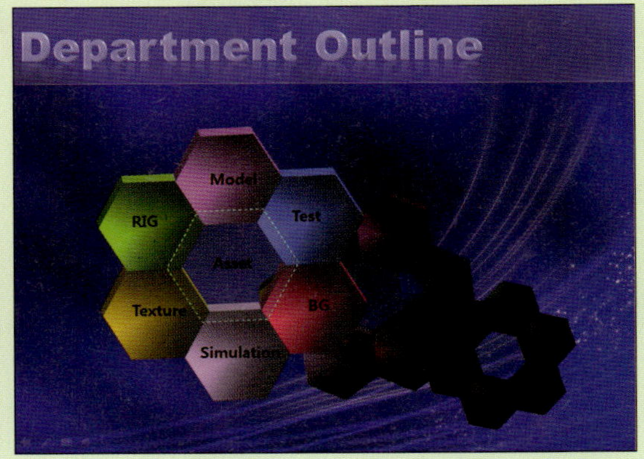

따라해 보세요

하나의 버튼으로 제목 슬라이드로 이동하는 버튼 만들기

● 슬라이드 마스터에서 버튼을 삽입하면 모든 슬라이드에 삽입되고, 하이퍼링크 기능을 적용하면 모든 슬라이드에 적용되므로 매우 편리합니다. 여기에서는 슬라이드 마스터에 버튼을 삽입하고 하이퍼링크를 적용하는 방법에 대해서만 설명하겠습니다. 슬라이드 마스터 사용 방법은 Part 08에서 자세하게 알아보겠습니다.

1 2번 슬라이드를 선택하고 [보기] 탭의 [슬라이드 마스터](▤)를 클릭합니다.

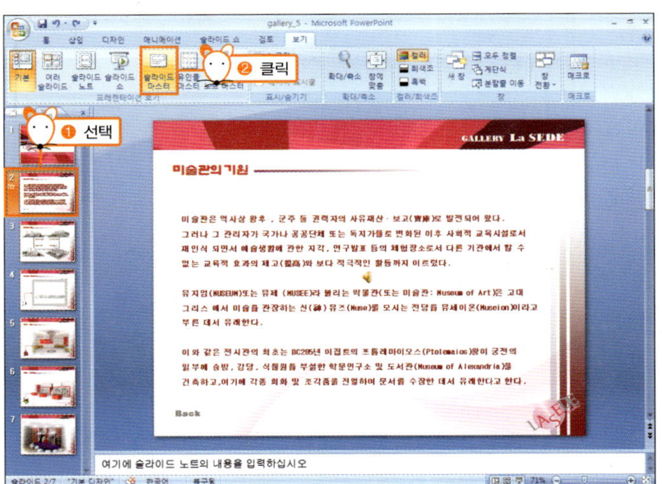

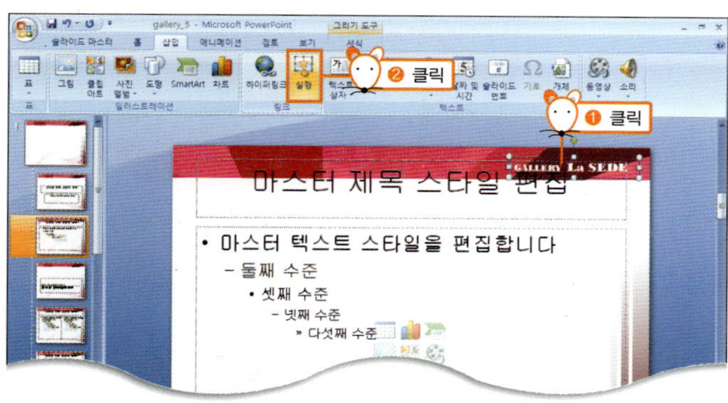

2 [슬라이드 마스터] 편집 화면으로 전환되면 'GALLERY La SEDE'의 텍스트 상자를 선택한 후 [삽입] 탭의 [실행]()을 클릭합니다.

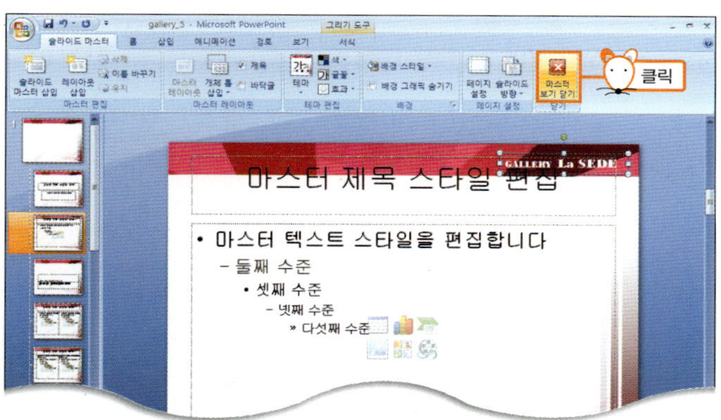

3 [실행 설정] 대화상자가 나타나면 [마우스를 클릭할 때] 탭에서 [하이퍼링크]를 선택하고 목록에서 '첫째 슬라이드'를 클릭한 후 [확인] 버튼을 클릭합니다.

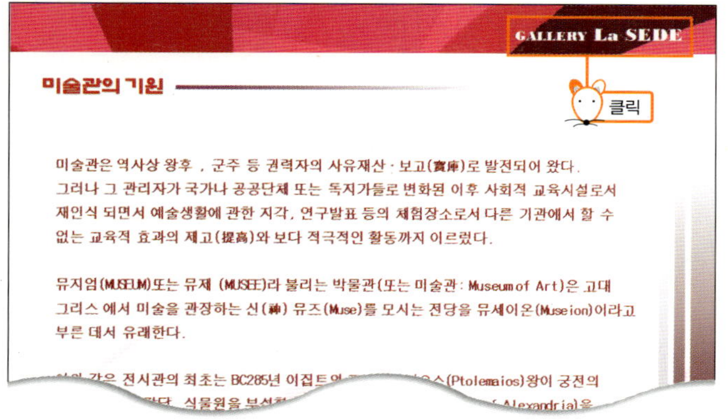

4 이제 [슬라이드 마스터] 탭에서 [마스터 보기 닫기]()를 클릭해서 슬라이드 편집 화면으로 되돌아옵니다.

5 Shift + F5 를 눌러 슬라이드 쇼 화면으로 이동한 후 하이퍼링크가 연결된 텍스트를 클릭합니다.

6 연결된 제목 슬라이드로 이동됩니다. 마스터 페이지에서 하이퍼링크 기능을 적용했기 때문에 어느 슬라이드에서든지 'GALLERY La SEDE'를 클릭하면 제목 슬라이드로 이동됩니다.

따라해 보세요

웹 사이트로 이동하는 버튼 만들기

● 프레젠테이션을 진행하는 과정에서 회사의 홈페이지나 참고 사이트로 이동하여 설명하는 경우가 있습니다. 입력 방법은 다르지만, 앞에서 다루었던 [하이퍼링크 삽입] 대화상자를 이용해 이동하려는 웹 사이트 주소를 입력해주면 됩니다.

1 7번 슬라이드를 선택하고 텍스트 상자를 삽입한 후 'www.artcyclopedia.com'을 입력합니다. 그런 다음 속성을 지정한 후 텍스트 상자를 마우스 오른쪽 버튼으로 클릭한 후 나타나는 메뉴의 [하이퍼링크]를 클릭합니다.

❸ [글꼴]은 'Arial'로, [글꼴 크기]는 '14'로 지정합니다.
❹ [글꼴 색](가)은 '검정, 텍스트 1, 15% 더 밝게'를 적용합니다.

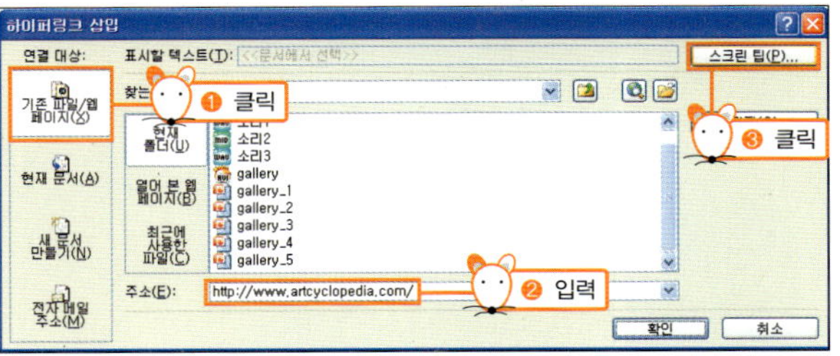

2 [하이퍼링크 삽입] 대화상자가 나타나면 [연결 대상]에서 [기존 파일/웹 페이지]를 클릭합니다. 그런 다음 [주소]에 'http://www.artcyclopedia.com'을 입력한 후 [스크린 팁]을 클릭합니다.

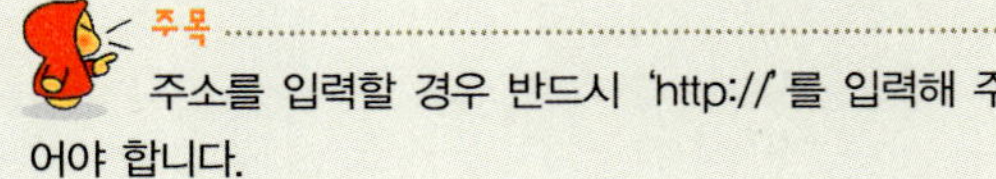
주목

주소를 입력할 경우 반드시 'http://'를 입력해 주어야 합니다.

3 [하이퍼링크 스크린 팁 설정] 대화상자가 나타나면, '참고할 갤러리 사이트'를 입력한 후 [확인] 버튼을 클릭합니다.

> **주목**
>
> [스크린 팁]은 하이퍼링크가 연결된 개체에 마우스 포인터를 가져다 대면 나타나는 설명글입니다.

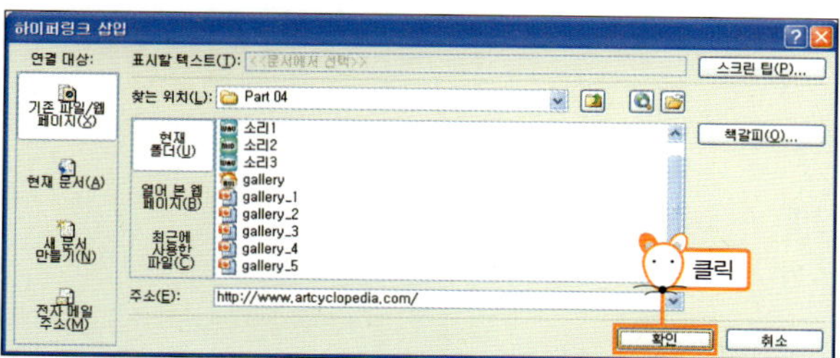

4 다시 [하이퍼링크 삽입] 대화상자가 나타나면 [확인] 버튼을 클릭합니다.

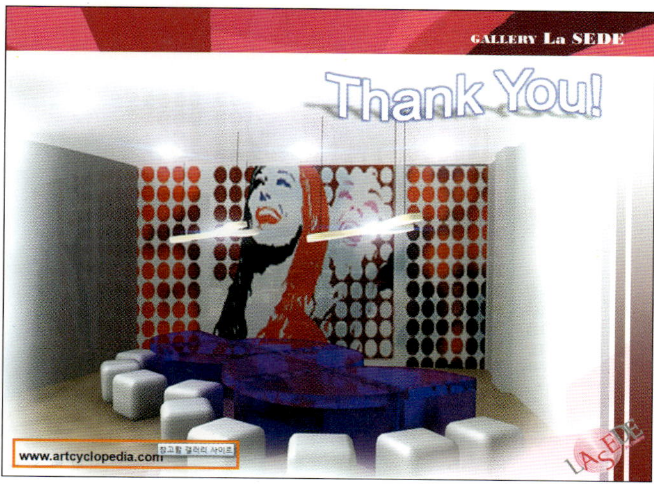

5 Shift + F5 를 눌러 슬라이드 쇼 화면에서 하이퍼링크가 연결된 텍스트에 마우스 포인터를 위치시키면 앞에서 입력한 스크린 팁이 나타납니다.

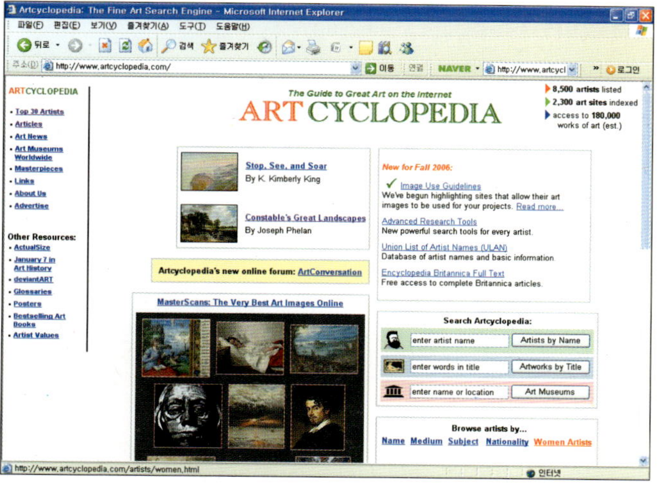

6 텍스트를 클릭하면 연결된 사이트로 이동됩니다.

하이퍼링크의
편집과 메일 주소 연결하기

이미 연결된 하이퍼링크의 경로를 수정하거나 편집하는 방법에 대해 알아보고 클립 아트나 텍스트에 메일 창을 연결시켜 바로 메일을 보낼 수 있는 방법에 대해 알아보겠습니다.

하이퍼링크 편집 및 제거하기

하이퍼링크가 연결된 개체를 마우스 오른쪽 버튼으로 클릭하면 관련 메뉴를 확인할 수 있습니다. 이 메뉴를 이용하면 하이퍼링크의 경로 수정에서 삭제, 다른 개체로 복사까지 할 수 있습니다.

01 하이퍼링크가 연결된 개체를 마우스 오른쪽 버튼으로 클릭한 후 나타나는 메뉴에서 [하이퍼링크 편집]을 클릭합니다.

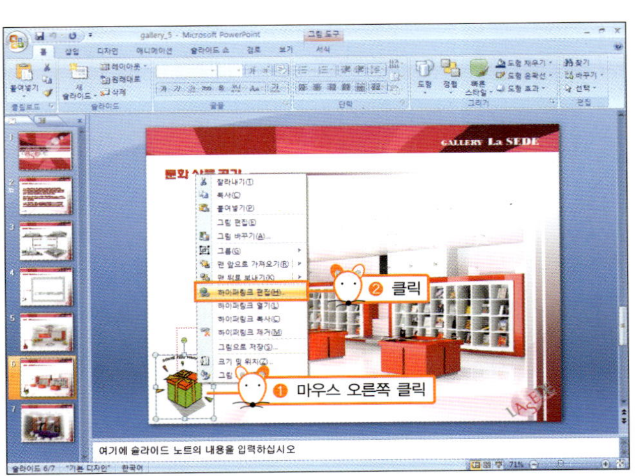

02 [하이퍼링크 편집] 대화상자가 나타나면 하이퍼링크의 경로를 수정할 수 있습니다.

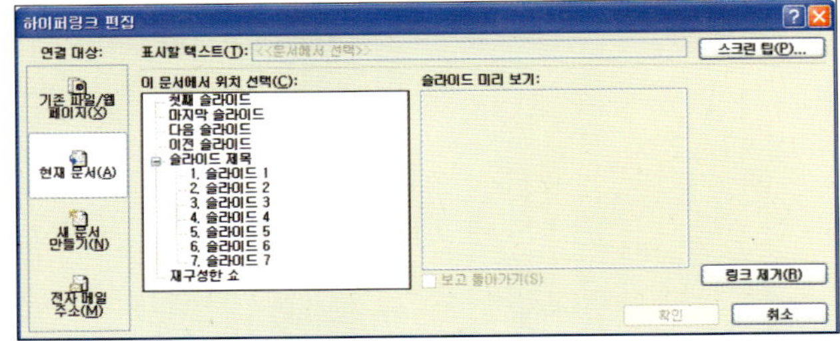

03 연결된 하이퍼링크 기능을 삭제하려면 연결된 개체를 마우스 오른쪽 버튼으로 클릭한 후 나타나는 메뉴에서 [하이퍼링크 제거]를 클릭하면 됩니다.

개체에 메일 링크 걸기

개체에 하이퍼링크 기능을 이용하여 메일을 보낼 수 있도록 메일 창을 연결시킬 수 있습니다. [하이퍼링
크 삽입] 대화상자에서 메일 주소만 입력하고 연결된 개체를 클릭하면 빠르고 간단하게 메일 창이 띄울
수 있습니다.

01 하이퍼링크를 연결시킬 개체를 마우스 오른쪽 버튼으로 클릭한 후 나타나는 메뉴에서 [하이퍼링크]를 클릭합니다.

02 [하이퍼링크 삽입] 대화상자의 [연결 대상]에서 [전자 메일 주소]를 클릭합니다. 그런 다음 [전자 메일 주소]에 'mailto:' 와 메일 주소를 입력한 후 [확인] 버튼을 클릭합니다.

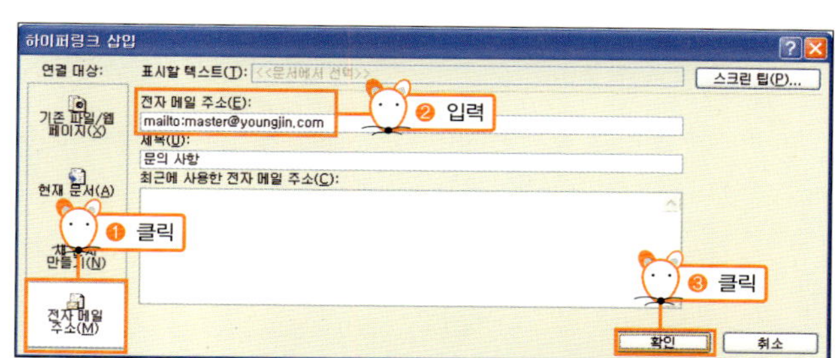

03 슬라이드 쇼 화면으로 전환해서 연결된 개체를 클릭합니다.

04 일반적으로 회사 메일을 사용하고 있다면 다음과 같이 [Outlook Express]나 [Microsoft Office Outlook 2007]을 통해서 메일을 보낼 수 있는 창이 나타납니다.

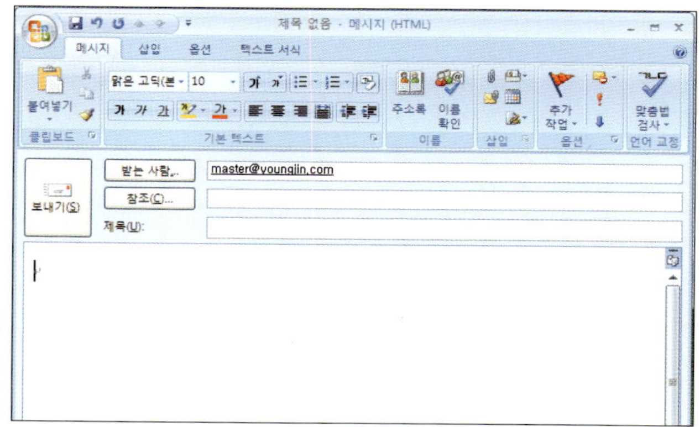

> **주목**
>
> 하이퍼링크를 이용해 이메일 주소를 입력하는 경우에는 반드시
> 받는 메일 서버(POP3)와 보내는 메일 서버(SMTP)의 정보가 있어야
> 합니다. 흔히 포털 사이트에서 제공하는 메일 서비스는 받는 메일 서
> 버의 정보를 제공하고, 보내는 메일 서버의 정보는 제공하지 않습니
> 다. 따라서 포털 사이트의 메일 서비스는 제대로 작동되지 않을 수 있
> 습니다.

Part
5

일목요연하게 정리하는 차트와 표로 슬라이드 꾸미기

빠른 이해를 돕는 차트와 표는 파워포인트에서 중요한 기능 중에 하나입니다. 비교, 분석, 추이의 변화와 같이 데이터 흐름을 기간에 따라 쉽게 파악할 수 있도록 도와주는 갖가지 차트와 표는 파워포인트 2007 버전에서 더욱 향상되고 편리하게 사용할 수 있도록 변경되었습니다. 이번 Part에서는 이러한 기능들을 능숙하게 사용할 수 있도록 예제를 확인하고 제작하는 방법을 알아보겠습니다.

차트와 표로 데이터를 알아보기 쉽게 정리하기

파워포인트 2007 버전에서 직관적이고 편리하게 사용할 수 있는 차트와 표의 작성 방법을 익히고 적극적으로 사용할 수 있도록 다양한 예제를 통하여 학습합니다.

세로 막대차트 삽입하고 편집하기

[삽입] 탭의 [차트 삽입]을 클릭한 후 [차트 삽입] 대화상자와 [데이터시트] 창을 이용하여 슬라이드의 특정 위치에 차트를 삽입하고, 편집할 수 있습니다. 또한 삽입한 차트는 [차트 도구 모음]의 [디자인 탭] 중에서 [차트 레이아웃]과 [차트 스타일] 항목을 이용하여 레이아웃과 스타일을 변경할 수 있습니다.

- 차트를 삽입할 슬라이드를 선택하고 [삽입] 탭의 [차트 삽입]을 클릭합니다.
- [차트 삽입] 대화상자가 나타나면 왼쪽 항목에서 차트 종류를 선택하고 오른쪽 항목에서 세부 차트를 클릭합니다.
- [데이터시트] 창이 나타나면 데이터 셀에 데이터 내용을 입력하고 데이터 범위의 크기를 조정합니다.

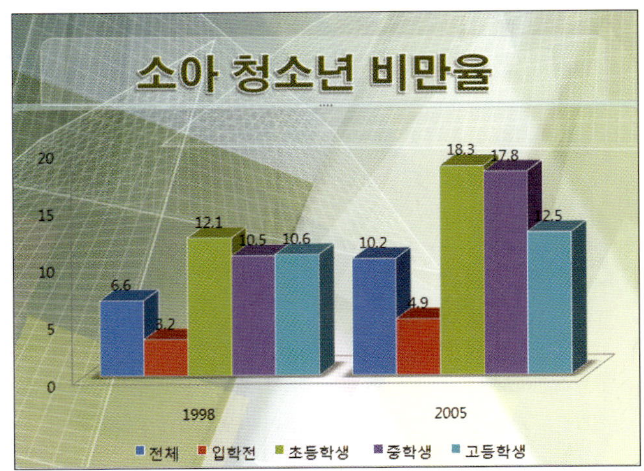

슬라이드에 삽입된 세로 막대 차트

축과 범례의 서식과 위치 변경하기

차트를 이루는 범례, 축과 같은 구성 요소들을 [차트 도구]의
[레이아웃]과 [서식] 탭의 항목들을 이용하여 추가, 삭제, 위치
지정, 스타일 등을 지정할 수 있습니다. 차트를 이루는 구성
요소의 서식 변경은 일반 글자와 같이 선택하고 [홈] 탭의 글
속성 항목들을 이용해야 합니다.

- 차트를 선택하고 [차트 도구]의 [레이아웃] 탭의 [축]()
  을 클릭합니다.

- 축 표시의 바탕은 [기본 가로축]이나 [기본 세로축]을 클
  릭하여 지정합니다.

- 나타나는 메뉴 목록을 이용하여 레이블, 축만 표시, 단위
  조정, 방향 등을 조정합니다.

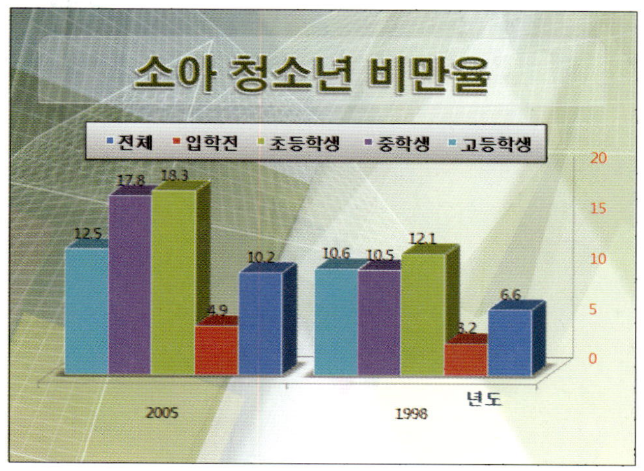

차트를 이루는 범례, 축과 같은 구성 요소

혼합 차트 만들기

하나 이상의 계열로 이루어진 데이터를 이용하여 세로 막대
형 차트와 꺾은선형 차트를 혼합하여 삽입할 수 있으며, 각
각의 차트를 선택하여 구성 요소를 편집할 수 있습니다.

- 삽입된 차트에서 직접 구성 요소를 클릭합니다. 선택된
  구성 요소에는 조절점과 함께 강조선이 나타납니다.

- 구성 요소를 선택할 수 없을 경우에는 [차트 도구]의 [레이
  아웃] 탭을 클릭하고 [현재 선택 영역]의 [차트 요소]()을
  클릭한 후 목록에서 선택하고자 하는 구성 요소를 선택합
  니다.

슬라이드에 삽입된 혼합 차트

차트의 그림 영역과 눈금선 서식 변경하기

차트의 배경에 해당하는 그림 영역은 단색, 그라데이션, 그림 또는 질감 채우기와 같이 다양한 스타일로 변경할 수 있습니다.

- 차트가 선택된 상태에서 [차트 도구]의 [레이아웃] 탭에서 [그림 영역](을 클릭하고, [기타 그림 영역 옵션]을 클릭합니다.

- [그림 영역 서식] 대화상자가 나타나면 단색, 그라데이션, 그림 또는 질감 채우기 중에서 하나를 클릭하고 세부 항목을 지정합니다.

차트의 그림 영역 변경하기

3차원 원형 차트 만들기

전체 데이터 값을 기준으로 각각의 항목들이 차지하는 비율을 계산하여 표시하는 3차원 원형 차트를 삽입합니다. 또한, 크기와 글자 속성 변경, 범례 위치 조정, 3차원 효과를 이용한 회전 각도 지정과 편집 작업을 실행할 수 있습니다.

- 차트가 선택된 상태에서 [차트 도구]–[레이아웃] 탭에서 [3차원 회전](□)을 클릭합니다.

- [차트 영역 서식] 대화상자가 나타나면 왼쪽 항목에서 [3차원 회전]을 클릭하고 [회전]과 [원근감]과 같은 항목의 값을 변경합니다. 변경된 항목 값을 처음 상태로 되돌리고 싶다면 [원래대로] 버튼을 클릭합니다.

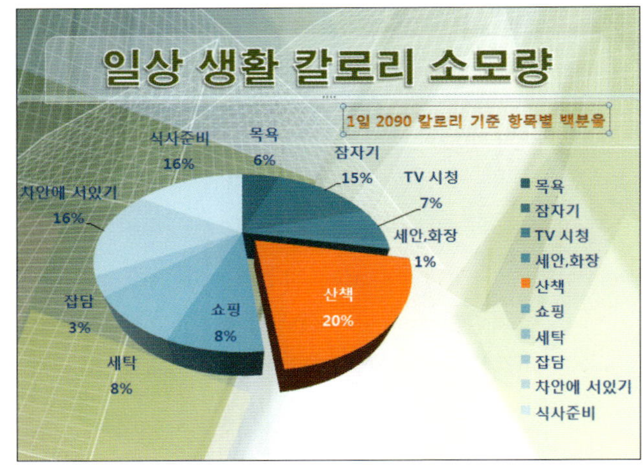

슬라이드에 삽입된 3차원 원형 차트

 엑셀 파일과 연동하는 차트 만들기

[데이터시트] 창에 입력한 데이터는 엑셀, 액세스, 웹, 일반 텍스트 파일과 같은 외부 파일을 이용하여 차트로 제작할 수 있습니다. 또한, 파일의 연동으로 데이터 값을 수정하면 자동으로 슬라이드에 삽입한 차트의 데이터까지 영향을 받아서 수정이 됩니다.

- 파워포인트의 [데이터시트] 창에서 데이터 셀을 클릭합니다.
- [데이터] 탭의 [외부 데이터 가져오기](📋)를 클릭한 후 [기타 원본]의 [XML 데이터 가져오기]를 차례로 클릭합니다.
- [데이터 원본 선택] 대화상자가 나타나면 [찾는 위치]의 경로에서 연결할 엑셀 파일을 지정한 후 [열기] 버튼을 클릭합니다.
- [테이블 선택] 대화상자가 나타나면 연결할 데이터가 있는 테이블을 선택한 후 [확인] 버튼을 클릭합니다.
- [데이터 가져오기] 대화상자가 나타나면 데이터 셀을 클릭한 후 [확인] 버튼을 클릭합니다.

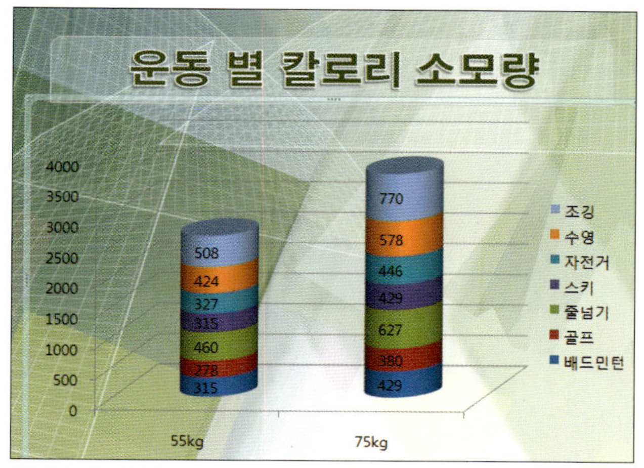

엑셀 파일과 연동하는 차트

 표로 슬라이드 마무리하기

데이터를 쉽고 빠르게 정리하여 볼 수 있도록 [표]를 삽입하고, [표 도구]의 [디자인]과 [레이아웃] 탭 그리고 [홈] 탭을 이용하여 표의 스타일, 셀 안에 입력된 텍스트 서식, 정렬, 그림자 효과와 같은 기능으로 디자인을 변경할 수 있습니다.

- [삽입] 탭에서 [표](▦)를 클릭한 후 마우스로 드래그하여 표를 만듭니다.
- 삽입된 표의 셀 안에 데이터를 입력합니다.

식품명(100g)	열량(kcal)	단백질(g)	지방 (g)	탄수화물(g)
감자	54	1.5	0.2	18.5
고구마	100	1.1	0.5	23.0
햄	188	19.7	9.9	5.1
호두	647	18.6	59.4	9.5
치즈	349	21.8	27.8	2.8

슬라이드에 삽입된 표

차트의 기본!
세로 막대 차트 삽입하고 편집하기

파워포인트에서 차트는 엑셀 프로그램과 같은 형태의 [데이터시트] 창을 통해 행과 열에 해당하는 데이터 값을 입력하고 이를 바탕으로 차트의 종류와 스타일, 레이아웃을 선택하여 제작합니다. 이번 Lesson에서는 슬라이드에 차트를 삽입하고 편집하는 방법을 알아보겠습니다.

Lesson 25

● 예제 파일 : Sample\Part 05\다이어트_1.pptx

 **따라해 보세요**

차트 삽입하고 데이터 입력하기

● 슬라이드에 차트를 삽입하기 위해서는 [삽입] 탭의 [차트 삽입]을 클릭한 후 [차트 삽입] 대화상자를 이용해야 합니다. 또한, 삽입한 차트를 선택하면 세부적인 항목들을 수정할 수 있는 [차트 도구] 리본 메뉴의 형태를 확인할 수 있습니다.

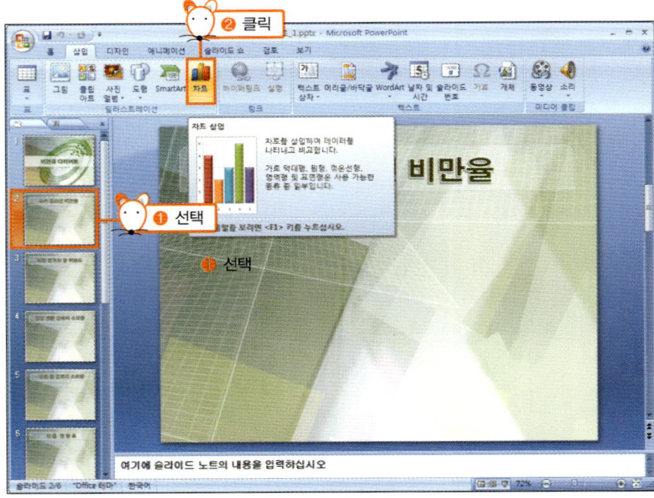

1 2번 슬라이드를 선택하고 [삽입] 탭의 [차트 삽입]()을 클릭합니다.

2 [차트 삽입] 대화상자가 나타나면 원하는 차트를 선택한 후 [확인] 버튼을 클릭합니다.

❶ 왼쪽 항목에서 [세로 막대형]을 클릭합니다.
❷ '3차원 묶은 세로 막대형'을 클릭합니다.

다양한 차트를 선택할 수 있는 [차트 삽입] 대화상자

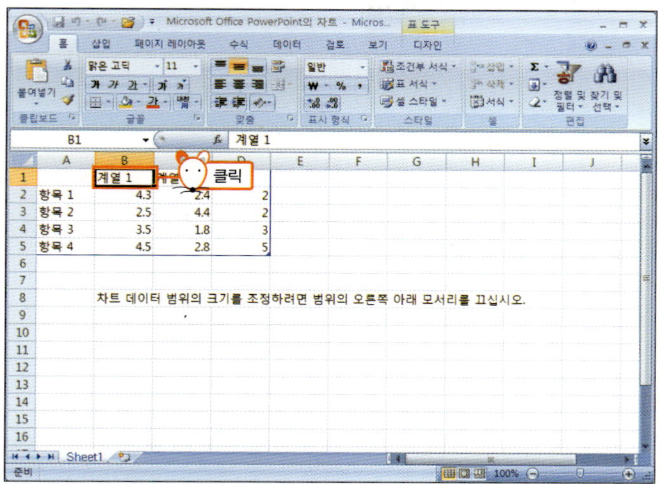

3 차트의 데이터를 입력할 수 있는 별도의 [데이터시트] 창이 나타납니다. '계열 1'이 입력되어 있는 데이터 셀을 클릭합니다.

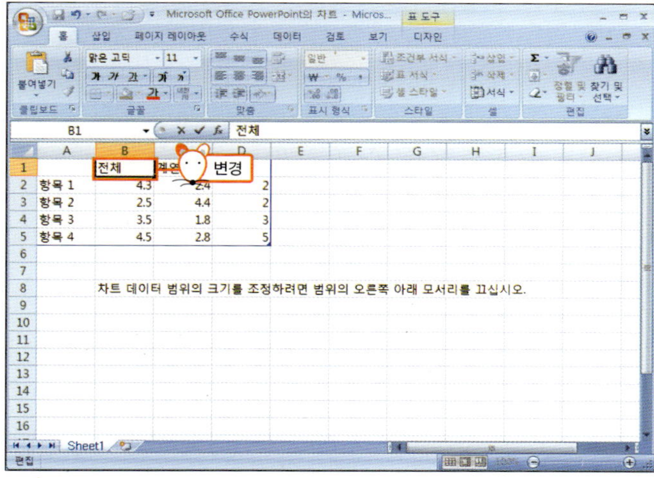

4 기존에 입력되어 있는 내용을 '전체'로 변경합니다.

주목

파워포인트에서 제공하는 항목별 차트 모양은 다음과 같습니다. [차트 삽입] 대화상자의 왼쪽 항목에서 차트의 종류를 선택하면 오른쪽에 관련된 차트 모양이 나타납니다.

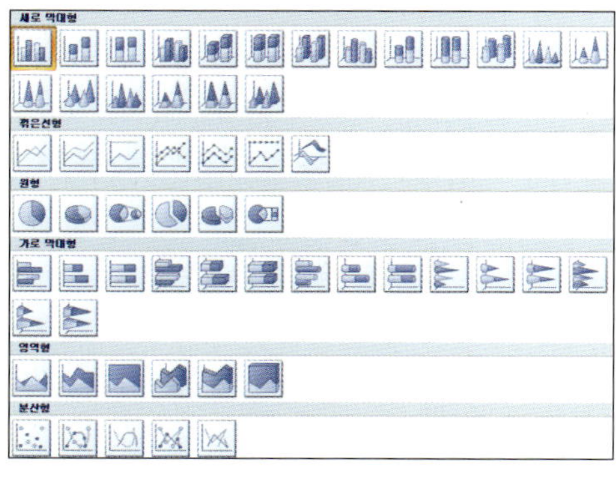
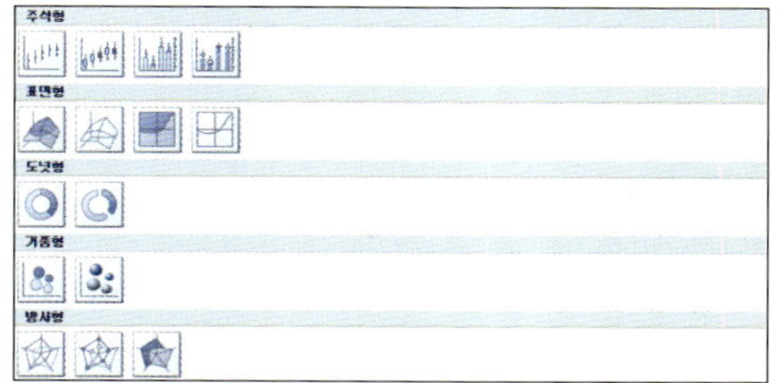

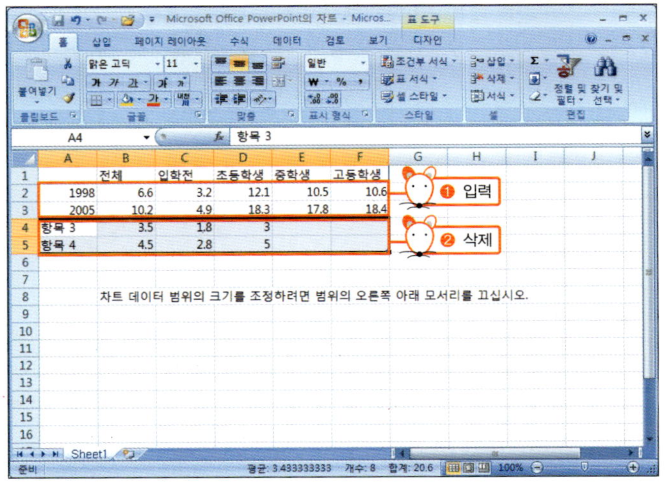

5 같은 방법으로 데이터 셀에 입력되어 있는 내용을 수정 입력합니다. 그런 다음 '항목 3'과 '항목 4'는 드래그하여 선택한 후 Delete 를 눌러 셀 내용을 삭제합니다.

	전체	입학 전	초등학생	중학생	고등학생
1998	6.6	3.2	12.1	10.5	10.6
2005	10.2	4.9	18.3	17.8	18.4

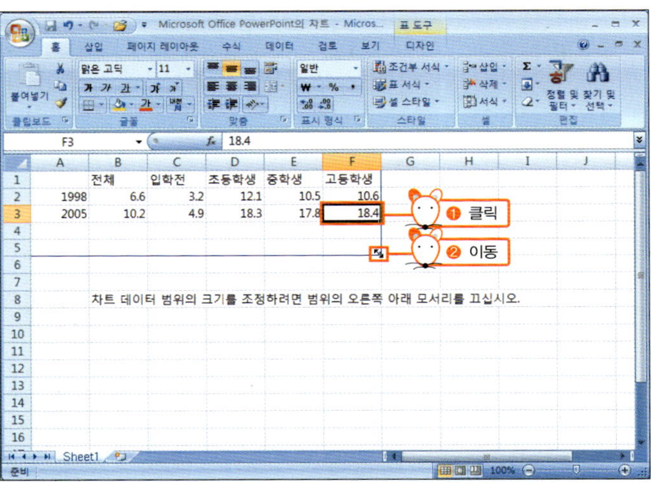

6 글 내용이 입력되어 있는 데이터 셀 중 하나를 클릭한 후 데이터 범위가 설정되어 있는 파란색 선에 마우스 포인터를 위치시킵니다.

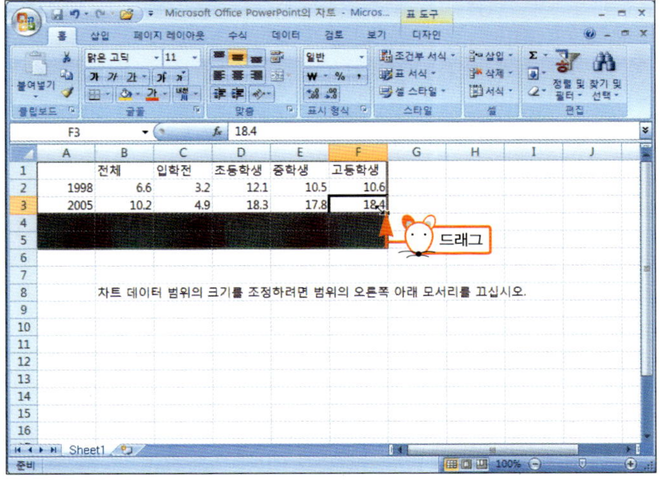

7 마우스 포인터 모양이 변경되면 '18.4'가 입력되어 있는 데이터 셀까지 드래그하여 차트 데이터 범위의 크기를 조정합니다.

> **주목**
> 차트 데이터 범위의 크기를 데이터 값에 맞추어 변경하지 않고 빈 셀 형태로 남겨두면 차트에 빈 공간이 생겨 레이아웃 형태가 흐트러집니다. 오른쪽 아래 모서리를 드래그하는 방법으로 빈 차트 데이터 범위를 맞추기를 권장합니다.

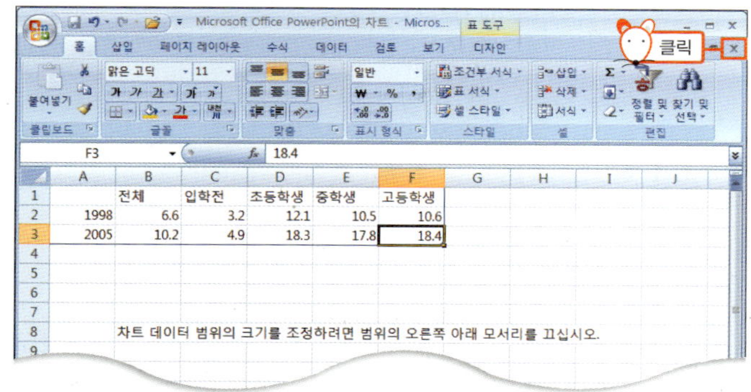

8 데이터 범위를 조정이 끝나면 오른쪽 위에 있는 [창 닫기](X)를 클릭하여 [데이터시트] 창을 종료합니다.

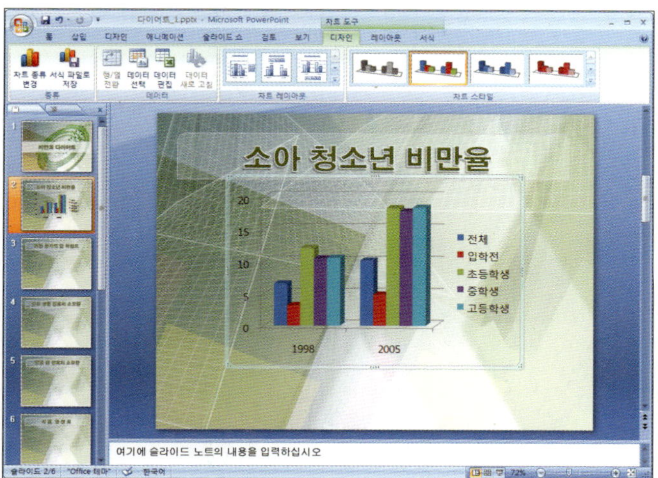

9 슬라이드에 입력한 데이터로 차트가 삽입된 것을 확인할 수 있습니다.

슬라이드 레이아웃을 이용한 차트 삽입하기

[삽입] 탭의 [차트 삽입](📊)을 클릭하는 방법 외에 썸네일 슬라이드를 마우스 오른쪽 버튼으로 클릭합니다. 그런 다음 나타나는 메뉴에서 [레이아웃]을 클릭하고 [Office 테마] 항목에서 슬라이드 전체의 레이아웃을 '제목 및 내용'이나 '콘텐츠 2개', '캡션 있는 콘텐츠'와 같은 레이아웃으로 지정합니다. 슬라이드에 [차트 삽입](📊) 아이콘을 클릭하면 [차트 삽입] 대화상자가 나타납니다.

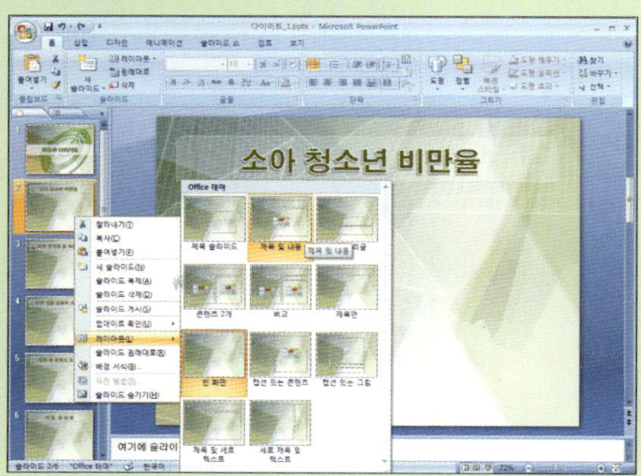

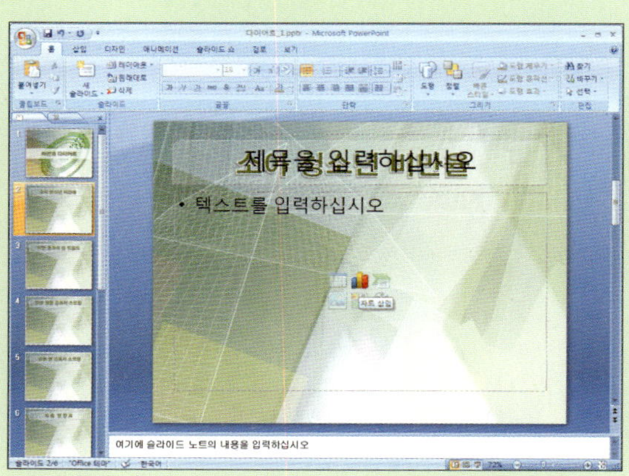

차트 레이아웃과 스타일 변경하기

● [차트 도구]의 [디자인] 탭에서 [차트 레이아웃]과 [차트 스타일] 그룹을 이용해 삽입되어 있는 차트의 레이아웃과 스타일을 특정 모양으로 변경할 수 있습니다. 또한, 제공하는 항목 외에 세부적인 것들은 [레이아웃] 탭을 이용하면 됩니다.

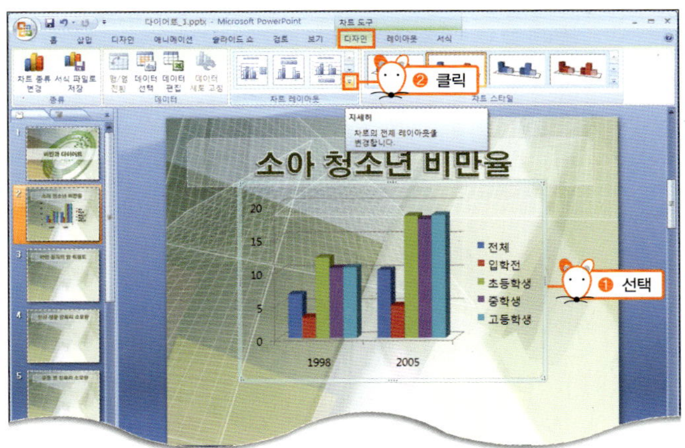

1 삽입되어 있는 차트가 선택된 상태에서 [차트 도구]-[디자인] 탭에서 [차트 레이아웃] 그룹의 [자세히](▾)를 클릭합니다.

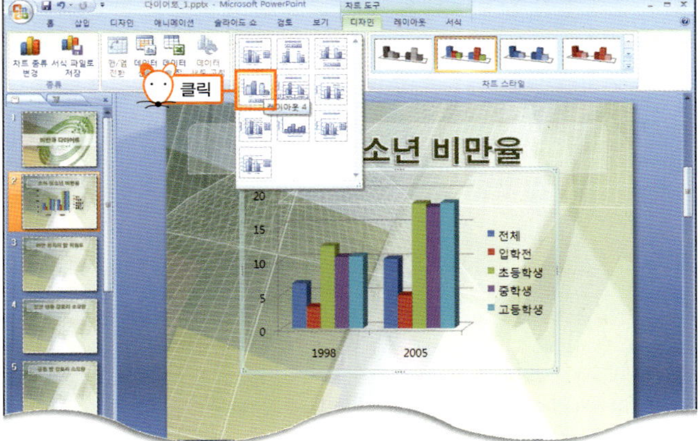

2 [차트 레이아웃]의 레이아웃 샘플들이 나타나면 [레이아웃 4]를 클릭합니다.

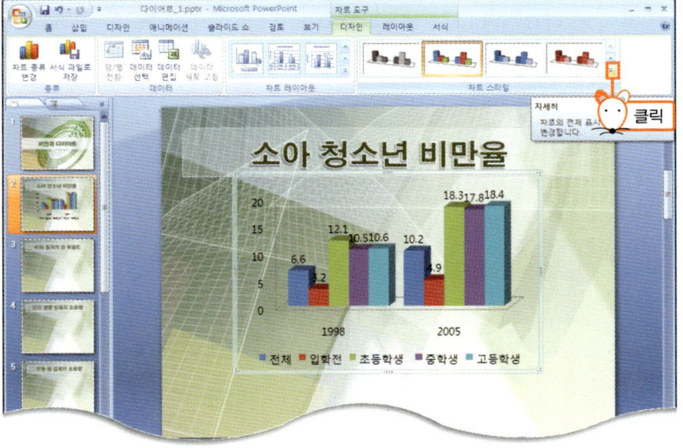

3 선택한 [레이아웃 4]의 형태로 차트가 변경된 것을 볼 수 있습니다. [차트 도구]-[디자인] 탭에서 [차트 스타일] 그룹의 [자세히](▾)를 클릭합니다.

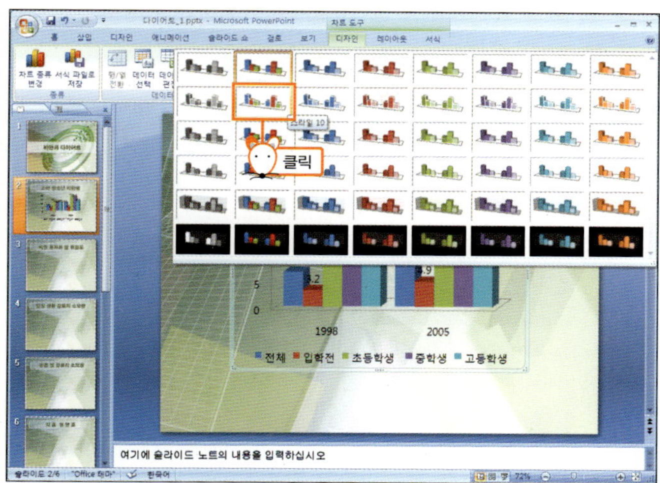

4 [차트 스타일]의 스타일 샘플들이 나타나면 [스타일 10]을 클릭합니다.

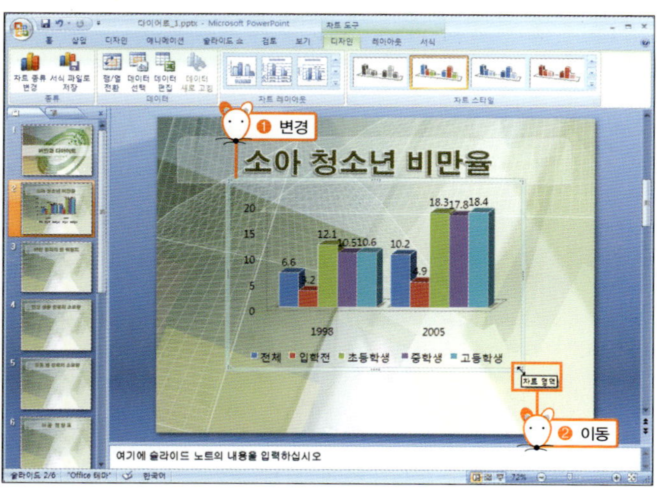

5 선택한 [스타일 10]의 스타일 형태로 차트의 전체 스타일이 변경된 것을 볼 수 있습니다. 차트의 크기를 변경하기 위해 오른쪽 아래의 모서리 부분에 마우스 포인터를 이동시킵니다.

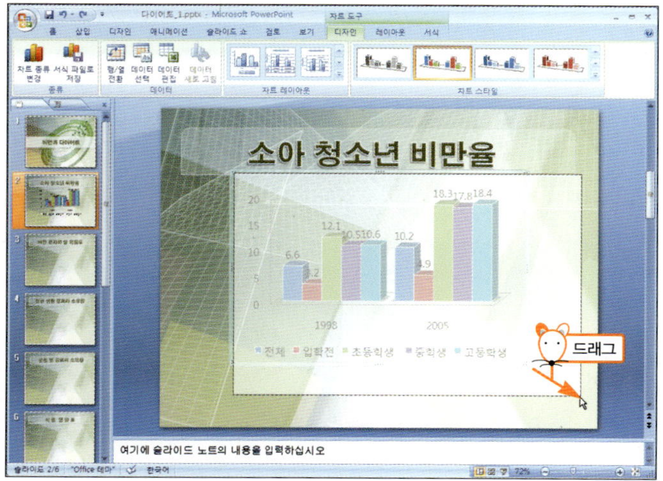

6 마우스 포인터 모양이 변경되면 대각선 하단 방향으로 드래그하여 차트의 크기를 변경합니다.

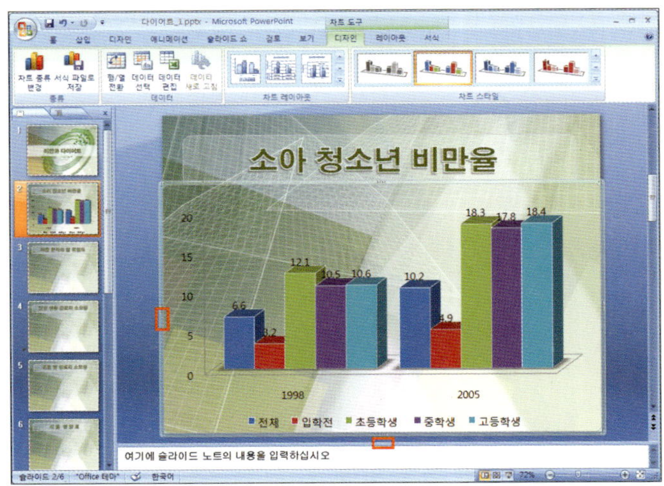

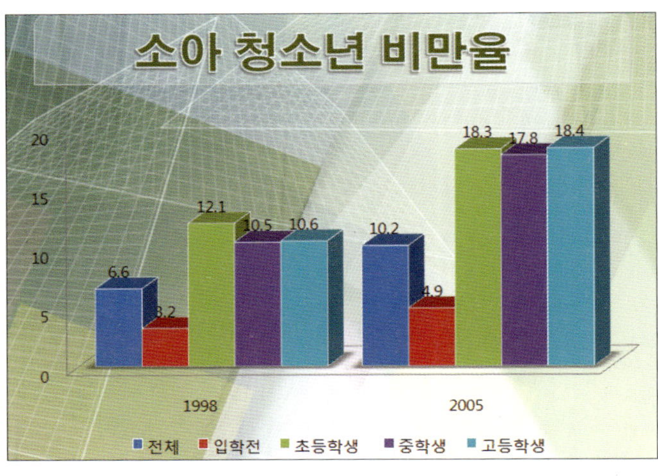

7 같은 방법으로 왼쪽 중앙의 차트 크기 조절점과 아래쪽 중앙의 차트 크기 조절점을 드래그하여 적당한 크기로 변경합니다.

8 차트 영역 바깥쪽을 클릭하여 차트 선택 상태를 해제하면 [차트 도구] 모음들은 사라지고 변경된 차트의 완전한 형태를 볼 수 있습니다.

차트 위치 이동하기

차트가 선택된 상태에서 크기 조절점 외에 외곽 부분에 마우스 포인터를 이동시킨 후 특정 위치로 드래그하여 차트 전체의 위치를 변경할 수 있습니다.

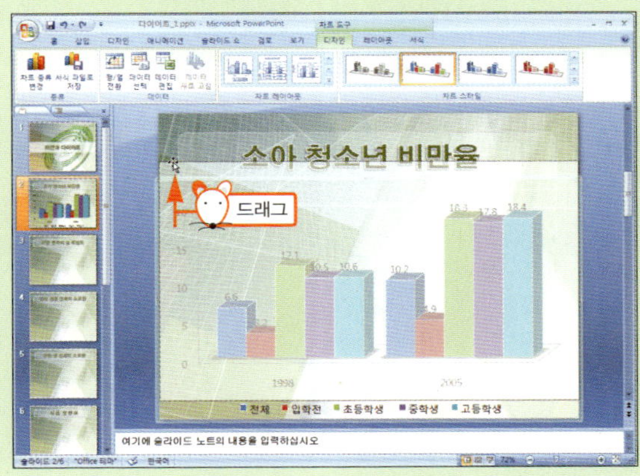

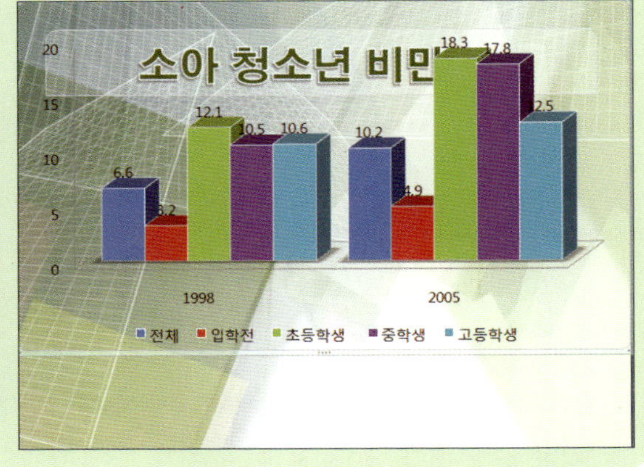

기존 데이터를 변경하고 적용하기

● 삽입되어 있는 차트의 데이터 값을 수정하고 싶다면 [차트 도구]의 [디자인] 탭에서 [데이터 편집]을 클릭하고 나타나는 [데이터시트] 창을 열어서 편집합니다. 수정된 데이터 값은 차트에 바로 수정되어 적용됩니다.

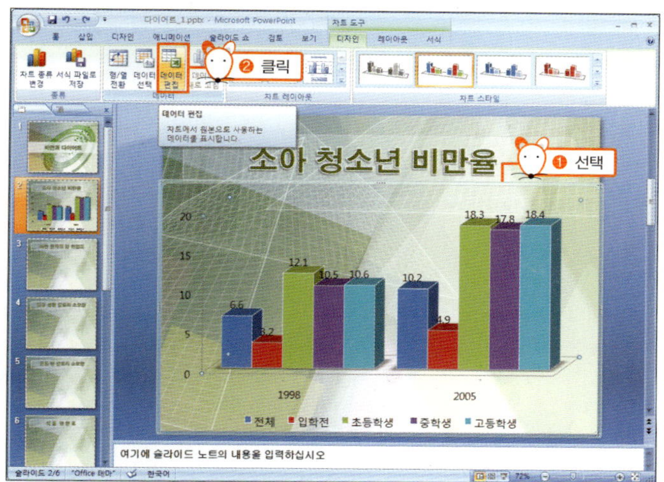

1 삽입된 차트를 선택한 상태에서 [차트 도구]–[디자인] 탭에서 [데이터 편집](📊)을 클릭합니다.

> **주목**
>
> 차트를 선택하고, 마우스 오른쪽 버튼을 클릭한 후 나타나는 메뉴에서 [데이터 편집]을 클릭하면 [데이터시트] 창이 나타납니다.

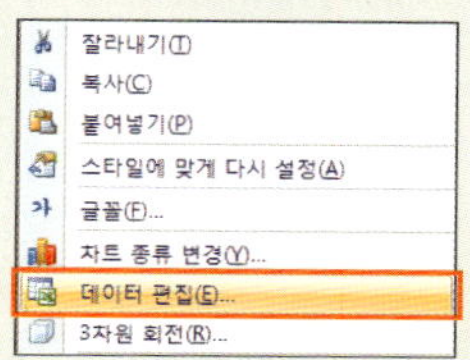

2 [데이터시트] 창이 나타나면 '18.4'를 '12.5'로 셀 내용을 수정합니다. 그런 다음 오른쪽 위 모서리의 [창 닫기](☒) 버튼을 클릭하여 [데이터시트] 창을 종료합니다.

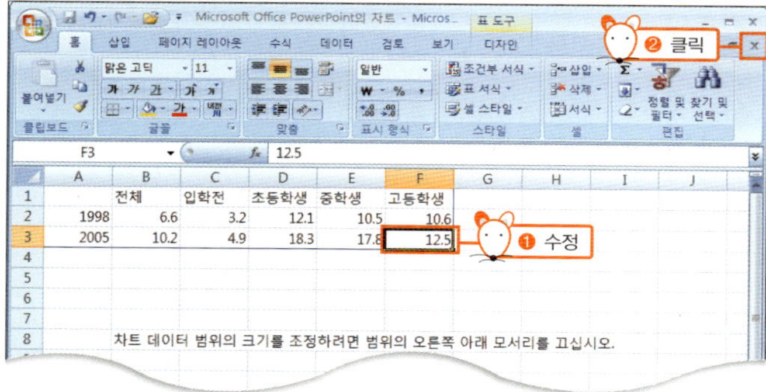

3 차트를 보면 변경된 데이터에 해당되는 그래프의 값과 높이가 변경된 것을 확인할 수 있습니다.

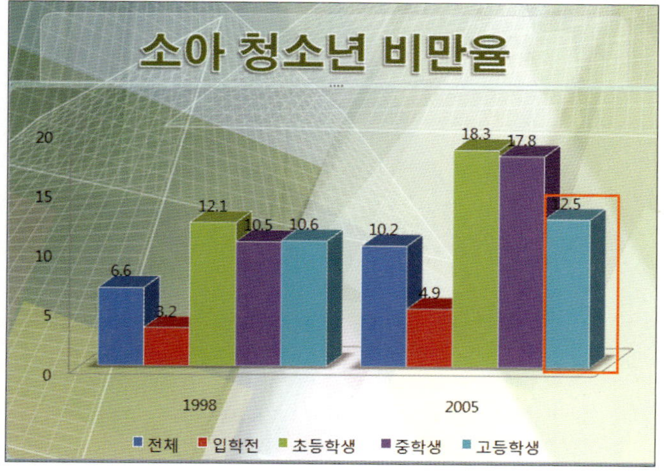

차트의 종류 변경과 구성 요소 알아보기

슬라이드에 삽입된 차트를 [데이터시트] 창에서 편집하지 않고 종류만 변경하는 방법에 대하여 알아보고, 차트를 이루는 세부 구성 요소와 그 기능에 대해 알아보겠습니다.

01 | 차트의 종류 변경하기

삽입된 차트가 프레젠테이션 전체나 데이터의 성격에 맞지 않아 기존의 데이터를 그대로 유지한 상태에서 다른 차트 형태로 만들고 싶다면 [차트 도구]–[디자인] 탭에서 [차트 종류 변경]을 클릭하면 됩니다.

❶ 차트가 선택된 상태에서 나타나는 [차트 도구]–[디자인] 탭에서 [차트 종류 변경]을 클릭합니다.

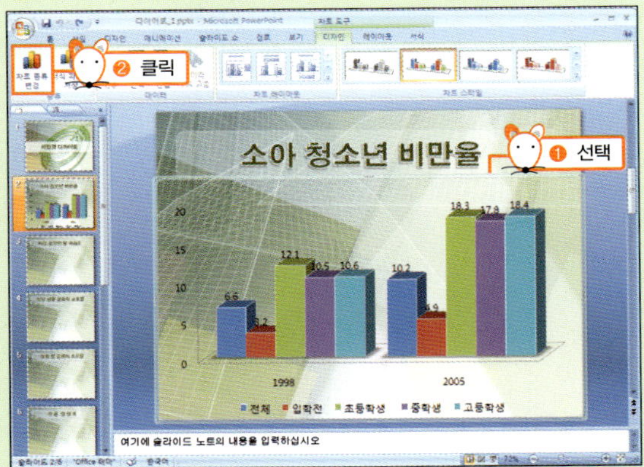

❷ [차트 종류 변경] 대화상자가 나타나면 변경하고자 하는 차트 항목을 클릭하고 [확인] 버튼을 클릭합니다.

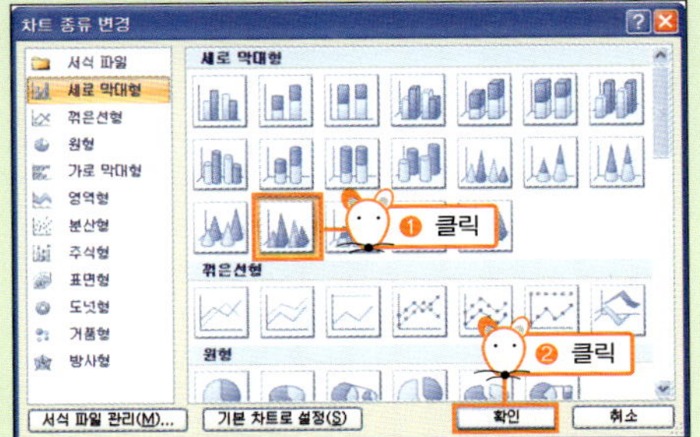

❸ 새로 데이터를 입력하지 않아도 기존에 삽입된 차트를 새로운 형태로 변경할 수 있습니다. 이때 차트의 레이아웃과 스타일은 기존 차트의 설정 형태로 적용됩니다.

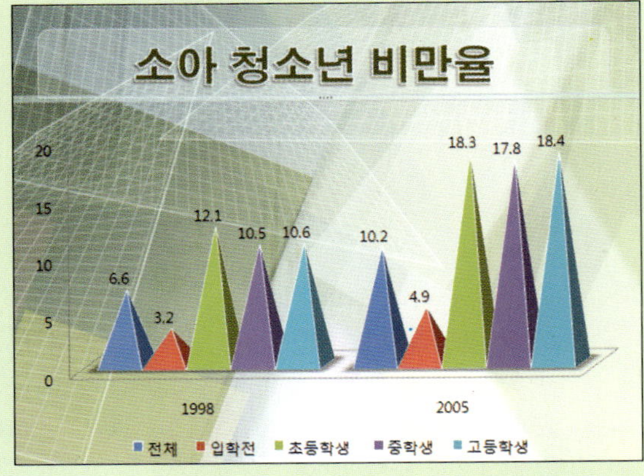

02 | 차트의 구성 요소 알아보기

각각의 구성 요소는 [차트 도구]의 [디자인]과 [레이아웃], [서식] 탭을 이용해서 편집이 가능하며 원하는 구성 요소를 클릭하면 선택 상태로 변경됩니다. 아래 차트는 세로 막대형을 예로 들었습니다.

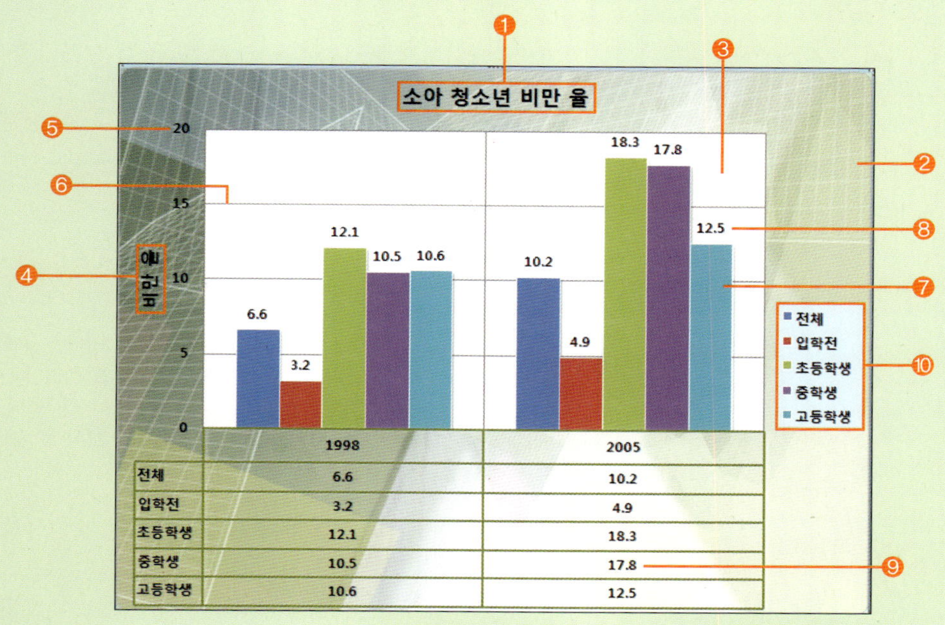

	1998	2005
전체	6.6	10.2
입학전	3.2	4.9
초등학생	12.1	18.3
중학생	10.5	17.8
고등학생	10.6	12.5

① **차트 제목** : 차트 전체의 제목을 표시합니다.

② **차트 영역** : 차트 전체의 영역으로 배경색과 전체 글 속성, 크기 등을 조절할 수 있습니다.

③ **그림 영역** : 차트 데이터 계열의 배경 지정과 효과를 적용할 수 있습니다.

④ **축 제목** : 차트를 이루는 수평과 수직 축에 제목을 표시합니다.

⑤ **축** : 차트의 수평과 수직에 단위나 항목을 표시합니다.

⑥ **눈금선** : 그림 영역에 축 단위로 수평과 수직 방향으로 눈금선을 표시합니다.

⑦ **데이터 계열** : 차트를 이루는 데이터를 도형이나 선으로 표시합니다.

⑧ **데이터 레이블** : 각각의 데이터 계열에 해당하는 값을 표시합니다.

⑨ **데이터 표** : [데이터시트] 창에 입력한 항목, 계열, 데이터 값을 표로 표시합니다.

⑩ **범례** : 데이터 계열의 전체 레이블을 표시합니다.

축과 범례의 서식을 설정하고 위치 변경하기

삽입된 차트를 이루는 범례, 축과 같은 구성 요소들은 [차트 도구]의 [레이아웃]과 [서식] 탭의 항목들을 이용하여 추가, 삭제, 위치 지정, 스타일 등을 지정하여 변경할 수 있습니다. 이번 Lesson에서는 앞에서 제작한 차트에 축, 범례 등을 추가하고 변경하여 원하는 형태를 만들어 보겠습니다.

● 예제 파일 : Sample\Part 05\다이어트_2.pptx

따라해 보세요

차트의 축 제목과 방향, 서식 변경하기

● 삽입된 차트를 선택하여 나타나는 [차트 도구]의 [레이아웃] 탭의 [축 글자]와 [축] 항목을 이용하면 축 제목과 가로와 세로축의 각종 항목들을 변경할 수 있습니다. 축에 관련된 서식 변경은 일반 글자와 같이 선택하고 [홈] 탭의 글 속성 항목들을 이용합니다.

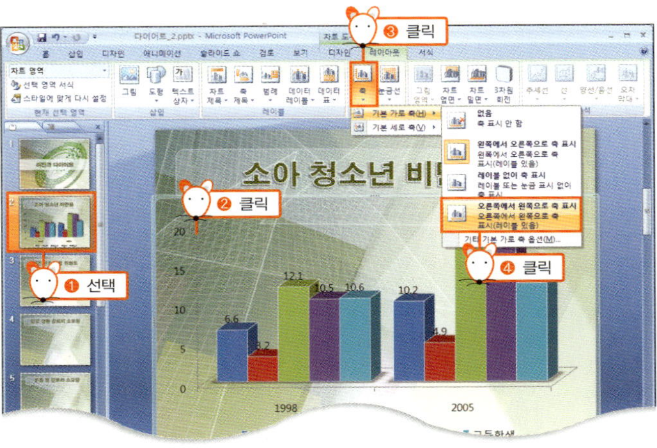

1 예제를 불러온 후 2번 슬라이드를 선택하고, 삽입되어 있는 차트를 클릭합니다. [차트 도구]-[레이아웃] 탭의 [축]을 클릭한 후 [기본 가로 축]-[오른쪽에서 왼쪽으로 축 표시]를 클릭합니다.

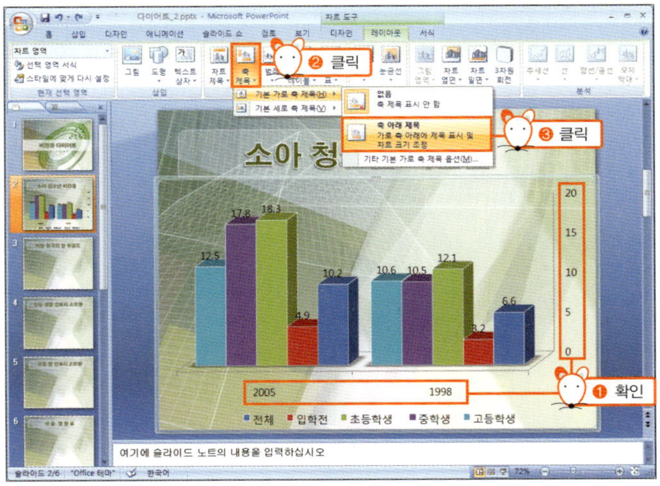

2 세로축은 오른쪽에 표시되고, 기초주의 '1998'과 '2005' 글자도 위치가 서로 변경된 것을 확인할 수 있습니다. 축 제목을 추가하기 위해 [차트 도구]-[레이아웃] 탭에서 [축 제목]을 클릭한 후 [기본 가로 축 제목]-[축 아래 제목]을 클릭합니다.

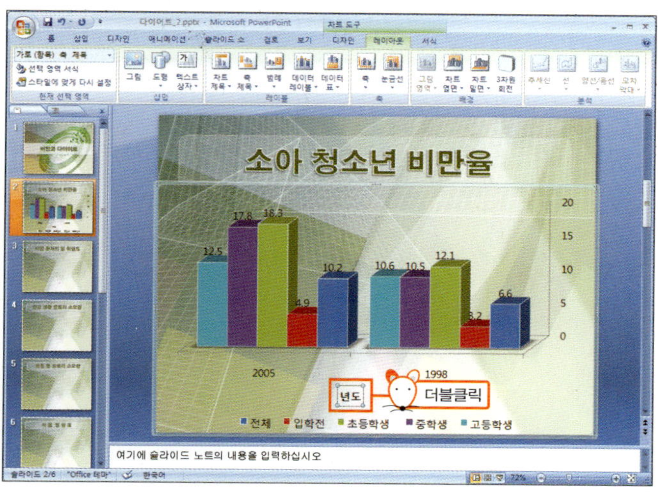

3 가로축 아래에 '축 제목' 글자가 표시됩니다. '축 제목' 글자를 더블클릭하여 마우스 커서를 위치시키고 '년도' 로 글자를 변경합니다.

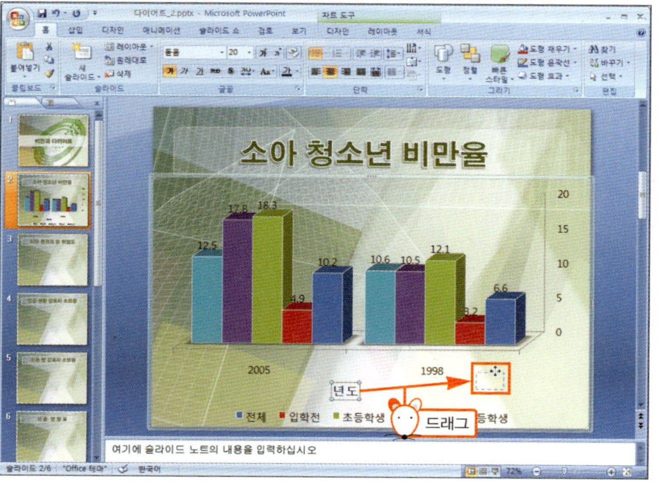

4 [홈] 탭의 [글꼴] 그룹을 이용해 축 제목의 서식을 변경합니다.

❶ [글꼴]은 '돋움' 으로 지정합니다.
❷ [글꼴 크기]는 '20' pt로 지정합니다.
❸ [글꼴 색]은 '진한 파랑, 텍스트2, 25% 더 어둡게' 로 클릭합니다.

5 축 제목 외곽 부분을 클릭하고 그림처럼 오른쪽 방향으로 드래그하여 적당한 위치로 이동합니다.

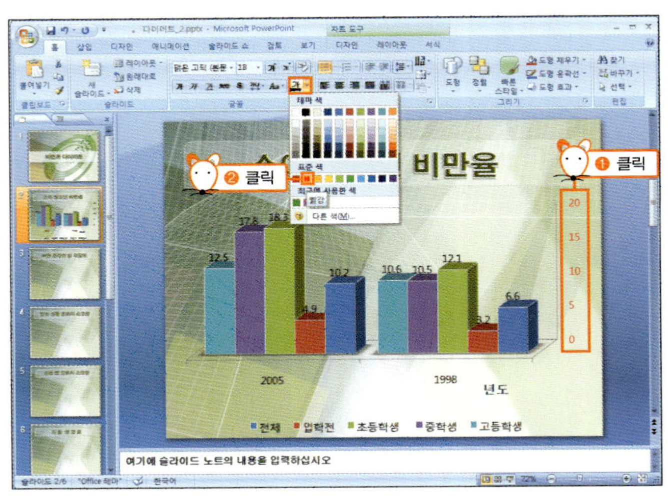

6 오른쪽 세로축 글자를 클릭하여 선택한 후 [홈] 탭에서 [글꼴 색](가·)은 '빨강'을 클릭하여 축 글자 색상을 변경합니다.

축의 주 단위 눈금 값 조정하기

축의 주 단위 눈금 값을 수정하고 싶다면 [차트 도구]–[레이아웃] 탭을 클릭한 후 [축]–[기본 가로 축]이나 [기본 세로 축]–[기타 기본 가로 축 옵션]–[기타 기본 세로 축 옵션]을 클릭합니다. [축 서식] 대화상자가 나타나면 [축 옵션] 항목에서 [주 단위]의 [고정]을 선택하고 단위를 입력합니다.

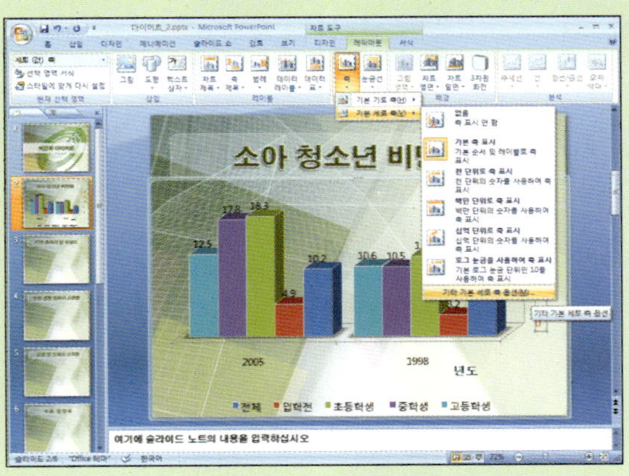

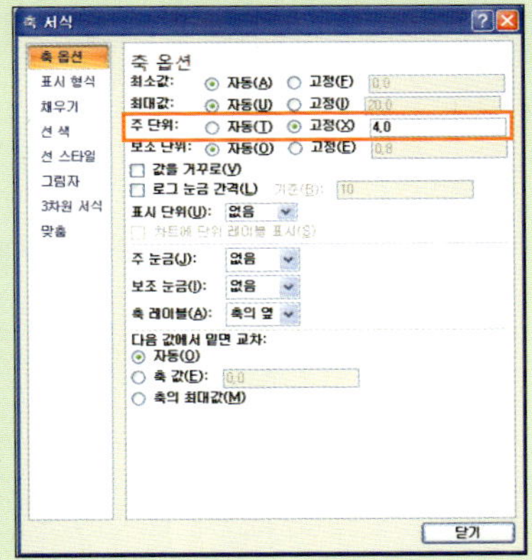

범례 위치와 서식 변경하기

● 범례는 차트를 이루는 데이터 계열의 레이블을 표시합니다. 파워포인트에서는 [차트 도구]의 [레이아웃] 탭 중에서 [범례]를 클릭하여 나타나는 메뉴들을 이용하여 위치를 변경하고, [서식] 탭이나 [홈] 탭을 이용하여 글자와 도형 모양을 꾸밀 수 있습니다.

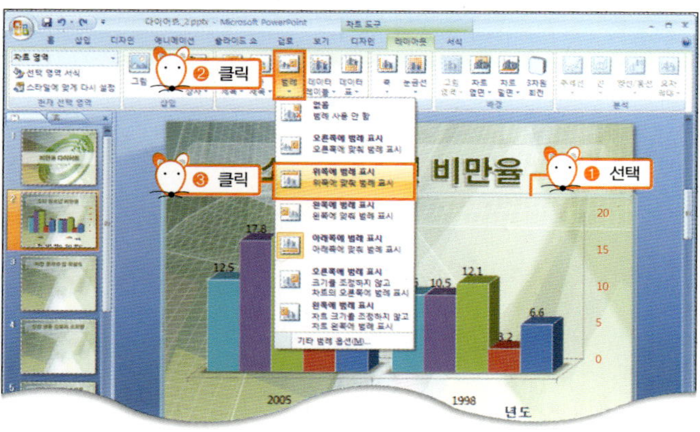

1 차트가 선택된 상태에서 [차트 도구]-[레이아웃] 탭에서 [범례]()를 클릭한 후 [위쪽에 범례 표시]를 클릭하여 범례의 위치를 변경합니다.

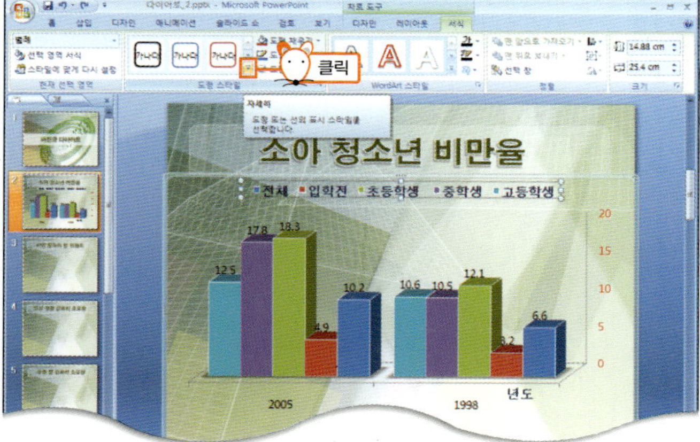

2 [차트 도구]-[서식] 탭에서 [도형 스타일] 그룹의 [자세히]()를 클릭합니다.

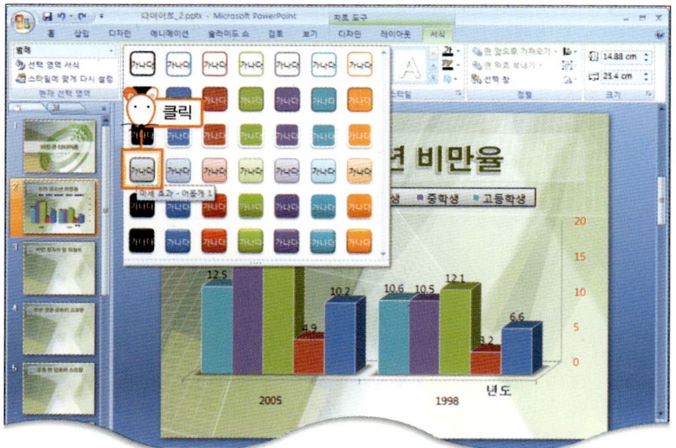

3 [도형 스타일] 샘플 중에서 '미세 효과 – 어둡게 1'을 클릭하여 범례의 전체 스타일을 적용합니다.

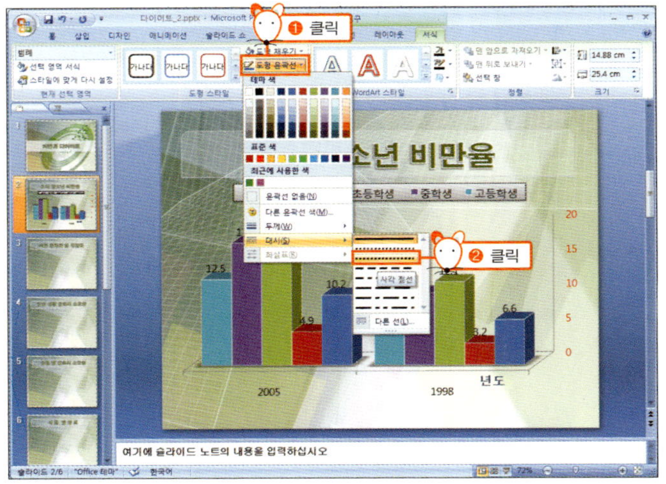

4 선의 형태를 바꾸기 위해 [도형 윤곽선] ([도형 윤곽선])을 클릭하고 [대시]에서 '사각 점선'을 클릭합니다. 범례 외곽의 선 형태가 사각 점선 형태로 변경되는 바로 확인할 수 있습니다.

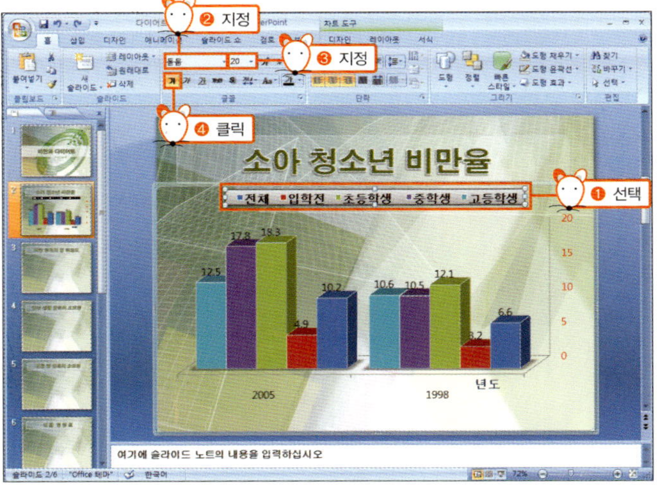
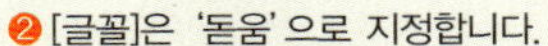

5 범례가 선택된 상태에서 [홈] 탭의 [글꼴] 그룹을 이용해 서식을 변경합니다.

❷ [글꼴]은 '돋움'으로 지정합니다.
❸ [글꼴 크기]는 '20'으로 지정합니다.
❹ [굵게]([가])를 클릭합니다.

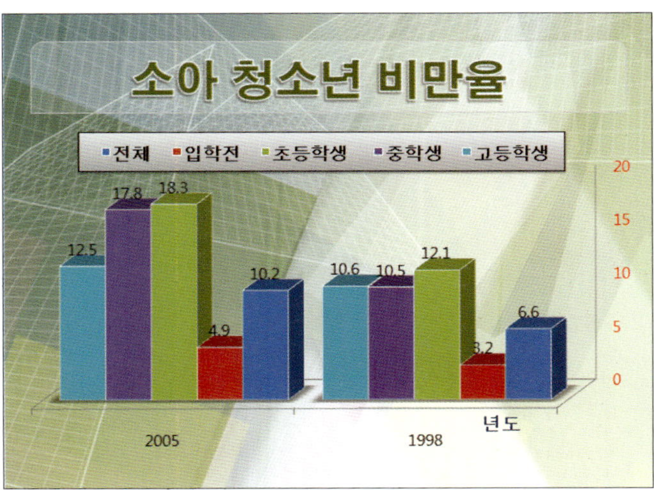

6 범례의 외곽 크기 조절점을 드래그하여 전체 크기를 변경하고 차트 영역 바깥쪽을 클릭합니다. 차트 선택 상태를 해제하면 [차트 도구] 모음들은 사라지고 변경된 차트의 완전한 형태를 볼 수 있습니다.

여러 계열의 균형을 유지하는 혼합 차트 만들기

하나 이상의 계열로 이루어진 차트에서 서로의 데이터 값이 차이가 많이 날 경우에는 차트가 불균형하게 나타나게 됩니다. 이런 경우에는 계열에 따라 서로 다른 차트를 선택하여 표시하는 혼합 차트를 이용할 수 있습니다.

Lesson 27

● 예제 파일 : Sample\Part 05\다이어트_3.pptx

따라해 보세요

세로 막대형 차트 삽입하고 크기 변경하기

● 차트를 이루는 계열의 데이터 값이 차이가 많이 나는 세로 막대형 차트를 삽입하고 [차트 스타일]을 적용한 후 슬라이드에 맞추어 크기를 변경합니다.

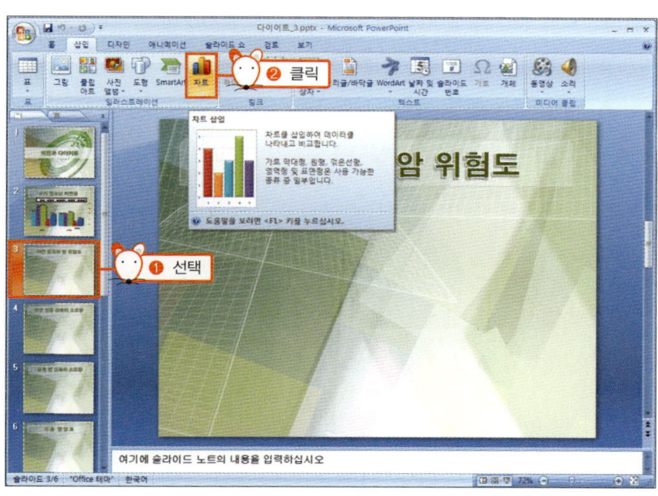

1 3번 슬라이드를 선택하고 [삽입] 탭의 [차트 삽입]()을 클릭합니다.

2 [차트 삽입] 대화상자가 나타나면 왼쪽 항목에서 [세로 막대형]을 클릭하고 '묶은 세로 막대형'을 클릭한 후 [확인] 버튼을 클릭합니다.

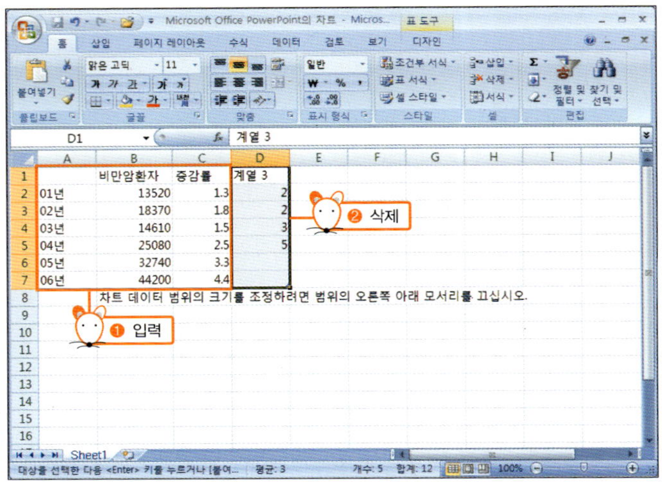

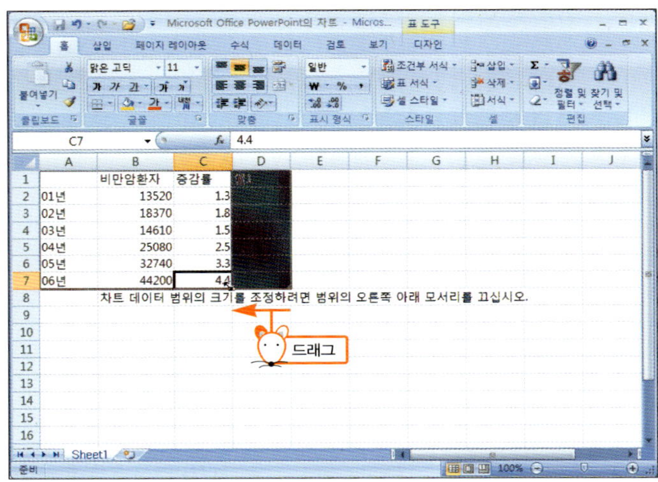

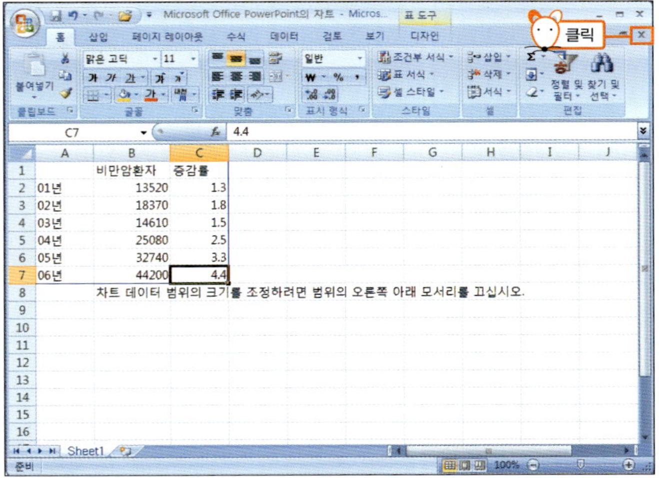

3 [데이터시트] 창이 나타나면 데이터 셀에 입력되어 있는 내용을 다음과 같이 수정합니다. '계열3' 열에 입력된 데이터 셀들을 드래그하여 선택하고 Delete를 눌러 셀 내용을 삭제합니다.

	비만암환자	증감률
01년	13520	1.3
02년	18370	1.8
03년	14610	1.5
04년	25080	2.5
05년	32740	3.3
06년	44200	4.4

4 글 내용이 입력되어 있는 데이터 셀 중에서 하나를 클릭합니다. 그런 다음 데이터 범위가 설정되어 있는 오른쪽 아래 모서리 부분에 마우스 포인터를 이동시키고 '4.4'가 입력되어 있는 데이터 셀까지 드래그하여 차트 데이터 범위의 크기를 조정합니다.

5 차트에 표시할 내용과 데이터 범위의 설정이 끝나면 오른쪽 위 모서리의 [창 닫기](⊠) 버튼을 클릭하여 [데이터시트] 창을 종료합니다.

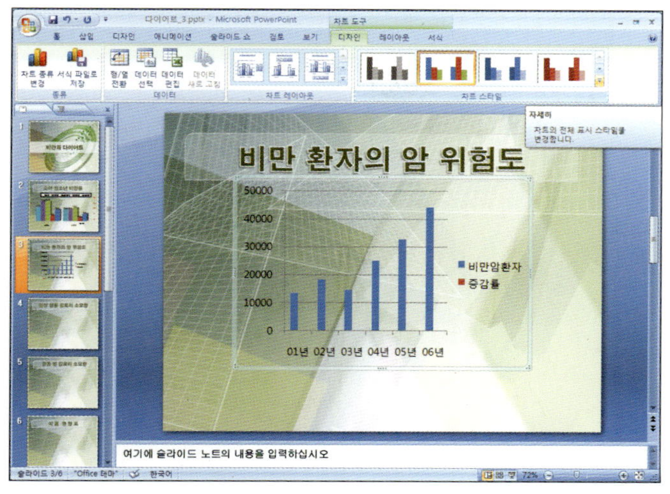

6 슬라이드에 생성된 차트를 보면 증감율의 데이터 값이 '비만암환자'의 데이터 값과 차이가 너무 많이 나서 세로 막대의 형태가 보이지 않습니다. 스타일을 적용하기 위해 [차트 도구]-[디자인] 탭에서 [차트 스타일] 그룹에 있는 [자세히]( )를 클릭합니다.

7 [차트 스타일]의 스타일 샘플들이 나타나면 [스타일 29]를 클릭하여 선택한 스타일 형태로 차트를 변경합니다.

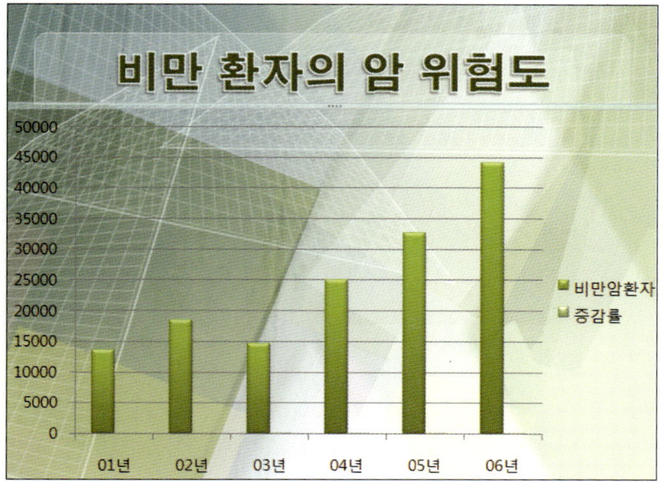

8 다음과 같이 차트의 크기 조절점을 마우스로 드래그하여 적당한 크기로 변경합니다.

하나의 데이터 계열만 꺾은 선형 차트로 변경하기

● 앞에서 제작한 세로 막대형 차트에서 '증감률' 데이터 계열에 대한 값들이 차이가 발생하여 불균형하게 나타납니다. 이런 문제를 해결하기 위해서 보조 축으로 변경하여 다른 종류의 차트로 별도로 표시하는 것이 좋습니다.

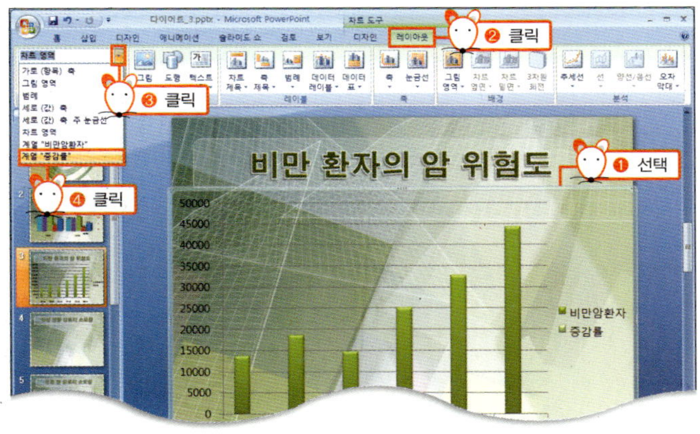

1 삽입되어 있는 차트가 선택된 상태에서 [차트 도구]–[레이아웃] 탭을 클릭합니다. [현재 선택 영역]의 [차트 요소]를 클릭하고 [계열 "증감률"]을 클릭하여 차트의 증감률에 대한 세로 막대를 선택합니다.

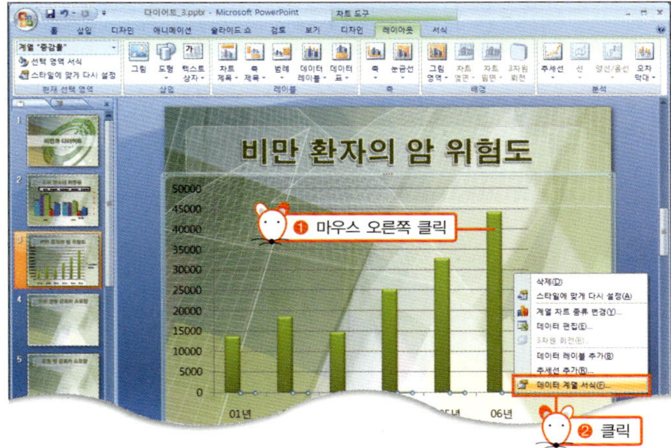

2 선택된 증감률 계열의 세로 막대 하나를 마우스 오른쪽 버튼으로 클릭한 후 나타나는 메뉴에서 [데이터 계열 서식]을 클릭합니다.

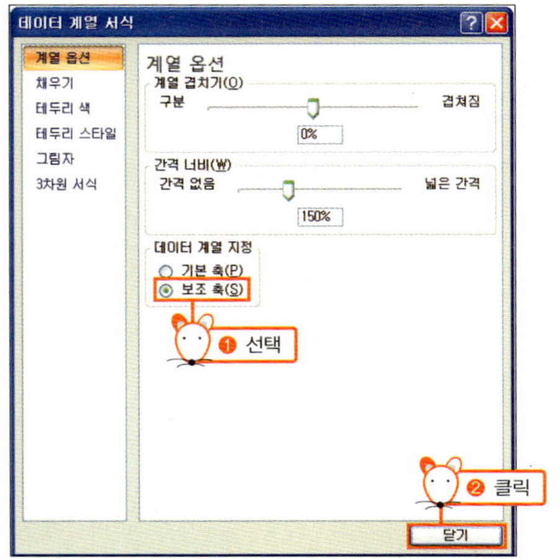

3 [데이터 계열 서식] 대화상자가 나타나면 [계열 옵션] 항목에서 [데이터 계열 지정]의 보조 축을 선택한 후 [확인] 버튼을 클릭합니다.

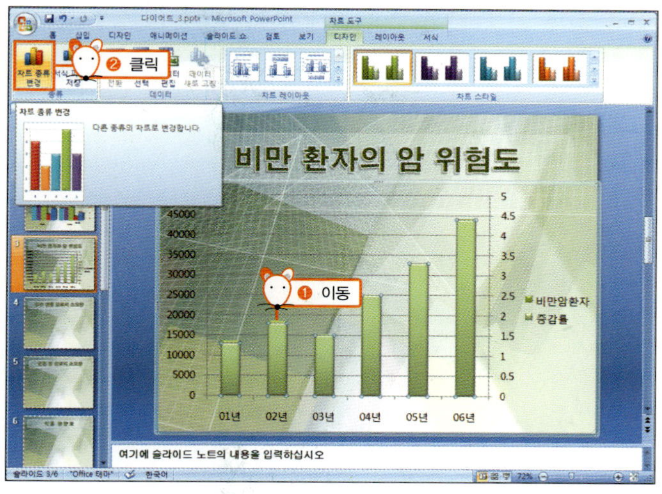

4 차트를 보면 증감률에 대한 세로 막대 부분이 상단으로 이동된 것을 확인할 수 있습니다. [차트 도구]-[디자인] 탭에서 [차트 종류 변경](📊)을 클릭합니다.

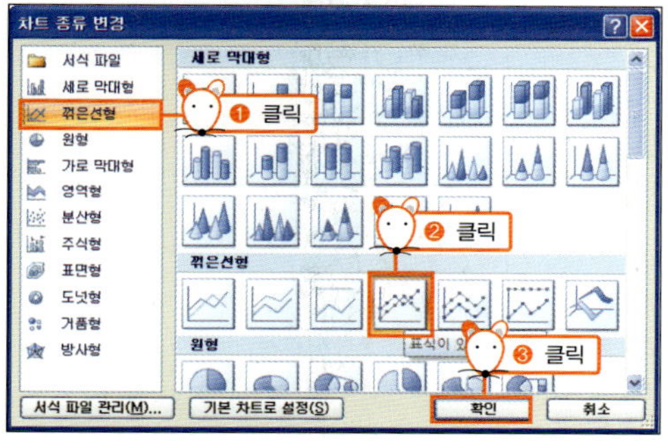

5 [차트 종류 변경] 대화상자가 나타나면 [꺾은선형] 항목을 클릭하고 '표식이 있는 꺾은선형' 클릭한 후 [확인] 버튼을 클릭합니다.

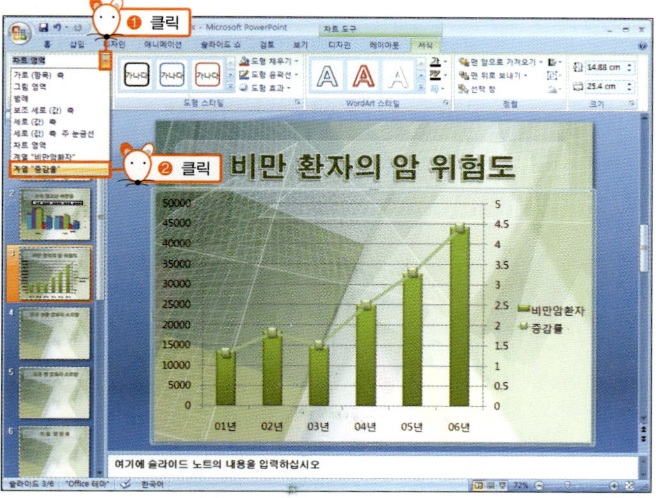

6 다음과 같이 증감률에 대한 데이터 계열이 '표식이 있는 꺾은선형' 차트로 변경되어 나타납니다. 꺾은선형 차트 부분만 다시 선택하기 위하여 [현재 선택 영역]의 [차트 요소](🔽)를 클릭하고 [계열 "증감률"]을 클릭합니다.

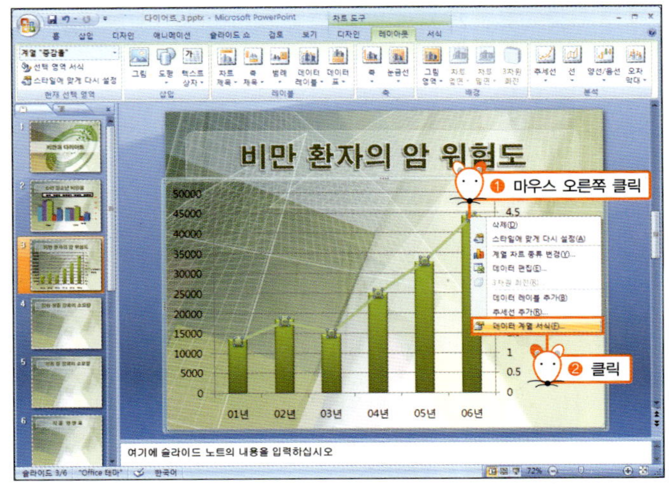

7 선택된 증감률에 대한 꺾은선형 차트의 데이터 계열을 마우스 오른쪽 버튼으로 클릭한 후 나타나는 메뉴에서 [데이터 계열 서식]을 클릭합니다.

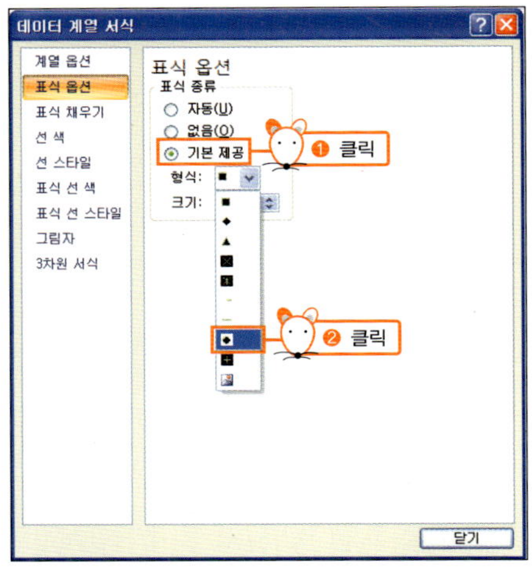

8 [데이터 계열 서식] 대화상자가 나타나면 [표식 옵션]을 설정합니다.

❶ [표식 옵션] 항목에서 [기본 제공]을 선택합니다.
❷ [형식]의 목록 버튼(▼)을 클릭하여 ●을 클릭합니다.

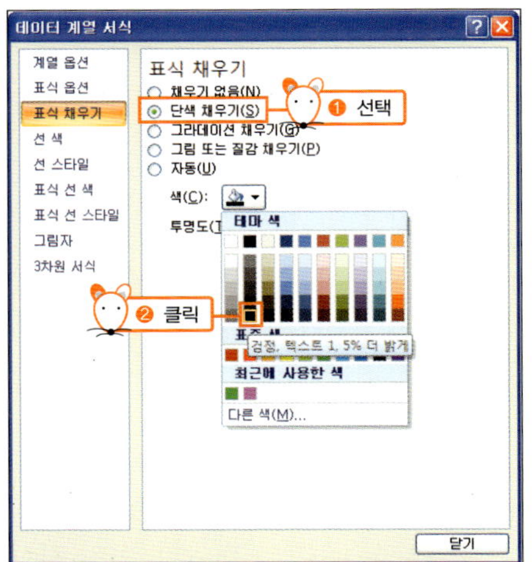

9 증감률 데이터 계열의 [표식 채우기]에 필요한 옵션을 설정합니다.

❶ [표식 채우기] 항목에서 [단색 채우기]를 선택합니다.
❷ [색](🎨▼)은 '검정, 텍스트 1, 5% 더 밝게'를 클릭합니다.

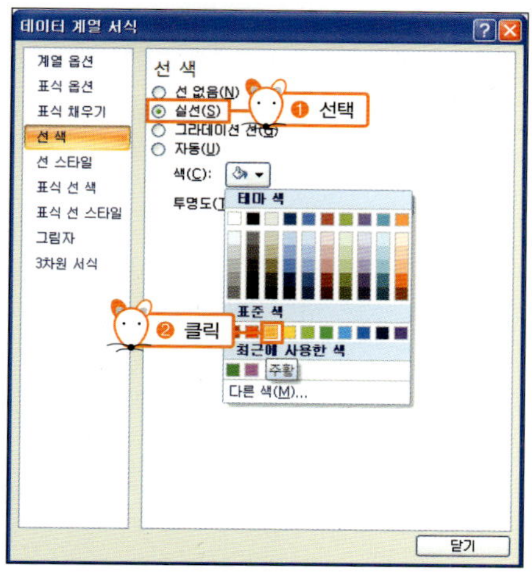

10 증감률 데이터 계열의 [선 색]에 필요한 옵션을 설정합니다.

❶ [선 색] 항목에서 [실선]을 선택합니다.
❷ [색]( )은 '주황'을 클릭합니다.

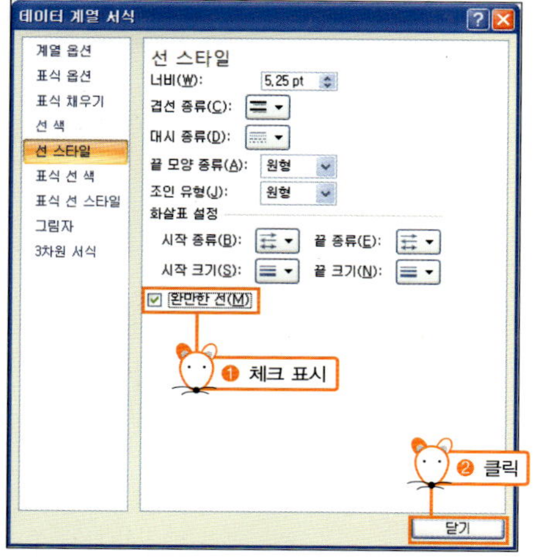

11 마지막으로 [선 스타일]의 [완만한 선]에 체크 표시를 하고 [닫기] 버튼을 클릭합니다.

12 꺾은선형 차트 부분을 보면 표식 모양과 선의 색상 그리고 부드러운 곡선 형태로 변경된 것을 확인할 수 있습니다.

각각의 차트에 데이터 레이블 표시하고, 서식 변경하기

● 서로 다른 차트로 이루어진 혼합 차트는 각각의 차트를 선택하여 데이터 레이블의 위치를 차트 모양에 맞추어 표시할 수 있습니다. 이때 차트 선택은 [레이아웃]의 [차트 영역]에서 직접 선택합니다.

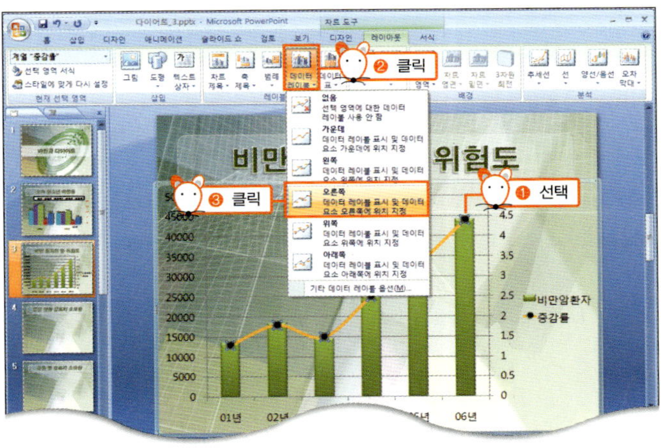

1 꺾은선형 차트 증감률 데이터 계열이 선택된 상태에서 [차트 도구]–[레이아웃] 탭에서 [데이터 레이블](📊)를 클릭한 후 [오른쪽]을 클릭합니다.

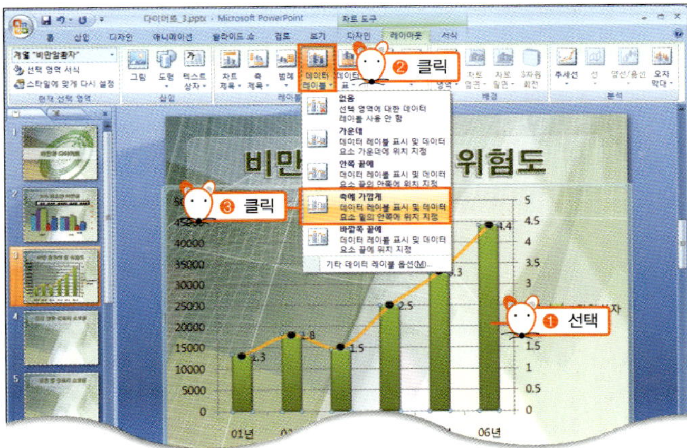

2 꺾은선형 차트 부분을 보면 데이터 레이블이 오른쪽에 나타납니다. '비만암환자' 데이터 계열에 대한 세로 막대형 차트 부분을 선택하고 [차트 도구]–[레이아웃] 탭에서 [데이터 레이블](📊)를 클릭한 후 [축에 가깝게]를 클릭합니다.

> **주목**
>
> 세로 막대형 차트 부분을 선택 상태로 만들려면 차트에서 세로 막대형 차트를 직접 클릭하거나 [차트 영역]의 [차트 요소](🔽)을 클릭한 후 [계열 "비만암환자"]를 클릭합니다.

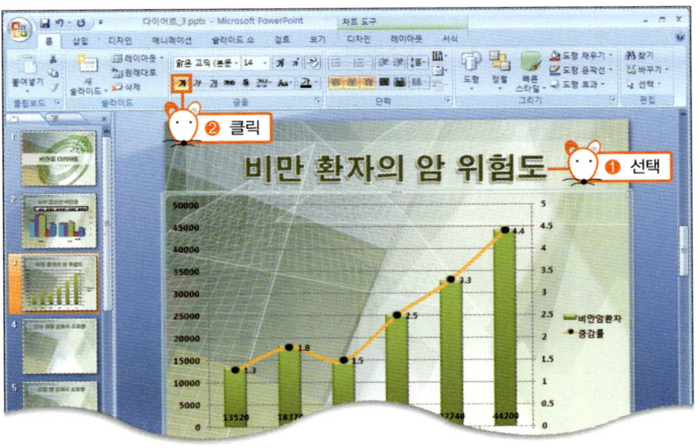

3 세로 막대 형 차트 부분을 보면 데이터 레이블이 축에 가깝게 나타납니다. 차트 전체를 클릭하여 선택한 상태에서 [홈] 탭의 [굵게](가)를 클릭하여 차트의 글자 부분 모두를 진하게 변경합니다.

차트의 그림 영역과 눈금선 서식 변경하기

Lesson 28

차트 배경에 해당하는 그림 영역의 스타일을 어떻게 적용하느냐에 따라 전체적인 모양과 분위기를 다르게 할 수 있습니다. 그림 영역에 채울 수 있는 항목들은 단색, 그라데이션, 제공하는 질감 샘플, 외부 그림 파일이 있으며 선택하는 항목에 따라 세부 옵션들이 달라집니다. 이번 Lesson에서는 차트의 그림 영역과 눈금선 서식을 이용해 차트의 배경과 눈금선을 어떻게 꾸미는지 살펴보겠습니다.

◉ 예제 파일 : Sample\Part 05\다이어트_4.pptx

 **따라해 보세요**

그림 영역에 그라데이션과 그림자 효과 적용하기

● 그림 영역에 여러 가지 색상이 순차적으로 조합해서 나타내도록 그라데이션과 투명도를 조절하여 그림자 효과를 적용해 보겠습니다.

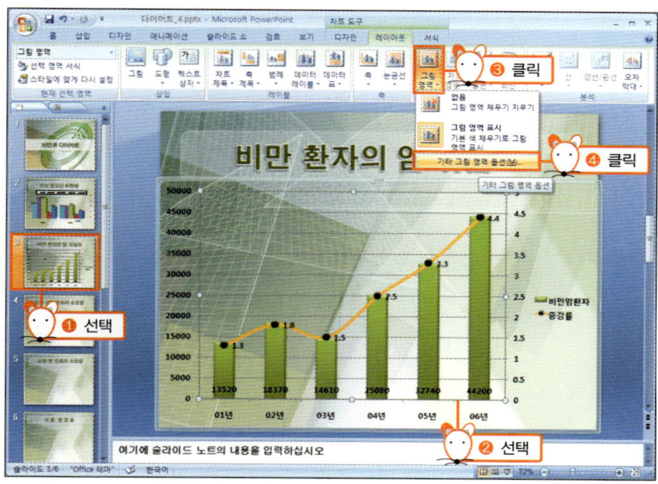

1 3번 슬라이드를 선택하고 슬라이드에 삽입되어 있는 차트를 선택합니다. [차트 도구]-[레이아웃] 탭에서 [그림 영역](📊)을 클릭하고 [기타 그림 영역 옵션]을 클릭합니다.

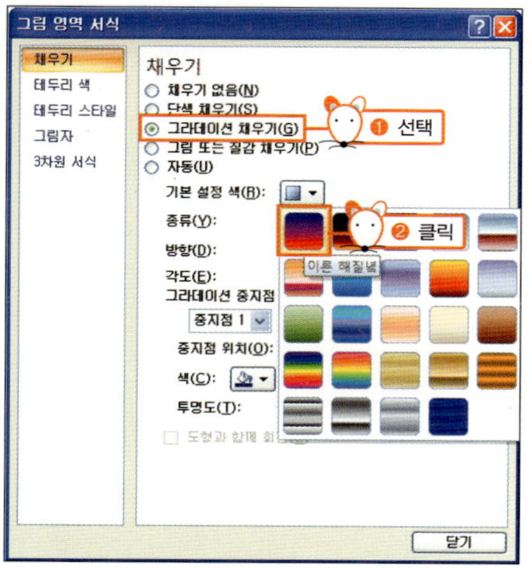

2 [그림 영역 서식] 대화상자가 나타나면 [채우기] 항목을 설정합니다.

❶ [채우기]에서 '그라데이션 채우기'를 선택합니다.
❷ [기본 설정 색](📊)을 '이른 해질녘'으로 클릭합니다.

주목

[그림 영역 서식] 대화상자의 [그라데이션 채우기]에서 [기본 설정 색]([▼])을 클릭하고 파워포인트에서 제공하는 샘플 중에서 하나를 클릭하면 차트 배경의 그림 영역이 선택한 그라데이션으로 채워지게 됩니다.

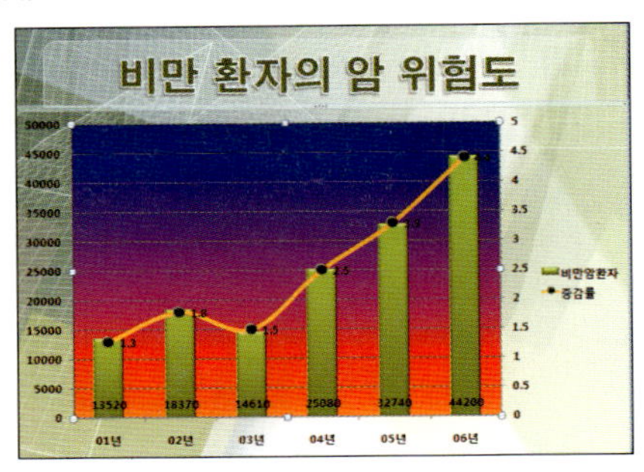

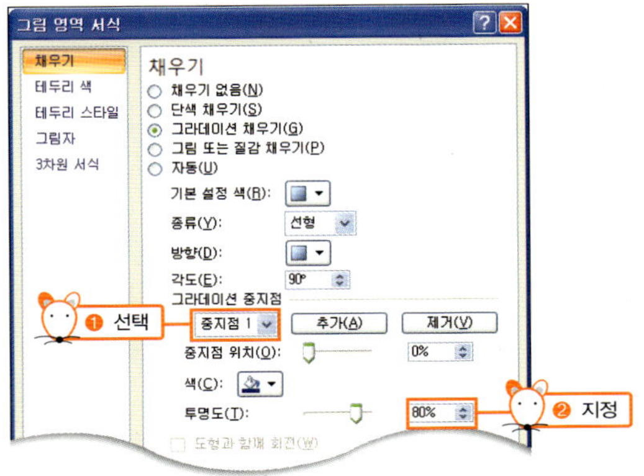

3 [그라데이션 중지점]에서 첫 번째 그라데이션 색상의 투명도를 조정합니다.

❶ [그라데이션 중지점]에서 '중지점 1'을 선택합니다.

❷ [투명도]를 '80 %'로 지정합니다.

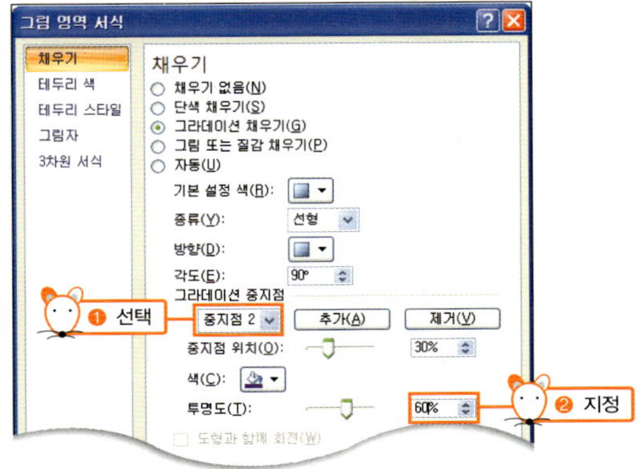

4 [그라데이션 중지점]에서 두 번째 그라데이션 색상의 투명도를 조정합니다.

❶ [그라데이션 중지점]에서 '중지점 2'를 선택합니다.

❷ [투명도]를 '60 %'로 지정합니다.

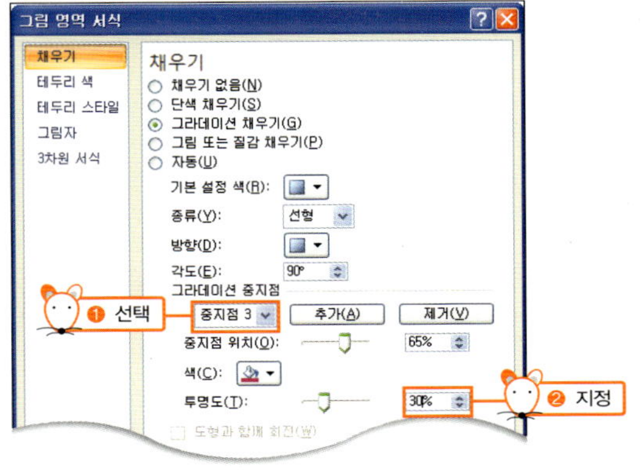

5 [그라데이션 중지점]에서 세 번째 그라데이션 색상의 투명도를 조정합니다.

❶ [그라데이션 중지점]에서 '중지점 3'을 선택합니다.

❷ [투명도]를 '30 %'로 지정합니다.

주목

그라데이션의 색상에 따라 중지점이 사용한 색상 수만큼 중지점 목록에 등록됩니다. 각각의 중지점을 목록에서 선택하면 중지점 위치, 색, 투명도와 같은 세부 항목들을 설정할 수 있습니다. 아래의 그림들은 ③ ~ ⑤번 과정에 대한 결과물입니다.

중지점 1

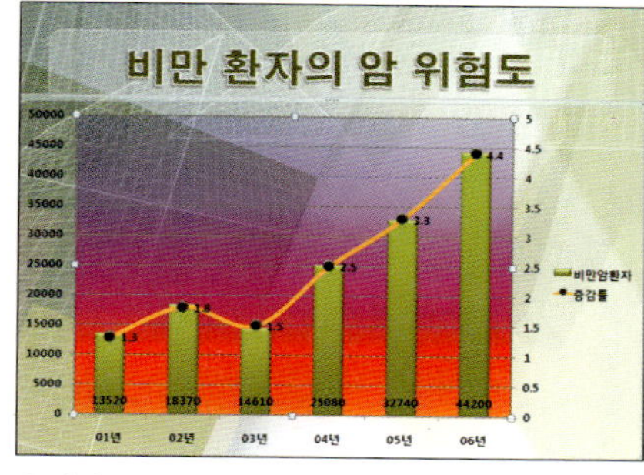

중지점 2

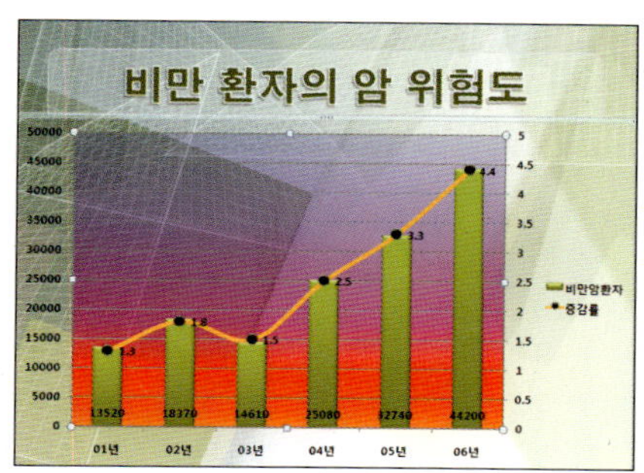

중지점 3

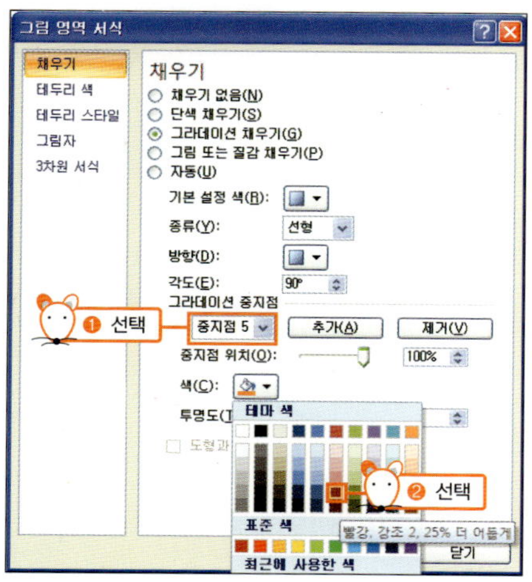

6 [그라데이션 중지점]에서 다섯 번째 그라데이션 색상을 선택합니다.

❶ [그라데이션 중지점]에서 '중지점 5'를 선택합니다.
❷ [색]( ) 항목에서 '빨강, 강조 2, 25% 더 어둡게'를 클릭합니다.

주목

선택한 중지점에 따라서 [색]( ) 항목을 이용하면 사용된 그라데이션 색상 변경이 가능합니다. 그림은 ⑥번 과정에서 '중지점 5'의 색상을 변경한 후의 결과 그림입니다.

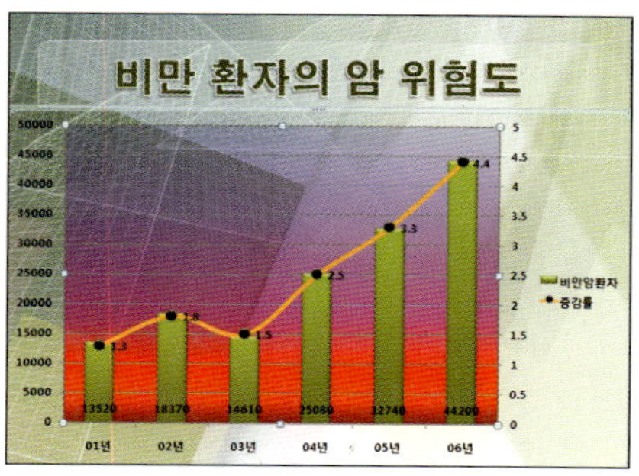

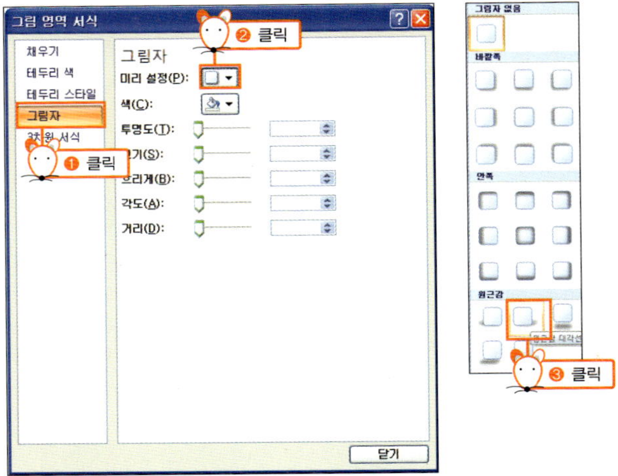

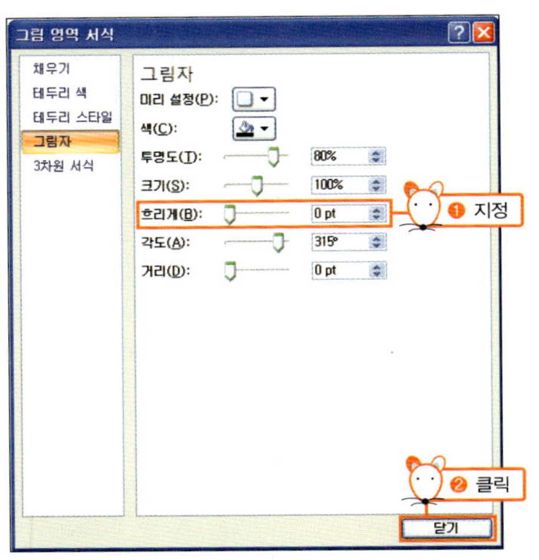

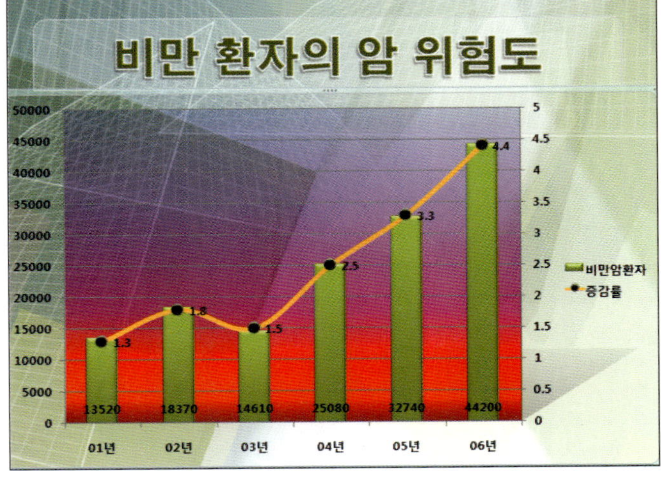

7 왼쪽 항목에서 [그림자]를 클릭하고 그림자 스타일을 지정하기 위해 [미리 설정]( )을 클릭합니다. 그림자 스타일 목록이 나타나면 [원근감]의 '원근감 대각선'을 클릭하여 그림 영역에 대한 그림자 효과를 지정합니다.

8 [그림 영역 서식] 대화상자의 [흐리게]를 '0 pt'로 지정하여 그림자의 흐림 효과를 제거하고 [닫기] 버튼을 클릭합니다.

9 차트 배경의 그림 영역 부분을 보면 투명도와 그림자가 다른 그라데이션을 확인할 수 있습니다.

그림 영역에 특정 그림 채우기

그림 영역에 '*.jpg, *.bmp, *.gif'와 같은 외부 그림 파일을 채우고 싶다면 [그림 영역 서식] 대화상자의 [채우기]에서 [그림 또는 질감 채우기]를 선택합니다. [다음에서 삽입]의 [파일] 버튼을 클릭하면 외부 그림 파일을 선택할 수 있는 [그림 삽입] 대화상자가 나타납니다. 삽입하고자 하는 그림 파일을 선택하고 [삽입] 버튼을 클릭하면 그림 영역에 선택한 그림이 채워집니다.

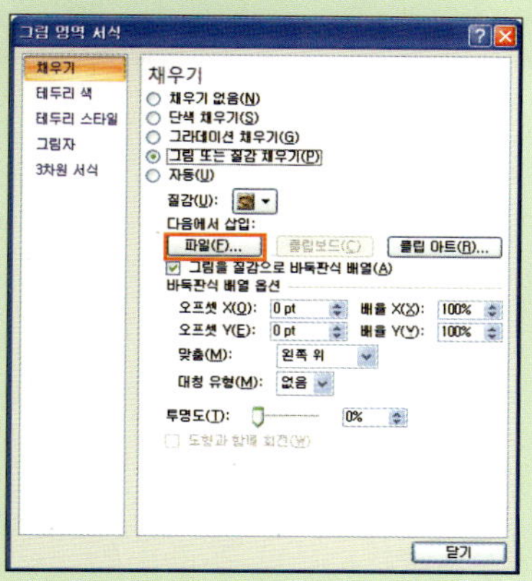 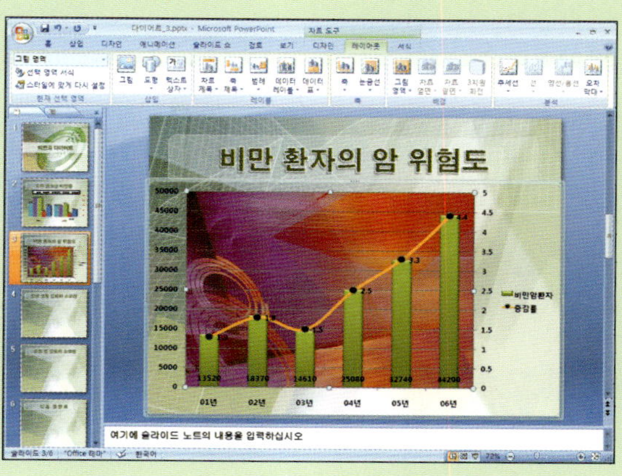

 **따라해 보세요**

차트의 눈금선 서식 변경하기

● 그림 영역에 표시되는 눈금선의 색상, 스타일, 그림자 효과의 지정은 [차트 도구]-[레이아웃] 탭에서 [차트 눈금선]()을 클릭하고 나타나는 메뉴들을 이용하면 됩니다. 그림 영역에 맞추어 눈금선 서식을 변경해 보겠습니다.

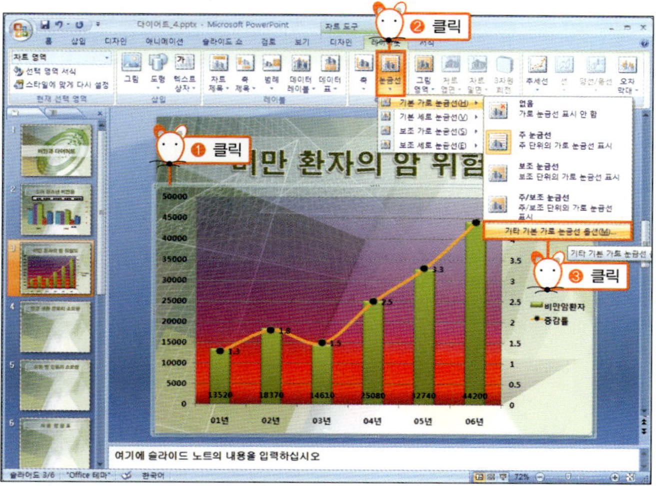

1 차트가 선택된 상태에서 [차트 도구]-[레이아웃] 탭에서 [차트 눈금선]()을 클릭하고 [기본 가로 눈금선]의 [기타 기본 가로 눈금선 옵션]을 클릭합니다.

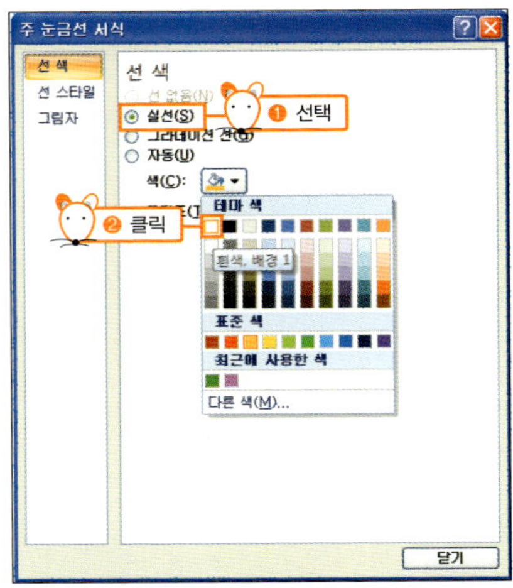

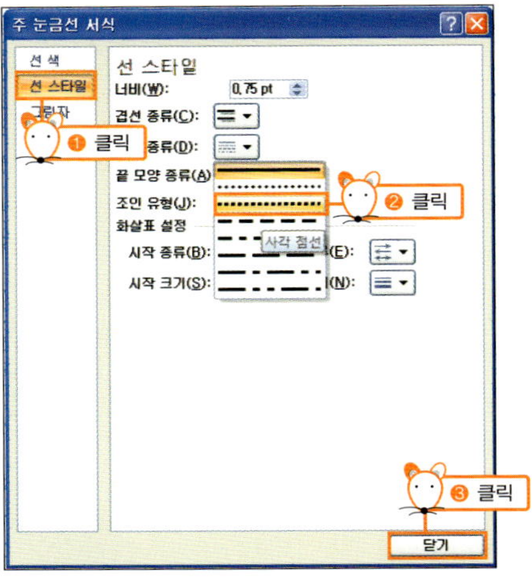

2 [주 눈금선 서식] 대화상자가 나타나면 [선 색] 항목에 필요한 속성을 설정합니다.

❶ [선 색]에서 [실선]을 선택합니다.

❷ [색]( )은 '흰색, 배경 1'로 클릭합니다.

3 왼쪽 항목에서 [선 스타일]을 클릭하고 [대시 종류]( )를 '사각 점선'으로 클릭한 후 [닫기] 버튼을 클릭합니다.

4 슬라이드의 차트를 보면 그림 영역에 표시된 눈금선의 색상과 스타일이 변경된 것을 볼 수 있습니다.

입체적인 느낌과 강조를 위한 3차원 원형 차트 만들기

파워포인트 2007에서 제공하는 다양한 차트 중에서 원형 차트는 전체 데이터 값을 기준으로 각각의 항목들이 차지하는 비율을 계산하여 나타냅니다. 이런 차트는 통계 자료로 자주 사용하는 차트입니다. 이번 Lesson에서는 3차원 원형 차트를 삽입하고 원하는 항목을 분리하여 입체적인 차트로 만들어 보겠습니다.

● 예제 파일 : Sample\Part 05\다이어트_5.pptx

 **따라해 보세요**

3차원 원형 차트 삽입하기

● 항목의 비율을 퍼센트 단위로 표시하는 3차원 원형 차트를 삽입하고, 크기와 글자 속성 변경, 범례 위치 조정, 3D 효과를 이용한 회전 각도의 편집 과정을 거쳐 삽입된 차트를 변경하여 보겠습니다.

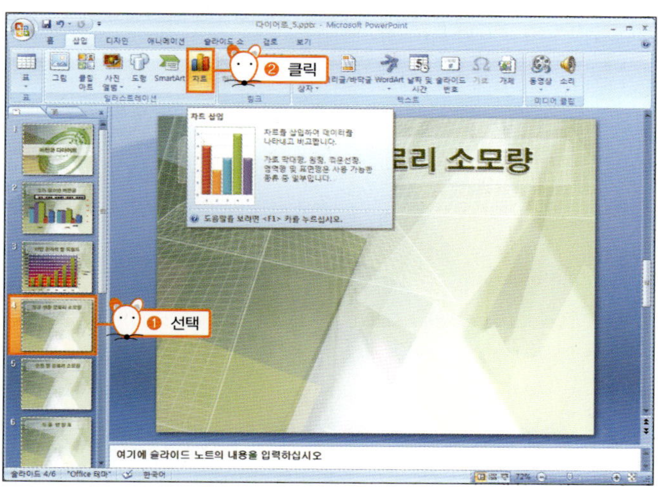

1 4번 슬라이드를 선택하고 [삽입] 탭의 [차트 삽입](🔲)을 클릭합니다.

2 [차트 삽입] 대화상자가 나타나면 [원형] 항목을 클릭하고 '3차원 원형'을 클릭한 후 [확인] 버튼을 클릭합니다.

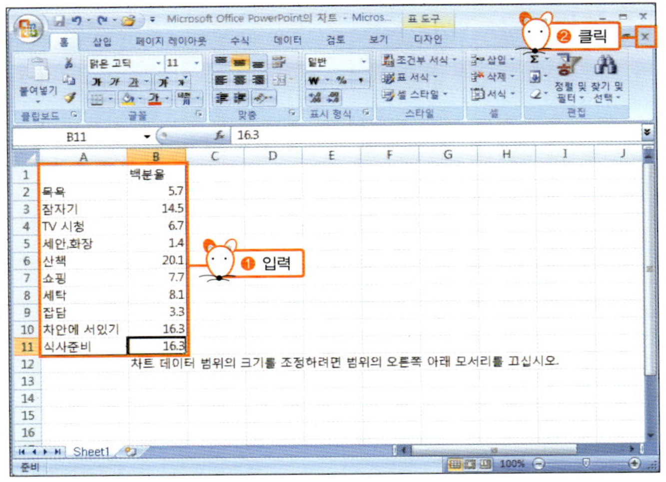

3 [데이터시트] 창이 나타나면 데이터 셀에 입력되어 있는 내용을 수정 입력하고 데이터 범위를 드래그하여 완성합니다. 모든 작업이 끝나면 오른쪽 위 모서리의 [창 닫기](×)버튼을 클릭하여 [데이터시트] 창을 종료합니다.

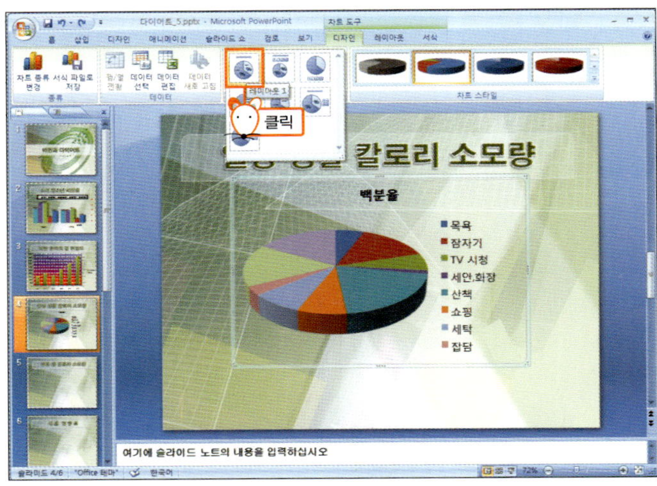

4 삽입된 원형 차트의 레이아웃을 변경하기 위해 [차트 도구]–[디자인] 탭에서 [차트 레이아웃] 그룹의 [자세히](▼)를 클릭한 후 '레이아웃 1'을 클릭합니다.

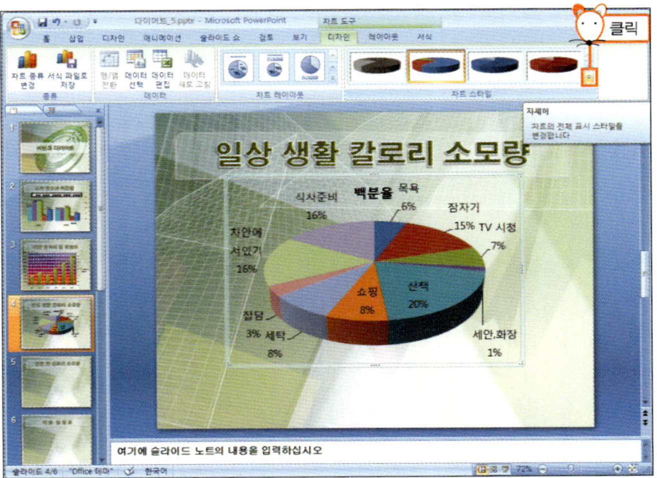

5 지정한 레이아웃으로 변경되면 차트 전체의 스타일을 변경하기 위해 [차트 도구]–[디자인] 탭에서 [차트 스타일] 그룹의 [자세히](▼)를 클릭합니다.

6 [차트 스타일]의 스타일 샘플들이 나타나면 '스타일 7'을 클릭하여 선택한 스타일 형태로 차트를 변경시킵니다.

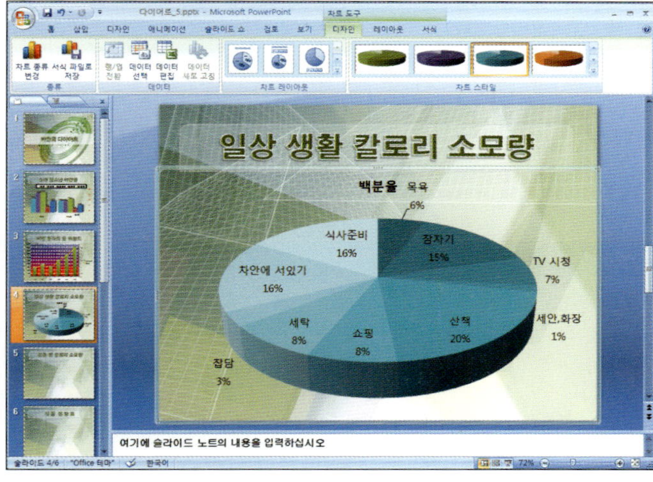

7 다음과 같이 차트의 크기 조절점을 드래그하여 차트 전체의 크기를 변경합니다.

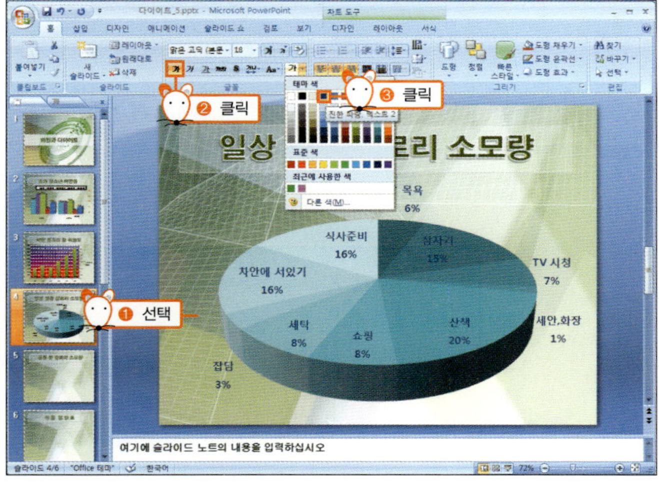

8 차트가 선택된 상태에서 [홈] 탭의 [굵게]([가])를 클릭하고 [글꼴 색]([▼])은 '진한 파랑, 텍스트 2'를 클릭합니다.

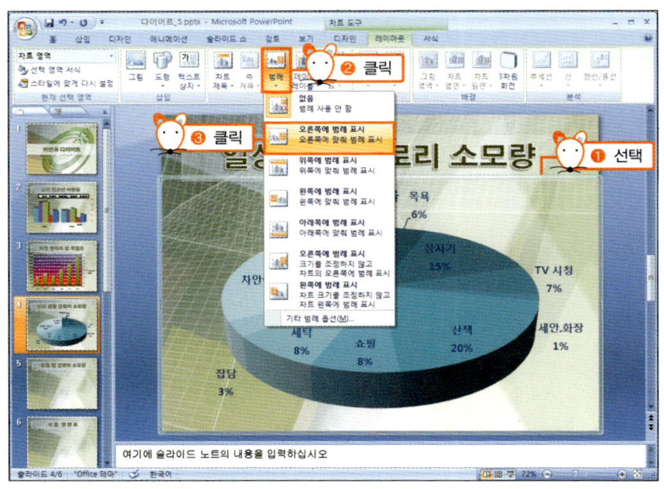

9 차트가 선택된 상태에서 [차트 도구]–[레이아웃] 탭에서 [범례]( )를 클릭한 후 [오른쪽에 범례 표시]를 클릭합니다.

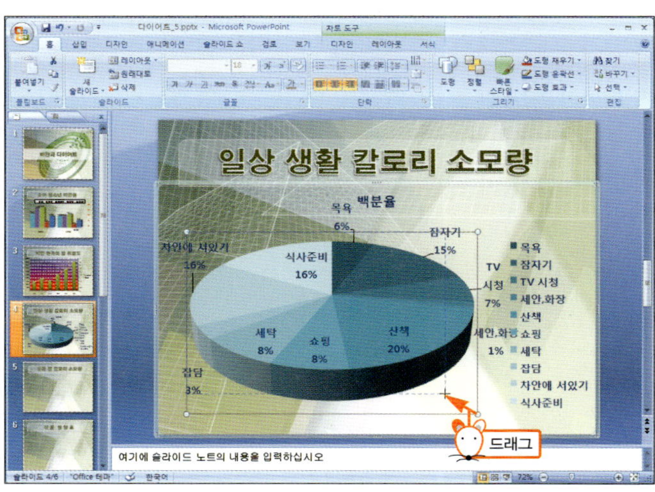

10 범례가 오른쪽에 표시되어 차트 부분이 너무 커 보입니다. 원형 차트를 드래그하여 크기를 변경합니다.

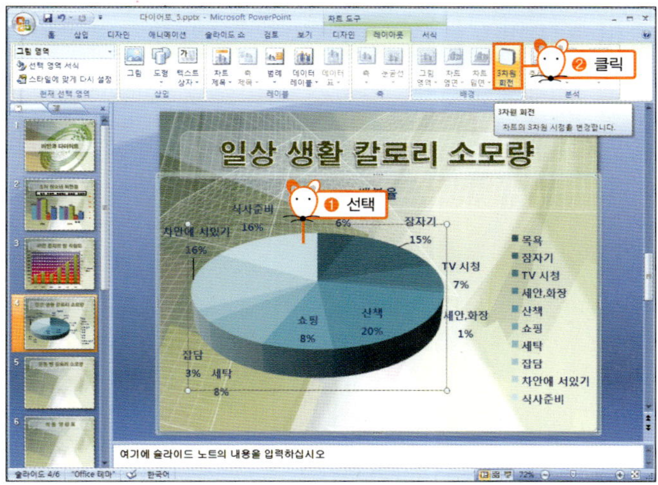

11 차트의 각도를 변경하기 위해서 원형 차트가 선택된 상태에서 [차트 도구]–[레이아웃] 탭에서 [3차원 회전]( )을 클릭합니다.

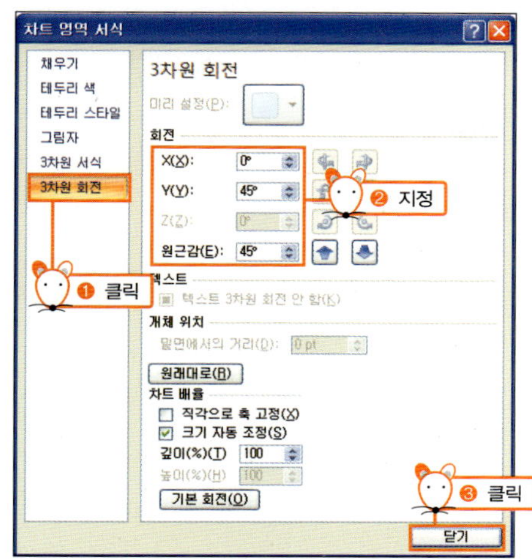

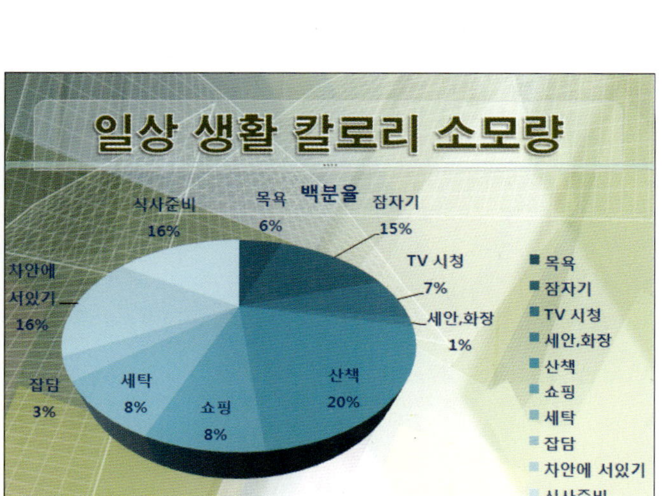

12 [차트 영역 서식] 대화상자가 나타나면 [3차원 회전] 항목을 클릭하고 [회전]의 [Y(Y)]와 [원근감]을 '45°'로 지정한 후 [닫기] 버튼을 클릭합니다.

13 다음과 같이 원형 차트의 회전 각도가 변경된 것을 확인할 수 있습니다.

원형 차트의 특정 조각만 분리해서 변경하기

● 다양한 차트 중에서 원형 차트는 원하는 데이터 항목들을 분리하여 강조시킬 수 있다는 장점을 가지고 있습니다. 기존에 삽입된 원형 차트에서 특정 조각을 분리시키고 색상을 변경해 보겠습니다.

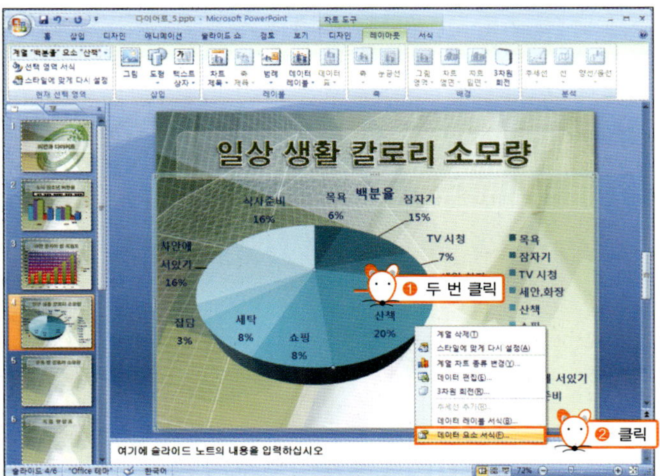

1 원형 차트에서 분리하고자 하는 조각 부분을 두 번 클릭합니다. 그런 다음 마우스 오른쪽 버튼을 클릭한 후 나타나는 메뉴에서 [데이터 요소 서식]을 클릭합니다.

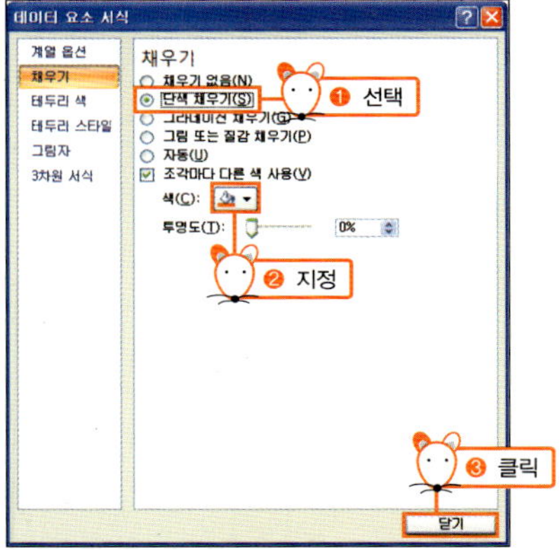

2 [데이터 요소 서식] 대화상자가 나타나면 [채우기] 항목에서 [단색 채우기]를 선택하고 [색]( )은 '주황색'으로 지정한 후 [닫기] 버튼을 클릭합니다.

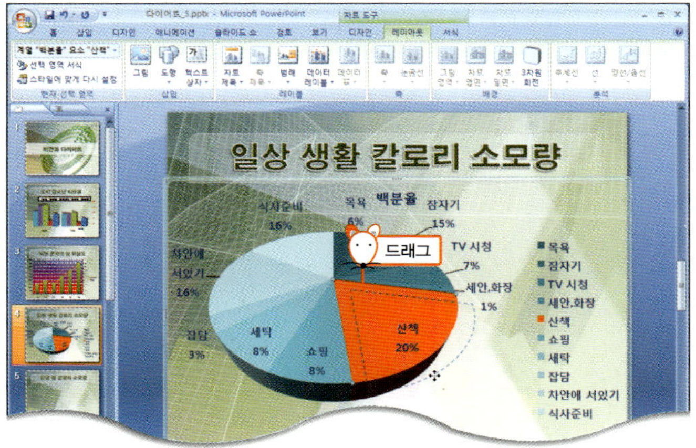

3 다음과 같이 선택한 조각 부분의 색상이 변경된 것을 볼 수 있습니다. 조각 부분이 선택된 상태에서 오른쪽 아래 부분으로 드래그합니다.

주목

분리하고자 하는 조각 부분을 제대로 선택하지 않으면 원형 차트의 모든 조각들이 분리됩니다.

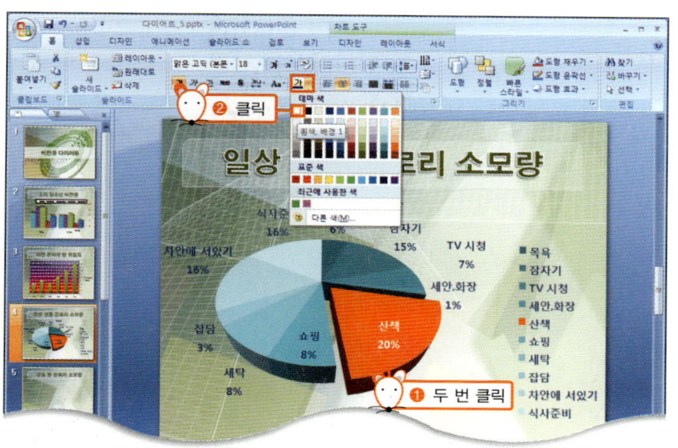

4 선택한 조각이 분리된 것을 볼 수 있습니다. 분리된 조각의 데이터 레이블 '산책 20%'을 두 번 클릭하여 선택합니다. 그런 다음 [홈] 탭에서 [글꼴 색](가 ▾)을 '흰색 , 배경 1'로 클릭하여 색상을 변경합니다.

따라해 보세요

차트 제목을 WordArt 효과로 적용하기

● 차트 제목은 일반적인 글자에 간단한 속성을 추가하는 경우가 많습니다. 그러나 WordArt 효과도 함께 적용하면 색다른 느낌을 전달할 수 있습니다. 삽입된 원형 차트의 제목 글자를 수정하고 [차트 도구]의 [서식] 탭에 위치한 [WordArt 스타일]을 이용하여 변경해 보겠습니다.

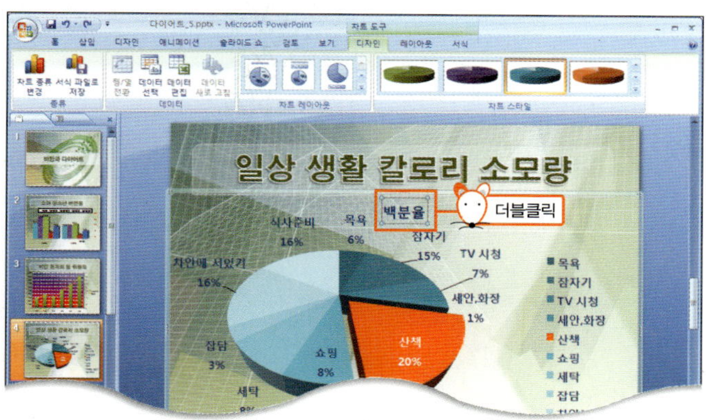

1 원형 차트의 차트 제목에 해당하는 '백분율'을 더블클릭하여 마우스 커서를 표시합니다.

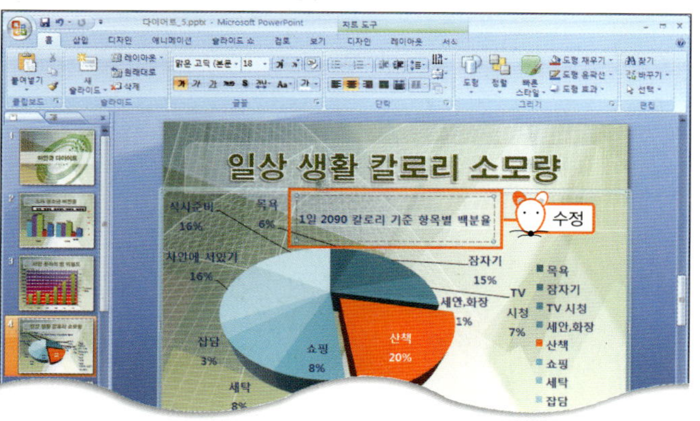

2 차트 제목을 '1일 2090 칼로리 기준 항목별 백분율'로 수정합니다.

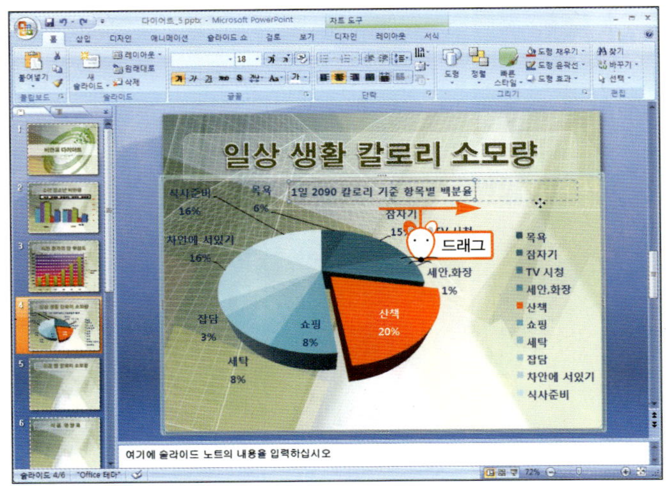

3 차트 제목을 오른쪽 방향으로 드래그하여 위치를 이동시킵니다.

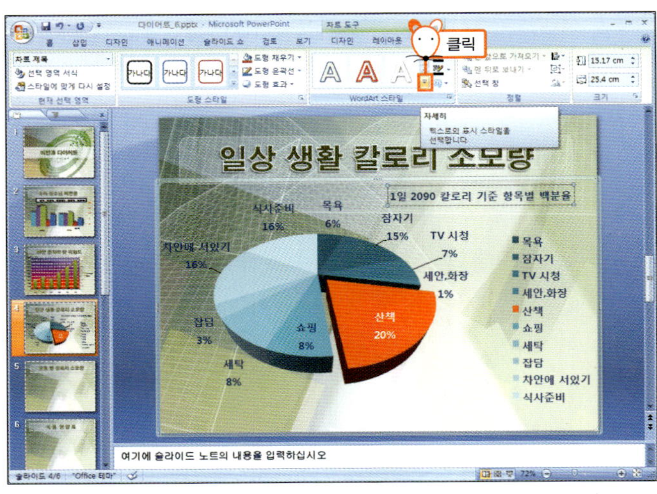

4 차트 제목에 특수 효과를 적용하기 위해서 [차트 도구]–[서식] 탭에서 [WordArt 스타일] 그룹의 [자세히]( )를 클릭합니다.

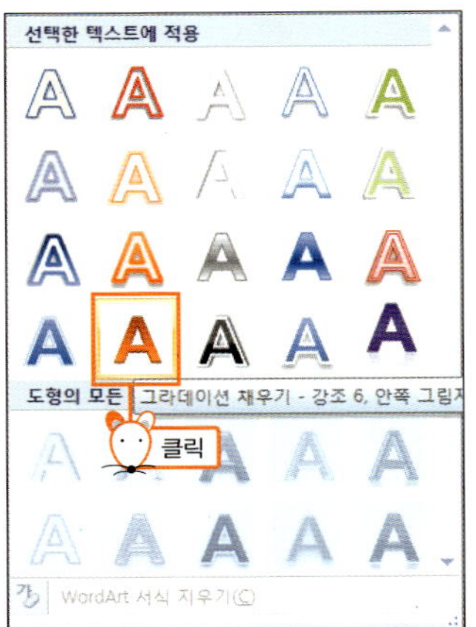

5 [WordArt 스타일]의 스타일 샘플들이 나타나면 '그라데이션 채우기 – 강조 6, 안쪽 그림자'를 클릭합니다.

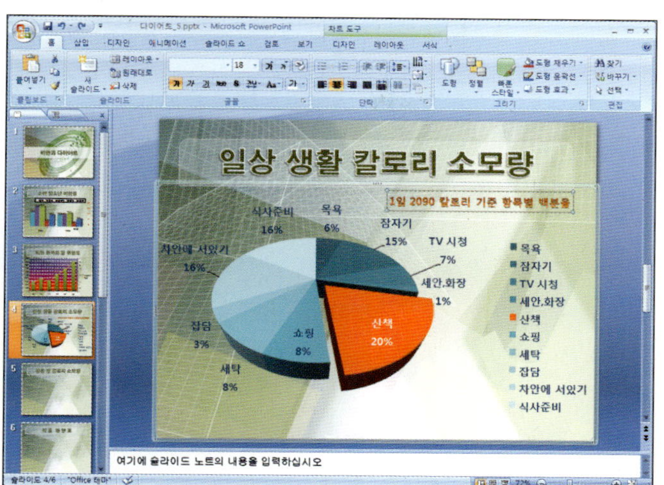

6 선택한 WordArt 효과가 적용되어 차트 제목의 색상과 그림자 효과 등이 지정된 것을 확인할 수 있습니다.

차트 서식 저장하고 적용시키기

프레젠테이션에서 차트를 자주 사용하는 경우에는 자신만의 차트 형식으로 저장할 수 있습니다. 매번 차트의 속성을 지정하기 보다는 차트 서식 파일(*.crtx)로 저장하면 언제든지 사용할 수 있습니다.

❶ 먼저 저장하고자 하는 차트를 선택한 후 [차트 도구]–[디자인] 탭에서 [서식 파일로 저장](📊)을 클릭합니다. 그런 다음 [차트 서식 파일 저장] 대화상자가 나타나면 [파일 이름]을 입력하고 [저장] 버튼을 클릭합니다.

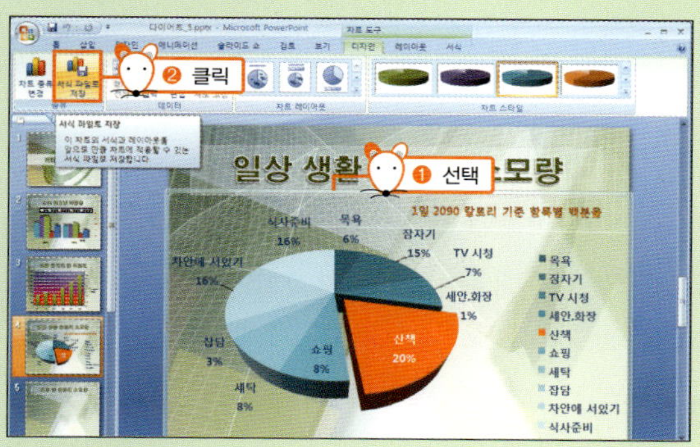
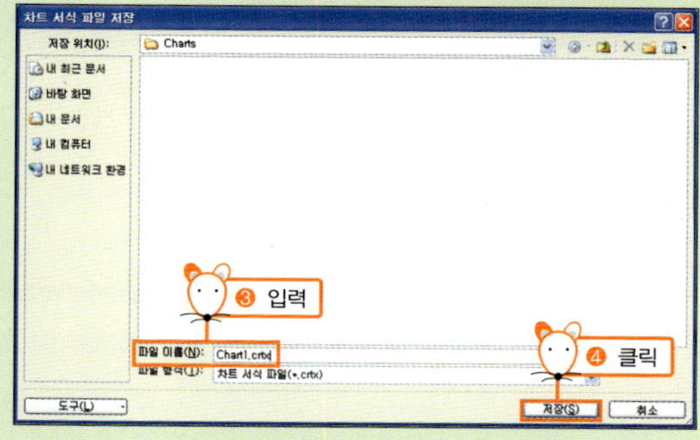

❷ [삽입] 탭의 [차트 삽입](📊)을 클릭하고, [차트 삽입] 대화상자가 나타나면 왼쪽 항목에서 [서식 파일] 항목을 클릭한 후 오른쪽에 저장되어 있는 차트 서식을 클릭하고 [확인] 버튼을 클릭하면 슬라이드에 삽입됩니다.

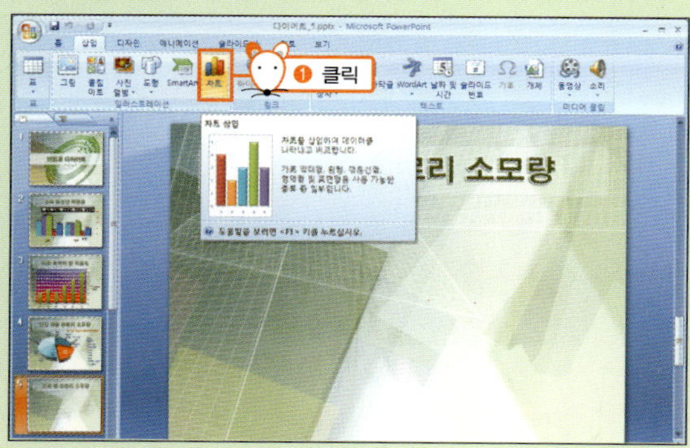
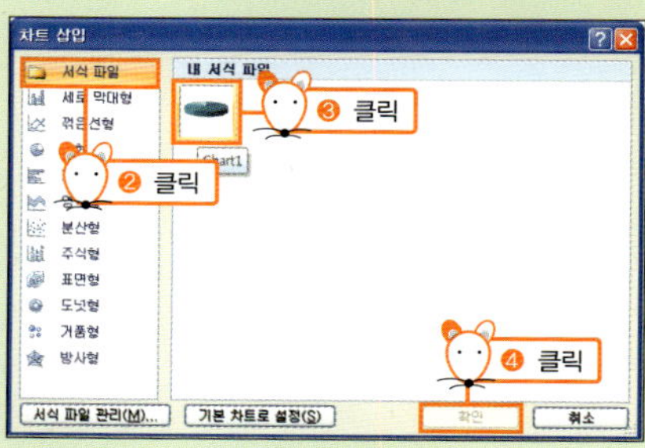

엑셀 파일로 신속한 데이터 변경과 연동이 가능한 차트 만들기

파워포인트 2007에서 사용되는 [데이터시트] 창의 입력 데이터는 엑셀, 액세스, 웹, 일반 텍스트 파일과 같은 외부 파일을 이용하여 가져올 수 있습니다. 이번 Lesson에서는 외부 파일 중에서 엑셀의 데이터 파일을 이용해 차트로 제작하는 방법을 알아보겠습니다.

● 예제 파일 : Sample\Part 05\다이어트_6.pptx

따라해 보세요

[데이터시트]에 엑셀 파일 연결하기

● 데이터를 입력하는 [데이터 시트] 창에 미리 제작되어 있는 엑셀 파일을 연결하여 차트를 만들고, 편집합니다.

1 5번 슬라이드를 선택하고 [삽입] 탭의 [차트 삽입](📊)을 클릭합니다.

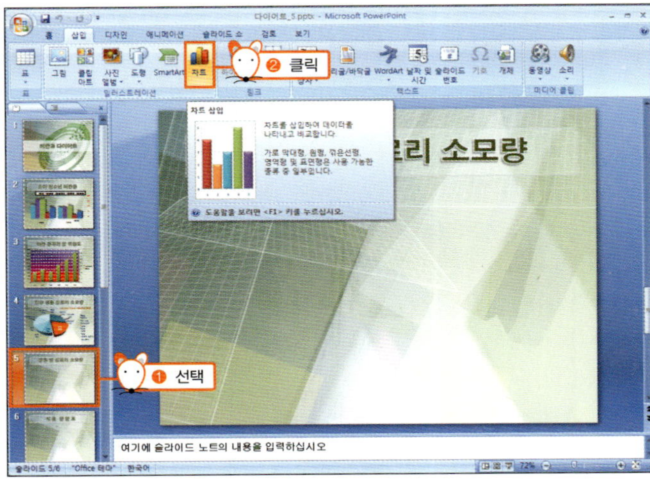

2 [차트 삽입] 대화상자가 나타나면 [세로 막대형] 항목을 클릭하고 '누적 원통형'을 클릭한 후 [확인] 버튼을 클릭합니다.

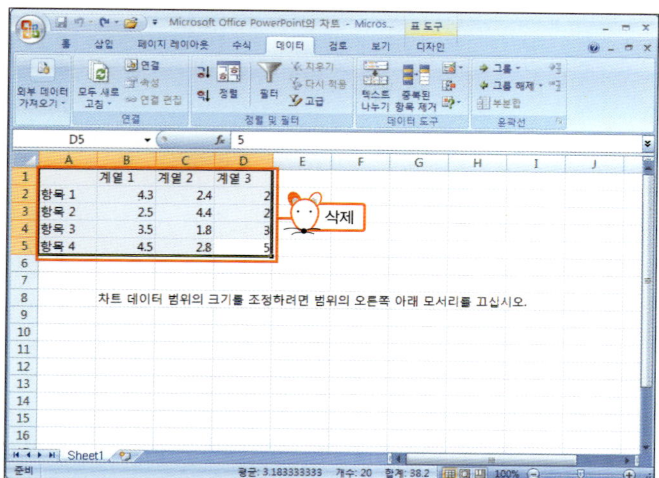

3 [데이터시트] 창이 나타나면 모든 데이터 셀을 드래그하여 선택하고 Delete 를 눌러 삭제합니다.

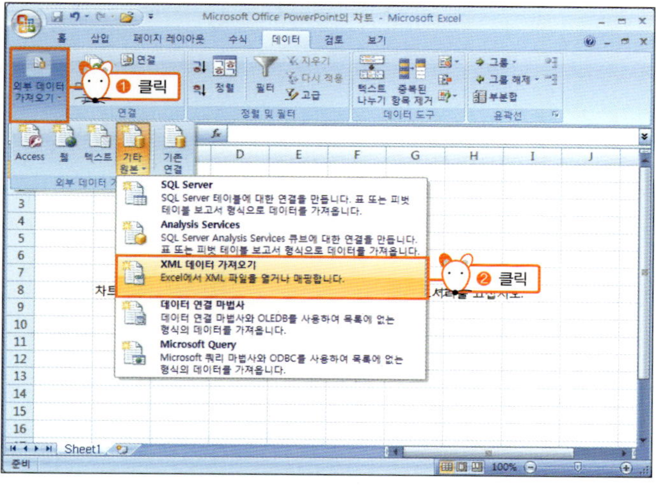

4 1행 1열의 데이터 셀을 클릭합니다. 그런 다음 [데이터] 탭의 [외부 데이터 가져오기]( )를 클릭한 후 [기타 원본]의 [XML 데이터 가져오기]를 차례로 클릭합니다.

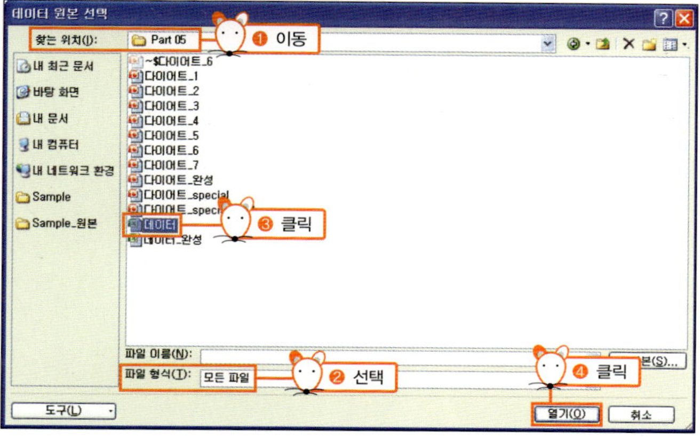

5 [데이터 원본 선택] 대화상자에서 [찾는 위치]의 경로를 'Sample\Part 05'로 이동하고 [파일 형식]을 '모든 파일(*.*)'로 선택합니다. 그런 다음 '데이터.xlsx'를 클릭한 후 [열기] 버튼을 클릭합니다.

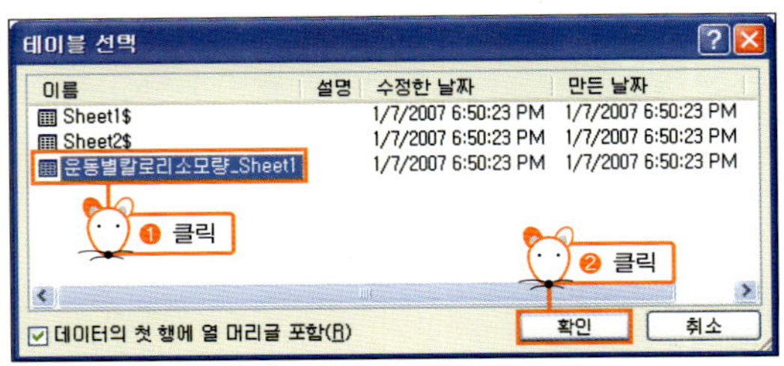

6 [테이블 선택] 대화상자가 나타나면 '운동별칼로리소모량_Sheet1'을 클릭한 후 [확인] 버튼을 클릭합니다.

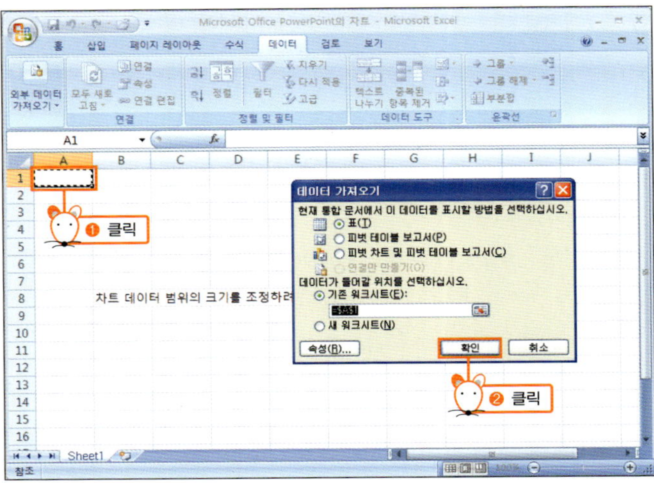

7 [데이터 가져오기] 대화상자가 나타나면 1행 1열의 데이터 셀을 클릭한 후 [확인] 버튼을 클릭합니다.

주목

[데이터시트] 창에서 선택한 셀에 연결한 데이터의 시작 부분이 나타나게 됩니다.

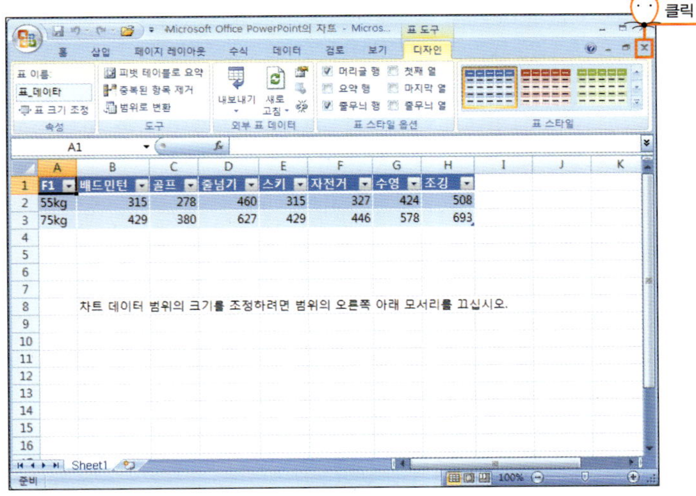

8 선택한 'Sample\Part 05\데이타.xlsx' 엑셀 파일의 데이터를 확인할 수 있습니다. 모든 작업이 끝나면 오른쪽 위 모서리의 [창 닫기]([X]) 버튼을 클릭하여 [데이터시트] 창을 종료합니다.

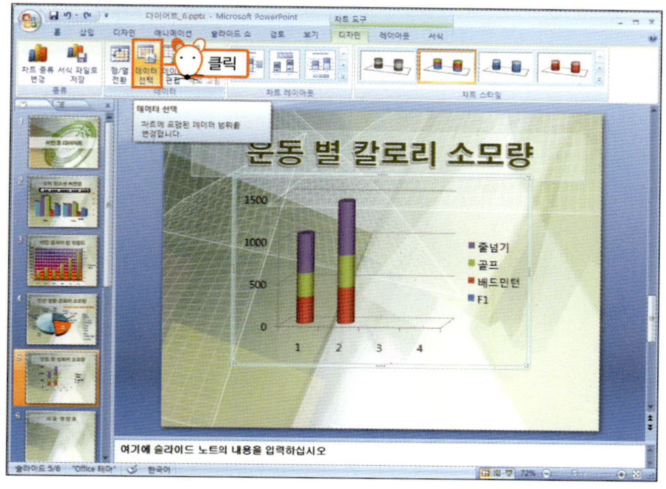

9 차트를 보면 데이터 범위가 제대로 지정되지 않아 데이터 계열 옆에 공백이 발생했습니다. 데이터 범위를 지정하기 위해 [차트 도구]-[디자인] 탭에서 [데이터 선택]()을 클릭합니다.

> **주목**
>
> 윈도우 운영체제의 보안 정도에 따라 작업 과정에서 다음과 같은 대화상자가 나타나면 [사용] 버튼을 클릭합니다. [사용] 버튼을 클릭해야 프로그램 간의 데이터를 공유할 수 있습니다.

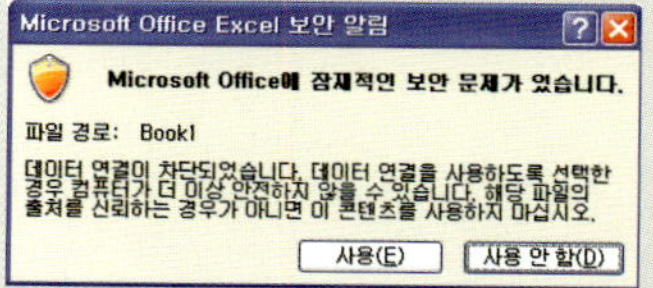

10 [데이터시트] 창이 나타나면 데이터 값을 드래그하여 범위를 지정한 후 [데이터 원본 선택] 대화상자에서 [확인] 버튼을 클릭합니다. 그런 다음 [창 닫기]()를 클릭하여 [데이터시트] 창을 종료합니다.

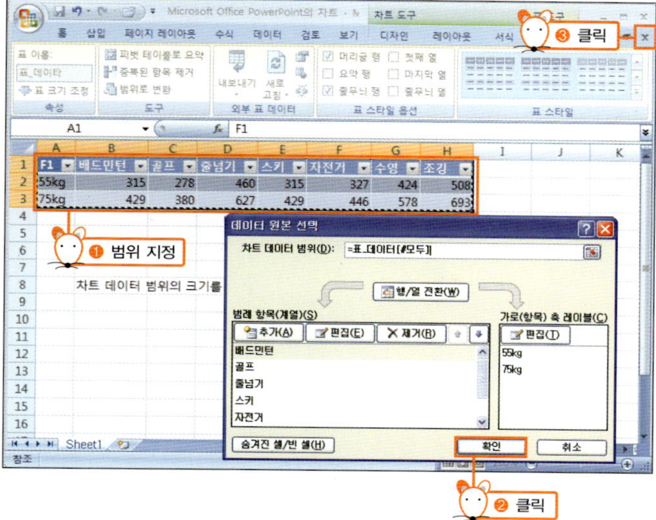

11 차트를 보면 데이터 범위가 재설정되어 공백으로 생긴 데이터 계열이 없어진 것을 확인할 수 있습니다. 다음과 같이 차트 크기 조절점을 드래그하여 전체 크기를 조정합니다.

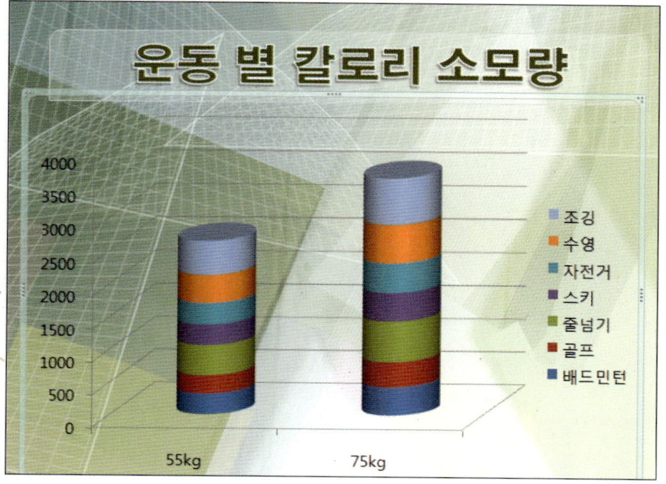

엑셀 파일의 데이터 수정 후 새로 고침하기

● 엑셀 파일의 데이터 값을 이용해 차트로 삽입된 경우에는 파일 수정에 영향을 받습니다.

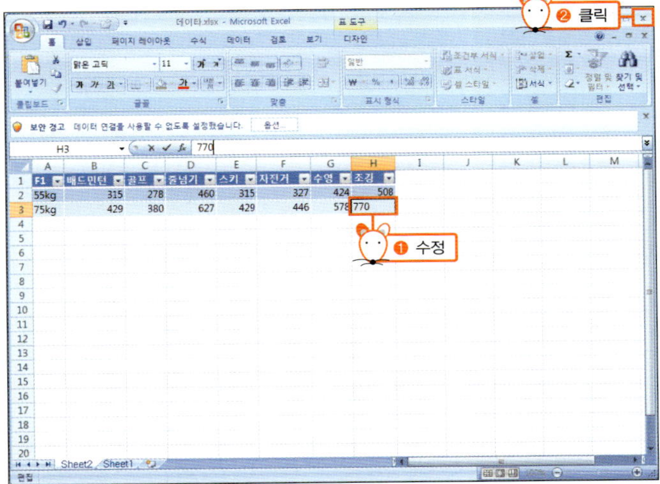

1 엑셀 프로그램을 실행하고 파워포인트에서 연결한 'Sample\Part 05\데이타.xlsx'을 불러옵니다. 3행 H열의 입력된 값을 '770'으로 수정한 후 Ctrl + S 를 눌러 저장하여 엑셀 프로그램을 종료합니다.

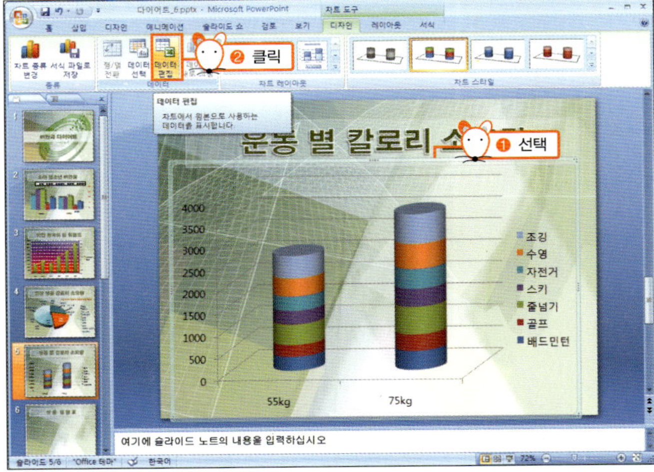

2 파워포인트에서 삽입한 차트를 선택하고 [차트 도구]–[디자인] 탭에서 [데이터 편집](📋)을 클릭합니다.

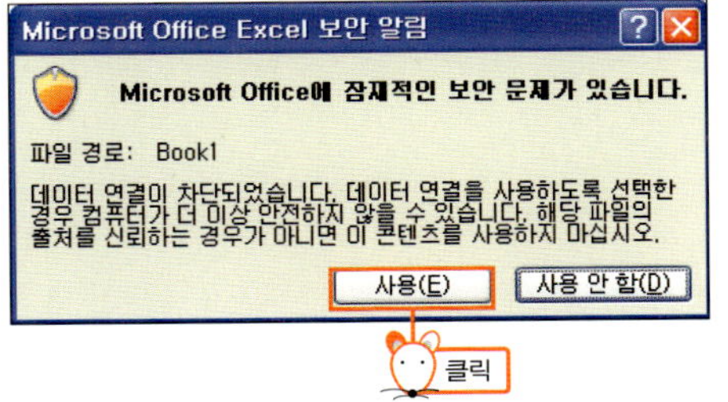

3 다음과 같은 보안 알림과 관련된 대화상자가 표시되면 [사용] 버튼을 클릭합니다.

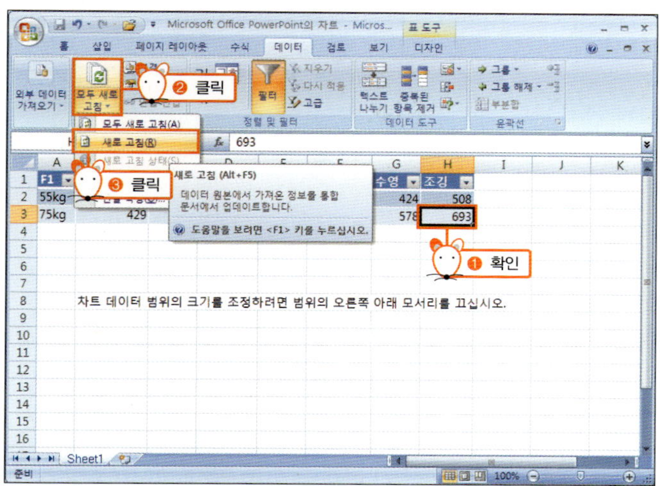

4 [데이터 시트] 창을 보면 3행 H열의 데이터 값이 엑셀 파일에서 수정한 값으로 변경되지 않을 것을 볼 수 있습니다. [데이터 탭]의 [모두 새로 고침]()-[새로 고침]을 클릭합니다.

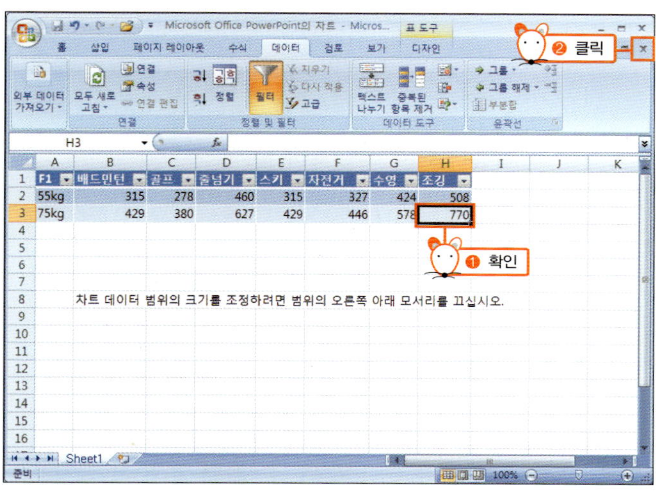

5 3행 H열의 데이터 값이 엑셀에서 수정한 값으로 변경된 것을 확인할 수 있습니다. 오른쪽 위 모서리의 [창 닫기]()를 클릭하여 [데이터 시트] 창을 종료합니다.

6 차트가 선택된 상태에서 [차트 도구]-[레이아웃] 탭에서 [데이터 레이블]()을 클릭한 후 [표시]를 클릭합니다.

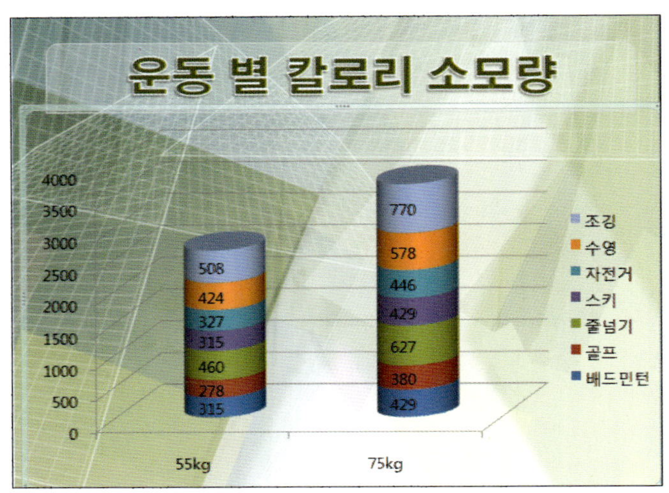

7 데이터 계열의 요소마다 데이터 레이블이 표시되는 것을 확인할 수 있습니다.

데이터 표를 차트로 표시하기

삽입된 차트에 항목과 계열을 정리하여 보여주는 데이터 표를 표시하고 싶다면 [차트 도구]–[레이아웃] 탭에서 [데이터 표](▦)을 클릭한 후 [데이터 표 표시]를 클릭합니다. 데이터 표는 차트 아래에 나타납니다.

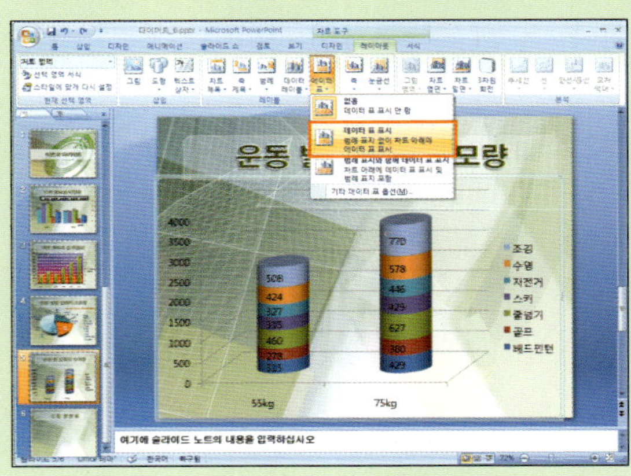

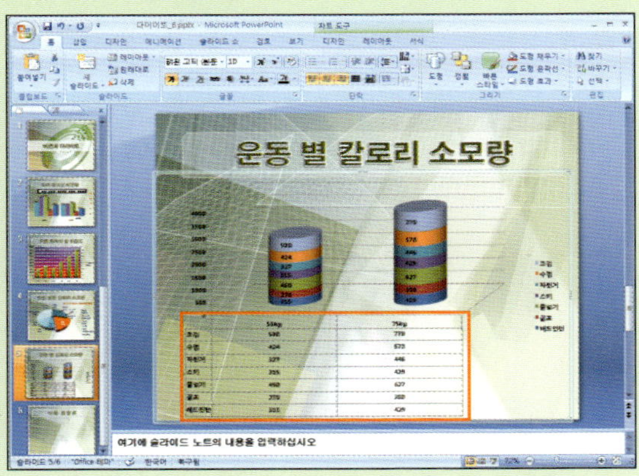

열 공 모 드

클립 아트로 차트의 데이터 계열 채우기

사각형, 도우넛, 도트와 같이 파워포인트에서 제공하는 기본 차트 외에 데이터 계열을 클립 아트나 외부 그림 파일로 채우는 방법에 대하여 알아보겠습니다.

◉ 예제 파일 : Sample\Part 05\다이어트_special.pptx

01 데이터 계열을 마우스 오른쪽 버튼으로 클릭하여 나타나는 메뉴에서 [데이터 계열 서식]을 클릭합니다.

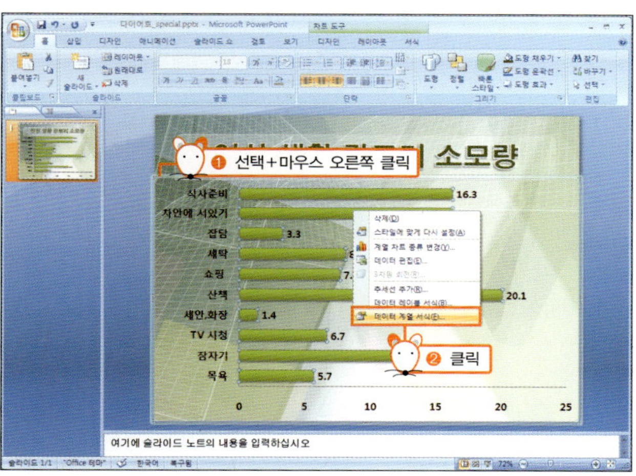

02 [데이터 계열 서식] 대화상자가 나타나면 [채우기] 항목을 클릭하고 [그림 또는 질감 채우기]를 선택합니다. 그런 다음 [다음에서 삽입]의 [클립 아트] 버튼을 클릭하여 원하는 클립 아트를 가져옵니다.

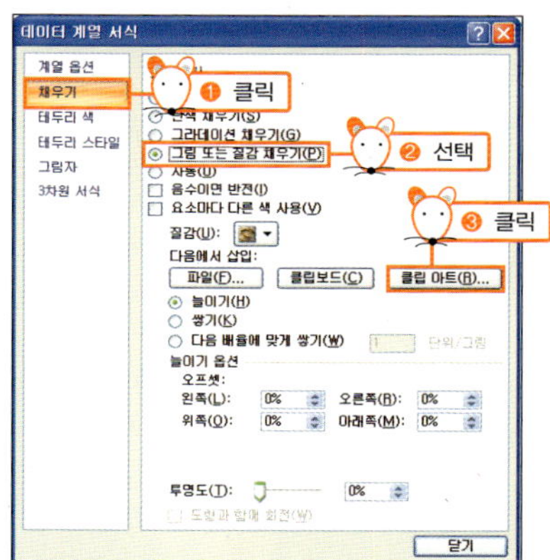

03 [데이터 계열 서식] 대화상자에서 [쌓기]를 선택하여 클립 아트 그림이 데이터 값에 따라 중복해서 쌓이게 지정한 후 [닫기] 버튼을 클릭합니다.

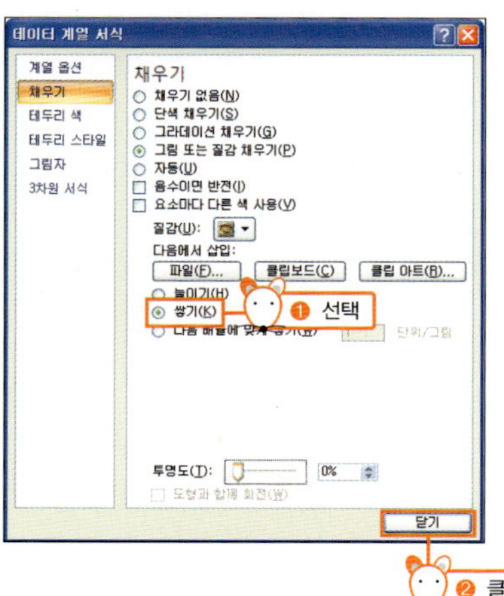

04 차트의 데이터 계열을 보면 수치에 따라 지정한 클립 아트로 채워진 것을 볼 수 있습니다.

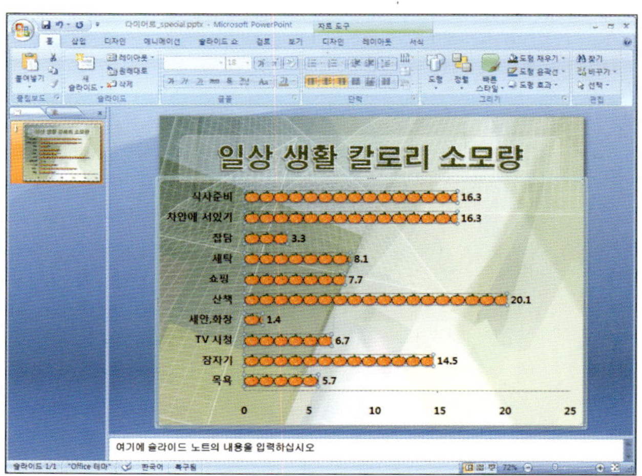

표를 이용한 깔끔하고 체계적인 슬라이드 마무리하기

파워포인트 2007에서는 차트와 함께 다양한 데이터를 쉽고 빠르게 정리하는 [표] 기능을 제공하고 있습니다. 또한 다양한 스타일을 기본으로 제공하고 있어, 작업자가 원하는 형태와 스타일로 한 번의 클릭만으로 변경할 수 있습니다. 이번 Lesson에서는 [표] 기능을 이용해 슬라이드를 마무리하겠습니다.

Lesson 31

● 예제 파일 : Sample\Part 05\다이어트_7.pptx

따라해 보세요

표 삽입하고, 텍스트 입력하기

● 표의 행과 열을 마우스로 드래그하는 방법을 이용해 삽입하고 셀 안에 텍스트를 입력해 보겠습니다.

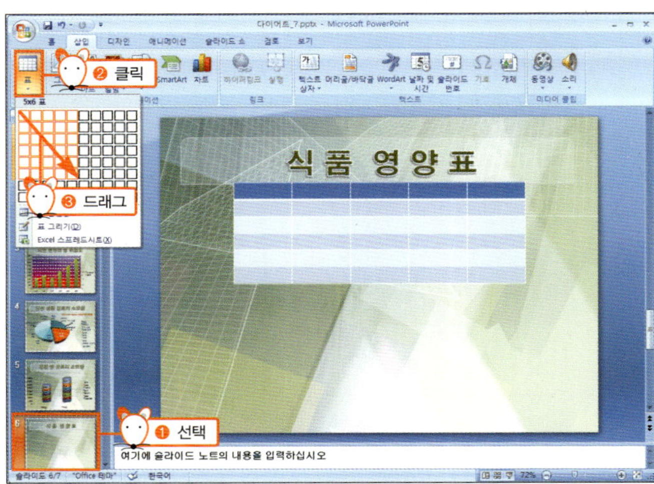

1 예제를 불러온 후 7번 슬라이드를 선택합니다. 그런 다음 [삽입] 탭에서 [표](▥)를 클릭한 후 '5×6 표'로 드래그한 후 클릭합니다.

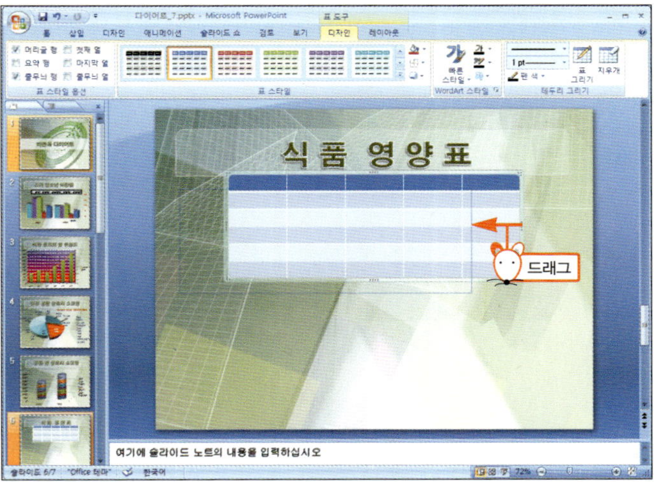

2 다음과 같이 5행 6열의 표가 삽입되었다면 왼쪽으로 드래그하여 위치를 이동합니다.

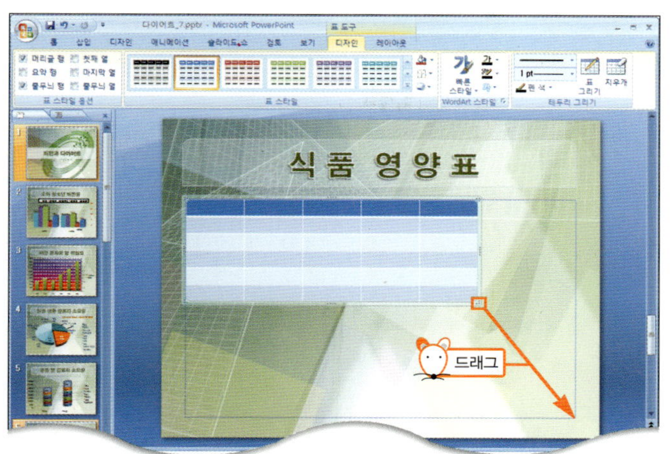

3 표의 오른쪽 아래 크기 조절점을 대각선 방향으로 드래그하여 크기를 변경합니다.

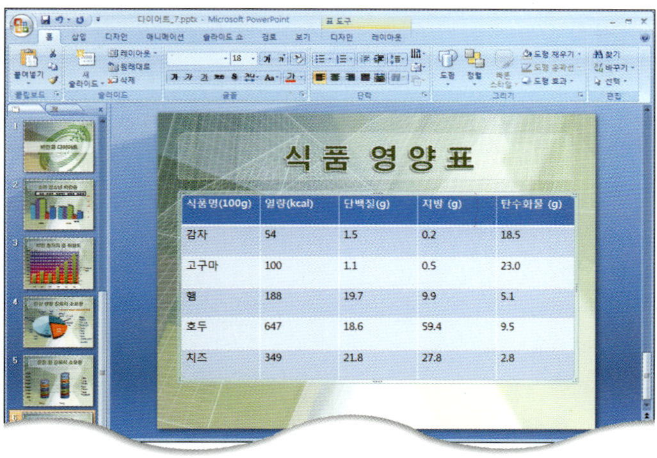

4 셀 안에 다음과 같이 텍스트를 입력합니다.

[표 도구] 알아보기

표를 선택하면 나타나는 [표 도구]는 표 전체의 스타일, WordArt, 테두리와 관련된 [디자인] 탭과 행 및 열, 셀 크기, 표 크기 등을 지정할 수 있는 [레이아웃] 탭으로 구성되어 있습니다.

01 | [표 도구]-[디자인] 탭

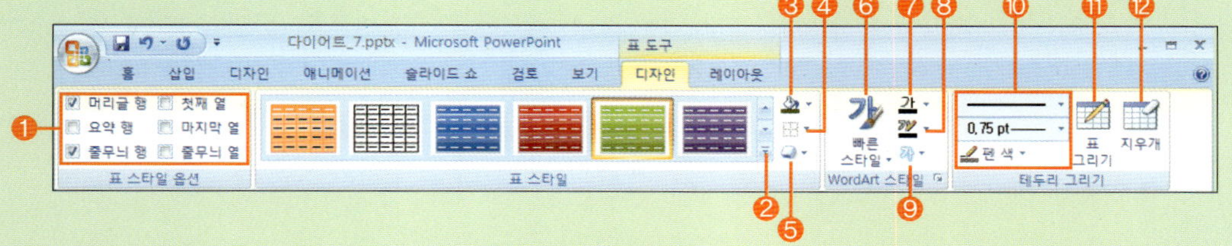

❶ **표 스타일 옵션 그룹** : 표를 이루는 스타일 항목들을 선택하면 [표 스타일]에서 지정한 스타일 서식이 자동으로 적용됩니다.

❷ **스타일 그룹의 [자세히](▼) 버튼** : 클릭하면 다양한 스타일 샘플 중에서 원하는 스타일로 적용시킬 수 있습니다.

❸ **음영(▧ ▾)** : 표나 선택한 셀에 배경 색상을 지정할 수 있습니다.

❹ **테두리(▦ ▾)** : 표나 선택한 셀에 테두리 스타일을 지정할 수 있습니다.

❺ **효과(▨ ▾)** : 표나 셀에 입체, 반사, 그림자와 같은 특수 효과를 지정할 수 있습니다.

❻ **WordArt 빠른 스타일(🖋)** : 텍스트에 제공하는 스타일 효과를 빠르게 적용할 수 있습니다.

❼ **텍스트 채우기(가 ▾)** : 텍스트의 기본 색상을 변경하거나 질감, 그라데이션, 그림을 텍스트에 삽입하여 적용할 수 있습니다.

❽ **텍스트 윤곽선(가 ▾)** : 텍스트 윤곽선의 스타일과 굵기 등을 지정할 수 있습니다.

❾ **텍스트 효과(가 ▾)** : 텍스트에 네온, 반사, 3차원 등의 효과를 적용할 수 있습니다.

❿ **펜 스타일, 펜 두께, 펜 색( )** : 표 안에 새롭게 그리고자 하는 선의 스타일, 굵기, 색상을 지정할 수 있습니다.

⓫ **표 그리기(🖉)** : 마우스로 드래그하여 표를 새롭게 만들거나 이미 만들어진 표에 새로운 셀들을 추가할 수 있습니다.

⓬ **지우개(▧)** : 마우스로 드래그하여 원하는 표의 셀들을 합치거나 지울 수 있습니다.

02 | [표 도구]–[레이아웃] 탭

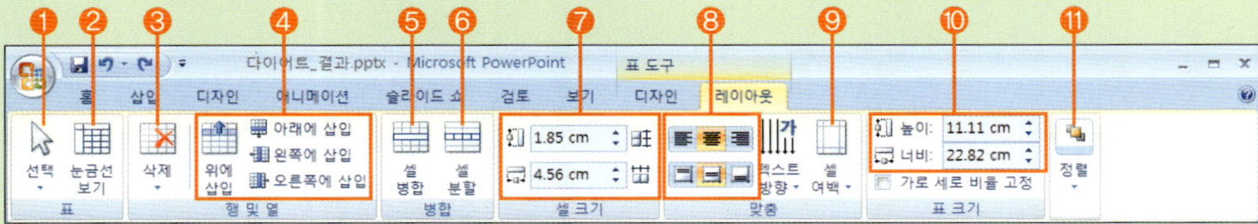

❶ **표 선택(▨)** : 표의 전체나 셀의 행이나 열을 선택할 경우 사용합니다.

❷ **표 눈금선 보기(▦)** : 선택하면 표 안의 눈금선을 보이게 합니다.

❸ **행 또는 열 삭제(▨)** : 표 안의 행이나 열을 삭제합니다.

❹ **행 및 열 그룹** : 선택한 행이나 열의 왼쪽과 오른쪽, 위와 아래에 새로운 행이나 열을 삽입할 수 있습니다.

❺ **셀 병합(▦)** : 선택한 셀을 하나의 셀로 합칠 수 있습니다.

❻ **셀 분할(▦)** : 마우스 커서가 위치한 셀이나 선택한 셀을 여러 개의 셀로 분할할 수 있습니다.

❼ **셀 크기 그룹** : 선택한 셀이나 표 전체의 너비와 높이를 지정할 수 있습니다.

❽ **셀 맞춤/정렬(▦)** : 셀 안에 입력된 텍스트를 왼쪽과 오른쪽, 위와 아래 방향으로 정렬할 수 있습니다.

❾ **셀 여백(▧)** : 셀의 여백 스타일을 선택하거나 직접 크기를 지정할 수 있습니다.

❿ **표 크기 그룹** : 표 전체의 너비와 높이를 표시하거나 직접 입력하여 지정할 수 있습니다.

⓫ **정렬** : 표의 겹치기 순서를 지정하거나 맞춤, 그룹 지정, 회전 등을 지정할 수 있습니다.

표의 전체 스타일 지정하고, 특정 셀만 서식 변경하기

● 삽입된 표는 [표 도구]의 [디자인]과 [레이아웃] 탭, 그리고 [홈] 탭을 이용하여 전체 표의 스타일 셀 안에 입력된 텍스트 서식, 정렬, 그림자 효과와 같은 기능으로 디자인을 변경할 수 있습니다.

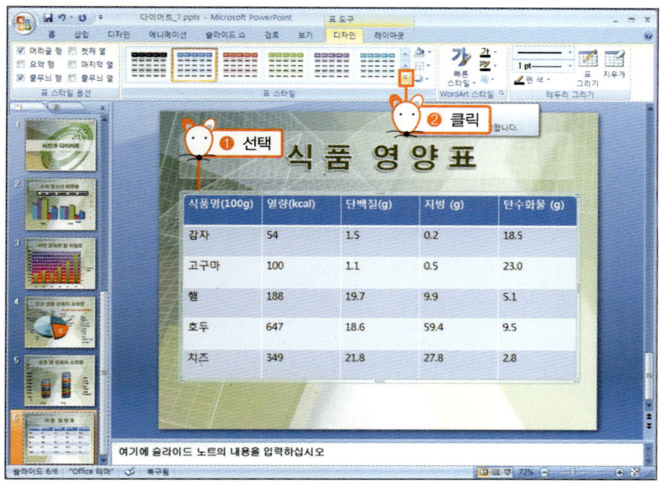

1 전체 스타일을 지정하기 위하여 표를 선택합니다. 그런 다음 [표 도구]-[디자인] 탭에서 [표 스타일] 그룹의 [자세히]( ) 버튼을 클릭합니다.

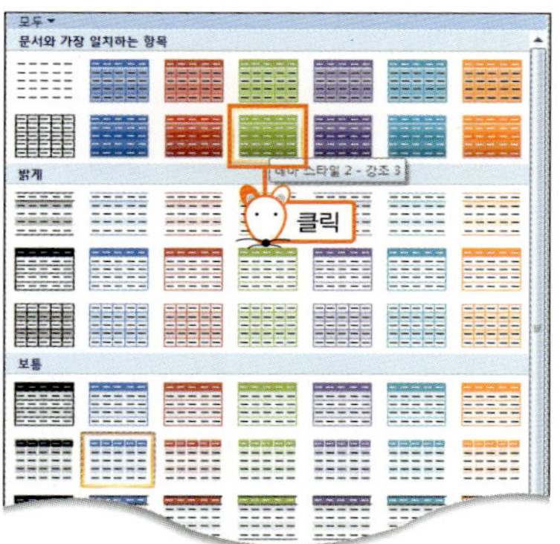

2 스타일 샘플들이 나타나면 [문서와 가장 일치하는 항목]의 '테마 스타일2, 강조 3'을 클릭하여 스타일을 적용합니다.

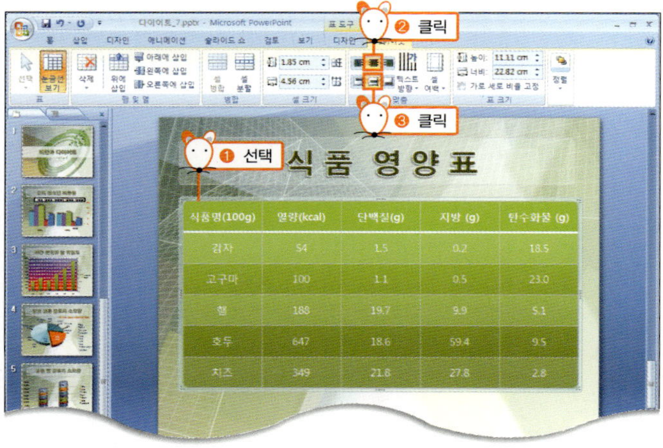

3 [표 도구]-[레이아웃] 탭에서 [가운데 맞춤]( )과 [세로 가운데 맞춤]( )을 클릭하여 셀 안에 입력된 데이터를 가운데로 정렬합니다.

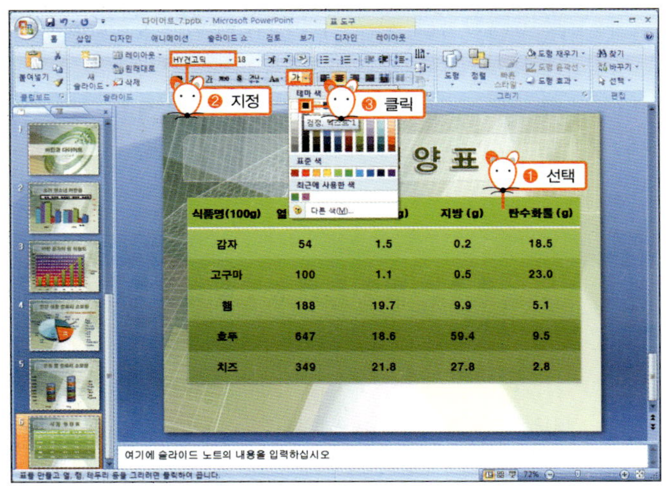

4 표를 선택된 상태에서 [홈] 탭의 [글꼴] 그룹을 이용해 서식을 변경합니다.

❷ [글꼴]은 'HY견고딕'으로 지정합니다.
❸ [글꼴 색](가)은 '검정, 텍스트1'로 클릭합니다.

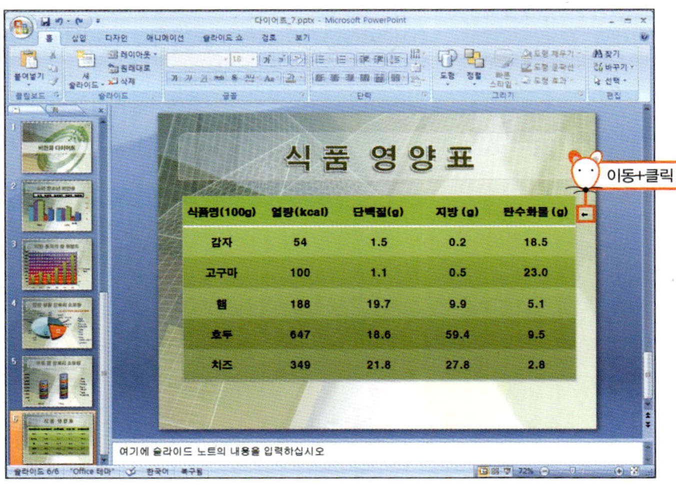

5 표 선택을 해제한 후 마우스 포인터를 표 1행의 오른쪽으로 이동시킵니다. 그런 다음, 마우스 포인터 모양이 '←'로 변경되면 클릭하여 1행의 셀들을 모두 선택합니다.

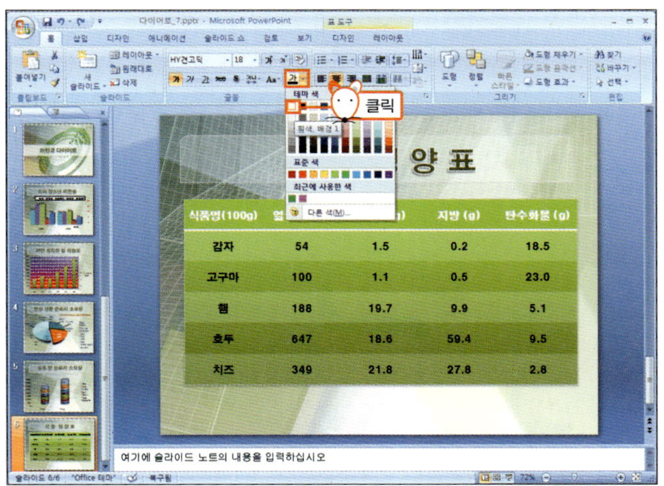

6 [홈] 탭에서 [글꼴 색](가)을 '흰색, 배경 1'로 클릭하여 선택한 셀 안의 글자 색상을 변경합니다.

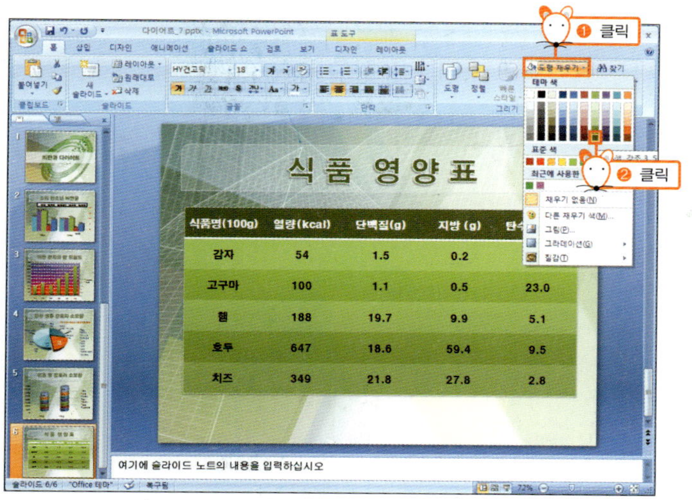

7 이번에는 [홈] 탭의 [도형 채우기](도형 채우기 ▾)를 클릭한 후 '황록색 강조 3, 50% 더 어둡게'로 클릭하여 선택한 1행의 셀 색상을 변경합니다.

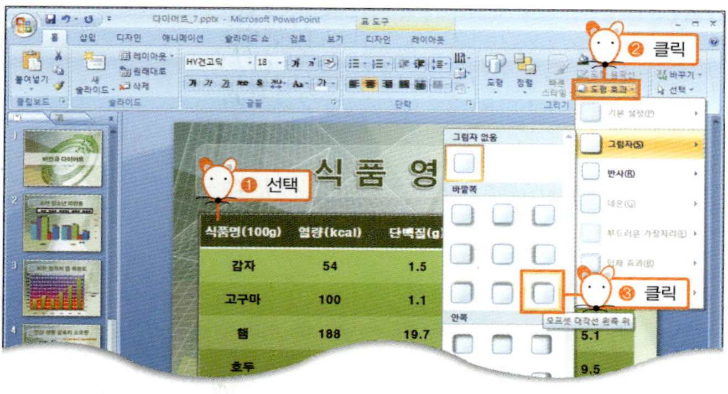

8 표를 선택한 상태에서 [홈]의 [도형 채우기] (도형 채우기 ▾)을 클릭한 후 [그림자]의 '오프셋 대각선, 왼쪽 위'를 클릭하여 그림자 효과를 적용합니다.

셀 입체 효과 적용하기

특정 셀이나 표 전체를 선택하고 [표 도구]의 [효과](▢ ▾)를 클릭한 후 [셀 입체 효과]를 클릭하면 적용할 수 있는 입체 효과 샘플이 나타납니다. 원하는 입체 효과 샘플을 클릭하면 각각에 효과가 적용되어 볼록 튀어나오거나 들어가게 만들 수 있습니다.

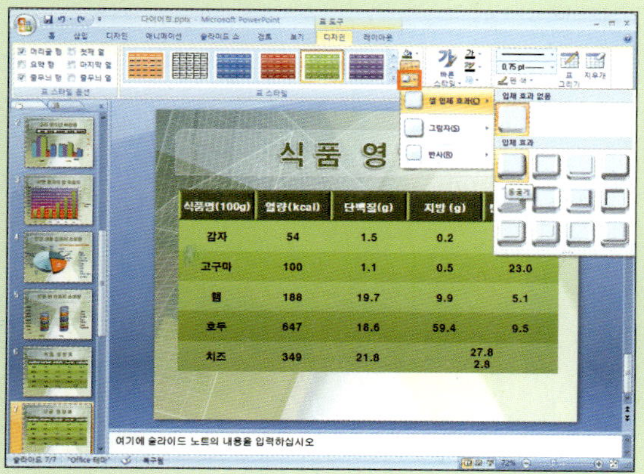

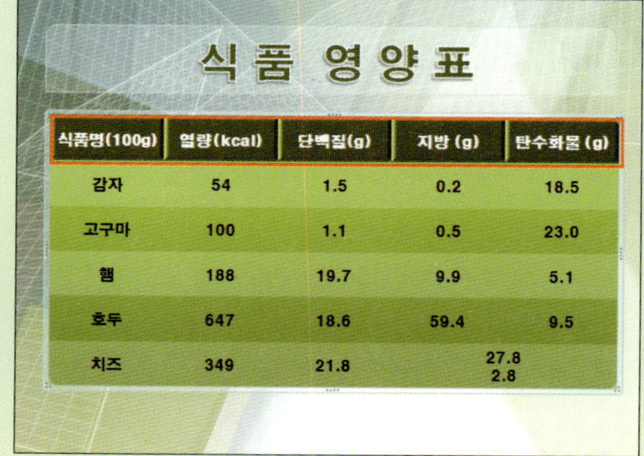

식품명(100g)	열량(kcal)	단백질(g)	지방 (g)	탄수화물 (g)
감자	54	1.5	0.2	18.5
고구마	100	1.1	0.5	23.0
햄	188	19.7	9.9	5.1
호두	647	18.6	59.4	9.5
치즈	349	21.8		27.8 2.8

내 마음대로 빠르게 표 다루기

표를 이루는 셀에서 열이나 행 단위, 전체 셀을 선택하거나 병합과 분리, 행이나 열 단위로의 셀 추가와 같은 편집 방법은 원하는 형태로 만들기 위해서 꼭 알아야 하는 내용입니다. 하나씩 살펴보겠습니다.

표나 열, 행 선택하기

표나 열, 행, 특정 셀을 선택하는 방법에 대해 알아보겠습니다.

■ 표 전체 선택하기

표의 외곽이나 여러 셀 중에 하나를 클릭하면 표 전체를 선택할 수 있습니다. 선택 해제는 슬라이드 아무 곳이나 클릭하면 됩니다.

■ 특정 열 선택하기

표를 선택하지 않은 상태에서 특정 열의 위쪽이나 아래쪽에 마우스 포인터를 이동시키면 화살표 모양으로 변경되고, 클릭하면 열의 모든 셀을 선택할 수 있습니다.

■ 특정 행 선택하기

표를 선택하지 않은 상태에서 행의 왼쪽이나 오른쪽에 마우스 포인터를 이동시키면 화살표 모양으로 변경되고, 클릭하면 행의 모든 셀을 선택할 수 있습니다.

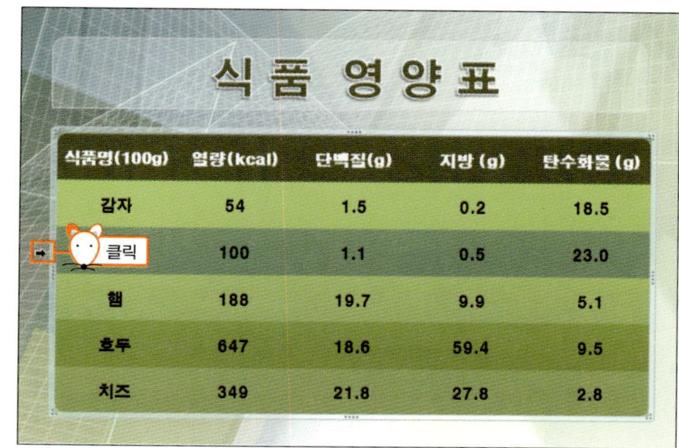

■ 특정 셀 선택하기

선택하고자 하는 셀을 드래그하는 범위만큼 셀을 선택할 수 있습니다.

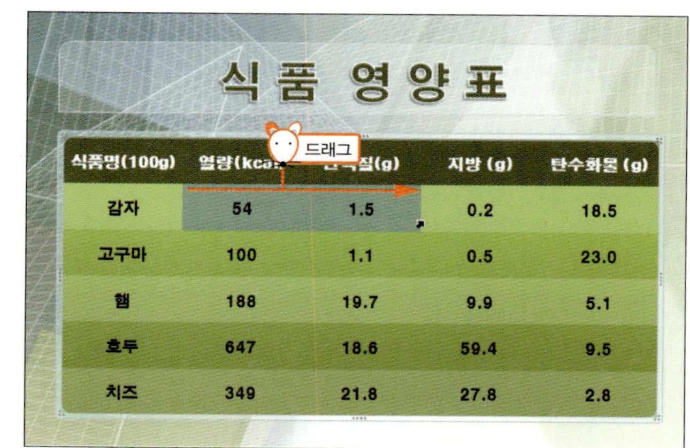

열과 행 삽입하기

마우스 커서가 위치한 셀을 기준으로 [표 도구]의 [레이아웃] 탭에서 중의 하나를 클릭하면 위와 아래, 왼쪽과 오른쪽에 행이나 열 단위로 셀이 삽입됩니다.

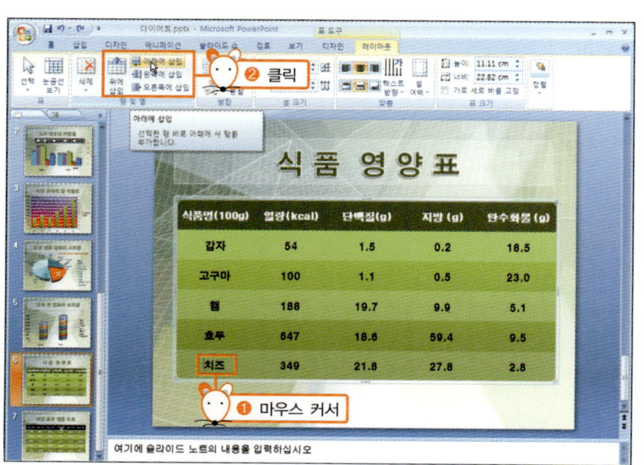

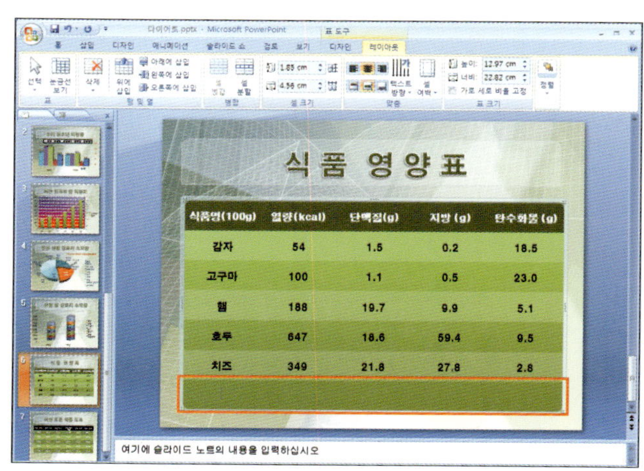

열이나 행 삭제하기

마우스 커서가 위치한 셀을 기준으로 [표 도구]–[레이아웃] 탭에서 [행 또는 열 삭제](X)을 클릭한 후 나타나는
[열 삭제]나 [행 삭제]를 클릭하면 행이나 열 단위로 셀이 삭제됩니다.

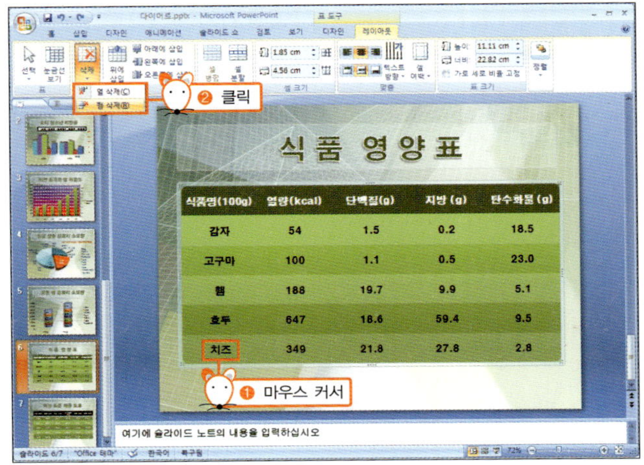

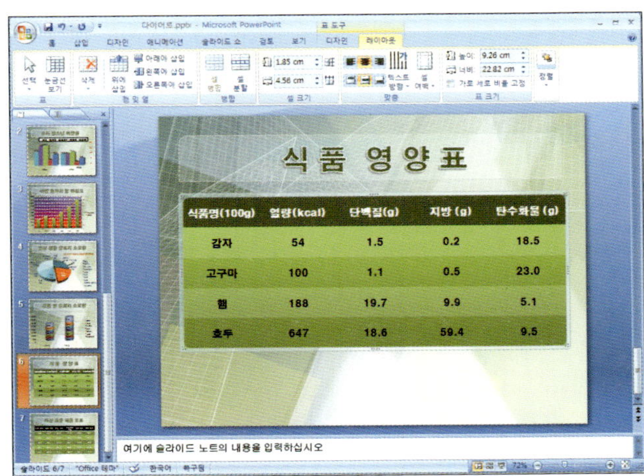

셀 병합과 분리하기

선택한 셀이나 마우스 커서가 위치한 셀에서 [표 도구]–[레이아웃] 탭에 위치한 [셀 병합](▦)과 [셀 분할](▦)
을 이용하여 하나의 셀로 병합하거나 여러 개로 분리할 수 있습니다.

■ 셀 병합하기

합치고자 하는 셀을 드래그하여 선택하고 [표 도구]–[레이아웃] 탭에 위치한 [셀 병합](▦)을 클릭하
면 셀들을 합칠 수 있습니다.

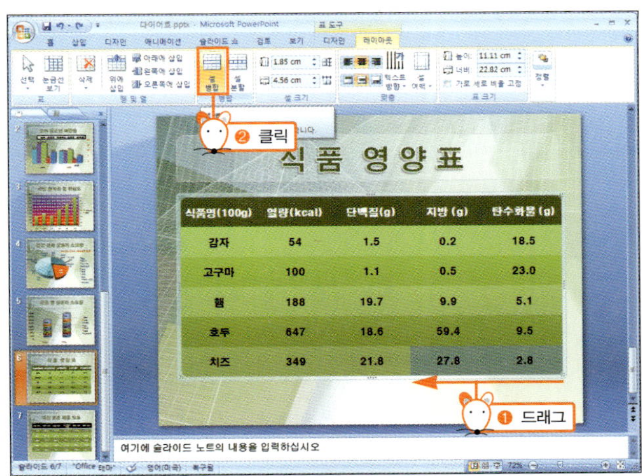

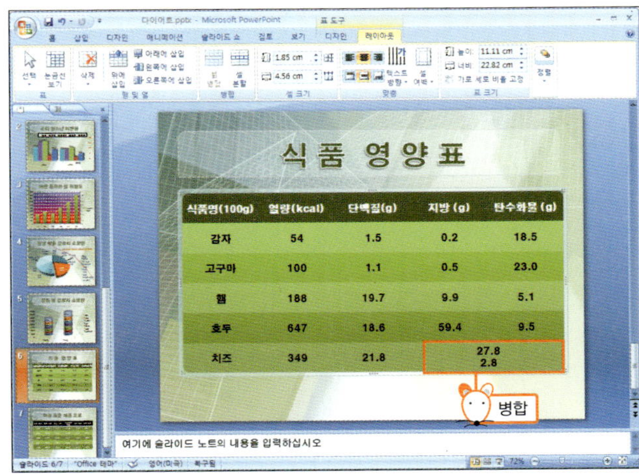

■ 셀 분리하기

행이나 열로 분리시키고자 하는 셀을 선택하거나 마우스 커서를 위치시키고, [표 도구]-[레이아웃]
탭의 [셀 분할](▦)을 클릭합니다. [셀 분할] 대화상자가 나타나면 분리하고자 하는 [열 개수]와 [행
개수]를 입력한 후 [확인] 버튼을 클릭합니다.

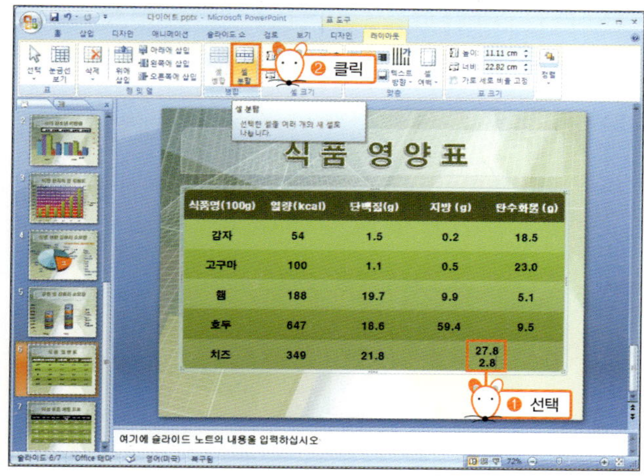

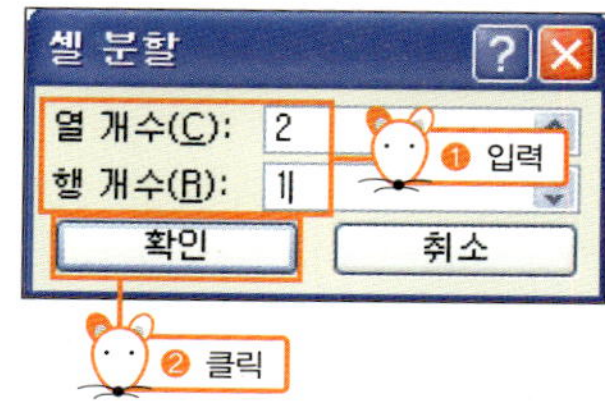

엑셀 파일의 데이터를 파워포인트에서 표로 만들기

이미 제작한 엑셀 파일의 데이터를 파워포인트에서 재사용하고 싶다면 엑셀 프로그램에서 복사하고자 하는 데이터 셀
을 드래그하여 선택하고 Ctrl+C를 눌러 복사합니다. 그런 다음 파워포인트의 슬라이드에 Ctrl+V를 눌러 붙여넣기
하는 방법을 이용합니다. 붙여넣기한 표는 파워포인트에서 스타일과 서식을 변경할 수 있습니다.

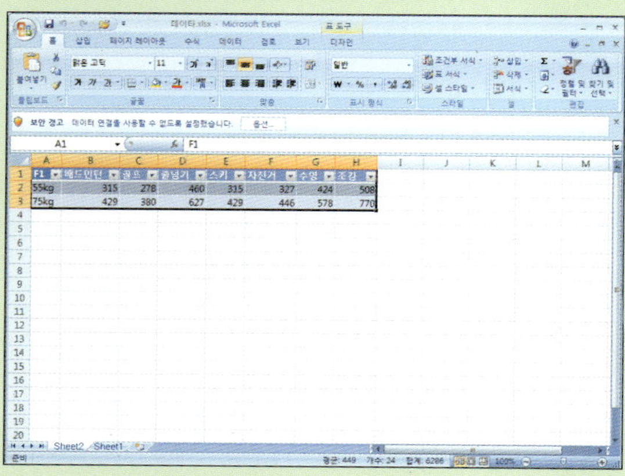

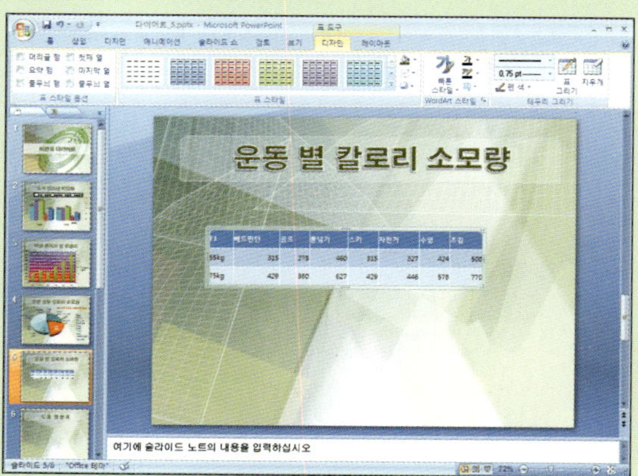

Part
6

애니메이션으로 청중의 시선을 집중시키는 슬라이드 제작하기

좋은 프레젠테이션을 진행하기 위해서는 많은 준비도 필요하지만, 청중의 시선을 집중시킬 수 있는 분위기와 요소들이 필요합니다. 특히 정지되어 있는 슬라이드에 움직임과 소리를 삽입하면 청중들의 시선을 집중시킬 수 있습니다. 파워포인트 2007에서는 애니메이션을 이용해 그림, 차트, 텍스트 상자와 같은 개체에 움직임과 소리를 삽입할 수 있습니다. 이번 Part에서는 다이내믹한 분위기를 연출하기 위한 도형과 텍스트 상자, 표, SmartArt에 동적인 움직임을 주고, 슬라이드 전환에서는 어떤 효과를 적용해야 하는지 알아보겠습니다.

막강한 파워 애니메이션으로
슬라이드와 개체에 포인트 심어주기

슬라이드 전체나 부분적으로 삽입된 도형과 텍스트 상자, 표, SmartArt, 차트에 전환 효과와 애니메이션 효과를 적용하고, 소리 삽입과 순서 설정, 단위 조정과 같은 다양한 옵션을 이용하여 프레젠테이션의 스타일에 맞도록 제어하는 방법을 알아보겠습니다.

일반 애니메이션 적용하기

[애니메이션] 탭의 [애니메이션]과 [사용자 지정 애니메이션] 창의 [효과 적용]을 이용하여 텍스트와 표 개체에 다양한 애니메이션 효과를 적용시킬 수 있습니다.

● 선택한 개체에 일반 애니메이션 적용하기

- [애니메이션] 탭의 [애니메이션](애니메이션 ... ▼)을 클릭합니다.
- 나타나는 목록에서 애니메이션 종류를 선택합니다.
- [애니메이션] 탭의 [애니메이션 미리 보기]( )를 클릭하면 적용된 애니메이션 효과를 확인할 수 있습니다.

● 선택한 개체에 사용자 정의 애니메이션 적용하기

- [사용자 지정 애니메이션] 창에서 ☆ 효과 적용 ▼ 버튼을 클릭합니다.
- 나타나는 목록에서 애니메이션 종류를 선택합니다.
- [사용자 지정 애니메이션] 창에서 ▶ 재생 버튼을 클릭하면 적용된 애니메이션 효과를 확인할 수 있습니다.

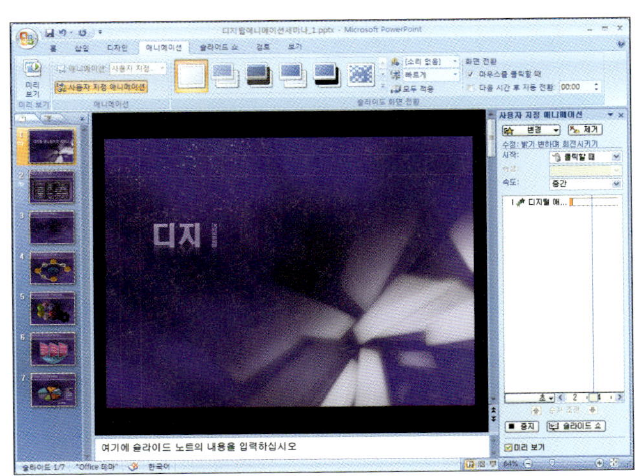

텍스트에 애니메이션 적용하기

애니메이션의 적용과 옵션 수정하기

도형에 애니메이션을 적용한 후 [사용자 지정 애니메이션] 창을 이용해 속도, 방향, 시작 시점,
순서와 같은 애니메이션 옵션을 지정하거나 수정하여 프레젠테이션의 성격과 특징에 맞도록
변화를 줄 수 있습니다.

- [사용자 지정 애니메이션] 창의 애니메이션 목록에서 순서
  를 변경하고자 하는 애니메이션을 클릭합니다.

- 🔼 버튼과 🔽 버튼을 클릭하거나 드래그하는 방법을 이
  용하여 선택한 애니메이션의 순서를 변경합니다.

- 애니메이션 순서가 변경한 후 숫자 표식을 확인하고 [사용
  자 지정 애니메이션] 창에서 ▶ 재생 버튼을 클릭하여 실
  행합니다.

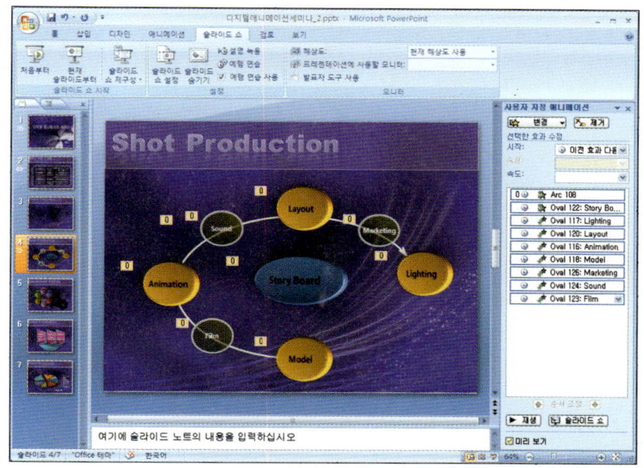

애니메이션 수정하기

차트에 애니메이션 적용하기

삽입된 차트에서 각각의 항목별로 애니메이션과 청각 효과를 적용할 수 있습니다. 또한, [사용
자 지정 애니메이션]의 ☆ 변경 ▾ 버튼을 이용하여 적용된 애니메이션 효과를 변경하고 다
양한 옵션과 시작 시점을 변경할 수 있습니다.

- 슬라이드에 삽입된 차트를 선택하고 [사용자 지정 애니메
  이션] 창에서 ☆ 효과 적용 ▾ 버튼을 이용하여 애니메이션을
  적용합니다.

- [사용자 지정 애니메이션] 창의 애니메이션 목록에서 적용
  된 애니메이션을 더블클릭합니다.

- 대화상자가 나타나면 [차트 애니메이션] 탭을 클릭하고
  [차트 묶는 단위]를 '항목별로' 로 지정합니다.

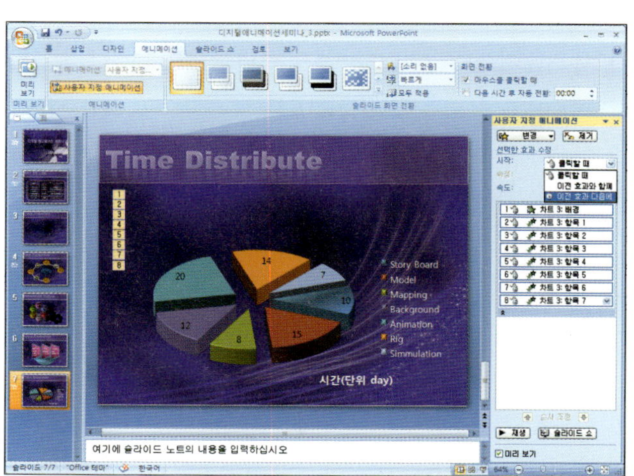

차트에 적용된 애니메이션

경로를 따라 이동하는 애니메이션 만들기

파워포인트에서는 제공하는 애니메이션 효과 외에도 사용자가 직접 애니메이션의 시작과 마지막 위치, 전체 경로를 변경할 수 있는 이동 경로 애니메이션도 제공합니다. 슬라이드에 삽입된 SmartArt 개체를 이용하여 이동 경로를 직접 드로잉하고 조절점을 이동하여 다양한 [이동 경로] 애니메이션 효과를 적용할 수 있습니다.

- 애니메이션을 적용할 개체를 선택하고 [사용자 지정 애니메이션] 창의 ☆ 효과 적용 ▼ 버튼을 클릭합니다.

- [이동 경로]–[사용자 지정 경로 그리기]–[자유 곡선]을 차례로 클릭합니다.

- 마우스 포인터 모양이 연필 형태로 변경되면 곡선 형태로 자유롭게 드래그하여 애니메이션 이동 경로를 드로잉합니다.

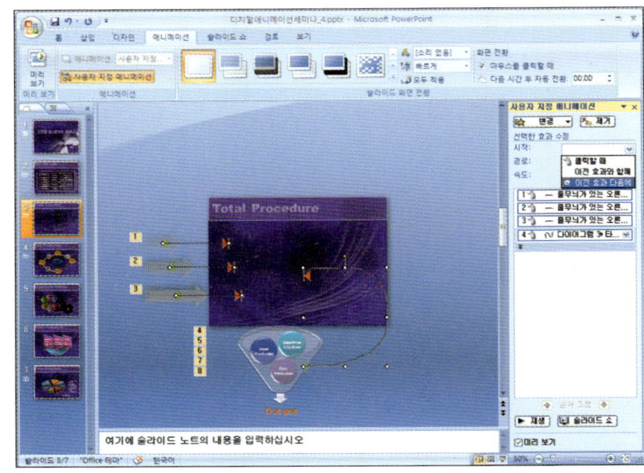

자유 곡선으로 이동하는 애니메이션

슬라이드 전환 애니메이션 만들기

슬라이드를 전환할 때 애니메이션 효과를 적용하면 전체적으로 동적인 프레젠테이션으로 진행할 수 있어서 청중의 시선을 집중시킬 수 있습니다. 파워포인트에서 제공하는 다양한 슬라이드 전환 효과에는 전환과 지연 시간, 속도, 소리 파일을 직접 제어할 수 있습니다.

- [애니메이션] 탭의 [슬라이드 화면 전환] 그룹에서 [자세히](▼)를 클릭합니다.

- 슬라이드 화면 전환 애니메이션 목록이 나타나면 애니메이션을 선택합니다.

- [슬라이드 쇼] 탭의 [현재 슬라이드부터](▣)을 클릭하여 슬라이드 쇼 화면에서 결과를 확인합니다.

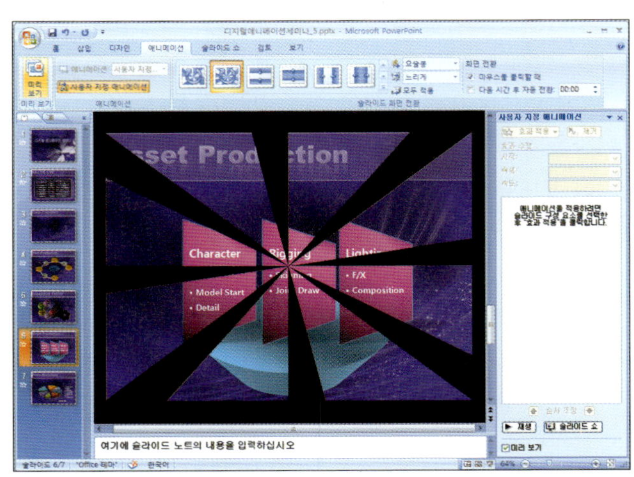

슬라이드에 애니메이션 전환 적용

텍스트와 표에 일반 애니메이션 적용하기

Lesson 32

[애니메이션] 탭의 [애니메이션]과 [사용자 지정 애니메이션] 창의 [효과 적용]을 이용하여 슬라이드에 삽입된 텍스트와 표, 차트, 그림과 같은 다양한 개체에 애니메이션을 적용할 수 있습니다. 이번 Lesson에서는 텍스트와 표에 애니메이션을 적용하는 방법을 알아보겠습니다.

● 예제 파일 : Sample\Part 06\디지털애니메이션세미나_1.pptx

따라해 보세요

선택한 텍스트와 표에 애니메이션 적용하기

● 슬라이드에 삽입된 텍스트 상자와 표 전체에 애니메이션을 적용해 보겠습니다. 하나의 개체에 서로 다른 애니메이션을 차례로 적용하였을 경우에는 애니메이션을 적용한 순서대로 실행됩니다.

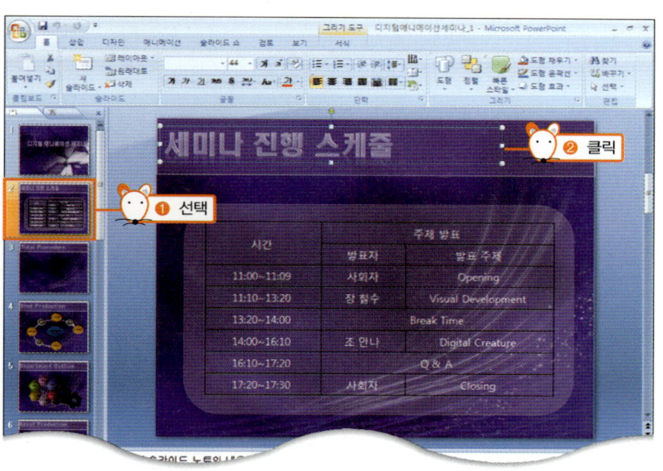

1 예제를 불러온 후 2번 슬라이드를 선택합니다. 애니메이션을 적용시킬 '세미나 진행 스케줄' 텍스트 상자를 클릭하여 선택하거나 텍스트 상자 안에 마우스 커서를 위치시킵니다.

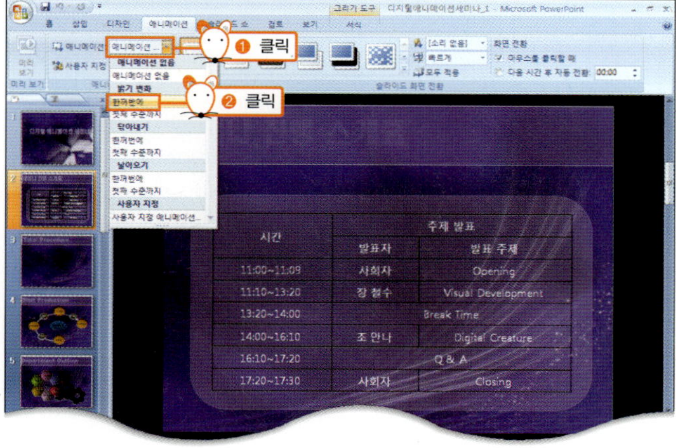

2 [애니메이션] 탭의 [애니메이션](애니메이션…)을 클릭한 후 [밝기 변화]의 [한꺼번에]를 클릭하면 선택한 텍스트 상자의 애니메이션이 미리보기로 진행됩니다.

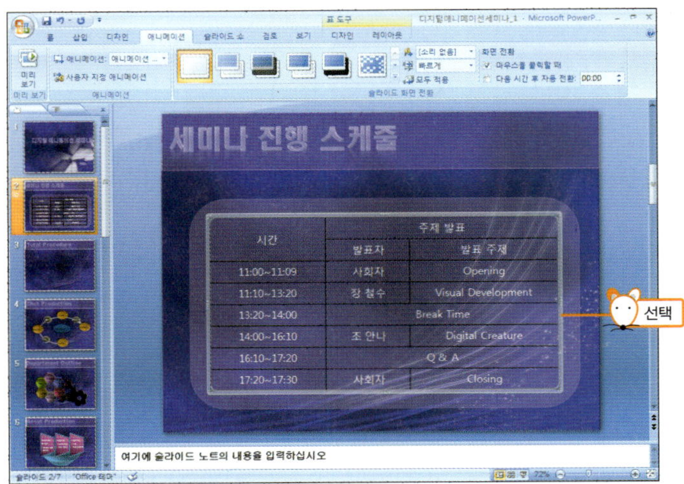

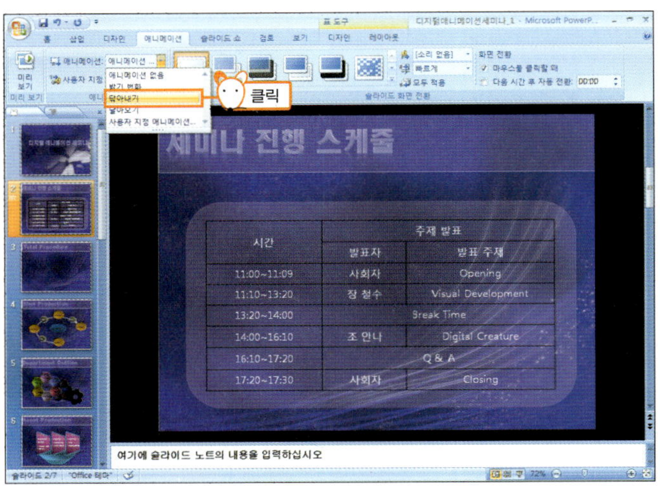

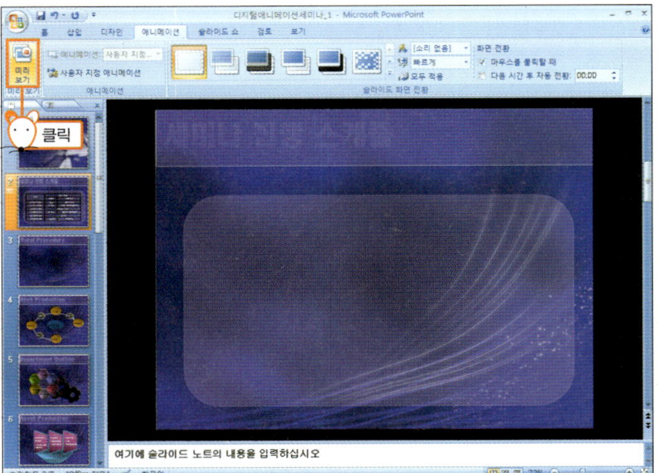

3 슬라이드에 삽입된 표 안에 마우스 커서를 위치시키거나 표 전체를 클릭하여 선택합니다.

4 [애니메이션] 탭의 [애니메이션](애니메이션 ▾)을 클릭한 후 [닦아내기]를 클릭하면 선택한 표 전체의 애니메이션이 미리 보기로 진행됩니다.

> **주목**
> [애니메이션] 탭의 [애니메이션](애니메이션 ▾)을 클릭하였을 때 나타나는 애니메이션의 목록은 선택한 개체에 따라서 다르게 나타납니다.

5 [애니메이션] 탭의 [애니메이션 미리 보기]( )를 클릭하면 애니메이션을 적용한 순서대로 텍스트 상자와 표 전체의 애니메이션이 차례로 실행되는 결과를 볼 수 있습니다.

> **주목**
> 정확한 애니메이션의 진행 상황을 확인하기 위해서는 F5 를 눌러 전체 창에서 진행되는 슬라이드 쇼에서 확인하는 것이 좋습니다. 슬라이드 쇼 화면에서는 마우스를 클릭할 때마다 슬라이드가 전환되면서 애니메이션을 진행하도록 초기 환경이 설정되어 있지만, 시간에 따라서 자동으로 진행되게 지연시간을 설정할 수 있습니다.

애니메이션에 소리 설정하기

● 파워포인트에서는 애니메이션이 진행할 때마다 소리를 선택하여 청각 효과를 낼 수 있습니다. 표와 텍스트에 적용된 애니메이션에 [사용자 지정 애니메이션] 창을 이용하여 대화상자를 나타내고 소리를 삽입하여 보겠습니다.

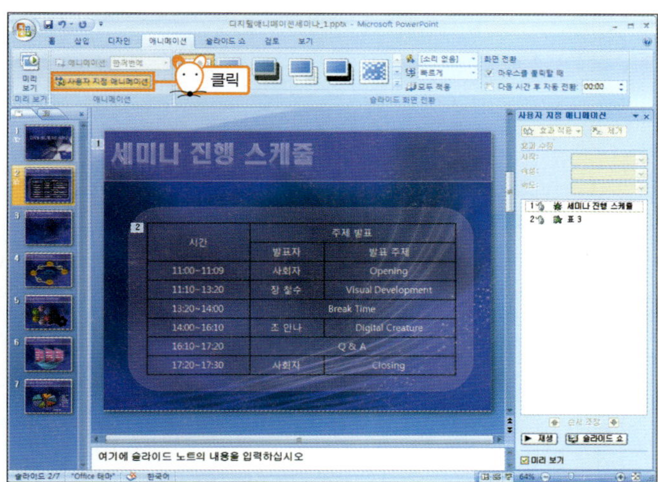

1 [애니메이션] 탭의 [사용자 지정 애니메이션]을 클릭하여 오른쪽에 [사용자 지정 애니메이션] 창이 나타나게 합니다. 애니메이션의 적용 순서에 따라 [1], [2] 숫자가 텍스트 상자와 표에 나타납니다.

주목

[사용자 지정 애니메이션] 창에서 표시되는 숫자는 애니메이션의 순서를 의미합니다.

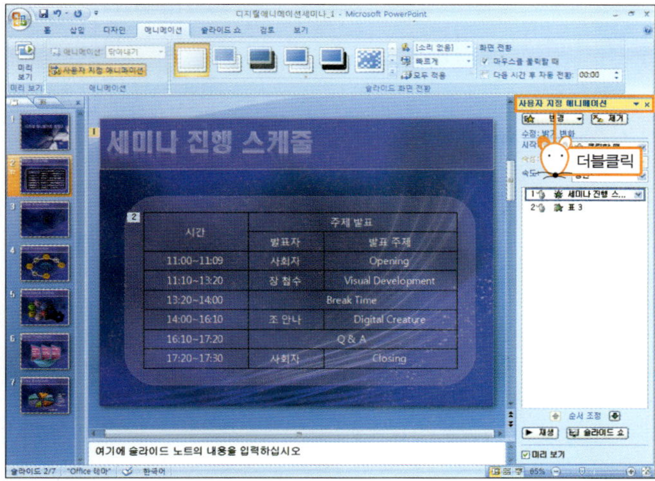

2 [사용자 지정 애니메이션] 창의 애니메이션 목록에서 텍스트 상자에 적용된 애니메이션 세미나 진행 스케줄 을 더블클릭합니다.

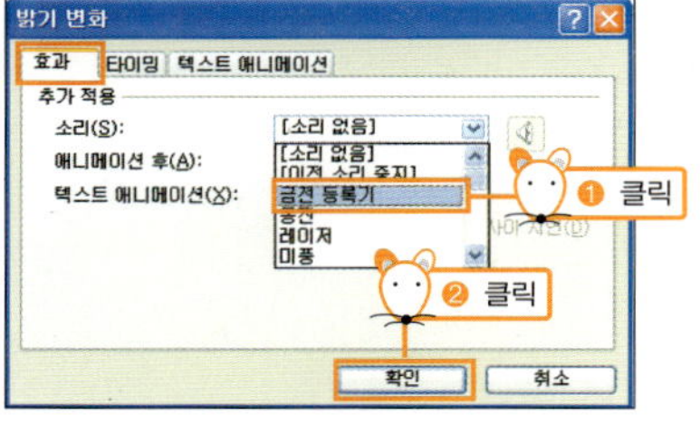

3 [밝기 변화] 대화상자가 나타나면 [효과] 탭의 [소리]를 '금전 등록기'로 지정한 후 [확인] 버튼을 클릭합니다.

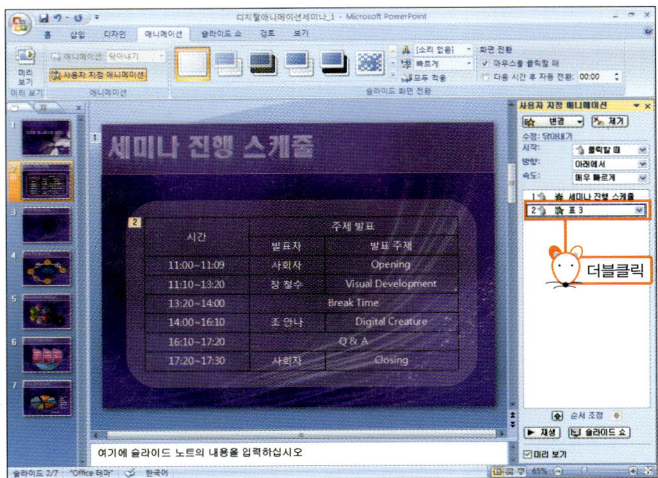

4 [사용자 지정 애니메이션] 창의 애니메이션 목록에서 표 전체에 적용된 애니메이션 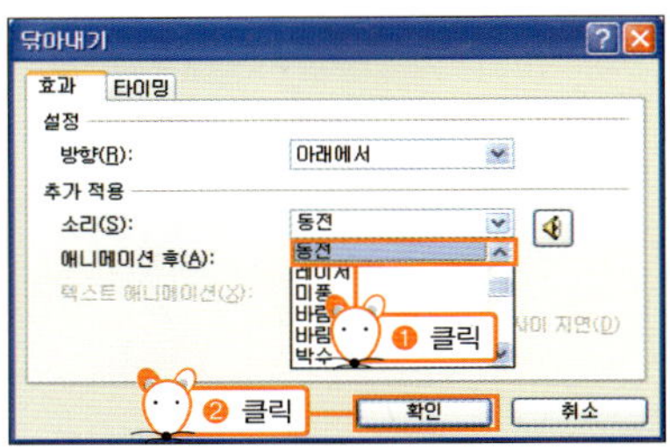 을 더블클릭합니다.

5 [닦아내기] 대화상자가 나타나면 [효과] 탭의 [소리]를 '동전'으로 지정한 후 [확인] 버튼을 클릭합니다.

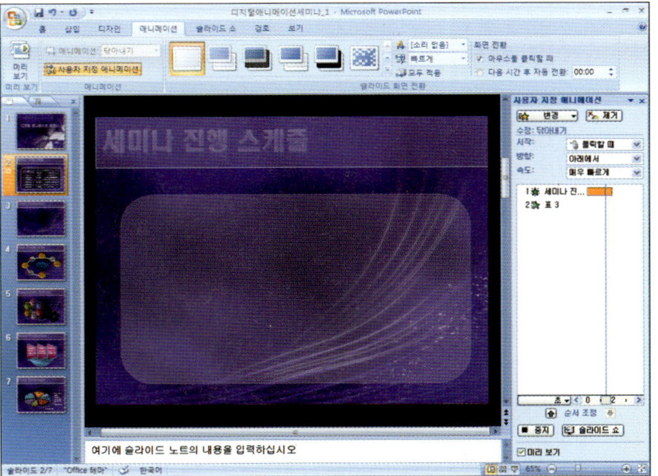

6 [사용자 지정 애니메이션] 창에서 ▶ 재생 버튼을 클릭하면 텍스트 상자와 표의 애니메이션이 진행될 때 지정한 서로 다른 소리 효과가 삽입되는 것을 확인할 수 있습니다.

> **주목**
> 애니메이션에 삽입된 소리를 삭제하고 싶다면 [사용자 지정 애니메이션] 창의 적용된 목록을 더블클릭한 후 나타나는 대화상자에서 [효과] 탭의 [소리]를 '소리 없음'으로 설정하면 됩니다.

텍스트 전체에 사용자 지정 애니메이션 적용하기

● [사용자 지정 애니메이션] 창의 효과 적용 버튼을 클릭하면 [애니메이션] 탭의 [애니메이션]을 이용할 때 보다 많은 애니메이션 목록이 항목별로 정리되어 나타납니다. 적용된 애니메이션들은 언제든지 [사용자 지정 애니메이션] 창을 이용해 삭제하거나 변경이 가능합니다.

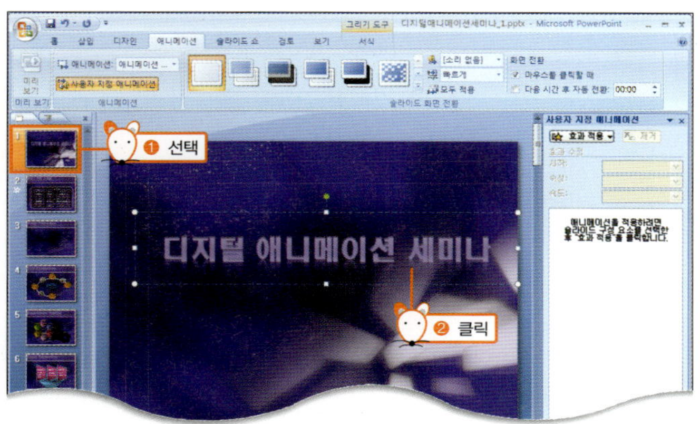

1 1번 슬라이드를 선택하고 '디지털 애니메이션 세미나' 텍스트 상자를 클릭하여 선택하거나 텍스트 상자 안에 마우스 커서를 위치시킵니다.

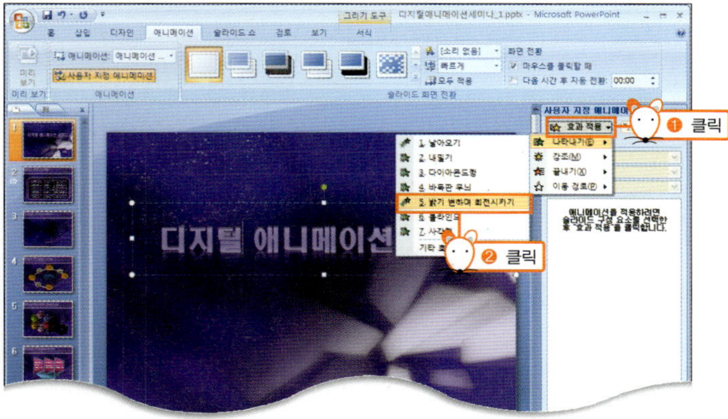

2 [사용자 지정 애니메이션] 창에서 효과 적용 버튼을 클릭한 후 [나타내기]의 [밝기 변하며 회전시키기]를 클릭하여 애니메이션을 적용합니다.

주목

[나타내기]에서 해당 애니메이션을 보이지 않는 경우에는 [기타 효과]를 클릭합니다. [나타내기 효과 추가] 대화상자가 나타나면 [은은한 효과]에서 [밝기 변하며 회전시키기]를 클릭한 후 [확인] 버튼을 클릭하거나 더블클릭합니다.

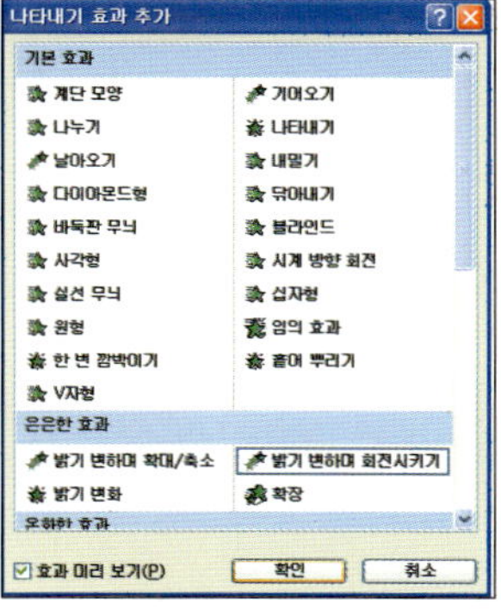

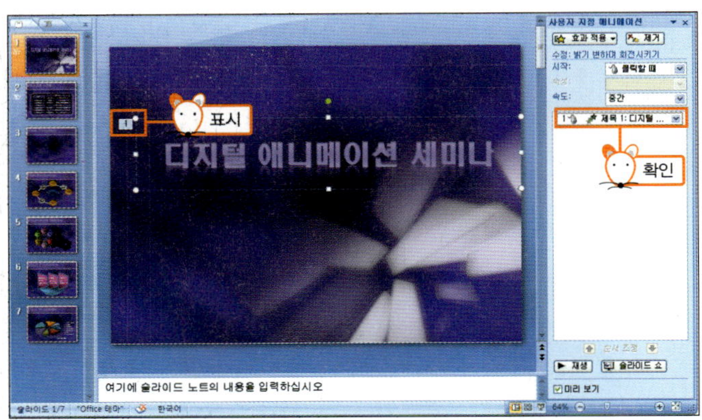

3 애니메이션이 적용된 텍스트 상자에 [1] 숫자 표시가 보이고 [사용자 지정 애니메이션] 창에 효과 적용을 이용하여 적용된 애니메이션 목록이 나타납니다.

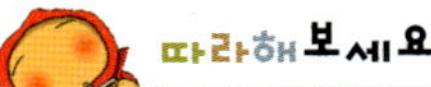

한 글자 단위로 애니메이션이 되도록 수정하기

● 텍스트에 적용된 애니메이션은 전체 단어나 한 글자 단위로 순차적으로 실행시킬 수 있습니다. [사용자 지정 애니메이션] 창에서 적용된 애니메이션 목록을 더블클릭한 후 나타나는 대화상자를 이용하여 세부 항목들을 변경해 보겠습니다.

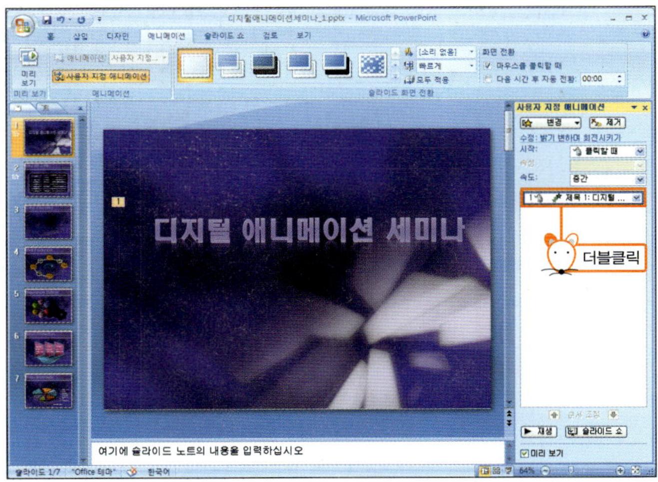

1 [사용자 정의 애니메이션] 창의 애니메이션 목록에서 텍스트 상자에 적용된 1 제목 1을 더블클릭합니다.

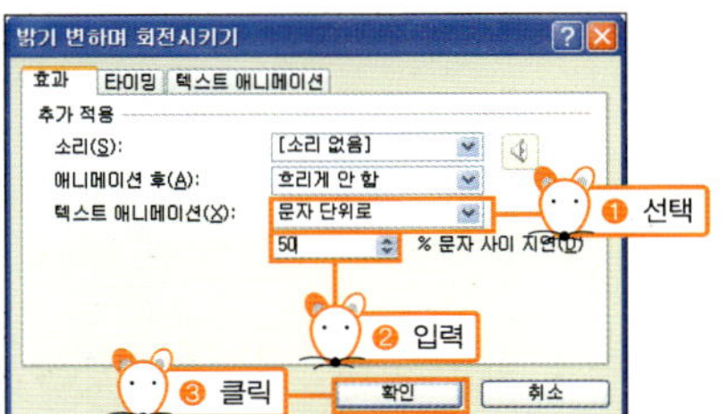

2 [밝기 변하며 회전시키기] 대화상자가 나타나면 추가 적용을 설정한 후 [확인] 버튼을 클릭합니다.

❶ [텍스트 애니메이션]을 '문자 단위로'를 선택합니다.
❷ [% 문자 사이 지연]의 입력란에 '50'을 입력합니다.

주목
[밝기 변하며 회전시키기] 대화상자에서 [% 문자 사이 지연]은 텍스트 단위로의 애니메이션 지연을 설정할 수 있습니다.

3 [사용자 지정 애니메이션] 창에서 ▶ 재생 버튼을 클릭하면 애니메이션이 적용된 한 글자씩 실행되는 결과를 확인할 수 있습니다.

[사용자 지정 애니메이션] 창 알아보기

애니메이션이 적용된 슬라이드에 목록을 확인할 수 있으며, 애니메이션의 변경과 제거, 재생, 미리 보기 등을 할 수 있습니다.

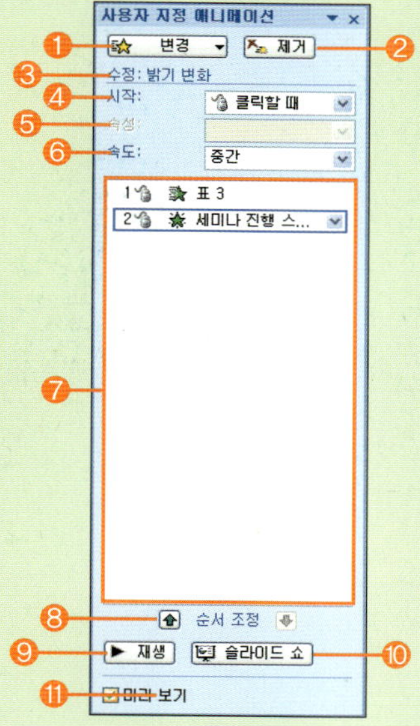

❶ ☆ 효과 적용 버튼과 ☆ 변경 버튼 : 선택한 개체에 애니메이션 효과를 새롭게 적용하거나 이미 적용된 애니메이션 효과를 변경할 수 있습니다.

❷ 제거 버튼 : 이미 적용된 애니메이션 효과를 삭제할 수 있습니다.

❸ **수정** : 개체에 적용된 애니메이션 효과를 표시합니다.

❹ **시작** : 애니메이션이 시작되는 시점을 지정할 수 있습니다.

❺ **속성** : 적용된 애니메이션의 세부 속성을 변경할 때 사용합니다. 애니메이션에 따라서 서로 다르게 나타납니다.

❻ **속도** : 애니메이션의 진행 속도를 지정할 수 있습니다.

❼ **애니메이션 목록** : 개체에 적용된 애니메이션의 목록을 표시합니다.

❽ ⬆ 버튼 ⬇ 버튼 : 애니메이션의 순서를 변경합니다. 클릭할 때마다 한 단계씩 순서가 위나 아래로 이동합니다.

❾ ▶ 재생 버튼 : 슬라이드 개체에 적용한 애니메이션을 순서대로 미리 보기를 합니다.

❿ 슬라이드 쇼 버튼 : 전체 화면에서 애니메이션이 진행되는 슬라이드 쇼 화면으로 이동됩니다.

⓫ **미리 보기** : 체크 표시 상태라면 애니메이션 효과를 적용할 때마다 슬라이드 화면에서 자동으로 미리 보기가 진행됩니다.

프레젠테이션 스타일에 맞게 애니메이션 적용하고 옵션 수정하기

Lesson 33

지금까지 지정한 애니메이션은 기본적인 속도와 방향, 시작 시점으로 구현되고 있습니다. 그러나 프레젠테이션이 성격과 특징에 따라서 다르게 변화를 주어야 합니다. 이번 Lesson에서는 여러 개의 도형으로 이루어진 슬라이드에서 애니메이션을 적용하고 [사용자 지정 애니메이션] 창을 이용해 속도, 방향, 시작 시점, 순서와 같은 애니메이션 옵션을 수정하여 슬라이드 쇼에서 확인해 보겠습니다.

● **예제 파일 : Sample\Part 06\디지털애니메이션세미나_2.pptx**

 **따라해 보세요**

도형에 애니메이션 적용하기

● 아홉 개의 도형이 삽입된 슬라이드에서 Shift 를 이용해 도형을 함께 선택하거나 개별적으로 도형을 선택하여 애니메이션을 적용하여 보겠습니다.

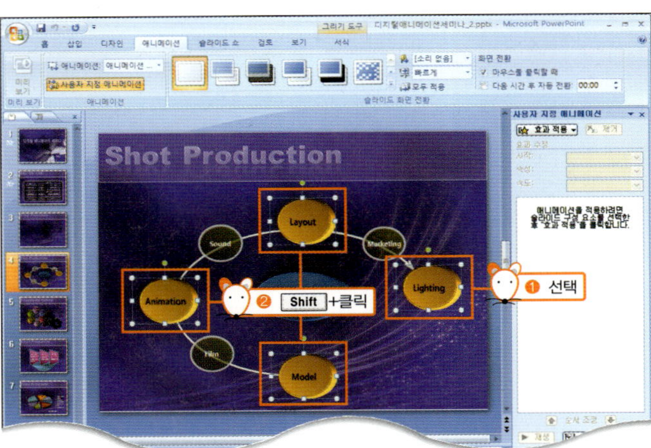

1 4번 슬라이드를 선택하고 삽입된 도형 중에서 'Lighting'이 입력된 도형을 선택합니다. 그런 다음 Shift 를 누른 상태에서 나머지 'Layout', 'Animation', 'Model'이 입력된 도형을 차례대로 선택합니다.

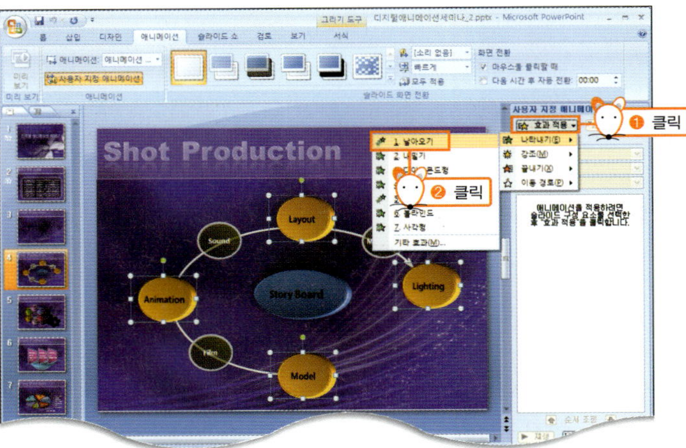

2 [사용자 지정 애니메이션] 창의 **효과 적용** 버튼을 클릭한 후 [나타내기]의 [날아오기]를 클릭하여 애니메이션을 적용합니다.

3 선택한 도형에 같은 애니메이션 적용되어 미리 보기로 진행되고 [1] 숫자가 표시됩니다.

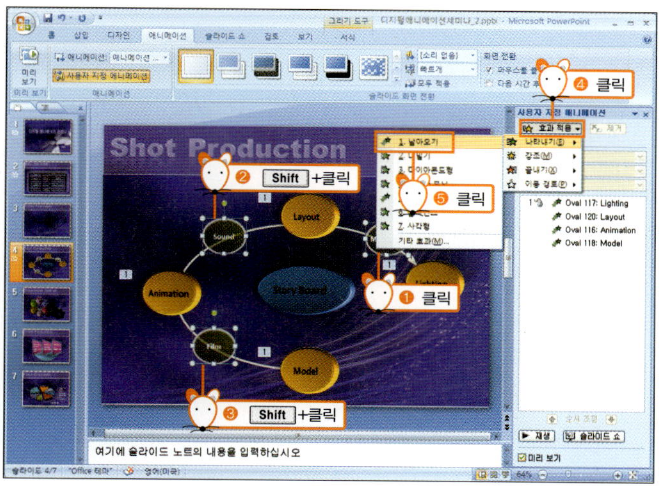

4 이번에는 같은 방법으로 Shift 를 누른 채 'Marketing', 'Sound', 'Film'이 입력되어 있는 도형을 차례대로 선택합니다. 그런 다음 [사용자 지정 애니메이션] 창에서 ☆ 효과 적용 ▾ 버튼을 클릭하고 [나타내기]의 [날아오기]를 클릭하여 애니메이션을 적용합니다.

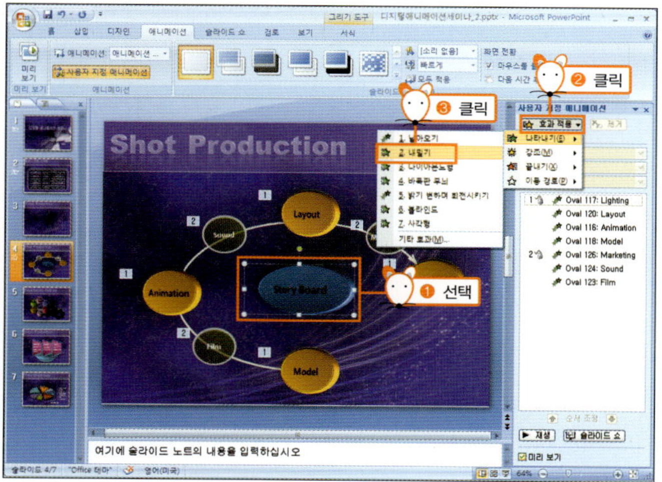

5 'Story Board'가 입력되어 있는 도형을 선택합니다. [사용자 지정 애니메이션] 창에서 ☆ 효과 적용 ▾ 버튼을 클릭한 후 [나타내기]의 [내밀기]를 클릭하여 애니메이션을 적용합니다.

주목

[나타내기]의 애니메이션 효과가 보이지 않는 경우에는 [기타 효과]를 클릭하여 효과를 찾아서 적용시킵니다.

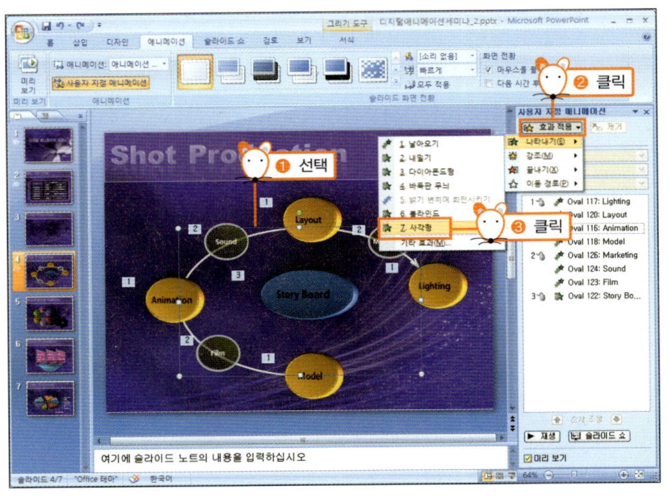

6 곡선 형태의 화살표 도형을 선택합니다. [사용자 지정 애니메이션] 창의 효과 적용 버튼을 클릭한 후 [나타내기]의 [사각형]을 클릭하여 애니메이션을 적용합니다.

🦊 **주목**

재생 버튼을 클릭하여 애니메이션 전체를 미리 보기하면 [1], [2], [3], [4]의 숫자 표식대로 애니메이션이 실행됩니다.

애니메이션 속도와 방향 바꾸기

● 개체에 이미 지정된 애니메이션의 속도와 방향을 그룹별로 선택하여 변경하고 확인해 보겠습니다.

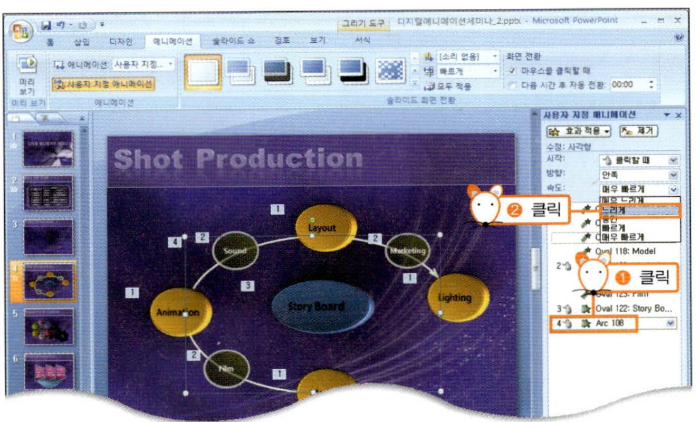

1 [사용자 지정 애니메이션] 창의 애니메이션 목록에서 제일 아래에 있는 Arc 108을 클릭한 후 [속도]를 '느리게'로 지정합니다. 적용된 애니메이션의 속도가 변경되어 천천히 미리 보기가 됩니다.

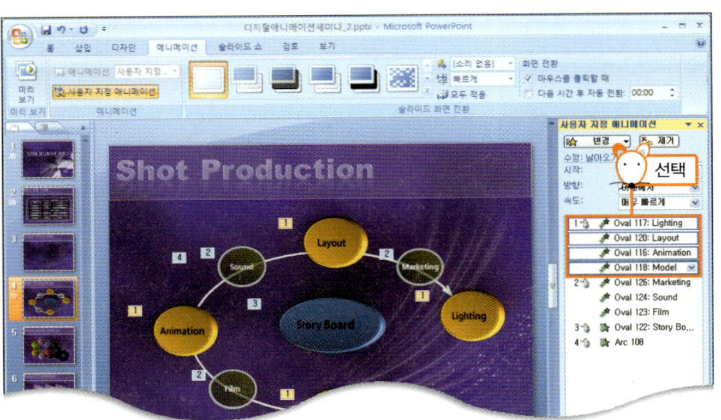

2 [사용자 지정 애니메이션] 창의 애니메이션 목록에서 [1] 숫자가 표시된 네 개의 애니메이션을 Shift 를 이용해 모두 선택합니다.

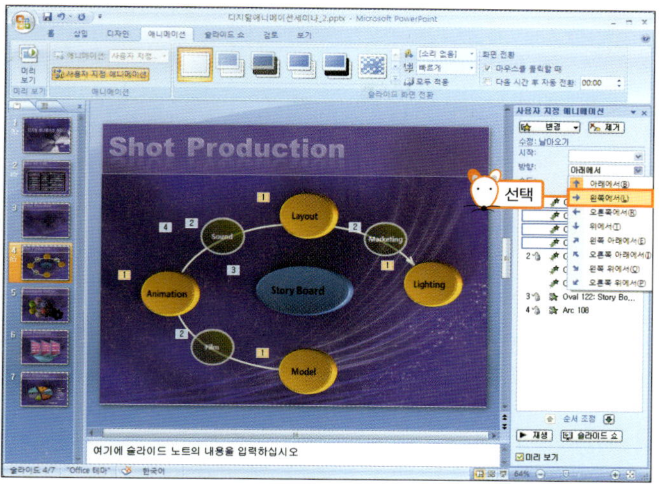

3 [사용자 지정 애니메이션] 창에서 [방향]을 [왼쪽에서]로 지정하여 애니메이션의 방향을 변경하고 미리 보기로 결과를 확인합니다.

4 [사용자 지정 애니메이션] 창의 애니메이션 목록에서 [2] 숫자가 표시된 세 개의 애니메이션을 Shift 를 이용해 모두 선택합니다.

5 [사용자 지정 애니메이션] 창에서 [방향]을 [오른쪽에서]로 지정하여 애니메이션의 방향을 변경하고 미리 보기로 결과를 확인합니다.

애니메이션 순서 변경하기

● 여러 개체에 애니메이션을 지정하면 적용된 순서대로 나타납니다. 이러한 애니메이션 순서는 [사용자 지정 애니메이션] 창의 ⬆ 버튼과 ⬇ 버튼을 클릭하거나 드래그하는 방법을 이용하여 변경할 수 있습니다.

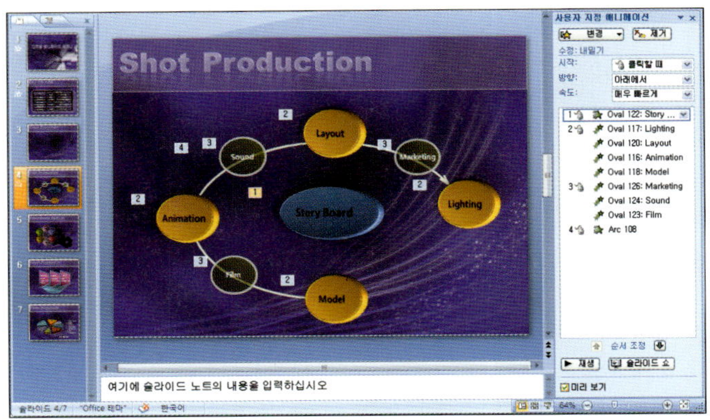

1 [사용자 지정 애니메이션] 창의 애니메이션 목록에서 ③ Oval 122: Story Bo... 을 클릭합니다. 순서를 변경하기 위해 ⬆ 버튼을 여러 번 클릭하여 맨 위로 이동하게 합니다. 숫자 표식이 [1]로 변경되고 나머지 도형들의 숫자 표식도 변경됩니다.

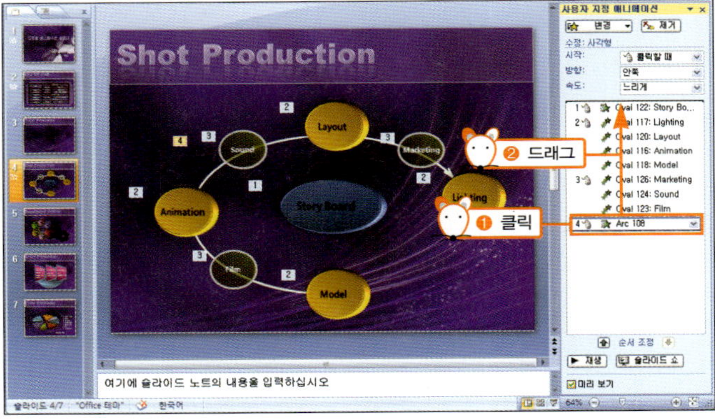

2 [사용자 지정 애니메이션] 창의 애니메이션 목록에서 ④ Arc 108 을 클릭하고 맨 위로 드래그하여 위치를 이동합니다.

3 버튼을 이용한 것처럼 애니메이션 순서가 변경되어 숫자 표식이 변경된 것을 볼 수 있습니다. [사용자 지정 애니메이션] 창에서 ▶ 재생 버튼을 클릭하여 숫자 표식대로 애니메이션이 진행되는지 확인합니다.

애니메이션의 시작 시점 변경하기

● 슬라이드 편집 화면에서 [▶ 재생] 버튼을 클릭하여 나타나는 애니메이션은 목록의 순서대로 자동으로 재생됩니다. 그러나 애니메이션이 실행되는 슬라이드 쇼 화면 상태에서는 [사용자 지정 애니메이션] 창의 [시작]에서 지정한 상태대로 제어됩니다. 슬라이드 쇼에서 차례대로 애니메이션을 실행할 수 있도록 [시작 시점]을 변경해 보겠습니다.

1 슬라이드 쇼 상태에서 애니메이션의 진행 상태를 확인하기 위해 [슬라이드 쇼] 탭의 [현재 슬라이드부터]()를 클릭합니다.

주목

[사용자 지정 애니메이션] 창에서 [슬라이드 쇼] 버튼을 클릭하면 첫 번째 슬라이드가 슬라이드 쇼 화면에 나타납니다. 현재 슬라이드를 슬라이드 쇼 화면에 보이게 하고 싶다면 [슬라이드 쇼] 탭의 [현재 슬라이드부터]()을 클릭하거나 [Shift]+[F5]를 눌러야 합니다.

2 슬라이드 쇼 화면으로 이동되어 전체 화면에 현재 슬라이드가 나타납니다. 애니메이션을 진행하기 위해 아무 곳이나 클릭합니다.

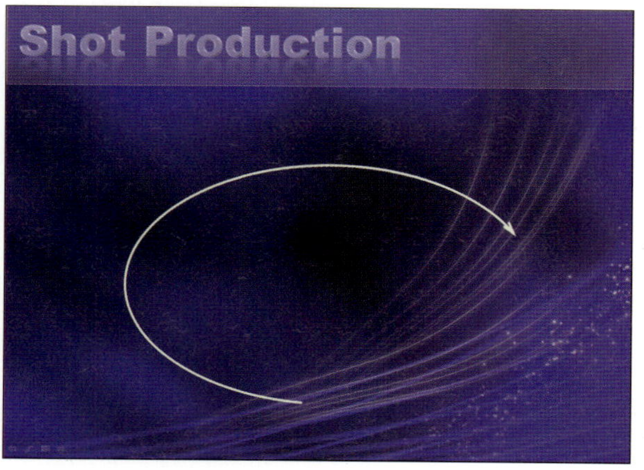

3 다음과 같이 첫 번째 애니메이션이 진행된 후 자동으로 멈추게 됩니다. 다시 화면의 아무 곳이나 클릭해야만 순서대로 애니메이션이 진행됩니다. [Esc]를 눌러 슬라이드 쇼 화면을 종료합니다.

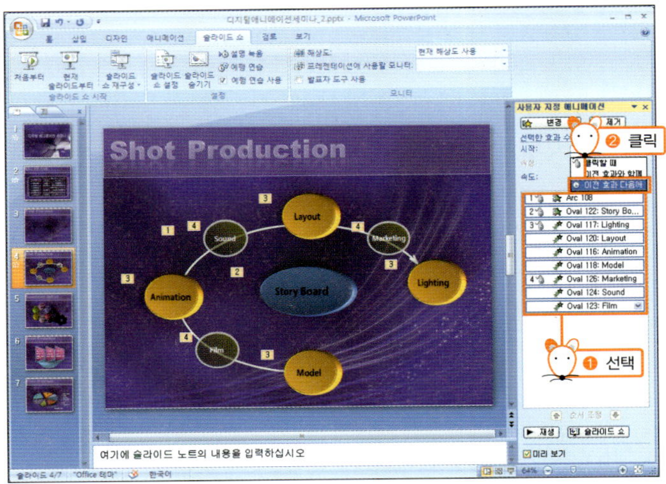

4 [사용자 지정 애니메이션] 창의 애니메이션 목록을 [Shift]를 이용하여 모두 선택한 후 [시작]을 [클릭할 때]에서 [이전 효과 다음에]로 변경합니다.

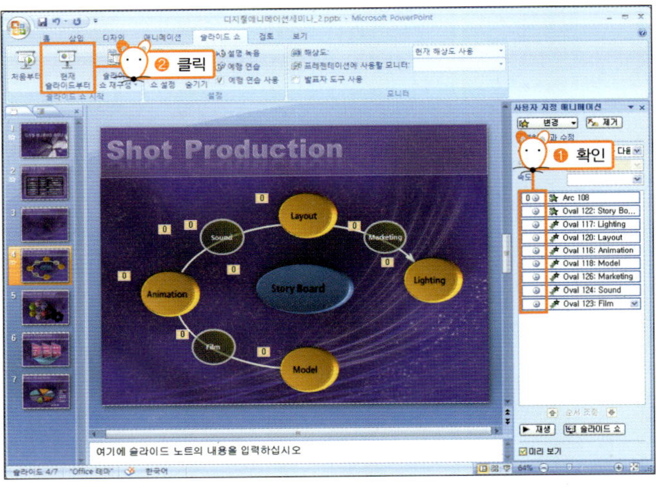

5 [사용자 지정 애니메이션] 창의 애니메이션 목록을 보면 숫자 표시가 없어지고 시계 모양의 아이콘이 표시된 것을 확인할 수 있습니다. [슬라이드 쇼] 탭의 [현재 슬라이드부터]( )을 클릭합니다.

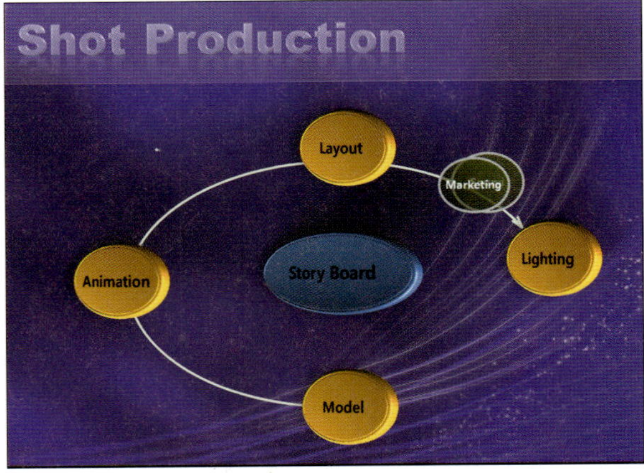

6 이전에는 클릭을 해야만 애니메이션이 실행되었지만, 지금은 일정 시간이 지나면 자동으로 애니메이션이 진행되는 것을 알 수 있습니다. [Esc]를 눌러 슬라이드 쇼 화면을 종료합니다.

차트 개체가 순차적으로 이동하는 애니메이션 적용하기

지금까지 도형이나 텍스트 개체에 애니메이션을 적용해보았습니다. 일반적으로 많이 사용하는 차트에도 프레젠테이션에 맞도록 애니메이션 효과를 적용하고 옵션을 수정하여 애니메이션을 실행시킬 수 있습니다. 이번 Lesson에서는 차트의 항목별로 애니메이션을 순차적으로 실행시키고, 소리를 삽입해 보겠습니다.

Lesson 34

● 예제 파일 : Sample\Part 06\디지털애니메이션세미나_3.pptx

따라해 보세요

차트에 항목별로 애니메이션 진행되게 만들기

● 차트에서 각각의 항목별로 애니메이션을 적용시키고, 청각 효과를 위해 소리를 삽입해 보겠습니다.

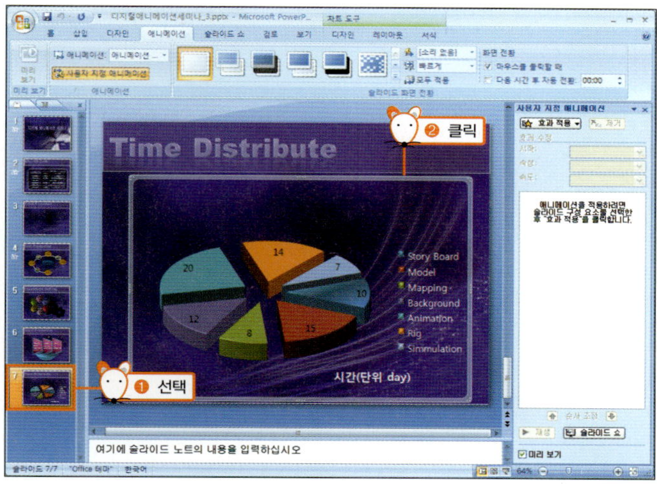

1 7번 슬라이드를 선택하고 슬라이드에 삽입된 3차원 원형 차트를 클릭하여 선택합니다.

2 [사용자 지정 애니메이션] 창의 [효과 적용▼] 버튼을 클릭한 후 보다 많은 애니메이션 효과 목록을 보기 위하여 [나타내기]의 [기타 효과]를 클릭합니다.

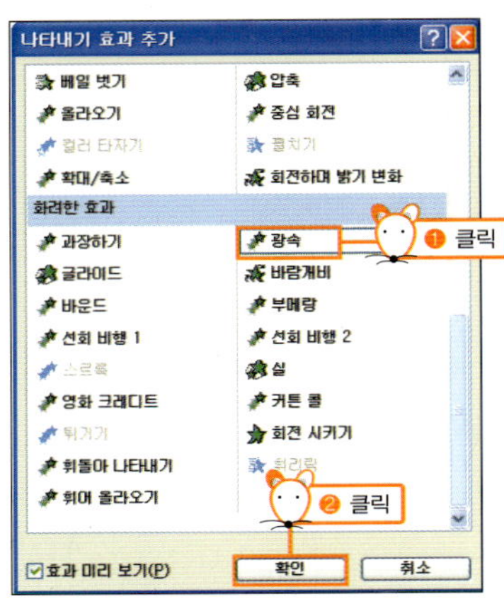

3 [나타내기 효과 추가] 대화상자가 나타나면 [화려한 효과]의 [광속]을 클릭한 후 [확인] 버튼을 클릭합니다.

4 슬라이드에 삽입된 차트 전체에 애니메이션이 미리 보기가 되어 실행됩니다. [사용자 지정 애니메이션] 창의 애니메이션 목록에서 차트 3 을 더블클릭합니다.

5 [광속] 대화상자가 나타나면 [효과] 탭의 [소리]를 '레이저'로 지정하여 애니메이션 효과에 소리를 삽입합니다.

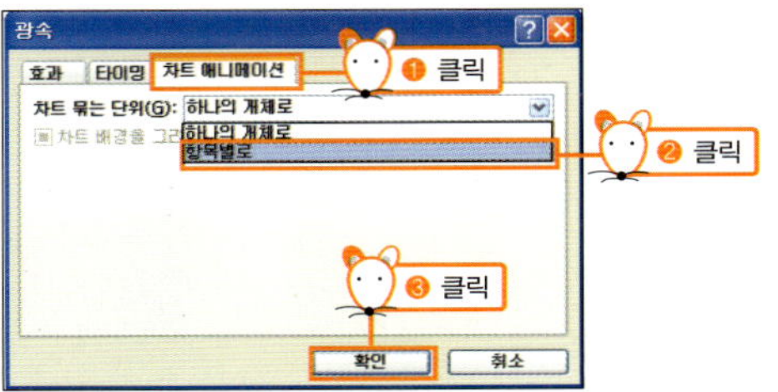

6 [차트 애니메이션] 탭을 클릭한 후 [차트 묶는 단위]를 '항목별로'로 지정하고 [확인] 버튼을 클릭합니다.

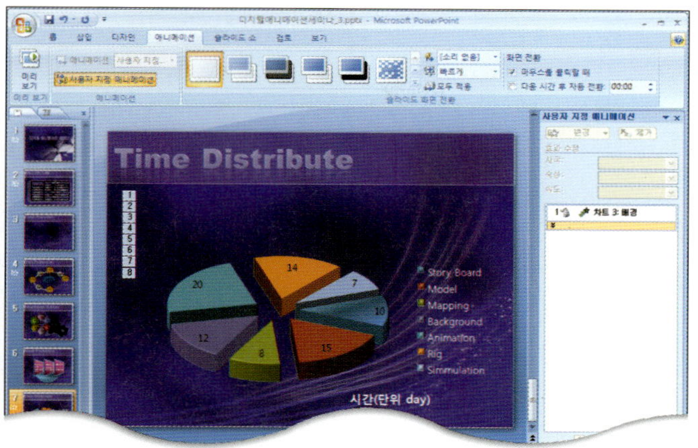

7 슬라이드를 보면 차트의 항목 숫자에 맞추어 숫자 표식이 나타납니다. [사용자 지정 애니메이션] 창에서 ▶ 재생 버튼을 클릭합니다.

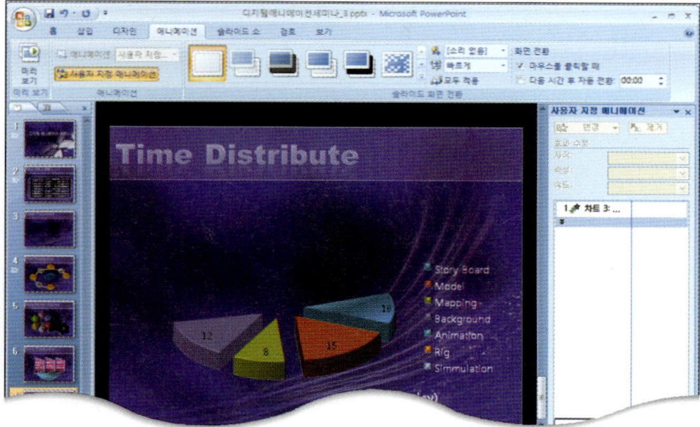

8 차트 전체에 애니메이션 효과가 실행되었던 것과 다르게 차트의 항목별로 애니메이션 실행되는 것을 확인할 수 있습니다.

항목별 애니메이션 효과 변경하고, 확인하기

● 차트의 항목별에 적용된 애니메이션은 [사용자 지정 애니메이션] 창의 ☆ 변경 버튼을 클릭하여 효과를 변경할 수 있습니다. 앞에서 적용한 애니메이션의 전체 항목 중에서 효과를 변경하고 슬라이드 쇼 화면에서 확인해 보겠습니다.

1 [사용자 지정 애니메이션] 창의 목록에서 ⯆ 을 클릭합니다.

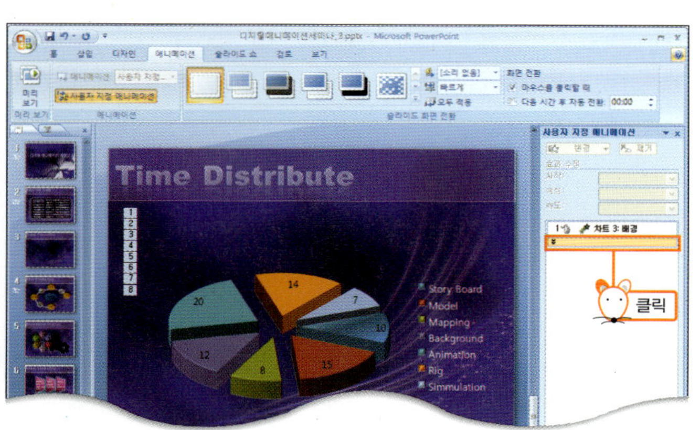

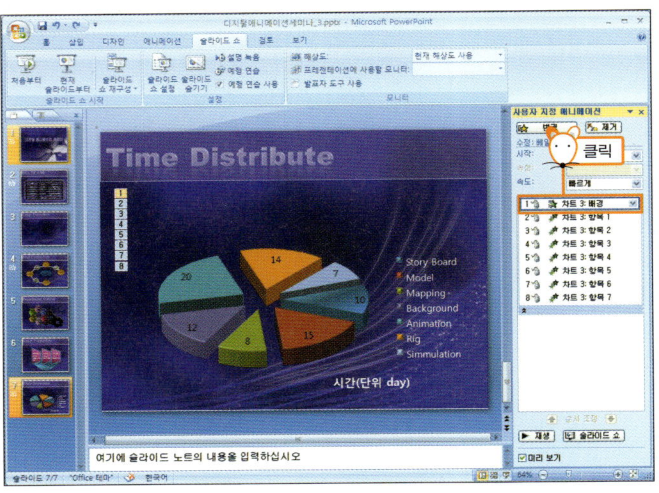

2 차트를 이루는 숫자만큼 애니메이션 목록이 확장되어 나타납니다. [사용자 지정 애니메이션] 창에서 애니메이션 효과를 변경하고자 하는 첫 번째 애니메이션 목록(1 ★ 차트 3)을 클릭합니다.

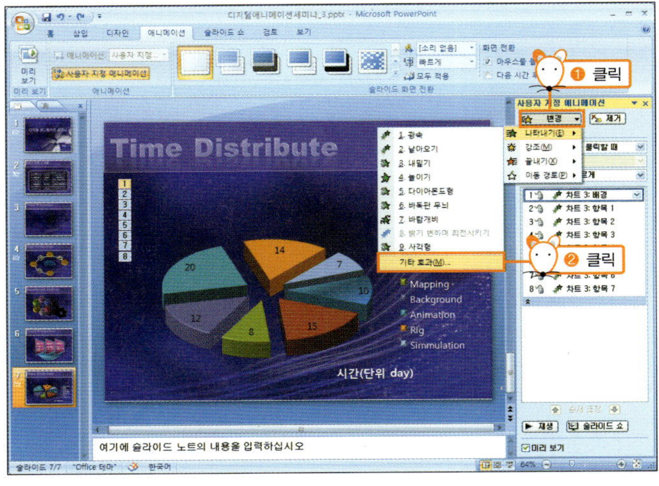

3 [사용자 지정 애니메이션] 창의 ☆ 변경 버튼을 클릭하고 [나타내기]의 [기타 효과]를 클릭합니다.

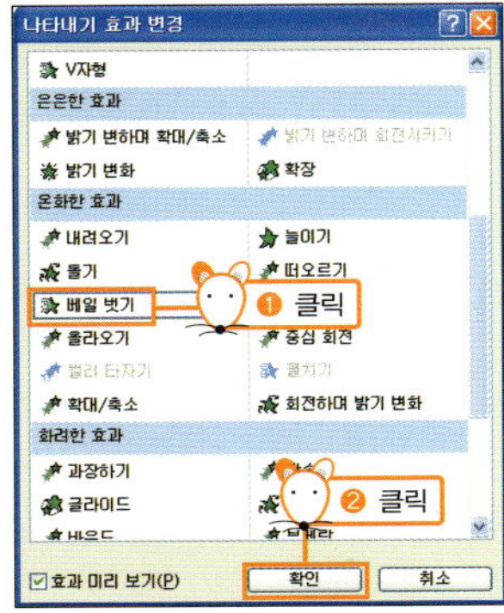

4 [나타내기 효과 변경] 대화상자가 나타나면 [온화한 효과]의 [베일 벗기]를 클릭한 후 [확인] 버튼을 클릭합니다.

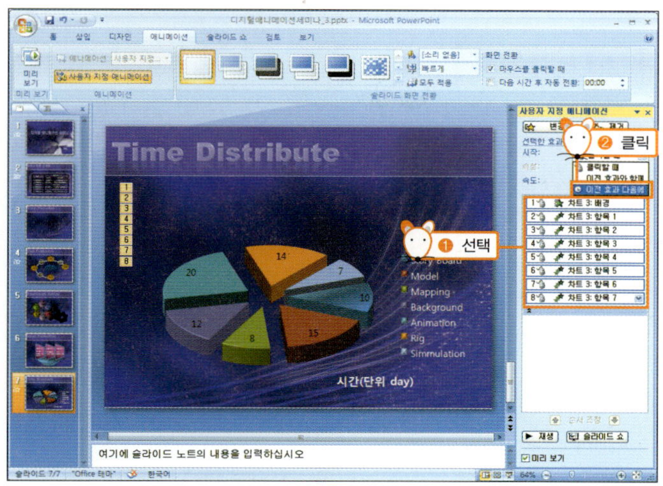

5 [사용자 지정 애니메이션] 창에서 애니메이션 목록을 Shift 를 이용하여 모두 선택한 후 [시작]을 [클릭할 때]에서 [이전 효과 다음에]로 변경합니다.

> **주목**
>
> [시작]을 [클릭할 때]로 지정하면 슬라이드 쇼 화면에서 마우스 클릭이나 특정 키를 눌러야 애니메이션 효과가 나타납니다. 프레젠테이션에서 항목별로 설명이 필요한 경우에는 적합하지만, 진행에는 불편함을 줄 수 있습니다. 따라서 슬라이드에 삽입된 개체의 애니메이션을 자동으로 실행될 수 있도록 [시작] 옵션을 수정하는 것이 좋습니다.

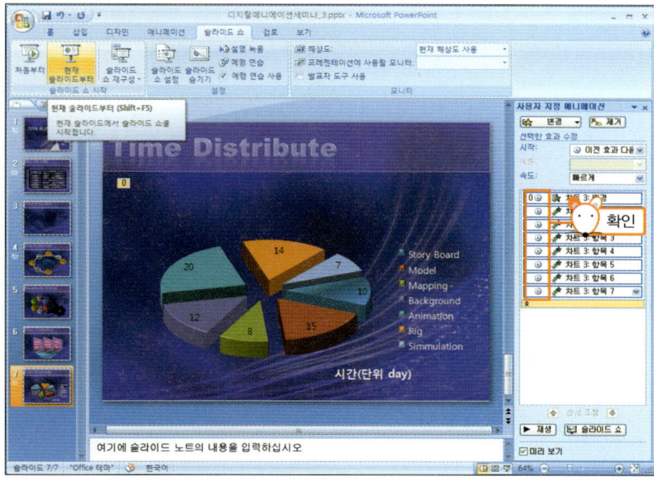

6 [사용자 지정 애니메이션] 창의 애니메이션 목록을 보면 숫자 표식이 없어지고 시계 모양의 아이콘이 표시된 것을 볼 수 있습니다. [슬라이드 쇼] 탭의 [현재 슬라이드부터]()을 클릭하거나 Shift + F5 를 누릅니다.

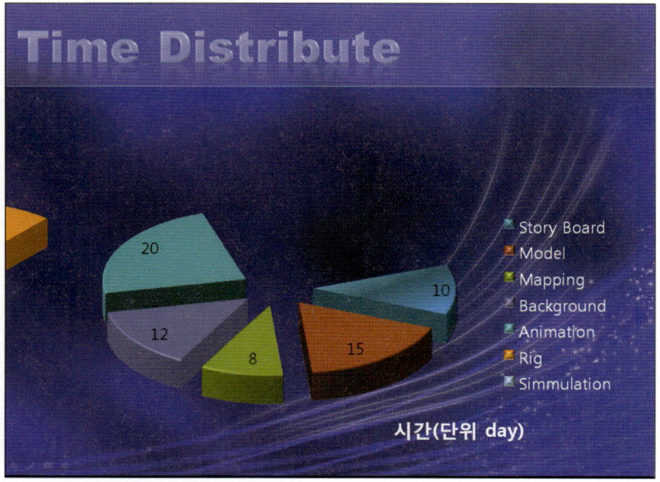

7 슬라이드 쇼 화면에서 애니메이션 결과를 확인합니다. 차트를 이루는 범례와 축 제목 글자는 [베일 벗기] 애니메이션으로 적용되어 나타나고 차트의 부분 원형 조각들은 [광속] 애니메이션으로 적용되었습니다. Esc 를 눌러 슬라이드 쇼 화면을 종료합니다.

경로를 따라 이동하는 애니메이션 만들기

파워포인트에서 제공하는 애니메이션의 효과들은 이미 정해진 시작과 마지막 위치를 자동으로 실행합니다. 그러나 필요한 경우에는 사용자가 직접 시작과 마지막 위치, 전체 경로를 변경할 수 있도록 이동 경로 애니메이션을 이용해야 합니다. 이번 Lesson에서는 개체를 보다 자유롭게 이동시키거나 슬라이드에서 이동 경로를 드로잉하여 다양한 형태로 애니메이션을 구현해 보겠습니다.

Lesson 35

⊙ 예제 파일 : Sample\Part 06\디지털애니메이션세미나_4.pptx

차례대로 나타나는 이동 경로 애니메이션 만들기

● [사용자 지정 애니메이션] 창에서 [효과 적용 ▼] 버튼의 [이동 경로]를 클릭하여 개체에 애니메이션을 적용하면 시작과 마지막 위치를 제어할 수 있는 조절점이 나타납니다. 해당 조절점을 이동시키면 위치와 함께 전체 애니메이션 경로의 길이를 늘이거나 줄일 수 있습니다. [이동 경로] 애니메이션 효과를 적용하고 제어해 보겠습니다.

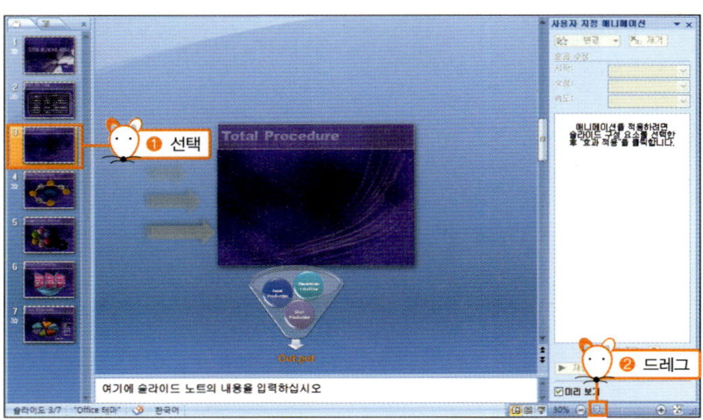

1 3번 슬라이드를 선택하고 오른쪽 아래의 화면 [확대/축소] 배율을 조정하는 슬라이드 바(▣)를 왼쪽 방향으로 드래그하거나 [축소](▣)을 연속으로 클릭하여 '30%'로 축소합니다.

> **주목**
>
> 슬라이드 편집 화면의 배율은 오른쪽 아래의 화면 [확대/축소]를 이용하는 방법 외에도 [보기] 탭의 [확대/축소]을 이용할 수 있습니다.

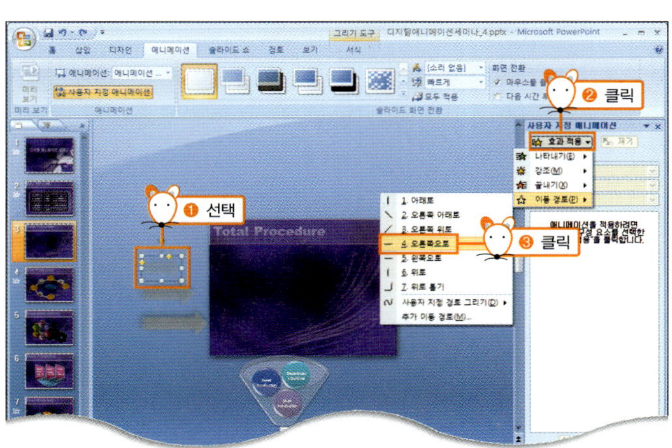

2 다음과 같이 왼쪽에 위치한 첫 번째 화살표 도형을 선택하고 [사용자 지정 애니메이션] 창의 [효과 적용 ▼] 버튼을 클릭합니다. 그런 다음 [이동 경로]의 [오른쪽으로]를 차례로 클릭하여 애니메이션 효과를 적용합니다.

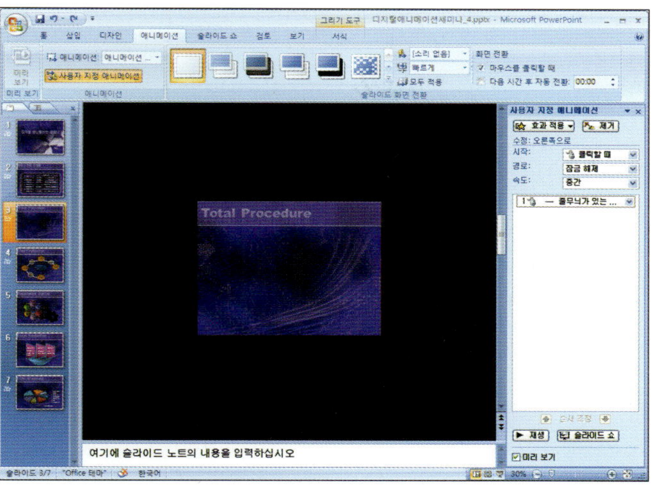

3 애니메이션이 적용된 화살표 도형이 왼쪽에서 오른쪽 방향으로 이동되는 미리 보기가 실행됩니다.

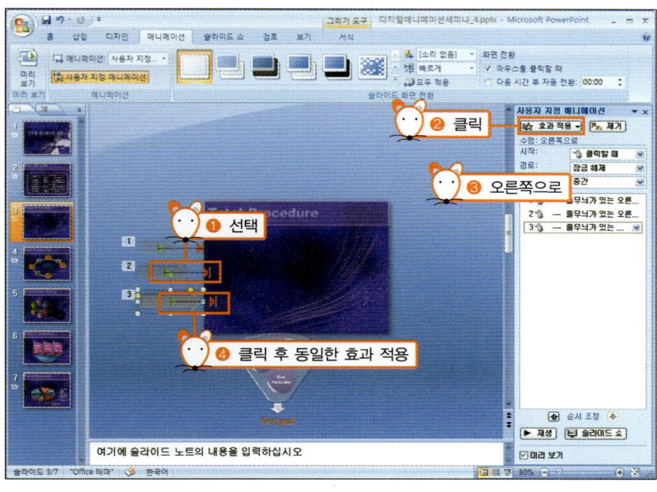

4 같은 방법으로 두 번째와 세 번째 화살표 도형을 선택한 후 [이동 경로]의 [오른쪽으로] 애니메이션을 적용합니다.

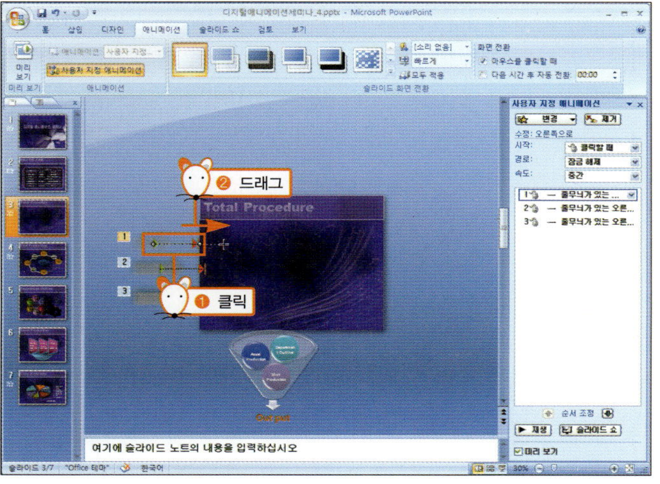

5 애니메이션의 이동 경로를 변경하기 위해서 첫 번째 화살표 도형을 클릭한 후 빨간색 화살표 부분을 오른쪽 방향으로 드래그합니다. 이때 Shift 를 누른 상태에서 드래그하면 수평 방향으로 이동시킬 수 있습니다.

> **주목**
> 이동 경로 애니메이션을 적용한 개체는 초록색과 빨간색의 화살표가 시작점과 마지막 점의 위치를 표시하게 됩니다. 각각의 화살표를 클릭한 후 드래그하면 전체 이동 경로와 위치를 변경할 수 있습니다.

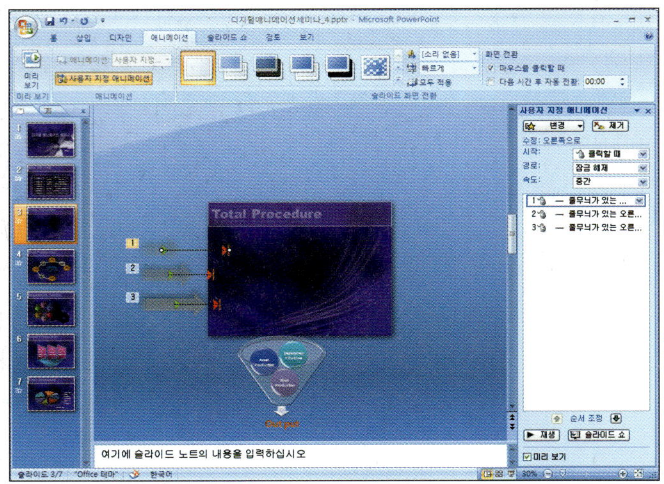

6 다음과 같이 빨간 화살표 부분이 오른쪽으로
이동되어 전체 이동 경로가 늘어난 것을 볼 수
있습니다.

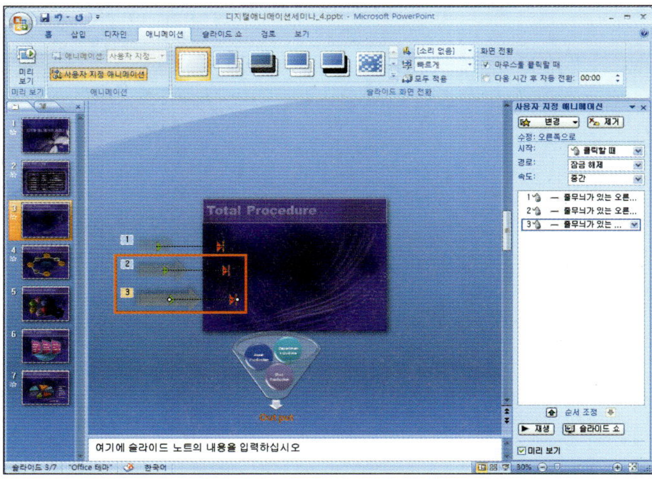

7 나머지 두 개의 화살표 도형도 같은 방법으로
빨간색 화살표 부분을 드래그하여 이동 경로
를 늘립니다.

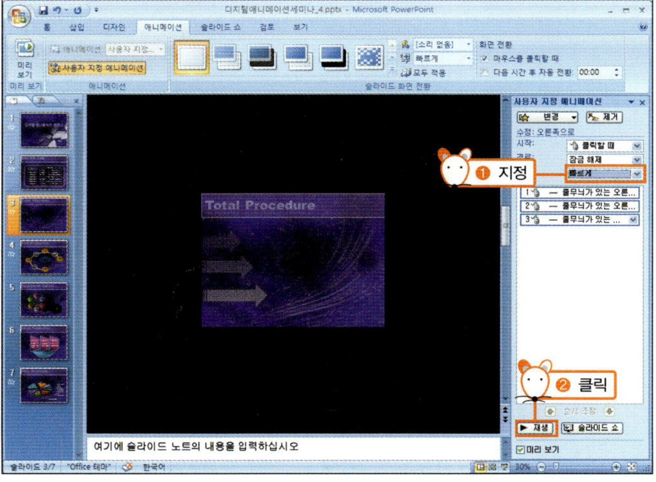

8 [사용자 지정 애니메이션] 창의 애니메이션 목
록에서 Shift 를 이용하여 세 개의 애니메이
션 목록을 함께 선택한 후 [속도]를 '빠르게'
로 지정합니다. 그런 다음 ▶ 재생 버튼을 클
릭하여 순차적으로 이동하는 화살표 애니메이
션의 실행을 확인합니다.

SmartArt의 이동 경로를 직접 드로잉해서 애니메이션 만들기

● [사용자 지정 경로 그리기]의 애니메이션 효과들은 선택한 개체를 슬라이드 편집 화면에서 직접 드로잉하여 선, 곡선, 자유형, 자유 곡선 형태로 애니메이션 경로를 만듭니다. 슬라이드에 삽입된 SmartArt 개체에 자유 곡선 형태로 드로잉하여 애니메이션을 실행해 보겠습니다.

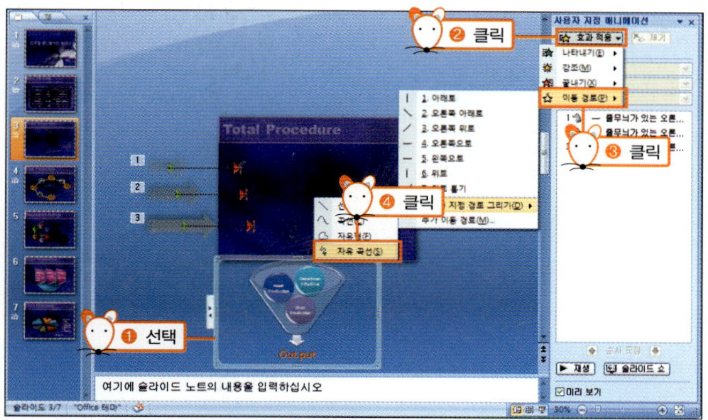

1 슬라이드에 삽입되어 있는 SmartArt 개체를 클릭한 후 [사용자 지정 애니메이션] 창의 [효과 적용] 버튼을 클릭합니다. 그런 다음 [이동 경로]를 클릭한 후 [사용자 지정 경로 그리기]의 [자유 곡선]을 차례로 클릭합니다.

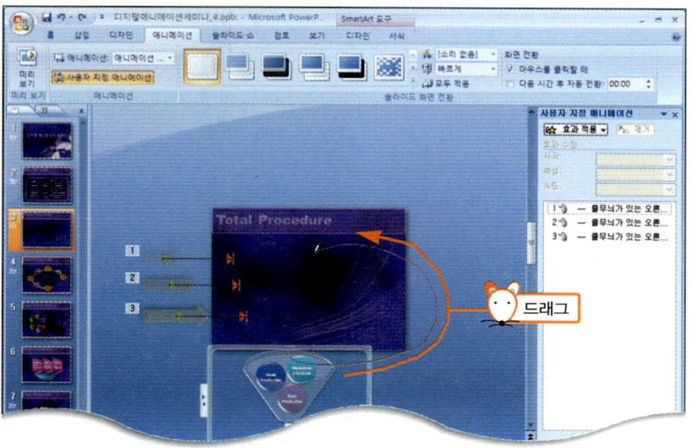

2 마우스 포인터가 연필 모양으로 변경되면 곡선 형태로 자유롭게 드래그하여 애니메이션 이동 경로를 드로잉합니다. 마우스 버튼을 놓는 순간 애니메이션 이동 경로 형태로 자동으로 미리 보기가 됩니다.

다음과 같이 이동 경로를 선택한 후 특정 방향으로 드래그하면 애니메이션의 전체 경로를 변경할 수 있습니다. 또한, 연두색과 빨간색 화살표를 드래그하여 이동시키면 애니메이션의 시작과 마지막 위치를 이동시킬 수 있습니다.

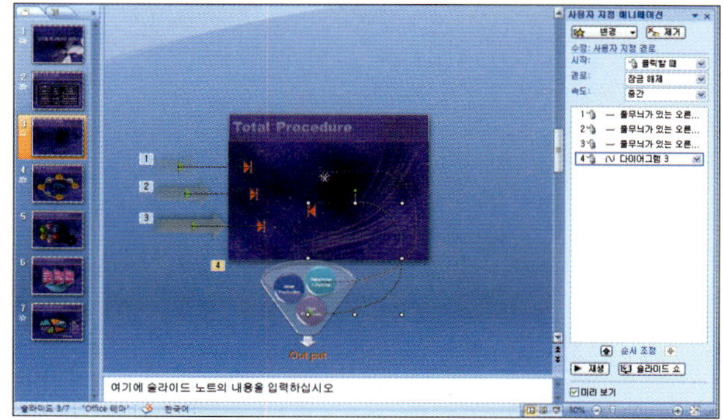

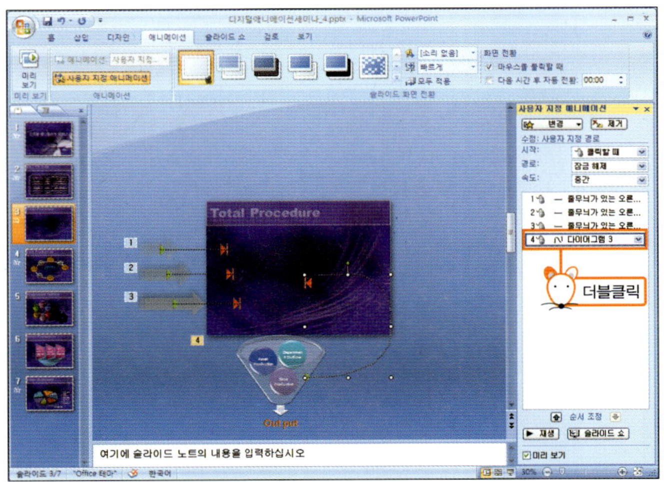

3 애니메이션의 이동 경로가 점선으로 표시되고 시작과 마지막 위치를 표시하는 화살표가 나타납니다. [사용자 지정 애니메이션] 창에서 SmartArt에 적용된 애니메이션 목록에서 4 다이어그램 3: 타원 17 을 더블클릭합니다.

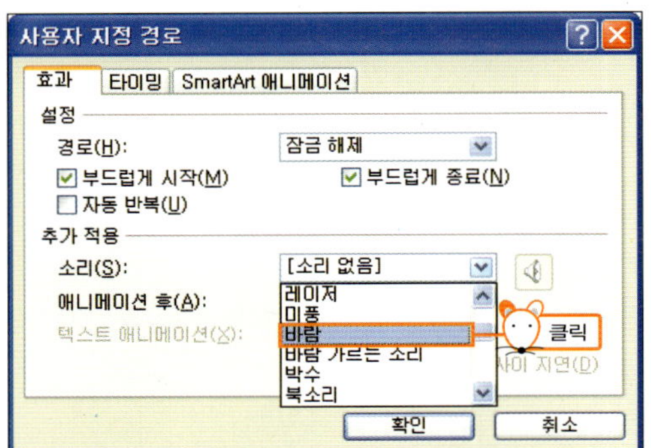

4 [사용자 지정 경로] 대화상자가 나타나면 [효과] 탭의 [소리]를 '바람'으로 지정하여 애니메이션 효과에 소리를 삽입합니다.

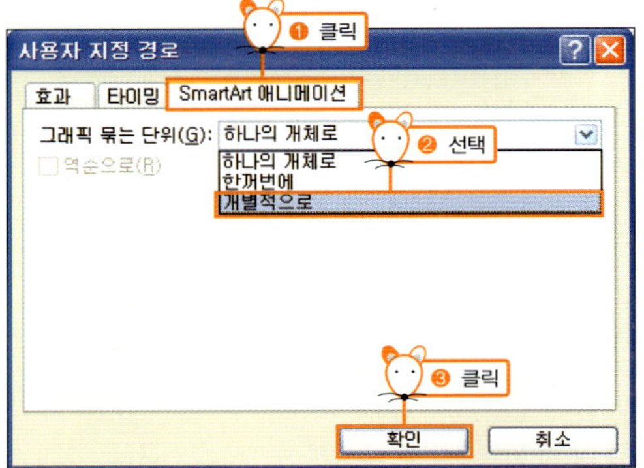

5 [SmartArt 애니메이션] 탭을 클릭한 후 [그래픽 묶는 단위]를 '개별적으로'로 선택하고 [확인] 버튼을 클릭합니다.

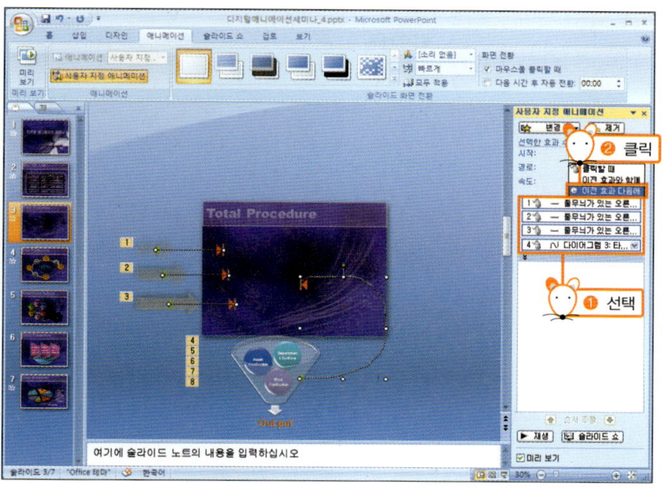

6 [사용자 지정 애니메이션] 창의 애니메이션 목록에서 Shift 를 이용해 모두 선택한 후 [시작]을 [클릭할 때]에서 [이전 효과 다음에]로 변경합니다.

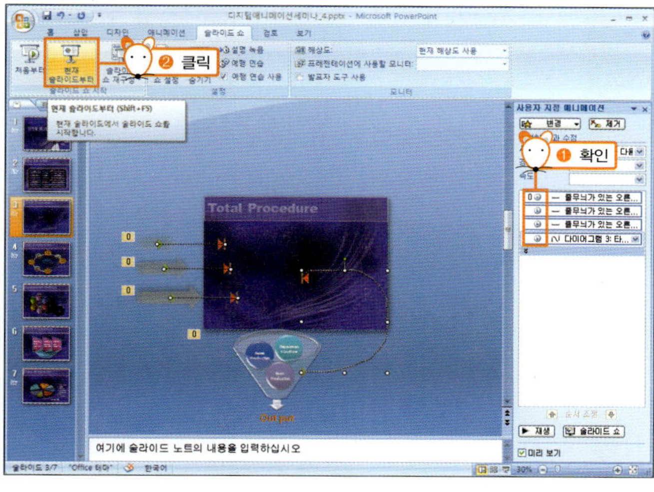

7 [사용자 지정 애니메이션] 창의 애니메이션 목록을 보면 숫자 표식이 없어지고 시계 모양의 아이콘이 표시된 것을 볼 수 있습니다. [슬라이드 쇼] 탭의 [현재 슬라이드부터](📺)을 클릭합니다.

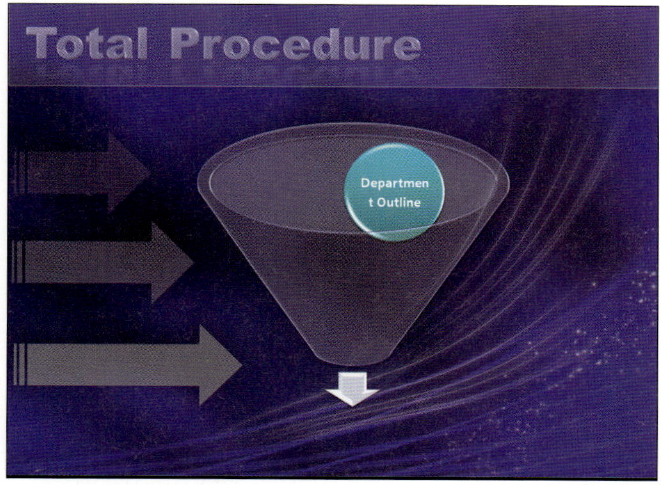

8 슬라이드 쇼 화면에서 애니메이션 결과를 확인합니다. 화살표 도형이 왼쪽에서 오른쪽 방향으로 나타나고 SmartArt를 이루는 부분의 그래픽 요소들이 드로잉한 경로대로 순서에 맞게 나타납니다. Esc 를 눌러 슬라이드 쇼 화면을 종료합니다.

평범한 슬라이드를 거부하는 슬라이드 전환 효과 적용하기

Lesson 36

지금까지 개체에 애니메이션을 적용해 보았습니다. 그러나 파워포인트의 애니메이션은 개체를 포함해서 슬라이드 전체에도 효과를 부여할 수 있습니다. 이번 Lesson에서는 프레젠테이션 문서에 슬라이드 전환 효과를 주는 방법과 청중의 관심을 집중시킬 수 있도록 소리 효과를 적용하여 전체적으로 다이내믹한 프레젠테이션으로 만들어 보겠습니다.

● 예제 파일 : Sample\Part 06\디지털애니메이션세미나_5.pptx

슬라이드에 화면 전환 효과 적용하기

● 슬라이드 화면 전환 효과는 [애니메이션] 탭의 [슬라이드 화면 전환]에서 [자세히](▼)을 클릭한 후 애니메이션 목록을 클릭하여 적용합니다. 적용된 화면 전환 효과는 바로 확인할 수 있으며 소리를 삽입하거나 속도를 제어할 수 있습니다.

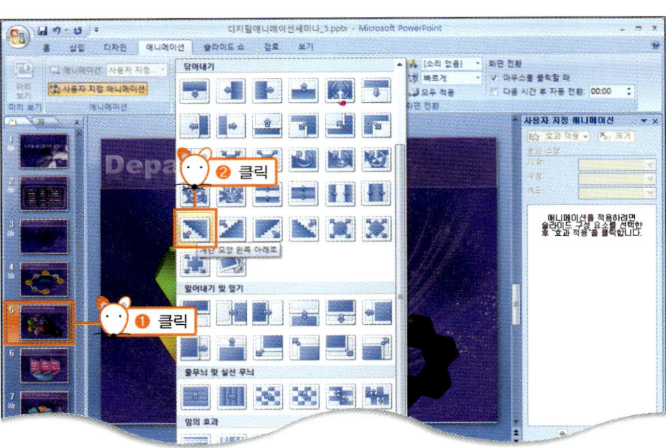

1. 5번 슬라이드를 선택하고 [애니메이션] 탭의 [슬라이드 화면 전환]에서 [자세히](▼)를 클릭합니다. 목록이 나타나면 '계단 모양 왼쪽 아래로'를 클릭합니다. 적용한 애니메이션이 슬라이드에 적용되어 미리 보기가 됩니다.

2. [애니메이션] 탭에서 [화면 전환 속도]를 [느리게]로 지정하여 애니메이션 속도를 변경합니다.

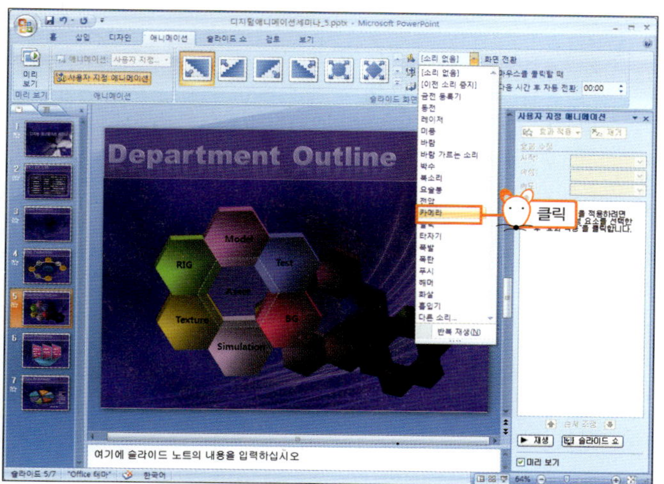

3 [애니메이션] 탭에서 [화면 전환 소리]를 '카메라'로 지정하여 슬라이드 화면 전환 시 청각 효과를 나타나게 합니다.

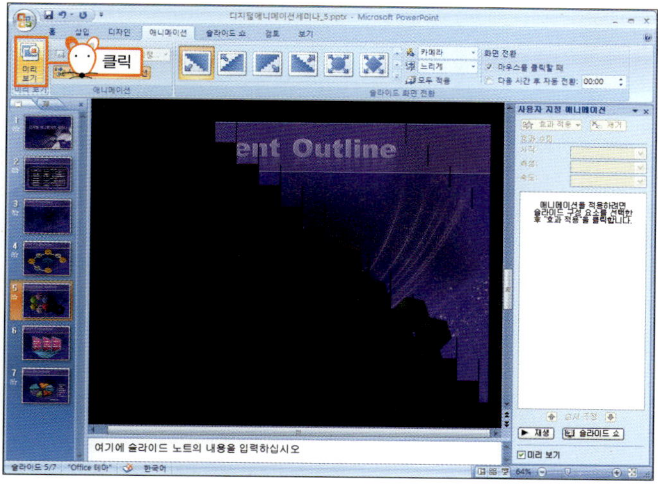

4 [애니메이션] 탭에서 [애니메이션 미리 보기]()를 클릭하면 슬라이드의 전환 효과와 다른 슬라이드로 전환되면서 재생되는 소리를 확인할 수 있습니다.

현재의 슬라이드 전환 효과를 전체 슬라이드에 적용하기

현재의 슬라이드에 적용한 전환 효과를 다른 모든 슬라이드에 적용하고 싶다면 [애니메이션] 탭의 [모두 적용]()을 클릭합니다. 결과 확인은 F5 나 [사용자 지정 애니메이션] 창에서 슬라이드 쇼 버튼을 클릭하여 확인합니다.

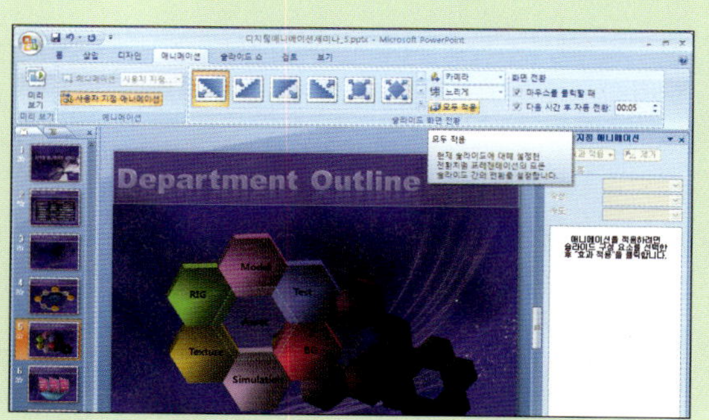

화면 전환 시간 지정하기

● [애니메이션] 탭에서 [다음 시간 후 자동 전환]을 이용하면 자동으로 일정 시간 후에 다음 슬라이드로 전환이 됩니다. 화면 전환 시간을 설정하여 슬라이드 쇼 화면에서 결과를 확인해 보겠습니다.

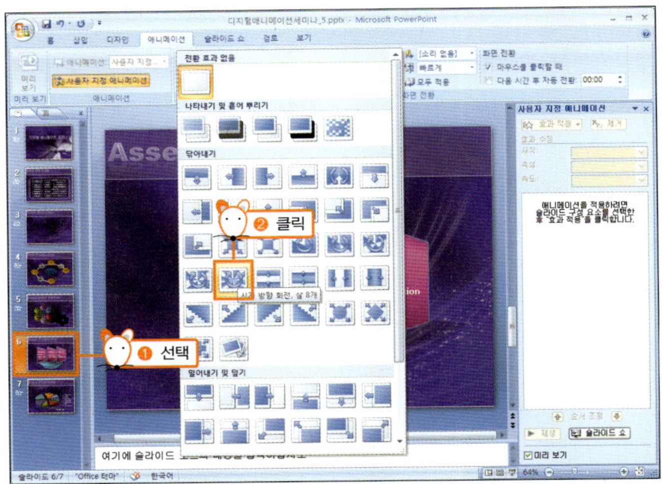

1 6번 슬라이드를 선택하고 [애니메이션] 탭의 [슬라이드 화면 전환]에서 [자세히](▼)를 클릭합니다. 그런 다음 슬라이드 화면 전환 애니메이션 목록에서 '시계 방향 회전, 살 8개'를 클릭합니다.

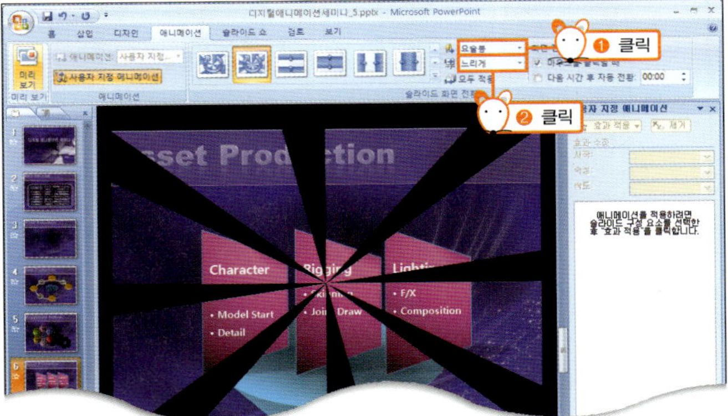

2 [애니메이션] 탭에서 [화면 전환 소리]를 [요술봉]으로 지정한 후 [화면 전환 속도]를 [느리게]로 지정하여 애니메이션 속도를 변경합니다.

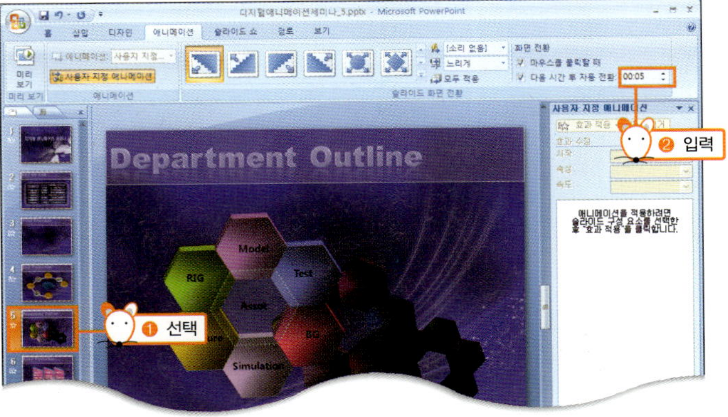

3 5번 슬라이드를 선택하고 [애니메이션] 탭에서 [다음 시간 후 자동 전환]을 '00:05'로 입력한 후 F5 를 누릅니다.

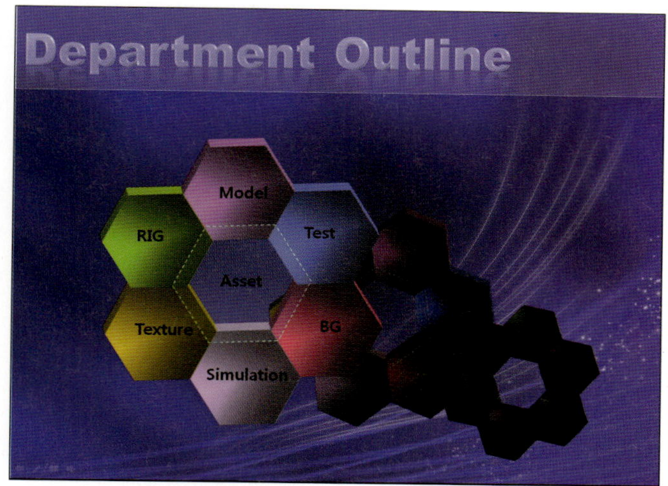

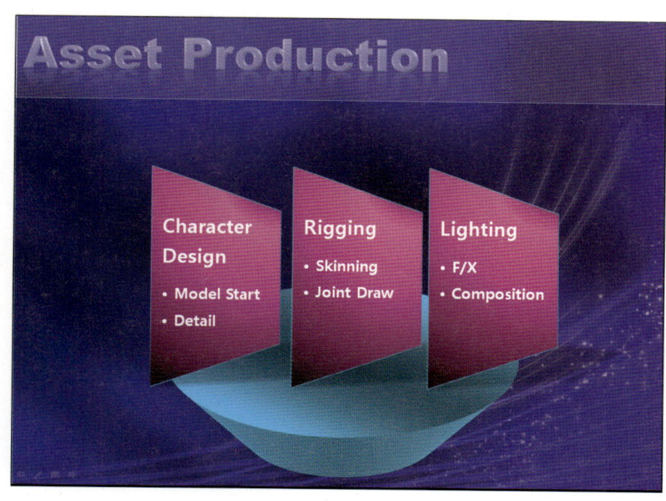

4 슬라이드 쇼 화면이 나타납니다. [다음 시간 후 자동 전환]에서 지정한 화면 지연 시간을 기다립니다.

5 잠시 후 다음의 슬라이드가 전환 효과가 적용되어 소리와 함께 나타납니다. Esc 를 눌러 슬라이드 쇼 화면을 종료합니다.

슬라이드 전환 효과 삭제하기

적용된 슬라이드 전환 효과를 삭제하고 싶다면 [애니메이션] 탭에서 [슬라이드 화면 전환]의 [자세히]( )을 클릭한 후 '화면 전환 없음'을 클릭합니다.

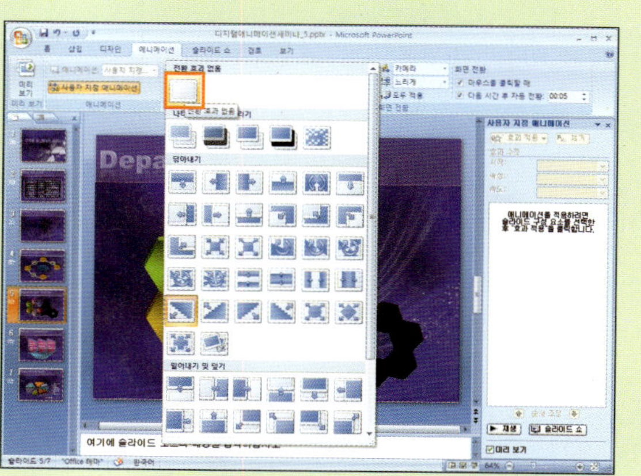

Part
7

슬라이드 쇼로 청중의 마음을 유혹하는 프레젠테이션 진행하기

파워포인트 2007로 제작된 슬라이드의 가장 큰 목적은 원하는 대상을 설득하고 목표하는 결과를 이끌어내는 것입니다. 결국, 제작된 슬라이드를 슬라이드 쇼를 통해 보여줄 수 있어야 합니다. 슬라이드 쇼는 단순히 전체 화면에서 주기도 하지만, 어떤 방법으로 진행을 할 것인지는 전적으로 프레젠터의 몫이라 할 수 있습니다. 이번 Part에서는 필요한 슬라이드를 골라서 프레젠테이션을 진행하는 방법과 녹음 기능을 이용해 발표자 없이도 자동으로 실행되는 슬라이드 쇼, 잉크 기능을 이용해 중요한 부분에 강조나 표시를 할 수 있는 방법에 대해 알아보겠습니다.

프레젠터의 스타일을 표현하는 슬라이드 쇼

파워포인트 2007로 제작된 슬라이드를 이용한 프레젠테이션에서 필요한 슬라이드를 골라서 청중에게 보여줄 필요가 생깁니다. 전체 슬라이드에서 필요한 슬라이드만 남겨두고 나머지는 숨길 수 있는 기능과 슬라이드를 재구성하여 핵심만 알려줄 수 있는 [쇼 재구성] 메뉴를 이용하면 간단하게 작업을 할 수 있습니다. 또한, 프레젠테이션을 위해 예행 연습이나 자동으로 실행되고 설명하는 슬라이드를 만들 수 있습니다.

원하는 슬라이드만 재구성하기

프레젠테이션의 방식에 따라 필요 없는 슬라이드는 잠시 숨겨놓는 기능과 원하는 슬라이드 번호를 지정해서 진행할 수 있으며, 필요한 슬라이드만 골라 재구성하여 편집할 수 있습니다.

- [슬라이드 쇼] 탭에서 [슬라이드 쇼 재구성](🔲)의 [쇼 재구성](🔲)을 클릭합니다. 그런 다음 [쇼 재구성] 대화상자가 나타나면 [새로 만들기] 버튼을 클릭한 후 원하는 슬라이드를 선택해서 [재구성한 쇼에 있는 슬라이드] 목록에 추가시키면 됩니다.

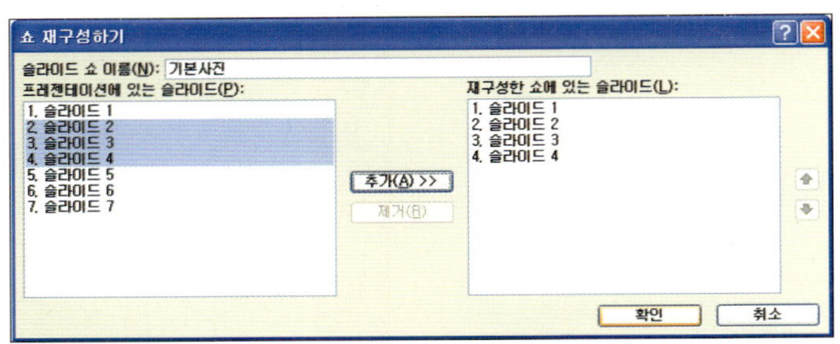

슬라이드 재구성하기

예행 연습으로 프레젠테이션 진행하기

프레젠테이션을 진행하기 전에 어떻게 진행할 것인지를 미리 연습하고 실행하기 위해서는 예행 연습을 이용해야 합니다. 또한, 발표자 없이도 프레젠테이션을 자동으로 실행시킬 수 있습니다.

- [슬라이드 쇼] 탭에서 [예행 연습](🔲)을 클릭한 후 프레젠테이션을 가상으로 시작합니다.
- [슬라이드 쇼] 탭에서 [쇼 설정](🔲)을 클릭합니다. [쇼 설정] 대화상자가 나타나면 [쇼 형식]에서 [대화형 자동 진행(전체 화면)]에 선택하고 [화면 전환]에서 [설정된 시간 사용]을 선택하면 됩니다.

슬라이드 진행을 위한 예행 연습

설명 녹음으로 발표자가 없는 프레젠테이션 진행하기

발표자 없이 자동으로 진행되는 프레젠테이션을 제작하기 위해서는 필요한 내용을 녹음하고 적용해야 합니다. 파워포인트에서는 각각의 슬라이드를 진행하면서 설명을 녹음할 수 있습니다.

- [슬라이드 쇼] 탭에서 [설명 녹음](🔊)을 클릭하면 녹음을 시작할 수 있습니다.

- 녹음된 슬라이드 중에서 부분적으로 수정하거나 추가로 녹음을 하고 싶다면 수정할 슬라이드를 선택한 후 [설명 녹음](🔊) 메뉴를 이용하면 됩니다.

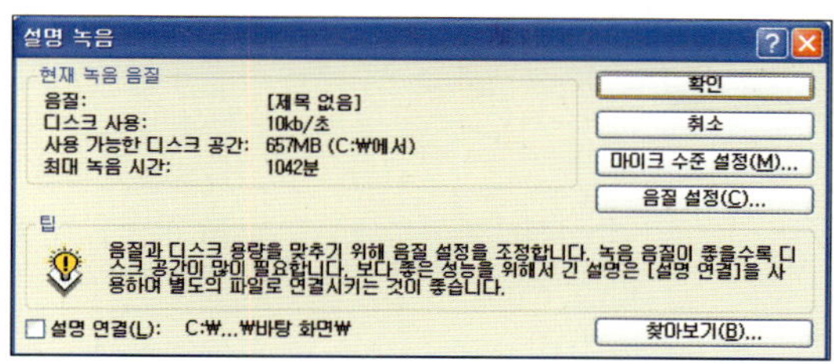

설명 녹음하기

슬라이드 쇼에서 잉크 표시하기

슬라이드 쇼를 진행하다가 발표자가 강조하고 싶은 부분에 밑줄이나 동그라미 등의 표시를 할 수 있습니다. 이런 기능을 잉크 표시라고 하며, 표시를 하는 방법과 완성된 프레젠테이션을 CD 패키지로 저장하는 방법을 확인할 수 있습니다.

- 슬라이드 쇼 화면 아래에서 ✏️을 클릭하고 [형광펜]을 클릭한 후 강조하고 싶은 부분에 드래그해서 잉크 표시를 나타냅니다.

- 슬라이드 쇼를 진행하기 전에 [쇼 설정] 대화상자에서 [펜 색]으로 잉크 색을 미리 지정할 수 있습니다.

슬라이드에 표시된 잉크 지우기

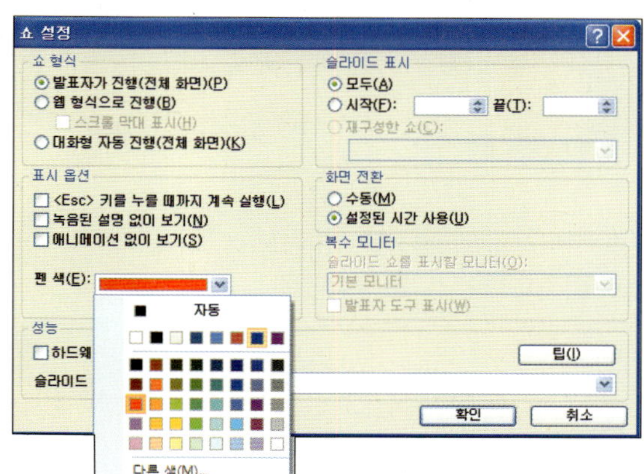

잉크 색 설정하기

핵심이 되는 슬라이드를 간단하게 편집하기

Lesson 37

일반적으로 프레젠테이션의 진행 시간은 정해져 있습니다. 그러나 예상하지 못한 상황으로 발표 시간이 단축되었다면 어떻게 해야 할까요? 진정한 프레젠터라면 모든 내용을 짧게 설명하기 보다는 핵심적인 내용만 추려서 청중에게 알려줍니다. 이번 Lesson에서는 핵심이 되는 슬라이드를 별도의 삭제와 저장을 하지 않고 일시적으로 숨길 수 있는 [슬라이드 숨기기]를 이용해 편집해 보겠습니다. 해당 기능을 이용하면 인쇄를 할 때도 숨겨진 슬라이드는 출력되지 않습니다.

● 예제 파일: Sample\Part 07\Photo Studio_1.pptx

 **따라해 보세요**

필요 없는 슬라이드를 숨기고 나타내기

● 프레젠테이션 문서에서 필요 없는 슬라이드를 일시적으로 숨길 수 있는 [슬라이드 숨기기]를 알아보겠습니다.

1 예제 파일을 불러온 후 [슬라이드/개요] 탭에서 2번 슬라이드를 선택하고 Ctrl 를 누른 상태에서 4번 슬라이드를 추가로 선택합니다. 그런 다음 [슬라이드 쇼] 탭에서 [슬라이드 숨기기]()를 클릭합니다.

2 선택한 슬라이드 번호에 숨김 표시가 나타납니다. 그러나 슬라이드 편집 화면에서는 숨긴 슬라이드가 그대로 나타납니다. F5 를 눌러 슬라이드 쇼 보기 화면으로 전환합니다.

3 슬라이드 쇼가 진행되면 2번 슬라이드와 4번 슬라이드를 제외하고 쇼가 진행되는 것을 알 수 있습니다. Esc 를 누릅니다.

4 슬라이드 편집 화면으로 돌아오면 좀 더 쉽게 슬라이드를 편집하기 위해서 [여러 슬라이드]()를 클릭합니다.

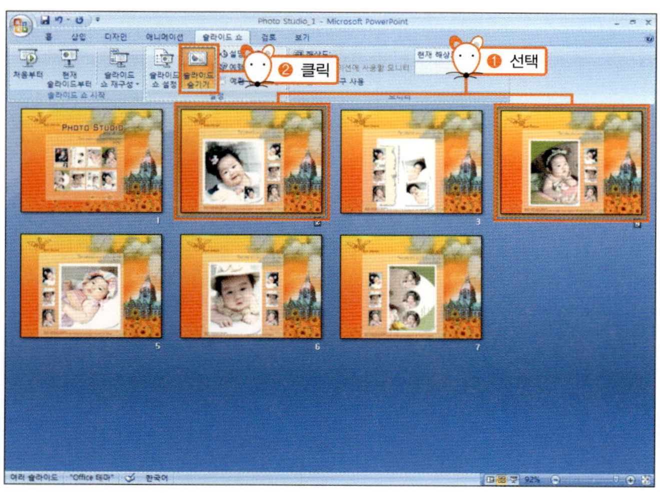

5 [여러 슬라이드] 화면에서 다시 2번 슬라이드와 4번 슬라이드를 선택하고 [슬라이드 쇼] 탭에서 [슬라이드 숨기기]()를 클릭합니다.

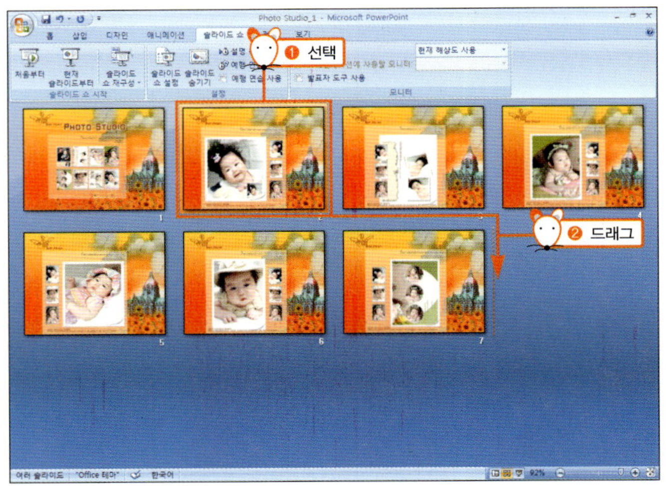

6 슬라이드 숨김 표시가 사라지면서 슬라이드 숨기기가 취소됩니다. 이번에는 슬라이드 순서를 변경해 보겠습니다. 2번 슬라이드를 선택하고 마지막으로 드래그합니다.

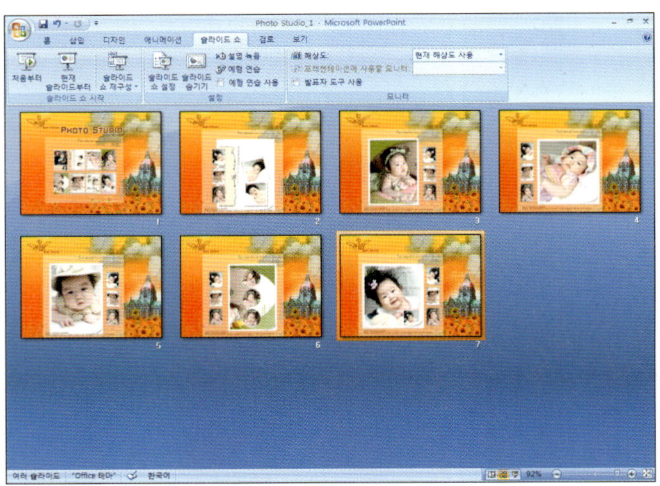

7 2번 슬라이드의 번호가 7번으로 변경된 것을 확인할 수 있습니다. 이와 같이 슬라이드의 순서를 변경할 때에는 드래그해서 원하는 위치로 이동하면 됩니다.

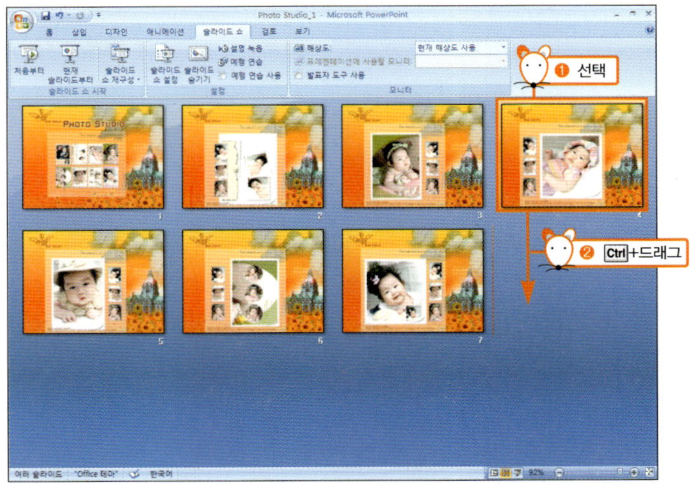

8 이번에는 슬라이드를 복사해 보겠습니다. 4번 슬라이드를 선택하고 Ctrl 을 누른 채로 아래로 드래그합니다.

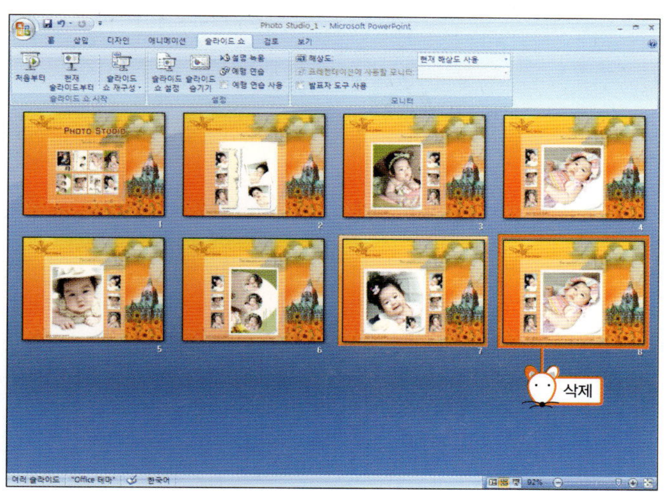

9 4번 슬라이드가 하나 더 복사됩니다. 이와 같이 Ctrl 을 누른 채로 드래그하면 슬라이드를 복사할 수 있습니다. Delete 를 눌러 복사된 슬라이드를 삭제합니다.

따라해 보세요

[쇼 설정]의 [슬라이드 표시]에서 슬라이드 번호 지정하기

● [슬라이드 숨기기] 이외에도 [쇼 설정] 메뉴의 [슬라이드 표시]에서 시작 슬라이드 번호와 끝 슬라이드 번호를 지정할 수 있습니다. 이렇게 지정하면 슬라이드 쇼에서 시작 번호와 끝 번호 사이에 있는 슬라이드만 보입니다.

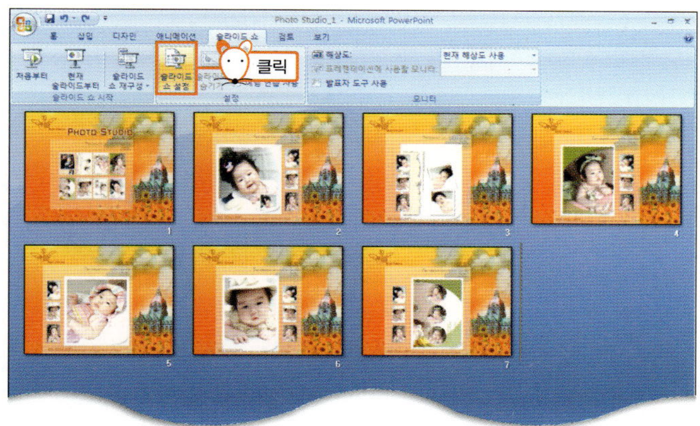

1 [여러 슬라이드]에서 [쇼 설정]()을 클릭합니다.

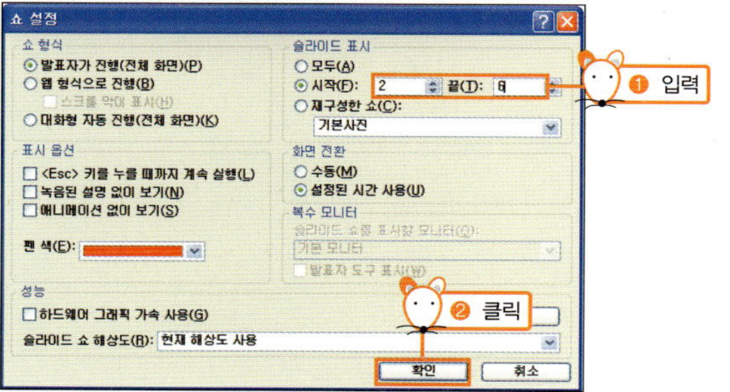

2 [쇼 설정] 대화상자가 나타나면 [슬라이드 표시]의 [시작]에 '2'를 입력하고 [끝]에 '6'을 입력한 후 [확인] 버튼을 클릭합니다.

주목

슬라이드 쇼를 진행할 때 여러 슬라이드 중에서 몇 개만 숨길 때에는 [슬라이드 숨기기] 메뉴를 사용하는 것이 좋습니다. 또한, 전체 슬라이드에서 연속해서 특정 슬라이드를 보여 줄 때에는 [쇼 설정] 메뉴의 [슬라이드 표시]를 사용하는 것이 좋습니다.

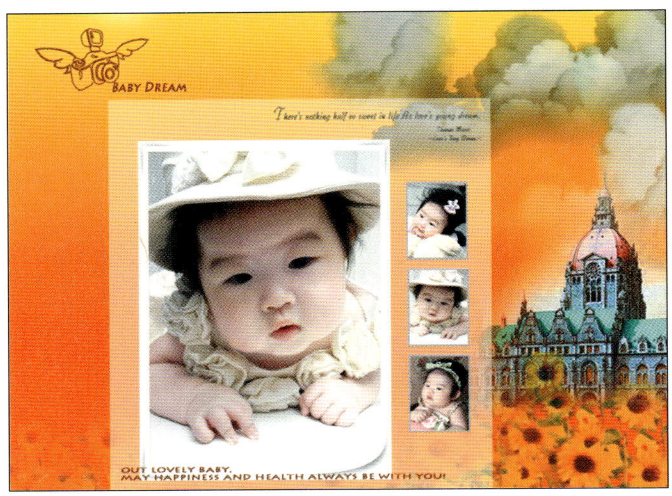

3 F5를 눌러 슬라이드 쇼를 실행합니다. 1번 슬라이드를 제외하고 2번 슬라이드를 시작으로 쇼가 진행되고 6번 슬라이드에서 쇼를 마칩니다.

> **주목**
>
> [슬라이드 숨기기]로 숨겨놓은 슬라이드는 [쇼 설정]의 [슬라이드 표시]에서도 제외됩니다. 예를 들어 시작 슬라이드를 2번 슬라이드로 지정해도 2번 슬라이드가 숨겨져 있다면 슬라이드 쇼는 3번 슬라이드부터 시작됩니다. 따라서 [슬라이드 숨기기] 메뉴로 숨겨진 슬라이드가 있다면 [슬라이드 표시] 메뉴를 사용하기 전에 미리 해제시키고 작업하는 것이 좋습니다.

[쇼 설정] 대화상자 알아보기

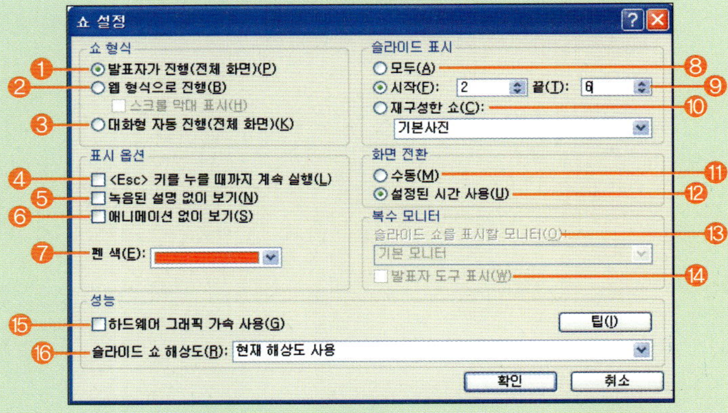

❶ **발표자가 진행(전체 화면)** : 일반적으로 발표자가 마우스나 키보드를 이용해 프레젠테이션을 진행하는 방식입니다.

❷ **웹 형식으로 진행** : 웹 브라우저 화면으로 슬라이드 쇼가 진행됩니다.

❸ **대화형 자동 진행(전체 화면)** : Esc를 누르기 전까지 자동으로 슬라이드 쇼가 진행됩니다.

❹ **<Esc>를 누를 때까지 계속 실행** : 일부 슬라이드만 선택한 후 체크 표시를 하면 Esc를 누르기 전까지 계속 슬라이드 쇼를 진행할 수 있습니다.

❺ **녹음된 설명 없이 보기** : 슬라이드에 설명을 녹음했을 경우 녹음을 들리지 않게 제어합니다.

❻ **애니메이션 없이 보기** : 적용된 애니메이션을 실행하지 않고 슬라이드 쇼를 진행합니다.

❼ **펜 색** : 슬라이드 쇼를 진행할 때 펜 색을 설정합니다.

❽ **모두** : 모든 슬라이드를 슬라이드 쇼에서 보여줍니다.

⑨ **시작/끝** : 슬라이드 쇼를 진행할 때 시작되는 슬라이드 번호와 끝나는 슬라이드 번호를 입력하여 필요한 슬라이드 쇼를 진행할 수 있습니다.

⑩ **재구성한 쇼** : [쇼 재구성] 메뉴에서 선택한 슬라이드를 진행할 수 있습니다.

⑪ **수동** : 발표자의 조작으로 화면을 전환합니다.

⑫ **설정된 시간 사용** : 화면 전환에서 지정한 시간이 지나면 자동으로 화면이 전환됩니다.

⑬ **슬라이드 쇼를 표시할 모니터** : 여러 대의 모니터가 설치되어 있는 경우 슬라이드 쇼를 진행할 모니터를 선택합니다.

⑭ **발표자 도구 표시** : 슬라이드 쇼를 진행할 도구들이 발표자의 모니터에만 나타납니다.

⑮ **하드웨어 그래픽 가속 사용** : 슬라이드 쇼 기능을 향상시킵니다. 그러나 컴퓨터에 하드웨어 그래픽 가속 기능이 있어야 합니다.

⑯ **슬라이드 쇼 해상도** : 슬라이드 쇼를 진행할 때 화면의 해상도를 지정합니다.

[슬라이드 쇼 재구성] 메뉴로 슬라이드 새롭게 구성하기

● 대상과 상황에 맞게 프레젠테이션을 진행해야 할 경우, 필요한 슬라이드만 골라서 새롭게 재구성할 수 있습니다. 슬라이드는 여러 개로 재구성할 수 있고 언제든지 선택해서 프레젠테이션을 진행할 수 있습니다.

1 [슬라이드 쇼] 탭에서 [슬라이드 쇼 재구성](🖼)의 [쇼 재구성](🖼)을 클릭합니다.

2 [쇼 재구성] 대화상자가 나타나면 [새로 만들기] 버튼을 클릭합니다.

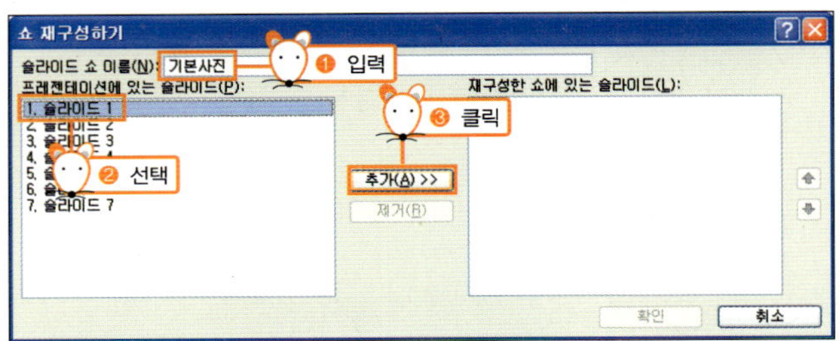

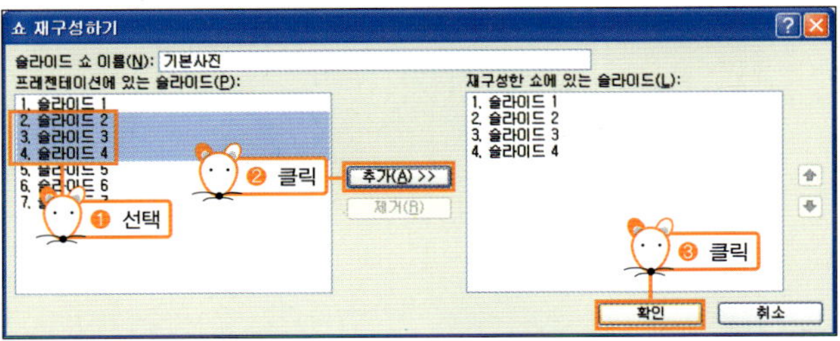

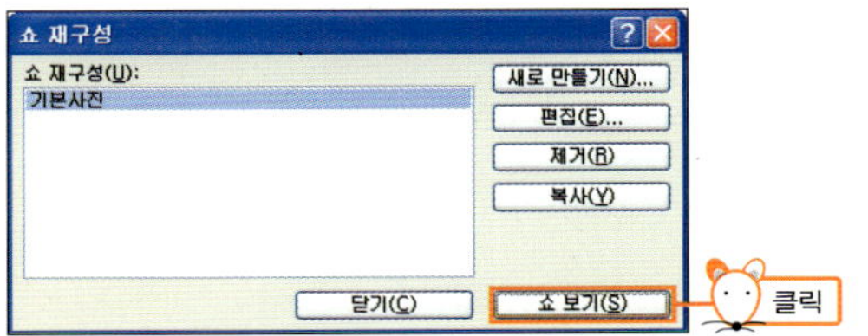

3 [쇼 재구성하기] 대화상자가 나타나면 [슬라이드 쇼 이름]에 '기본사진'을 입력합니다. 그런 다음 [프레젠테이션에 있는 슬라이드]에서 '1. 슬라이드 1'을 선택한 후 [추가] 버튼을 클릭하여 [재구성한 쇼에 있는 슬라이드에] 목록에 추가시킵니다.

4 추가로 쇼 재구성을 위한 슬라이드를 선택한 후 [확인] 버튼을 클릭합니다.

❶ Shift 를 누른 채 2번 슬라이드에서 4번 슬라이드까지 선택합니다.
❷ [추가] 버튼을 클릭합니다.

> **주목**
> [재구성한 쇼에 있는 슬라이드] 목록에 있는 슬라이드를 선택하고 [제거] 버튼을 클릭하면 재구성에 추가된 슬라이드가 제외됩니다.

5 [쇼 재구성] 대화상자가 나타나면 [쇼 보기] 버튼을 클릭합니다.

> **주목**
> [쇼 재구성] 대화상자에서 [쇼 보기]는 현재 재구성한 슬라이드를 미리 보여줍니다. 그러나 현재 상태에서 F5를 누르면 재구성한 내용과 상관없이 전체 슬라이드가 보이거나 슬라이드를 숨겼을 경우 나머지 슬라이드만 보여줍니다.

6 바로 슬라이드 쇼 화면으로 전환되면서 재구성한 슬라이드 쇼를 보여줍니다. Esc를 눌러 슬라이드 쇼를 마칩니다.

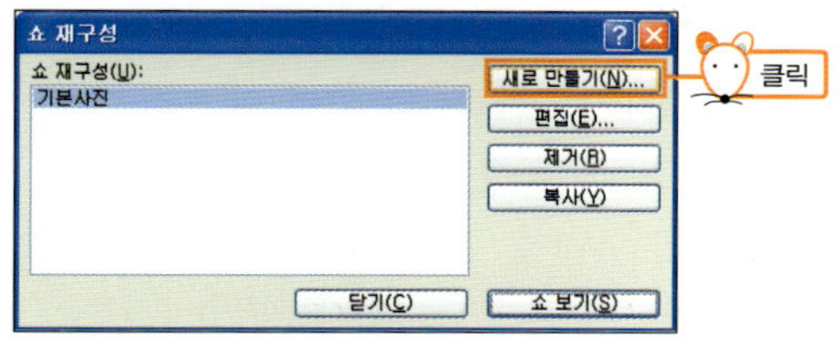

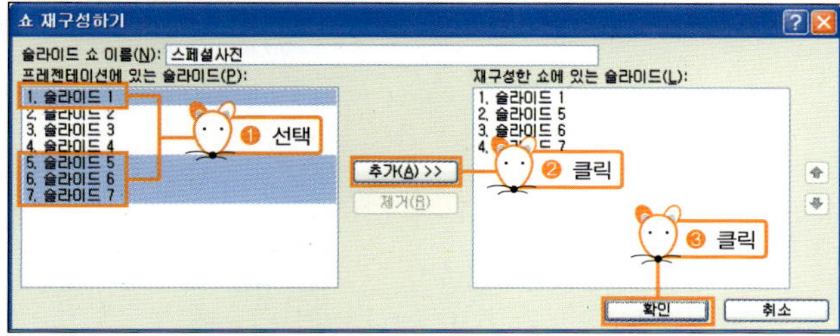

7 [슬라이드 쇼] 탭에서 [슬라이드 쇼 재구성]의 [쇼 재구성]을 클릭합니다. 그런 다음 [쇼 재구성] 대화상자가 나타나면 [새로 만들기] 버튼을 클릭합니다.

8 [쇼 재구성하기] 대화상자가 나타나면 [슬라이드 쇼 이름]에 '스페셜사진'을 입력한 후 슬라이드를 선택한 후 [확인] 버튼을 클릭합니다.

❶ Ctrl 를 누른 채 1번, 5번, 6번, 7번 슬라이드를 선택합니다.
❷ [추가] 버튼을 클릭합니다.

9 [쇼 재구성] 대화상자가 나타나면 [닫기] 버튼을 클릭합니다.

10 이제 재구성한 슬라이드를 프레젠테이션하기 위해 [슬라이드 쇼] 탭에서 [슬라이드 쇼 재구성]을 클릭한 후 [스페셜 사진]을 클릭합니다.

11 자동으로 재구성한 슬라이드 쇼가 진행됩니다. 슬라이드 쇼를 진행하는 도중 다른 재구성한 슬라이드로 이동하려면 슬라이드 쇼 화면 아래의 ▣를 클릭한 후 [재구성한 쇼]에서 원하는 목록을 선택하면 됩니다.

주목

슬라이드 쇼 화면을 마우스 오른쪽 버튼으로 클릭하거나 Shift + F10을 눌러 나타나는 메뉴에서도 [재구성한 쇼]를 선택할 수 있습니다.

재구성한 쇼 반복해서 실행시키기

[슬라이드 쇼 재구성](▣)을 클릭한 후 나타나는 목록에서 선택하여 쇼를 진행하면 매번 반복해서 클릭해야 하기 때문에 번거롭습니다. 반복해서 쇼를 실행시키려면 [쇼 설정] 대화상자의 [슬라이드 표시]에서 [재구성한 쇼] 메뉴를 이용합니다. [재구성한 쇼] 선택하고 목록에서 원하는 쇼를 선택한 후 [확인] 버튼을 클릭합니다. 이렇게 지정하면 [슬라이드 쇼 재구성](▣)에서 재구성한 쇼의 목록을 선택하지 않아도 F5를 누르면 반복해서 실행됩니다. 재구성한 쇼를 해제하고 원래대로 되돌리려면 [쇼 설정] 대화상자에서 [슬라이드 표시]의 [모두]를 선택하면 됩니다.

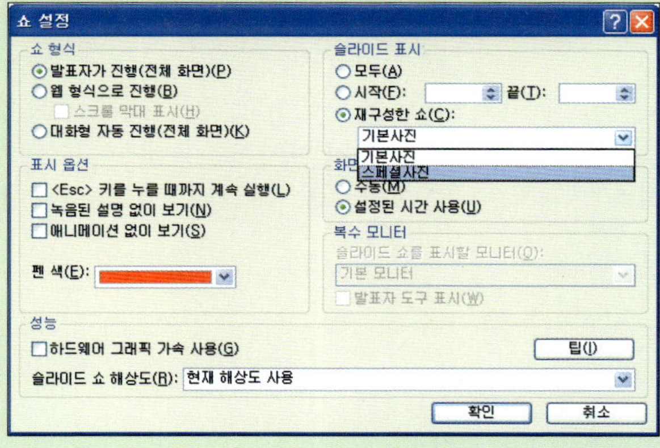

슬라이드 쇼를 종료하지 않고도 다른 작업 수행하기

슬라이드 쇼를 진행하다 보면 원하는 슬라이드로 이동하거나 다른 프로그램을 실행시켜야 합니다. 이럴 경우 슬라이드 쇼 화면 아래의 ▣를 클릭하거나 슬라이드 쇼 화면을 마우스 오른쪽 버튼으로 클릭한 후 나타나는 메뉴를 이용하면 슬라이드 쇼를 종료하지 않고도 쉽게 이동하거나 실행시킬 수 있습니다. 또한, 발표자의 설명이 길어지거나 자동으로 실행되는 경우에는 일시적으로 프레젠테이션을 중지시킬 수 있습니다.

슬라이드 쇼 진행 중에 다른 슬라이드로 이동하기

슬라이드 쇼를 진행하는 도중에 필요한 슬라이드로 이동해 보겠습니다.

01 슬라이드 쇼 화면에서 ▣를 클릭하거나 마우스 오른쪽 버튼으로 클릭한 후 나타나는 메뉴의 [슬라이드로 이동]에서 원하는 슬라이드를 클릭합니다. 여기에서는 '6 슬라이드 6'을 클릭했습니다.

02 선택한 슬라이드로 이동됩니다. 다시 바로 전의 슬라이드로 이동하려면 다시 ▣를 클릭하거나 마우스 오른쪽 버튼으로 클릭한 후 나타나는 메뉴에서 [마지막으로 본 상태]를 클릭합니다.

주목

이동하려는 슬라이드 번호와 Enter를 눌러도 됩니다. 예를 들어 이동하려는 슬라이드 번호가 6번이면 키보드의 6을 누르고 Enter를 누르면 빠르게 이동할 수 있습니다.

슬라이드 쇼 진행 중에 다른 프로그램으로 이동하기

프레젠테이션에서 특정 프로그램을 실행시켜 시연을 해야 하는 경우에는 슬라이드 쇼를 종료하지 않고도 원하는 프로그램을 실행시킬 수 있습니다.

01 슬라이드 쇼 화면에서 ▣를 클릭하거나 Shift + F10 을 눌러 나타나는 메뉴에서 [화면]– [프로그램 전환]을 클릭합니다.

02 프로그램이 미리 실행되어 있었다면 [작업 표시줄]에서 선택하고, 새로 프로그램을 실행하려면 [시작] 버튼을 클릭해서 원하는 프로그램을 실행하면 됩니다.

주목
단축키 Ctrl + T 를 누르면 작업표시줄이 바로 나타납니다.

슬라이드 쇼 화면을 일시적으로 어둡게 하거나 하얗게 설정하기

프레젠테이션을 진행하다 보면 설명을 위해서 슬라이드를 숨길 경우가 발생합니다. 이럴 때 슬라이드 쇼를 중지하지 않고 화면을 어둡게, 또는 하얗게 만들어서 꺼짐 효과를 지정할 수 있습니다.

01 슬라이드 쇼 화면에서 ▣ 클릭하거나 마우스 오른쪽 버튼으로 클릭한 후 나타나는 메뉴에서 [화면]–[화면 어둡게 하기]를 클릭합니다.

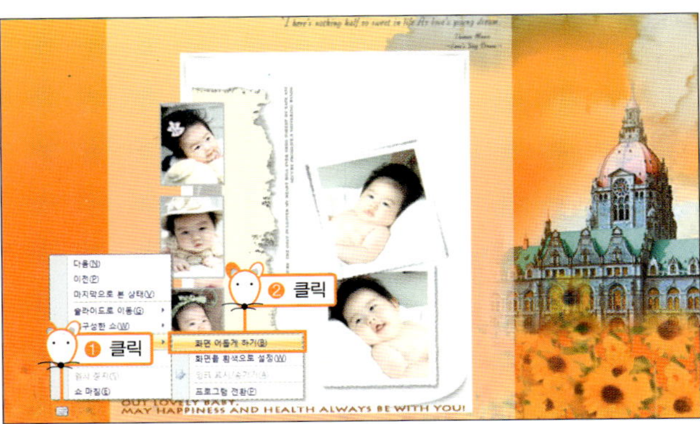

주목
화면을 어둡게 하려면 키보드의 B 나 · 를 눌러도 됩니다.

02 슬라이드 쇼 화면에서 ▣를 클릭하거나 마우스 오른쪽 버튼으로 클릭한 후 나타나는 메뉴에서 [화면]–[화면 흰색으로 설정]을 클릭합니다.

주목
화면을 일시적으로 하얗게 하려면 키보드에서 W 나 · 를 눌러도 됩니다.

미래를 예견하고 연습하는 프레젠터의 프레젠테이션 진행하기

일정한 시간과 장소, 정해진 청중들을 위한 프레젠테이션이 아니라면 대부분 발표자 없이도 진행하는 프레젠테이션을 확인할 수 있습니다. 예를 들어 전시회장이나 박람회장 등 여러 사람이 오가는 곳에서는 매번 발표자가 프레젠테이션을 진행할 수 없기 때문에 배경 음악이나 설명 등을 삽입해서 진행하게 합니다. 이번 Lesson에서는 프레젠테이션의 진행 시간을 예측하는 예행 연습과 자동으로 진행할 수 있는 방법에 대해 알아보겠습니다.

◉ 예제 파일: Sample\Part 07\Photo Studio_2.pptx

완성도를 높여주는 예행 연습하기

● 일반적으로 프레젠테이션은 정해진 시간 내에 발표를 해야 합니다. 그러나 많은 양의 슬라이드를 제작하거나 필요한 내용을 준비하지 못했다면, 완벽하지 못한 프레젠테이션이 될 수 있습니다. 이를 위해 파워포인트에서는 예행 연습을 통해 시간을 예측하여 자료를 수정하거나 완성도 높은 내용으로 준비할 수 있습니다.

1 [슬라이드 쇼] 탭에서 [예행 연습]을 클릭합니다.

2 [예행 연습] 도구 모음이 나타나면서 현재 슬라이드의 시간을 측정합니다. 실제로 프레젠테이션이 진행되는 것처럼 준비한 내용을 설명한 후 Enter 를 눌러 다음 슬라이드로 이동합니다.

3 같은 방법으로 마지막 슬라이드까지 시간을 측정하고 마칩니다. 슬라이드 쇼를 마치면 측정된 시간을 저장할 것인지 묻는 대화상자가 나타납니다. [예] 버튼을 클릭합니다.

4 여러 슬라이드 보기 화면으로 자동 전환되면서 각각의 슬라이드에 측정된 시간이 표시됩니다. F5를 눌러 슬라이드 쇼 화면으로 전환합니다.

5 슬라이드 쇼가 진행되면 사용자가 클릭하지 않아도 예행 연습을 통해 측정한 시간이 지나면 자동으로 다음 슬라이드로 이동됩니다.

[예행 연습] 도구 모음 알아보기

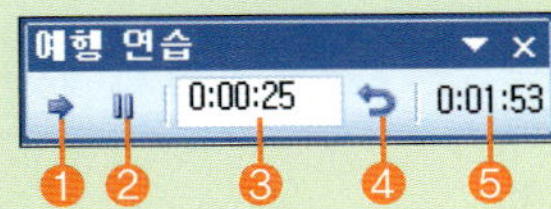

❶ **다음** : 다음 애니메이션이나 다음 슬라이드로 이동합니다.

❷ **일시 중시** : 예행 연습을 일시 중단합니다. 시작하려면 다시 한 번 클릭하면 됩니다.

❸ **슬라이드 시간** : 현재 슬라이드에 예행 연습이 진행되는 시간을 측정합니다.

❹ **반복** : 현재 슬라이드의 예행 연습 시간을 다시 측정할 때 사용합니다.

❺ **총 시간** : 지금까지 진행한 총 예행 연습 시간이 표시됩니다.

자동으로 실행되는 프레젠테이션 제작하기

● [예행 연습] 메뉴를 이용하여 만든 슬라이드는 자동으로 슬라이드 쇼가 진행되지만 한 번만 실행되는 단점이 있습니다. 발표자 없이 반복해서 자동으로 실행되는 프레젠테이션을 제작하려면 [쇼 설정] 대화상자에서 [대화형 자동 진행] 메뉴를 선택해야 합니다.

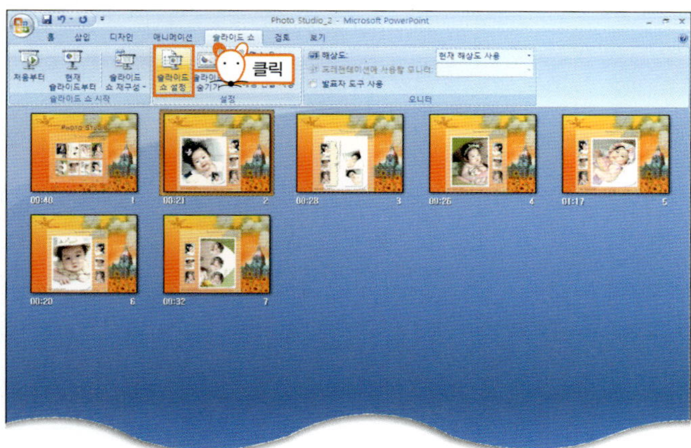

1 [슬라이드 쇼] 탭에서 [쇼 설정]([])을 클릭합니다.

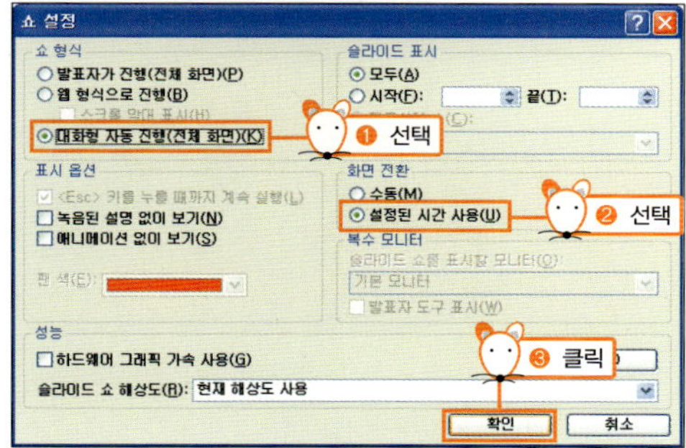

2 [쇼 설정] 대화상자가 나타나면 [쇼 형식]에서 [대화형 자동 진행(전체 화면)]에 선택합니다. 그런 다음 [화면 전환]에서 [설정된 시간 사용]을 선택한 후 [확인] 버튼을 클릭합니다.

> **주목**
> [화면 전환]의 [수동]을 선택하면 예행 연습에서 측정한 시간으로 자동 실행되지 않고 사용자가 임의로 슬라이드를 이동할 수 있습니다.

3 F5를 눌러 슬라이드 쇼를 실행합니다. 사용자가 클릭하거나 Enter를 눌러도 다음 슬라이드로 이동되지 않고 예행 연습을 통해 측정한 시간이 지나야만 자동으로 이동됩니다. 또한, 반복해서 1번 슬라이드로 되돌아가 실행됩니다. 슬라이드 쇼를 마치려면 Esc를 누릅니다.

> **주목**
> 만약 슬라이드 쇼 진행 중에 지정된 시간에 상관없이 화면을 전환하려면 [쇼 설정]에서 [표시 옵션]-[Esc 키를 누를 때까지 계속 실행]을 선택하면 됩니다.

파워포인트 프로그램 없이 프레젠테이션 진행하기

지금까지 만든 프레젠테이션 파일은 파워포인트 프로그램이 있어야만 실행됩니다. 만약에 프레젠테이션을 진행하는 장소에 해당 프로그램이 없다면, 지금까지 준비한 내용들은 무용지물이 될 수밖에 없습니다. 이럴 때를 대비해서 파워포인트가 없어도 프레젠테이션을 진행할 수 있도록 준비를 해야 합니다.

PowerPoint 쇼(*.ppsx) 형식으로 저장하기

프레젠테이션을 저장할 때 파일 형식을 'PowerPoint 쇼'로 저장하면 파워포인트 프로그램이 없어도 언제든지 슬라이드 쇼를 실행할 수 있습니다.

01 [Office 단추]()를 클릭한 후 [다른 이름으로 저장]에서 [PowerPoint 쇼]를 클릭합니다.

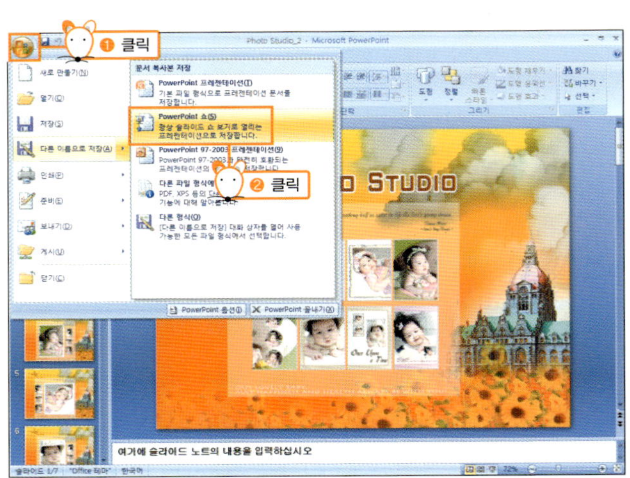

02 [다른 이름으로 저장] 대화상자가 나타나면 [찾는 위치]와 [파일 이름]에 원하는 위치와 이름을 입력합니다. 그런 다음 [파일 형식]에서 'PowerPoint 쇼'를 선택한 후 [저장] 버튼을 클릭합니다.

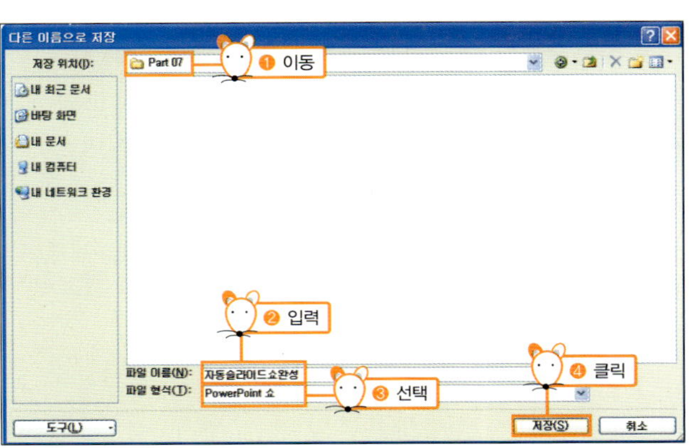

03 저장된 폴더로 이동해서 PowerPoint 쇼 형식으로 저장된 파일을 확인한 후 더블클릭해서 실행시킵니다.

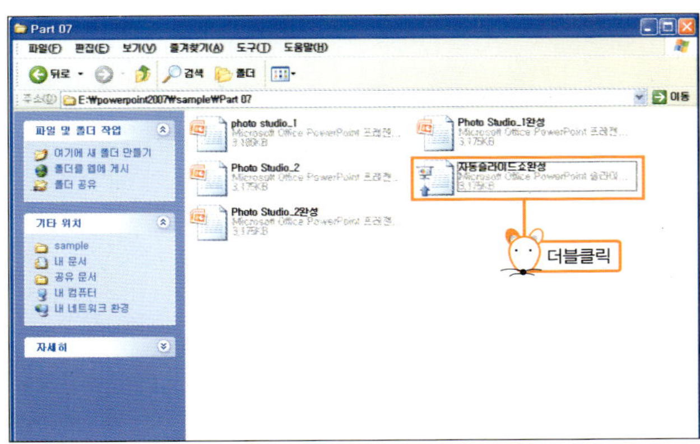

04 파워포인트 프로그램을 실행시키지 않아도 자동으로 슬라이드 쇼가 실행됩니다.

파워포인트 뷰어 내려받기

PowerPoint 쇼 (*.ppsx) 형식으로 만든 파일을 준비하지 않고, 파워포인트 프로그램이 없거나 실행되지 않는다면 정말 난감할 것입니다. 대부분 이런 문제가 발생하지 않지만, 'Office Online' 홈페이지로 접속해서 파워포인트 뷰어를 다운로드 받아 사용하면 문제를 해결할 수 있습니다.

01 웹 브라우져는 인터넷을 실행시켜 주소창에 'http://office.microsoft.com'을 입력한 후 'Office Online 홈페이지'로 이동합니다. 그런 다음 검색 창에 '뷰어'를 입력하고 [검색] 버튼을 클릭합니다.

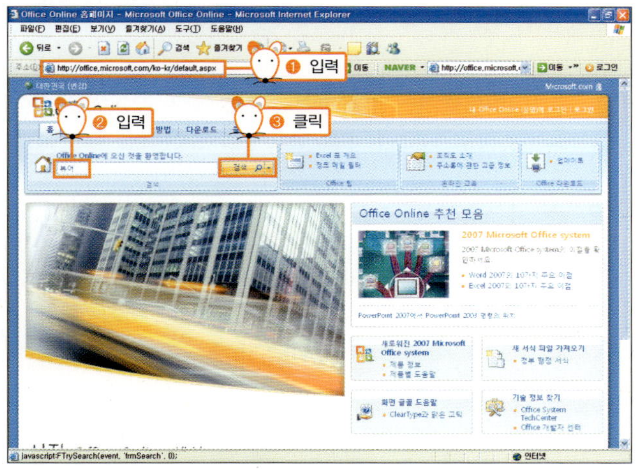

02 검색된 화면으로 이동됩니다. 뷰어 목록에서 'Power Point Viewer 2007'을 클릭합니다.

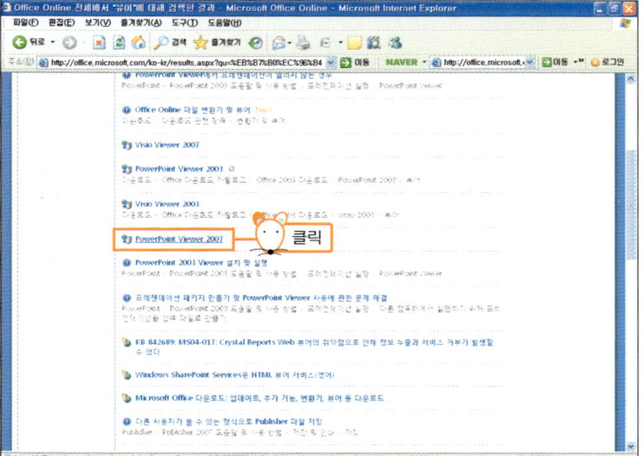

03 'PowerPoint Viewer 2007'을 다운 받을 수 있는 화면으로 이동하면 [다운로드] 버튼을 클릭합니다.

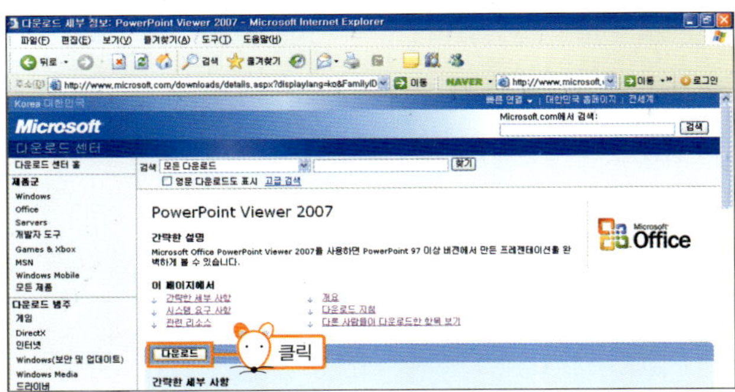

04 [파일 다운로드] 대화상자가 나타나면 [실행] 버튼을 클릭하여 파워포인트 뷰어를 설치합니다.

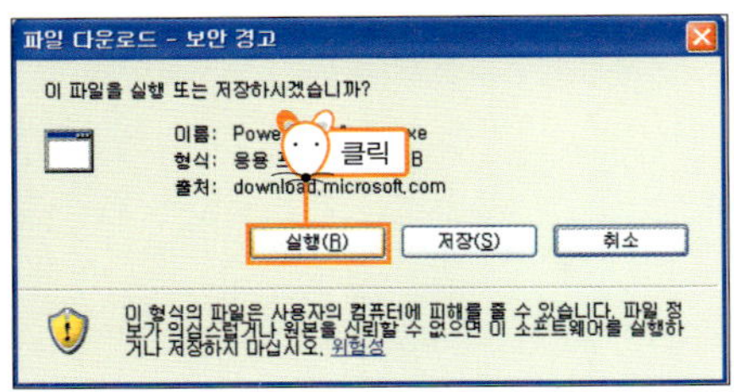

05 이제 파워포인트 뷰어를 실행하고 [동의함]을 클릭합니다.

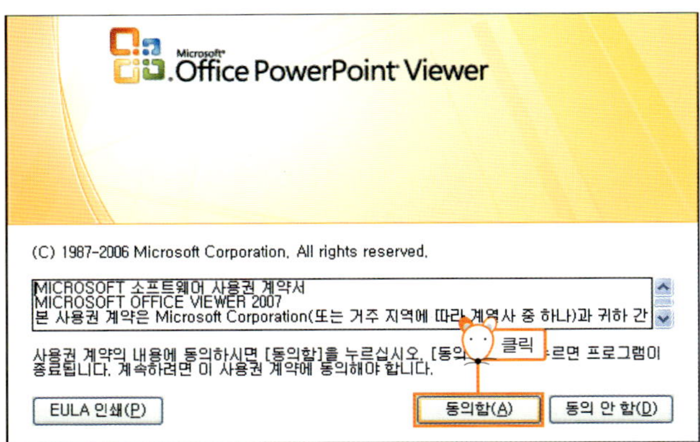

06 [Microsoft Office PowerPoint Viewer] 대화상자가 나타납니다. 실행시킬 파일의 경로로 이동한 후 원하는 파일을 클릭한 후 [열기] 버튼을 클릭합니다.

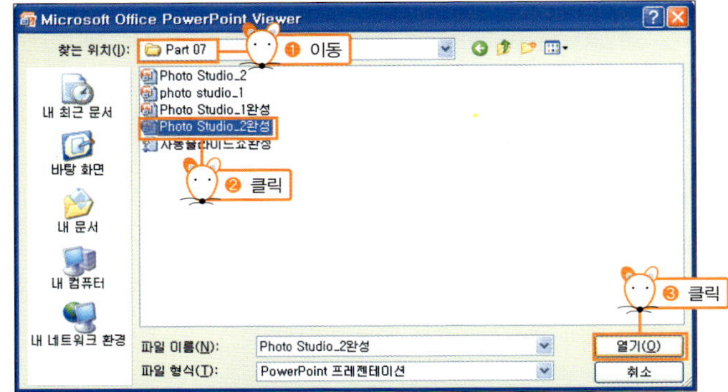

07 프레젠테이션을 열고 있습니다.

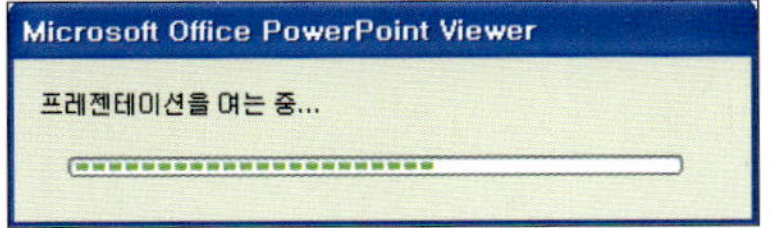

08 이제 파워포인트 프로그램을 실행하지 않고도 자동으로 슬라이드 쇼가 진행됩니다.

주목

파워포인트 뷰어는 프레젠테이션 파일을 보여주는 기능만 제공되고 텍스트를 입력하거나 그림을 삽입하는 등 수정은 불가능합니다.

설명이 녹음된 슬라이드로 발표자 없이 프레젠테이션 진행하기

시간과 정해진 청중에 관계없이 자동으로 진행되는 프레젠테이션을 위해서는 그에 맞는 설명을 녹음해서 슬라이드에 삽입해야 합니다. 이번 Lesson에서는 각각의 슬라이드에 맞게 설명을 녹음하고 반복해서 진행할 수 있는 방법을 알아보겠습니다.

● 예제 파일: Sample\Part 07\Photo Studio_3.pptx

따라해 보세요

슬라이드 내용에 맞는 설명 녹음하기

● 프레젠테이션에 설명을 녹음시키려면 우선 마이크나 헤드셋을 준비해야 합니다. 그런 다음 본체에 연결시키고 녹음을 시작합니다.

1 예제를 불러온 후 1번 슬라이드를 선택합니다. 그런 다음 [슬라이드 쇼] 탭에서 [설명 녹음]()을 클릭합니다.

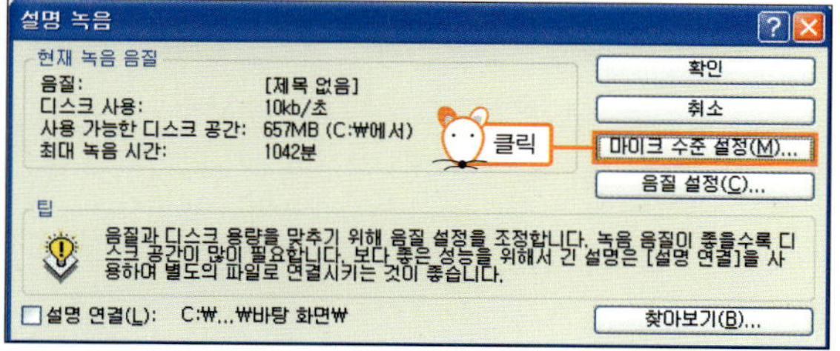

2 [설명 녹음] 대화상자가 나타나면 [마이크 수준 설정] 버튼을 클릭합니다.

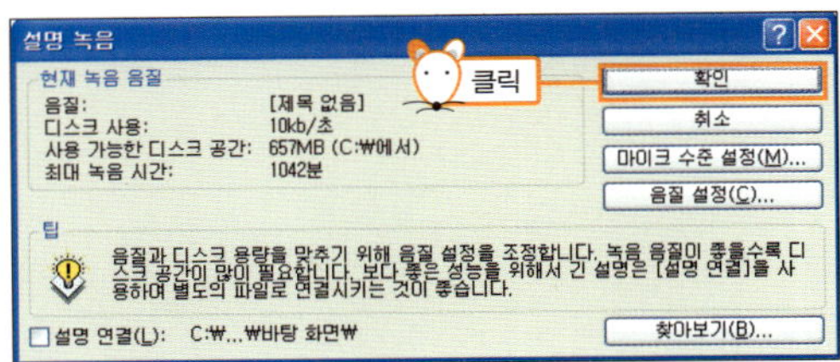

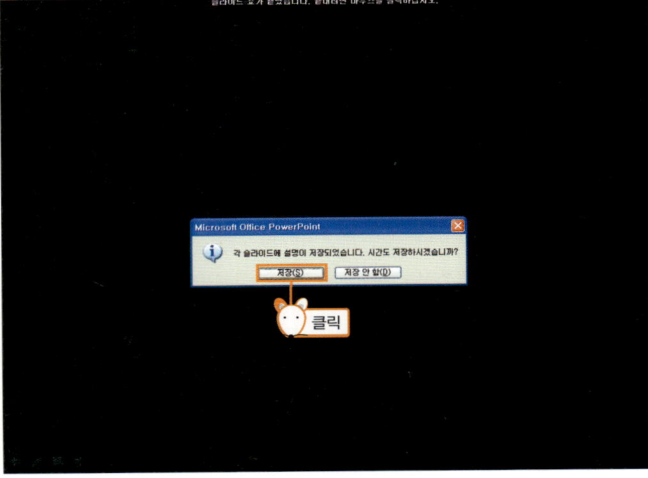

3 [마이크 검사] 대화상자가 나타나면서 현재 마이크가 제대로 연결되었는지를 확인하고 [확인] 버튼을 클릭합니다.

4 검사를 끝내고 다시 [설명 녹음] 대화상자로 돌아가면 [확인] 버튼을 클릭합니다.

5 자동으로 슬라이드 쇼 화면으로 전환되면서 녹음이 시작됩니다. 마이크를 이용하여 각각의 슬라이드에 맞게 설명을 녹음합니다.

6 슬라이드 쇼가 끝나면 슬라이드에 녹음한 내용이 자동으로 저장됩니다. 시간도 저장할 것인지 묻는 대화상자가 나타나면 [저장] 버튼을 클릭합니다.

7 자동으로 여러 슬라이드 보기 화면으로 전환됩니다. 슬라이드 아래에 녹음된 시간이 표시됩니다. 슬라이드 화면 아래의 [기본](▤)을 클릭합니다.

8 슬라이드 기본 화면으로 되면서 오른쪽 아래 부분에 스피커 아이콘(◀)이 표시됩니다.

> **주목**
>
> 슬라이드에 있는 녹음을 삭제하려면 스피커 아이콘(◀)을 클릭한 후 Delete 를 누르면 됩니다.

녹음된 설명 수정하기

● 녹음된 슬라이드 중에서 부분적으로 수정하거나 추가로 녹음을 하고 싶다면 수정할 슬라이드를 선택하고 다시 [설명 녹음](▶) 메뉴를 이용하면 됩니다.

1 녹음을 수정하거나 추가할 내용이 있는 슬라이드를 선택한 후 [슬라이드 쇼]-[설명 녹음]을 클릭합니다.

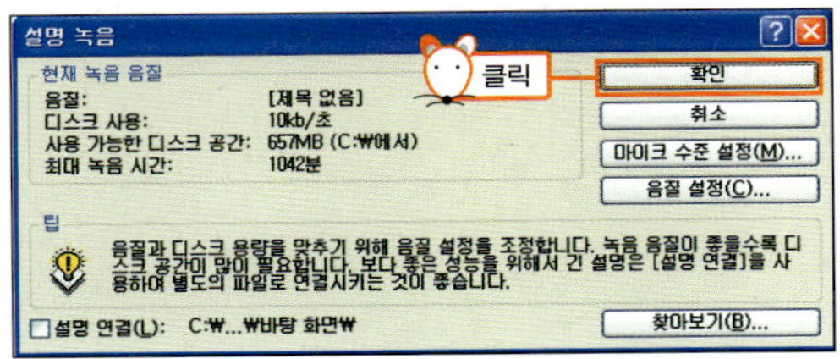

2 [설명 녹음] 대화상자가 나타나면 [확인] 버튼을 클릭합니다.

3 [설명 녹음] 대화상자가 나타나면 [현재 슬라이드] 버튼을 클릭합니다.

4 다시 새롭게 녹음을 시작합니다. 녹음을 마치면 Esc를 누르고 시간을 저장할 것인지 묻는 대화상자가 나타나면 [저장] 버튼을 클릭해서 수정을 마칩니다.

녹음이 안 되면 사운드 하드웨어 테스트로 확인하기

컴퓨터에 사운드 카드가 장착되어도 소리 녹음이 안 되는 경우가 있습니다. 이런 경우에는 [사운드 하드웨어 테스트 마법사] 대화상자를 이용하면 사운드 하드웨어를 점검할 수 있고 마이크와 스피커가 실제 재생되고 있는지를 단계적으로 점검할 수 있습니다.

01 작업 표시줄에서 [시작]-[제어판]을 클릭합니다.

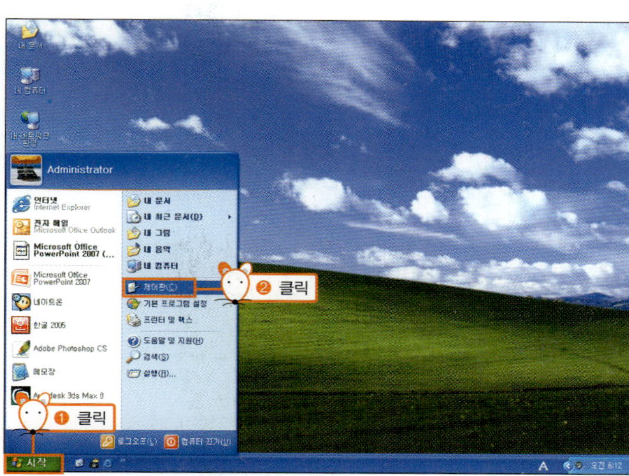

02 [제어판] 창이 나타나면 [사운드 및 오디오 장치]를 더블클릭합니다.

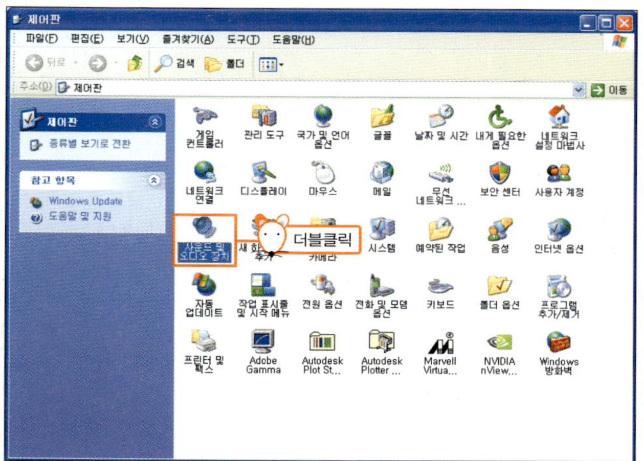

03 [사운드 및 오디오 장치 등록정보] 대화상자가 나타납니다. [음성] 탭에서 [하드웨어 테스트] 버튼을 클릭합니다.

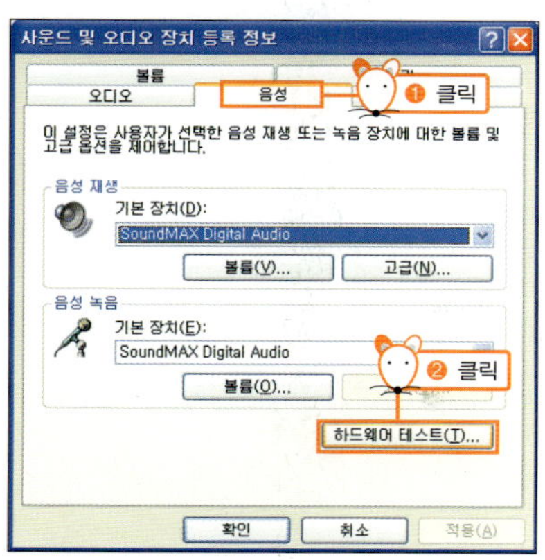

04 [사운드 하드웨어 테스트 마법사] 대화상자가 나타나면 [다음] 버튼을 클릭합니다.

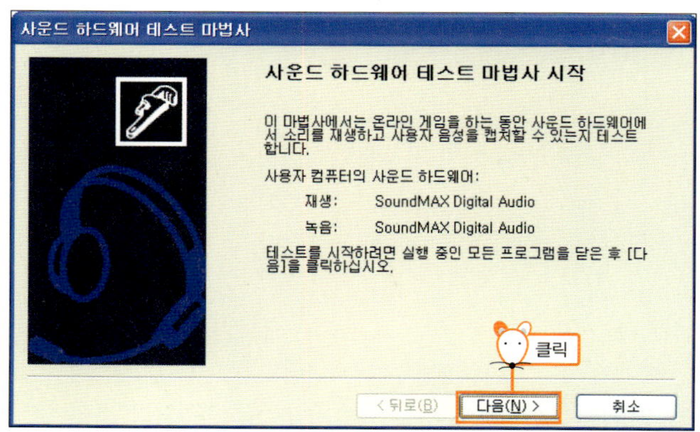

05 사운드 하드웨어 테스트를 위해 장치를 읽고 있습니다.

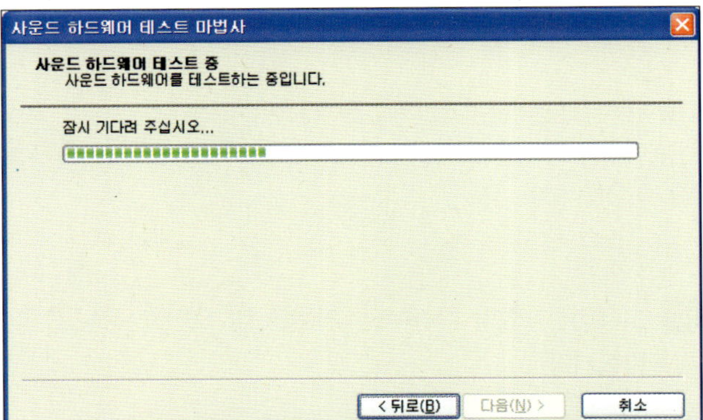

06 사운드 테스트를 마치면 마이크를 테스트하는 대화상자가 나타납니다. 대화상자의 설명대로 테스트를 합니다. 이상이 없으면 [다음] 버튼을 클릭합니다.

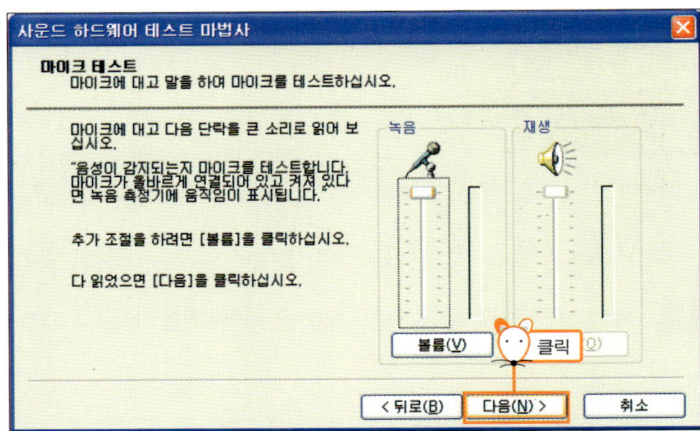

07 스피커를 테스트하는 대화상자가 나타납니다. 같은 방법으로 테스트한 후 [다음] 버튼을 클릭합니다.

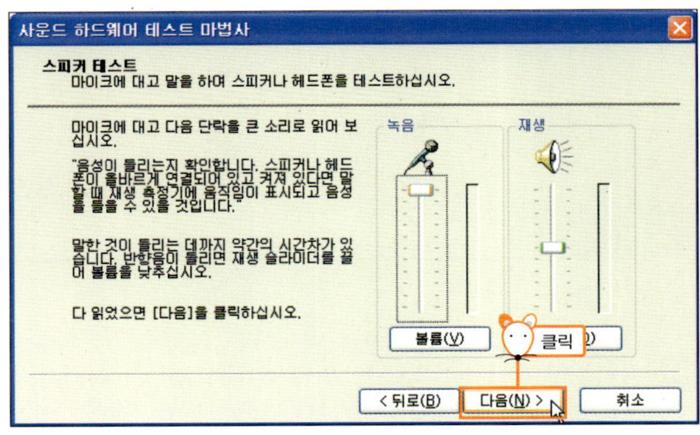

08 올바르게 작동되는지 확인한 후 [마침] 버튼을 클릭해서 종료합니다.

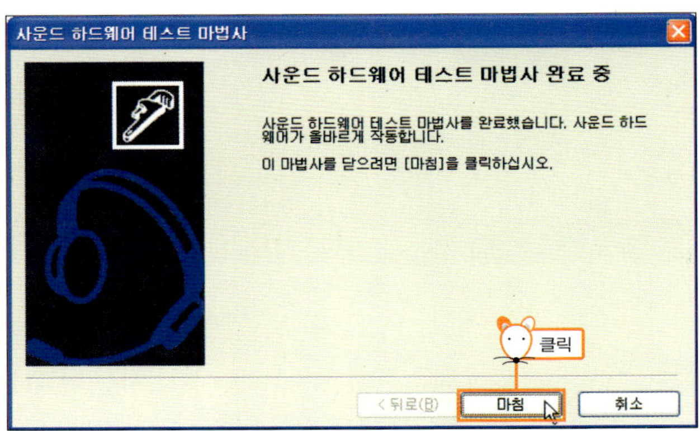

슬라이드 쇼에서 중요한 부분을 강조하는 잉크 표시하기

슬라이드에 삽입된 텍스트나 그림, 차트를 보면서 청중에게 더욱 강조시킬 수 있도록 슬라이드 쇼에서 표시를 할 수 있습니다. 이번 Lesson에서는 잉크를 이용해 중요한 부분에 강조나 동그라미 표시를 하고 잉크의 색을 변경하는 방법을 알아보겠습니다.

Lesson 40

예제 파일: Sample\Part 07\Photo Studio_4.pptx

1 3번 슬라이드를 선택한 후 Shift + F5 를 눌러 [슬라이드 쇼] 화면으로 전환합니다. 그런 다음 슬라이드 쇼 화면 아래에서 ✎을 클릭하고 [형광펜]을 클릭합니다.

2 강조하고 싶은 부분에 드래그해서 잉크 표시를 나타냅니다. 그런 다음 다시 ✎을 클릭하고 [사인펜]을 클릭합니다.

3 슬라이드 쇼에서 표시하고 싶은 곳을 드래그 하고 ✎을 클릭한 후 다시 [형광펜]을 클릭합 니다.

4 이번에는 형광펜의 색을 변경하기 위해 ✎을 클릭한 후 [잉크 색]에서 원하는 색상을 지정 합니다.

> **주목**
> 펜의 색을 바꾸기 위해서는 적용하고 싶은 펜을 선택해야 합니다. 색을 변경하고 다른 펜을 선택하면 적 용되지 않습니다.

5 원하는 부분에 드래그하면 형광펜의 색이 변 경된 것을 확인할 수 있습니다. 이번에는 잉크 를 지우기 위해 ✎을 클릭한 후 [지우개]를 클 릭합니다.

6 표시가 된 부분을 드래그하여 지웁니다. 모든 잉크를 삭제하고 싶다면 ✎을 클릭한 후 [슬라이드의 모든 잉크 삭제]를 클릭합니다.

> **주목**
> 슬라이드에 있는 모든 잉크를 삭제하려면 키보드의 E를 눌러도 됩니다.

7 슬라이드의 모든 잉크 표시가 삭제됩니다. 다시 ✎을 클릭하고 원하는 펜을 선택한 후 강조하고 싶은 부분을 드래그합니다. 여러 가지 펜과 색을 바꿔가면서 잉크 표시를 나타냅니다.

> **주목**
> 마우스 포인터를 펜으로 바꾸려면 Ctrl+P를, 펜을 마우스 포인터로 바꾸려면 Ctrl+A를 사용하면 됩니다.

8 잉크 표시를 마쳤으면 Esc를 눌러 슬라이드 쇼를 마칩니다.

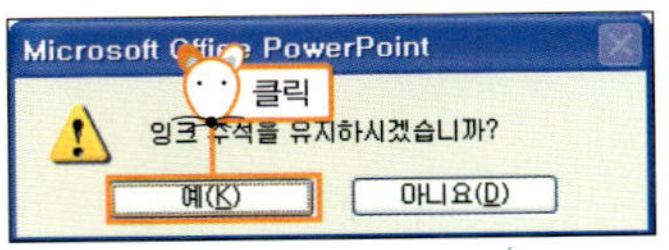

9 잉크 표시를 유지한 채 슬라이드를 마치면 잉크 주석을 유지할 것인지를 묻는 대화상자가 나타납니다. [예] 버튼을 클릭합니다.

10 슬라이드 편집 화면으로 전환됩니다. 잉크를 선택해 보면 그리기 개체로 전환된 것을 알 수 있습니다. 전환된 잉크 표시는 일반적인 도형처럼 사용할 수 있고 복사나 이동, 크기 조절 등을 가능합니다.

슬라이드 쇼 진행 전에 잉크 색 미리 설정하기

슬라이드 쇼를 진행하면서 원하는 잉크의 색을 변경할 수 있습니다 그러나 쇼 진행 중에 변경하는 것보다는 [쇼 설정] 대화상자에서 [펜 색]으로 잉크 색을 미리 지정하는 것이 좋습니다.

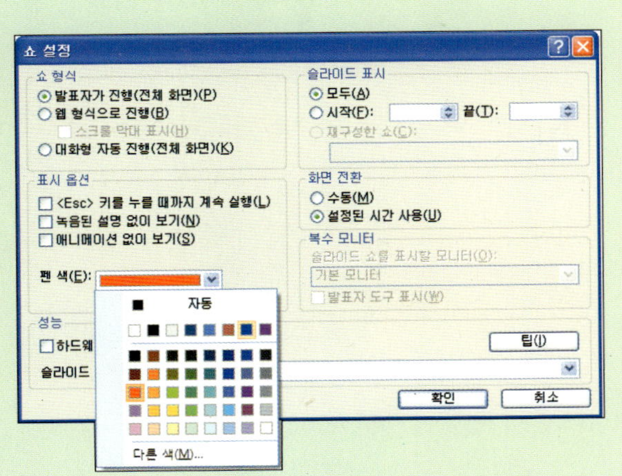

CD용 패키지 제작하고 폴더에 복사하기

프레젠테이션 파일을 제작할 때 용량이 큰 동영상 파일이나 소리 파일 등을 삽입해서 프레젠테이션을 제작할 수 있고 새롭게 글꼴을 설치해서 작업할 수도 있습니다. 그러나 완성된 프레젠테이션 파일을 무심코 저장하면 슬라이드에 삽입한 동영상 파일이나 글꼴들을 빠트릴 수 있습니다. 이렇게 저장하면 다른 컴퓨터에서는 동영상이 재생되지 않고, 글꼴도 기본 글꼴로 인식하게 됩니다. 제작된 프레젠테이션 문서를 제대로 인식하기 위해서는 [CD용 패키지]를 이용해야 합니다. [CD용 패키지] 메뉴는 슬라이드에 삽입된 모든 파일들과 글꼴 들을 하나로 묶어서 저장할 수 있고 파워포인트 뷰어도 같이 저장할 수 있기 때문에 아주 편리한 기능입니다.

CD용 패키지로 복사하기

동영상과 글꼴은 그림이나 차트, 그리기 개체와 다르게 프레젠테이션 문서로 포함되지 않고 저장이 됩니다. 이런 문제를 해결하기 위해서는 [CD용 패키지]를 이용하여 모든 동영상 파일과 사용한 글꼴을 저장해야 합니다.

01 공 CD를 CD-RW 드라이브에 삽입합니다. 그런 다음 [Office 단추]( )를 클릭하고 [게시]에서 [CD용 패키지]를 클릭합니다.

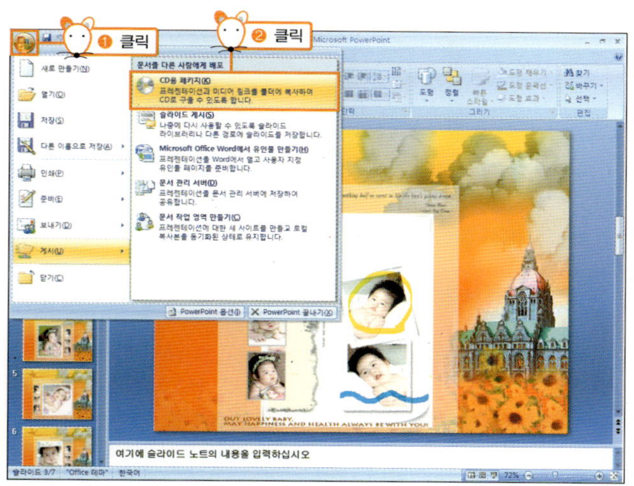

컴퓨터에 CD-RW가 설치되어 있지 않은 경우에는 [CD용 패키지] 메뉴를 사용할 수 없습니다.

02 [CD용 패키지] 대화상자가 나타나면 [CD 이름]에 '패키지 완성'을 입력합니다. [복사할 파일]에 현재 파워포인트 문서의 파일명을 확인할 수 있습니다. 다른 파일을 추가시키기 위해서는 [파일 추가] 버튼을 클릭합니다.

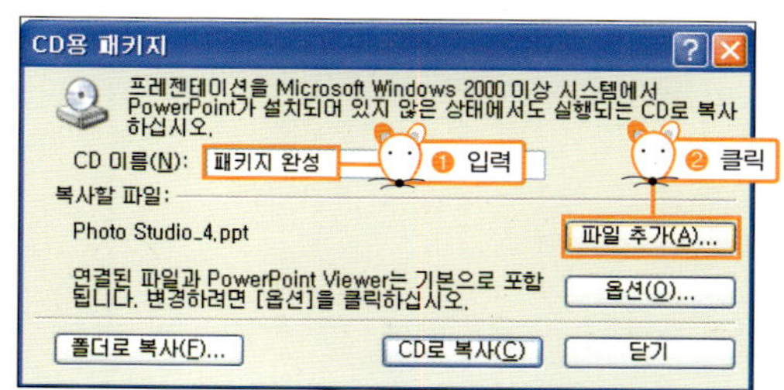

프레젠테이션 패키지를 폴더에 복사하기 위해서는 PowerPoint 97-2003 프레젠테이션 파일(*.ppt), 서식 파일(*.pot), 쇼 파일(*.pps)로 저장해야 합니다. 따라서 CD에 저장되는 파일 형식은 '*.pptx'에서 '*.ppt'로 자동으로 변경이 됩니다.

03 [파일 추가] 대화상자가 나타나면 추가할 폴더의 경로와 파일들을 선택한 후 [추가] 버튼을 클릭합니다.

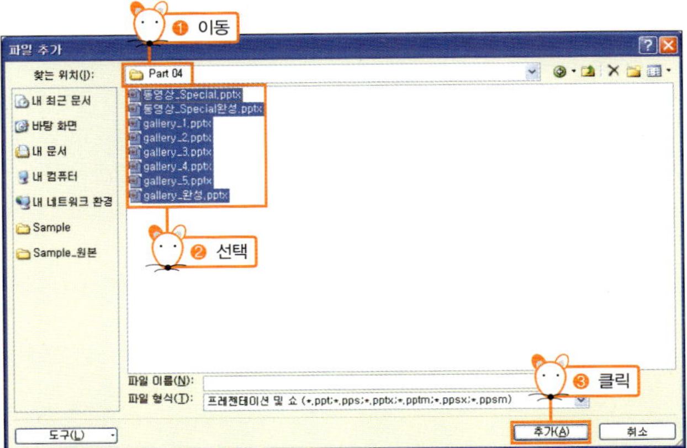

04 다시 [CD용 패키지] 대화상자가 나타나면 🔼 버튼과 🔽 버튼을 눌러 슬라이드의 순서를 조절합니다. 여기에서는 'galler4_완성.ppt' 파일이 가장 마지막에 실행될 수 있게 가장 아래로 이동시키고 [옵션] 버튼을 클릭했습니다.

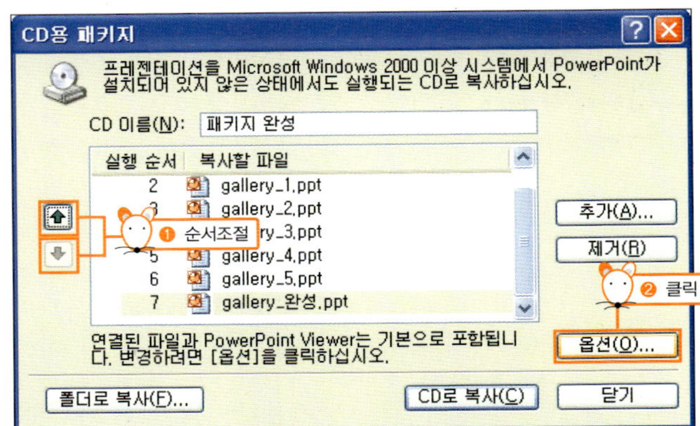

05 [옵션] 대화상자가 나타나면 [포함된 트루타입 글꼴]에 체크 표시한 후 [확인] 버튼을 클릭합니다.

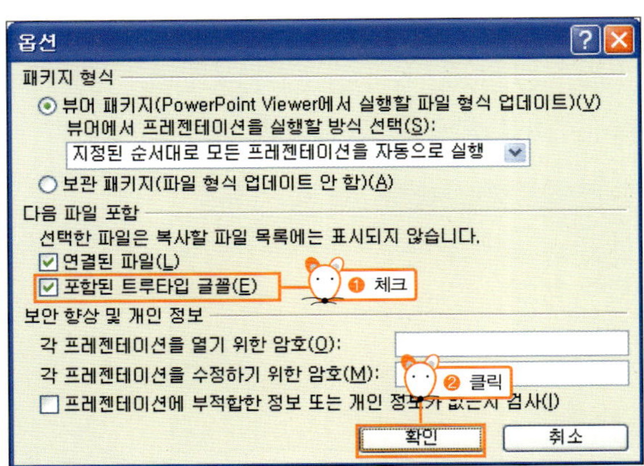

06 이제 복사할 준비를 마쳤으면 [CD로 복사] 버튼을 클릭합니다.

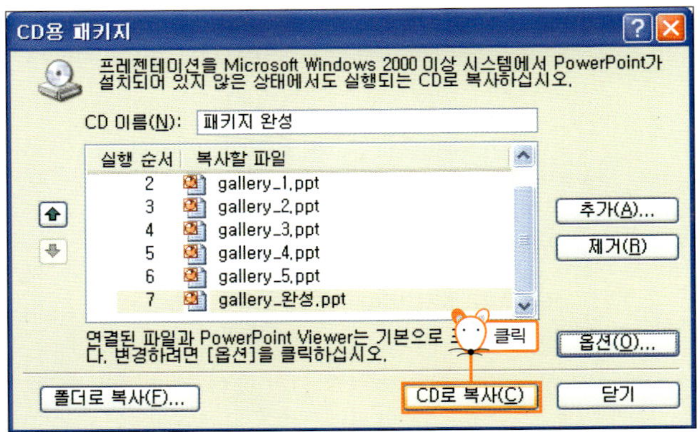

🔴 **주목**

[옵션] 대화상자의 [보안 향상 및 개인 정보]에서 CD에 복사될 파일의 암호를 설정할 수 있습니다.

🔴 **주목**

사용하고 있는 운영체제가 윈도우 XP 하위 버전이면 [CD로 복사] 버튼을 사용할 수 없습니다. 이런 문제를 해결하기 위해서는 [폴더로 복사] 버튼을 이용하여 CD용 패키지로 저장할 폴더를 지정합니다. 그런 다음 CD 레코딩 프로그램을 이용해서 공 CD에 저장하면 됩니다. [폴더로 복사] 기능은 378쪽을 참고하세요.

07 연결될 파일을 패키지에 포함시킬 것인지를 묻는 대화상자가 나타납니다. [예] 버튼을 클릭합니다.

08 슬라이드에 잉크 표시가 있을 경우에는 관련 대화상자가 나타납니다. [계속] 버튼을 클릭합니다.

09 [CD로 파일 복사] 대화상자가 나타나면서 선택한 파일들이 공 CD로 복사됩니다.

10 복사를 마치면 다른 CD에도 복사할 것인지를 묻는 대화상자가 나타납니다. 또 다른 복사 CD를 만들려면 [예] 버튼을, 마치려면 [아니요] 버튼을 클릭하면 됩니다. 여기에서는 [아니요] 버튼을 클릭합니다.

11 이제 CD용 패키지가 완성되었습니다. [CD용 패키지] 대화상자에서 [닫기] 버튼을 클릭합니다.

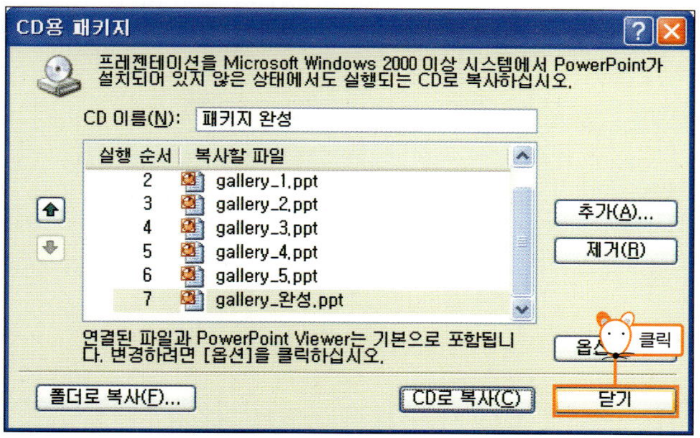

12 완성된 CD를 CD-ROM 드라이브에 넣습니다. 파워포인트 뷰어가 실행되면서 프레젠테이션이 실행됩니다.

주목

사용자 컴퓨터에 파워포인트 뷰어를 한 번도 실행한 적이 없는 상태에서 완성된 CD를 CD-ROM 드라이브에 넣으면 파워포인트 뷰어 사용권 계약 대화상자가 나타납니다. 사용권 계약 대화상자에서 [동의함] 버튼을 클릭해야만 파워포인트 뷰어를 사용할 수 있습니다. 앞에서 파워포인트 뷰어를 설치했기 때문에 자동으로 실행되는 것입니다.

12 윈도우 탐색기를 실행시켜 CD-ROM 드라이브를 열어
봅니다. 저장된 CD에 프레젠테이션 문서를 포함해서 동영상
파일과 소리 파일, 파워포인트 뷰어 등이 저장되어 있는 것을
확인할 수 있습니다.

폴더에 복사하기

사용자 컴퓨터에 CD-R이나 CD-RW가 없을 경우에는 먼저 내 컴퓨터의 폴더에 복사합니다. 파워포인트 파일
이외에 삽입된 동영상 파일이나 소리 파일들을 한꺼번에 복사해도 되지만 이런 경우 파워포인트 문서에 사용된
글꼴은 포함되지 않습니다. 따라서 파워포인트 문서에 포함된 모든 파일들을 저장할 경우에는 [CD용 패키지]
메뉴를 이용하는 것이 좋습니다.

01 [Office 단추]를 클릭하고 [게시]에서 [CD용 패키
지]를 클릭합니다. 그런 다음 [CD용 패키지] 대화상자에서
[폴더로 복사] 버튼을 클릭합니다.

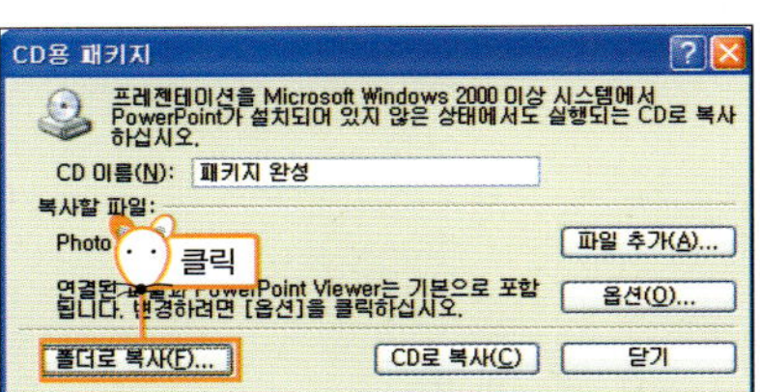

02 [폴더로 복사] 대화상자가 나타나면 [폴더 이름]에 '패
키지 완성'을 입력하고 [찾아보기] 버튼을 클릭합니다.

03 [위치 선택] 대화상자가 나타나면 저장될 위치를 지정
합니다. 여기에서는 'C 드라이브'를 지정하고 [선택] 버튼을
클릭했습니다.

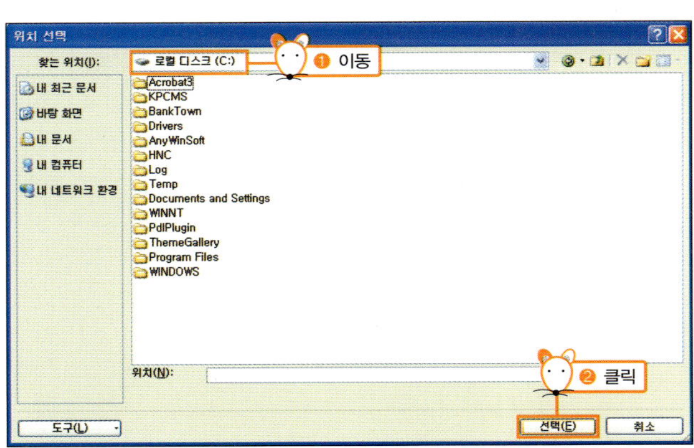

04 [폴더로 복사] 대화상자에 저장될 위치가 지정되었습니
다. [확인] 버튼을 클릭합니다.

05 복사를 마치면 윈도우 탐색기를 실행시켜 저장된 폴더로 이동합니다. 프레젠테이션 파일뿐만 아니라 관련 파일들도 함께 저장되어 있는 것을 알 수 있습니다.

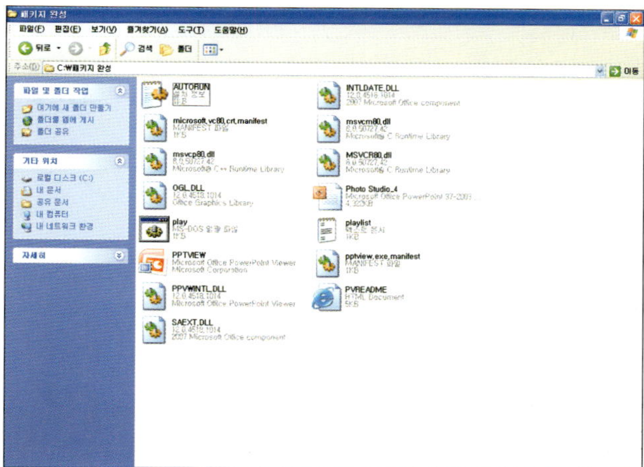

슬라이드 쇼에서 사용하는 단축키

❶ 다음 슬라이드로 이동하기 : 마우스로 슬라이드 쇼 화면 클릭, 마우스 오른쪽 버튼 메뉴의 [다음] 클릭, Enter, page down , Spacebar , V , → , ↓

❷ 이전 슬라이드로 이동하기 : 마우스 오른쪽 버튼 메뉴의 [이전] 클릭, page up , Back Space , P , ← , ↑

❸ 맨 처음 슬라이드로 이동하기 : Home

❹ 마지막 슬라이드로 이동하기 : End

❺ 원하는 슬라이드로 이동하기 : 슬라이드 번호+ Enter

❻ 슬라이드 마치기 : Esc , −

❼ 마우스 오른쪽 버튼으로 나타나는 메뉴 보기 : Shift + F10

❽ 전체 슬라이드 목록보기 : Ctrl + S

❾ 작업 표시줄 나타내기 : Ctrl + T

❿ 마우스 포인터 숨기기 : Ctrl + H

⓫ 마우스 포인터 펜으로 바꾸기/숨긴 마우스 포인터 다시 나타내기 : Ctrl + P

⓬ 마우스 포인터 화살표로 바꾸기/숨긴 마우스 포인터 다시 나타내기 : Ctrl + A

⓭ 잉크를 표시하거나 숨기기 : Ctrl + M

⓮ 마우스 포인터 숨기기/나타내기 : A , =

⓯ 슬라이드 쇼 화면을 일시적으로 어둡게 만들기 : B , .

⓰ 슬라이드 쇼 화면을 일시적으로 하얗게 만들기 : W , ,

⓱ 자동으로 진행되는 슬라이드 쇼를 일시적으로 중지하거나 실행시키기 : S , +

⓲ 화면의 주석 지우기 : E

⓳ 숨겨진 슬라이드로 이동하기 : H

⓴ 예행 연습 중에 새로운 시간 설정하기 : T

㉑ 예행 연습 중에 원래의 시간 사용하기 : O

㉒ 예행 연습 중에 마우스 클릭 사용하기 : M

Part
8

슬라이드 마스터로 쉽고 간단하게 프레젠테이션 제작하고 인쇄하기

보편적으로 프레젠테이션 문서는 동일한 메뉴와 구조를 가지고 있습니다. 파워포인트 2007의 [슬라이드 마스터]는 이러한 구조를 통해 한 번의 명령만으로 쉽고 빠르게 문서를 제작할 수 있게 도와줍니다. 슬라이드에 삽입되는 배경 이미지나 회사 로고, 텍스트의 서식, 슬라이드 번호 등을 미리 지정해 놓으면 작업 시간을 단축시킬 수 있습니다. 또한 발표자의 진행을 도와주는 슬라이드 노트 마스터와 청중에게 발표할 내용을 자료로 배포할 수 있도록 도와주는 유인물 마스터는 프레젠테이션의 도움을 주는 기능입니다. 이번 Part에서는 마스터의 종류와 화면 구성을 알아보고, 인쇄 방법에 대해 알아보겠습니다.

단숨에 제작하는 슬라이드 마스터와 인쇄 방법 알아보기

슬라이드 마스터는 흔히 말하는 템플릿과 같은 역할을 합니다. 몇 번의 작업으로 모든 슬라이드에 동일한 서식과 효과를 구현할 수 있다는 점에서 빠른 프레젠테이션 제작을 해야 하는 경우에는 유용하게 사용할 수 있습니다. 또한, 청중을 위한 유인물이나 컬러가 지원하지 않는 프린터에서 인쇄를 위해 몇 가지 인쇄 방법을 알아야 합니다.

슬라이드 마스터 제작하기

같은 작업을 반복해야 할 경우 마스터 페이지에서 작업하면 한 번에 해결됩니다. 예를 들어 회사 로고나 페이지 번호와 같이 모든 슬라이드에 적용되는 메뉴라면 마스터 페이지에서 작업했을 경우 한 번만 작업해도 모든 슬라이드에 적용되기 때문에 매우 편리한 기능입니다.

● 마스터 영역으로 이동하기

- [보기] 탭에서 [슬라이드 마스터 보기]를 클릭합니다.
- 슬라이드 편집 화면 아래에 있는 Shift +[기본](□)을 클릭합니다.

● 슬라이드 크기와 방향을 조절하는 [페이지 설정] 대화상자 알아보기

- [디자인] 탭에서 [페이지 설정](□)을 클릭하면 슬라이드의 크기와 방향을 조절할 수 있는 [페이지 설정] 대화상자가 나타납니다. [슬라이드 크기]에서 원하는 슬라이드의 크기를 지정할 수 있고 [방향]에서 슬라이드나 슬라이드 노트, 유인물 등의 방향을 지정할 수 있습니다.

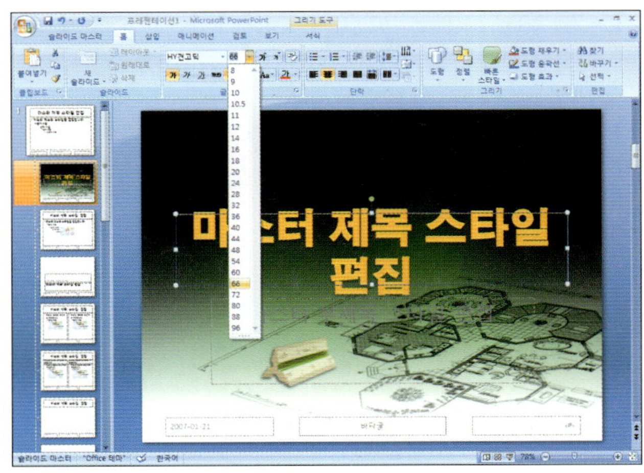

슬라이드 마스터에서 글꼴 크기 지정하기

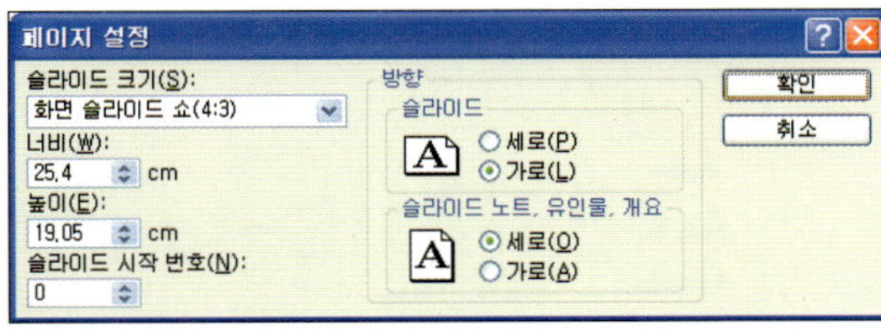

인쇄를 위한 페이지 설정하기

슬라이드 마스터 저장하고 적용시키기

힘들게 만들어 놓은 마스터를 한 번만 쓰고 버릴 수는 없겠지요? 앞에서 작업한 슬라이드 마스터를 원하는 형식으로 저장한 후 새로운 프레젠테이션에 적용시켜 계속해서 사용할 수 있도록 등록을 시킬 수 있습니다.

● PowerPoint 서식 파일로 저장하기

- [Office 단추]( )를 클릭한 후 [다른 이름으로 저장]-[다른 형식]을 클릭합니다. [다른 이름으로 저장] 대화상자가 나타나면 [파일 형식]을 'PowerPoint 서식 파일' 로 지정하고 파일명을 입력한 후 [저장] 버튼을 클릭하면 됩니다.

● [테마] 파일로 저장하기

- [디자인] 탭에서 [테마]의 [자세히]( )를 클릭하고 [현재 테마 저장]을 클릭합니다. [현재 테마 저장] 대화상자가 나타나면 [파일 이름]에 원하는 파일명을 지정하고 [저장] 버튼을 클릭하면 됩니다.

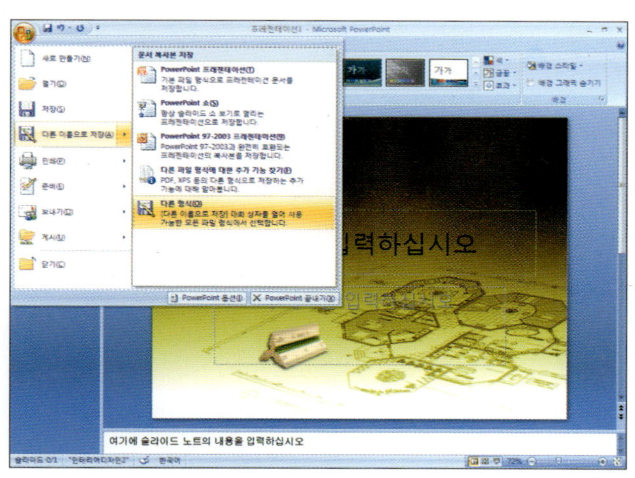

다른 형식으로 저장하기

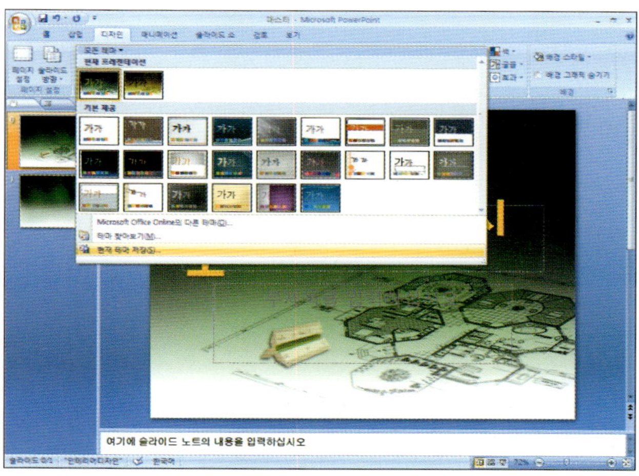

[테마] 파일로 저장하기

슬라이드 노트 마스터와 유인물 마스터 제작하기

프레젠테이션을 진행하는 발표자를 위해서 파워포인트에서는 슬라이드 노트 마스터라는 기능이 있습니다. 필요한 설명을 입력하고 설명할 수 있도록 도와줍니다. 또한, 프레젠테이션을 내용을 청중에 미리 알려줄 수 있도록 유인물을 통해 배포할 수 있습니다.

● 슬라이드 노트 마스터 영역으로 이동하기

- [보기] 탭에서 [슬라이드 노트 마스터 보기]( )를 클릭합니다.

● 유인물 노트 마스터 영역으로 이동하기

• [보기] 탭에서 [유인물 마스터 보기]( )를 클릭합니다.

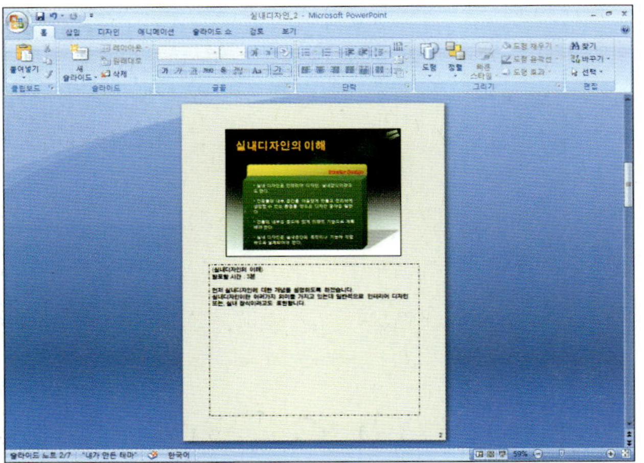

슬라이드 노트 마스터 영역으로 이동하기

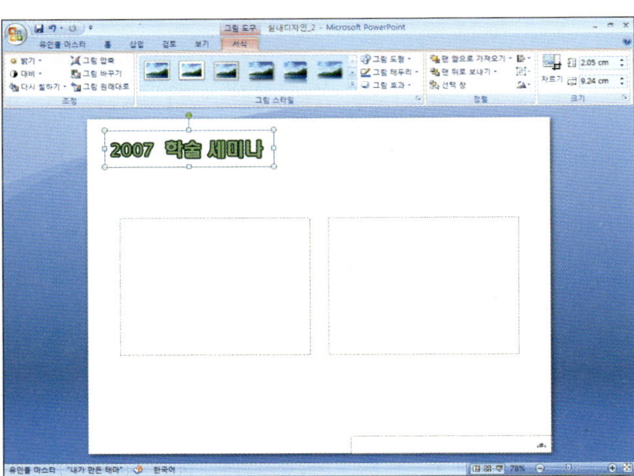

유인물 노트 마스터 영역으로 이동하기

 여러 가지 인쇄 방법 알아보기

슬라이드와 유인물의 인쇄 방법은 다르게 설정해야 합니다. 또한, 필요한 경우에는 원하는 슬라이드를 인쇄할 수 있어야 하고, 컬러를 지원하지 않는 프린터라면 흑백이나 회색조로 변경해서 인쇄하는 것이 좋습니다.

• [Office 단추]( )를 클릭하고 [인쇄]를 클릭합니다.

• 단축키는 Ctrl + P 를 사용합니다.

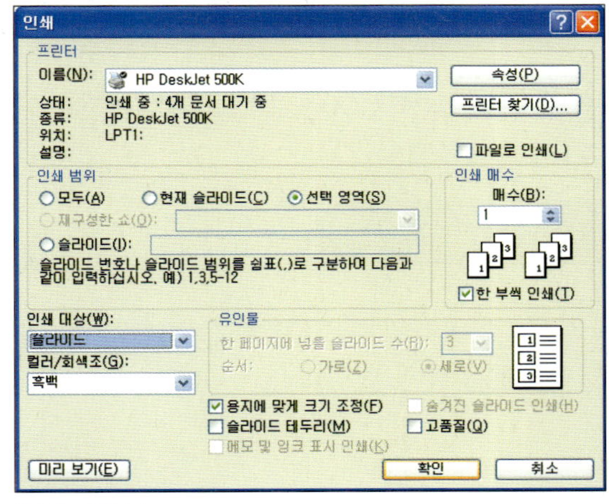

[인쇄] 대화상자

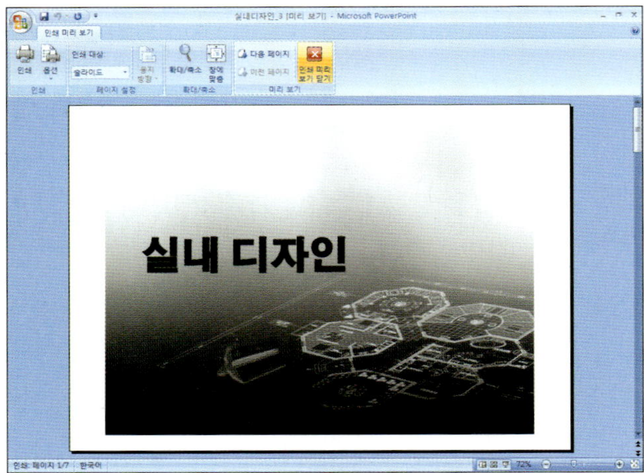

흑백으로 변경된 슬라이드

일사천리로 슬라이드 제작을 위한 슬라이드 마스터 활용하기

모든 슬라이드는 동일한 스타일로 만들어져야 합니다. 각각의 슬라이드가 전혀 다른 형태를 가지고 있다면 매우 산만해 보일 것입니다. 마찬가지로 회사 로고나 제목, 글꼴의 위치와 크기 등도 동일하게 만들어져야 합니다. 이번 Lesson에서는 한 장의 슬라이드에 작업한 것을 모든 슬라이드에 적용할 수 있게 해주는 슬라이드 마스터 제작 방법에 대해 알아보겠습니다.

● 예제 파일: Sample\Part 08\실내디자인_1.pptx

따라해 보세요

제목 슬라이드 레이아웃 마스터 제작하기

● 슬라이드 마스터 페이지로 전환하여 배경에 이미지를 삽입하고 WordArt를 이용해서 제목 슬라이드 레이아웃 마스터를 제작합니다.

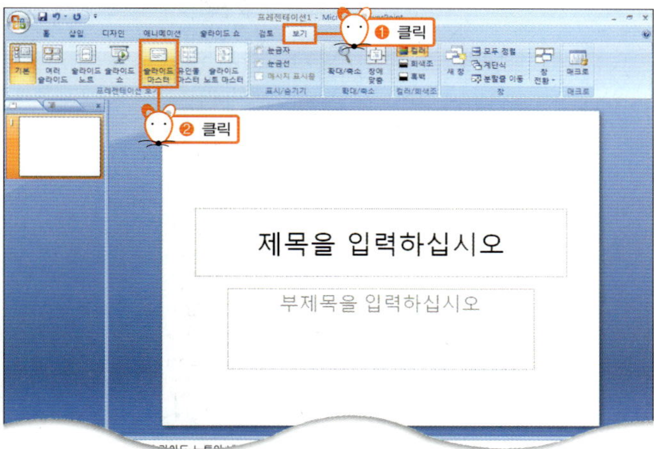

1 파워포인트를 실행시킨 후 새 파일에서 슬라이드 마스터 페이지를 만들어 보겠습니다. [보기] 탭에서 [슬라이드 마스터 보기]( )를 클릭합니다.

> **주목**
> [슬라이드 마스터]( )의 단축키는 Shift +[기본]( )입니다.

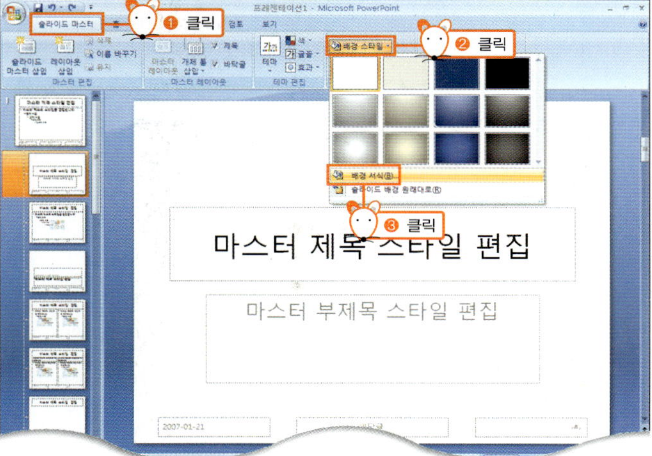

2 [슬라이드 마스터] 페이지로 이동됩니다. [슬라이드 마스터] 탭에서 [배경 스타일]( )을 클릭하고 [배경 서식]을 클릭합니다.

> **주목**
> 슬라이드 영역을 마우스 오른쪽 버튼으로 클릭한 후 나타나는 메뉴에서 [배경 서식]을 클릭해도 됩니다.

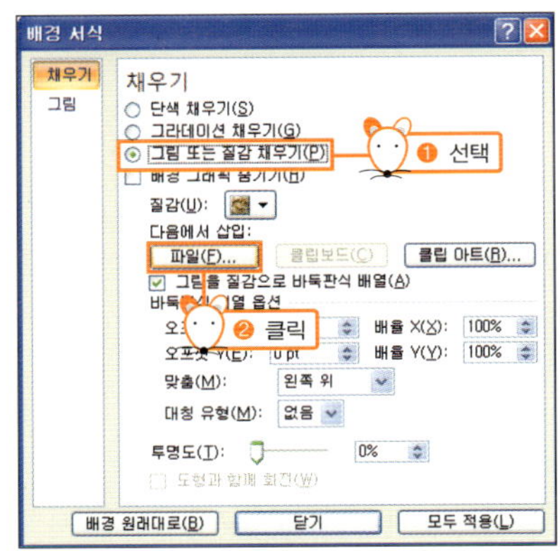

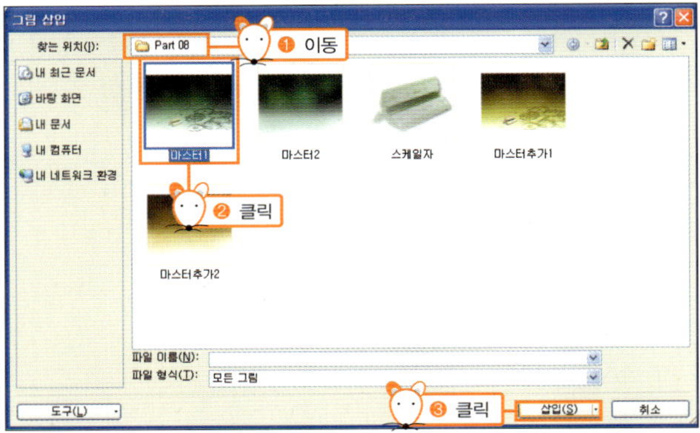

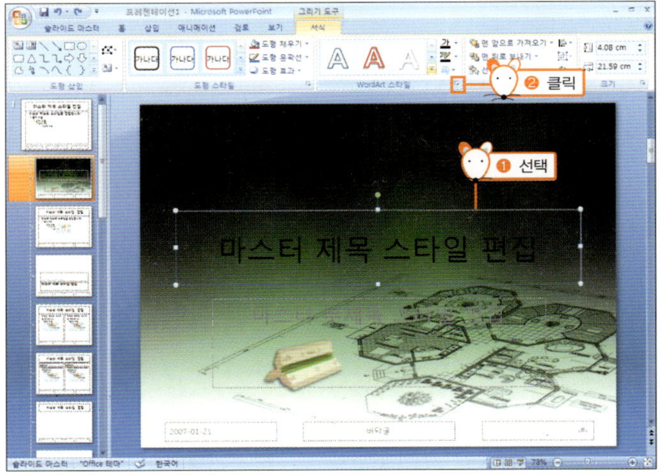

---

3 [배경 서식] 대화상자가 나타나면 [채우기] 탭에서 [그림 또는 질감 채우기]를 선택한 후 [파일] 버튼을 클릭합니다.

4 [그림 삽입] 대화상자가 나타나면 'Sample\Part 08\마스터1.jpg' 파일을 클릭한 후 [삽입] 버튼을 클릭합니다. 다시 [배경 서식] 대화상자에서 [닫기] 버튼을 클릭합니다.

> **주목**
> [모두 적용] 버튼을 클릭하면 모든 슬라이드 레이아웃에 삽입된 이미지가 적용됩니다.

5 제목 슬라이드 레이아웃에 배경이 적용됩니다. [WordArt 스타일]을 적용하기 위해서 제목 텍스트 상자를 선택하고 [그리기 도구]의 [서식] 탭을 클릭합니다. 그런 다음 [WordArt 스타일]의 [자세히](⊡)를 클릭합니다.

> **주목**
> 텍스트 상자에 글꼴을 적용하는 방법은 WordArt를 적용하는 방법 외에도 기본적으로 일반 글꼴을 적용하는 방법과 [슬라이드 마스터] 탭의 [색](■)이나 [글꼴](가) 등을 이용해서 변경하는 방법이 있습니다.

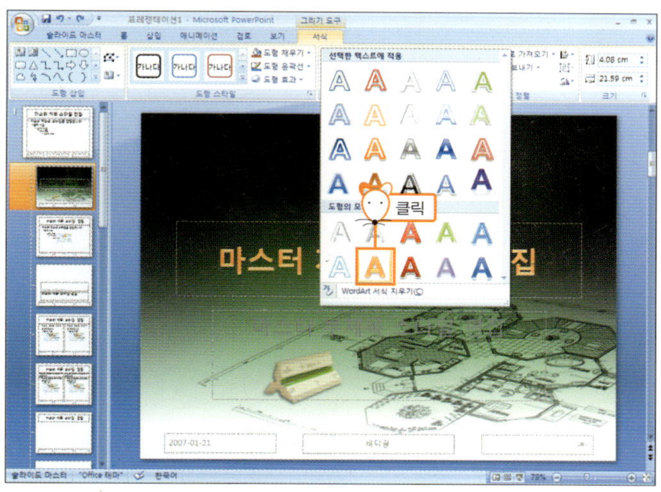

6 [WordArt 스타일] 목록이 나타나면 '채우기 – 강조 6, 부드러운 무광택 입체'를 클릭합니다.

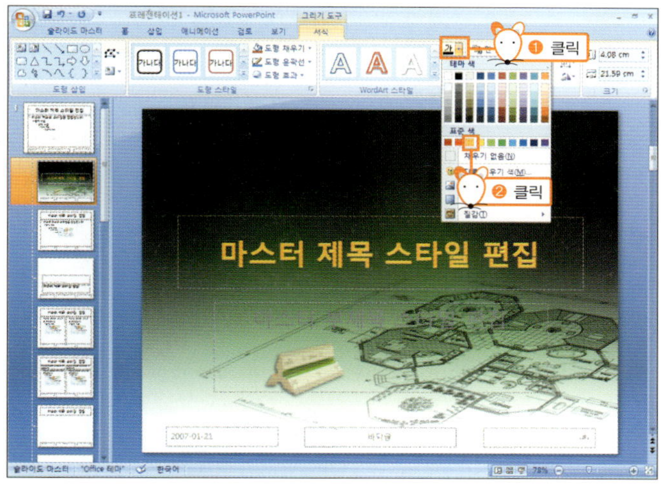

7 텍스트 상자에 WordArt 스타일이 적용됩니다. 이번에는 색을 변경하기 위해서 [텍스트 채우기](가)를 클릭한 후 [표준 색]에서 '주황'을 클릭합니다.

8 WordArt의 색이 변경되면 글꼴과 크기를 변경하기 위해서 [홈] 탭을 클릭한 후 속성을 지정하여 제목 슬라이드 레이아웃 마스터 페이지를 완성합니다.

❶ [글꼴]은 'HY견고딕'으로 지정합니다.
❷ [글꼴 크기]는 '66pt'로 지정합니다.

Office 테마 슬라이드 마스터로
슬라이드 제작하기

● 제목 슬라이드와 다른 배경의 이미지를 삽입하고 페이지 번호를 삽입해서 제목 슬라이드와 다른 Office 테마 슬라이드 마스터를 제작해 보겠습니다.

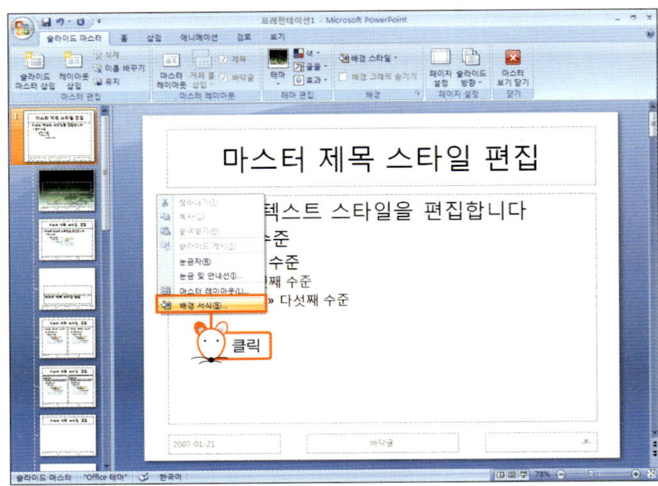

1 왼쪽에서 [Office 테마 슬라이드 마스터]를 클릭합니다. 그런 다음 슬라이드 영역을 마우스 오른쪽 버튼으로 클릭한 후 나타나는 메뉴의 [배경 서식]을 클릭합니다.

> **주목**
> 파워포인트 2007의 [슬라이드 마스터]에서는 이전 버전과는 달리 각각의 슬라이드 레이아웃에 다른 이미지나 글꼴의 효과를 적용시킬 수 있게 되었습니다. [Office 테마 슬라이드 마스터]에 이미지를 삽입하거나 적용시키면 모든 슬라이드 레이아웃에 적용되지만, 원하는 레이아웃을 선택하고 효과를 적용하면 개별적인 레이아웃의 슬라이드 마스터를 제작할 수 있습니다.

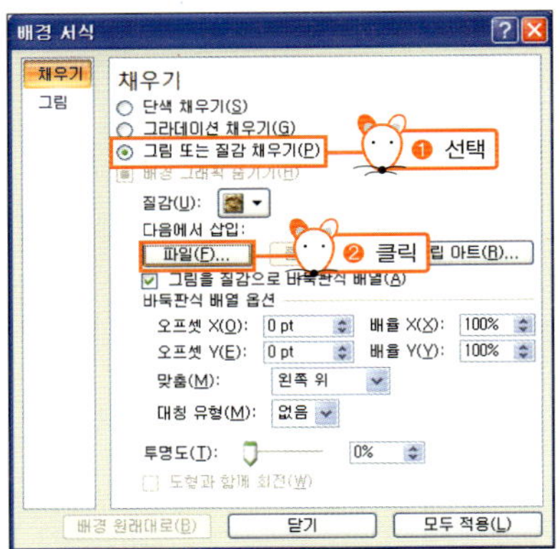

2 [배경 서식] 대화상자가 나타나면 [채우기] 탭에서 [그림 또는 질감 채우기]를 선택하고 [파일] 버튼을 클릭합니다.

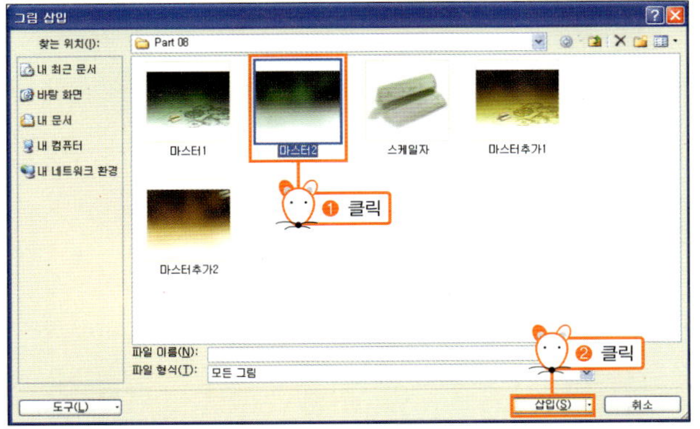

3 [그림 삽입] 대화상자가 나타나면 'Sample\Part 08\마스터2.jpg' 파일을 클릭한 후 [삽입] 버튼을 클릭합니다. 다시 [배경 서식] 대화상자에서 [닫기] 버튼을 클릭합니다.

> **주목**
> [모두 적용] 버튼을 클릭하면 이미 만들어 놓은 제목 슬라이드 레이아웃에도 새롭게 삽입한 이미지가 적용되므로 반드시 [닫기] 버튼을 클릭합니다.

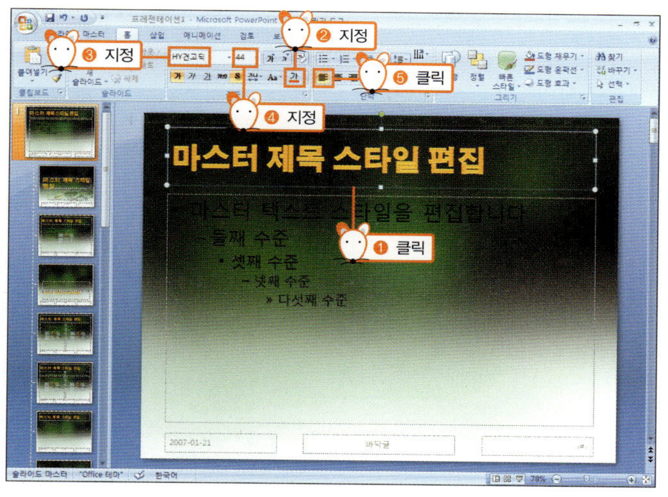

4 모든 슬라이드 레이아웃에 배경이 삽입됩니다. 이번에는 제목 텍스트 상자에도 동일한 스타일의 WordArt를 삽입하고 텍스트의 서식을 지정합니다.

❶ [WordArt 스타일] 목록에서 '채우기 – 강조 6, 부드러운 무광택 입체'를 클릭합니다.
❷ 제목 텍스트 상자의 색을 '주황'으로 지정합니다.
❸ [글꼴]은 'HY견고딕'을 지정합니다.
❹ [글꼴 크기]는 '44pt'로 지정합니다.
❺ 텍스트의 정렬은 [텍스트 왼쪽 맞춤](▤)을 적용시킵니다.

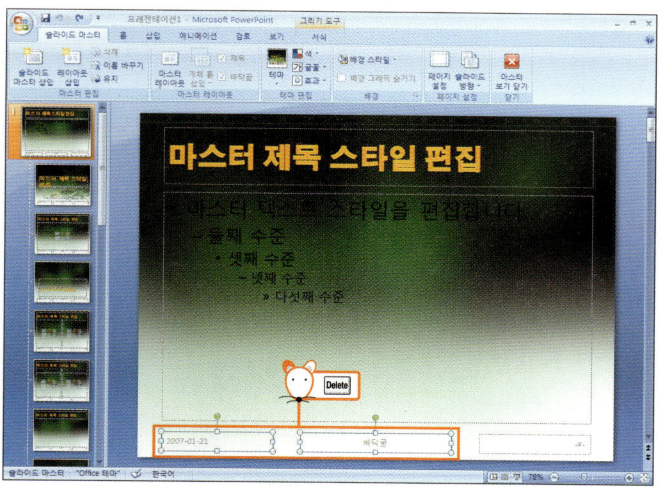

5 이번에는 슬라이드에 페이지 번호를 삽입해 보겠습니다. 먼저 사용하지 않는 [날짜 및 시간] 텍스트 상자와 [바닥글] 텍스트 상자를 선택한 후 Delete 를 눌러 삭제합니다.

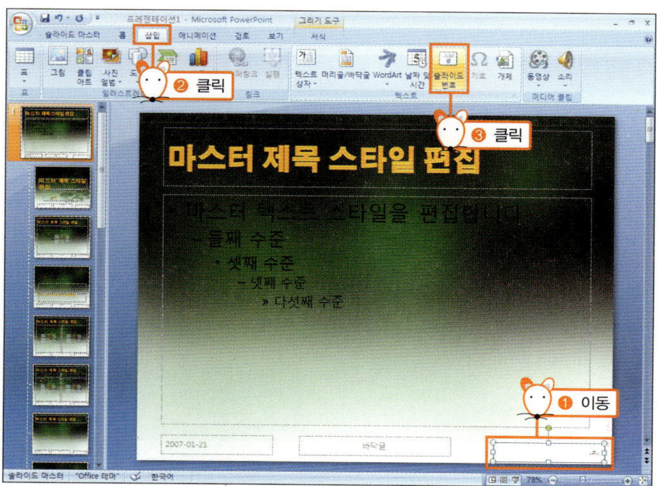

6 다음과 같이 오른쪽 [번호] 텍스트 상자를 선택한 후 이동시킵니다. 그런 다음 [삽입] 탭에서 [슬라이드 번호 삽입](#)을 클릭합니다.

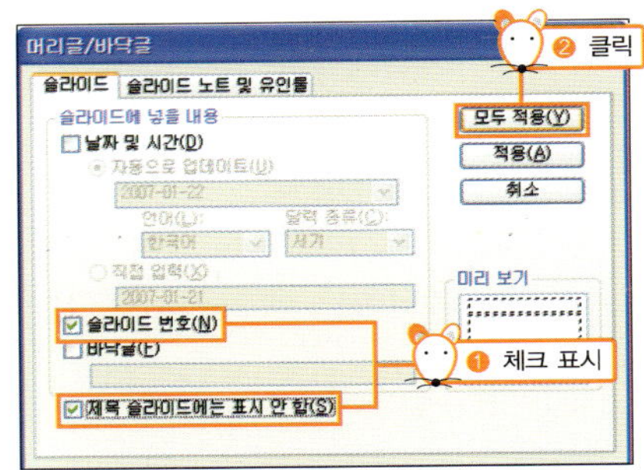

7 [머리글/바닥글] 대화상자가 나타나면 [슬라이드 번호]와 [제목 슬라이드에는 표시 안 함]에 체크 표시를 하고 [모두 적용] 버튼을 클릭합니다.

주목

슬라이드 번호를 삽입할 때 [제목 슬라이드에는 표시 안 함]에 체크 표시를 하지 않으면 제목 슬라이드부터 번호가 삽입됩니다. 일반적으로 제목 슬라이드에는 번호를 삽입하지 않으므로 체크 표시를 하는 것이 좋습니다.

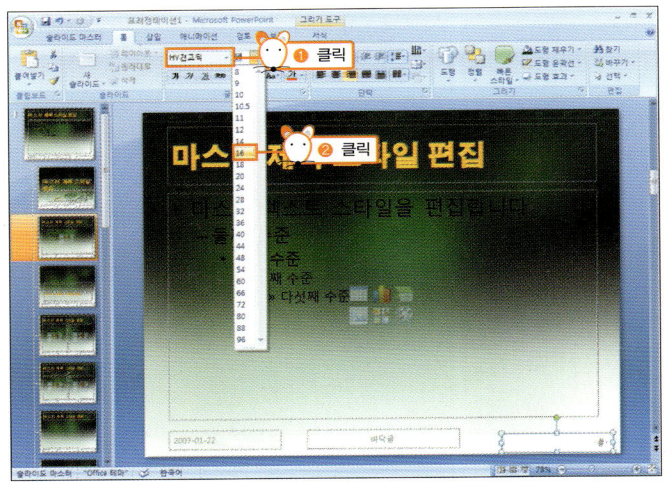

8 삽입된 번호는 나중에 확인하기로 하고 먼저, [번호] 텍스트 상자의 글꼴과 글꼴 크기를 지정합니다.

❶ [글꼴]은 'HY견고딕'으로 지정합니다.
❷ [글꼴 크기]는 '16'으로 지정합니다.

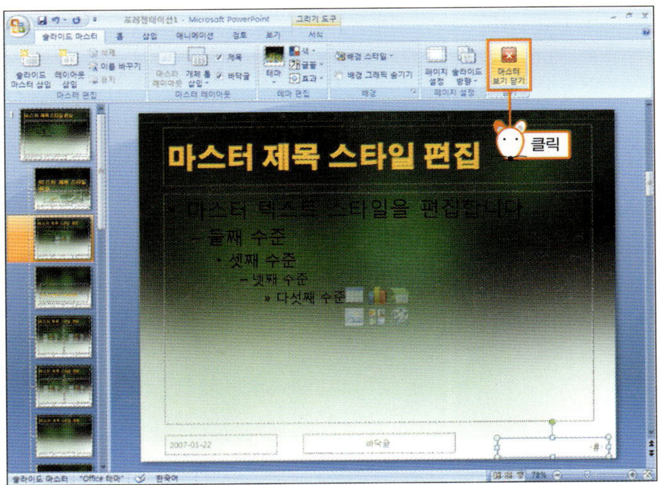

9 이제 번호가 삽입되는지 확인하기 위해 [슬라이드 마스터] 탭에서 [마스터 보기 닫기](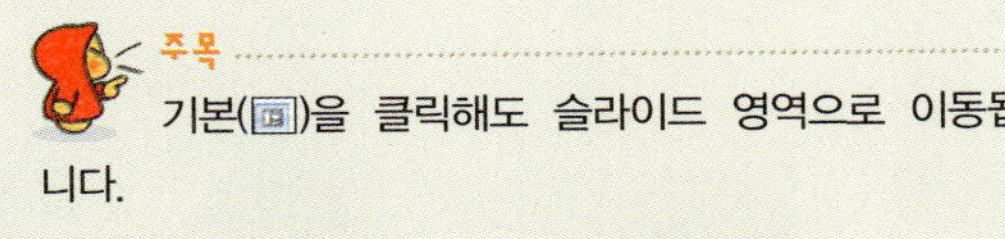)를 클릭합니다.

주목

기본()을 클릭해도 슬라이드 영역으로 이동됩니다.

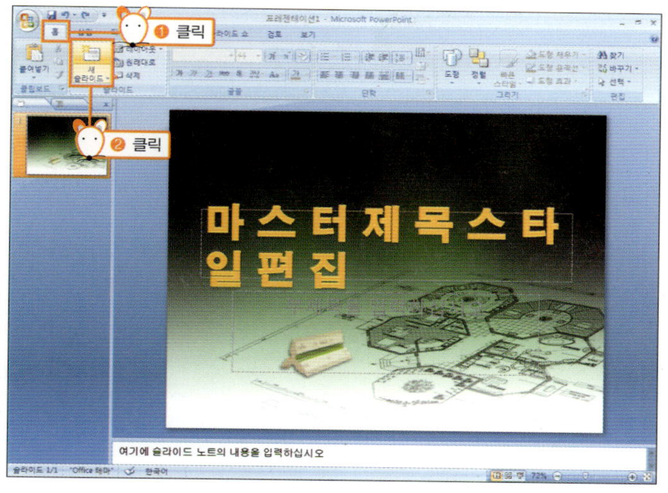

10 슬라이드 영역으로 이동됩니다. 제목 슬라이드에 슬라이드 마스터에서 삽입한 배경과 WordArt 텍스트 상자가 적용되어 있습니다. 그러나 슬라이드 번호는 나타나지 않습니다. 슬라이드 번호를 확인하기 위해 [홈] 탭에서 [새 슬라이드]( )를 클릭합니다.

11 슬라이드가 삽입되면 F5 를 눌러 확인합니다. 2번 슬라이드에 슬라이드 마스터에서 적용한 배경과 슬라이드 번호가 삽입되어 있는 것을 확인할 수 있습니다. Esc 를 누릅니다.

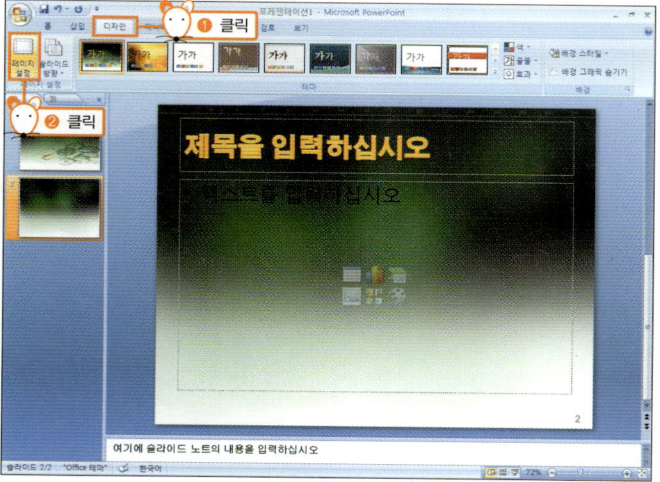

12 슬라이드 번호를 확인해 보니 문제가 있는 것을 알 수 있습니다. 제목 슬라이드에는 번호를 나타나지 않게 지정하여 다른 슬라이드부터 1번으로 표시하도록 해야 합니다. 그러나 지금은 1번이 아닌 2번으로 표시되어 있습니다. 이런 문제를 해결하기 위해서 [디자인] 탭에서 [페이지 설정]( )을 클릭합니다.

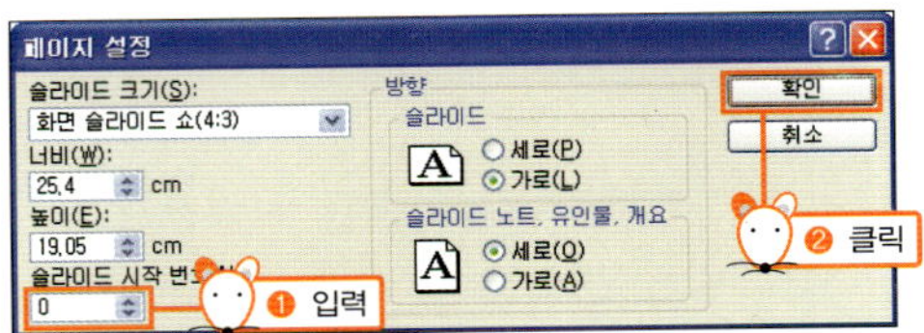

13 [페이지 설정] 대화상자가 나타나면 [슬라이드 시작 번호]를 '0' 번으로 지정한 후 [확인] 버튼을 클릭합니다.

14 [F5]를 눌러 확인합니다. 이제 2번 슬라이드에 1번으로 슬라이드 번호가 표시되는 것을 알 수 있습니다. 이렇게 [페이지 설정] 대화상자에서 [슬라이드 시작 번호]를 '0' 번으로 지정해 놓으면 제목 슬라이드는 0번 다음 슬라이드는 1번으로 표시됩니다. 다음 작업을 위해 [Esc] 누릅니다.

슬라이드 크기와 방향을 조절하는 [페이지 설정] 대화상자 알아보기

[디자인] 탭에서 [페이지 설정]([ ])을 클릭하면 슬라이드의 크기와 방향을 조절할 수 있는 [페이지 설정] 대화상자가 나타납니다. [슬라이드 크기]에서 원하는 슬라이드의 크기를 지정할 수 있고 [방향]에서 슬라이드나 슬라이드 노트, 유인물 등의 방향을 지정할 수 있습니다.

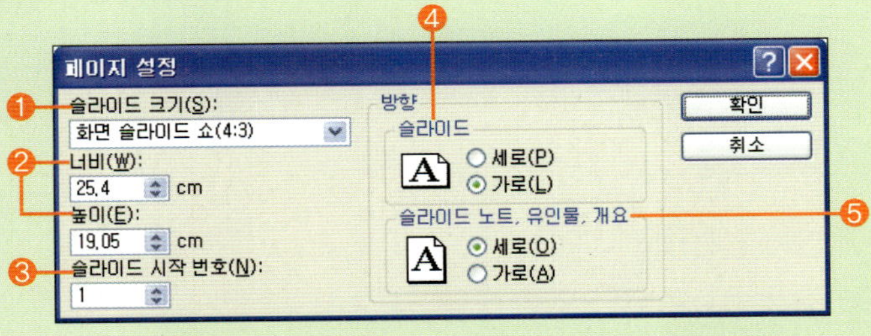

① **슬라이드 크기** : A3나 A4 등의 여러 크기의 슬라이드를 선택할 수 있습니다.

② **너비/높이** : 슬라이드의 가로와 세로 크기를 사용자가 임의로 설정할 수 있습니다.

③ **슬라이드 시작 번호** : 슬라이드가 시작되는 번호를 사용자가 임의로 지정할 수 있습니다.

④ **방향** : 슬라이드의 방향을 가로나 세로로 선택할 수 있습니다.

⑤ **슬라이드 노트, 유인물, 개요** : 슬라이드 노트, 유인물, 개요의 방향을 가로나 세로로 선택할 수 있습니다.

개별적으로 슬라이드
레이아웃 마스터 제작하기

● [Office 테마 슬라이드 마스터]에서 배경이나 효과 등을 적용하면 모든 슬라이드 레이아웃에 적용됩니다. 그러나 파워포인트 2007에서는 필요한 슬라이드 레이아웃에 원하는 효과를 적용시킬 수 있습니다.

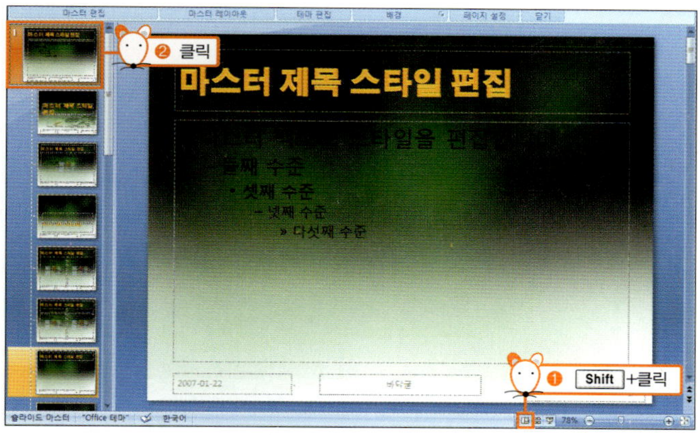

1 `Shift`+[기본]()을 눌러 [슬라이드 마스터]로 이동합니다. 그런 다음 [제목만 레이아웃]을 클릭합니다.

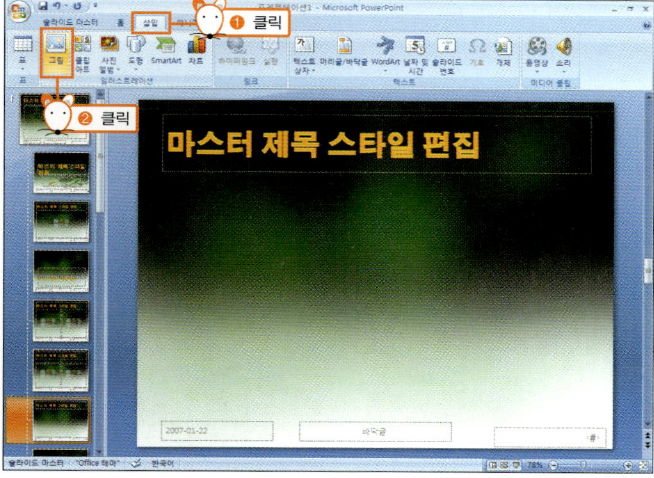

2 [제목만 레이아웃]으로 전환되면 [삽입] 탭에서 [파일에서 그림 삽입]()을 클릭합니다.

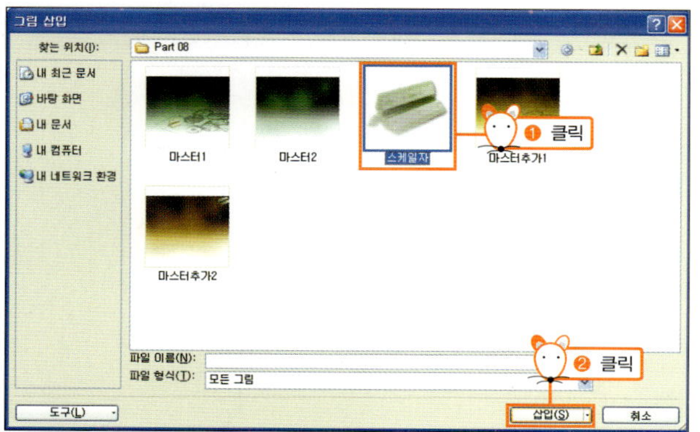

3 [그림 삽입] 대화상자가 나타나면 'Sample\Part 08\스케일자.png' 파일을 클릭한 후 [삽입] 버튼을 클릭합니다.

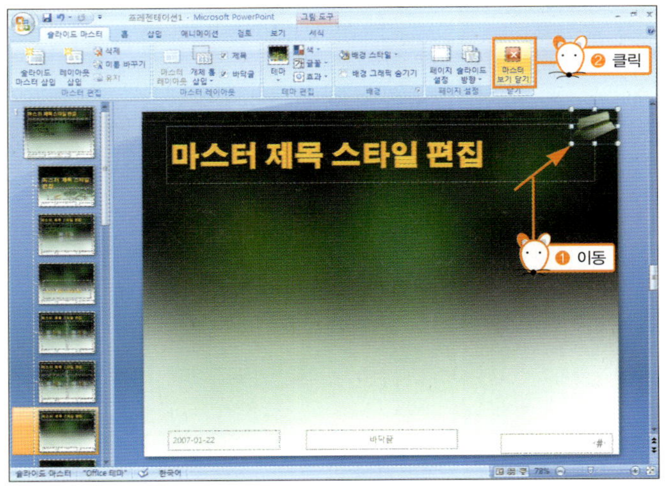

4 [Office 테마 슬라이드 마스터]와 다르게 전체 레이아웃이 아닌 [제목만 레이아웃]에만 이미지가 삽입됩니다. 그림과 같이 위치를 이동시키고 크기를 조절한 후 [마스터 보기 닫기](☒)를 클릭합니다.

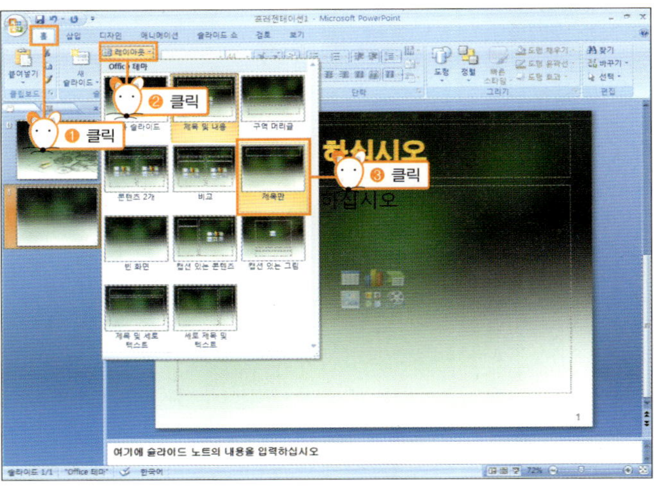

5 슬라이드 영역에서 확인하면 삽입한 이미지가 나타나지 않습니다. 그 이유는 이미지는 [제목만 레이아웃]에서 삽입한 상태에서 현재 슬라이드는 [제목 및 내용] 슬라이드 레이아웃이기 때문입니다. 확인을 위해 슬라이드 레이아웃을 변경해 보겠습니다. [홈] 탭에서 [레이아웃](▦)을 클릭한 후 [제목만] 레이아웃을 클릭합니다.

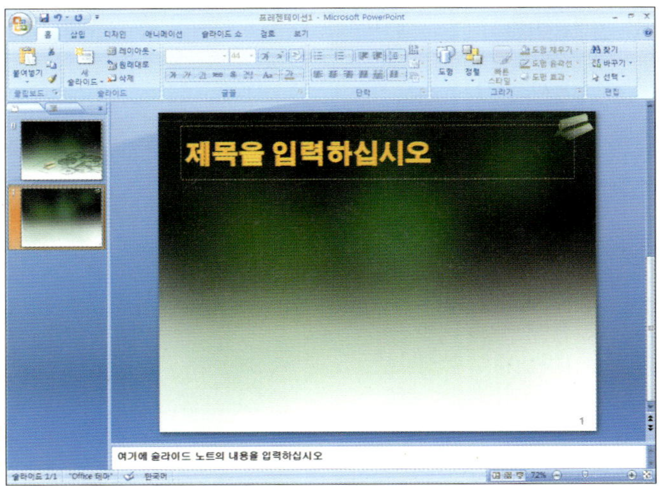

6 레이아웃이 변경되면서 이미지가 나타나는 것을 알 수 있습니다. 이와 같이 각각의 레이아웃 특성에 맞는 마스터 페이지를 제작할 수 있습니다.

마스터에 새로운 마스터 추가하기

하나의 디자인 서식 파일에 다른 스타일의 마스터를 추가로 삽입해서 제작할 수 있습니다. 현재 만들어 놓은 마스터 이외에 추가로 마스터를 삽입하여 배경으로 사용할 수 있고 다른 글꼴이나 효과 등을 적용시킬 수 있습니다. 이렇게 만든 디자인 서식 파일을 다른 프레젠테이션 파일에 적용하면 하나의 파일 속에서 여러 스타일을 지정할 수 있게 됩니다.

01 슬라이드 마스터 영역으로 이동한 후 [슬라이드 마스터] 탭에서 [새 슬라이드 마스터 삽입](📁)을 클릭합니다.

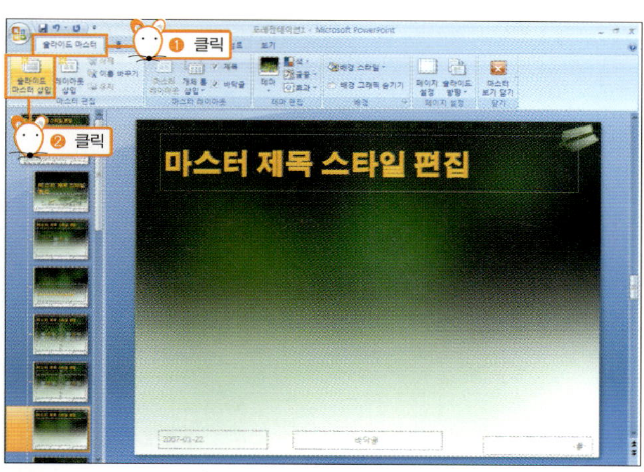

02 삽입된 마스터 슬라이드를 마우스 오른쪽 버튼으로 클릭한 후 나타나는 메뉴에서 [배경 서식]을 클릭합니다.

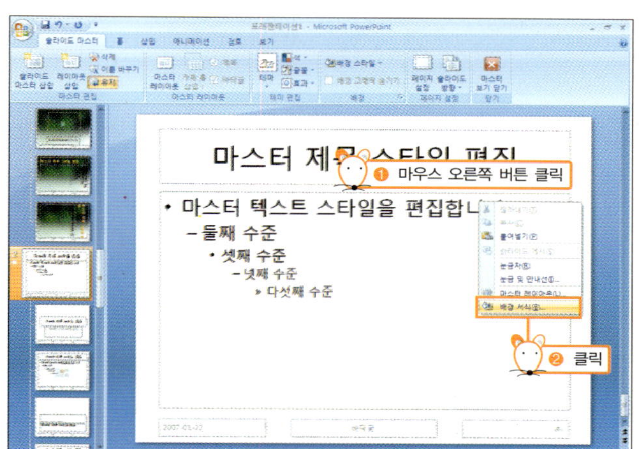

주목

슬라이드 마스터 영역에서 Ctrl + M 을 눌러도 새로운 마스터를 삽입할 수 있습니다.

03 [배경 서식] 대화상자가 나타나면 [채우기] 탭에서 [파일] 버튼을 클릭합니다.

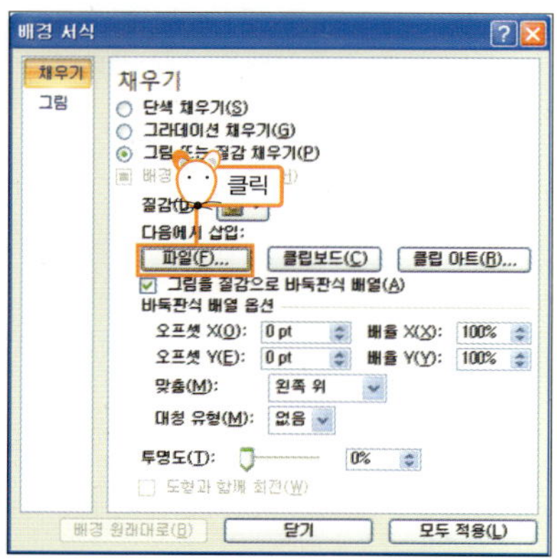

04 [그림 삽입] 대화상자가 나타나면 'Sample\Part 08\마스터추가2.jpg' 파일을 클릭한 후 [삽입] 버튼을 클릭합니다. 다시 [배경 서식] 대화상자에서 [닫기] 버튼을 클릭합니다.

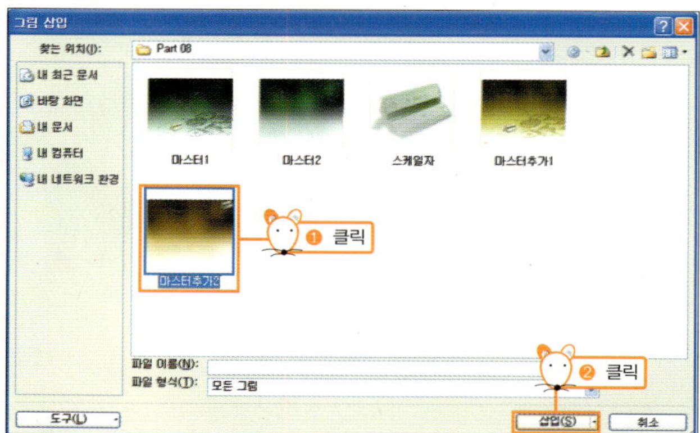

05 마스터에 새로운 배경이 적용되었습니다. 제목 슬라이드에 다른 이미지를 삽입하기 위해 [제목 슬라이드 레이아웃]을 선택하고 마스터 영역을 마우스 오른쪽 버튼으로 클릭한 후 나타나는 메뉴에서 [배경 서식]을 클릭합니다.

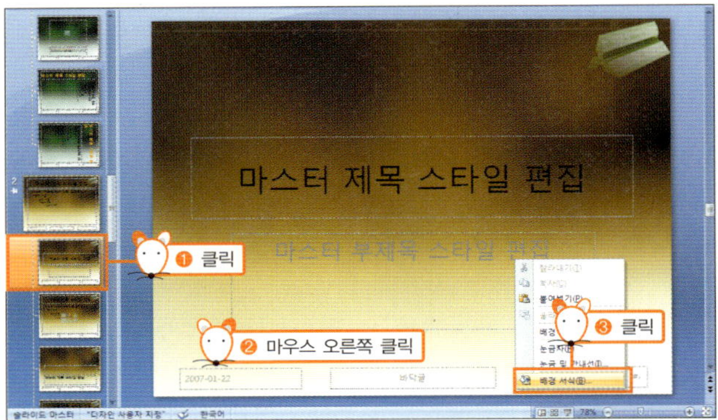

06 같은 방법으로 'Sample\Part 08\마스터추가1.jpg' 파일을 삽입하고 [배경 서식] 대화상자에서 [닫기] 버튼을 클릭합니다.

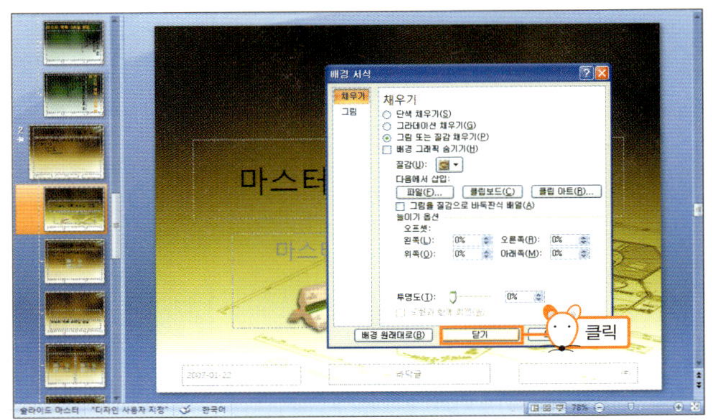

07 이제 완성한 두 개의 마스터에 구분을 주기 위해 이름을 지정해 보겠습니다. 먼저 처음에 제작한 마스터를 선택하고 [슬라이드 마스터] 탭의 [이름 바꾸기]( )를 클릭합니다.

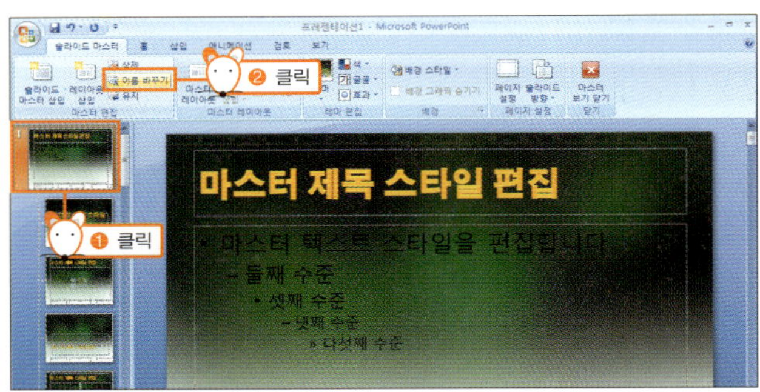

08 [마스터 이름 바꾸기] 대화상자가 나타나면 [마스터 이름]에 '인테리어디자인'을 입력한 후 [이름 바꾸기] 버튼을 클릭합니다.

주목

파워포인트 창 아래의 상태 표시줄에서 새롭게 지정된 마스터 이름을 확인할 수 있습니다.

09 다시 새롭게 삽입한 마스터를 선택하고 [슬라이드 마스터] 탭의 [이름 바꾸기]( )를 클릭합니다.

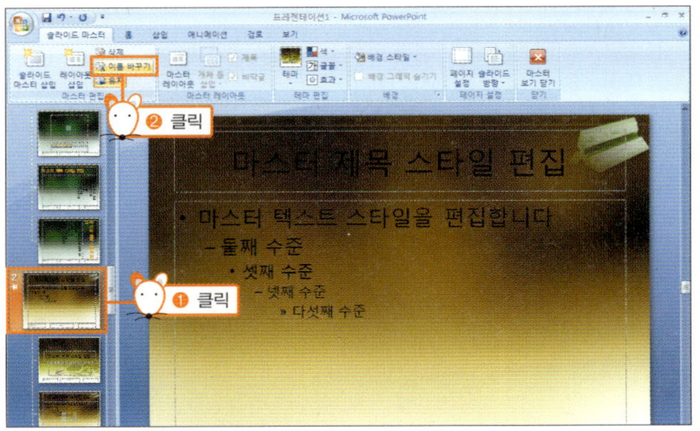

10 [마스터 이름 바꾸기] 대화상자가 나타나면 [마스터 이름]에 '인테리어디자인2'를 입력하고 [이름 바꾸기] 버튼을 클릭합니다.

11 마스터에 새롭게 이름을 지정하였으면 이제 마스터를 계속 유지시켜 주기 위해 처음에 만들어 놓은 마스터를 선택하고 [슬라이드 마스터] 탭의 [유지]( )를 클릭합니다.

주목

새롭게 삽입된 마스터에는 압정 모양의 아이콘( )이 표시되지만 처음 마스터에는 나타나지 않습니다. 압정 모양의 아이콘( )이 표시되지 않으면 다른 파일에도 마스터를 적용시킬 수 없습니다. 반드시 [유지]( )를 눌러 압정 모양의 아이콘( )을 나타나게 해야 합니다.

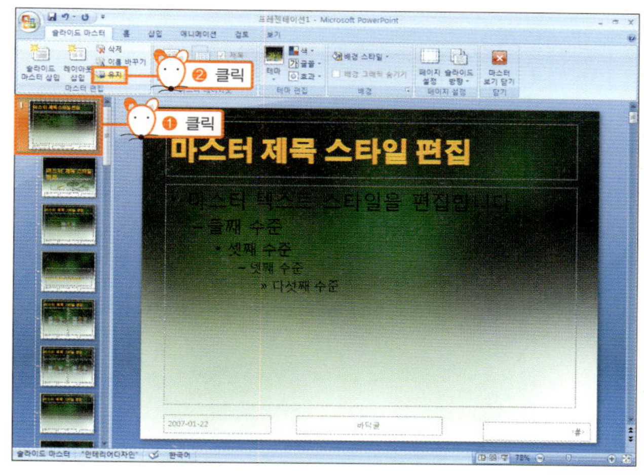

12 이제 처음에 제작한 마스터에도 압정 모양의 아이콘( )이 표시된 것을 확인할 수 있습니다. [마스터 보기 닫기]( )를 클릭합니다.

13 슬라이드 영역으로 되돌아오면 [디자인] 탭의 [테마]에 추가된 마스터를 확인할 수 있습니다. 클릭해서 적용해 봅니다.

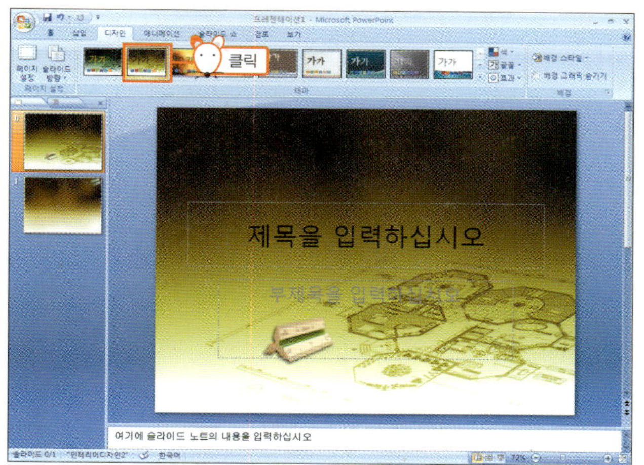

기록과 활용으로 지배하는 슬라이드 마스터 저장하고 적용시키기

Lesson 42

파워포인트 2007 이전 버전에서 마스터를 제작하면 디자인 서식 파일로 저장해서 사용해왔습니다. 그러나 [테마]라는 메뉴가 추가되었고, 기존에 사용했던 디자인 서식 파일이 [PowerPoint 서식 파일]로 이름이 변경되었습니다. [테마]는 목록에 추가시켜 원본 파일이 없어도 언제든지 사용할 수 있고, [PowerPoint 서식 파일]은 기존과 동일하게 파일로 관리할 수 있습니다. 이번 Lesson에서는 슬라이드 마스터를 저장하는 방법과 프레젠테이션 파일에 적용시키는 방법에 대해 알아보겠습니다.

 따라해 보세요

슬라이드 마스터를 PowerPoint 서식 파일로 저장하고 적용시키기

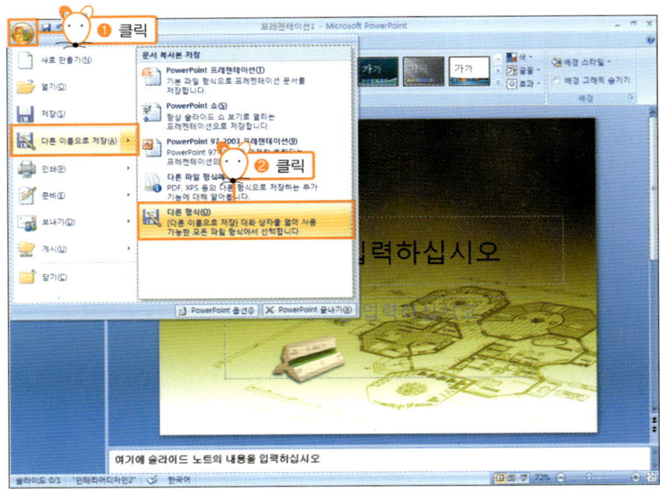

● 파워포인트 2007 이전 버전까지 사용하던 디자인 서식 파일의 확장자가 '*.pot'에서 지금은 '*.potx'로 확장자로 변경되었습니다.

1 지금까지 작업한 슬라이드 마스터를 저장해보겠습니다. [Office 단추](🔘)를 클릭한 후 [다른 이름으로 저장]-[다른 형식]을 클릭합니다.

2 [다른 이름으로 저장] 대화상자가 나타납니다. [파일 형식]을 'PowerPoint 서식 파일'로 지정하면 저장 위치가 자동으로 'Template' 폴더로 이동됩니다. [파일 이름]에 '인테리어디자인'을 입력한 후 [저장] 버튼을 클릭합니다.

> **주목**
> 꼭 'Template' 폴더가 아니더라도 사용자가 원하는 폴더로 저장하여 필요할 때마다 사용할 수 있습니다.

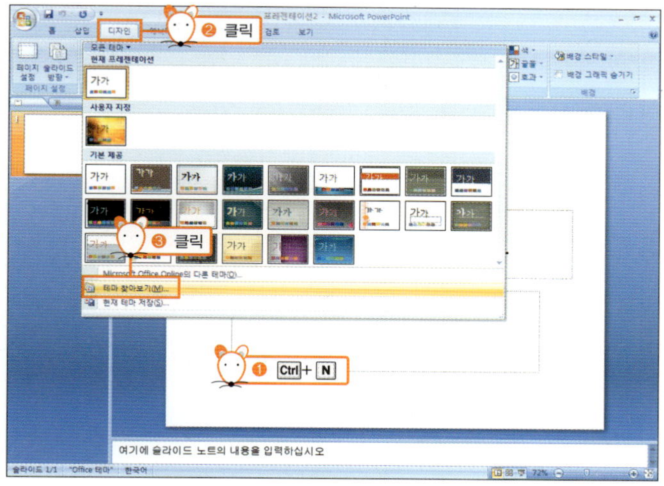

3 이제 저장된 디자인 서식 파일을 적용하기 위해 Ctrl+N을 눌러 새 프레젠테이션을 삽입합니다. 그런 다음 [디자인] 탭에서 [테마]의 [자세히](⬚)를 클릭한 후 [테마 찾아보기]를 클릭합니다.

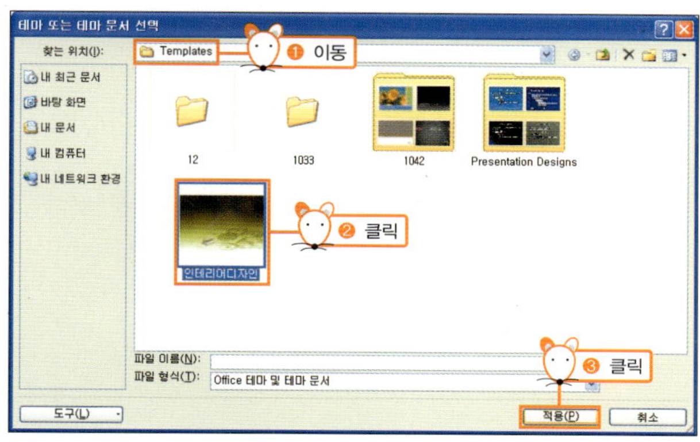

4 [테마 또는 테마 문서 선택] 대화상자가 나타나면 디자인 서식 파일을 저장해 놓은 경로로 이동한 후 '인테리어디자인.potx'를 클릭하고 [적용] 버튼을 클릭합니다.

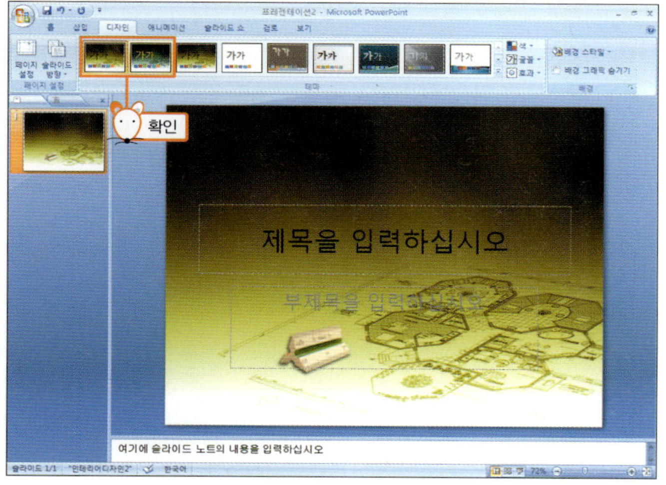

5 디자인 서식 파일이 [테마]에 삽입되면서 슬라이드에 적용이 되어 두 개의 마스터가 같이 삽입된 것을 확인할 수 있습니다.

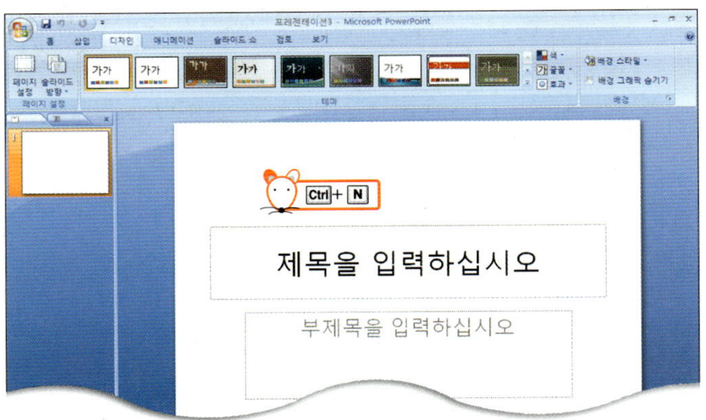

6 다시 Ctrl+N을 눌러 새 프레젠테이션을 하나 더 삽입합니다. 그러나 앞에서 불러온 디자인 서식 파일이 나타나지 않는 것을 알 수 있습니다.

주목

이처럼 'PowerPoin 서식 파일'로 저장하면 새로운 파일에 적용시킬 때마다 매번 불러들여야 하는 번거로움이 있습니다. 그렇기 때문에 파워포인트 2007에서는 '테마'로 저장해서 계속해서 사용할 수 있게 하는 것이 좋습니다.

따라해 보세요

슬라이드 마스터를 [테마] 파일로 저장하고 적용시키기

● 슬라이드 마스터를 테마 파일로 저장한 후 새 프레젠테이션에 삽입하거나 기존에 만들어 놓은 프레젠테이션 파일에 적용시키는 방법에 대해 알아보겠습니다.

예제파일: Sample\Part 08\마스터.pptx

1 예제 파일을 불러온 후 [디자인] 탭에서 [테마]의 [자세히]( )를 클릭하고 [현재 테마 저장]을 클릭합니다.

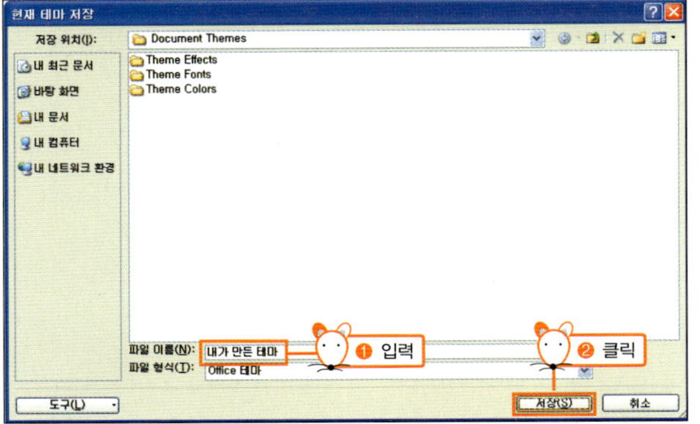

2 [현재 테마 저장] 대화상자가 나타나면 [파일 이름]에 '내가 만든 테마'를 입력한 후 [저장] 버튼을 클릭합니다.

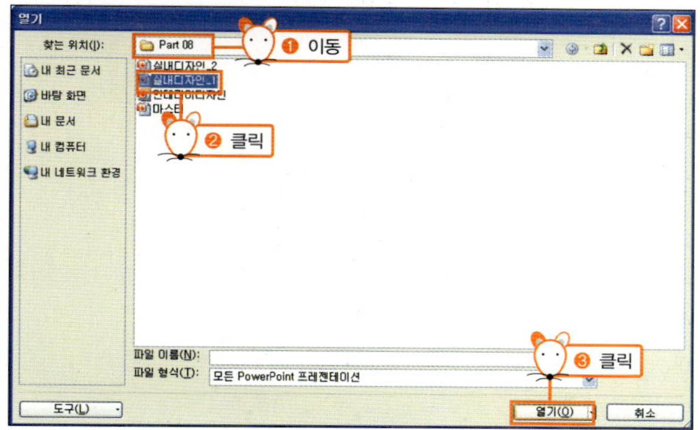

3 Ctrl+O 를 눌러 [열기] 대화상자가 나타나면 'Sample\Part 08\실내디자인_1.pptx' 를 선택한 후 [열기] 버튼을 클릭합니다.

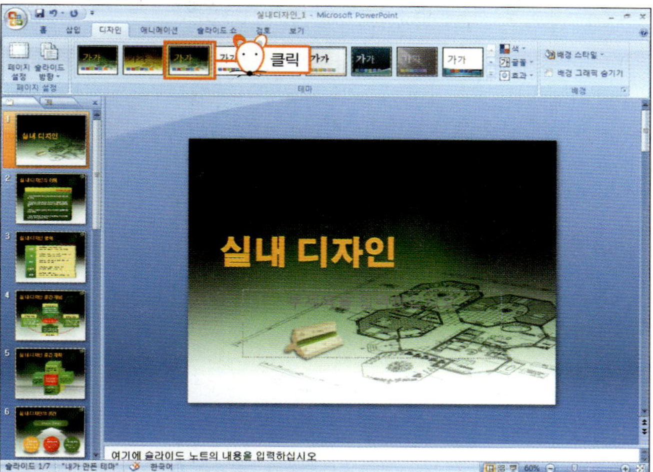

4 파일이 열리면 [디자인] 탭에서 조금 전에 저장한 마스터를 적용시킵니다. 이제 마스터를 테마로 저장했기 때문에 언제든지 [테마] 목록에서 사용할 수 있습니다.

진정한 프레젠터의 비밀 노트 – 슬라이드 노트와 유인물 제작하기

프레젠테이션을 제대로 진행하려면 발표할 내용을 미리 서면으로 만들어 놓는 것이 좋습니다. 아무리 많은 준비를 하여도 실제 상황에서는 긴장되어 중요한 내용을 놓치는 경우가 많습니다. 이런 이유로 각각의 슬라이드에 필요한 내용을 미리 만들어 놓는 것을 슬라이드 노트라고 합니다. 이번 Lesson에서는 슬라이드 노트 마스터를 이용해 원하는 내용을 준비하고, 청중들에 이해를 돕기 위해 유인들 마스터로 프레젠테이션의 내용을 출력하는 방법에 대해 알아보겠습니다.

예제파일: Sample\Part 08\실내디자인_2.pptx

따라해 보세요

슬라이드 노트 제작하기

● 슬라이드 노트에는 참고할 내용이나 발표할 때 걸리는 시간 등을 입력해 놓으면 실제 프레젠테이션 진행에서 많은 도움이 됩니다.

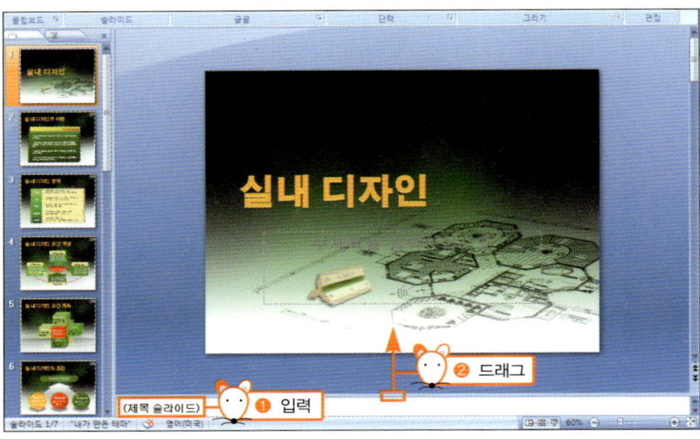

1 발표할 내용을 슬라이드 편집 화면 아래의 슬라이드 노트에 입력합니다. 한 줄을 입력하고 Enter 를 눌러 줄 바꿈이 되면 입력한 내용이 보이지 않습니다. 슬라이드 편집 화면과 슬라이드 노트 사이의 구분선을 드래그해서 슬라이드 노트 영역을 좀 더 넓게 사용합니다.

2 슬라이드 노트 영역을 좀 더 자세하게 보기 위하여 [보기] 탭에서 [슬라이드 노트 보기]( )를 클릭합니다.

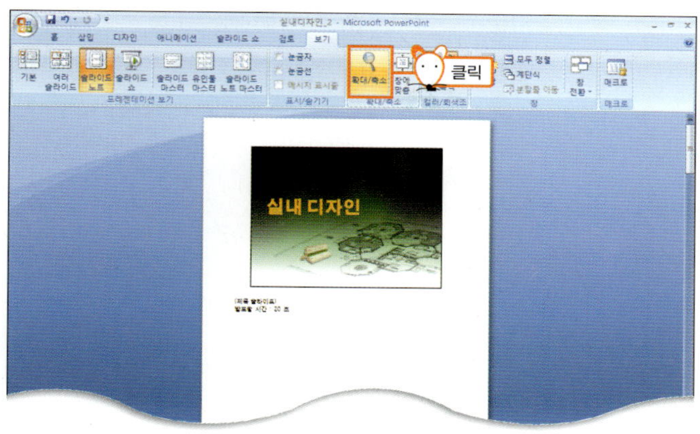

3 [슬라이드 노트] 화면으로 전환됩니다. 그러나 텍스트를 입력할 영역이 너무 작아서 작업하기 어렵습니다. 화면을 좀 더 확대하기 위해 [보기] 탭에서 [확대/축소](🔍)를 클릭합니다.

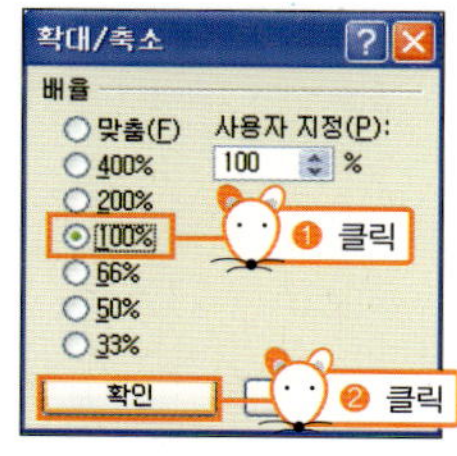

4 [확대/축소] 대화상자가 나타나면 '100%'를 선택한 후 [확인] 버튼을 클릭합니다.

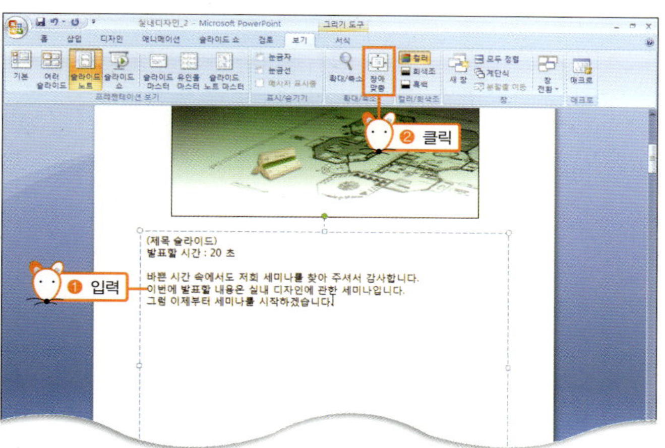

5 슬라이드 노트 영역이 확대됩니다. 발표할 내용을 추가로 입력한 후 [보기] 탭에서 [창에 맞춤](🔳)을 클릭합니다.

(제목 슬라이드) 발표할 시간 : 20 초
바쁜 시간 속에서도 저희 세미나를 찾아 주셔서 감사합니다.
이번에 발표할 내용은 실내 디자인에 관한 세미나입니다.
그럼 이제부터 세미나를 시작하겠습니다.

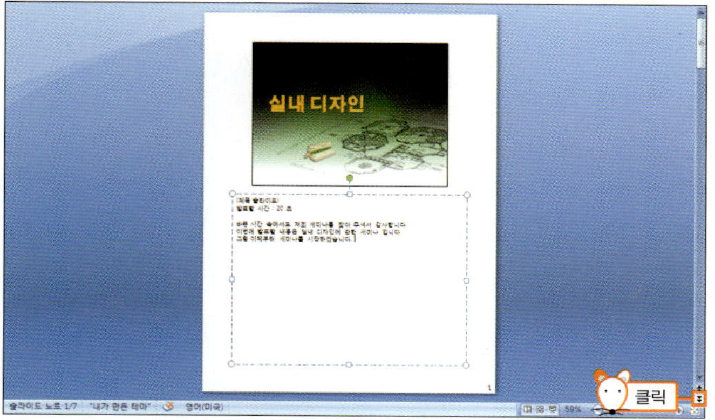

6 슬라이드 노트 화면이 처음 상태로 되돌아옵니다. 다음 슬라이드에 필요한 내용을 입력하기 위해 화면 오른쪽 하단에 있는 [다음 슬라이드](⯆) 버튼을 클릭합니다.

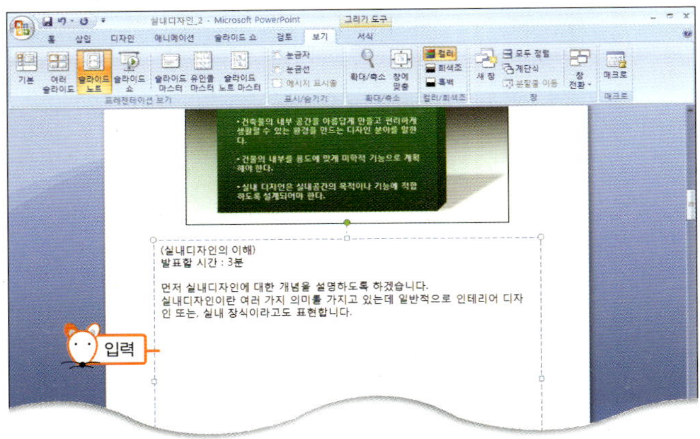

7 2번 슬라이드로 이동되면 계속해서 같은 방법
으로 발표할 내용을 입력합니다.

> (실내디자인의 이해) 발표할 시간 : 3분
> 먼저 실내디자인에 대한 개념을 설명하도록 하겠습니다.
> 실내디자인이란 여러 가지 의미를 가지고 있는데 일반적으
> 로 인테리어 디자인 또는, 실내 장식이라고도 표현합니다.

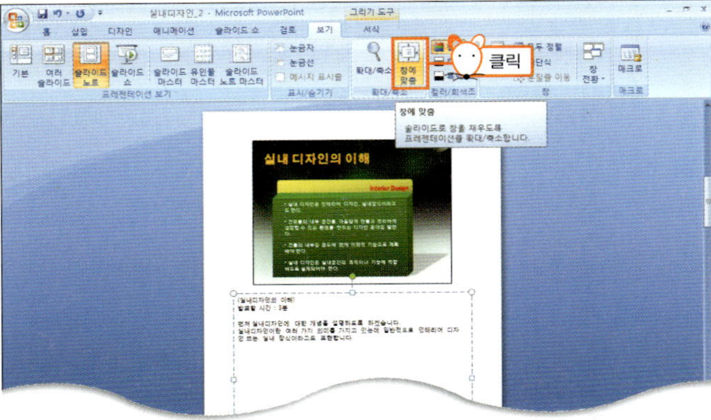

8 모든 슬라이드에 입력을 마쳤으면 [보기] 탭에
서 [창에 맞춤]([휴])을 클릭해서 원래의 화면으
로 돌아옵니다.

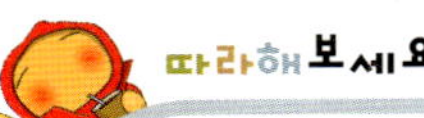

슬라이드 노트 마스터 제작하기

● 슬라이드 노트도 일반 슬라이드처럼 마스터로 지정할 수 있
습니다. 또한, 슬라이드 노트 마스터에도 배경이나 서식 등을
미리 지정하고 편집할 수 있습니다.

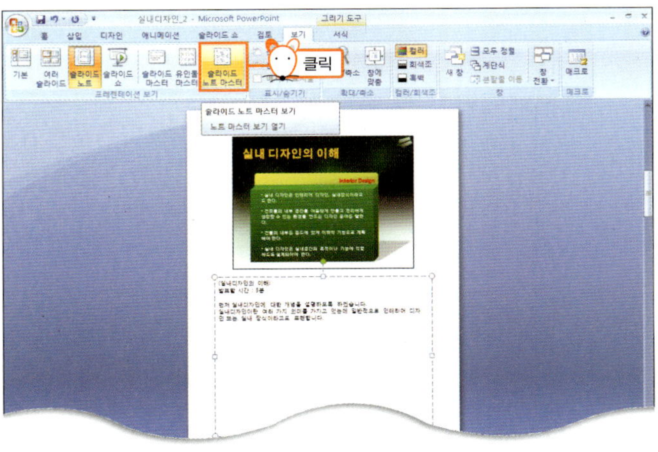

1 [보기] 탭에서 [슬라이드 노트 마스터 보기]([ ])
를 클릭합니다.

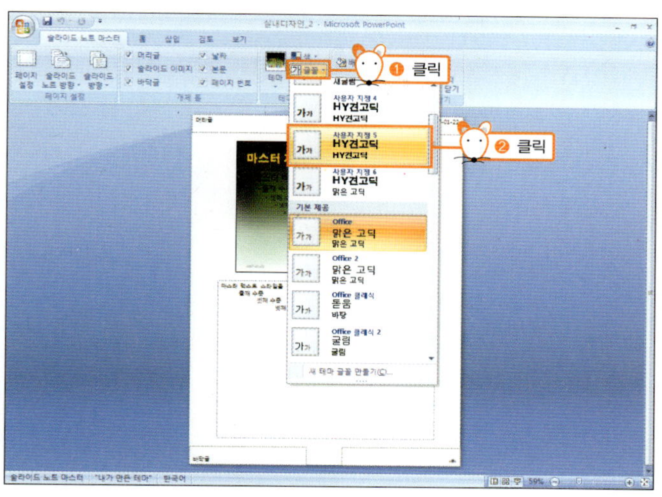

2 슬라이드 노트 마스터 영역으로 이동됩니다. 슬라이드 노트 영역의 글꼴을 변경합니다.

❶ [슬라이드 노트 마스트] 탭에서 [테마] 그룹의 [글꼴]([가])을 클릭합니다.

❷ '사용자 지정 5, HY견고딕'을 클릭합니다.

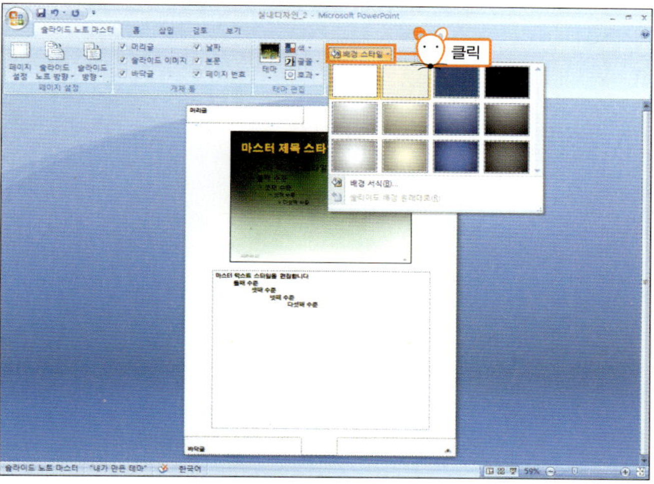

3 슬라이드 노트 영역의 모든 텍스트 상자의 글꼴이 변경됩니다. 이번에는 슬라이드 노트 영역의 배경색을 변경하기 위하여 [슬라이드 노트 마스트] 탭의 [배경 스타일]([ ])를 클릭하고 '스타일 2'를 클릭합니다.

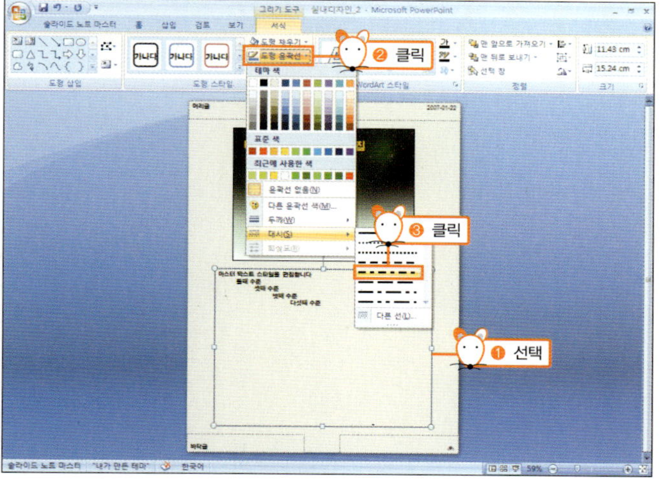

4 슬라이드 노트 영역에 선택한 배경색이 적용되었습니다. 이번에는 텍스트 상자를 선택한 후 [도형 윤곽선]([도형 윤곽선])을 클릭합니다. 그런 다음 [대시]에서 '파선–점선'을 클릭합니다.

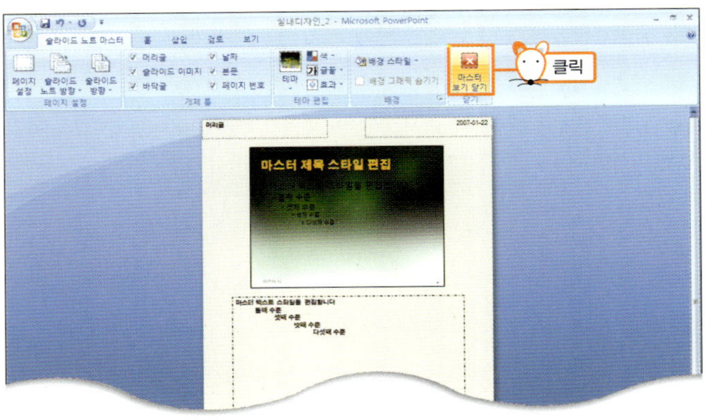

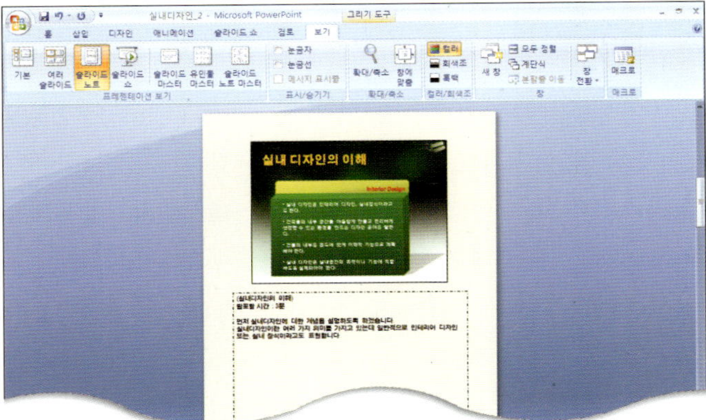

5 선택한 텍스트 상자의 테두리가 '파선-점선'으로 변경되었습니다. 편집을 마쳤으면 [슬라이드 노트 마스터] 탭의 [마스터 보기 닫기](❌)를 클릭합니다.

6 슬라이드 노트 영역으로 되돌아옵니다. 슬라이드 노트 마스터에서 작업한 효과가 적용되어 있는 것을 확인할 수 있습니다.

따라해 보세요

유인물 마스터 제작하기

● 유인물은 작업을 하기 위한 것이 아니라 만들어 놓은 슬라이드를 인쇄하기 위해서 사용하는 기능입니다. 그렇기 때문에 편집 영역이 따로 있는 것이 아니라 유인물 마스터 영역에서 인쇄를 위한 방법만을 지정해야 합니다.

1 [보기] 탭에서 [유인물 마스터 보기](▥)를 클릭합니다.

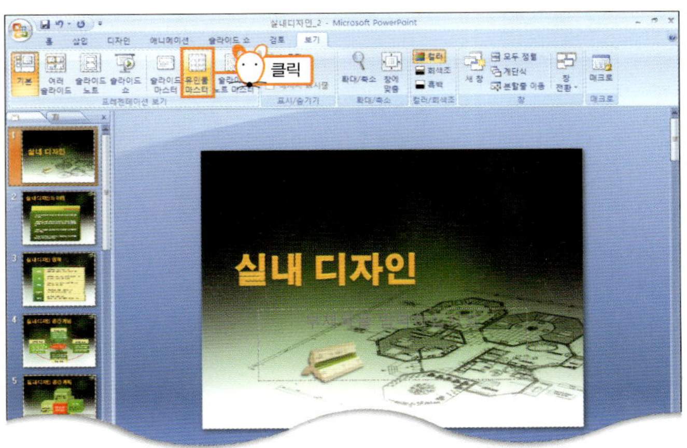

2 유인물 마스터 영역으로 전환됩니다. 유인물을 가로로 인쇄하기 위해 [유인물 마스터] 탭에서 [유인물 방향]()을 클릭한 후 [가로]를 클릭합니다.

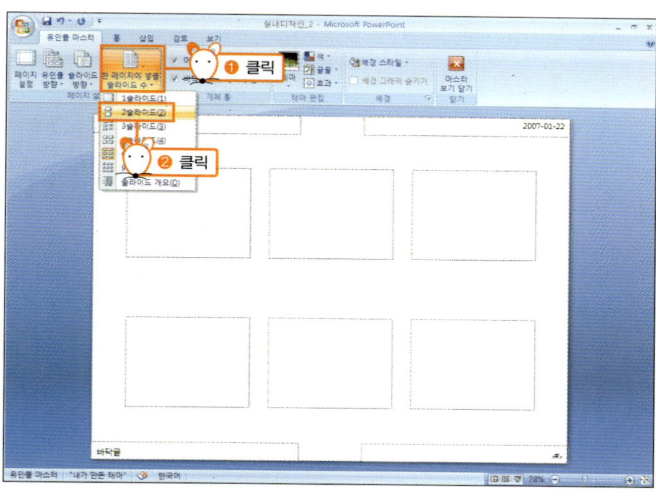

3 유인물의 방향이 가로로 변경되면 이번에는 인쇄할 슬라이드의 개수를 조절하기 위해 [유인물 마스터] 탭에서 [한 페이지에 넣을 슬라이드 수]()를 클릭한 후 [2슬라이드]를 클릭합니다.

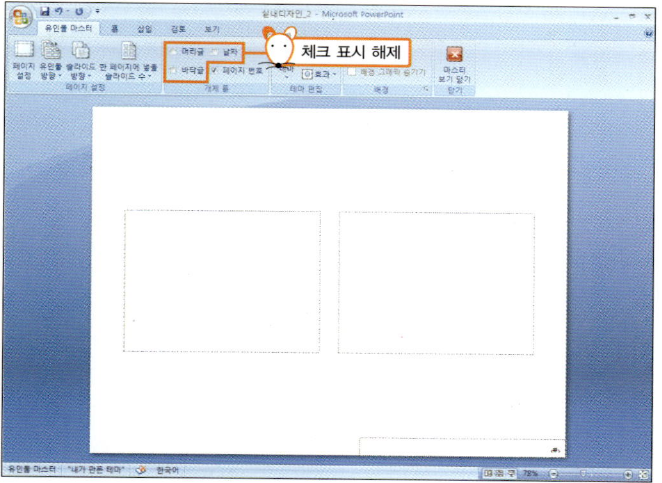

4 슬라이드의 개수가 두 개로 조절됩니다. [유인물 마스터] 탭의 [머리글]과 [날짜], [바닥글]에 체크 표시를 해제하여 텍스트 상자를 숨깁니다.

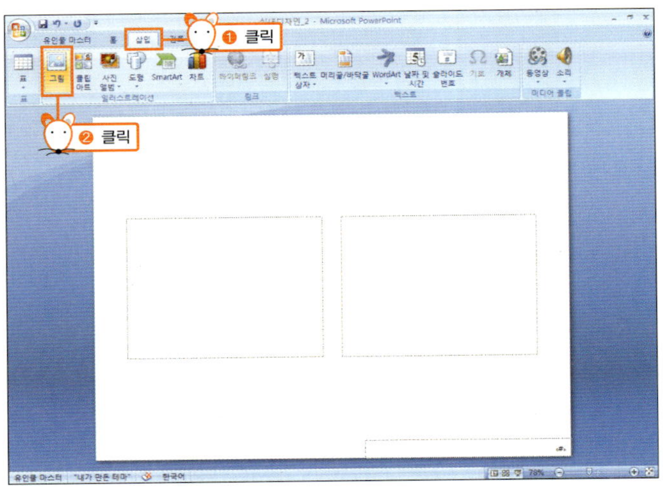

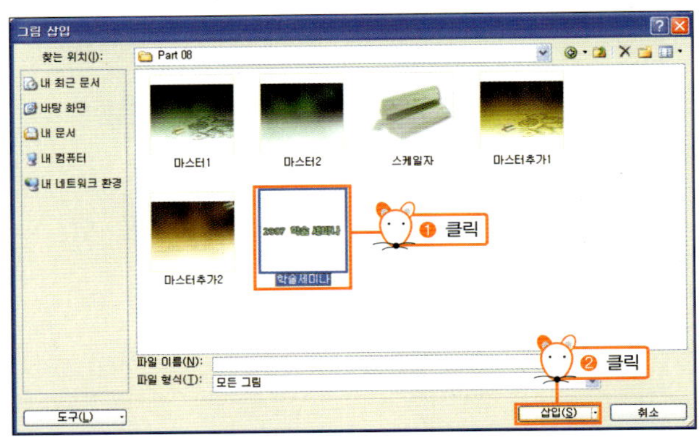

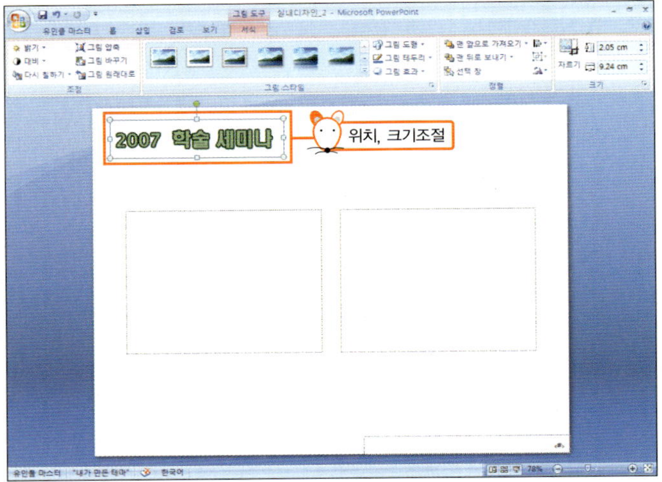

5 이미지를 삽입하기 위해 [삽입] 탭의 [파일에서 그림 삽입]( )을 클릭합니다.

6 [그림 삽입] 대화상자가 나타나면 'Sample\Part 08\학술세미나.jpg' 파일을 클릭한 후 [삽입] 버튼을 클릭합니다.

7 이미지가 삽입되면 위치와 크기를 조절합니다.

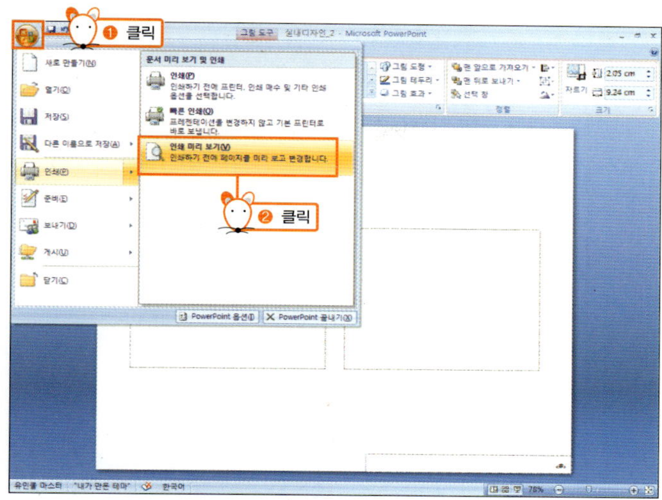

8 이제 완성된 유인물을 보기 위해 [Office 단추](📇)를 클릭한 후 [인쇄]–[인쇄 미리 보기]를 클릭합니다.

> **주목**
>
> [빠른 실행 도구 모음 사용자 지정]에서 [인쇄 미리 보기]를 클릭해도 됩니다.

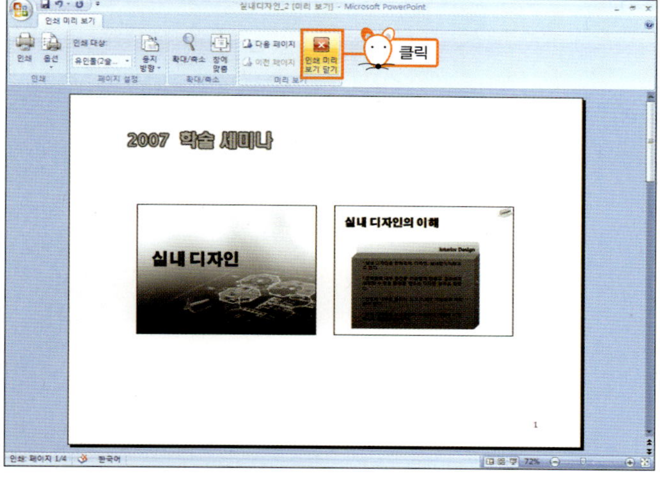

9 인쇄될 유인물이 미리 보기 기능으로 나타납니다. [인쇄 미리 보기 닫기](❎)를 눌러 미리 보기 기능을 종료합니다.

인쇄에도 노하우가 필요한 여러 가지 인쇄 방법 알아보기

파워포인트는 여러 가지 형식과 방법으로 문서를 인쇄할 수 있습니다. 필요한 경우에는 개별적으로 인쇄하거나 슬라이드 노트와 유인물 등으로 인쇄할 수 있습니다. 그러나 무작정 인쇄를 하게 되면 원하지 않는 슬라이드나 형태로 인쇄될 수 있습니다. 이번 Lesson에서는 [인쇄] 대화상자에서 필요한 옵션을 설정하고 문서로 출력하는 방법에 대해 알아보겠습니다.

◉ 예제파일: Sample\Part 08\실내디자인_3.pptx

 **따라해 보세요**

슬라이드 노트와 유인물 인쇄하기

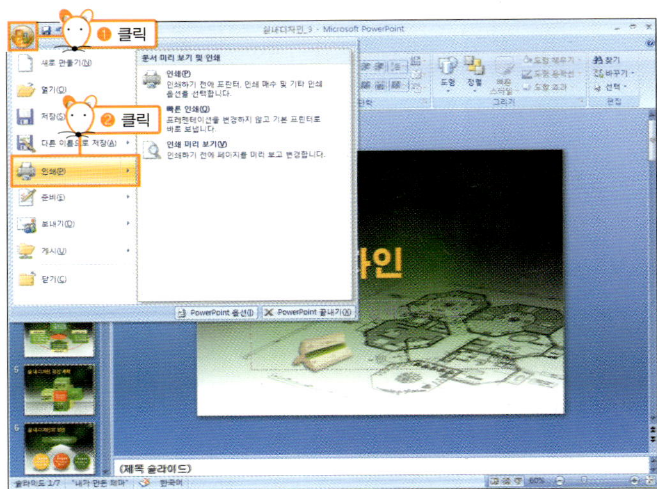

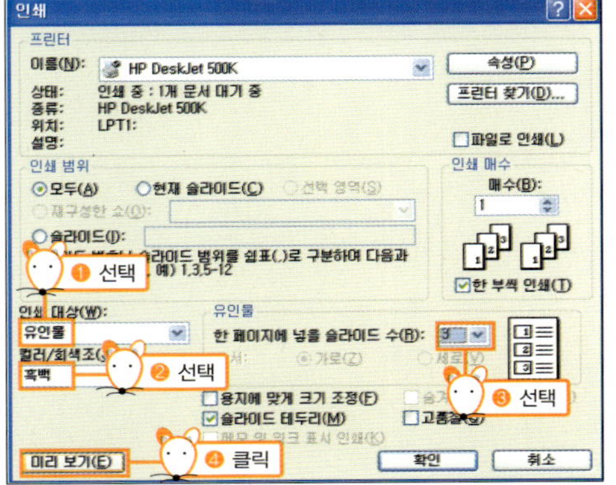

● 슬라이드와 슬라이드 노트, 유인물 등을 인쇄할 때에는 [인쇄] 대화상자의 [인쇄 대상]에서 대상을 선택하고 [미리 보기] 기능으로 확인한 후 인쇄를 시작해야 합니다.

1 [Office 단추](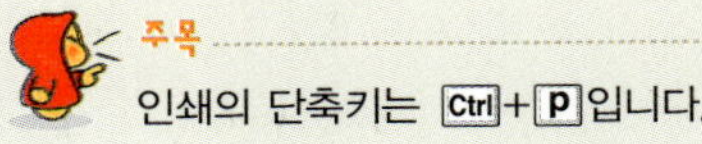)를 클릭하고 [인쇄]를 클릭합니다.

> **주목**
>
> 인쇄의 단축키는 Ctrl+P입니다.

2 [인쇄] 대화상자가 나타나면 필요한 옵션을 선택한 후 [미리 보기] 버튼을 클릭합니다.

❶ [인쇄 대상]을 '유인물'로 지정합니다.

❷ [컬러/회색조]는 '흑백'을 지정합니다.

❸ [유인물]에서 [한 페이지에 넣을 슬라이드 수]를 '3'으로 지정합니다.

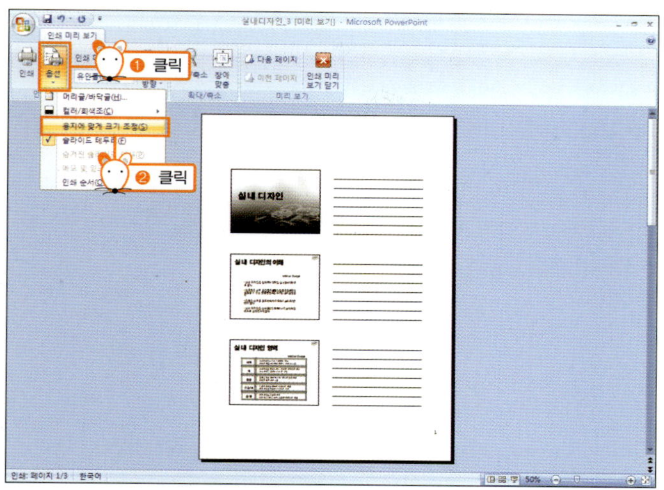

3 [인쇄 미리 보기] 화면으로 이동되면 [옵션]()
을 클릭하고 [용지에 맞게 크기 조정]을 클릭합
니다.

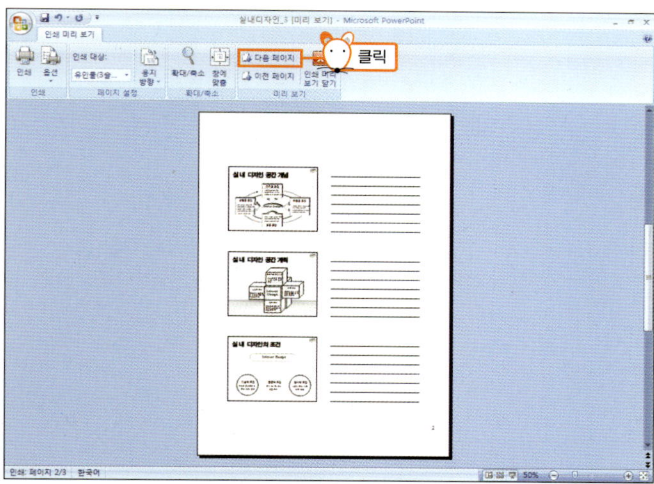

4 인쇄될 내용이 용지에 맞게 크기가 조절이 되면
[인쇄 미리 보기] 탭에서 [다음 페이지] ()를
클릭합니다.

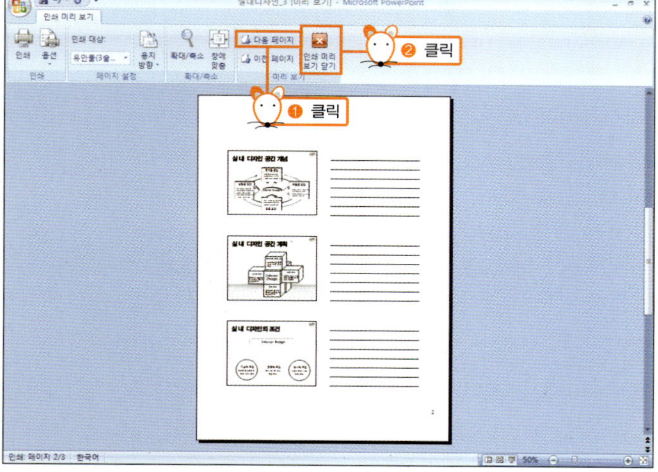

5 계속해서 [인쇄 미리 보기] 탭에서 [다음 페이
지]()를 클릭해서 확인한 후 [인쇄 미리 보
기 닫기]()을 클릭합니다.

주목
슬라이드의 크기

- 화면 슬라이드 쇼 : 빔 프로젝트를 이용해 프레젠테이션을 진행할 때 사용합니다.
- Letter Paper (8.5 Inch, 11Inch) : 일반적으로 국내가 아닌 외국에서 자주 사용하는 문서의 크기이며 출력을 위해서도 많은 쓰이는 용지의 크기입니다.
- A3 Paper (210mm, 297mm) : A4의 두 배 크기로서 많은 내용을 입력할 때 사용합니다.
- A4 Paper (210mm, 297mm) : 일반적으로 많이 사용하는 용지로서 문서 제작이나 보고서 등의 용도로 사용합니다.
- 35mm 슬라이드 : 가로 세로 비율이 3:2인 35mm의 슬라이드 필름으로 프레젠테이션을 진행할 때 사용합니다.
- 오버헤드 (24cm, 18cm) : OHP 필름으로 프레젠테이션을 진행할 때 사용합니다.
- 배너 (19.2cm, 2.4cm) : 겉표지 등을 제작할 때 사용합니다.
- 사용자 정의 : '너비'와 '높이'를 자유롭게 지정해서 사용합니다.

[인쇄] 대화상자 알아보기

인쇄를 시작하기 전에 반드시 [인쇄] 대화상자를 열고 여러 가지 옵션을 설정한 후 인쇄를 시작해야 합니다.

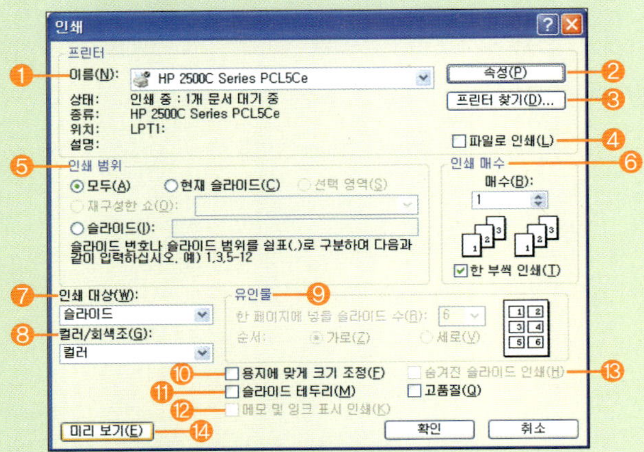

❶ **이름** : 인쇄할 프린터를 선택합니다.

❷ **[속성] 버튼** : 프린터에서 지원하는 용지 및 인쇄 방향 등을 설정합니다.

❸ **[프린터 찾기] 버튼** : 네트워크에 설치되어 있는 프린터를 찾아줍니다.

❹ **파일로 인쇄** : '*.prn' 파일 포맷으로 저장합니다.

❺ **인쇄 범위** : 인쇄할 슬라이드의 범위를 지정합니다.
- **모두** : 모든 슬라이드를 인쇄합니다.
- **현재 슬라이드** : 현재 선택되거나 보이는 슬라이드만을 인쇄합니다.
- **선택 영역** : 전체 슬라이드 중에서 선택한 슬라이드만 인쇄합니다.
- **재구성한 쇼** : 슬라이드를 재구성 했을 경우 재구성한 쇼 목록에서 선택하여 인쇄합니다.
- **슬라이드** : 인쇄할 슬라이드 번호를 입력하여 인쇄합니다. 연속적으로 인쇄하려면 '-'로, 비연속적으로 인쇄하려면 ','로 구분합니다.

❻ **인쇄 매수** : 인쇄할 매수를 지정합니다.

❼ **인쇄 대상** : 인쇄할 대상을 선택합니다. 인쇄 대상은 슬라이드, 슬라이드 노트, 유인물, 개요보기가 있습니다.

❽ **컬러/회색조** : 인쇄할 색을 지정합니다. 컬러, 흑백, 회색조로 인쇄할 수 있습니다.

⑨ **유인물** : 인쇄 대상에서 유인물을 선택하면 한 페이지에 넣을 슬라이드 개수를 지정할 수 있습니다.

⑩ **용지에 맞게 크기 조정** : 체크 표시를 하면 인쇄용지에 맞게 자동 인쇄가 됩니다.

⑪ **슬라이드 테두리** : 슬라이드 테두리까지 인쇄합니다.

⑫ **메모 및 잉크 표시 인쇄** : [검토] 탭의 [메모 삽입]으로 입력된 메모의 내용을 인쇄합니다.

⑬ **숨겨진 슬라이드 인쇄** : [슬라이드 숨기기]로 숨겨 놓은 슬라이드가 있는 경우에만 활성화가 되고, 체크 표시하면 해당 슬라이드까지 인쇄할 수 있습니다.

⑭ **[미리 보기] 버튼** : 인쇄 미리 보기 화면으로 전환되어 인쇄 될 상태를 보여줍니다.

필요한 슬라이드만 인쇄하기

● 완성된 프레젠테이션 문서에서 필요한 슬라이드만 골라서 인쇄를 하고 싶다면, 슬라이드 번호를 지정하거나 필요한 슬라이드를 먼저 선택한 후 인쇄하는 방법이 있습니다. 여기에서는 슬라이드를 먼저 선택하고 인쇄하는 방법에 대해 알아봅니다.

1 필요한 슬라이드를 선택하기 위해 여러 슬라이드 화면으로 전환하겠습니다. 슬라이드 편집 화면 아래의 [여러 슬라이드](田)를 클릭합니다.

2 [여러 슬라이드] 화면으로 전환되면 Ctrl을 누르면서 필요한 슬라이드를 선택합니다.

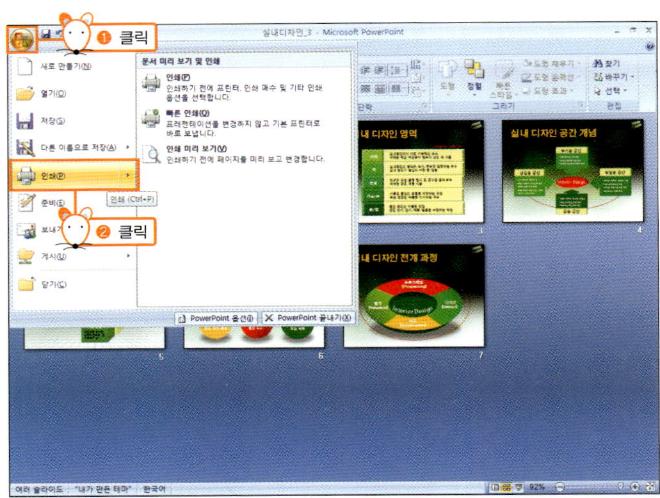

3 선택을 마치면 [Office 단추]()를 클릭한 후 [인쇄]를 클릭합니다.

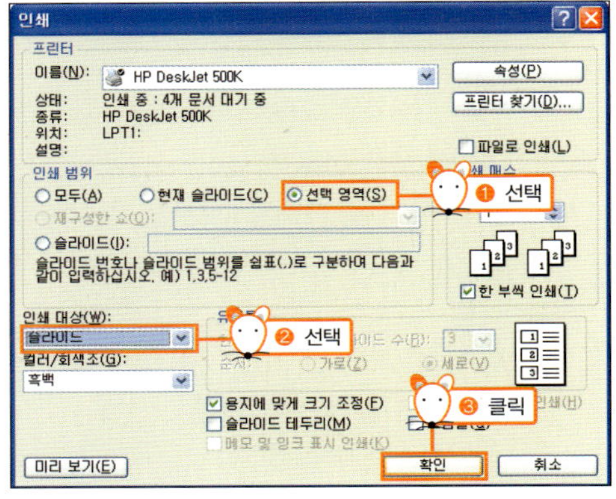

4 [인쇄] 대화상자가 나타나면 현재 선택한 슬라이드만 인쇄하기 위한 설정을 하고 [확인] 버튼을 클릭하면 인쇄가 시작됩니다.

❶ [인쇄 범위]에서 '선택 영역'을 선택합니다.

❷ [인쇄 대상]을 '슬라이드로' 지정합니다.

주목

프레젠테이션 문서를 빠르게 인쇄하기

파워포인트를 실행시키지 않고도 빠르게 인쇄하는 방법이 있습니다. 윈도우 탐색기를 이용해서 프레젠테이션 문서를 찾은 다음 마우스 오른쪽 버튼으로 클릭한 후 나타나는 메뉴에서 [인쇄]를 클릭하면 좀 더 빠르게 인쇄할 수 있습니다. 그러나 앞에서 강조한 것처럼 프레젠테이션 문서는 바로 인쇄하기 보다는 [인쇄] 대화상자를 통해 대상이나 개수 등을 미리 지정하는 것이 중요합니다.

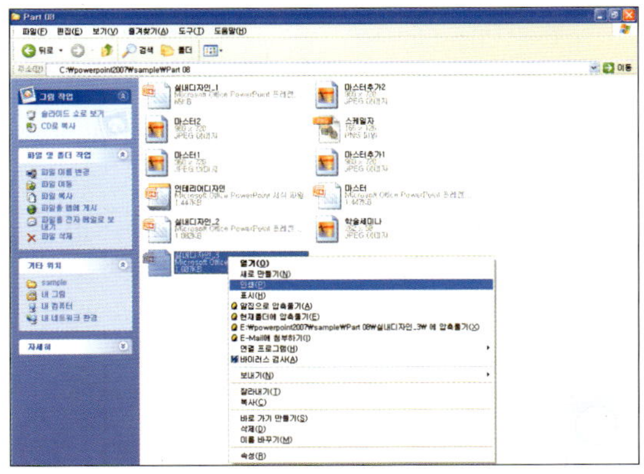

흑백이나 회색조로 인쇄하기

● 슬라이드를 흑백이나 회색조로 인쇄할 경우 그냥 인쇄하게 되면 특정한 부분이 너무 검게 인쇄되어 보이지 않게 됩니다. 이런 경우 [보기] 탭의 [회색조]나 [흑백]을 이용하여 색과 명암 등을 조절하면 문제를 해결할 수 있습니다.

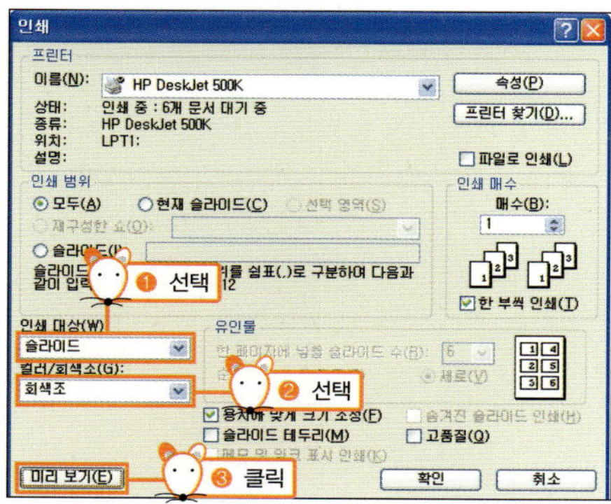

1 Ctrl + P 를 눌러 [인쇄] 대화상자를 불러온 후 필요한 옵션을 설정하고 [미리 보기] 버튼을 클릭합니다.

❶ [인쇄 대상]을 '슬라이드'로 지정합니다.
❷ [컬러/회색조]는 '회색조'를 선택합니다.

2 [인쇄 미리 보기] 화면으로 전환됩니다. 그런 데 인쇄될 슬라이드의 배경이 너무 어둡게 나타납니다. [인쇄 미리 보기 닫기](❌)를 눌러 미리 보기 기능을 종료합니다.

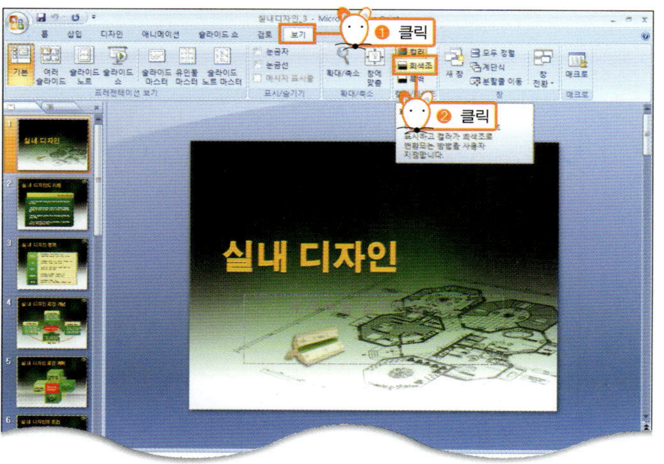

3 이제 어두운 배경과 개체를 수정하기 위해 [보기] 탭에서 [회색조](▨)를 클릭합니다.

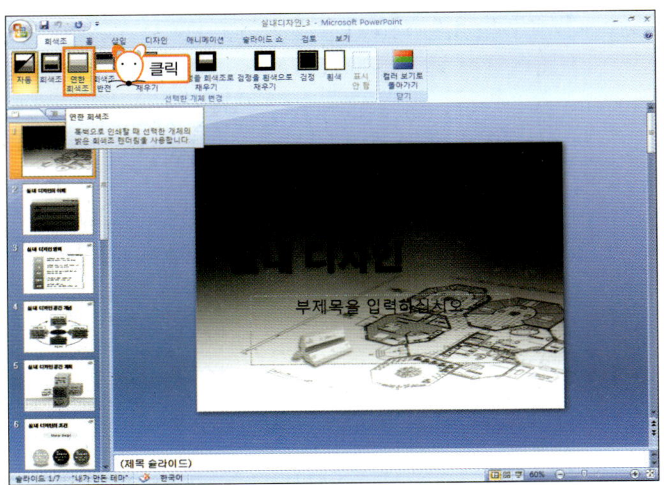

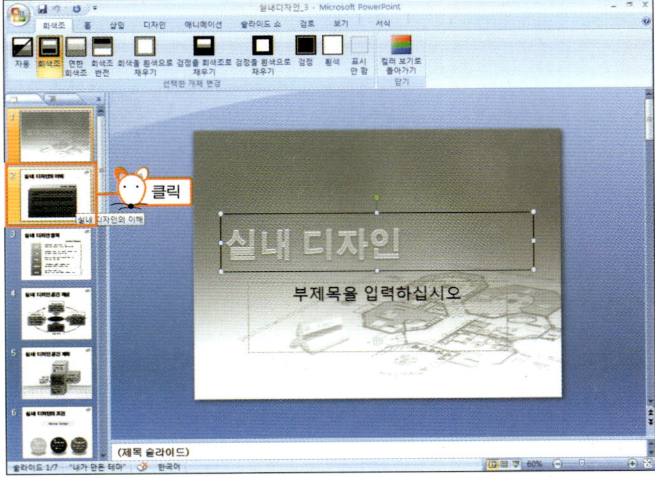

4 [회색조] 영역으로 이동되면 [회색조] 탭에서 [연한 회색조](■)를 클릭합니다.

5 어두웠던 배경이 밝아지는 것을 확인할 수 있습니다. 이번에는 '텍스트'의 음영을 조절하기 위해서 텍스트 상자를 선택한 후 [회색조](■)을 클릭합니다.

6 텍스트의 음영이 밝아집니다. 이번에는 2번 슬라이드의 텍스트 음영을 조절하기 위해서 [슬라이드/개요] 탭에서 2번 슬라이드를 클릭합니다.

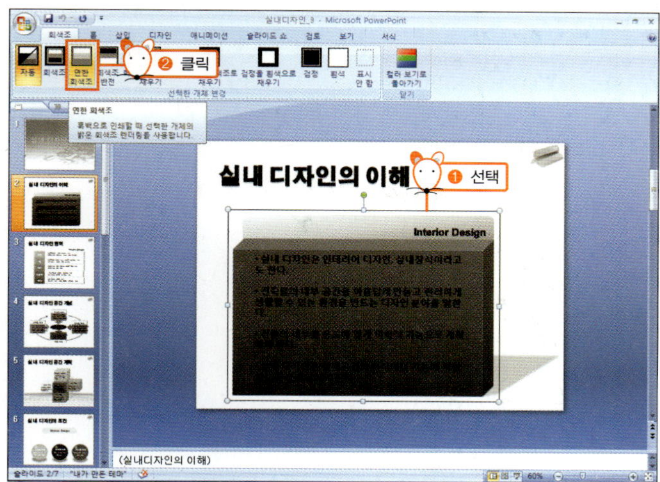

7 2번 슬라이드에서 그룹화가 되어 있는 도형을 선택한 후 [연한 회색조](▢)를 클릭합니다.

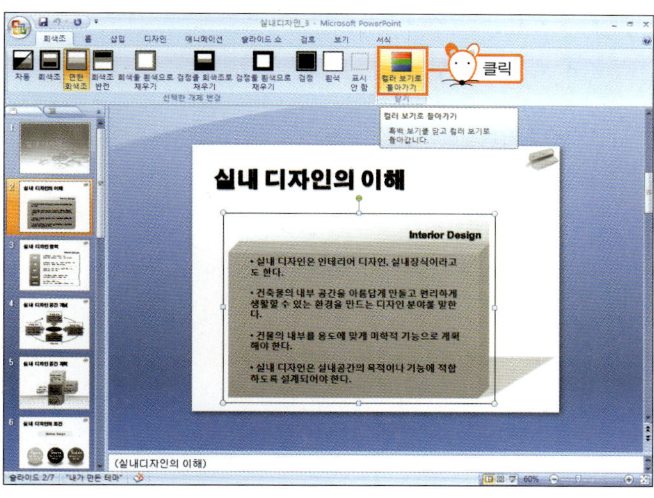

8 도형이 연한 회색으로 변경됩니다. 이와 같은 방법으로 모든 슬라이드의 어두운 도형이나 텍스트들을 수정합니다. 흑백으로 인쇄할 경우에도 같은 방법으로 수정하면 됩니다. 수정을 끝나면 [컬러 보기로 돌아가기](▧)를 클릭합니다.

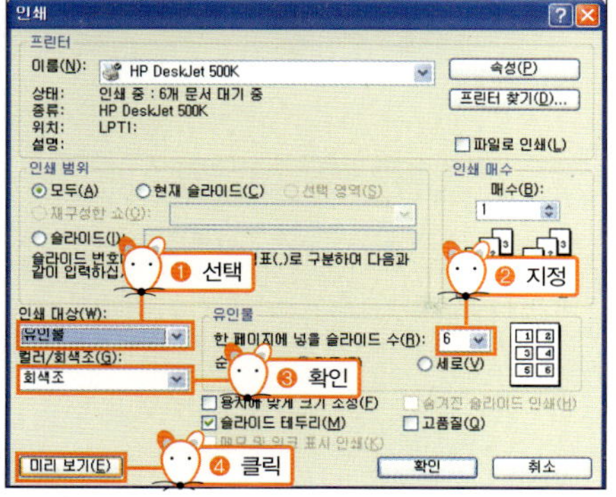

9 원래의 슬라이드 화면으로 돌아오면 Ctrl + P 를 눌러 [인쇄] 대화상자를 불러오고 필요한 내용을 설정한 후 [미리 보기] 버튼을 클릭합니다.

❶ [인쇄 대상]은 '유인물'로 지정합니다.
❷ [한 페이지에 넣을 슬라이드 수]는 '6'으로 지정합니다.
❸ [컬러/회색조]에 '회색조'가 지정되어 있는지 확인합니다.

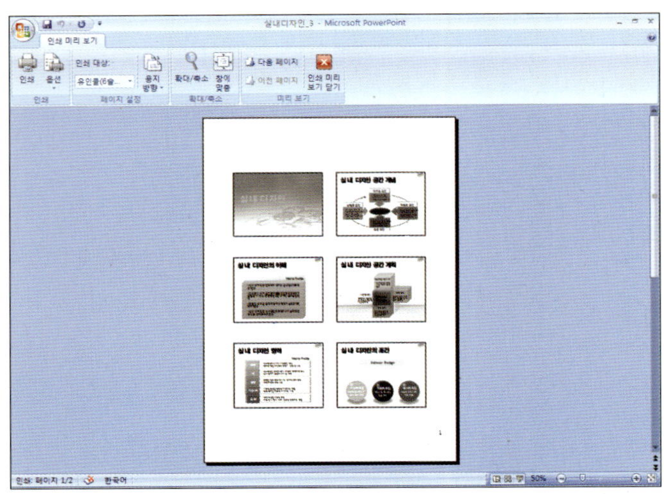

10 인쇄될 결과물을 확인합니다.

워드프로세서를 능가하는 다양한 인쇄 방법 알아보기

파워포인트는 워드프로세서를 능가하는 여러 가지 인쇄 방법이 있습니다. 파워포인트의 기본은 프레젠테이션이지만 청중들에게 미리 배포하는 유인물을 인쇄하거나 표와 조직도 등을 이용해서 제작된 문서라면 워드프로세서보다 효과적으로 사용할 수 있습니다. 또한 파워포인트로 만든 문서는 원하는 크기로 출력을 할 수 있고 컬러, 회색조, 흑백 중에서 사용자가 원하는 조건으로 출력할 수 있습니다.

01 | 컬러/회색조/흑백 미리 보기

컬러나 회색조, 흑백으로 인쇄하기 전에 인쇄될 결과를 미리 볼 수 있는 기능이 있습니다. [보기] 탭의 [컬러/회색조] 그룹에서 원하는 인쇄 조건을 선택하면 됩니다.

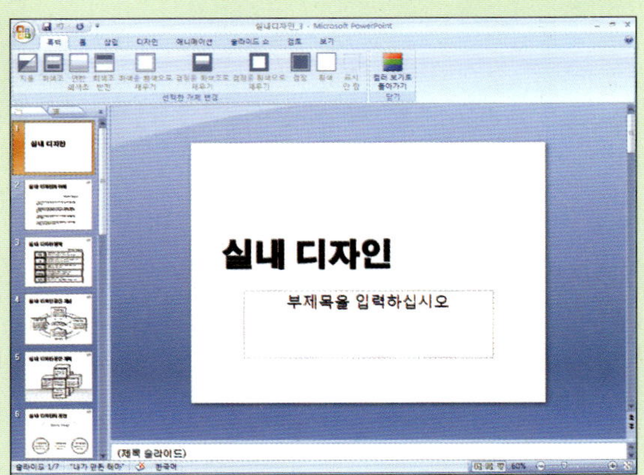

02 | 다양한 인쇄 효과

❶ 컬러 : 슬라이드에서 적용된 색상을 그대로 출력됩니다. 단, 컬러 프린트에서 동일하게 출력이 됩니다. 흑백 프린터로 출력할 경우 설정에 상관없이 무조건 흑백으로 출력됩니다.

❷ 회색조 : 그림과 도형은 회색 계열로 인쇄되고 텍스트는 검은색으로 인쇄됩니다. 회색조는 컬러 프린터와 흑백 프린터 모두 동일하게 인쇄됩니다.

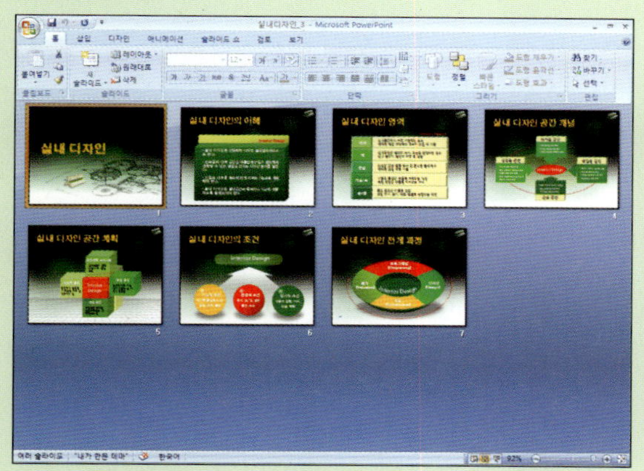

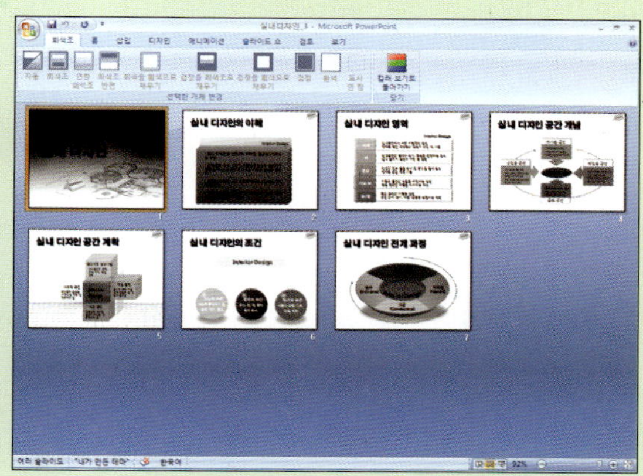

❸ 흑백 : 그림은 회색 계열로 인쇄되고, 도형에 채우기 색으로 적용한 것은 흰색으로 인쇄됩니다. 그리고 테두리와 텍스트만 검은색으로 인쇄됩니다.

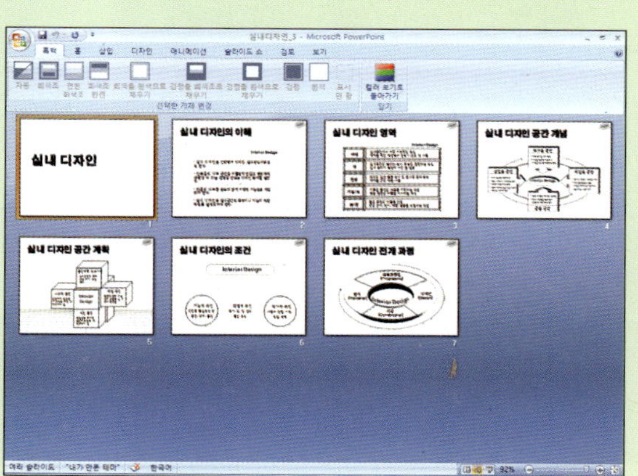

03 | 개체의 흑백/회색조의 미리 보기 색

개체	흑백	회색조
텍스트	검은색	검은색
텍스트 그림자	숨김	숨김
돋을 새김	숨김	숨김
채우기	흰색	회색 음영
틀	검은색	검은색
무늬	흰색	회색 음영
선	검은색	검은색
개체 그림자	검은색	회색 음영
비트맵	회색 음영	회색 음영
슬라이드 배경	흰색	흰색

많은 내용의 슬라이드를 A3로 인쇄하기

보통 용지의 크기는 A4로 설정되어 있습니다. 그러나 슬라이드에 텍스트가 많은 상태에서 A4로 인쇄하게 되면 텍스트가 너무 작게 인쇄되어 보기가 불편합니다. 이런 경우에는 A3로 인쇄하는 것이 좋습니다. A3로 인쇄하려면 먼저 [페이지 설정] 대화상자와 [인쇄] 대화상자에서 옵션을 지정해야 합니다. [인쇄] 대화상자의 옵션은 사용자 컴퓨터에 설치된 프린터의 기종에 따라 조금씩 다르게 나타날 수 있습니다.

01 [디자인] 탭에서 [페이지 설정](□)를 클릭합니다.

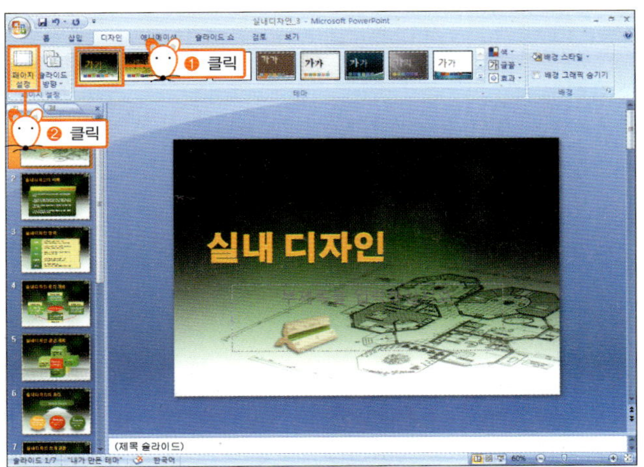

02 [페이지 설정] 대화상자가 나타나면 [슬라이드 크기]에서 'A3 용지(297×420mm)'를 선택한 후 [확인] 버튼을 클릭합니다.

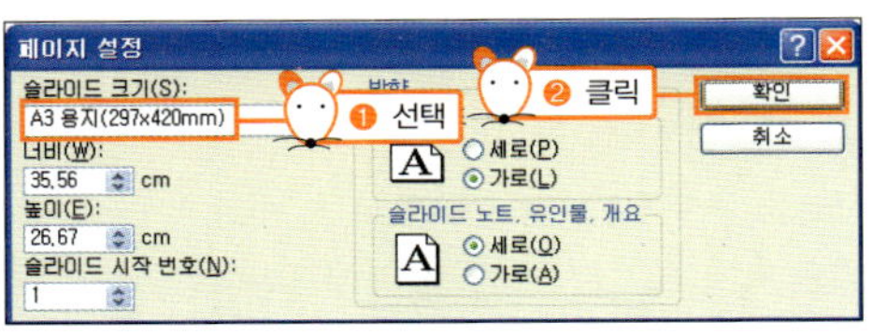

> **주목**
> 사용하는 프린터 기종에 따라서 대화상자는 다르게 나타날 수 있습니다.

03 Ctrl + P를 눌러 [인쇄] 대화상자를 불러옵니다. 인쇄용지를 수정하기 위해 [속성] 버튼을 클릭합니다.

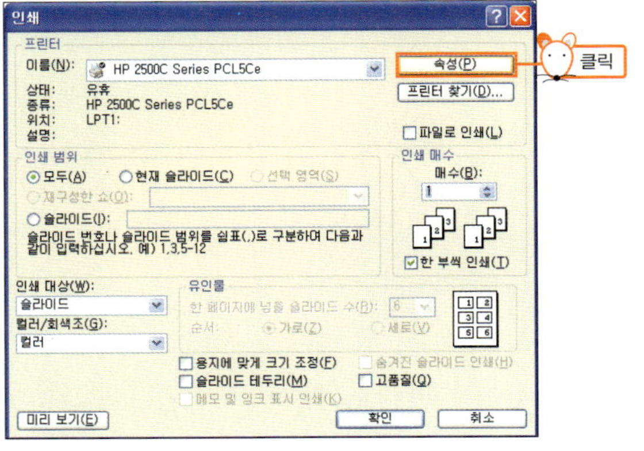

04 프린터의 등록 정보 대화상자가 나타나면 [용지/품질] 탭의 [고급] 버튼을 클릭합니다.

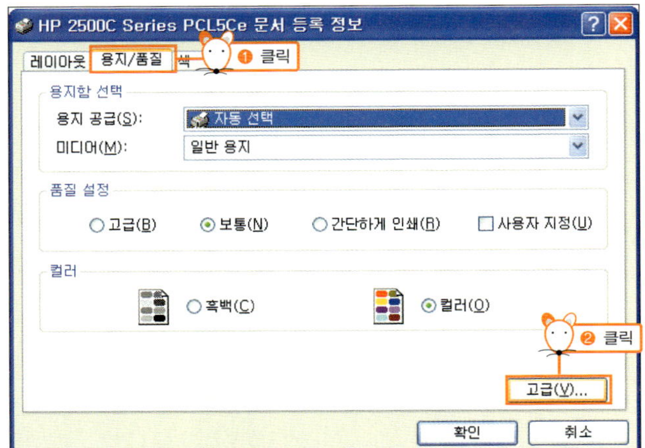

05 [용지 크기]를 'A3'로 지정한 후 [확인] 버튼을 클릭합니다.

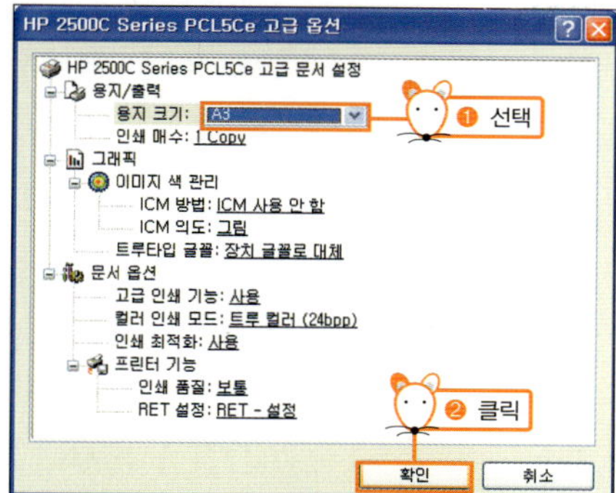

06 [인쇄] 대화상자로 돌아와서 [미리 보기] 버튼을 클릭합니다.

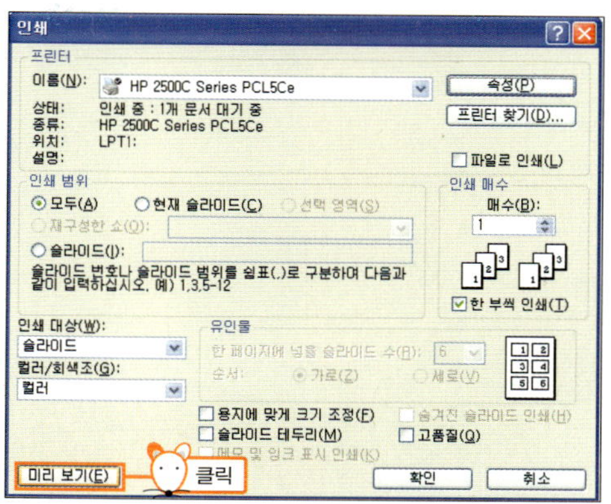

07 확인이 끝나면 A3로 인쇄를 시작할 수 있습니다.

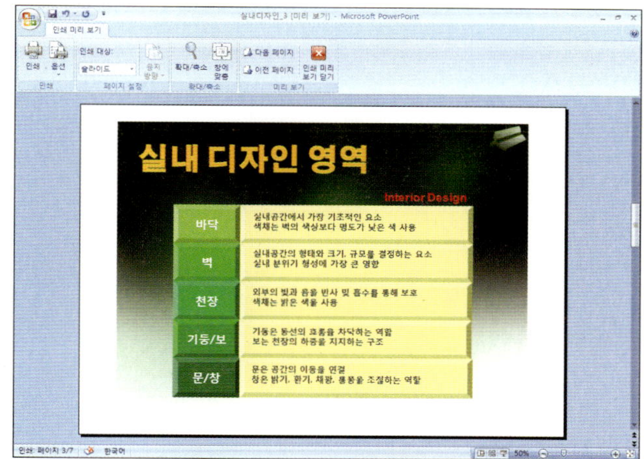

Part

다양한 응용 프로그램을 이용한 파워포인트의 활용 노하우 알아보기

프레젠테이션 문서를 제작하기 위해서는 일반적으로 파워포인트만을 이용합니다. 그러나 전문가는 필요에 따라서 그래픽 프로그램인 포토샵이나 플래시를 이용해 높은 수준의 이미지를 제작하기도 하며, 파워포인트와 연동이 용이한 엑셀이나 워드를 이용하여 데이터를 가져올 수 있습니다. 또한, 기호와 특수 문자로 이루어진 구현하기 힘든 수식은 Microsoft Equation 3.0을 이용하기도 합니다. 이번 Part에서는 다양한 응용 프로그램들을 파워포인트에 활용할 수 있는지 살펴보고, 수식과 프로그램 개발 환경을 지원하는 VBA(Visual Basic for Application)의 사용 방법을 알아보겠습니다.

프로의 세계에서 통하는
다양한 응용 프로그램 활용하기

파워포인트는 멀티미디어 기능과 여러 가지 프로그램과의 연동이 가능합니다. 특히 워드, 엑셀은 높은 호환성을 가지고 있습니다. 또한, 포토샵이나 플래시를 이용해 프레젠테이션 문서에 필요한 이미지들을 제작하여 슬라이드에 삽입할 수 있습니다.

 플래시 무비 삽입하기

플래시 무비를 삽입하기 위해서는 먼저 리본 메뉴에 [개발 도구] 탭을 표시해야 합니다. 그런 다음 [기타 컨트롤] 대화 상자를 이용해서 플래시 무비를 삽입할 수 있습니다.

- 리본 메뉴의 [개발 도구] 탭을 선택하고 [컨트롤] 그룹에 서 [기타 컨트롤](📇)을 선택합니다. 그런 다음 [기타 컨트롤] 대화상자가 나타나면 [Shockwave Flash Object]를 선택해서 플래시 무비를 삽입합니다.

슬라이드에 삽입된 플래시 무비

 워드 문서 삽입하고 저장하기

워드에서 만든 표를 슬라이드로 삽입한 후 편집하고 워드 문서로 전환시켜 저장할 수 있습니다.

- [Office 단추](📇)를 클릭하고 [게시]의 [Microsoft Office Word에서 유인물 만들기]를 클릭합니다. [Microsoft Office Word로 보내기] 대화상자가 나타나면 페이지 레이아웃에서 원하는 레이아웃을 선택하면 됩니다. 그런 다음 다시 [Office 단추](📇)를 클릭하고 [다른 이름으로 저장]에서 [Word 문서]를 선택한 다음 저장합니다.

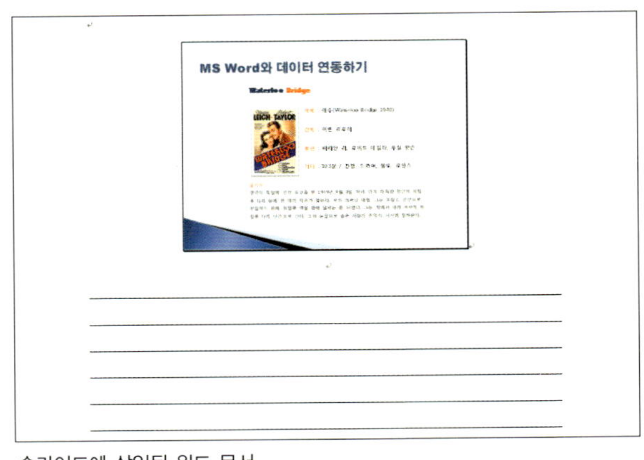

슬라이드에 삽입된 워드 문서

 ## 엑셀 문서 삽입하고 활용하기

워드프로세서 문서와 마찬가지로 슬라이드에는 엑셀에서 만든 문서도 삽입이 가능합니다. 워드 문서를 불러오는 방법으로도 삽입할 수도 있지만 [선택하여 붙여넣기] 메뉴를 이용해서도 슬라이드에 삽입할 수 있습니다.

- [홈] 탭의 [클립보드]에서 [선택하여 붙여넣기]를 클릭합니다. [선택하여 붙여넣기] 대화상자가 나타나면 [연결하여 붙여넣기]를 선택하고 [형식]에서 [Microsoft Office Excel 워크시트 개체]를 선택한 후 [확인] 버튼을 클릭하면 슬라이드에 엑셀 문서를 삽입할 수 있습니다.

음식종류	전체에너지(cal)	단백질	지방	탄수화물	칼슘
쌀밥	313.2	5.9	1	68.6	4.5
물냉면	404.7	19.8	6.3	68.8	32.6
배추김치	10.8	1.2	0.3	1.6	28.2
계란국	54.4	5	3.5	0.5	56.4
합계	783.1	31.9	11.1	139.5	121.7

슬라이드에 삽입된 엑셀 문서

 ## Microsoft Equation 3.0 설치하고 수식 삽입하기

수식을 슬라이드에 삽입하려면 파워포인트에 Microsoft Equation 3.0을 추가로 설치해야 합니다. 그런 다음 수식 입력 창을 통해 복잡한 수식을 도구 모음을 이용해 삽입할 수 있습니다.

- [삽입]의 [개체](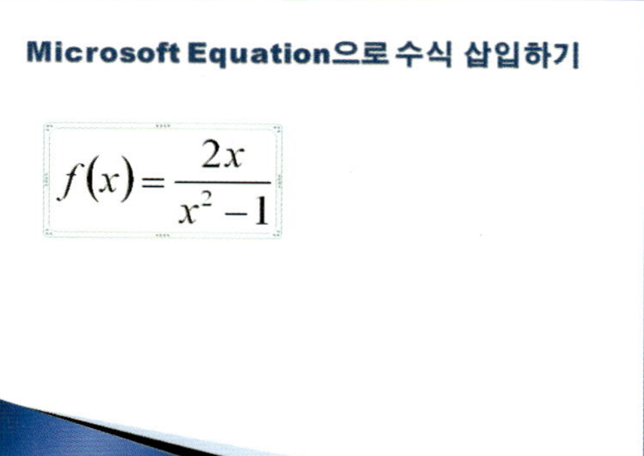)을 클릭한 후 [개체 삽입] 대화상자가 나타나면 [새로 만들기]가 선택되어 있는지 확인합니다. 그런 다음 [개체 유형]에서 'Microsoft Equation 3.0'을 선택하면 됩니다.

$$f(x) = \frac{2x}{x^2 - 1}$$

슬라이드에 삽입된 수식

 ## 매크로 만들고 저장하기

파워포인트에서 매크로 작업을 하기 위해 지원해 주는 VBA(Visual Basic for Application) 프로그램의 [사용자 정의 폼]을 이용해서 간단하게 매크로를 만들 수 있습니다.

- [보기] 탭의 [매크로](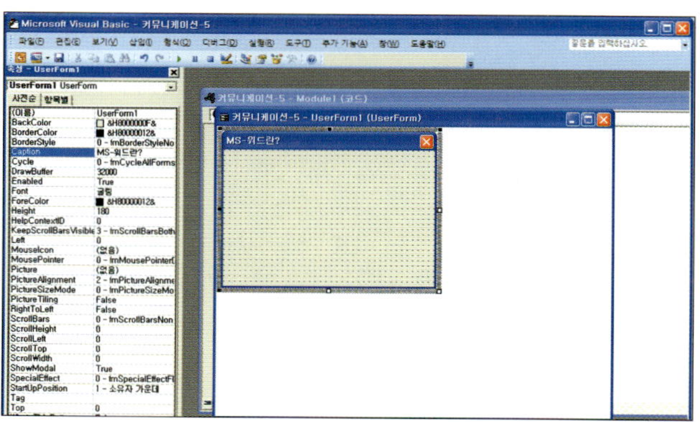)를 클릭합니다. [매크로] 대화상자가 나타나면 [매크로 이름]에 원하는 제목을 입력한 후 [만들기] 버튼을 클릭하여 [Microsoft Visual Basic] 프로그램을 실행시킬 수 있습니다.

매크로를 이용한 대화상자 만들기

높은 품질의 애니메이션을 자랑하는 플래시 무비 삽입하기

파워포인트는 동영상 파일이나 소리 파일 이외에도 여러 가지 형식의 파일을 삽입할 수 있습니다. 그 중에서 플래시로 만든 '*.swf' 파일도 삽입할 수 있습니다. 플래시 무비 파일은 파워포인트에서 제공하는 애니메이션 기능보다 훨씬 다양하고 역동적인 움직임을 표현할 수 있습니다. 이번 Lesson에서는 플래시 무비 파일을 슬라이드에 삽입하는 방법을 알아보겠습니다.

Lesson 45

◉ 예제 파일: Sample\Part 09\커뮤니케이션-1.pptx

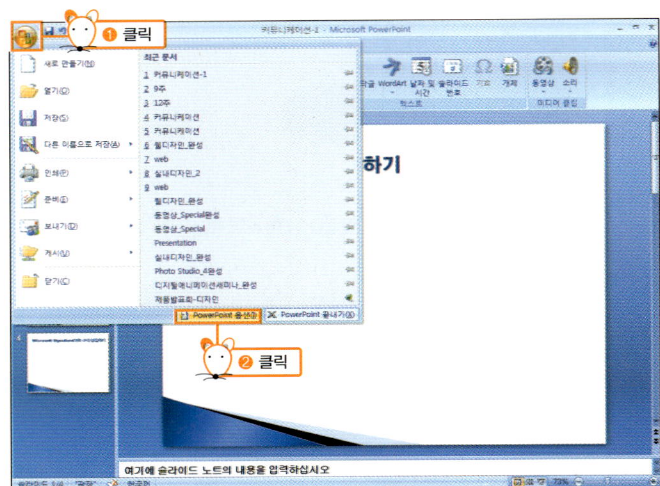

1 예제 파일일 불러온 후 먼저 리본 메뉴에 [개발 도구] 탭을 표시하기 위해 1번 슬라이드를 선택하고 [Office 단추](📋)를 클릭한 후 [PowerPoint 옵션] 버튼을 클릭합니다.

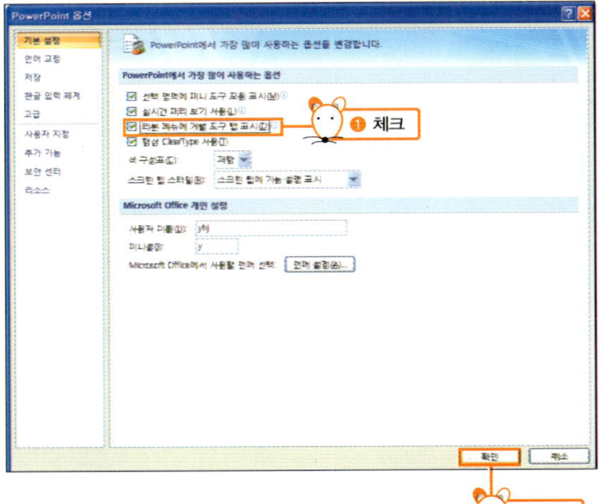

2 [PowerPoint 옵션] 대화상자가 나타나면 [기본 설정] 탭에서 [리본 메뉴에 개발 도구 탭 표시]에 체크 표시를 하고 [확인] 버튼을 클릭합니다.

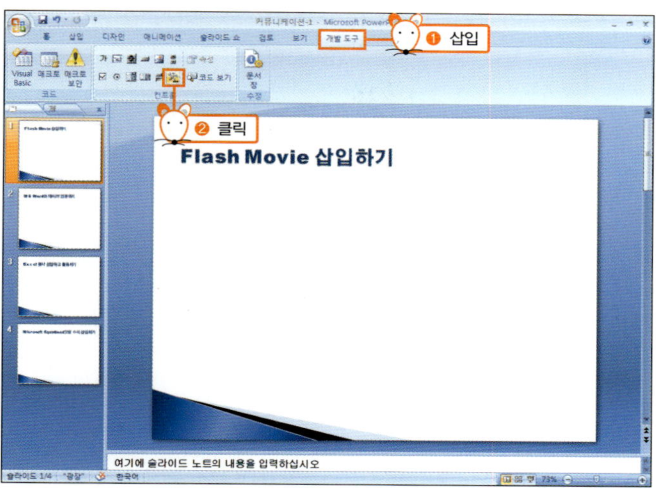

3 리본 메뉴에 [개발 도구] 탭이 삽입됩니다. [컨트롤] 그룹에서 [기타 컨트롤](🔧)을 클릭합니다.

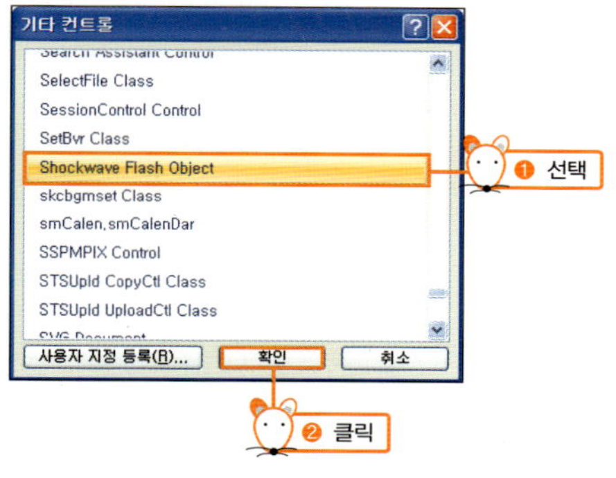

4 [기타 컨트롤] 대화상자가 나타나면 [Shockwave Flash Object]를 선택한 후 [확인] 버튼을 클릭합니다.

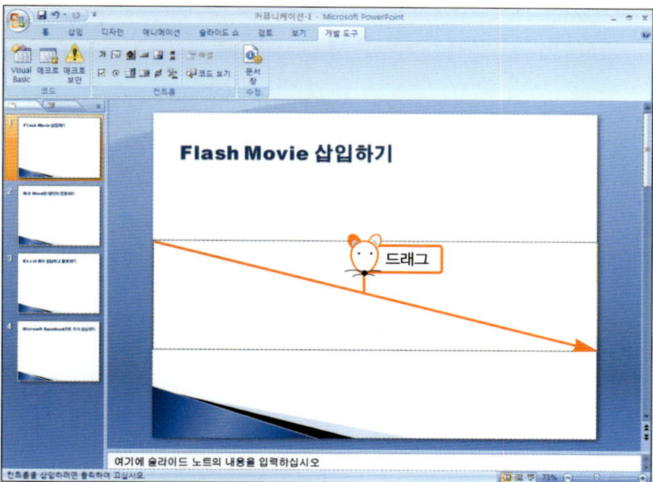

5 마우스 포인터가 '+' 모양으로 변경됩니다. 플래시 무비가 삽입될 영역을 지정하기 위해 마우스로 드래그합니다.

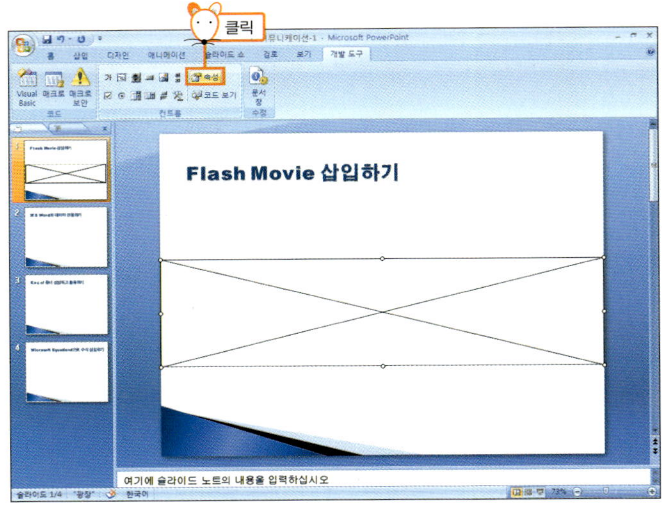

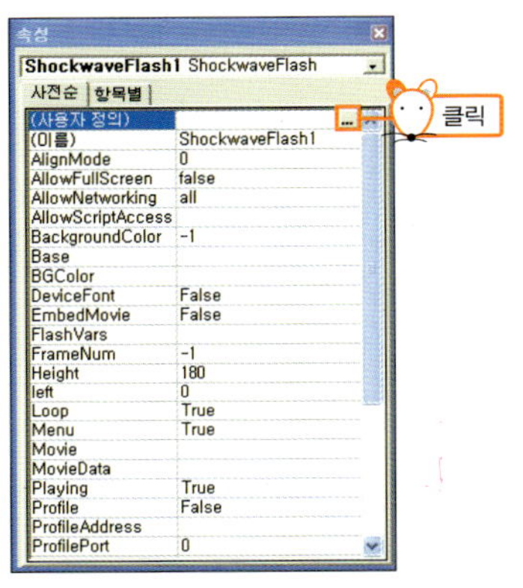

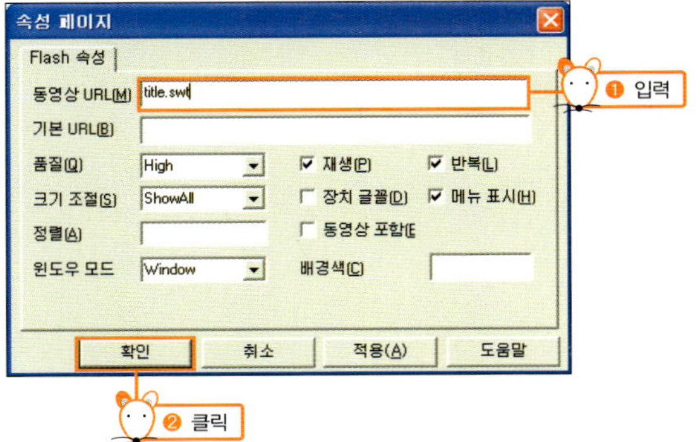

6 플래시 무비가 삽입될 영역이 표시됩니다. 이제는 플래시 무비 파일을 삽입하기 위해 영역을 선택한 상태에서 [컨트롤]의 [속성]( )을 클릭합니다.

7 [속성] 대화상자가 나타나면 [사용자 정의]를 클릭한 후 ... 버튼을 클릭합니다.

8 [속성 페이지] 대화상자가 나타나면 [동영상 URL]에 'title.swf'를 입력한 후 [확인] 버튼을 클릭합니다.

> **주목**
> 원래 [동영상 URL]에는 파일의 저장 경로와 파일명을 모두 입력해야 합니다. 그러나 프레젠테이션 파일과 플래시 파일이 같은 폴더에 있다면 파일 이름만 입력하면 됩니다. 여기에서는 같은 폴더 안에 두 개의 파일이 있기 때문에 파일 이름만 입력했습니다.

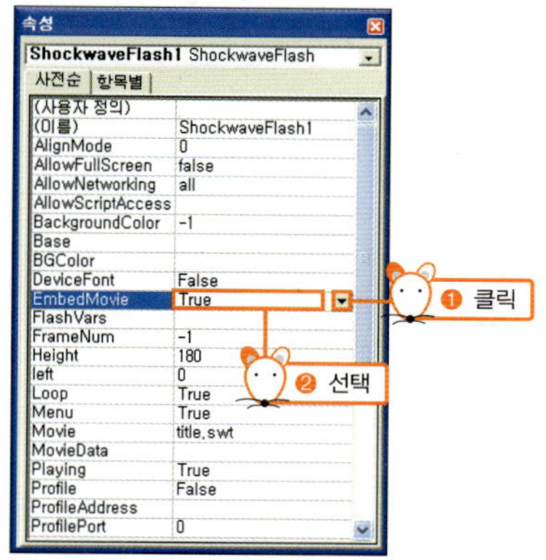

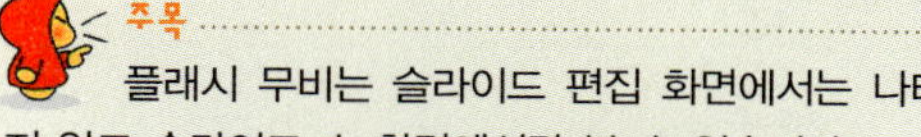

9 삽입한 플래시 무비 파일을 프레젠테이션에 완전히 포함시키기 위하여 다시 [속성] 대화상자에서 [EmbebMovie]의 ▼을 클릭한 후 [True]를 클릭합니다.

10 이제 확인을 위해 F5 를 눌러 [슬라이드 쇼] 화면으로 전환합니다. 플래시 무비가 실행되는 것을 확인할 수 있습니다.

> **주목**
> 플래시 무비는 슬라이드 편집 화면에서는 나타나지 않고 슬라이드 쇼 화면에서만 볼 수 있습니다.

[속성] 대화상자 살펴보기

[속성] 대화상자에는 플래시 무비의 이름과 크기, 위치, 반복 실행 등을 지정할 수 있습니다. 많은 명령들이 있지만 파워포인트에서는 다음과 같이 내용들을 자주 사용합니다.

❶ **EmbedMovie** : 삽입한 플래시 무비를 프레젠테이션에 완전히 포함시키려면 속성을 [True]로 설정합니다.

❷ **FrameNum** : 플래시 무비의 시작 시점을 설정하려면 [FrameNum] 속성에서 시작 프레임 번호를 입력합니다.

❸ **Loop** : 무비를 한 번만 적용하려면 속성을 [False]로 설정합니다.

❹ **Movie** : [속성 페이지] 대화상자의 [동영상 URL]에 파일의 저장 경로와 파일명을 입력하면 [Movie] 속성에 자동으로 표시됩니다. 또한, [Movie] 속성에 파일의 저장 경로와 파일명을 직접 입력해도 됩니다.

❺ **Playing** : 슬라이드 쇼 화면에서 플래시 무비가 재생되지 않을 경우 속성을 [True]로 설정합니다.

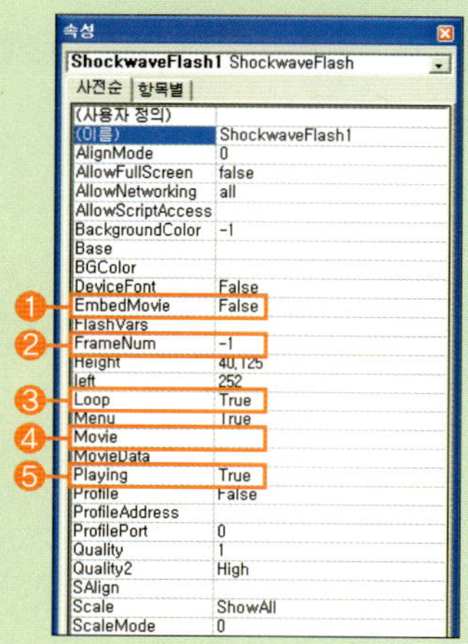

자유로운 문서 편집과 출력을 위한 워드 2007 연동하기

오피스 프로그램에는 파워포인트를 포함해서 엑셀, 워드, 아웃룩과 같은 프로그램들이 있습니다. 이들 프로그램들에 가장 큰 장점은 호환성이 좋기 때문에 제작된 내용들을 쉽게 삽입시킬 수 있습니다. 이번 Lesson에서는 파워포인트에 워드로 제작된 문서를 삽입하고 워드 문서로 다시 저장하는 방법을 알아보겠습니다.

예제 파일: Sample\Part 09\커뮤니케이션-2.pptx

파워포인트에 워드 문서 삽입하기

● 워드 2007로 제작된 문서를 슬라이드에 삽입하고 필요한 내용들을 수정하는 방법을 알아보겠습니다.

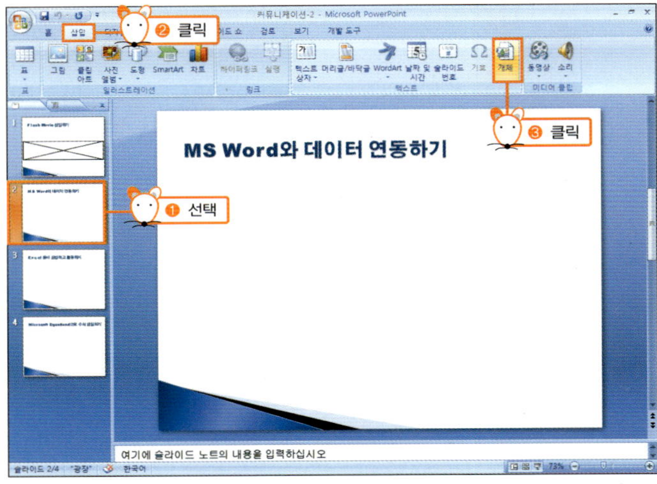

1 예제 파일을 불러온 후 2번 슬라이드를 선택하고 [삽입] 탭의 [개체]()를 클릭합니다.

2 [개체 삽입] 대화상자가 나타납니다. [파일로부터 만들기]를 선택한 후 [찾아보기] 버튼을 클릭합니다.

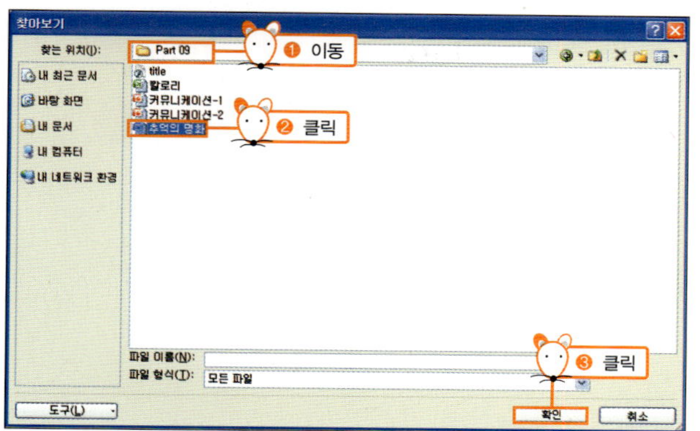

3 [찾아보기] 대화상자가 나타나면 'Sample\Part 09\추억의 명화.docx' 파일을 선택한 후 [확인] 버튼을 클릭합니다.

> **주목**
>
> 워드 2007 프로그램으로 만든 파일의 확장자는 'docx' 입니다.

4 [개체 삽입] 대화상자에 삽입될 워드 문서의 경로와 파일 이름이 표시되면 [확인] 버튼을 클릭합니다.

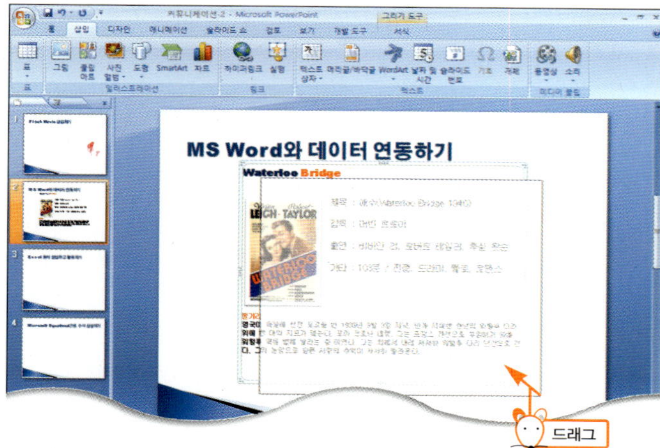

5 다음과 같이 슬라이드에 워드 문서가 삽입됩니다. 마우스로 드래그하여 위치와 크기를 조절합니다.

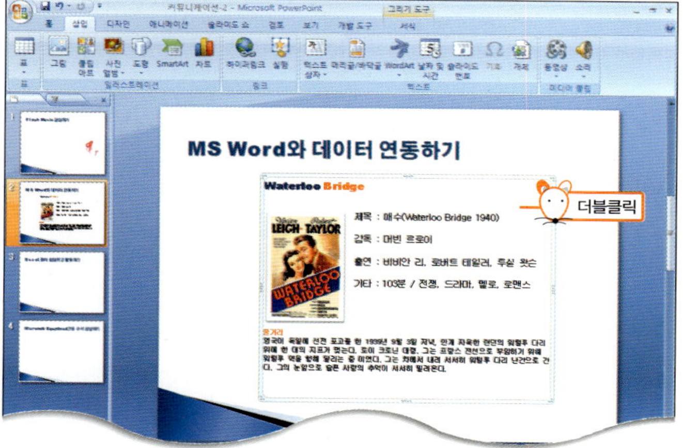

6 이번에는 삽입한 문서의 글꼴이나 크기의 서식을 수정하기 위해 워드 문서 영역을 더블클릭합니다.

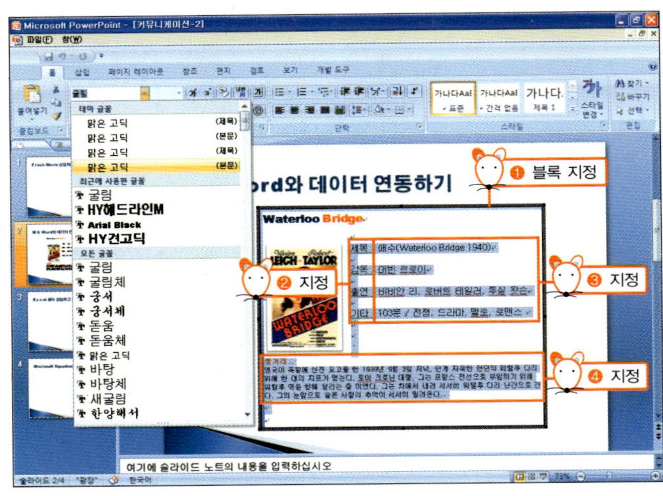

7 파워포인트가 실행된 상태에서 워드 2007로 전환이 됩니다. 텍스트를 블록으로 지정한 후 서식을 적용합니다.

❷ '제목', '감독', '출연', '기타', '줄거리'의 텍스트의 [글꼴]은 '맑은 고딕', [크기]는 14, [글꼴 색]은 주황으로 지정합니다.
❸ [글꼴]은 '맑은 고딕', 크기는 14로 지정합니다.
❹ [글꼴]은 '맑은 고딕', 크기는 12로 지정합니다.

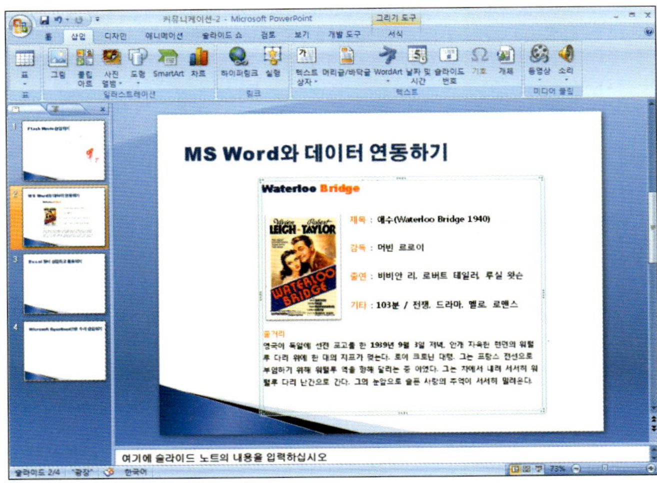

8 슬라이드의 빈 영역을 클릭하여 파워포인트 프로그램으로 전환하고 Shift + F5 를 누릅니다.

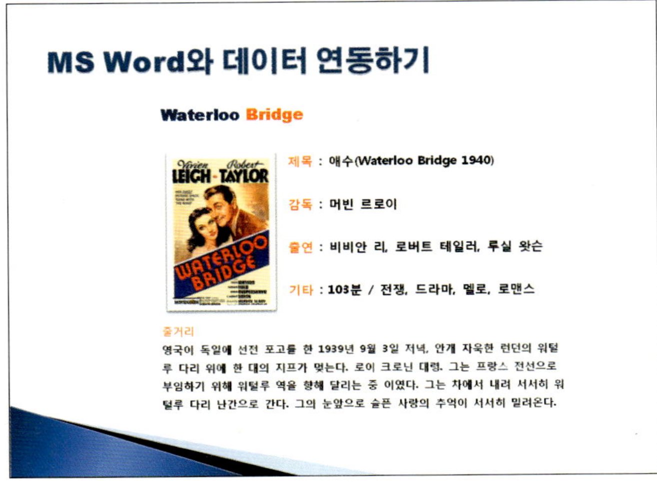

9 워드로 삽입한 문서가 깔끔하게 정리된 것을 확인할 수 있습니다.

파워포인트 문서를 워드 문서로 저장하기

● 파워포인트에서는 유인물 인쇄가 가능합니다. 그러나 슬라이드에 그림보다 텍스트 내용이 많다면 워드 문서로 전환해서 인쇄하는 것이 훨씬 효율적입니다. 여기에서는 파워포인트로 만든 문서를 워드 문서로 전환하여 저장하는 방법에 대해 알아봅니다.

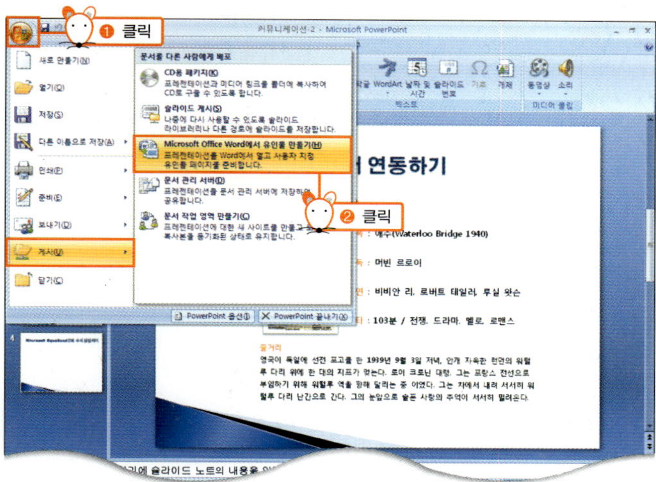

1 [Office 단추]([image])를 클릭하고 [게시]의 [Microsoft Office Word에서 유인물 만들기]를 클릭합니다.

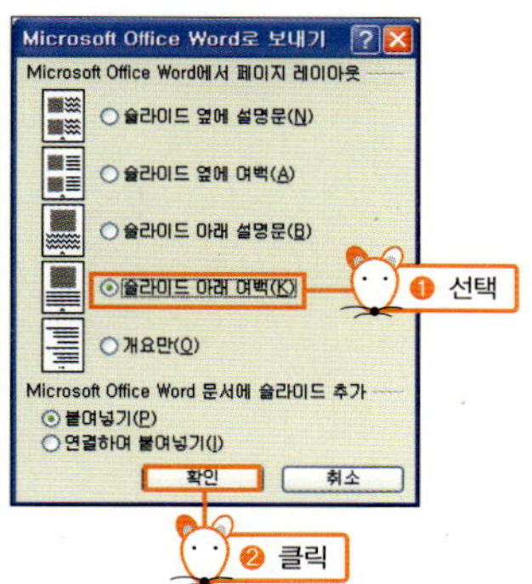

2 [Microsoft Office Word로 보내기] 대화상자가 나타나면 페이지 레이아웃에서 원하는 레이아웃을 선택하면 됩니다. 여기에서는 [슬라이드 아래 여백]을 선택한 후 [확인] 버튼을 클릭했습니다.

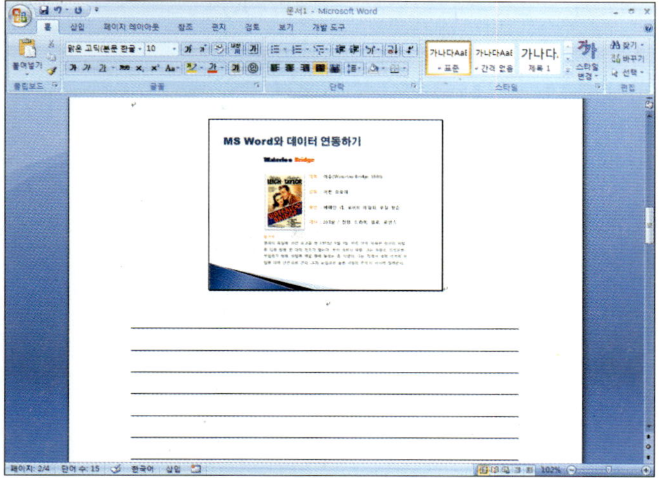

3 워드 2007이 실행되면서 앞에서 선택한 슬라이드가 레이아웃 형식으로 삽입됩니다.

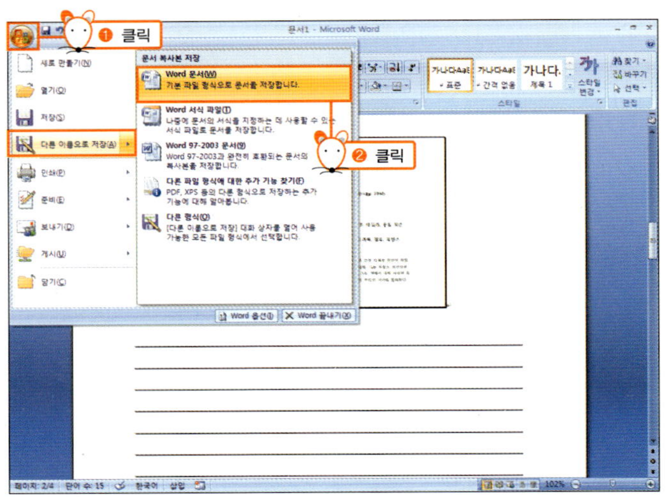

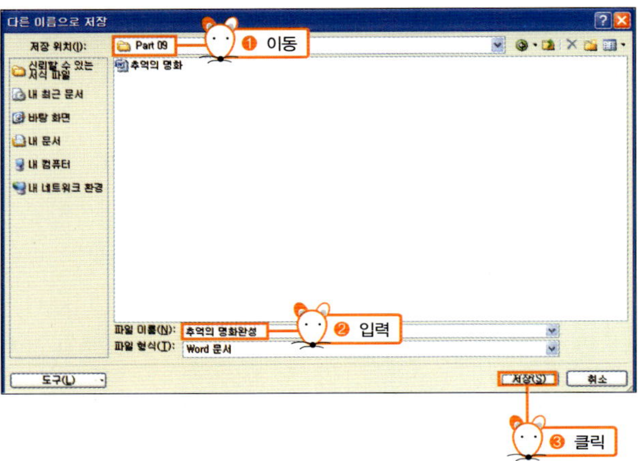

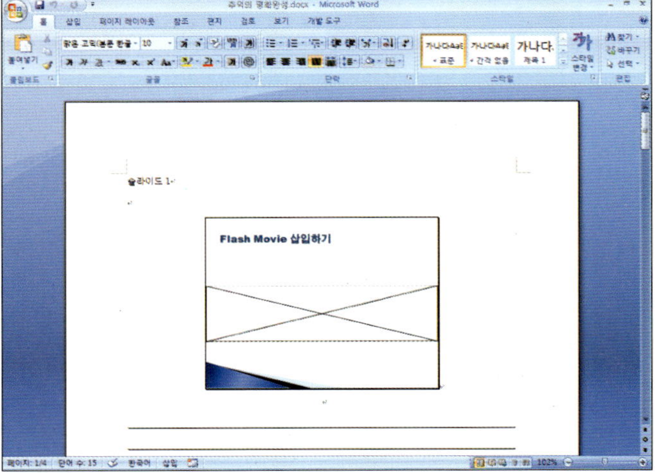

4 다시 워드 문서로 저장하기 위해 [Office 단추]( )를 클릭한 후 [다른 이름으로 저장]에서 [Word 문서]를 클릭합니다.

5 [다른 이름으로 저장] 대화상자가 나타나면 [저장 위치]의 경로를 지정하고 [파일 이름]에 '추억의 명화완성'을 입력한 후 [저장] 버튼을 클릭합니다.

6 워드 2007을 실행시켜 저장된 파일을 불러옵니다.

모든 계산을 편리하게 해주는 엑셀 2007 연동하기

파워포인트를 이용해 표나 수식, 함수를 삽입할 수 있지만, 이것을 계산할 수 있는 기능은 없습니다. 따라서 수시로 변동이 되는 데이터를 작성할 때에는 엑셀을 이용하는 것이 편리합니다. 엑셀은 일반 사무업무에서 보편적으로 사용하고 있는 스프레드시트(Spread Sheet) 프로그램으로, 파워포인트와 연동해서 사용하면 수식이나 함수 등의 계산을 편리하게 입력하고 수정할 수 있습니다. 방법은 앞에서 살펴본 워드 문서의 삽입과 동일합니다. 이번 Lesson에서는 [선택하여 붙여 넣기] 메뉴를 이용해 엑셀 문서를 삽입하는 방법을 알아보겠습니다.

예제 파일: Sample\Part 09\커뮤니케이션-3.pptx

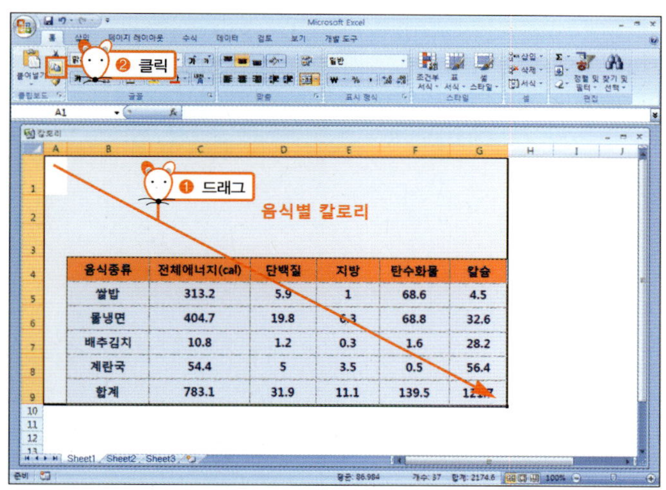

1 'Sample\Part 09\칼로리.xlsx'를 더블클릭하여 엑셀 프로그램을 실행시키면 표로 만들어진 엑셀 문서를 확인할 수 있습니다. 마우스로 드래그하여 영역을 선택한 후 [홈] 탭의 [클립보드]에서 [복사]( )를 클릭합니다.

> **주목**
> 영역을 선택한 후 Ctrl + C 를 눌러서 복사를 해도 됩니다.

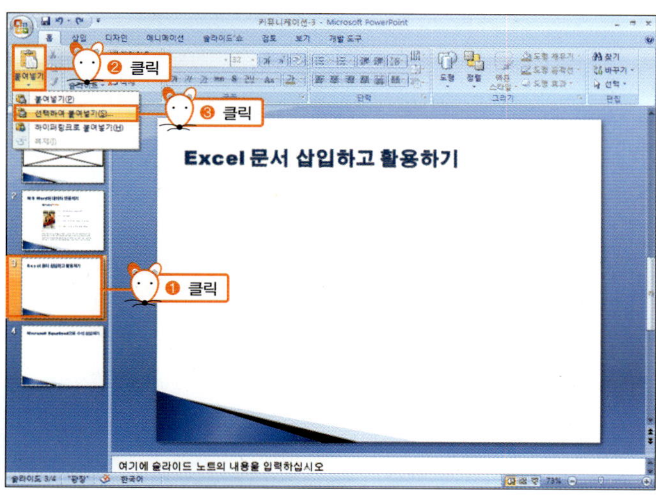

2 파워포인트를 실행한 후 'Sample\Part 09\커뮤니케이션-3.pptx'를 불러옵니다. 그런 다음 3번 슬라이드를 선택하고 [홈] 탭의 [클립보드] 그룹에서 [붙여넣기]( )를 클릭한 후 [선택하여 붙여넣기]를 클릭합니다.

3 [선택하여 붙여넣기] 대화상자가 나타나면 [연결하여 붙여넣기]를 선택합니다. 그런 다음 [형식]에서 [Microsoft Office Excel 워크시트 개체]를 선택한 후 [확인] 버튼을 클릭합니다.

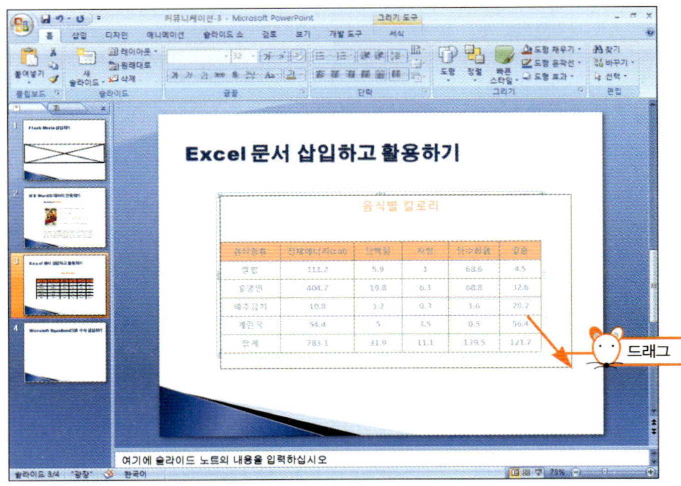

4 엑셀에서 복사한 표가 슬라이드에 삽입되면 마우스로 드래그하여 위치와 크기를 조절합니다.

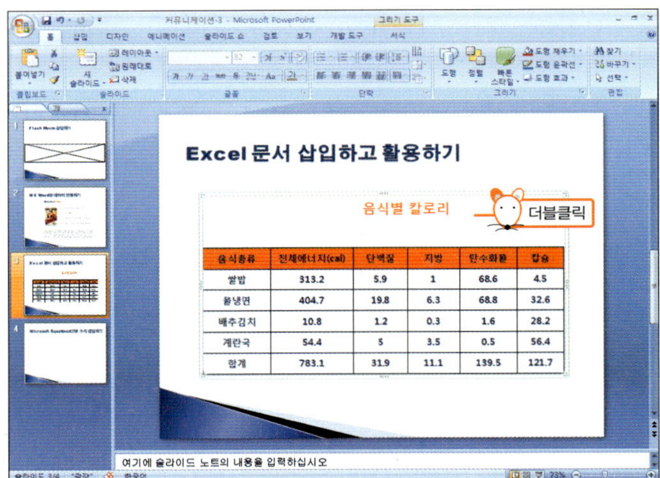

5 표 안의 내용을 수정하기 위해서 엑셀이 삽입된 영역 안을 더블클릭합니다.

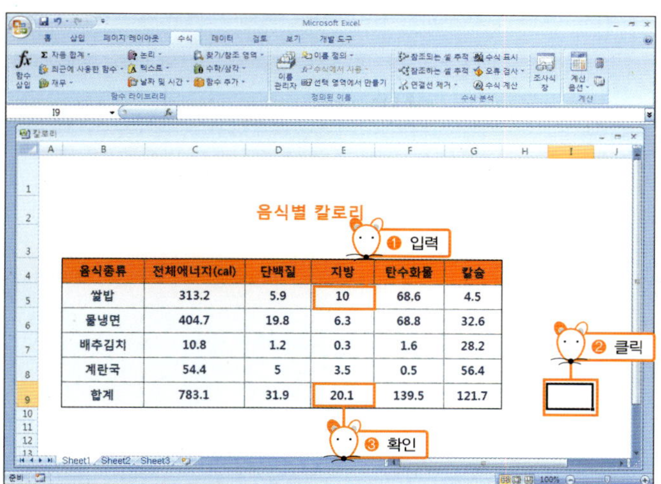

6 다시 엑셀로 전환됩니다. 표의 내용을 수정하면 합계 부분의 값이 자동으로 바뀌는 것을 알 수 있습니다.

❶ '쌀밥'의 '지방'이 입력되어 있는 [E5] 셀의 값을 '10'으로 변경합니다.

❷ 빈 셀을 클릭하거나 Enter 를 누릅니다.

❸ 합계 부분의 값이 자동으로 변경됩니다.

주목

합계를 계산해 주는 함수가 적용되어 있기 때문에 셀의 값만 변경하면 자동으로 합계 값이 수정되는 것입니다.

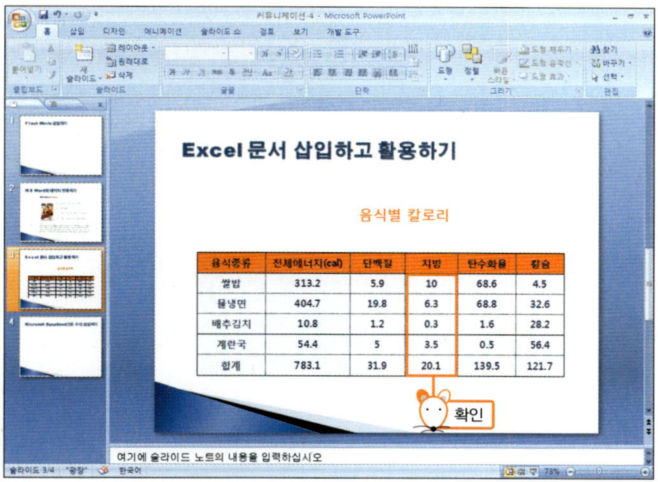

7 파워포인트에서 삽입한 엑셀 데이터가 자동으로 변경되어 있는 것을 확인할 수 있습니다.

주목

엑셀에서 변경된 값을 파워포인트 문서에 완전히 적용시키려면 반드시 저장을 해야 합니다.

Microsoft Equation 3.0을 이용해 수식 삽입하기

파워포인트에서 입력할 수 있는 기호와 특수 문자는 간단하게 삽입할 수 있지만, 분수나 지수, 로그 등과 같은 수식은 Microsoft Equation 3.0의 수식 편집기를 이용해야 합니다. 오피스 2007을 설치하는 과정에서 모든 항목을 설치했다면 별도의 설치 과정 없이 바로 사용할 수 있습니다. 이번 Lesson에서는 Microsoft Equation 3.0 수식 편집기를 설치하고 복잡한 수식을 입력해 보겠습니다.

◉ 예제 파일: Sample\Part 09\커뮤니케이션-4.pptx

Microsoft Equation 3.0 설치하기

● Microsoft Equation 3.0을 사용하기 위해서는 Office 2007 설치 CD를 CD-ROM에 삽입하고 추가로 설치해야 합니다.

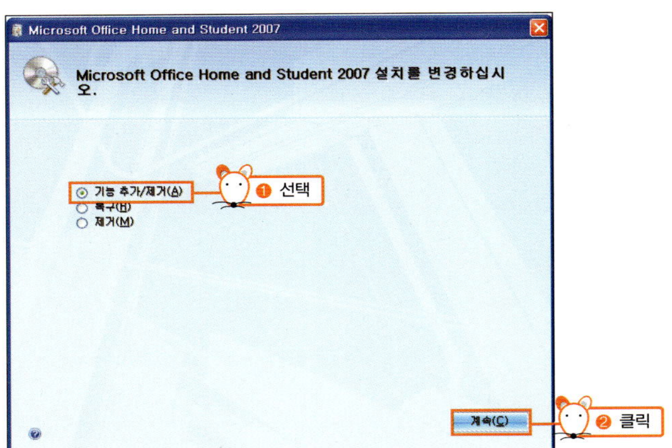

1 설치 CD를 삽입하면 [Microsoft Office Home and Student 2007] 설치 대화상자가 나타납니다. [기능 추가/제거]를 선택한 후 [계속] 버튼을 클릭합니다.

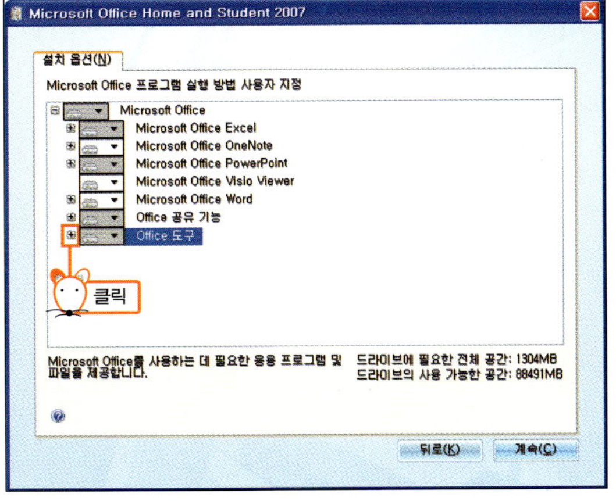

2 [설치 옵션] 대화상자가 나타나면 [Office 도구]의 ⊞을 클릭합니다.

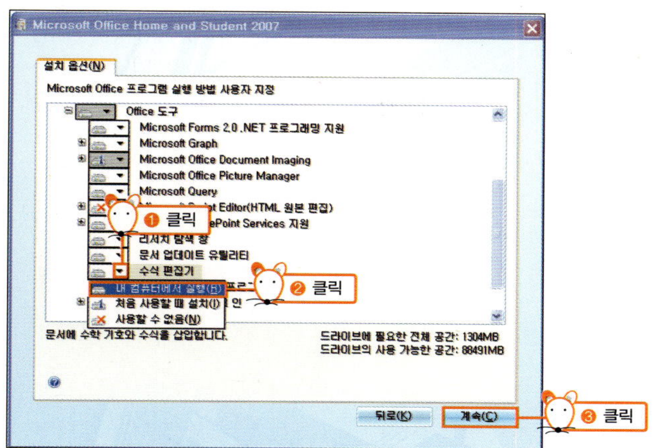

3 [Office 도구] 메뉴 중에서 [수식 편집기]의 ▼를 클릭한 후 [내 컴퓨터에서 실행]을 선택하고 [계속] 버튼을 클릭합니다.

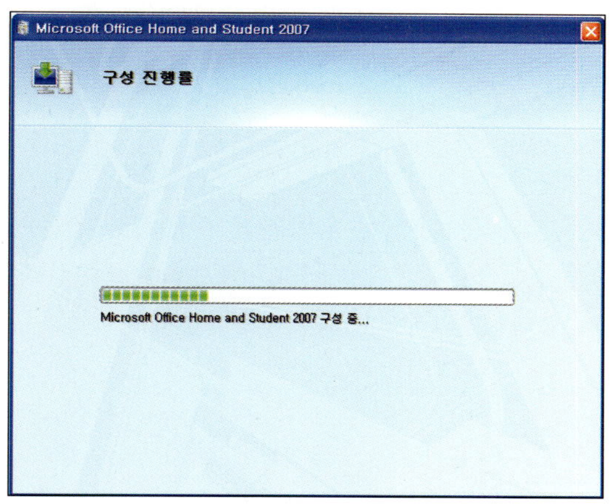

4 Microsoft Equation 3.0의 수식 편집기를 설치하기 위한 구성이 진행되고 있습니다.

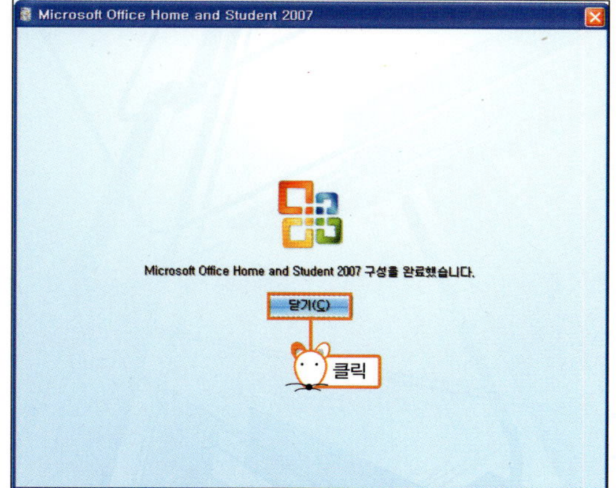

5 설치 구성이 완료되면 [닫기] 버튼을 클릭합니다.

Microsoft Equation 3.0을 이용해서 수식 삽입하기

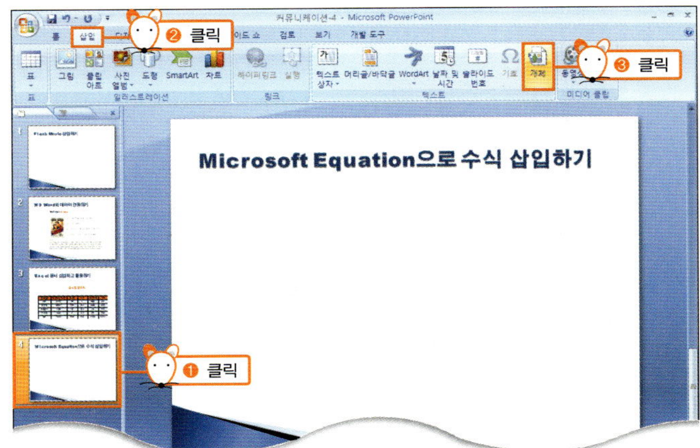

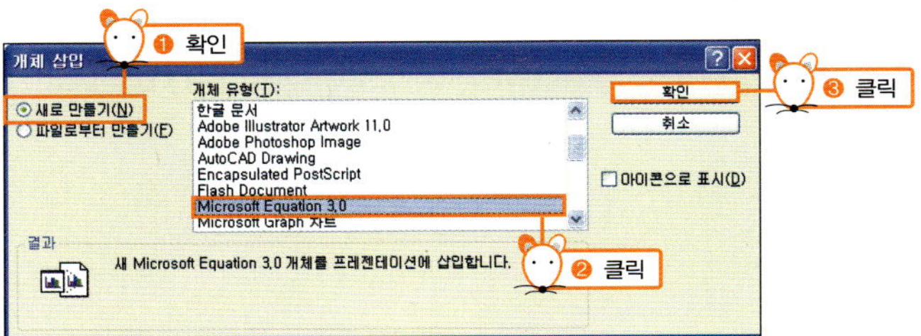

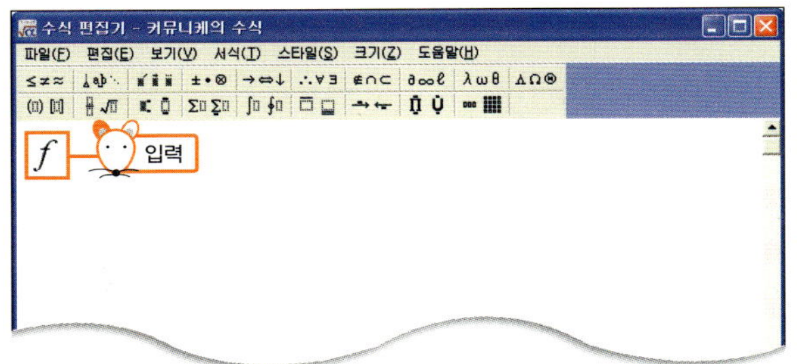

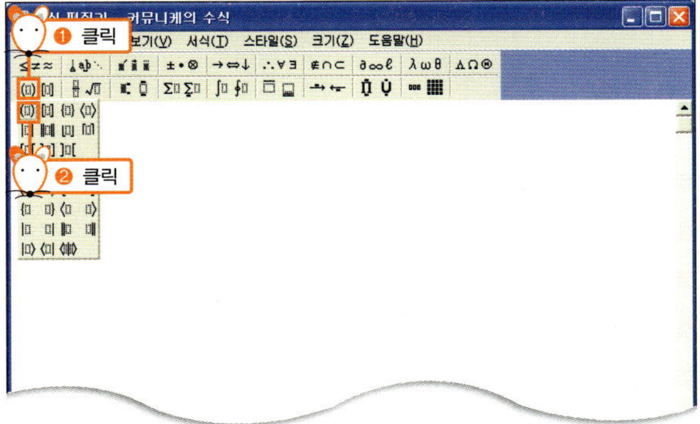

● Microsoft Equation 3.0을 추가로 설치하였다면 이제는 수식 편집기를 실행하여 원하는 수식을 입력할 수 있어야 합니다.

1 예제 파일을 불러온 후 4번 슬라이드를 선택하고 [삽입] 탭의 [개체]([이미지])을 클릭합니다.

2 [개체 삽입] 대화상자가 나타나면 [새로 만들기]가 선택되어 있는지 확인합니다. 그런 다음 [개체 유형]에서 'Microsoft Equation 3.0'을 선택한 후 [확인] 버튼을 클릭합니다.

3 [수식 편집기]가 실행됩니다. 마우스 커서가 깜빡이는 곳에 수식을 입력하면 됩니다. 먼저 함수를 표시하기 위해 'f'를 입력합니다.

4 다음은 괄호를 삽입하기 위해 [괄호] 모음([이미지])을 클릭하고 원하는 모양의 괄호를 선택합니다.

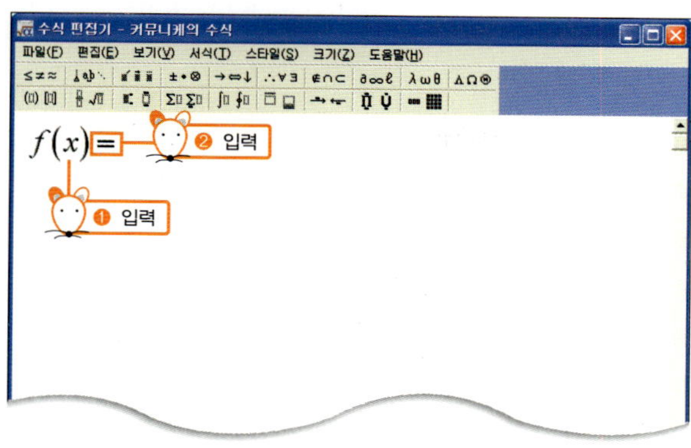

5 먼저 입력한 'f' 다음으로 '( )'가 삽입되었습니다. '( )' 안에 'x'를 입력한 후 마우스 커서를 옆으로 이동 시키고 '=' (등호)를 입력합니다.

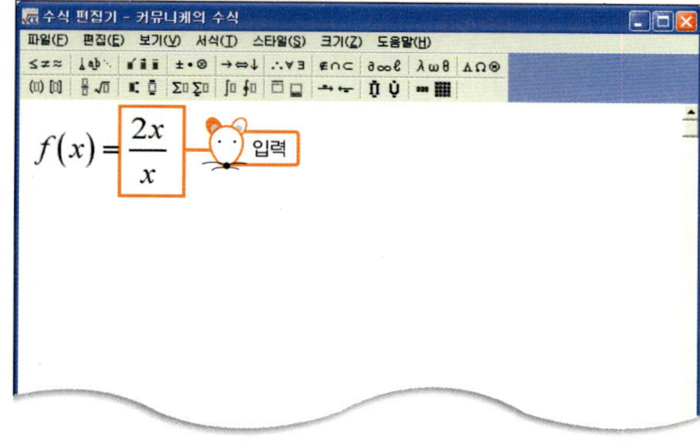

6 이번에는 분수식을 삽입하기 위해 [분수/근호] 모음()을 클릭합니다. 그런 다음 분수식을 선택합니다.

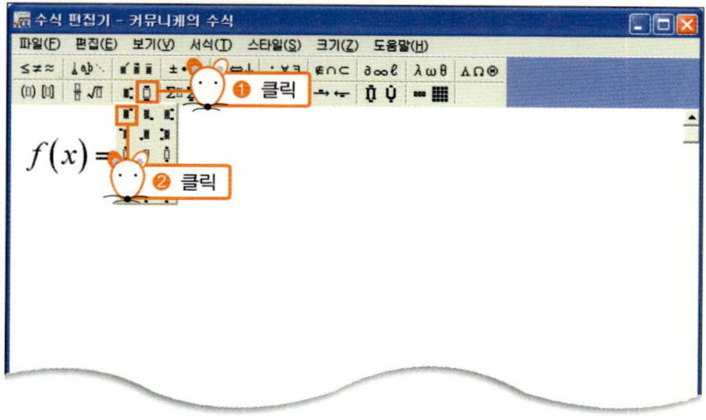

7 삽입된 분수식에서 분자와 분모에 '2x'와 'x'를 입력합니다.

f(x) = $\dfrac{2x}{x}$ 입력

8 이번에는 지수식을 삽입해 보겠습니다. 'x' 옆에 마우스 커서를 위치시킨 후 [아래 첨자/위 첨자] 모음()을 클릭하고 지수식을 선택합니다.

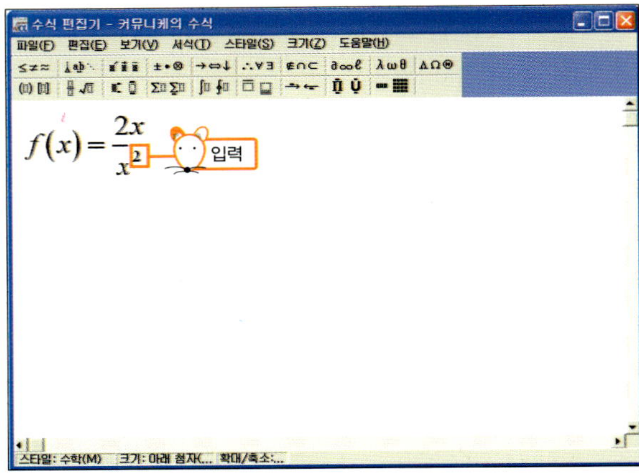

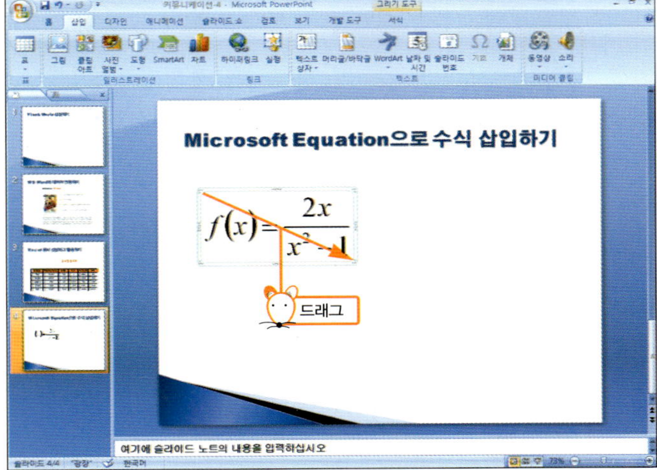

9 지수식이 삽입되면 '2'를 입력합니다.

10 마지막으로 지수 밖으로 마우스 커서를 위치시킨 후 '−1'을 입력합니다. 그런 다음 [파일]의 [끝난 후 커뮤니케이션으로 돌아감]을 클릭합니다.

11 입력한 수식이 슬라이드에 삽입되었다면 마우스 드래그하여 위치와 크기를 조절합니다.

매크로를 이용해 자동으로 알려주는 메시지 대화상자 만들기

매크로는 반복적인 작업을 자동화 시켜주는 기능으로 파워포인트에서 매크로 작업을 제대로 사용할 수 있도록 VBA(Visual Basic for Application) 프로그램 개발 환경을 지원합니다. 그러나 VBA를 제대로 활용하기 위해서는 별도의 Visual Basic for Application 프로그램을 알고 있어야 합니다. 이번 Lesson에서는 [사용자 정의 폼]을 삽입해서 간단하게 만드는 방법에 대해 알아봅니다.

⦿ 예제 파일: Sample\Part 09\커뮤니케이션-5.pptx

 **따라해 보세요**

자동화 작업을 위한 매크로 만들기

● [사용자 정의 폼]을 삽입해서 배경 색과 글꼴 등을 수정하고 텍스트를 입력해서 간단한 설명문을 만들어 봅니다.

1 예제 파일을 불러 온 후 2번 슬라이드를 선택하고 [보기] 탭의 [매크로](▭)를 클릭합니다.

🐾 **주목**

[개발 도구] 탭의 [매크로]를 이용해도 됩니다.

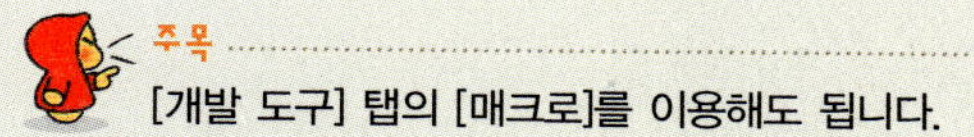

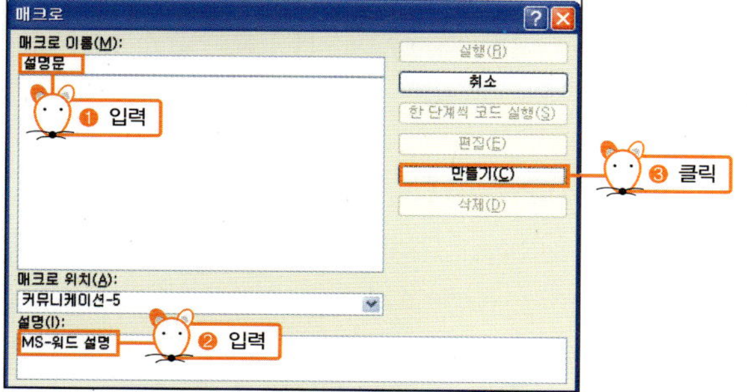

2 [매크로] 대화상자가 나타나면 [매크로 이름]에 '설명문'을 입력하고 [설명]에 'MS-워드 설명'을 입력한 후 [만들기] 버튼을 클릭합니다.

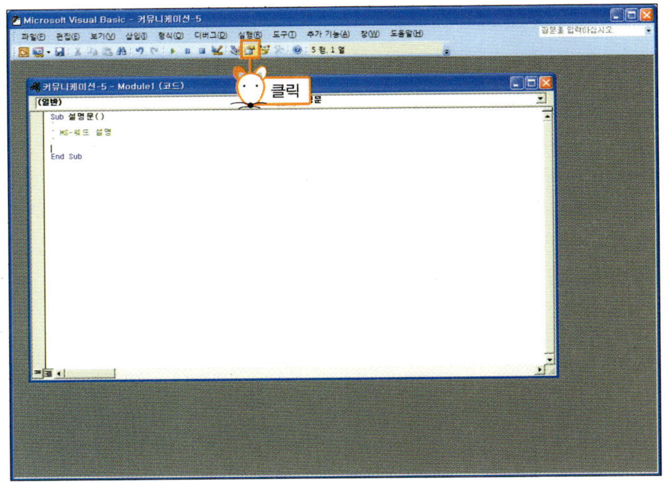

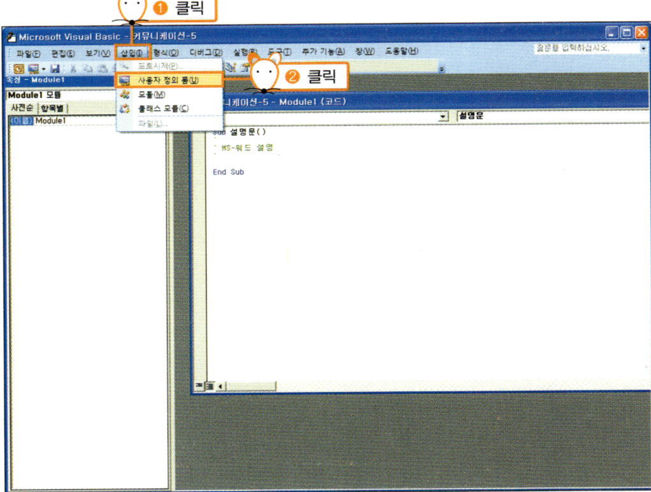

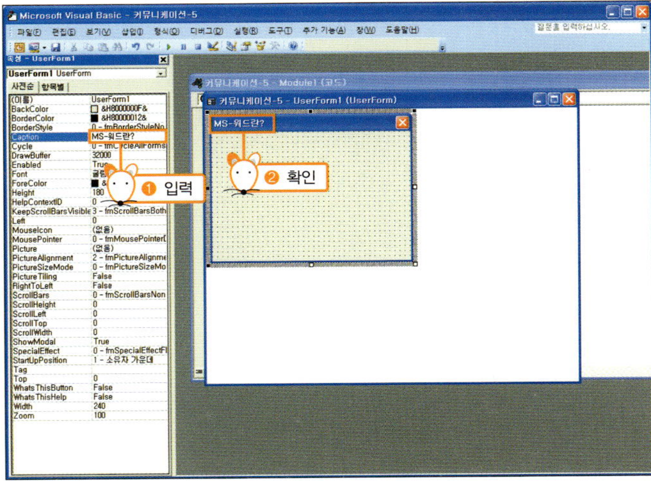

3 [Microsoft Visual Basic] 프로그램이 실행됩니다. [Microsoft Visual Basic] 도구 모음에서 [속성 창]()을 클릭합니다.

4 설명문을 표시할 대화상자를 만들기 위해 [삽입]의 [사용자 정의 폼]을 클릭합니다.

5 [사용자 정의 폼]과 [컨트롤] 도구 상자가 나타납니다. 왼쪽 [속성] 창의 [Caption]에 'MS-워드란?' 을 입력합니다. [사용자 정의 폼] 창의 제목이 변경되는 것을 알 수 있습니다.

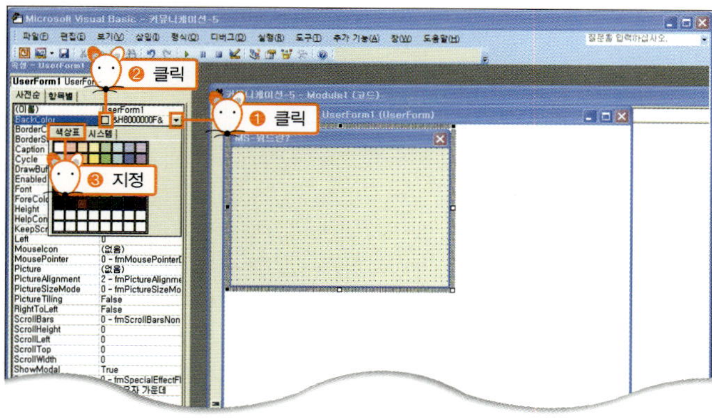

6 이번에는 [사용자 정의 폼]의 배경색을 변경하기 위해 [속성] 창의 [BackColor]의 ▼를 클릭한 후 [색상표] 탭에서 색상을 지정합니다.

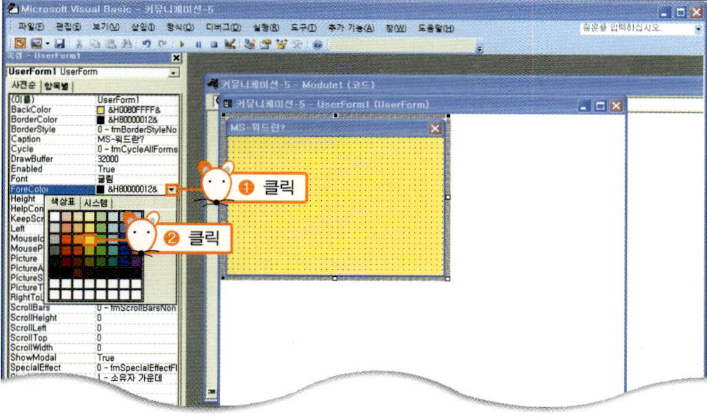

7 [사용자 정의 폼]의 배경색이 변경됩니다. 이번에는 같은 방법으로 [ForeColor]도 변경합니다.

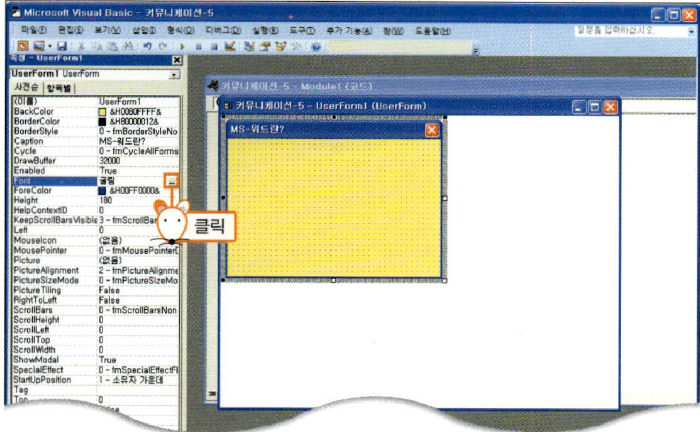

8 이번에는 [글꼴]을 수정하기 위해 [Font]의 ...을 클릭합니다.

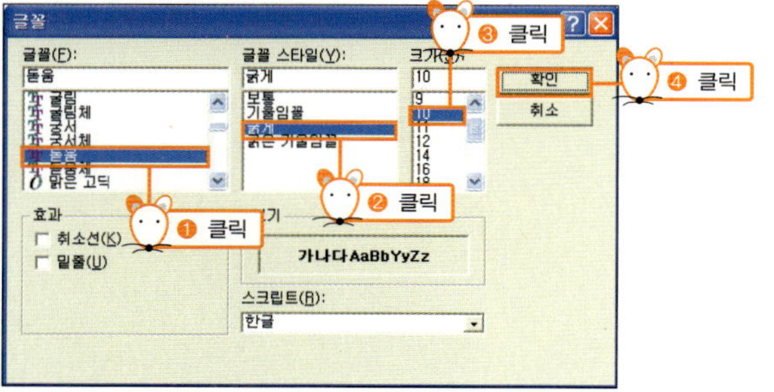

9 [글꼴] 대화상자가 나타나면 필요한 속성을 지정한 후 [확인] 버튼을 클릭합니다.

❶ [글꼴]은 '돋움'으로 클릭합니다.
❷ [글꼴 스타일]은 '굵게'로 클릭합니다.
❸ [크기]는 '10pt'로 클릭합니다.

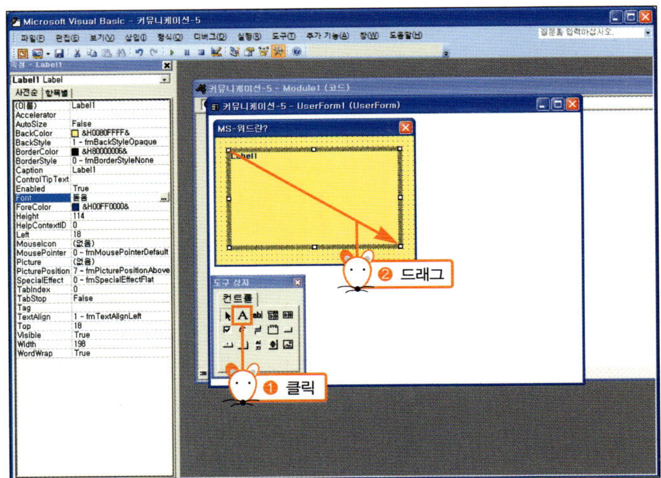

10 이번에는 [컨트롤] 도구 상자에서 [레이블](A) 을 클릭한 후 [사용자 정의 폼]에 마우스로 드래그하여 [레이블]을 삽입합니다.

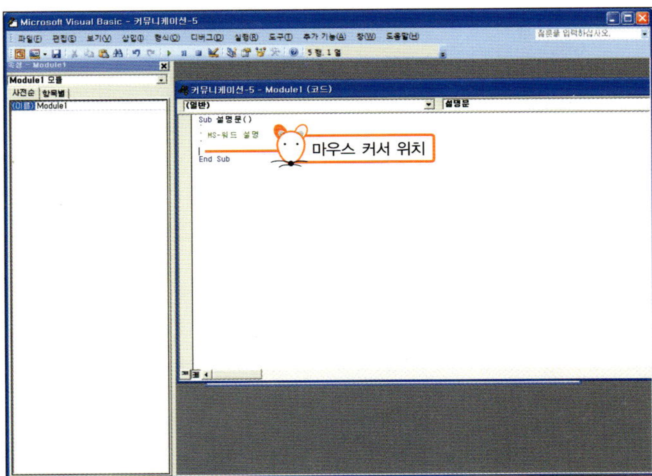

11 이제 코드를 입력하기 위해 코드 창을 활성화 시킨 후 마우스 커서를 위치시킵니다.

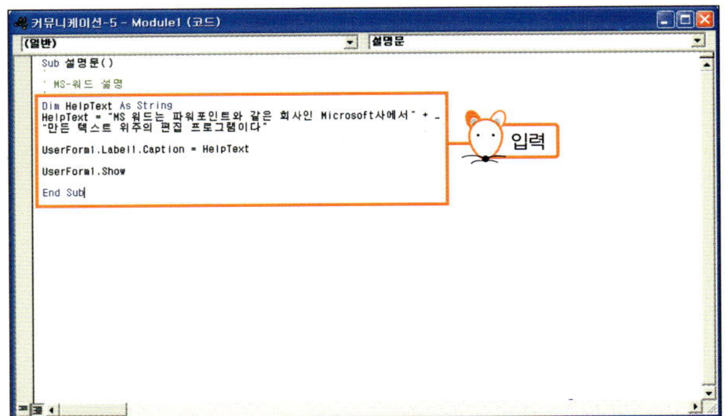

12 다음과 같이 코드를 입력합니다.

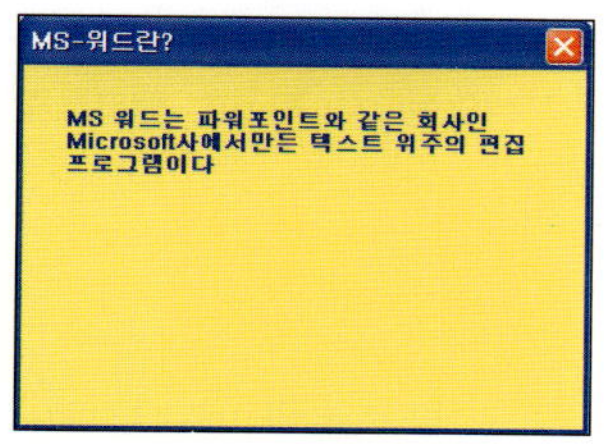

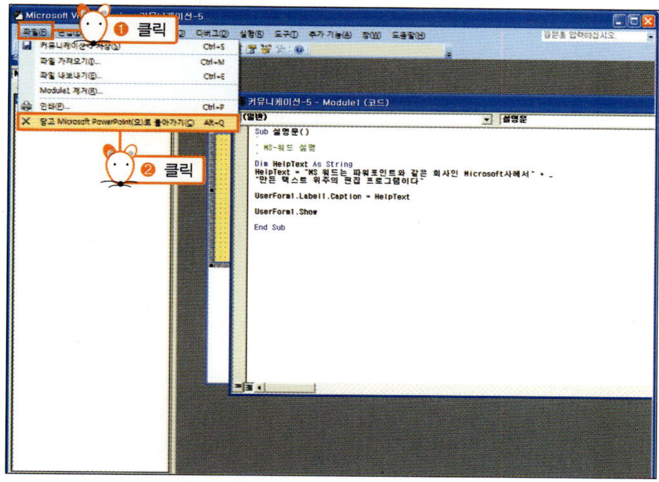

13 이제 폼이 제대로 실행이 되는지 확인하기 위해 F5를 누릅니다.

> **주목**
> [실행]의 [Sub/사용자 정의 폼 실행]을 클릭해도 됩니다.

14 파워포인트로 돌아가기 위해 [파일]의 [닫고 Microsoft PowerPoint(으)로 돌아가기]를 클릭합니다.

주목

입력한 코드의 설명

	코드	설명
1	Sub 도움말1()	도움말1의 프로시저 시작합니다.
2	MS-워드 설명	주석을 입력합니다.
3	Dim HelpText As String	도움말에 넣을 문자열 변수 선언합니다.
4	HelpText = "MS워드는 파워포인트와 같은 회사인 Microsoft사에서 + _ "만든 텍스트 위주의 편집 프로그램이다"	변수에 도움말 넣습니다. '+'는 문자열 연결하고 '공백_'은 코드 문장을 연결합니다.
5	UserForm1.Label1.Captiopn = HelpText	사용자 정의 폼의 레이블 컨트롤 제목에 변수 값을 넣습니다.
6	UserForm1.Show	사용자 정의 폼을 화면에 나타냅니다.
7	End Sub	도움말1의 프로시저 끝냅니다.

매크로 텍스트에 연결하기

● [Microsoft Visual Basic] 프로그램으로 제작한 매크로를 [실행]을 이용해서 텍스트에 연결시킵니다.

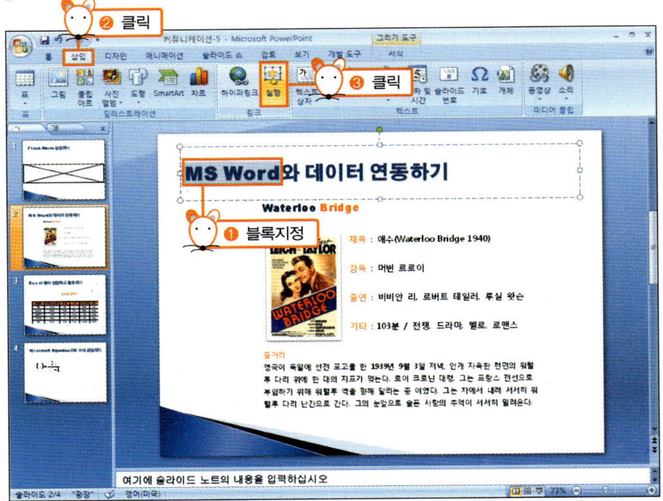

1 파워포인트로 돌아오면 'MS Word'에 블록을 지정합니다. 그런 다음 텍스트에 매크로를 연결시키기 위해 [삽입] 탭의 [실행]( )을 클릭합니다.

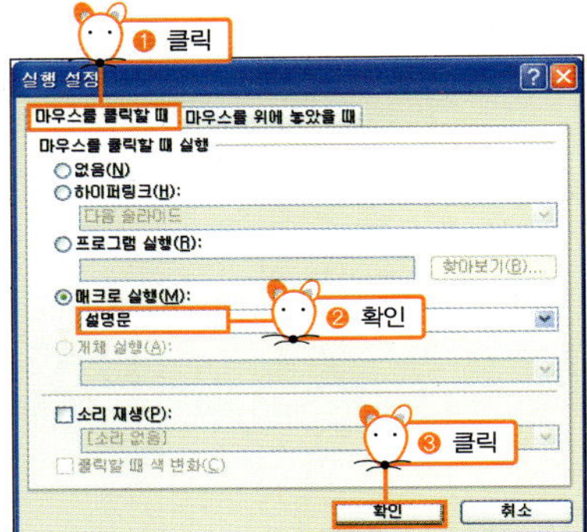

2 [실행 설정] 대화상자가 나타나면 [마우스를 클릭할 때] 탭에서 [매크로 실행]을 선택한 후 '설명문' 매크로가 선택되어 있는지 확인하고 [확인] 버튼을 클릭합니다.

3 'MS Word'가 파란색으로 바뀌면서 링크 표시로 나타납니다. Shift + F5 를 누릅니다.

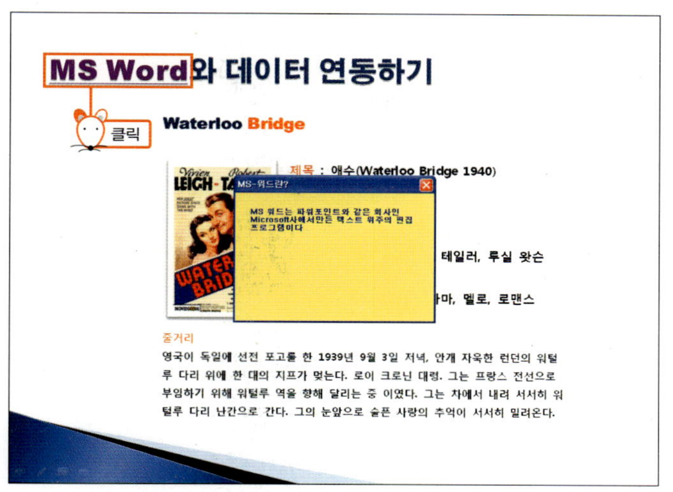

4 [슬라이드 쇼] 화면으로 전환됩니다. 이제 'MS Word'를 클릭하면 설명문 대화상자가 나타나는 것을 확인할 수 있습니다.

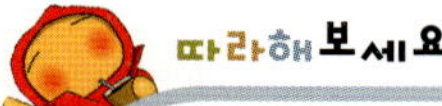

매크로 저장하고 실행하기

● 매크로가 삽입된 프레젠테이션 문서는 흔히 알고 있는 방법으로 저장할 수 없으며, [PowerPoint 매크로 사용 서식 파일] 메뉴로 저장해야 삽입된 매크로를 실행시킬 수 있습니다.

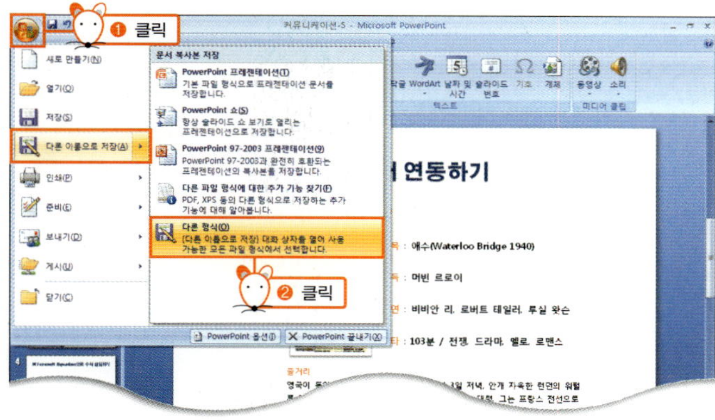

1 [Office 단추](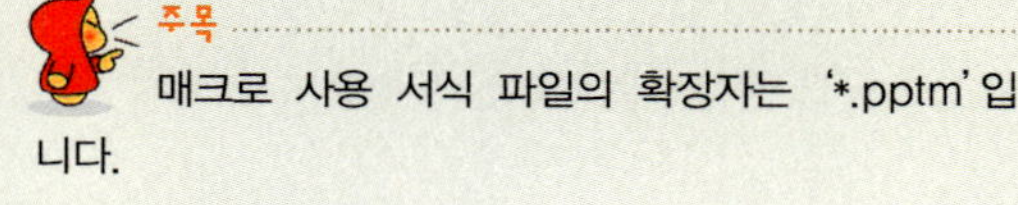)를 클릭하고 [다른 이름으로 저장]의 [다른 형식]을 클릭합니다.

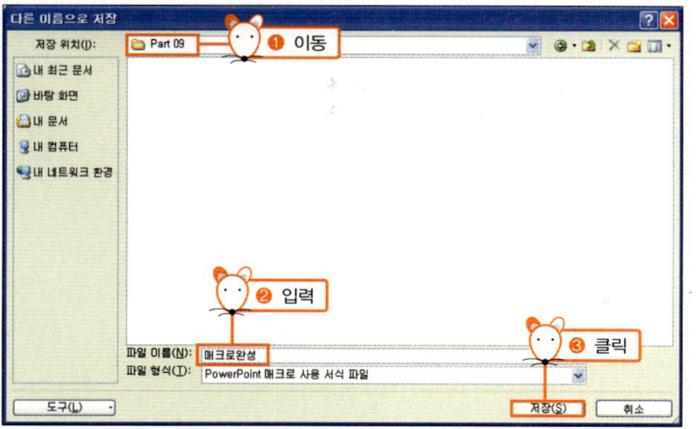

2 [다른 이름으로 저장] 대화상자가 나타나면 저장할 경로로 이동하고 [파일 이름]에 '매크로완성'을 입력한 후 [저장] 버튼을 클릭합니다.

주목

매크로 사용 서식 파일의 확장자는 '*.pptm'입니다.

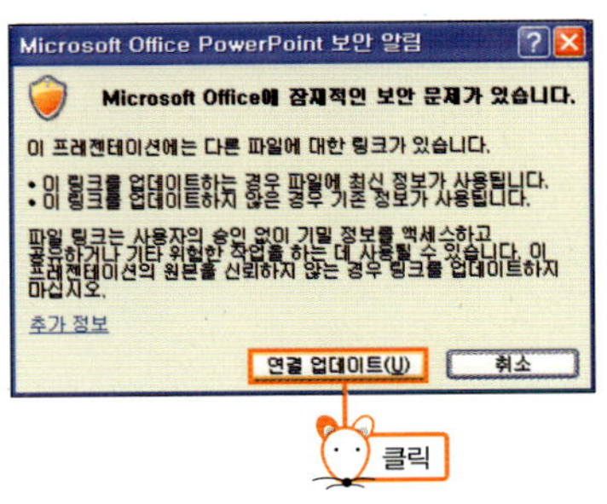

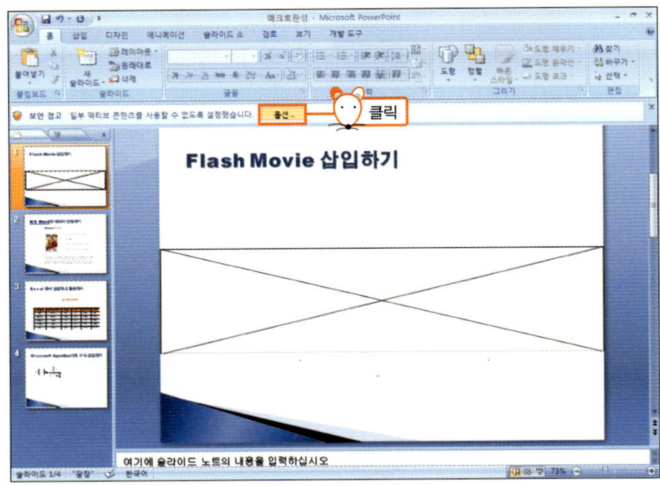

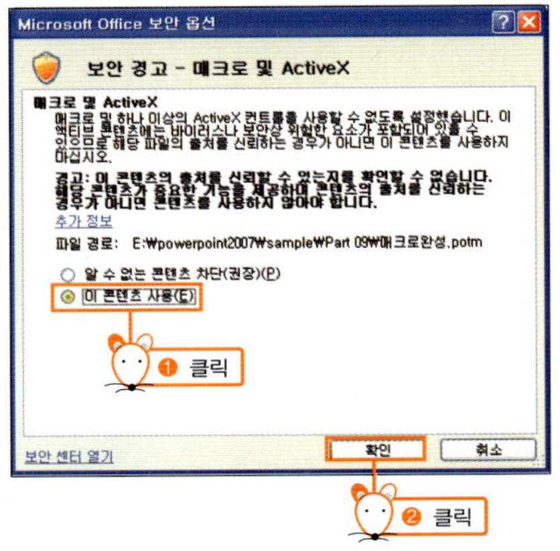

3 저장된 파일을 불러오면 [Micro Office PowertPoint 보안 알림] 대화상자가 나타납니다. 이 대화상자는 워드나 엑셀로 연결된 문서가 있을 경우에만 나타납니다. [연결 업데이트] 버튼을 클릭합니다.

4 '보안 경고' 메시지가 나타나면 [옵션] (옵션...) 을 클릭합니다.

5 [Microsoft Office 보안 옵션] 대화상자가 나타납니다. [이 콘텐츠 사용]에 체크 표시를 확인하고 [확인] 버튼을 클릭하면 연결된 매크로를 사용할 수 있습니다.

슬라이드를 그림 파일로 저장하기

파워포인트로 제작된 슬라이드는 여러 형식으로 저장할 수 있습니다. 그 중에서 그림 파일로 전환시켜 저장할 수 있으며, 파일 형식은 '*.jpg', '*.git', '*.png', '*.tif', '*.bmp' 등이 있습니다. 또한, 슬라이드 전체나 개별적으로 선택해서도 저장할 수 있습니다.

❶ 2번 슬라이드들 선택하고 [Office 단추]를 클릭합니다. 그런 다음 [다른 이름으로 저장]을 클릭합니다.

❷ [다른 이름으로 저장] 대화상자가 나타나면 저장할 경로를 지정합니다. 그런 다음 [파일 이름]에 '영화슬라이드'를 입력한 후 [파일 형식]에서 'JEPG 파일 교환 형식'을 선택하고 [저장] 버튼을 클릭합니다.

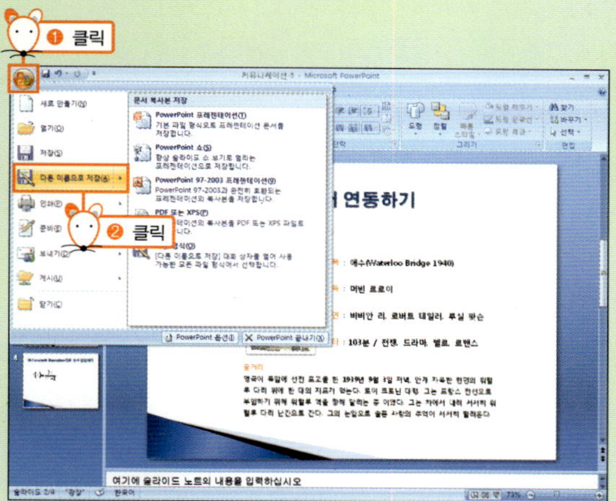

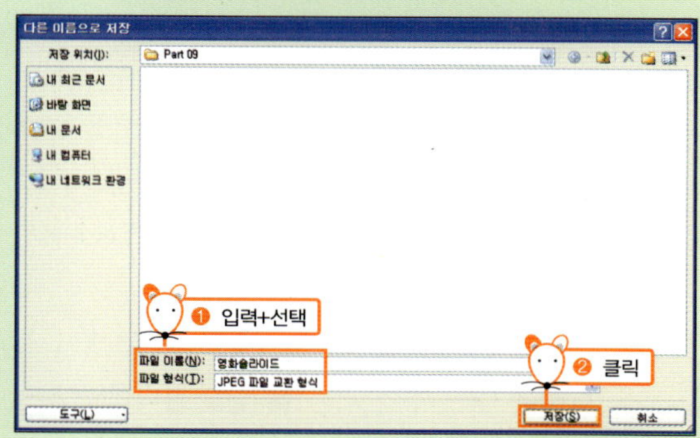

❸ 모든 슬라이드를 그림 파일로 저장할 것인지, 현재 슬라이드만 저장할 것인지를 묻는 대화상자가 나타납니다. 여기에서는 [현재 슬라이드만]을 클릭합니다.

❹ 지정한 폴더를 찾아가면 선택한 슬라이드가 그림 파일로 저장되어 있는 것을 확인할 수 있습니다.

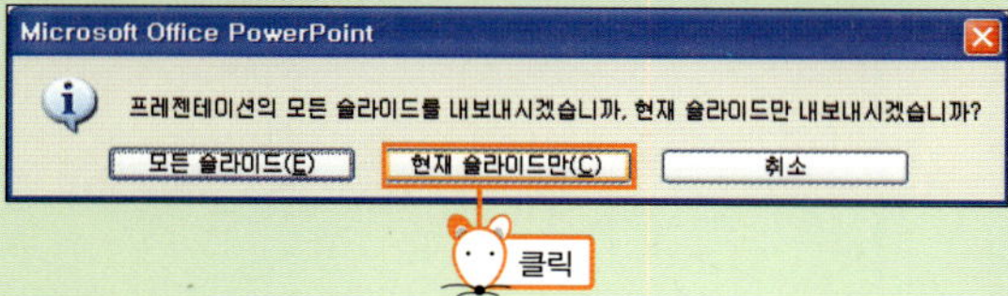

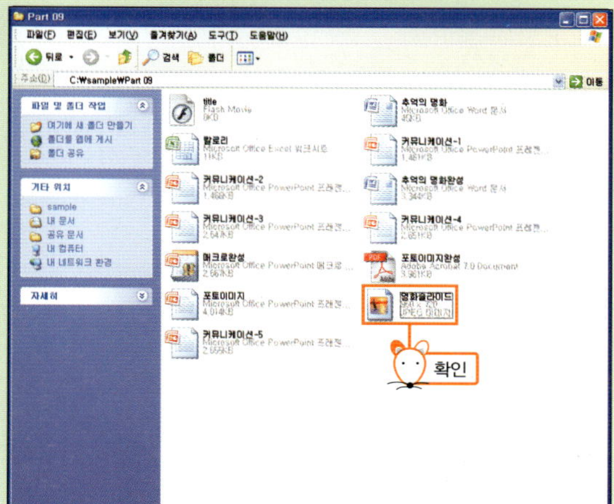

프레젠테이션 문서를 PDF 파일로 전환시키기

PDF(Portable Document Format)는 어도비(Adobe)사에서 개발한 아크로뱃(Acrobat)이나 아크로뱃 캡처 등을 이용해서 만든 포맷 형식이다. 윈도우나 유닉스, 매킨토시와 같은 다양한 시스템 환경에서도 확인할 수 있으며, 높은 호환성으로 많이 사용하는 추세입니다. 또한, 컴퓨터 화면에서도 똑같이 확인할 수 있기 때문에 디지털 출판에 적합한 포맷 형식입니다. 파워포인트 2007에서 프레젠테이션 문서를 PDF 파일로 저장하려면 먼저 Microsoft Office 홈페이지로 이동해서 PDF 형식으로 저장하는 추가 기능을 다운로드 받아야 하고, PDF로 전환한 파일을 열어 보려면 어도비 사에서 만든 아크로뱃 리더를 다운로드 받아 설치해야 합니다. 아크로뱃 리더는 무료로 배포하기 때문에 인터넷에서 쉽게 다운로드 받을 수 있습니다.

● 예제 파일: Sample\Part 09\포토이미지.pptx

01 [Office 단추]([🔘])를 클릭하고 [다른 이름으로 저장]의 [다른 파일 형식에 대한 추가 기능 찾기]를 클릭합니다.

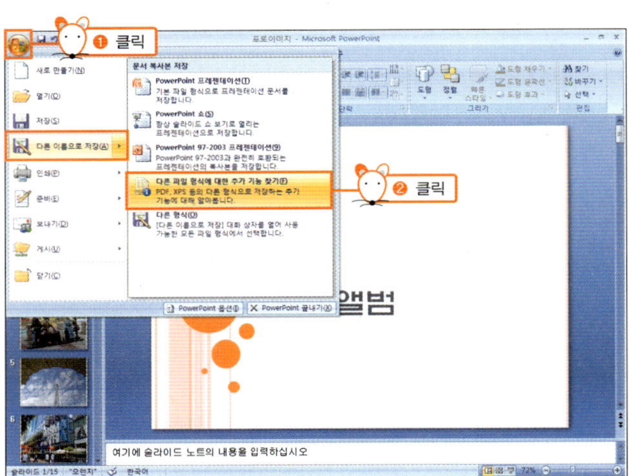

02 [PowerPoint 도움말] 창이 나타납니다. '2007 Microsoft Office 프로그램의 Microsoft PDF 및 XPS로 게시 추가 기능'을 클릭합니다.

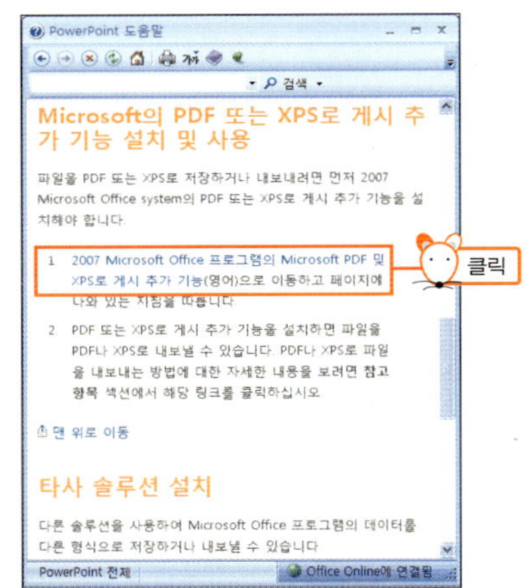

03 Microsoft Office 다운로드 페이지로 이동합니다. [Change Language]에서 'Korean'을 선택한 후 Change 버튼을 클릭합니다.

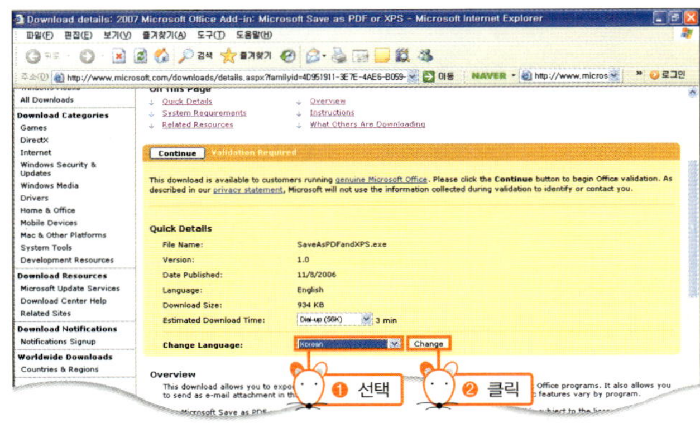

04 영문이 한글로 전환됩니다. 정품을 확인하기 위해 [계속] 버튼을 클릭합니다.

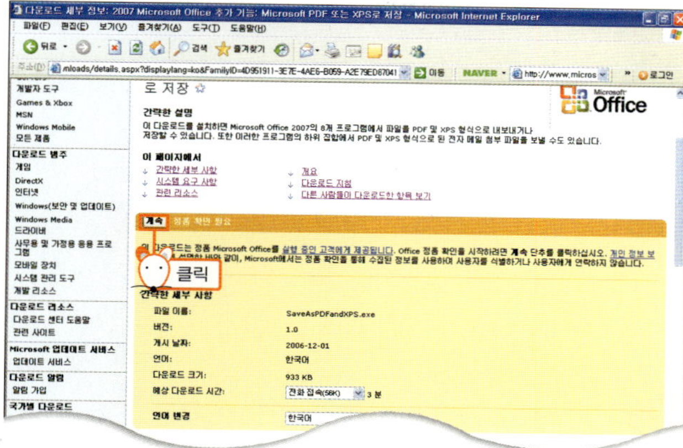

05 정품이 확인되면 소프트웨어를 다운로드 받기 위해 [다운로드] 버튼을 클릭하여 파일을 다운로드합니다.

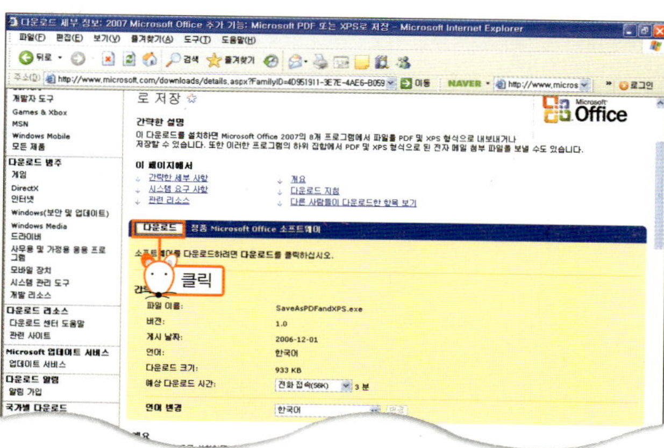

06 [소프트웨어 사용권 조항] 대화상자가 나타나면 동의에 체크 표시를 하고 [계속] 버튼을 클릭하여 소프트웨어를 설치합니다.

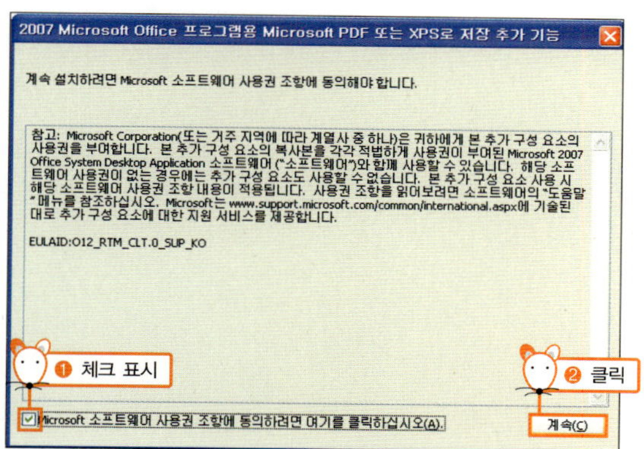

07 설치가 완료되면 [Office 단추](📋)를 클릭하고 [다른 이름으로 저장]에 [PDF 또는 XPS]를 클릭합니다.

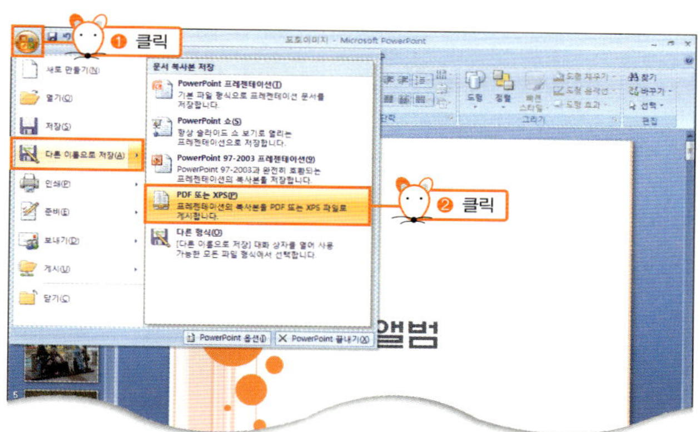

08 [PDF 또는 XPS로 게시] 대화상자가 나타납니다. 저장할 경로로 이동하고 [파일 이름]에 '포토이미지완성'을 입력한 후 [게시] 버튼을 클릭합니다.

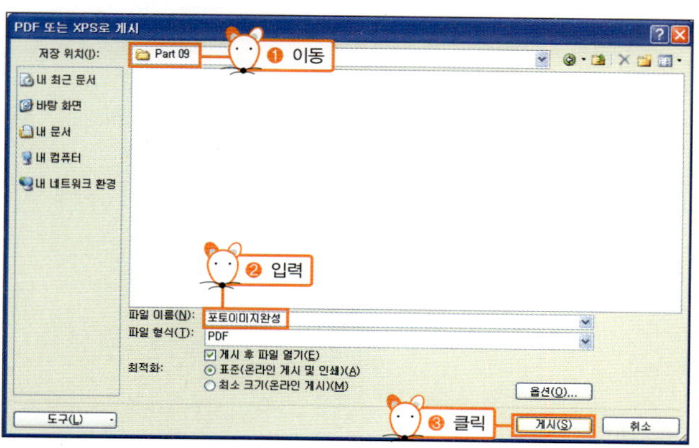

09 어도비 리더 프로그램이 실행되면서 전환된 PDF 파일을 보여줍니다.

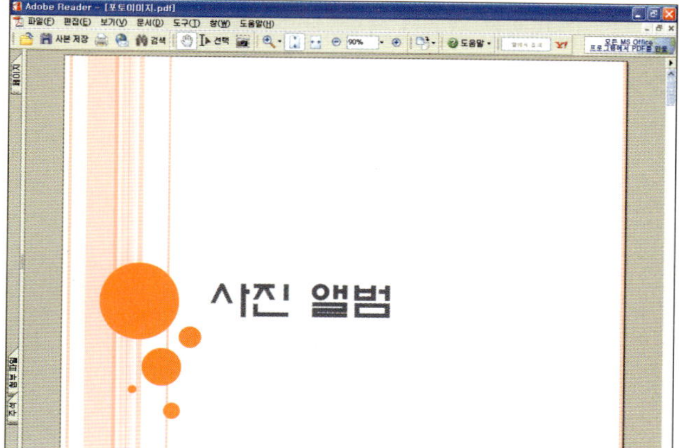

Book in the

BOOK

실무 디자인 감각으로 프레젠테이션 제작하기

파워포인트 2007로 프레젠테이션 문서를 만들기 위해서는 기획과 구성, 프로그램의 사용 방법을 알아야 합니다. 그러나 가장 중요한 것은 각각의 슬라이드에 사용하고자 하는 도형의 모양과 색상, 다양한 개체를 적절한 곳에 배치할 수 있는 감각이 필요합니다. 흔히 디자인 감각이라고 말하며, 이런 감각은 단시간에 배울 수 있는 내용은 아닙니다. 그러나 실무에서 활동하고 있는 전문가의 디자인 패턴이나 적용 방법, 프로그램의 사용 방법을 보는 것만으로도 좋은 경험이 될 수 있습니다. 여기에서는 슬라이드를 구성하는 색에 대한 개념에서 어떤 응용 프로그램을 사용하고 결과물로 표현하는지 알아보겠습니다.

성공하는 프레젠테이션을 위한 색의 개념 이해하기

프레젠테이션에서 색의 배합은 너무나 중요한 내용입니다. 적절하지 못한 배합으로 자칫 촌스러운 프레젠테이션이 될 수도 있기 때문입니다. 따라서 제작하기 전에 어떤 색을 어떻게 배합할 것인지를 고민하고 결정해야 합니다. 슬라이드에 너무 많은 색을 사용하면 청중들의 눈을 피곤하게 하여 집중력을 떨어뜨릴 수 있습니다. 또한, 너무 비슷한 계열로 배합하면 강조를 위한 포인트를 줄 수 없게 됩니다. 여기에서는 적절한 색의 배합을 위한 종류와 사용방법을 알아보겠습니다.

기억하세요

일반적으로 색을 분류하는 기준 알아보기

일반적으로 색을 분류할 때에는 색채를 느낄 수 있는 유채색과 느낄 수 없는 무채색으로 구분되어 사용합니다. 무채색은 색채의 개념에서는 제외되고 있으며 우리가 흔히 말하는 색의 개념은 유채색이라고 볼 수 있습니다.

● 유채색 (Chromatic Color)

유채색은 색상, 명도, 채도라고 하는 감각적인 요소에 의해서 분류되며 흰색과 검은색을 제외한 모든 색을 포함합니다. 즉, 사람이 볼 수 있는 가시광선의 범위인 빨간색, 주황색, 노란색, 초록색, 파란색, 남색, 보라색과 이들을 혼합하여 나타나는 색들을 유채색이라고 합니다.

보통 유채색의 수는 약 750만 종으로 이 중에서 채도가 가장 높은 색들은 순도(純度)가 높은 색이라는 의미에서 순색(純色)이라도 합니다. 이렇게 많은 유채색이 존재하고 있지만, 사람이 인지할 수 있는 색은 겨우 200여 종에 불과합니다. 또한, 이 중에서도 실제 생활에서 필요한 색은 40~50여 종에 불과합니다. 많은 유채색으로 인해 색의 이름을 구분하는 것도 쉬운 일이 아닙니다. 따라서 다음과 같이 한국산업규격(KS)에서는 유채색의 주 10색을 기본 이름으로 표시하고 있습니다.

기본색	대응 영어	약호
빨강	Red	R
주황	Orange	O
노랑	Yellow	Y
연두	Yellow Green, Green Yellow, Leaf Green	L
녹색	Green	G
청록	Blue Green, Cyan	C
파랑	Blue	B
남색	Violet, Purple, Blue	V
보라	Purple	P
자주	Red Purple, Magenta	M

● 무채색 (Achromatic Color)

유채색에 대응되는 색으로, 색채가 없는 색 중에서 밝고 어두움만을 나타내는 명도로 구분하고 있습니다.

보통 우리가 알고 있는 흰색, 회색, 검은색과 같이 다른 색이 전혀 섞이지 않고 밝기만이 존재하는 색을 무채색이라고 합니다. 보통 무채색의 반사율은 85% 이상이면 흰색으로 보이고, 60% 이상이면 밝은 회색, 30%이면 어두운 회색, 3% 미만이면 검은색으로 보입니다. 이에 한국산업규격(KS)에서는 무채색의 기본 색을 다음과 같이 표시하고 있습니다.

기본색	대응 영어	약호
흰색	White	W
회색	Neutral Grey(영), Neutral Gray(미)	N
검은색	Black	S

색의 3속성

색에는 색상(Hue), 명도(Lightness), 채도(Saturation)라는 성격을 가지고 있으며, 이들을 색의 3속성이라고 합니다. 즉, 색의 고유한 성질과 밝기, 맑기를 말하며 사람의 눈에는 명도, 색상, 채도의 순으로 인지되고 있습니다.

● 색상(Hue)

색상이란 각각의 색이 가지고 있는 고유한 성질로 명도와 채도와는 다르게 오직 하나의 색을 표현합니다. 빨간색, 주황색, 노란색, 초록색, 파란색 등으로 구분하고 있으며, 이들을 섞어서 다른 색상으로 만들어 낼 수 있습니다. 색상은 유채색으로 구분합니다.

색상의 변화

- **1차색** : 색의 3원색으로 빨간색, 노란색, 파란색을 말합니다.
- **2차색** : 3원색을 혼합한 주황색, 초록색, 보라색을 말합니다.
- **3차색** : 1차색과 2차색을 혼합한 다홍색, 연두색, 청록색, 군청색, 붉은 보라색을 말합니다.

이렇게 1차, 2차, 3차색이 모여 하나의 원을 만든 것을 '색상환'이라고 하고 색상환들이 모인 것을 '색입체'라고 합니다.

• 색상환

빛의 분광으로 인한 일곱 가지 색상과 그 사이의 색상들에 배열을 둥글게 나열한 것으로
'색상환' 이라고 합니다. '색상환' 은 그림과 같이 12가지 색상으로 이루어진 것이 아니라
스펙트럼처럼 대표적인 색들 사이에서 존재하는 수많은 색들을 의미합니다. 우리나라의
색 표시법은 1968년 교육부에서 '먼셀 컬러 시스템' 을 채용하여 현재까지 '먼셀의 표준
20색상환' 으로 사용하고 있습니다.

먼셀의 표준 20색상환

• 유사색

색상환의 모든 방향에서 가까운 거리에 있는 색상을 말하며 색상의 차이가 크지 않은 색상을 유
사색이라고 합니다.

• 반대색

색상환에서 서로 먼 거리에 있는 색상을 말하며 색상 차가 매우 크기 때문에 느낌이 강합니다.

• 보색

서로 반대되는 방향에 위치한 색을 말하며 '여색' 이라고도 합니다. 빨간색과 녹색, 노란색과 파
란색, 녹색과 보라색 등의 색은 서로 보색이며, 이들의 어울림을 '보색 대비' 라고 합니다. 보색
들을 서로 혼합하면 무채색이 됩니다.

● 명도 (Lightness, Value)

색의 밝고 어두운 단계를 말하며 검은색인 0단계에서 순백색인 10단계까지 11단계로 구분합니
다. 포토샵에서는 %의 값으로 명도를 설정할 수 있고 0%일 때는 검은색, 100%일 때는 흰색입
니다.

명도 단계

● 채도 (Saturation, Chroma)

색의 맑고 탁한 정도를 말하며 빨강, 노랑, 파랑 등 다른 색이 섞이지 않은 고유한 색은 채도가
높다고 하고 흰색이나 검정 또는, 다른 색이 섞여서 만들어진 색은 채도가 낮다고 합니다.

채도 단계

빛의 삼원색과 색의 삼원색

색의 기초가 되고 모니터 등의 영상에서 주로 사용되는 빛의 삼원색과 인쇄나 출력에 주로 사용되는 색의 삼원색에 대해 알아보겠습니다.

● 빛의 삼원색(RGB)

빛의 삼원색은 빨간색(Red), 녹색(Green), 파란색(Blue)입니다. 이들의 색을 섞으면 다양한 색상을 만들어 낼 수가 있습니다. 최대의 강도로 빨간색, 녹색, 파란색을 같은 비율로 비추면 흰색이 만들어지고, 낮추면 회색이 만들어집니다. 또한, 세 가지 색 중에 한가지나 두 가지 색의 비율을 다르게 조절하게 되면 여러 가지 색상들이 만들어지게 됩니다. 이와 같이 빛의 삼원색으로 색을 만드는 방식을 '가산 혼합'이라 하며 TV나 영사기, 모니터 등에 사용됩니다. 가산 혼합은 색을 혼합할수록 명도가 높아집니다.

- 빨간색(Red) + 녹색(Green) = 노란색(Yellow)
- 녹색(Green) + 파란색(Blue) = 청록색(Cyan)
- 파란색(Blue) + 빨간색(Red) = 자주색(Magenta)
- 빨간색(Red) + 녹색(Green) + 파란색(Blue) = 흰색(White)

● 색의 삼원색(CMY)

색의 삼원색은 청록색(Cyan), 자주색(Magenta), 노란색(Yellow)을 말합니다. 이 삼원색을 이용해 색상을 빼내거나 흡수하는 방식으로 다양한 색을 만듭니다. 보통 자주색과 노란색을 혼합한 상태에서는 청록색은 흡수하고 빨간색만 반사를 하여 빨간색으로 만들어집니다. 이와 같은 방식을 '감산 혼합'이라고 합니다. 감산 혼합은 색을 혼합할수록 순색의 강도가 낮아지면서 어두워지며, 삼원색을 모두 혼합하면 가시영역의 빛이 모두 흡수되어 반사되는 빛이 없어져 검은색으로 나타납니다. 감산 혼합은 인쇄나 출력에 주로 사용되고 있습니다.

- 자주색(Magenta) + 노란색(Yellow) = 빨간색(Red)
- 노란색(Yellow) + 청록색(Cyan) = 녹색(Green)
- 청록색(Cyan) + 자주색(Magenta) = 파랑색(Blue)
- 자주색(Magenta) + 노란색(Yellow) + 청록색(Cyan) = 검은색(Black)

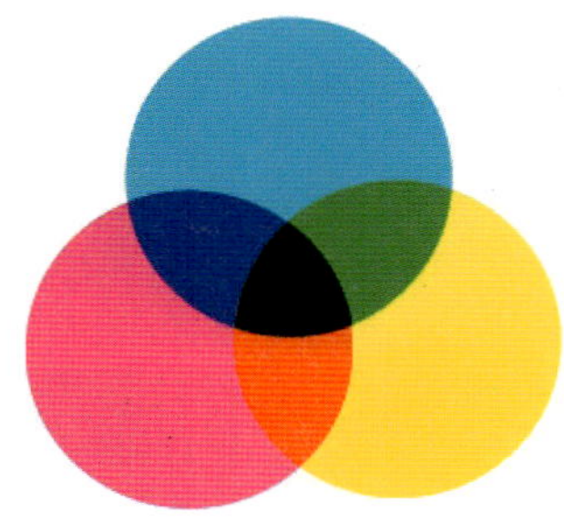

● 색의 혼합

색의 혼합은 말 그대로 색을 섞어 혼합시키는 것을 말합니다. 색을 혼합하는 방법은 세 가지로 분류하고 있으며, 밝아지는 색의 혼합을 '가산 혼합' 이라 하고 어두워지는 색의 혼합을 '감산 혼합' 이라고 합니다. 또한, 중간 밝기를 나타내는 색의 혼합을 '중간 혼합' 이라고 합니다.

- **물리적인 혼합** : 가산 혼합, 감산 혼합
- **생리적인 혼합** : 중간 혼합

색의 대비

두 가지 이상의 색을 혼합하면 주변에 있는 다른 색의 영향을 받아 실제와 다르게 보이는 현상을 색의 대비라고 합니다. 이런 현상은 순간적으로 느낌을 받기 때문에 시간이 지날수록 정도가 약해집니다. 슬라이드를 제작함에 있어서도 색의 대비를 잘 알고 활용하면 눈에 띄는 프레젠테이션을 제작할 수 있습니다. 색의 대비는 크게 '동시 대비', '계시 대비', '색상 대비', '명도 대비', '채도 대비', '보색 대비'로 구분하고 있습니다.

● 동시 대비

동시 대비는 회색이나 중성색과 같이 색채의 강도가 낮아서 주변의 색으로부터 영향을 크게 받는 색을 말합니다. 예를 들어 배경색에 주황색 사각형을 올려놓으면 다른 색으로 보입니다. 또한, 회색 배경에서는 명도가 높게 보이고, 분홍색 배경에서는 실제 색보다 어둡게 느껴지며, 빨간색 배경에서는 채도가 낮게 보입니다. 이처럼 동시 대비는 슬라이드에 주제가 되는 색을 강조하거나 채도가 다르게 하고 싶은 경우에 유용하게 사용할 수 있습니다. 따라서 동시 대비의 특징은 다음과 같이 정리할 수 있습니다.

- 색상의 차이가 크면 클수록 대비 현상이 강해집니다.
- 사물의 크기가 작을수록 대비 효과는 커집니다.
- 자극이 되는 부분의 거리가 멀어질수록 대비 효과는 약해집니다.

주변의 영향을 받는 동시 대비

● 계시 대비

계시 대비는 계시적 색 대비라고도 하며 지속적으로 자극을 느끼는 현상을 말합니다. 어떤 색을 유심히 본 후에 시간차를 두고 다른 색을 보았을 경우, 먼저 본 색의 잔상으로 인해 나중에 본 색이 다르게 보이는 현상을 말합니다. 예를 들어 빨간색을 주시하다가 노란색 배경을 보면 연속되어 나타나는 색은 청록색이 가미된 노란색으로 보이게 됩니다. 이와 같은 현상은 망막의 일시적 현상에 의해서 나타나는 음성적인 잔상입니다. 따라서 계시 대비는 다음과 같은 특징을 가지게 됩니다.

나중에 본 색을 다르게 느끼는 계시 대비

- 연속적으로 두 가지 이상의 색을 보았을 때 생기는 현상입니다.
- 동시 대비와는 상반되는 현상으로 계속 대비, 연속 대비라고도 합니다.
- 유채색이 가지고 있는 음성적 잔상이 다른 색에 영향을 미치는 것입니다.
- 색을 시차를 두고 보았을 시점에서 일시적으로 생기는 현상이며 계속해서 다른 색을 보았을 경우에는 원래의 색으로 보이게 됩니다.

● 색상 대비

두 가지 이상의 색을 동시에 보았을 때 차이가 크게 느껴지는 현상을 색상 대비라고 합니다. 배경이 되는 색이 보색 잔상으로 다르게 보이는 것입니다. 예를 들어 빨간색 배경과 노란색 배경에 주황색 원을 배치하면 빨간색 배경에서는 원이 노란색의 느낌이 들고, 노란색 배경에서는 원이 빨간색의 느낌을 받게 됩니다.

색상의 차이가 크게 느껴지는 색상 대비

● 명도 대비

색의 밝고 어두운 정도를 나타내는 명도에서 서로 다른 두 색에 의해서 차이가 크게 나타는 현상을 명도 대비라고 합니다. 이런 현상은 무채색과 유채색에 모두 나타나며, 동일한 색을 배치해도 배경색의 밝고 어두움에 따라서 다른 하나의 색이 어둡고 밝게 보입니다. 아래의 그림과 같이 명도의 회색을 검은색 배경과 연회색 배경에 배치했을 때, 검은색 배경의 회색은 실제 색보다 밝게 보이게 됩니다. 이런 방식은 프레젠테이션 문서에서 특정한 개체를 부각시키는 효과로 아주 유용하게 사용되고 있습니다. 예를 들어 슬라이드의 배경이 밝으면 텍스트나 이미지는 어두운 계열로 구성하고, 배경이 어두우면 반대로 밝게 구성하여 개체를 강조할 수 있습니다.

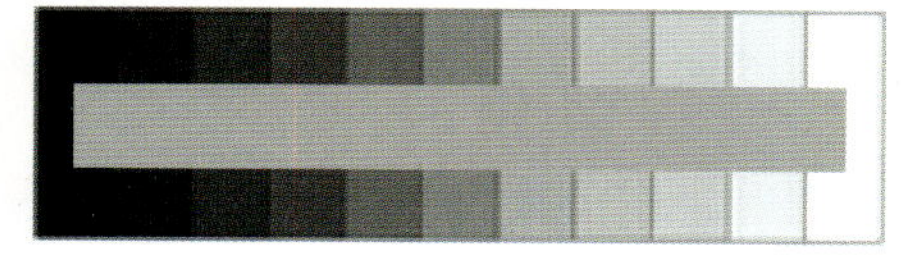

어두운 배경에 밝은 텍스트를 이용한 명도 대비 효과

밝은 배경에 어두운 텍스트를 이용한 명도 대비 효과

● 채도 대비

채도가 다른 두 색을 배합되었을 때 높은 채도의 색은 더욱 선명하게 보이고, 반대로 낮은 채도의 색은 더욱 흐려 보이는 현상을 채도 대비라고 합니다. 채도 대비의 가장 큰 특징은 색상 대비가 일어나지 않는 무채색의 대비에서도 채도 대비가 일어나지 않습니다. 아래의 그림처럼 채도가 높은 노란색도 채도가 높은 배경에서는 탁하게 보이며, 반대로 채도가 낮은 회색의 배경에서는 노란색이 채도가 더욱 높게 보입니다.

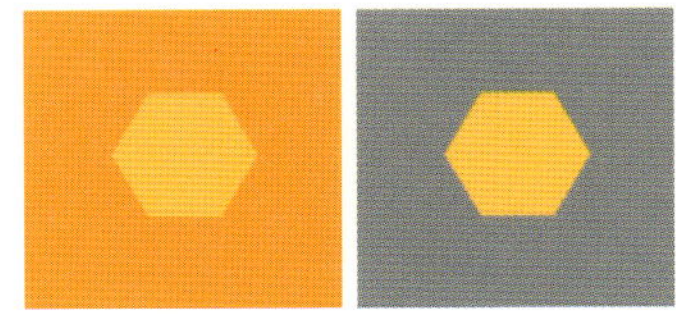

채도 대비

● 보색 대비

색상의 정반대가 되는 보색을 배치했을 때 서로의 색에 의해서 더욱 뚜렷하게 보이고 채도가 높게 나타나는 현상을 보색 대비라고 합니다. 예를 들어 빨간색을 한참 보다가 흰색의 벽면을 보게 되면, 청록색이 잠깐 보입니다. 이런 이유는 눈의 망막상의 색신경이 특정 색의 자극을 받아서 생기는 잔상현상 때문입니다. 이런 현상으로 보이는 색이 바로 보색에 해당됩니다. 보색의 대표적인 색상은 빨간색과 녹색, 노란색과 보라색, 파란색과 주황색이 있습니다. 강렬한 느낌의 슬라이드를 제작하고 싶은 경우에는 보색 대비를 이용하면 좋은 결과를 얻을 수 있습니다.

보색 대비

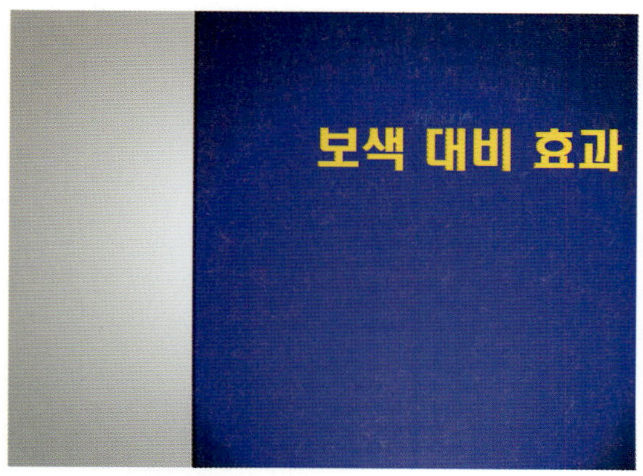

노란색과 보라색을 이용한 보색 대비 효과

빨간색과 녹색을 이용한 보색 대비 효과

기억하세요

색의 조화

앞에서 살펴본 색의 개념과 대비 효과만으로 색상 선택에 대한 정답을 얻을 수 없습니다. 그러나 색을 선택하는 일보다 더욱 중요한 것은 일단 선택한 색을 어떤 방식으로 조합할지 결정해야 합니다. 아무리 좋은 내용의 슬라이드에 좋은 색상을 선택해도 조합이 맞지 않으면 촌스러운 슬라이드로 보일 수 있습니다. 좋은 슬라이드를 제작함에 있어 색의 조화는 매우 중요한 역할을 하기 때문에 여러 가지의 아름다운 대상을 주의 깊게 관찰하고 좋은 디자인을 자주 접해서 감각을 키워가도록 노력해야 합니다.

● 하모니(Harmony)

동일하거나 유사한 색상으로 배색하는 방법입니다. 같은 계열의 색상에서 채도와 명도에 차이를 두어 색을 표현하기 때문에 차분하고 우아한 느낌과 정돈된 느낌을 주는 배색입니다. 한 색상을 일괄적으로 표현할 때 많이 사용합니다.

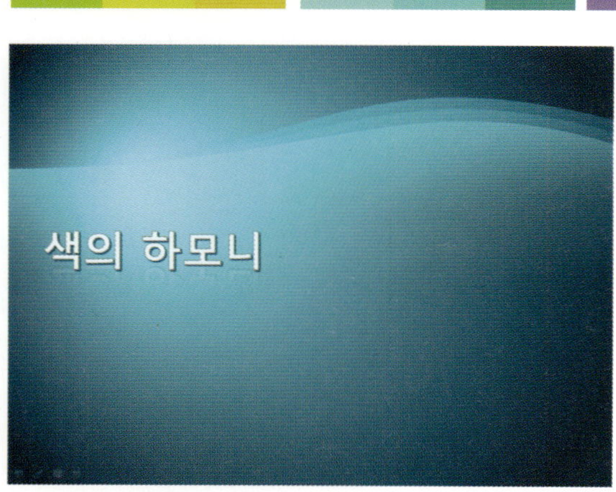

하모니 배색을 적용한 슬라이드

● 그라데이션(Gradation)

그라데이션은 여러 가지 색상이 점차적으로 변해가면서 자연스럽게 젖어 들어가는 배색 효과입니다. 리듬감이 가미된 경쾌한 느낌을 표현하며 보색끼리의 그라데이션을 적용하면 강한 효과를 나타낼 수 있습니다. 신비로운 느낌을 표현하고자 할 때 많이 사용합니다.

그라데이션 효과를 적용한 슬라이드

● 세퍼레이션(Separation)

세퍼레이션은 강약의 대비 효과입니다. 구분이 잘 안 되는 비슷한 색상에 포인트가 될 수 있는 색을 넣어주거나 슬라이드에서 강조할 부분과 내용의 구분이 필요할 때 사용합니다. 주로 흰색이나 검은색과 같은 무채색을 세퍼레이션 색상으로 많이 사용합니다.

세퍼레이션 효과를 적용한 슬라이드

● 악센트(Accent)

비슷한 계열의 색상을 적용했을 때 한 가지 색만 전혀 다른 색상을 적용하는 방식입니다. 한 가지 색만 전혀 다른 색을 넣을 때 선명한 색 톤을 적용하면 강렬하면서 강조의 느낌을 줄 수 있습니다.

악센트 효과를 적용한 슬라이드

기억하세요

색채 조화와 배색

조형을 이루는 여러 요소들과 색채가 잘 어울리는 것을 말하며 배색은 두 개 이상의 색을 특별한 목적에 맞게 배치하거나 나열하는 것을 말합니다. 색의 배치가 제대로 되면 시각적 쾌감을 주고 그렇지 못하면 불쾌감을 줍니다. 이와 같이 쾌감을 일으키는 색을 조화색이라고 하며, 배색을 이용하여 균형 있는 통일감을 나타낼 때 색을 조화가 있다고 표현합니다. 배색의 조화에서 가장 중요한 것은 3속성인 색상, 명도 채도입니다.

● 배색의 조건

배색의 조건으로는 목적, 용도, 요구, 방법, 연상, 미적 등의 요인을 들 수 있습니다.

- 뚜렷한 목적과 기능에 맞는 배색이어야 합니다.
- 색의 심리적인 작용을 고려한 배색이어야 합니다.
- 유행성을 고려한 배색이어야 합니다.
- 실생활에 맞는 배색이어야 합니다.
- 안정감을 주는 배색이어야 합니다.
- 주관적인 부분을 배제한 배색이어야 합니다.
- 면적의 효과를 고려한 배색이어야 합니다.
- 광원에 대한 배려가 있는 배색이어야 합니다.

● **색상에 의한 배색**

- **동일 색상의 배색** : 같은 색상이나 명도, 채도에 차이를 둔 배색을 말하며 색상의 배치에 따라 따뜻함과 차가움을 느낄 수 있습니다.

- **유사 색상의 배색** : 색상의 차이가 적은 배색을 말하여 친근감과 편안함을 느낄 수 있고, 협조적이며 온화함을 느낄 수 있습니다.

- **반대 색상의 배색** : 색상환에서 반대편에 위치한 보색 관계의 배색을 말하며 동적인 표현으로 적합합니다. 또한, 화려하고 강함을 느낄 수 있습니다.

● **명도에 의한 배색**

- **고명도의 배색** : 고명도의 배색은 맑고 청아한 느낌을 나타나며 가벼운 느낌을 줍니다.

- **중명도의 배색** : 중명도의 배색은 모호하고 불분명한 느낌을 주지만 무난하게 사용할 수 있습니다.

- **저명도의 배색** : 저명도의 배색은 딱딱하고 무거운 느낌을 나타냅니다. 또한, 음침한 느낌을 줍니다.

- **명도 차가 큰 배색** : 명도차가 큰 배색은 명쾌하고 뚜렷한 느낌을 줍니다.

● **채도에 의한 배색**

- **고채도의 배색** : 고채도의 배색은 강하고 화려함을 나타냅니다. 그러나 자칫 산만한 느낌을 줄 수도 있기 때문에 주의가 필요합니다.

- **저채도의 배색** : 저채도의 배색은 정적인 느낌을 나타내고 온화하고 부드러운 느낌을 줍니다.

- **채도 차가 큰 배색** : 채도 차가 큰 배색은 명쾌한 느낌을 주고 활기가 느껴집니다.

포토샵으로 자신만의 디자인 서식 만들기

파워포인트 2007에서 기본적으로 제공하는 슬라이드 서식만으로 배경 이미지를 사용하기에는 한계가 있습니다. 회사에서 사용하는 양식이나 프레젠테이션의 내용에 맞게 슬라이드 서식을 만들어서 사용하는 것이 중요합니다. 여기에서는 디자인 작업에서 가장 많이 사용하고 있는 포토샵을 이용해 자신만의 디자인 서식을 만들어 보겠습니다.

Theme 02

따라해 보세요

배경색 넣고 가이드 선 만들기

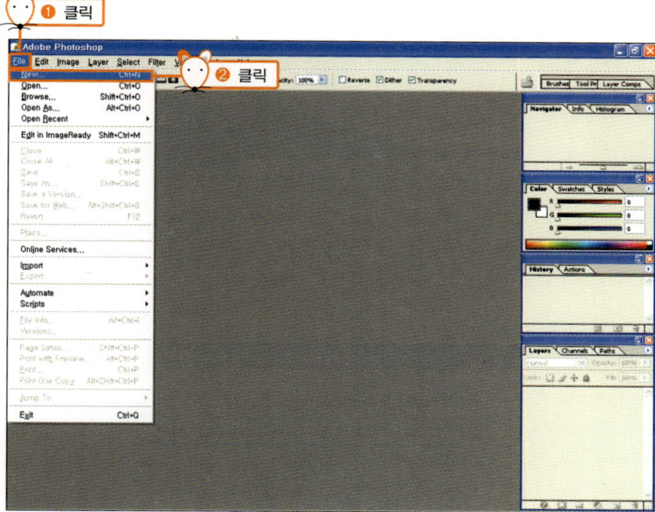

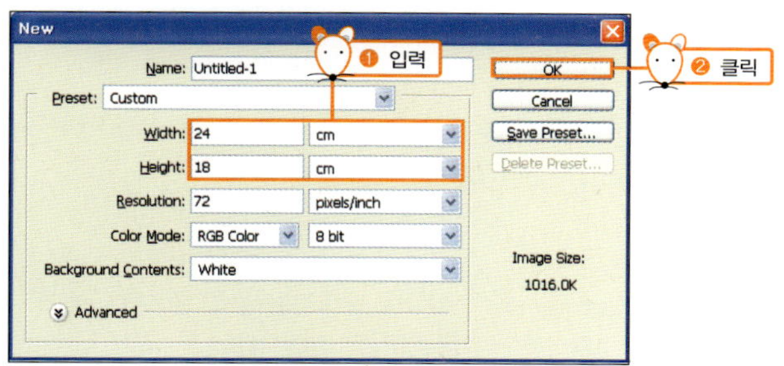

● 새로 만들 종이에 배경색을 채우고 선과 선택 영역을 만들기 위해 가이드 선을 이용한 레이아웃 작업을 합니다.

1 포토샵을 실행시킨 후 [File]-[New] 메뉴를 클릭합니다.

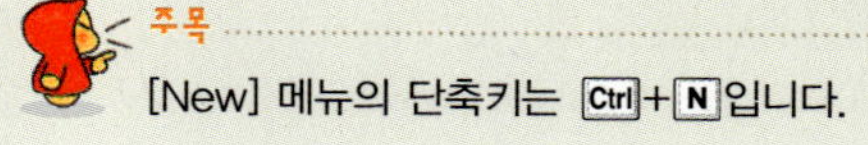

> **주목**
> [New] 메뉴의 단축키는 Ctrl+N 입니다.

2 [New] 대화상자가 나타나면 [Width] 값을 '24cm', [Height] 값을 '18cm'로 입력한 후 [OK] 버튼을 클릭합니다.

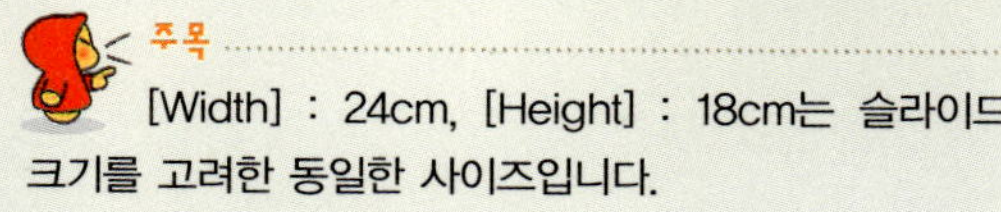

> **주목**
> [Width] : 24cm, [Height] : 18cm는 슬라이드 크기를 고려한 동일한 사이즈입니다.

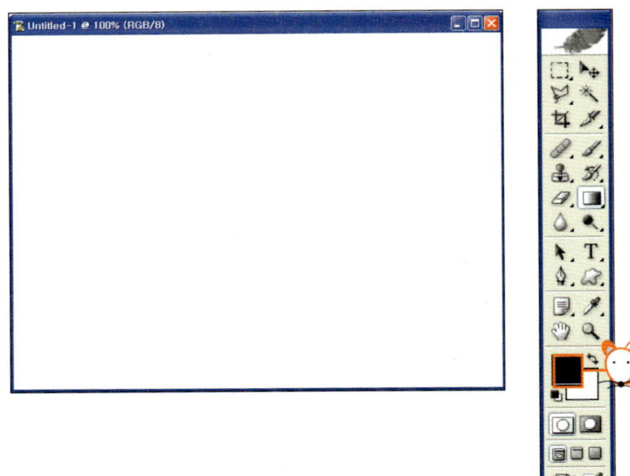

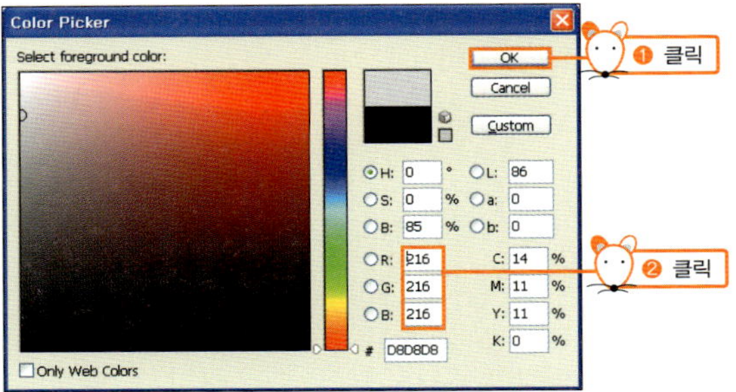

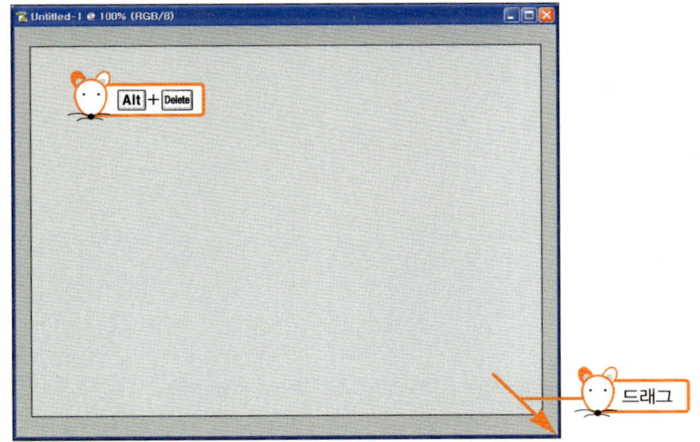

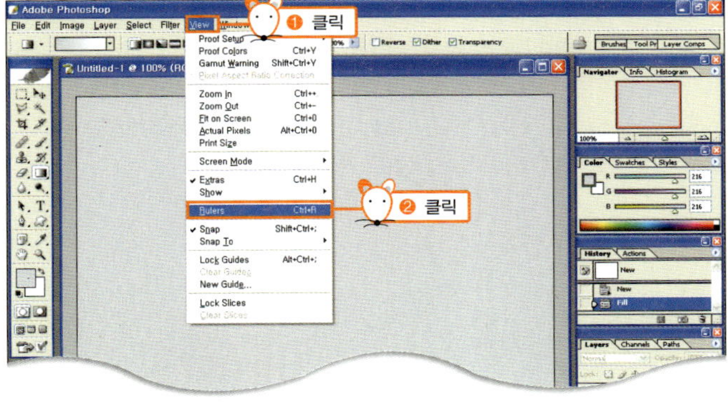

3 새로운 작업 화면이 나타나면, 배경을 채우기 위해 툴박스에서 [Set foreground color]를 클릭합니다.

4 [Color Picker] 대화상자가 나타나면 'R:216, G:216, B:216'을 입력한 후 [OK] 버튼을 클릭합니다.

5 [Set foreground color]에 지정한 색이 적용되면 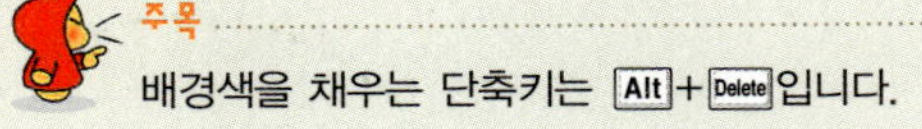를 눌러 전경색을 채웁니다. 그런 다음 작업 화면의 크기를 조절하여 여백을 만들어 줍니다.

> **주목**
> 배경색을 채우는 단축키는 Alt + Delete 입니다.

6 이번에는 눈금자를 표시하기 위해 [View]–[Rulers] 메뉴를 클릭합니다.

> **주목**
> 눈금자를 표시하는 단축키는 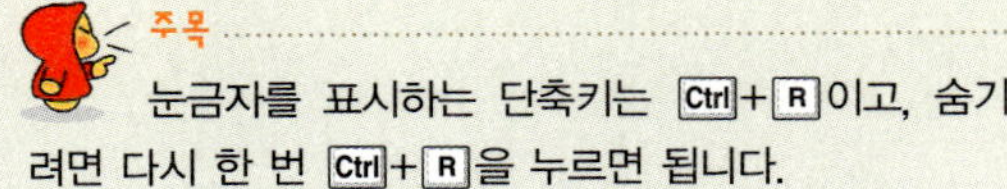이고, 숨기려면 다시 한 번 Ctrl + R 을 누르면 됩니다.

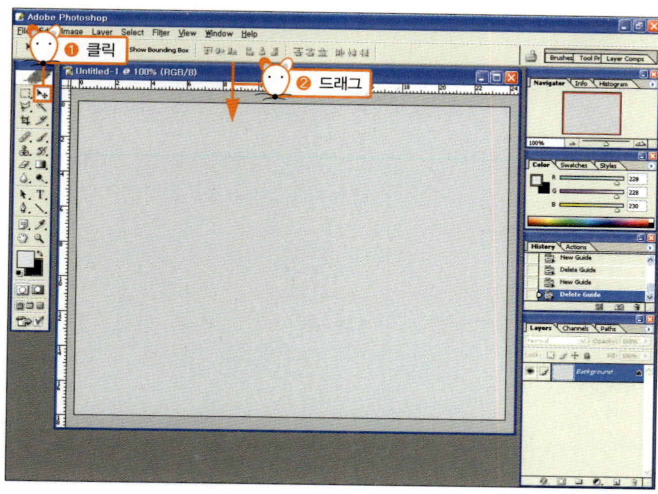

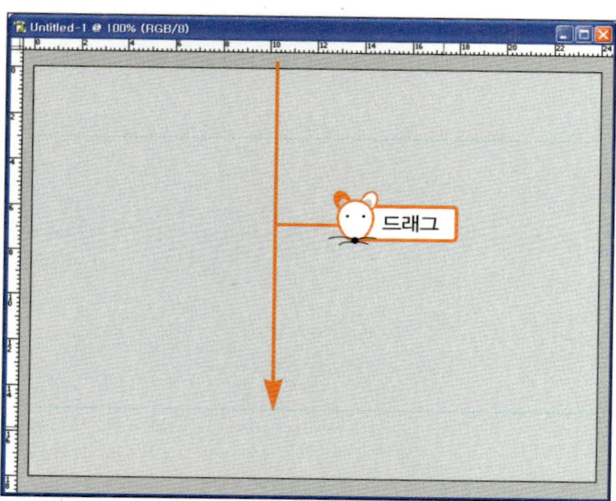

7 눈금자가 나타나면 툴박스의 [Move Tool](⊕)
을 클릭합니다. 그런 다음 가이드 선을 '3cm'
까지 드래그합니다.

> **주목**
>
> 눈금자가 'cm'으로 표시되지 않으면 눈금자를
> 마우스 오른쪽 버튼으로 클릭한 후 나타나는 메뉴에서
> [Centimeters]를 선택하면 됩니다.

8 이번에는 가이드 선을 같은 방법으로 '15cm'
에 가이드 선을 추가시킵니다.

[New] 대화상자 알아보기

새 이미지를 만드는 [New] 대화상자에 대해 알아봅니다.

❶ Name : 새로 만들 이미지 파일 이름을 입력합니다.

❷ Preset : 포토샵 7 버전에서부터 추가된 기능으로 기
본적인 이미지 크기를 종류별로 제공합니다.

❸ Width : 이미지의 가로 사이즈를 설정합니다. 목록 버
튼을 클릭해서 단위를 선택합니다.

❹ Height : 이미지 세로 사이즈를 설정합니다. 목록 버
튼을 클릭해서 단위를 선택합니다.

❺ Resolution : 이미지의 해상도를 설정합니다.

❻ Color Mode : 이미지의 색상 모드를 설정합니다.

❼ Background Contents : 새로 만들 이미지의 배경색을 '흰색(White)', 툴박스의 '배경색(Background Color)'
또는 투명종이(Transparent)로 설정할 수 있습니다.

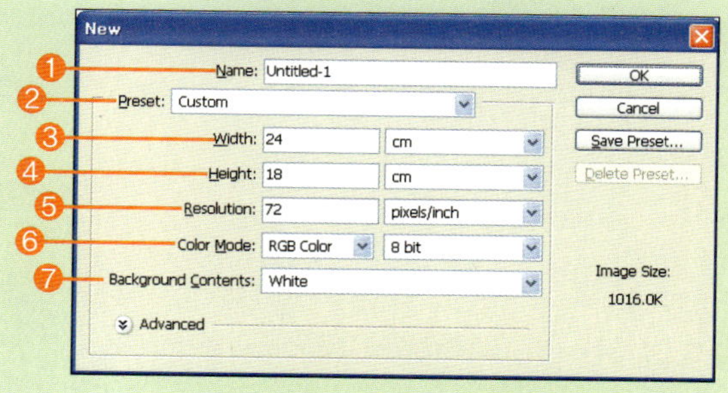

선을 그리고 선택 영역 만들어 원하는 색상 채우기

● 미리 만들어 놓은 가이드에 따라서 선을 그리고 선택 영역을 이용해 원하는 색상을 적용해 보겠습니다.

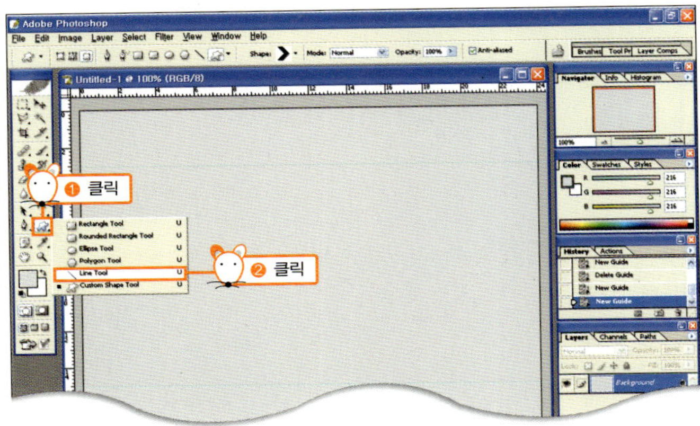

1 선을 그리기 위해 툴박스에서 [Line Tool]([\])을 클릭합니다.

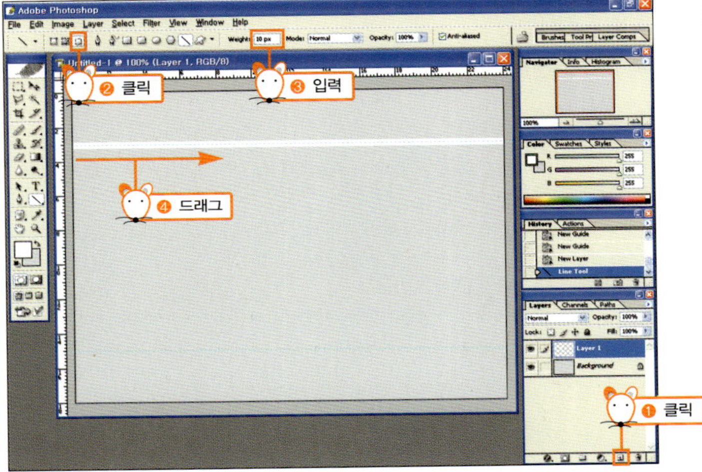

2 그리고자 하는 선의 옵션을 설정한 후 가이드 선에 맞게 드래그합니다.

❶ [Layers] 팔레트에서 [Create a new layer]([ ])를 클릭하여 새로운 레이어를 추가합니다.
❷ 옵션 바에서 [Fill pixels]를 선택합니다.
❸ 옵션 바에서 [Width]를 '10 px'로 설정합니다.

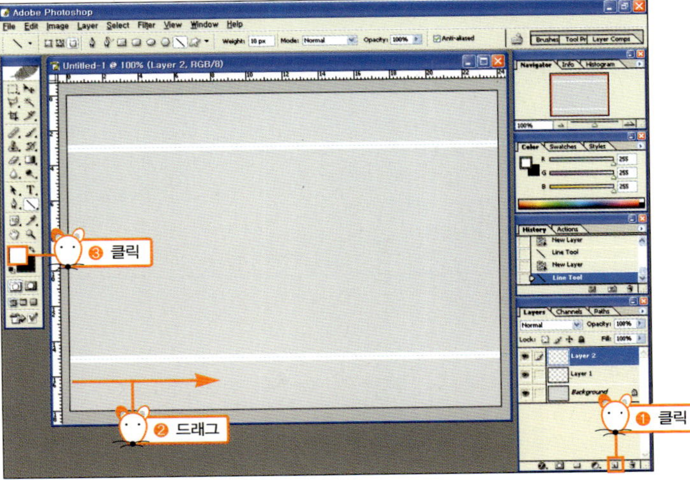

3 다시 [Create a new layer]([ ])를 클릭해서 [Layer 2]를 추가하고 가이드 선에 맞게 드래그해서 선을 그립니다. 그런 다음 [Set fore-ground color]를 클릭합니다.

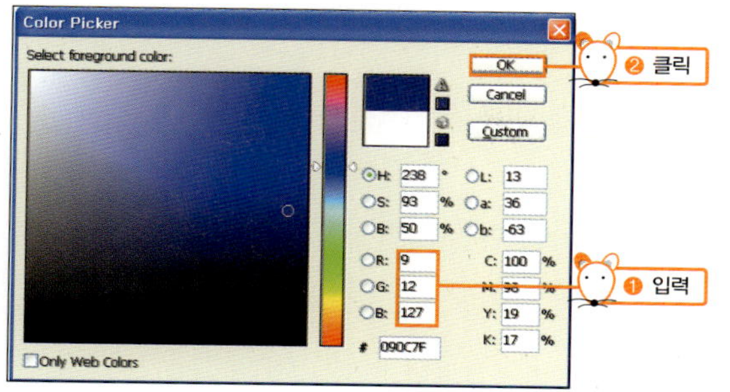

4 [Color Picker] 대화상자가 나타나면 'R:9, G:12, B:127'을 입력한 후 [OK] 버튼을 클릭합니다.

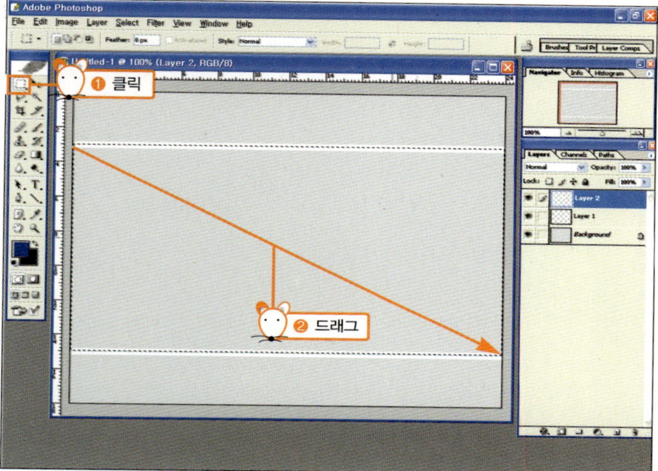

5 선택한 색이 지정되면 툴박스에서 [Rectangular Marquee Tool]()을 클릭합니다. 그런 다음 마우스로 드래그하여 선택 영역을 지정합니다.

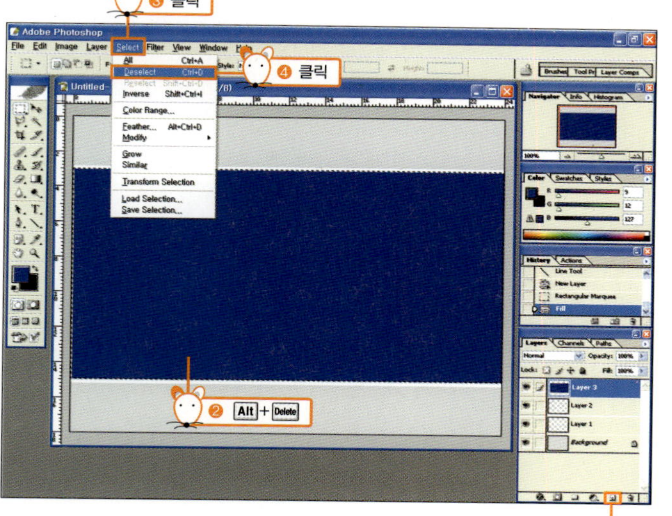

6 선택 영역이 만들어지면 [Create a new layer]()를 클릭해서 [Layer 3]을 추가하고 Alt + Delete 를 눌러 선택 영역에 색상을 채웁니다. 그런 다음 [Select]–[Deselect] 메뉴를 클릭하여 선택 영역을 해제합니다.

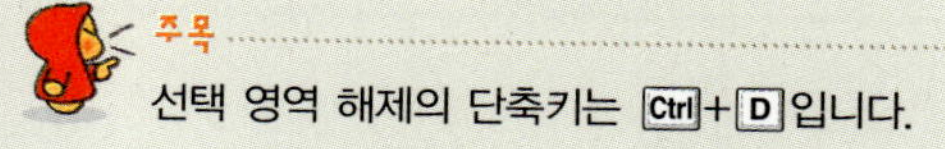

주목

선택 영역 해제의 단축키는 Ctrl + D 입니다.

이미지 삽입하고 마스크 효과 적용하기

● 이미지의 색과 명도, 채도를 조절하고 마스크 효과를 적용시켜 자연스러운 이미지로 합성해 보겠습니다.

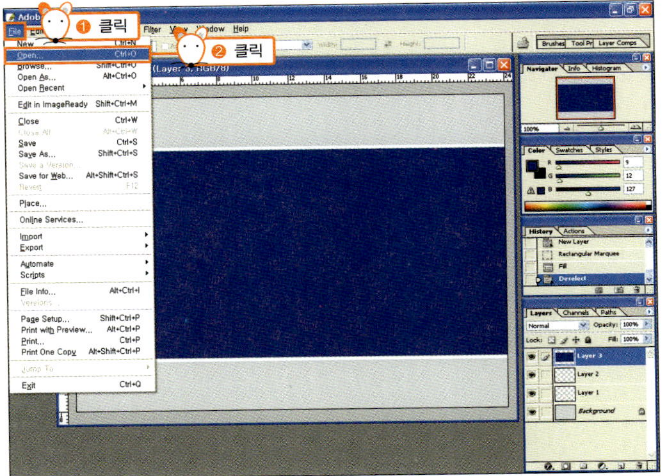

1 새로운 작업 화면을 만들기 위해 [File]-[Open] 메뉴를 클릭합니다.

주목

[Open] 메뉴의 단축키는 Ctrl+O입니다. Ctrl+O를 사용하거나 포토샵 회색 영역을 더블클릭하면 파일을 불러올 수 있는 대화상자가 나타납니다.

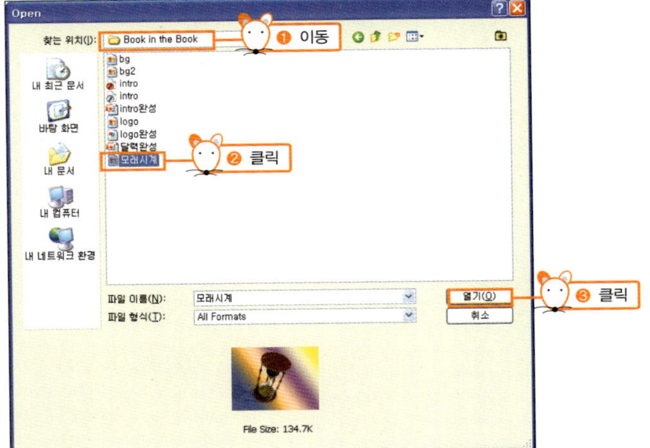

2 [Open] 대화상자가 나타나면 'Sample\Book in Book\모래시계.jpg' 파일을 클릭한 후 [열기] 버튼을 클릭합니다.

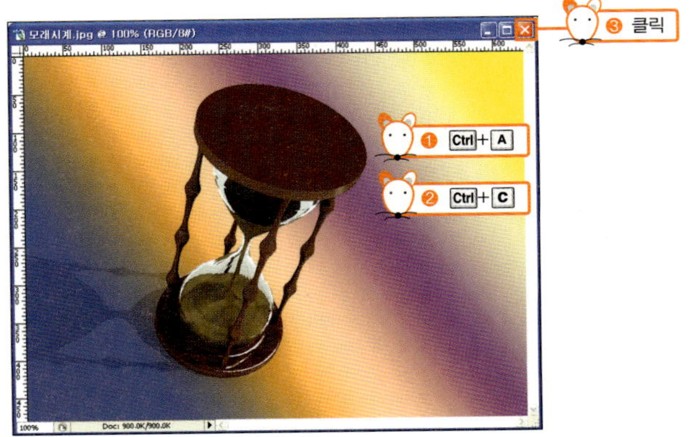

3 파일이 열리면 Ctrl+A를 눌러 이미지 전체를 선택한 후 Ctrl+C를 눌러 복사합니다. 그런 다음 [닫기](X) 버튼을 클릭합니다.

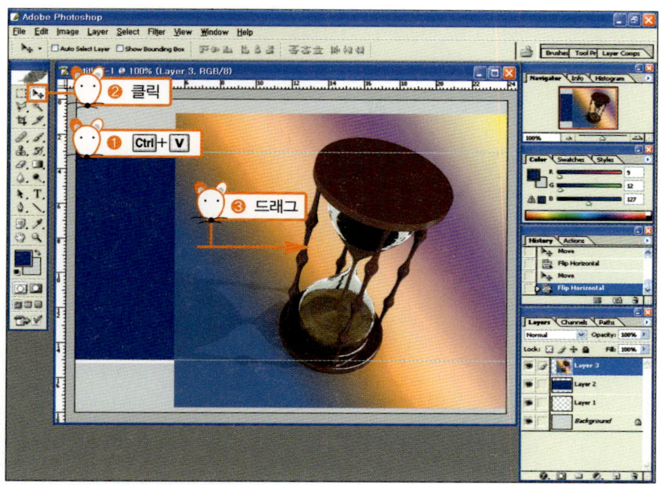

4 새로운 [Layer 4]를 추가한 후 Ctrl + V 를 눌러 복사한 이미지를 붙여 넣습니다. 그런 다음 툴박스의 [Move Tool](🔩)을 선택한 후 오른쪽으로 드래그하여 위치를 변경합니다.

> **주목**
>
> 다른 툴이 선택된 상태에서도 Ctrl 을 누르면 언제든지 [Move Tool](🔩)로 사용할 수 있습니다.

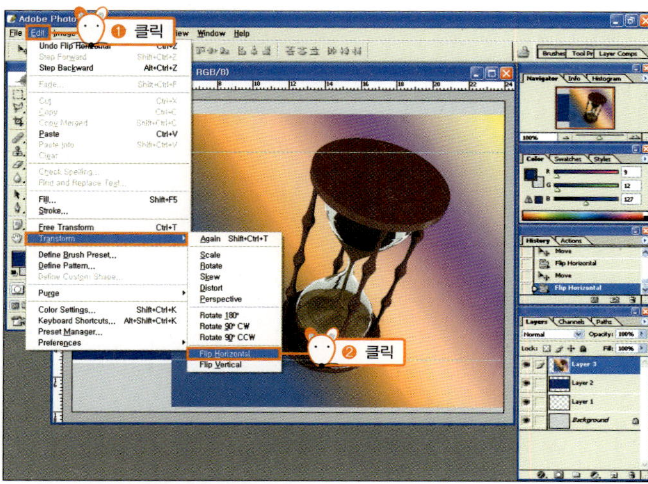

5 이미지의 방향을 조절하기 위해 [Edit]-[Transform]-[Flip Horizontal] 메뉴를 클릭합니다.

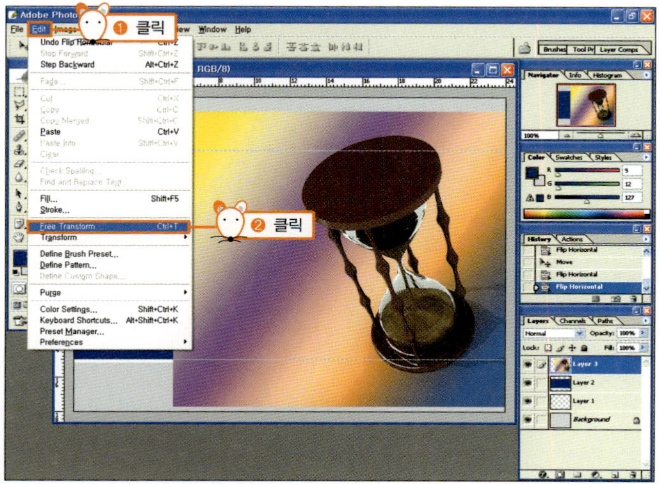

6 이미지가 대칭으로 회전합니다. 이번에는 크기를 조절하기 위해서 [Edit]-[Free Transform] 메뉴를 클릭합니다.

> **주목**
>
> [Free Transform]의 단축키는 Ctrl + T 입니다.

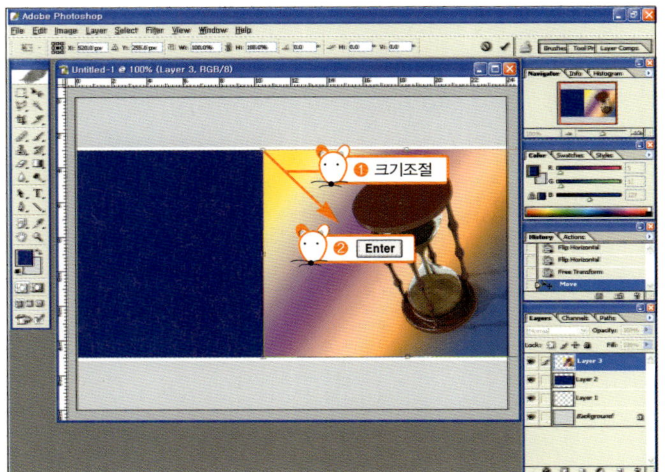

7 크기를 조절할 수 있는 바운딩 박스가 표시되면, 각각의 조절점을 드래그하여 크기를 조절한 후 Enter 를 눌러 바운딩 박스를 해제합니다.

주목

[Hue/Saturation]의 단축키는 Ctrl + U 입니다. 이미지 영역을 더블클릭해도 바운딩 박스가 사라집니다.

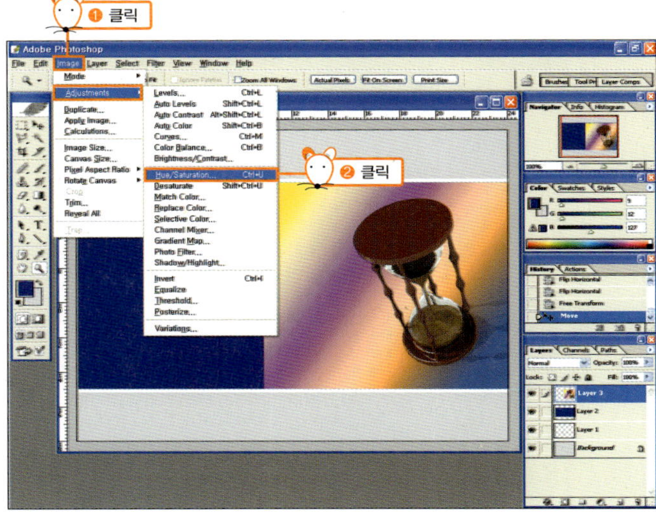

8 이미지의 색상을 조절하기 위해 [Image]−[Adjustments]−[Hue/Saturation] 메뉴를 클릭합니다.

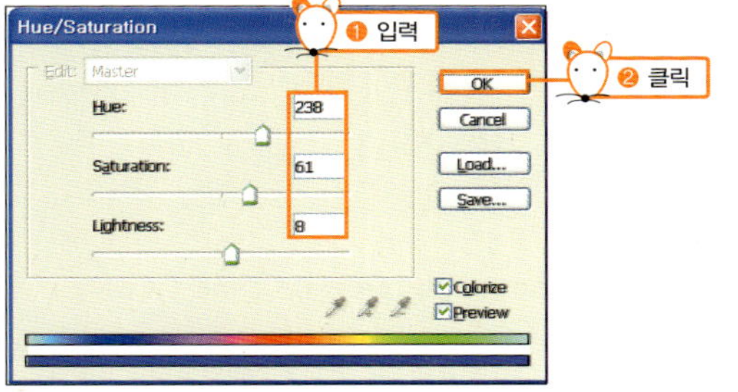

9 [Hue/Saturation] 대화상자가 나타나면 [Colorize] 체크 표시하고 'Hue : 238, Saturation : 61, Lightness : 8'을 입력한 후 [OK] 버튼을 클릭합니다.

주목

[Colorize]를 체크 표시하면 여러 가지 색을 하나의 톤으로 만들어 줍니다.

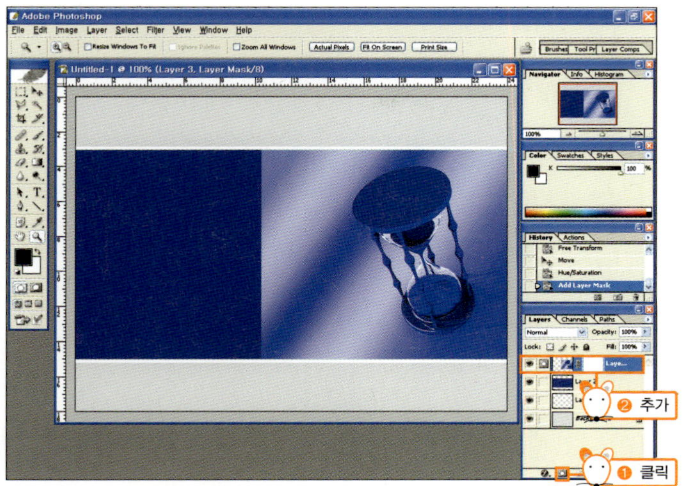

10 이미지의 색상이 변경됩니다. 그러나 경계가 너무 선명해서 어색합니다. 이번에는 이미지의 경계를 숨기기 위해 [Layers] 팔레트에서 [Add layer mask](□)를 클릭하여 레이어에 마스크를 추가합니다.

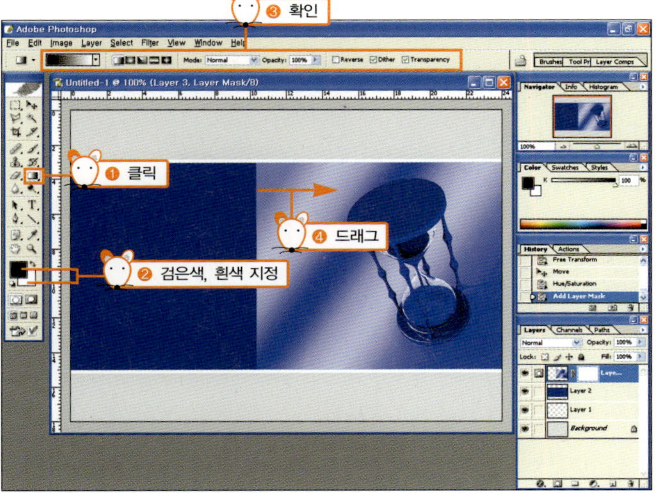

11 툴박스에서 [Gradient Tool](□)을 선택하고 [Set foreground color]를 검은색으로, [Set background Color]를 흰색으로 지정합니다. 옵션은 기본으로 설정하고 왼쪽에서 오른쪽으로 드래그합니다.

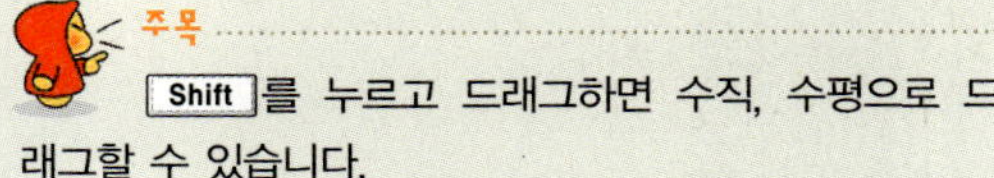

> **주목**
>
> Shift 를 누르고 드래그하면 수직, 수평으로 드래그할 수 있습니다.

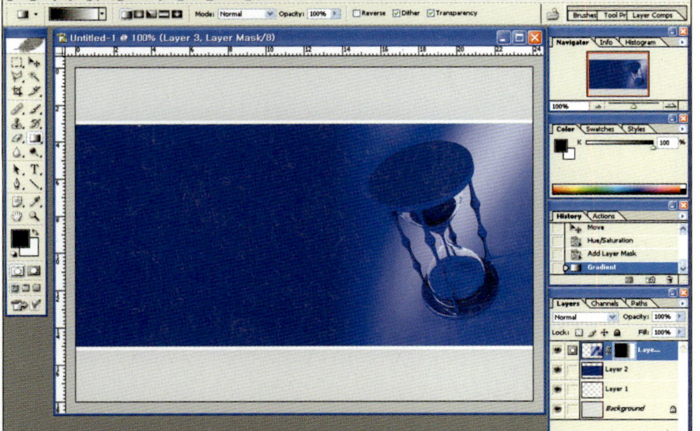

12 배경과 이미지의 경계가 자연스럽게 조절됩니다.

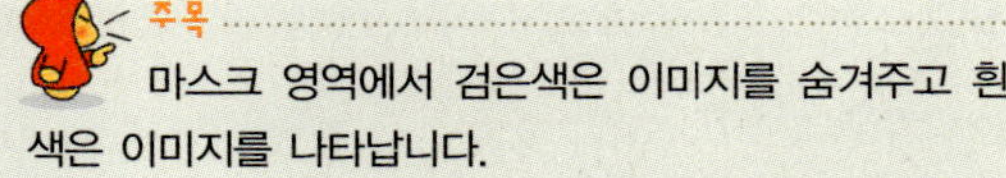

> **주목**
>
> 마스크 영역에서 검은색은 이미지를 숨겨주고 흰색은 이미지를 나타냅니다.

Shape과 텍스트 삽입하기

● 도형을 삽입해서 화살표를 만들고 텍스트를 삽입해서 제목을 만듭니다.

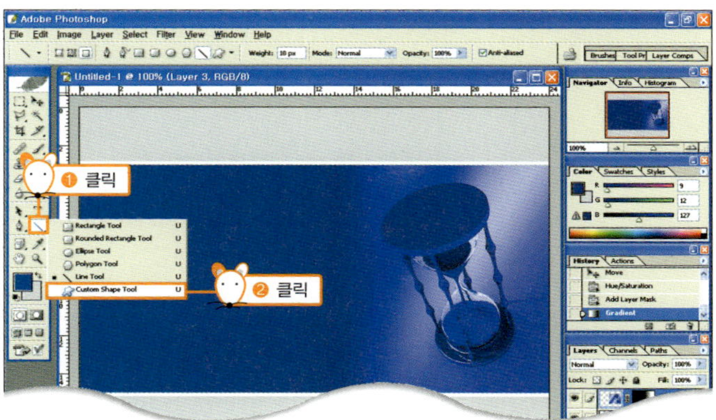

1 툴박스에서 [Custom Shape Tool](￼)을 클릭합니다.

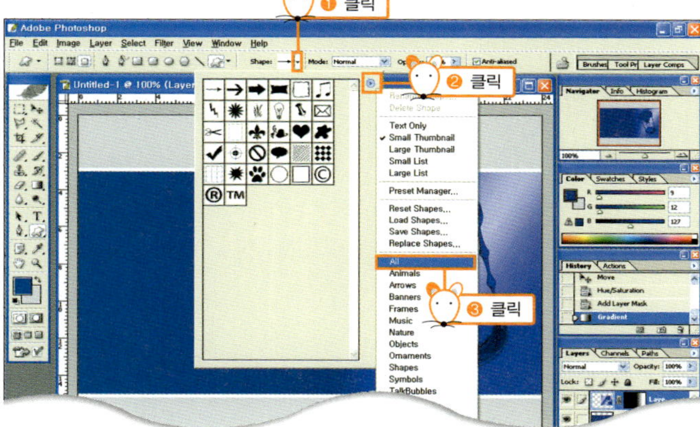

2 옵션 바에서 셰이프를 추가하기 위해 [Shape]의 목록 버튼(￼)을 클릭한 후 ￼를 클릭하여 [All]을 클릭합니다.

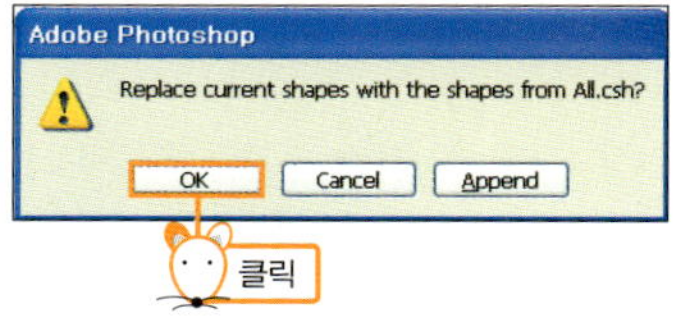

3 선택한 셰이프로 대체할 것인지 묻는 대화상자가 나타나면 [OK] 버튼을 클릭합니다.

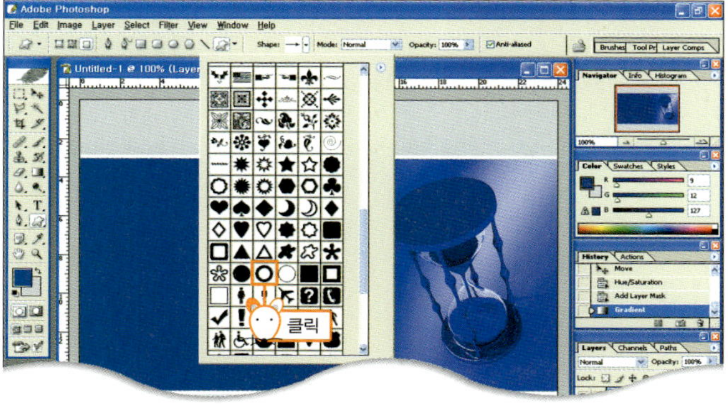

4 다양한 셰이프가 추가되면 목록에서 'Circle Frame'을 클릭합니다.

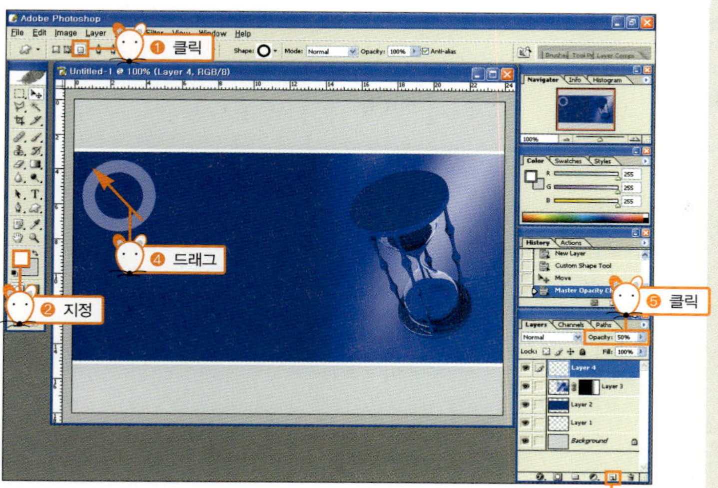

5 옵션 바에서 [Fill pixels](□)을 클릭한 후 툴 박스에서 [Set foreground color]를 클릭하여 흰색으로 지정합니다. 그런 다음 레이어를 추가하고 **Shift** 를 누른 채로 드래그해서 셰이프를 삽입합니다. 마지막으로 삽입한 셰이프의 [Opacity]를 '50%'로 조절합니다.

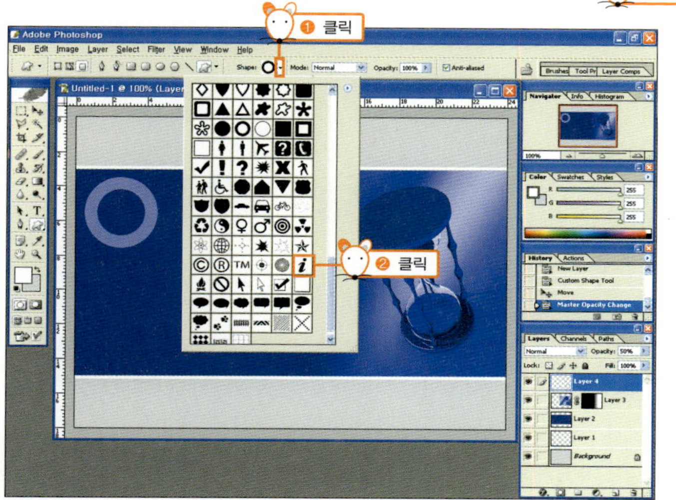

6 다시 옵션 바에서 [Shape]의 목록 버튼(·)을 클릭한 후 'Information'을 클릭합니다.

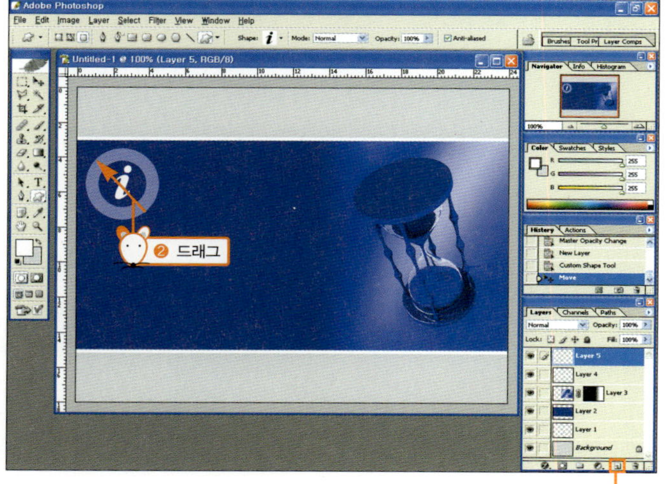

7 레이어를 추가하고 원 안에 드래그해서 새로운 셰이프를 추가합니다.

477

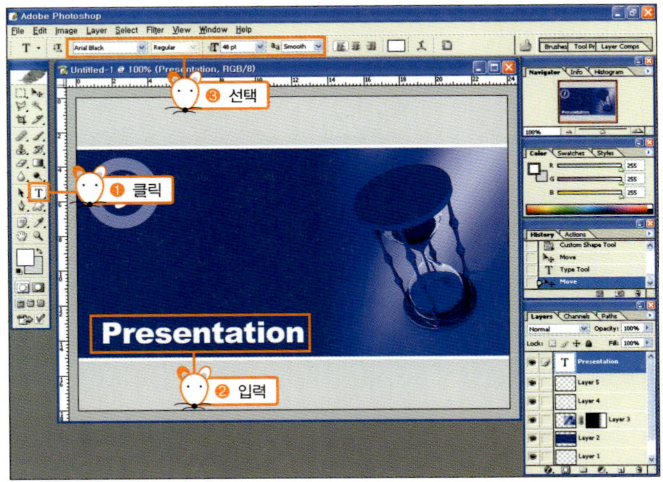

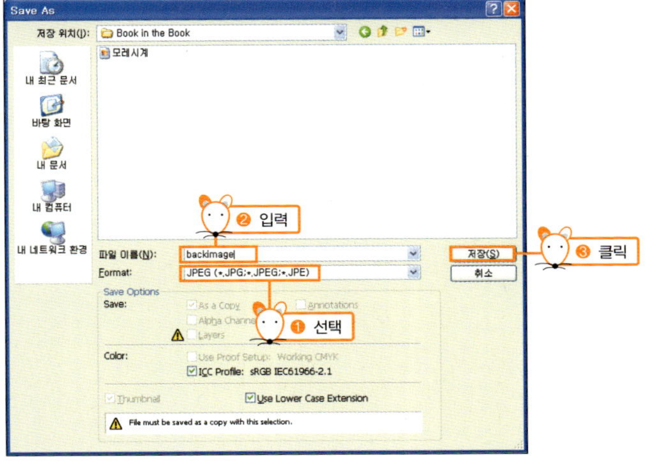

8 마지막으로 툴박스에서 [Horizontal Type Tool](T)을 클릭하고 필요한 제목을 입력하고 옵션 바에서 원하는 글꼴과 크기를 지정해서 완성합니다.

> **주목**
>
> [Horizontal Type Tool](T)을 이용해서 텍스트를 입력하면 자동으로 텍스트 레이어가 생성됩니다.

9 이제 완성된 서식을 저장하기 위해 [File]-[Save As] 메뉴를 클릭합니다.

> **주목**
>
> [Save As]의 단축키는 Shift + Ctrl + S 입니다.

10 [Save As] 대화상자가 나타납니다. [Format]을 'JPEG (*.JPG;*.JPEG;*.JPE)'로 선택하고 [파일 이름]에 원하는 이름을 입력한 후 [저장] 버튼을 클릭합니다. [JPEG Options] 대화상자가 나타나면 [OK] 버튼을 클릭합니다.

> **주목**
>
> [Quality]는 저장되는 이미지의 품질을 결정합니다. 최소 1에서 최대 12까지 지정할 수 있으며, 최소값은 이미지의 저장 용량을 절약할 수 있지만, 품질은 떨어집니다. 반대로 최대값은 높은 품질의 이미지를 얻을 수 있지만, 상대적으로 많은 용량이 필요로 합니다. 따라서 설정을 변경하면서 적절한 값을 지정해야 합니다.

처음 시작하는 슬라이드를 플래시 무비로 만들기

프레젠테이션의 시작을 알리는 제목 슬라이드나 인트로(Intro)를 플래시를 이용해 역동적으로 제작한다면 슬라이드가 좀 더 돋보일 것입니다. 플래시는 다양한 트위닝 효과를 표현할 수 있는 메뉴들을 가지고 있어, 애니메이션 제작에 자주 사용하는 프로그램입니다. 여기에서는 마스크를 이용한 셰이프 트위닝과 텍스트를 모션 트위닝을 이용해 인트로 슬라이드를 제작해 보겠습니다.

따라해 보세요

마스크 무비 만들기

● 먼저 두 개의 이미지를 삽입하고 셰이프 트위닝과 마스트를 이용해 이미지가 변하는 플래시 무비를 제작해 보겠습니다.

1 플래시를 실행시킨 후 [Create New]에서 [Flash Document] 메뉴를 클릭하여 새 파일을 만듭니다.

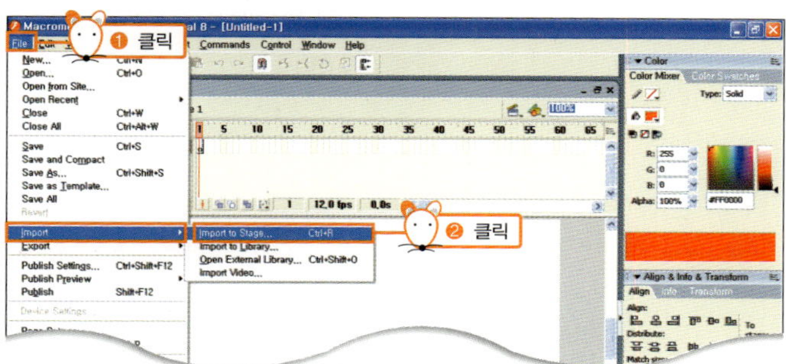

2 이미지를 삽입하기 위해 [File]-[Import]-[Import to Stage] 메뉴를 클릭합니다.

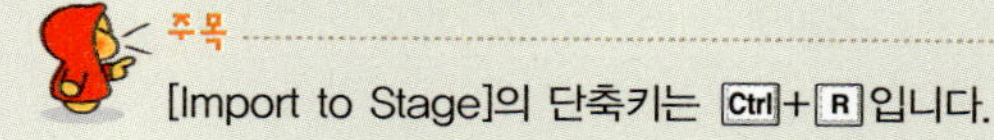
주목

[Import to Stage]의 단축키는 Ctrl + R 입니다.

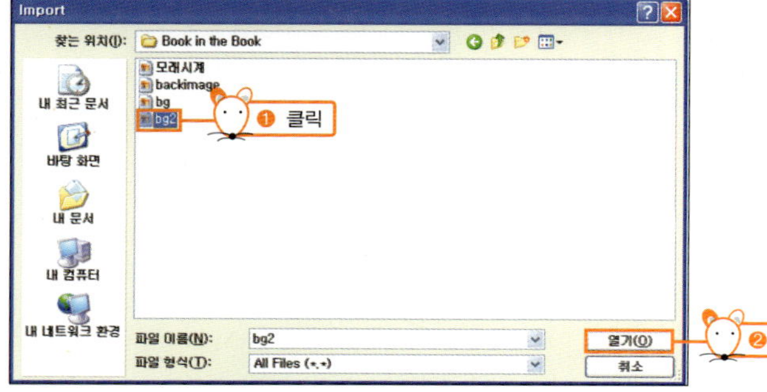

3 [Import] 대화상자가 나타납니다. ‘Sample\Book in the Book\bg2.jpg’ 파일을 클릭한 후 [열기] 버튼을 클릭합니다.

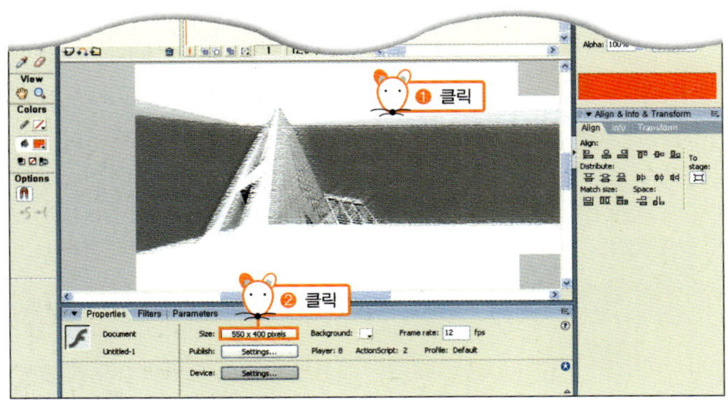

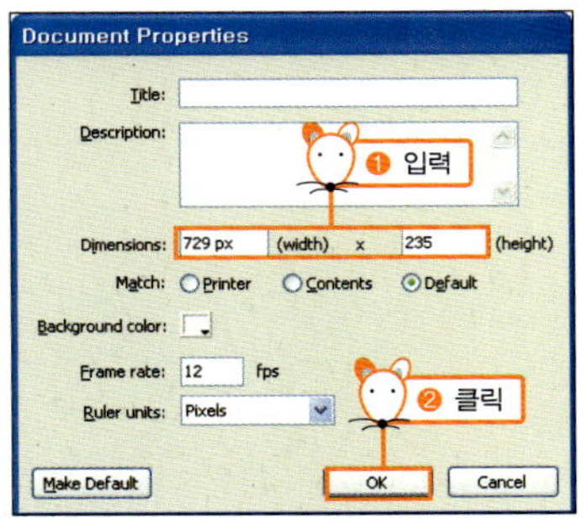

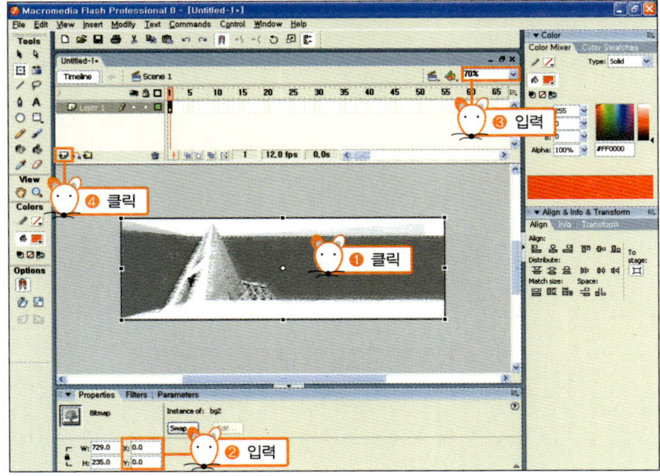

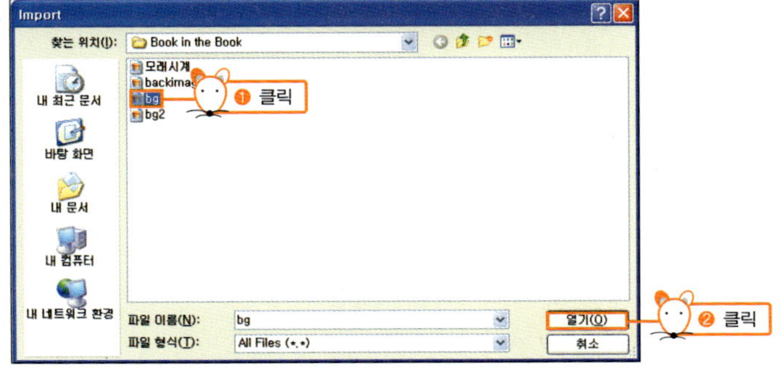

4 선택한 이미지가 삽입됩니다. 이미지의 크기와 스테이지 크기를 동일하게 하기 위해 스테이지를 클릭한 후 [Properties] 패널에서 [Size]의 [550 × 400 pixels] 버튼을 클릭합니다.

> **주목**
> 스테이지에서 마우스 오른쪽 버튼을 클릭한 후 나타나는 메뉴에서 [Document Properties]를 클릭해도 됩니다.

5 [Document Properties] 대화상자가 나타나면 [Dimensions]의 [Width]와 [Height]에 '729' 와 '235' 를 입력하고 [OK] 버튼을 클릭합니다.

> **주목**
> [Document Properties]의 단축키는 Ctrl + J 입니다.

6 이번에는 스테이지와 이미지의 위치를 똑같은 위치에 맞춰주기 위해 이미지를 선택한 후 [Properties]의 [X]와 [Y]에 각각 '0' 을 입력합니다. 그런 다음 화면 조절 창에 '70%' 을 입력해서 스테이지 영역을 조절하고 [Layer]에서 [Insert Layer](🗂)를 클릭합니다.

7 새 레이어가 추가되면 또 하나의 이미지를 삽입하기 위해 Ctrl + R 을 누릅니다. [Import] 대화상자가 나타나면 'Sample\Book in the Book\bg.jpg' 파일을 클릭한 후 [열기] 버튼을 클릭합니다.

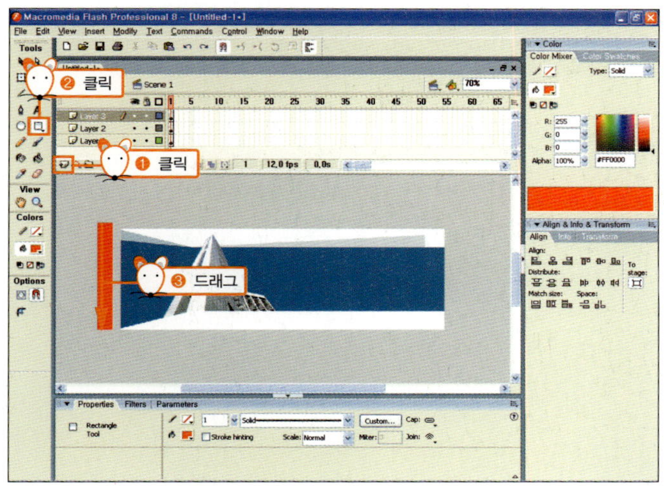

8 이미지가 삽입되면 [Properties]의 [X]와 [Y]에 각각 '0'을 입력해서 위치를 조절하고 [Layer]의 [Insert Layer](🔁)를 클릭해서 새로운 레이어를 삽입합니다. 그런 다음 툴박스에서 [Rectangle Tool](🔲)을 클릭하고 드래그하여 사각형을 그립니다.

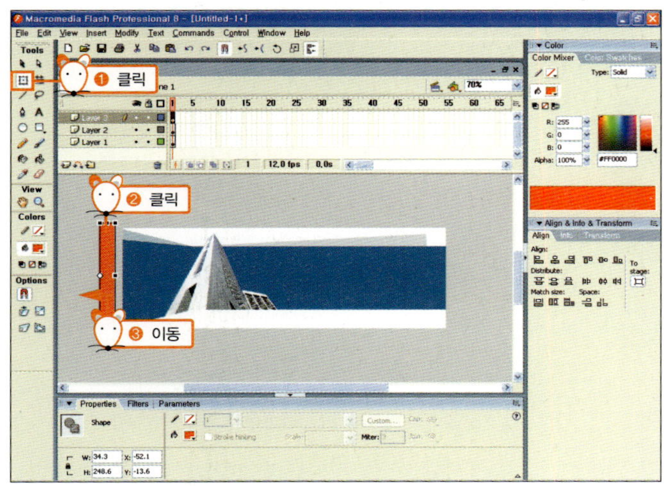

9 툴박스에서 [Free Transform Tool](⊞)을 클릭하고 사각형을 선택한 후 가운데 포인트 점을 드래그해서 왼쪽 중앙으로 이동시킵니다.

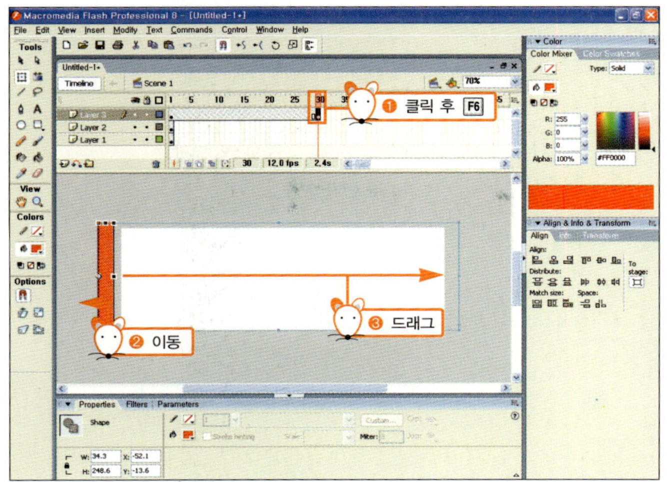

10 이번에는 [Layer 3]의 30프레임을 선택하고 F6을 클릭해서 키프레임을 삽입합니다. 그런 다음 30프레임의 사각형도 가운데 포인트 점을 왼쪽 중앙으로 이동시키고 오른쪽 중앙에 클릭해서 스테이지 끝까지 드래그합니다.

주목

F6은 복사의 개념으로 [Insert Keyframe]의 단축키입니다. 선택한 프레임에 F6을 누르면 앞에 있는 키프레임에 삽입됩니다. F6 대신 해당 프레임에서 마우스 오른쪽 버튼으로 클릭한 후 나타나는 메뉴에서 [Insert Keyframe]을 클릭해도 됩니다.

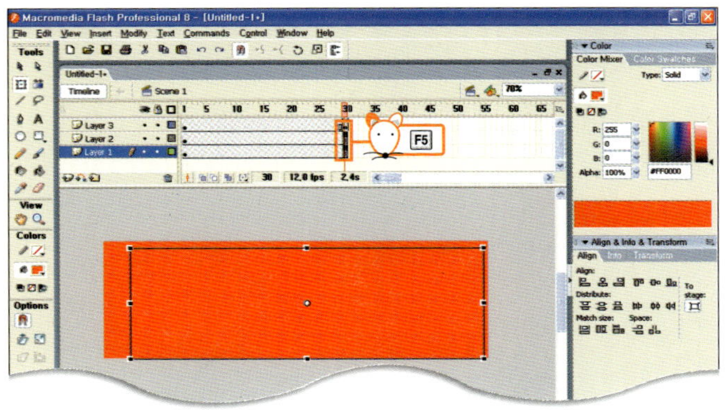

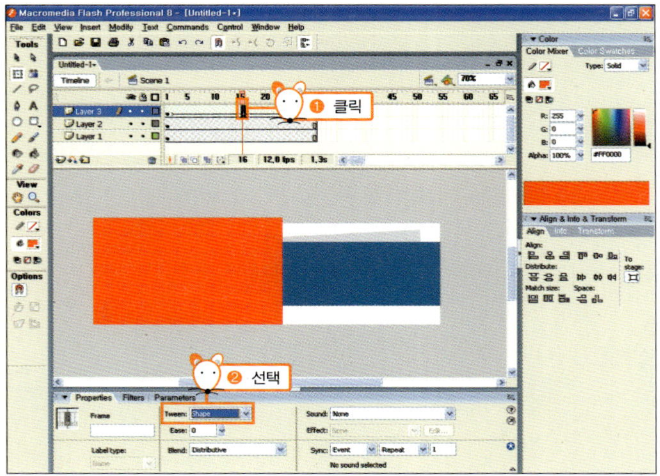

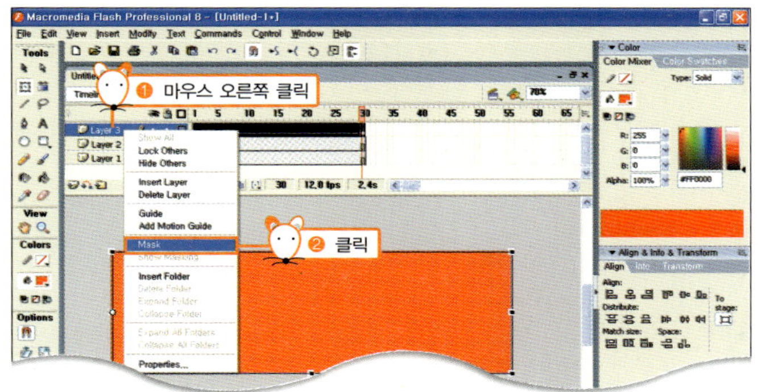

11 이번에는 [Layer 1]과 [Layer 2]의 30프레임을 선택한 후 F5 를 눌러 장면을 연장시킵니다.

주목

F5 는 장면의 변화 없이 처음 프레임을 선택한 프레임까지 연장시키는 개념으로 [Insert frame]의 단축키입니다. F5 대신 프레임을 마우스 오른쪽 버튼으로 클릭한 후 나타나는 메뉴에서 [Insert Frame]을 클릭해도 됩니다.

12 이제 [Layer 3]을 Teeen 효과를 주기 위해 [Layer 3]의 프레임 한 곳을 클릭합니다. 그런 다음 [Properties]의 [Tween]의 목록 버튼을 클릭한 후 [Shape]을 선택합니다. Ctrl + Enter 를 눌러 무비를 확인합니다.

13 사각형에 무비가 적용되었으면 사각형에 마스크 효과를 주기 위해 [Layer 3]을 선택한 상태에서 마우스 오른쪽 버튼으로 클릭한 후 [Mask]를 클릭합니다.

14 [Layer 3]에 마스크가 적용됩니다. Ctrl + Enter 를 눌러 무비를 확인합니다.

텍스트 무비 만들기

● 텍스트를 삽입하고 심벌로 전환시킨 후 모션 트위닝(Motion Tweening)을 적용시켜 무비를 완성합니다.

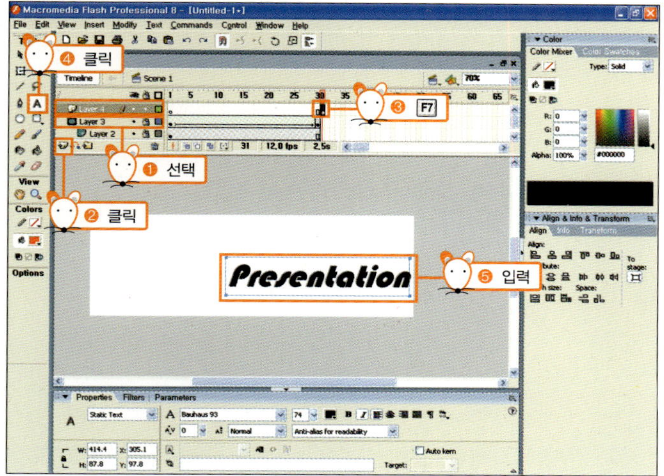

1 이제 텍스트 애니메이션을 만들기 위해서 [Layer 3]을 선택하고 [Insert Layer] (🗗)를 클릭합니다. 그런 다음 추가한 레이어의 31프레임에서 F7을 눌러 공백 프레임을 삽입하고 툴박스에서 [Text Tool](A)을 클릭해서 'Presentation'을 입력합니다.

> **주목**
>
> F7은 장면이 새롭게 시작되는 의미로 공백 프레임을 삽입하는 단축키입니다. F7 대신 프레임을 마우스 오른쪽 버튼으로 클릭한 후 나타나는 메뉴에서 [Insert Blank Keyframe]을 클릭해도 됩니다.

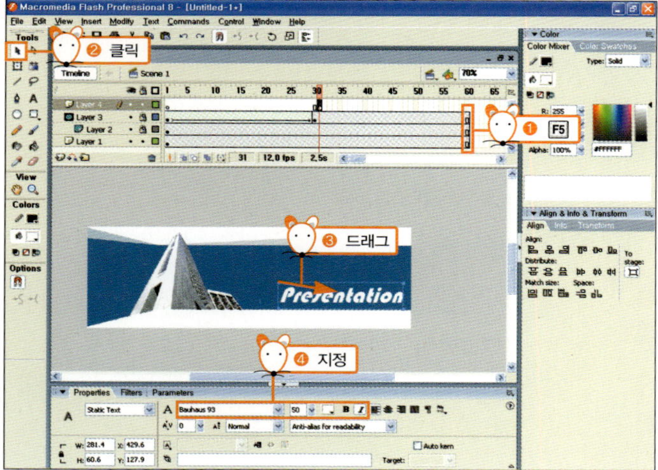

2 배경 이미지를 나타내기 위해 [Layer 1~3]의 60프레임에 F5를 눌러 프레임을 연장시키고 툴박스에서 [Selection Tool](▶)을 선택해서 텍스트의 위치를 조절합니다. 그런 다음 [Properties] 패널에서 사용자가 원하는 [Font]를 지정하고 [Font size]는 '50', [Font color]는 '흰색'으로 지정합니다.

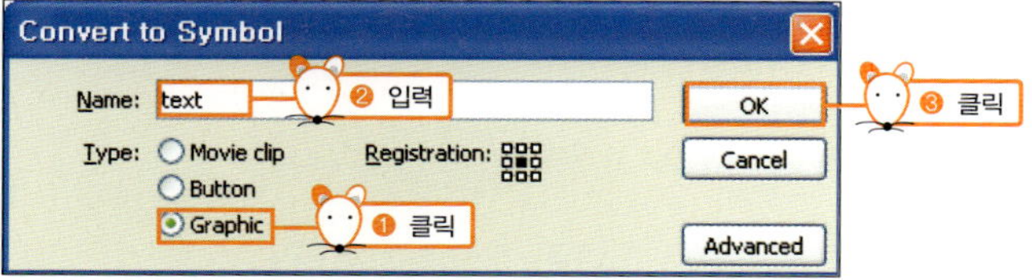

3 이번에는 텍스트를 심벌로 전환시키기 위해 텍스트가 선택된 상태에서 F8을 누릅니다. [Convert to Symbol] 대화상자가 나타나면 [Type]에서 'Graphic'을 선택하고 [Name]에 'text'를 입력한 후 [OK] 버튼을 누릅니다.

> **주목**
>
> F8은 Object를 심벌로 전환시키는 개념입니다. Object를 투명하게 만들거나 모션 트위닝과 같은 애니메이션을 적용하려면 그래픽 심벌로 전환시켜 주어야 합니다. F8 대신 [Modify]-[Convert to Symbol] 메뉴를 사용해도 됩니다.

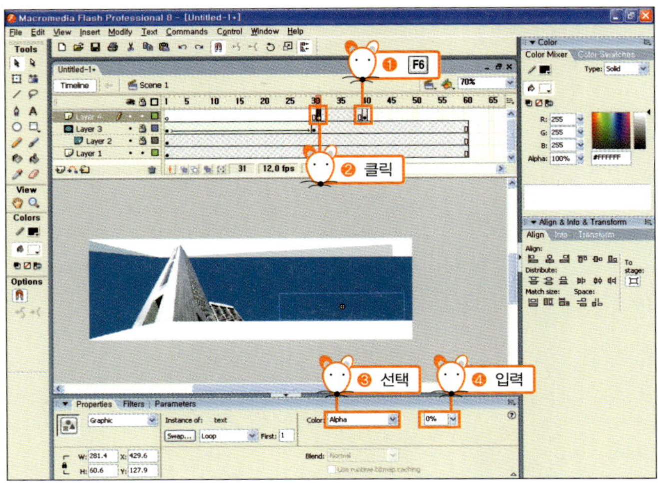

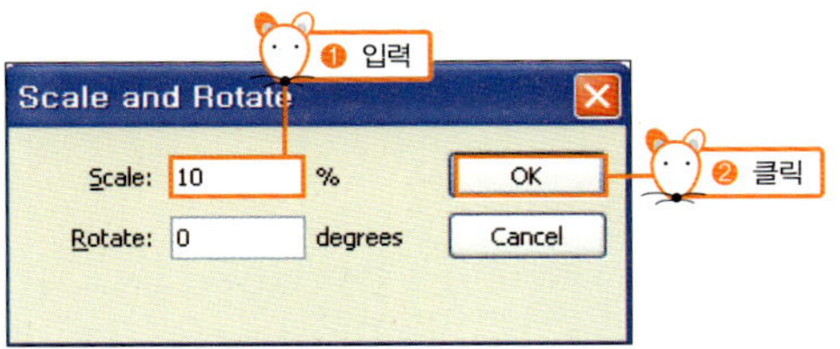

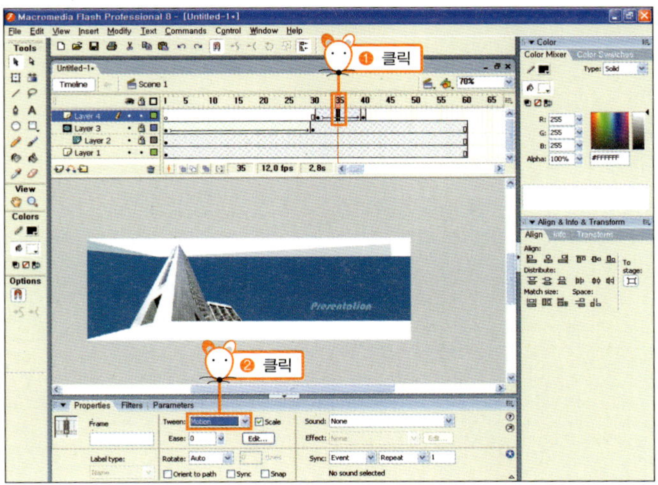

4 텍스트가 그래픽 심벌로 전환되면 텍스트 레이어의 40프레임에 F6을 눌러 키프레임을 삽입합니다. 그런 다음 다시 30프레임의 텍스트를 선택하고 [Properties] 패널의 [Color] 목록 상자에서 [Alpha]를 선택한 후 [Alpha] 값을 '0%' 로 조절합니다.

> **주목**
> 30프레임의 텍스트를 선택할 때 프레임을 선택하면 [Properties] 패널에 관련된 속성이 나타납니다.

5 이번에는 텍스트의 크기를 조절하기 위해 30프레임의 텍스트가 선택된 상태에서 Ctrl + Alt + S 를 누릅니다. [Scale and Rotate] 대화상자가 나타나면 [Scale]에 '10' 을 입력한 후 [OK] 버튼을 클릭합니다.

> **주목**
> [Modify]−[Transform]−[Scale and Rotate] 메뉴를 사용해도 됩니다.

6 텍스트의 크기가 작게 조절되면 30프레임과 40프레임 사이를 클릭합니다. 그런 다음 [Properties] 패널의 [Tween]의 목록 버튼을 클릭한 후 [Motion]을 클릭합니다.

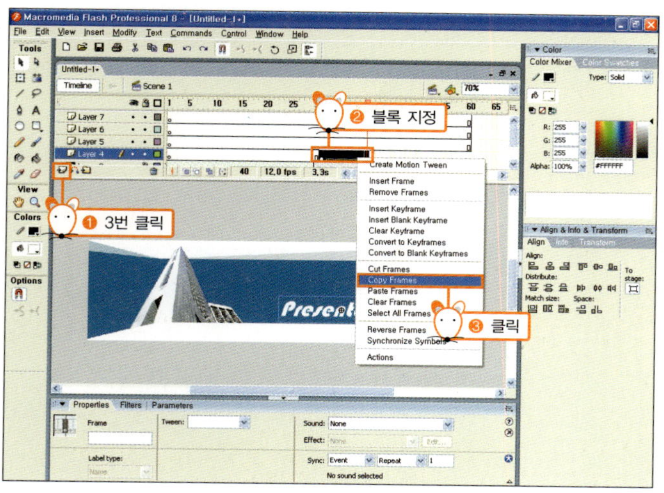

7 텍스트에 모션 트위닝이 적용됩니다. 이제 트위닝을 복사하기 위해 [Insert Layer](🖅)를 세 번 클릭해서 새로운 레이어 세 개를 추가하고 30프레임에서 40프레임까지 블록을 지정합니다. 그런 다음 마우스 오른쪽 버튼으로 클릭한 후 나타나는 메뉴에서 [Copy Frames]를 클릭합니다.

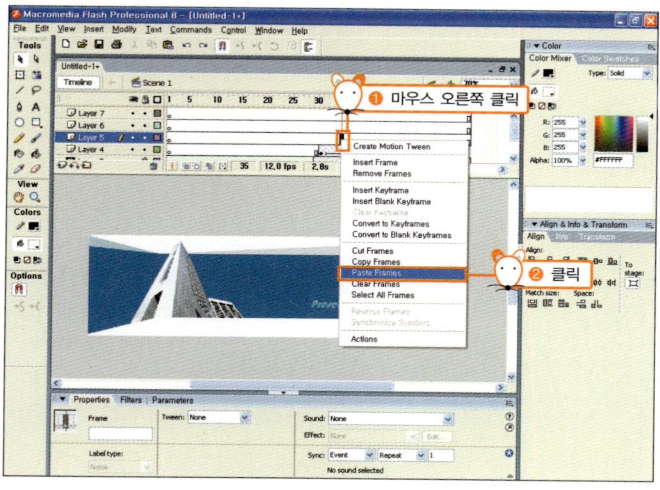

8 추가한 [Layer 5]의 35프레임을 마우스 오른쪽 버튼으로 클릭한 후 [Paste Frames]를 클릭합니다.

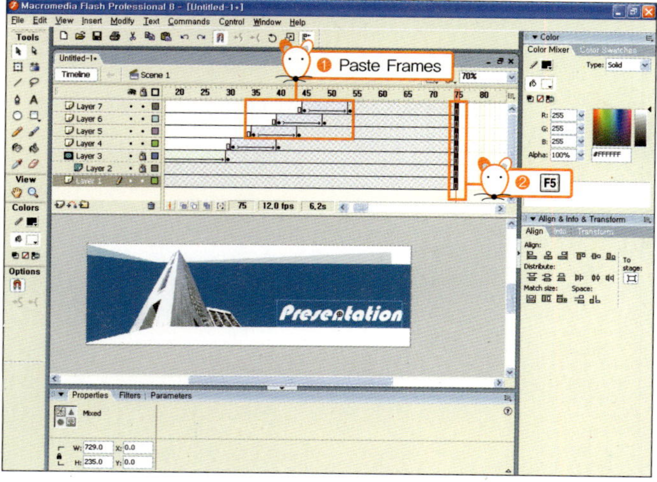

9 [Layer 5]에 모션 트위닝이 복사되면 나머지 레이어에도 30프레임 간격으로 [Paste Frames]를 적용합니다. 그런 다음 프레임이 끝나는 지점을 동일하게 하기 위해 모든 레이어를 드래그해서 선택한 후 F5를 눌러 75프레임까지 연장시킵니다.

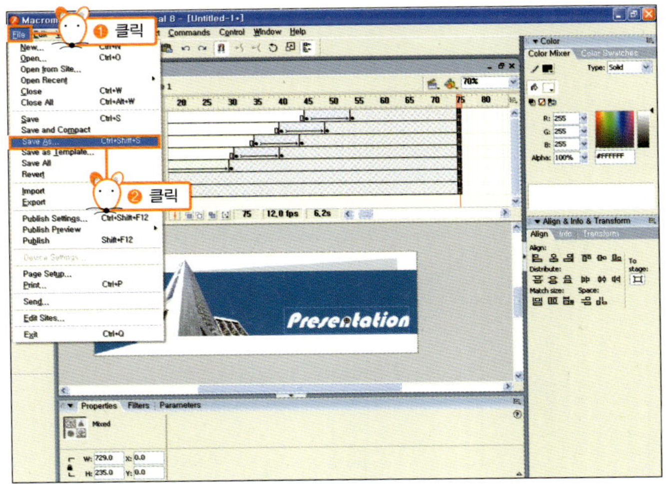

10 이제 저장을 하기 위해 [File]–[Save As] 메뉴를 클릭합니다.

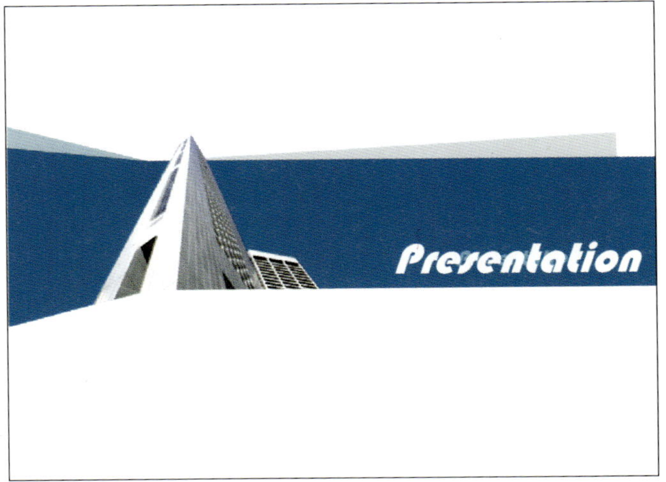

11 [Save As] 대화상자가 나타납니다. 저장할 경로를 지정하고 [파일 이름]에 'Intro'로 입력한 후 [저장] 버튼을 클릭합니다. 그런 다음 '*.swf' 파일을 생성하기 위해 Ctrl + Enter 를 누릅니다.

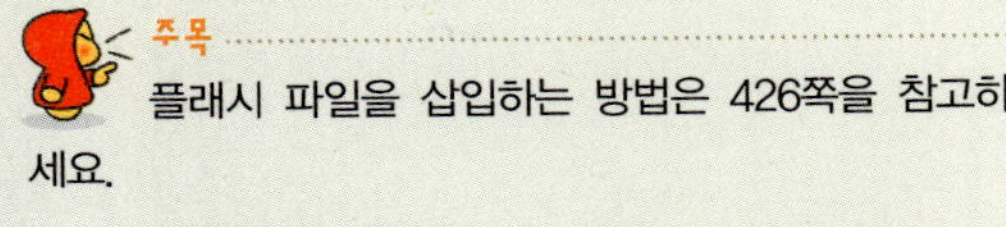

주목

플래시에서 저장하면 확장자는 '*.fla'로 저장이 됩니다. 그러나 '*.fla' 파일은 플래시 원본 파일이므로 파워포인트에 삽입할 수 없고 '*.swf' 파일만 삽입할 수 있습니다. 플래시 파일을 저장한 후에 Ctrl + Enter 를 누르면 저장된 경로에 같은 이름의 '*.swf' 파일이 자동으로 생성됩니다.

12 파워포인트를 실행하고 슬라이드에 삽입해 봅니다.

주목

플래시 파일을 삽입하는 방법은 426쪽을 참고하세요.

배경이 투명한 GIF 애니메이션 만들기

일반적으로 슬라이드를 제작하는 경우에는 목적과 의미에 맞는 배경색을 사용하게 됩니다. 또한, 회사의 로고와 아이콘 등을 함께 삽입할 때, 배경을 삭제하고 투명한 상태에서 삽입하는 것이 좋습니다. 여기에서는 이미지를 투명하게 만들어서 애니메이션으로 제작한 후 삽입하는 방법에 대해 알아보겠습니다.

따라해 보세요

이미지의 배경을 투명하게 만들기

● 이미지를 불러오기 위해 배경 레이어를 일반 레이어로 전환한 후 배경을 삭제해 보겠습니다.

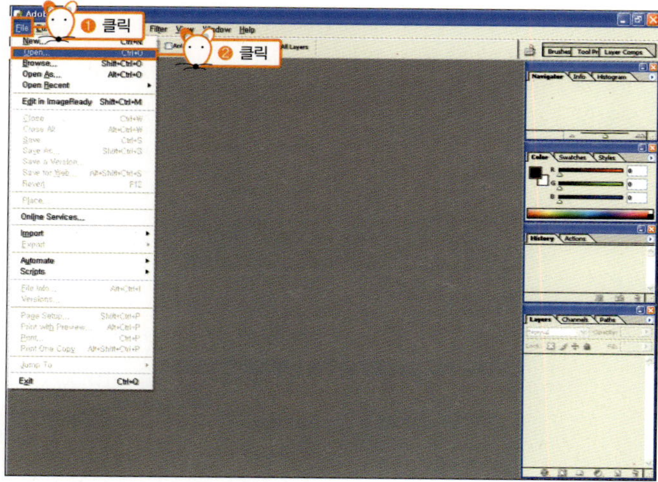

1 이미지를 불러오기 위해 [File]−[Open] 메뉴를 클릭합니다.

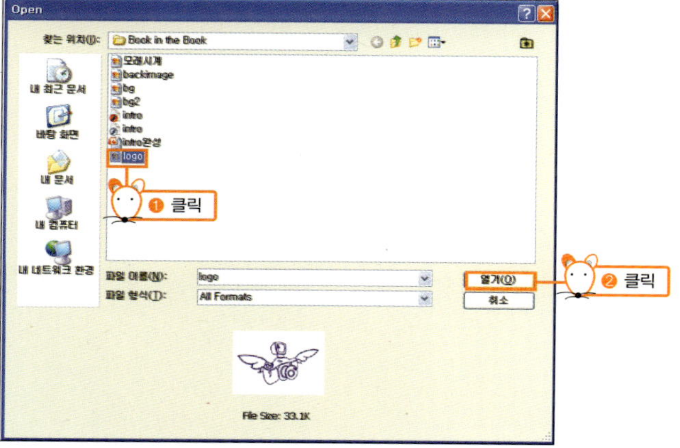

2 [Open] 대화상자가 나타나면 'Sample\Book in the Book\logo.jpg' 파일을 클릭한 후 [열기] 버튼을 클릭합니다.

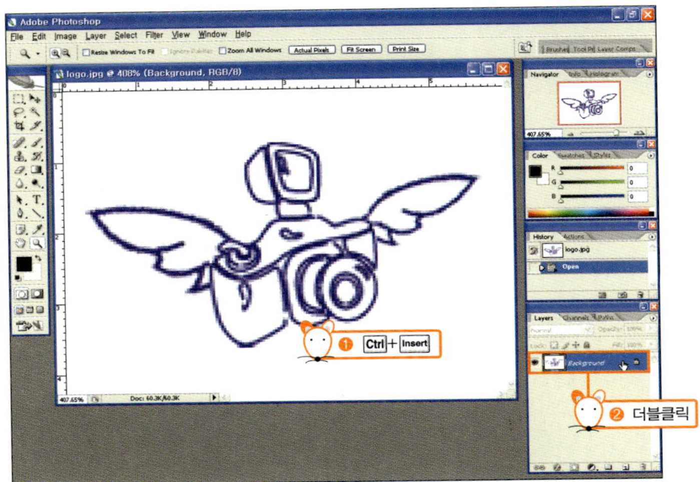

3 이미지가 나타나면 Ctrl + Insert 를 눌러 최대 크기로 확대합니다. 그런 다음 일반 레이어로 변경하기 [Background] 레이어로 더블클릭합니다.

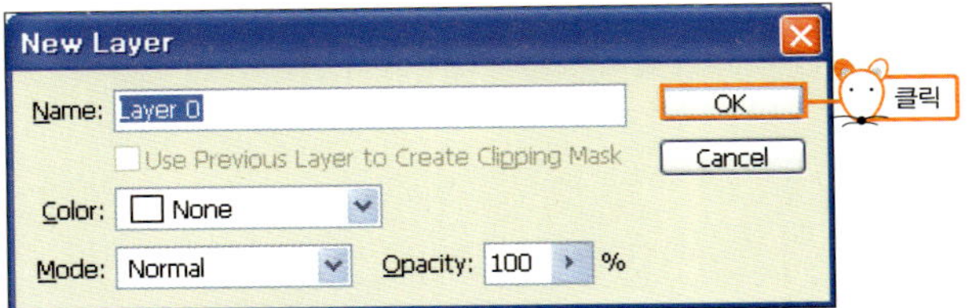

4 [New Layer] 대화상자가 나타나면 [OK] 버튼을 클릭합니다.

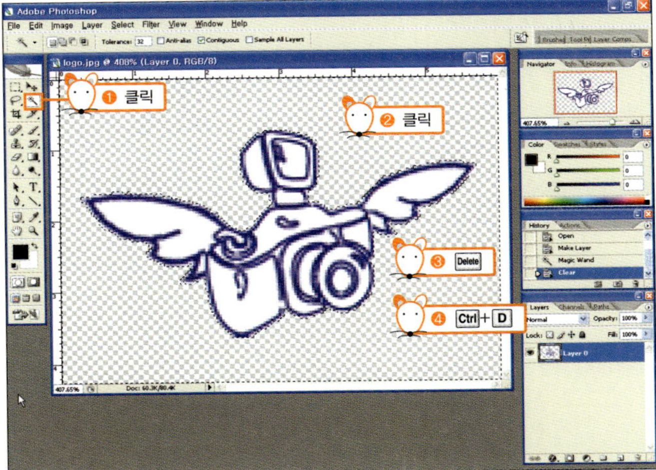

5 [Background] 레이어가 [Layer 0]으로 변경됩니다. 이제 배경을 삭제하기 위해 툴박스에서 [Magic Wand Tool]을 클릭하고 이미지를 배경을 클릭한 후 Delete 를 눌러 배경을 삭제합니다. 그런 다음 Ctrl + D 를 눌러 선택 영역을 해제합니다.

애니메이션 적용하고 GIF로 저장하기

● 이미지레디로 전환하여 간단한 애니메이션을 적용시킨 후 배경을 투명하게 저장하는 방법에 대해 알아보겠습니다.

1 애니메이션을 만들기 위해 레이어를 클릭한 후 [Create a new layer](🔲)에 드래그하여 레이어를 복사합니다.

2 레이어가 복사되면 Ctrl+T를 누른 다음 바운딩 박스가 나타나면 오른쪽 조절점에 마우스 포인트를 위치시킨 후 드래그하여 회전시킵니다.

3 적당히 회전시켰으면 바운딩 박스 안을 더블클릭하거나 Enter를 눌러 바운딩 박스를 해제합니다. 그런 다음 이미지레디로 전환하기 위해 [Edit in Image Ready](☑)를 클릭합니다.

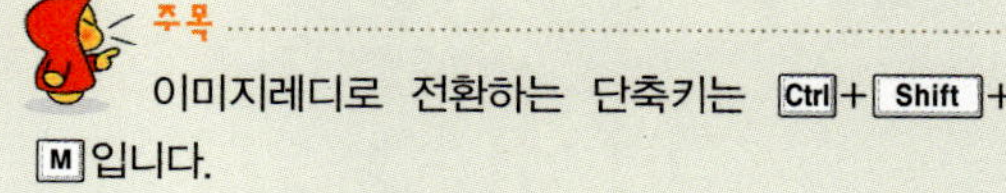

주목

이미지레디로 전환하는 단축키는 Ctrl+Shift+M입니다.

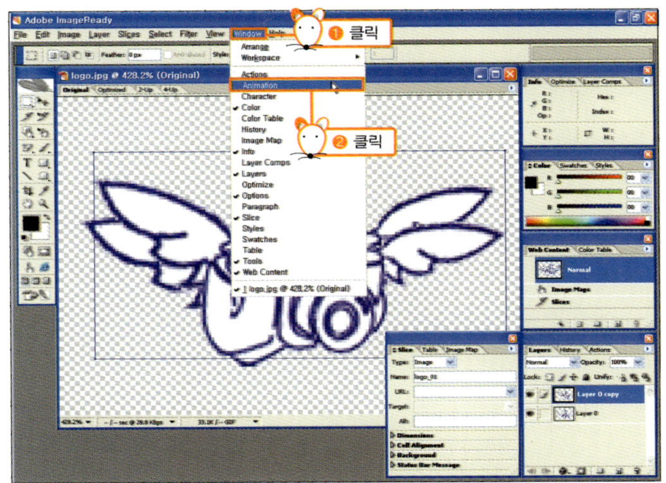

4 이미지레디로 전환되면 이미지 작업 창을 최대로 확대한 후 [Window]-[Animation] 메뉴를 클릭합니다.

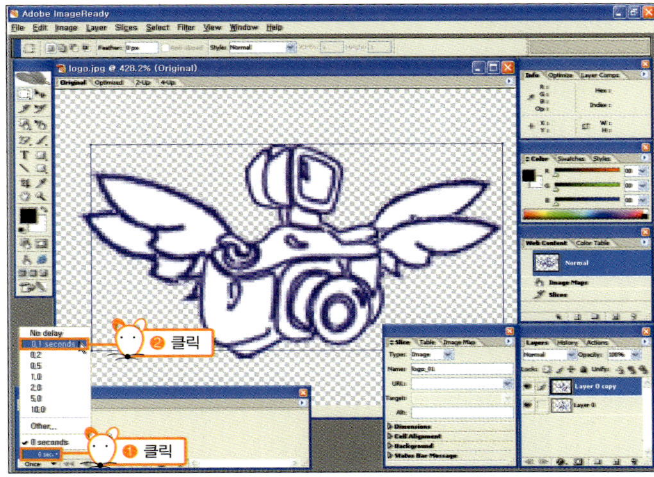

5 [Animation] 팔레트가 나타나면 화면에 머무는 시간을 주기 위해 '0 sec.'을 클릭한 후 '0.1seconds'를 클릭합니다.

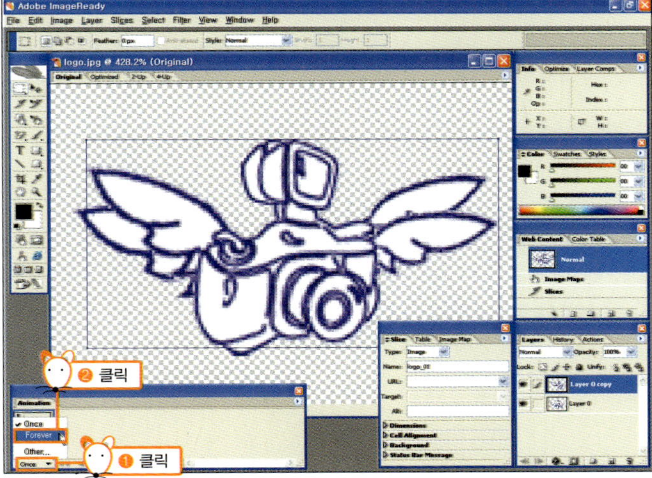

6 이번에는 반복적으로 애니메이션을 실행시키기 위해 [Once]를 클릭하고 [Forever]를 클릭합니다.

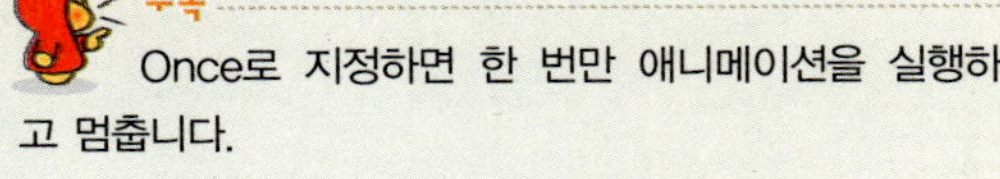

주목

Once로 지정하면 한 번만 애니메이션을 실행하고 멈춥니다.

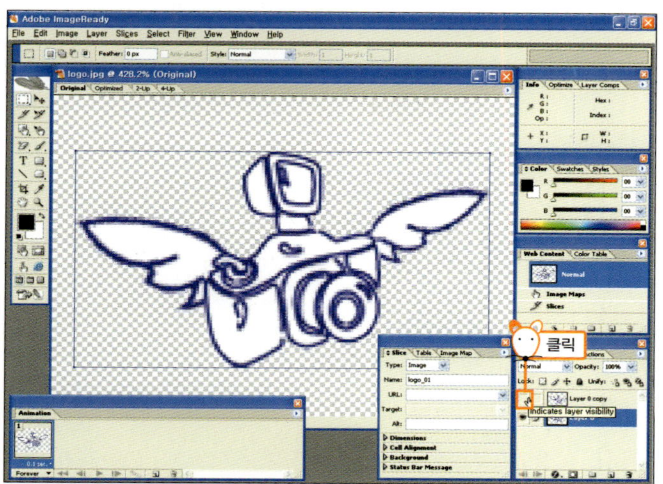

7 이제 애니메이션을 적용하기 위해 레이어 팔레트에서 [Layer 0 copy] 레이어의 눈 아이콘(◉)을 클릭해서 레이어를 숨깁니다.

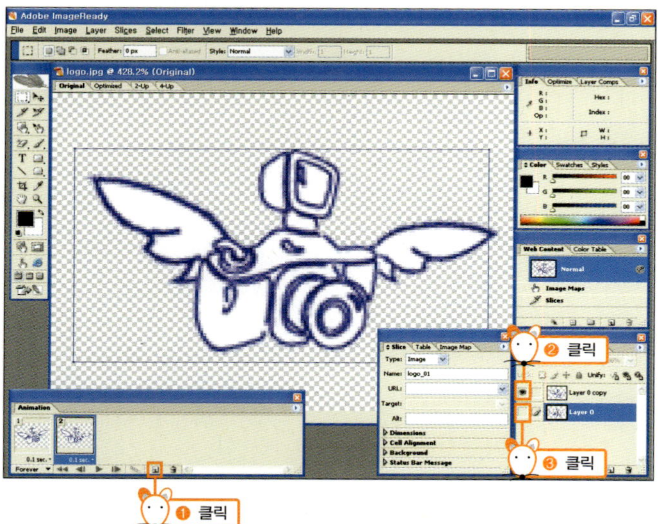

8 [Animation] 팔레트의 [Duplicates current frame](◫)를 클릭해서 프레임을 추가합니다. 그런 다음 레이어 팔레트에서 [Layer 0]의 눈 아이콘(◉)를 클릭하여 레이어를 숨기고, [Layer 0 copy] 레이어의 눈 아이콘(◉)를 클릭하여 활성화를 시킵니다.

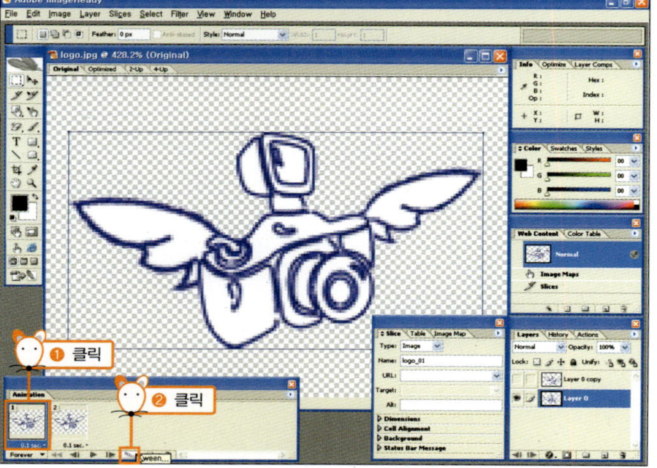

9 이제 잔상 효과를 주기 위해 애니메이션 팔레트에서 1번 프레임을 선택하고 [Tween](◦◦◦)을 클릭합니다.

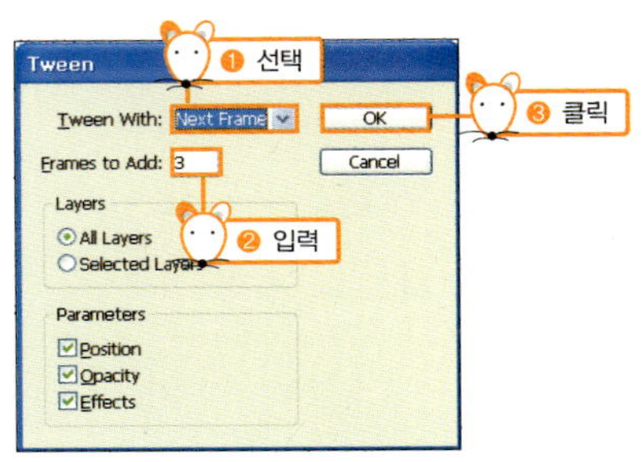

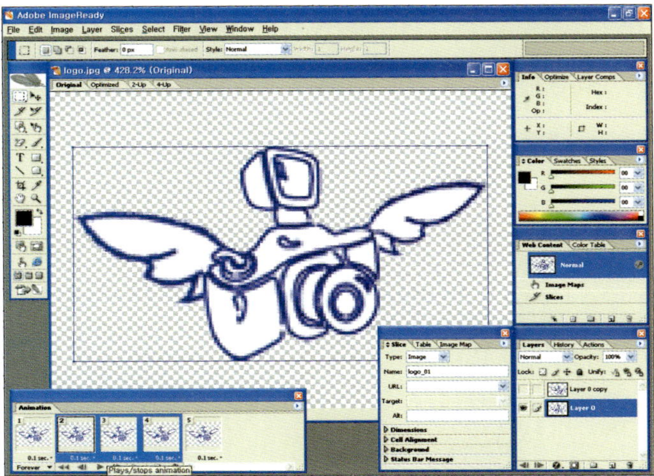

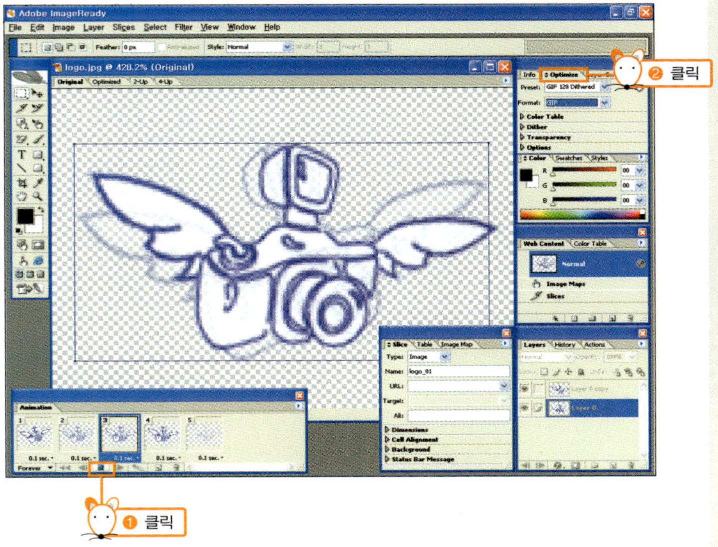

10 [Tween] 대화상자가 나타납니다. [Tween With]는 'Next Frame'을 선택하고 [Frame to Add]에는 '3'을 입력한 후 [OK] 버튼을 클릭합니다.

11 1프레임과 2프레임 사이에 3개의 트윈이 생성됩니다. [Animation] 팔레트의 [Play](▶)를 클릭해서 애니메이션을 확인합니다.

12 애니메이션 확인을 마치면 [Stop](■)을 눌러 애니메니션을 멈추고 [Optimize] 팔레트를 클릭합니다. 그런 다음 [Format]에서 'GIF'를 선택합니다.

주목

[Optimize] 팔레트가 보이지 않으면 [Window]–[Optimize] 메뉴를 클릭하면 됩니다.

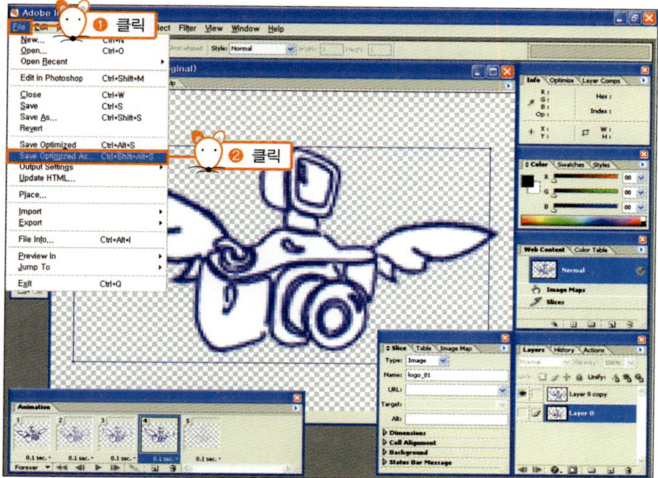

13 이제 저장을 하기 위해 [File]-[Save Optimized As]를 클릭합니다.

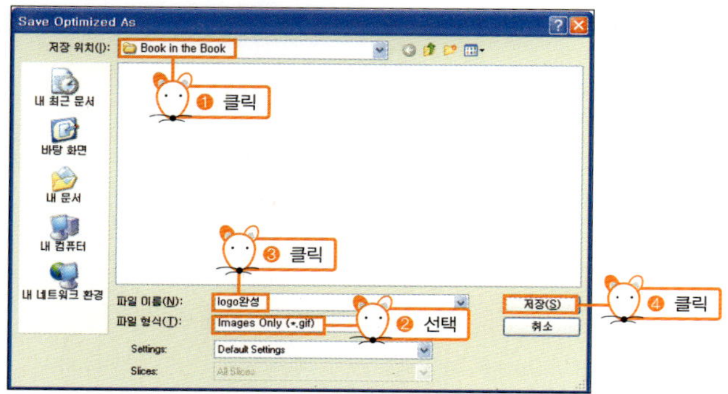

14 [Save Optimized As] 대화상자가 나타나면 저장할 경로를 지정합니다. 그런 다음 [파일 형식]은 'Images Only (*.gif)'를 선택하고 [파일이름]에 'logo완성'을 입력한 후 [저장] 버튼을 클릭합니다.

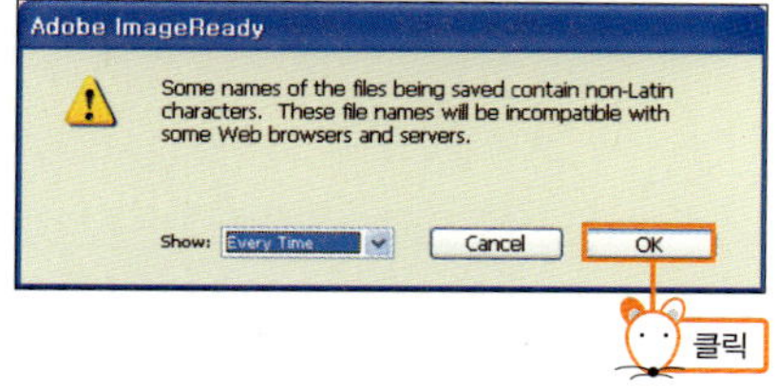

15 GIF 저장과 관련된 메시지 대화상자가 나타나면 [OK] 버튼을 클릭해서 완성합니다.

파워포인트 2007로
스타일 달력 만들기

Theme 05

파워포인트 2007에서 달력을 만드는 메뉴가 추가되었습니다. 1월부터 12월까지 12장의 달력을 한 번에 만들 수 있으며, [표 도구] 탭의 [레이아웃]이나 [디자인]을 이용하면 사용자가 원하는 스타일의 멋진 달력을 완성할 수 있습니다. 여기에서는 개성 있는 스타일 달력을 만드는 방법에 대해 알아보겠습니다.

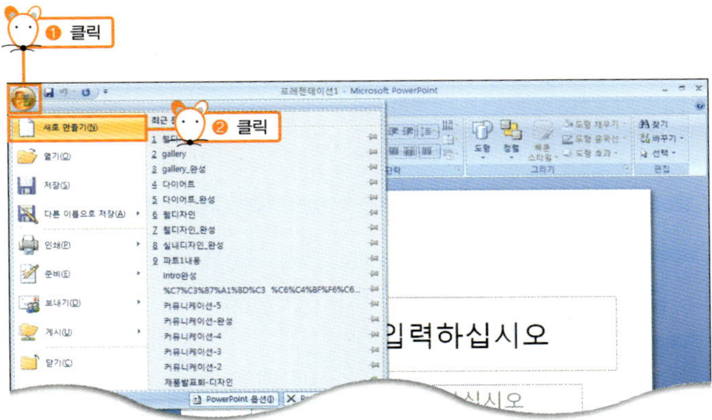

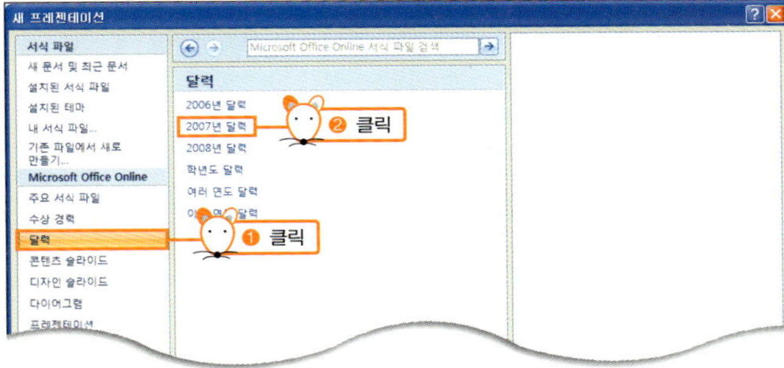

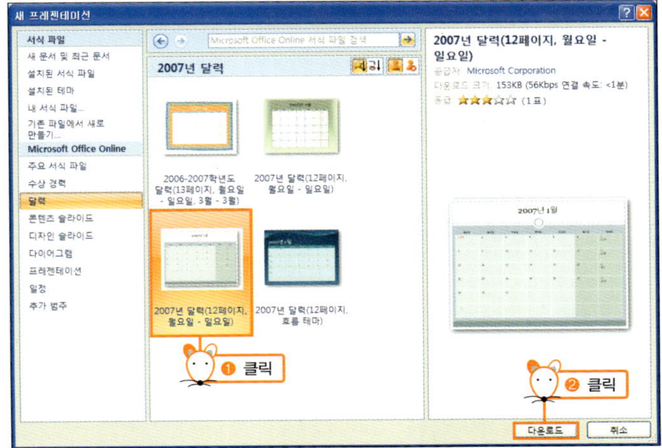

1 [Office 단추]( )를 클릭한 후 [새로 만들기]를 클릭합니다.

2 [새 프레젠테이션] 대화상자가 나타납니다. [서식 파일]에서 [달력]을 선택하고 [달력]에서 [2007년 달력]을 클릭합니다.

3 [2007 달력]이 나타나면 원하는 스타일의 달력을 선택한 후 [다운로드] 버튼을 클릭합니다.

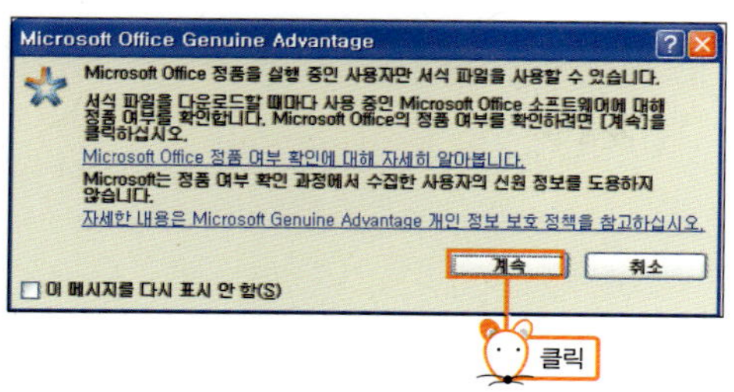

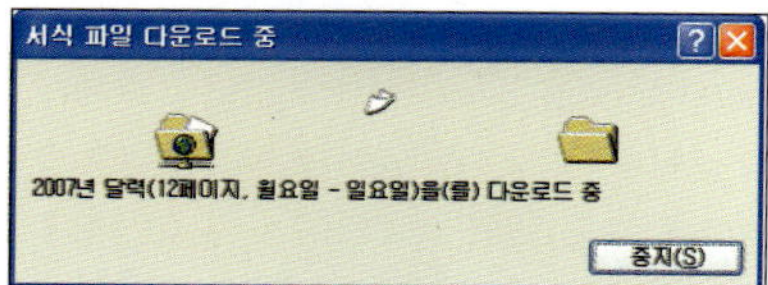

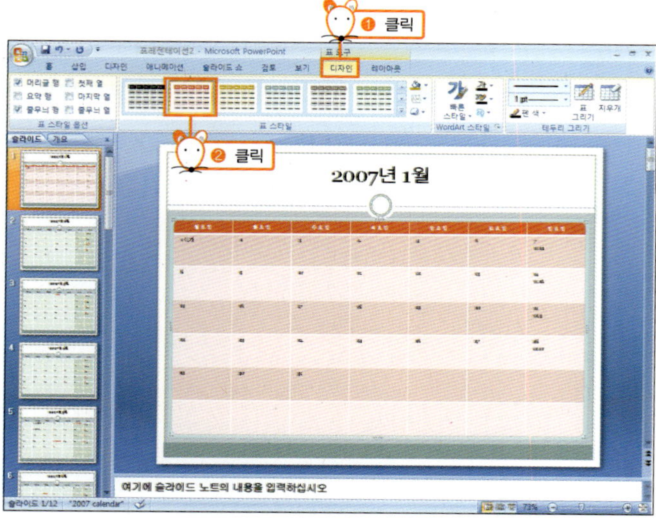

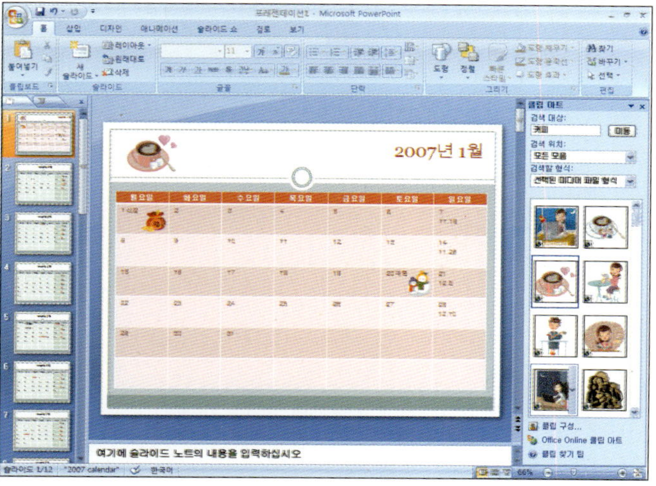

4 프로그램이 정품인지를 확인하는 대화상자가 나타나면 [계속] 버튼을 클릭합니다.

5 [서식 파일 다운로드] 대화상자가 나타나면 완전히 다운로드 될 때까지 기다립니다.

6 슬라이드에 12장의 달력이 삽입됩니다. 달력은 표 형식으로 구성되어 있기 때문에 [표 도구] 탭에서 디자인이나 레이아웃을 수정할 수 있습니다. [디자인] 탭을 선택하고 원하는 디자인을 선택합니다.

7 사용자가 원하는 글꼴과 크기 등을 수정하고 그림이나 클립 아트 등을 이용해서 본인만의 개성 있는 달력을 완성할 수 있습니다.

YoungJin.com Y.
영진닷컴

할수있다! 파워포인트 2007 쉽게 배우기

1판 1쇄 발행 2007년 4월 20일
1판 8쇄 발행 2011년 2월 1일

저   자 양희정
발 행 인 김길수
발 행 처 (주)영진닷컴
주   소 서울특별시 금천구 가산동 664번지 대륭테크노타운13차 10층 (우)153-803

대표전화 1588-0789
대표팩스 (02) 2105-2200
등   록 2007. 4. 27. 제16-4189호

값 **22,000** 원

(부록 CD-ROM 포함)

© 2007., 2011. (주)영진닷컴 **ISBN 978-89-314-3531-3**

※ 본 도서의 내용 문의는 hiya0813@paran.com으로 해주시기 바랍니다.

http://www.youngjin.com